注目情報はこれだ！

2023年度［最新版］

JN022788

インターネット対応 BOOK

http://www.mrpartner.co.jp/cyukore2023/

エネルギーバンパイア
熟知するカウンセラー

職場にいるパワハラ・セクハラ上司、時間やお金を無駄に消費させる同僚や部下、友人やパートナーなど、他人のエネルギーを吸い取り奪ってしまう『エネルギー・バンパイア』に悩まされているのなら、カウンセラーの石橋典子さんにご相談を。『エネルギー・バンパイア』は、とある説によると5人に1人いると言われている。ライフステージが変わるたびに遭遇する恐れがあるので、今後の対処法についてもぜひ聞いてみてほしい。

『エネルギー・バンパイア』
現代書林刊
定価 1,540円（税込）

主宰 石橋典子さん
元々インストラクターとしてピラティスレッスンを行っていたが、クライアントからの要望でカウンセリングのみのセッションを開始。コロナ禍にニーズが増えたカウンセリング業務に専念するため、2021年末に11年続けたピラティスレッスンを終了。カウンセラーとしての活動は8年目。

NORIKO ISHIBASHI
いしばしのりこ

TEL/080-4096-5858 E-mail/n.ishibashi58@gmail.com
東京都渋谷区神宮前2 INSIDE

https://noriko-stone.com/

Youtube INSIDE ヒプノシス 音声ファイル 検索

2023年度版 注目情報はこれだ！≪目次≫

CONTENTS

2023年度版
注目情報はこれだ！

本誌掲載の写真・記事の無断転記および複写を禁止します。
本誌掲載の商品に関しましては、特別な表記がない限り、すべて税込価格となっております。

今の
歯ブラシで
満足して
ますか…？

楽しくなる
ハミガキ体験

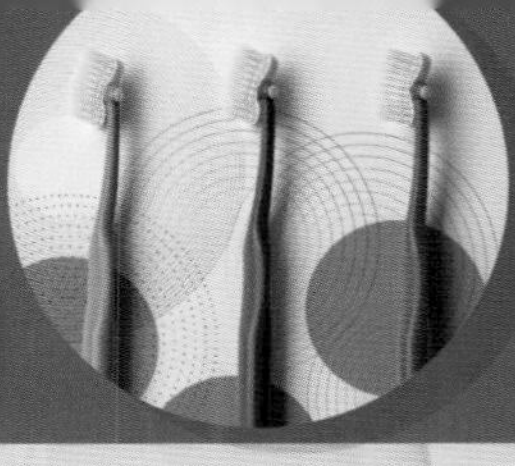

高機能ハブラシ　くるりん

cururin

Point リング型植毛

一束ごとに毛先が自由に動いて、
歯間や歯の奥の汚れまで絡め取る！

Point 乗り越えアーム

ネック部分の山形カーブが前歯をこえて、
奥歯の裏まで、すっと届く！

Point 回転する
ヘッド

歯並びにあわせてヘッドが動くから、
どんな場所でも垂直にフィット！

滑らかに動く回転ヘッドで、ブラシ一本一本が
奥歯の裏　歯　間　歯周ポケット　に入り込み
今までの磨き残しがなくなります。

松本金型 株式会社　広島県東広島市志和町冠 283
Tel.082-433-6838　E-mail/mm-hanbai@red.megaegg.ne.jp
https://matsumoto-kanagata.net/

詳しい使い方や情報は
cururin
公式 WEB サイトで。

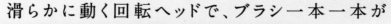

暮らしを豊かにする
話題のアイテム

物価上昇の中で各企業の工夫やアイデアが詰まった素晴らしいアイテムが世の中にはたくさんある。その中でもオススメのアイテムを厳選。

ボディ・肌・歯を美しく導くスペシャルメンテ

炭酸の力で汚れ一掃 弾けるような白い歯に

『フロムココロ』では、「炭酸粉で磨く」という新発想とこだわり抜いたホワイトニング設計を掛け合わせ、使うたびに理想の白い歯へと導くホワイトニング歯磨き『SIROSHU』（シロッシュ）も新発売。炭酸粉を用いたクリアバブル製法が、歯の黄ばみや汚れをしっかりと浮かし、きめ細かい炭酸泡でナノレベルの汚れまでごっそり除去。今までの歯磨き粉では届かなかった隅々の汚れにも、炭酸泡がしっかりと浸透。汚れを浮かせて取り除くので、強くこすることなく汚れが落ち、歯が傷つきにくい。研磨剤は、通常黄ばみ落としなどに有効とされているが、歯の表面や歯茎を傷つける原因ともなり、傷ついた箇所に汚れを溜まりやすくさせ、かえって黄ばみ汚れを目立たせてしまう。その点、『SIROSHU』では、研磨だけではなく、コーティング効果のある成分「ヒドロキシアパタイト」「ポリリン酸Na」「メタリン酸」の3種を配合。汚れを浮かし、落とし、コーティングすることで、汚れにくい歯に仕上げていく。また、口腔内を整える五つの発酵成分「コメ発酵エキス」「ローヤル

『SIROSHU』15g　通常価格 4,980円（税込）　定期便価格 3,980円（税込）

ゼリー発酵液」「セイヨウナシ果汁発酵液」「ワサビ根発酵エキス」「ムレスズメ根発酵エキス」を配合し、口中を浄化。むし歯・口臭をガード。他にも、12種の植物成分「ナタマメ種子エキス」「シャクヤク根エキス」「トウキ根エキス」「チャ葉エキス」「ビワ葉エキス」「オタネニンジン根エキス」「カキタンニン」「キハダ樹皮エキス」「ホップエキス」「オウゴン根エキス」「ドクダミエキス」「ウメ種子エキス」を配合。口内の清潔感に一役買ってくれる。パラベン、シリコン、界面活性剤、着色料、プロピレングリコール、フッ素、鉱物油は不使用。これ一つで、「歯を白くする」「歯のヤニを取る」「口臭を防ぐ」「歯垢を除去する」「歯石の沈着を防ぐ」「むし歯を防ぐ」「口中を浄化する」の七役を担ってくれる。

　人は歯の色によって、第一印象も清潔感も全く異なる。黄ばんでいるとだらしなく不潔な印象を与え、老け見えすることも。マスクを外した時に残念に思われないよう、気遣ってみては。

『SIROSHU』の
購入はこちらから。

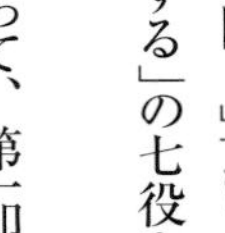
カキタンニン

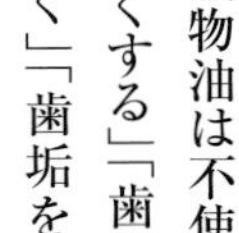
キハダ樹皮
エキス

ホップ
エキス

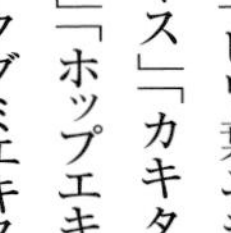
オウゴン根
エキス

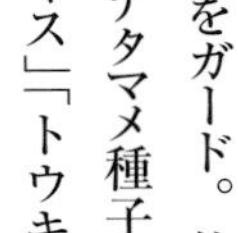
ドクダミ
エキス

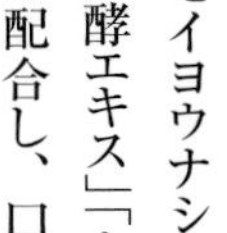
ウメ種子
エキス

ニードル入りスクラブで素肌を次の明るさに

『フロムココロ』が手がける、自分らしい美しさを求める方のための美容ブランド『ＮＮＥ』より、スペシャルケア用の新商品が登場した。『ニードルボディスクラブ』は、日本初のクイックニードル入りボディスクラブ。下着の締め付けやこすれ、間違ったお手入れ、残り汚れ、デスクワークなど摩擦やお手入れミスによって生じたお尻や脇、肘、背中、かかとなどの黒ずみ汚れを解消する三日に一回のスペシャルメンテ用スクラブだ。こだわりは、大きく三つ。一つ目は、スクラブ、クレイ、炭を黄金比配合した独自のトリプルウォッシュ設計だ。肌に優しい天然由来の「トウモロコシ穂軸スクラブ」と美容成分たっぷりの「崩壊性スクラブ」は、角質を除去しながら美容成分を届ける独自処方。徹底的な汚肌ケアで、革新的な洗浄と吸着によって本来の明るさをもたらす。特性の違う3種のクレイ「モロッコ溶岩クレイ」「タナクラクレイ」「流紋岩末」は、今まで届かなかった皮脂汚れを一掃。そして、炭の働きである吸着性を活かし、頑固に溜まった黒ずみをしっかりと吸着。黒ずみ汚れを根こそぎ取り除く。二つ目は、磨耗した汚肌に弾けるような潤いをもたらす整肌活力。五種のスペシャル成分「サジー果実」「甜茶」「ビワ葉」「ローズマリー葉」「ウーロン茶エキス」を特殊技術によって1滴に凝縮した、トーンアップとエイジングケアを両立させた次世代美容成分「コンプレックスエキス」を配合。また、100%天然の海綿生物から抽出された針「クイックニードル」を配合していることで、幹細胞、CICA、植物由来成分といった美容成分が72時間かけて角質層へ届く。そして三つ目は、新感覚の使用感。泡立てて使うスクラブは肌当たりが優しく、摩擦レスによる肌への負担を軽減。包み込むようにケアすることができる。パラベン、鉱物油、タール色素、アルコールは不使用。チュー

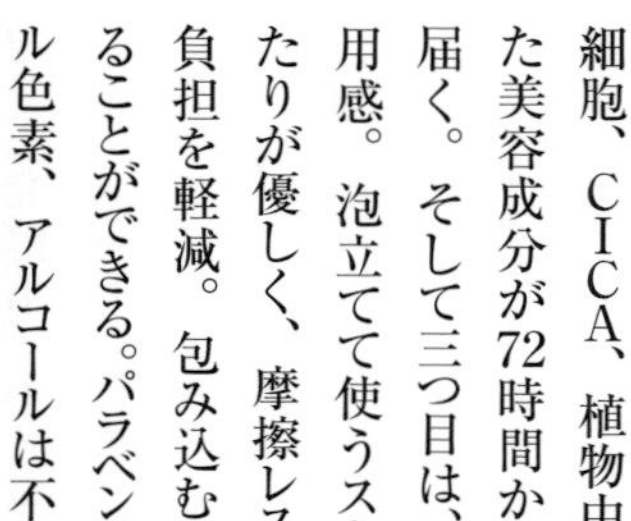
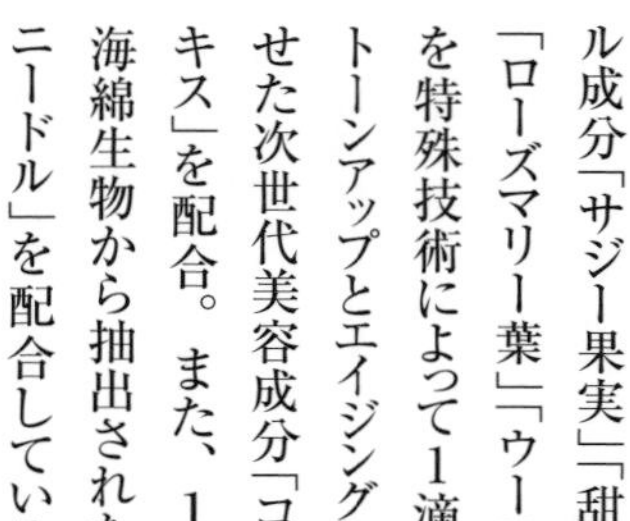
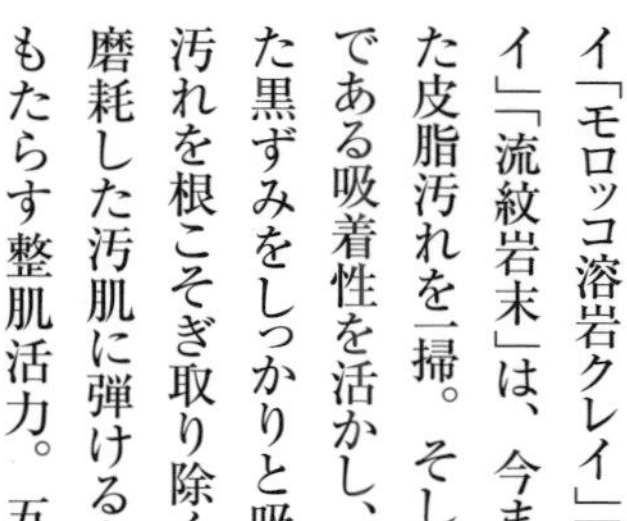

『NNEニードルスクラブ』通常価格 6,225円（税込）　初回特別価格 1,980円（税込）

ブ容器なので スクラブに水が入らず衛生的。また、スウィートラズベリーの香りで、バスタイムが癒しのひとときとなる。トーンアップ、毛穴ケア、肌の引き締め、整肌にぜひ。

『NNEニードルスクラブ』の購入はこちらから。

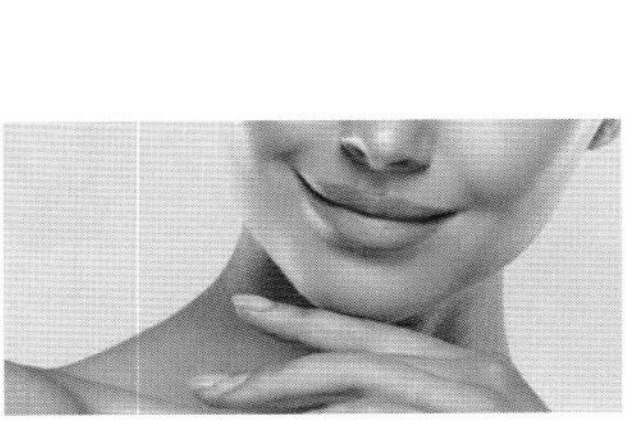

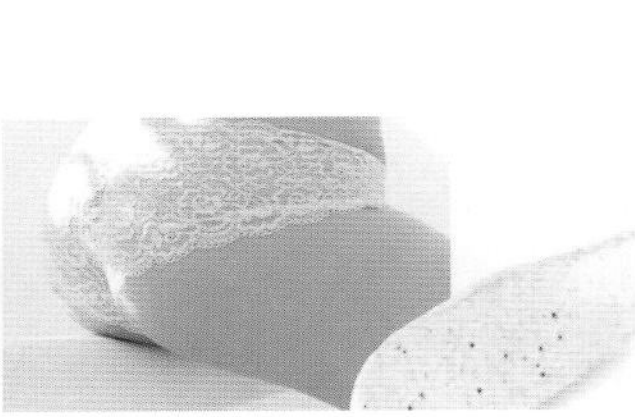

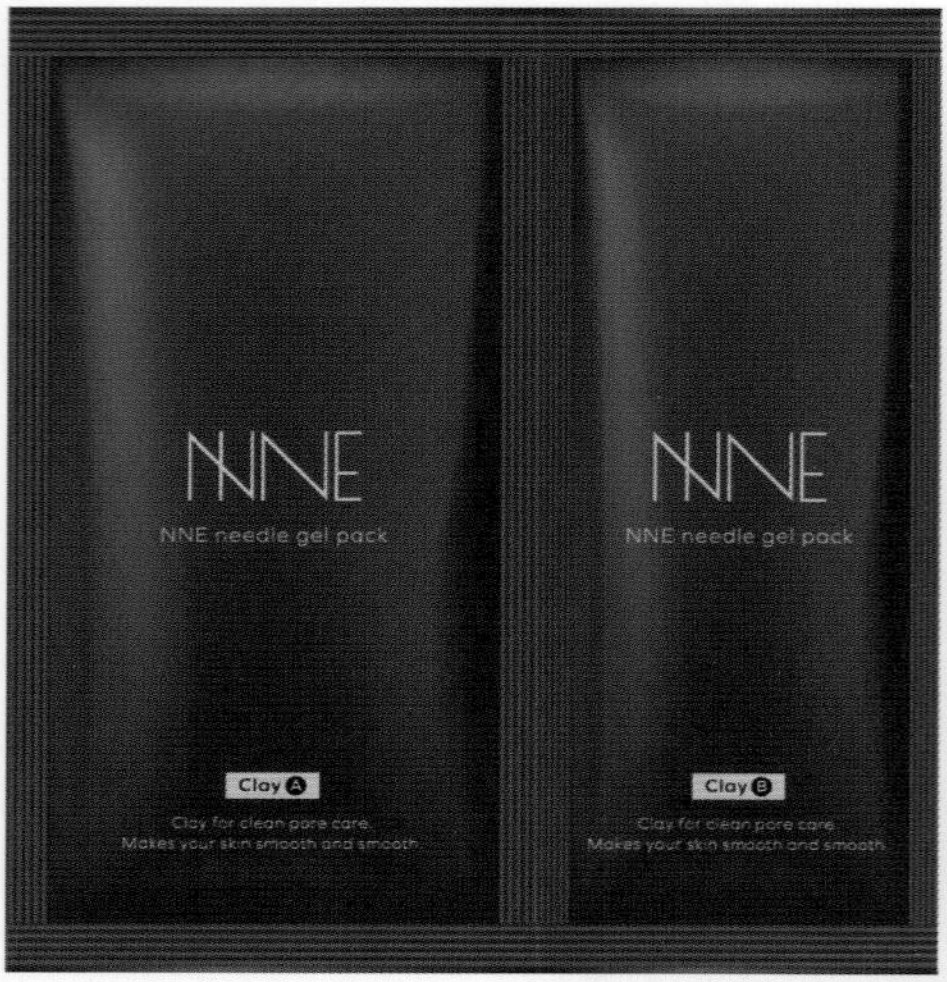

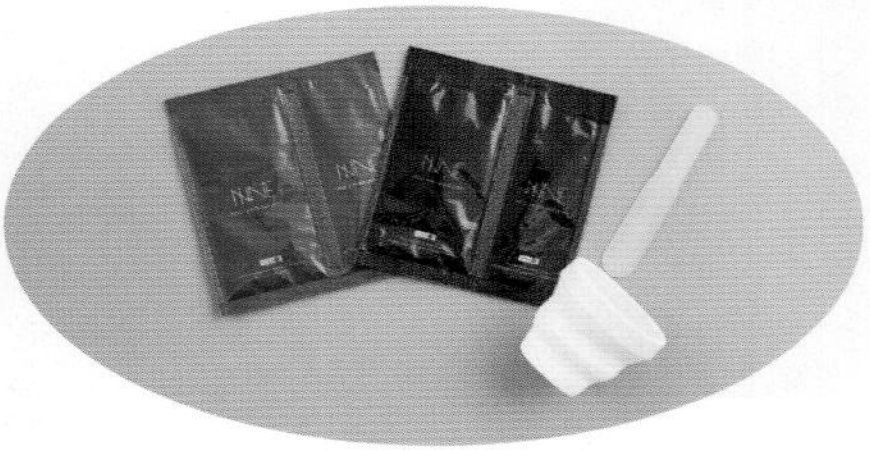

『NNEニードル炭酸パック』
通常価格 2,980円（税込）
初回特別価格 1,980円（税込）

『NNEニードル炭酸パック』
の購入はこちらから。

新発想のサイクル使い 肌をスペシャルケア

『ニードル炭酸パック』は、新発想のサイクル使いでお肌のスペシャルケアを叶える日本初のクイックニードル入りの炭酸パック。炭酸パックの研究に10年以上費やした製薬会社と共同開発しており、浸透力と炭酸濃度、どちらも考え抜かれた商品となっている。超微粒子の濃密炭酸10000ppm以上がほど良い刺激を与えて肌を柔らかくさせ、ゲル状のテクスチャが炭酸の揮発性を抑え、高濃度炭酸のシュワシュワを直接肌に届ける。クイックニードルが、三種の幹細胞エキス「ヒト幹細胞配合ナノカプセル」「リンゴ果実培養細胞エキス」「エーデルワイスカルス培養エキス」と植物由来の美容成分「ペプチド」「ダイズ発酵エキス」を72時間かけて角質層まで届ける。鉱物油、シリコン、紫外線吸収剤、石油系界面活性剤、合成香料、合成着色料、パラベンは不使用。液だれしな

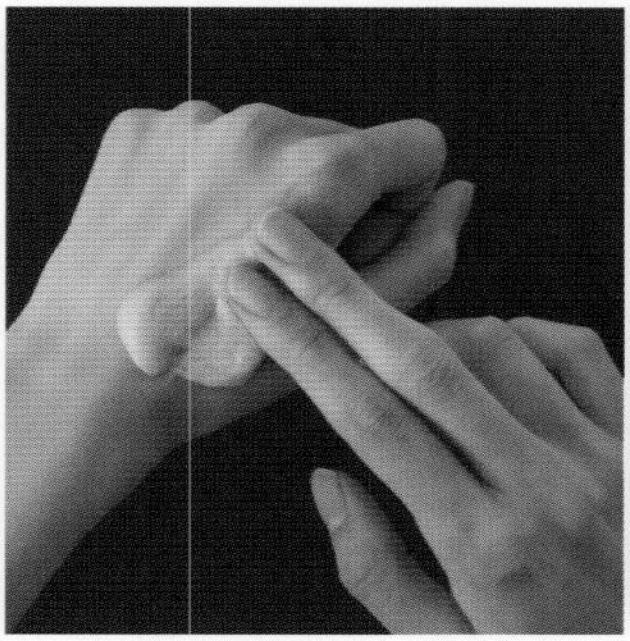

いので使いやすく、簡単に剥がせるから手間にならない。洗い流し不要なので、成分がそのままお肌に浸透する。

ユニークなのが、その使用方法。ピールオフを目的とする『クレイパック(黒)』と集密リペアを目的とする『シカパック(緑)』という、成分や効果の異なる二つのパックをサイクル使いすることで、幅広い肌悩みにアプローチ。よりしなやかであか抜けたクリア肌へと導いていく。『クレイパック(黒)』は、紀州備長炭と三種のクレイと天然由来AHAを配合しているパック。紀州備長炭が毛穴汚れを吸着し、ミネラルや天然成分が豊富な三種のクレイ「タナクラクレイ」「海シルト」「ベントナイト」が汚れをしっかりと落としながら潤いをキープ。天然由来AHA(オレンジ、レモン、ビルベリーなど)が、古い角質へのピーリング効果を発揮する。優しいラベンダーの香りが、疲れた心身を癒してくれる。『シカパック(緑)』は、CICAと二種の美容成分と三種の美肌菌を配合しているパック。今話題のCICA成分が鎮静効果で肌荒れをケアし、二種の美容成分「グリチルリチン酸2K」「アラントイン」がデリケートな肌を優しく包み込む。定期的に使い続けることで、三種の美肌菌「乳酸菌」「ビフィズス菌発酵エキス」「国産米ラ・フローラ」が、肌トラブルに立ち向かう健やかな肌を育んでくれる。気持ちを晴れやかにさせてくれる、爽やかな柑橘系の香り。お肌のくすみ、毛穴汚れや肌荒れでお悩みの方、肌の手触りが気になる方、市販のパックでは物足りない方、年齢肌にお悩みの方にオススメだ。

(ライター/山根由佳)

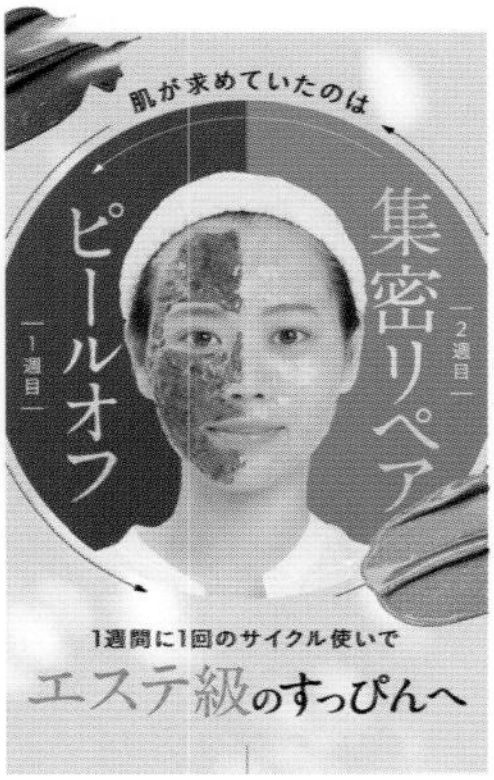

株式会社 **フロムココロ**

☎ 0120-556-073
✉ info@fromcocoro.com
㊟ 福岡県福岡市中央区薬院1-5-6-7F
https://www.fromcocoro.com/

from COCORO

金属加工品の雄が開発 ステンレス製 BBQ用品や調理器具

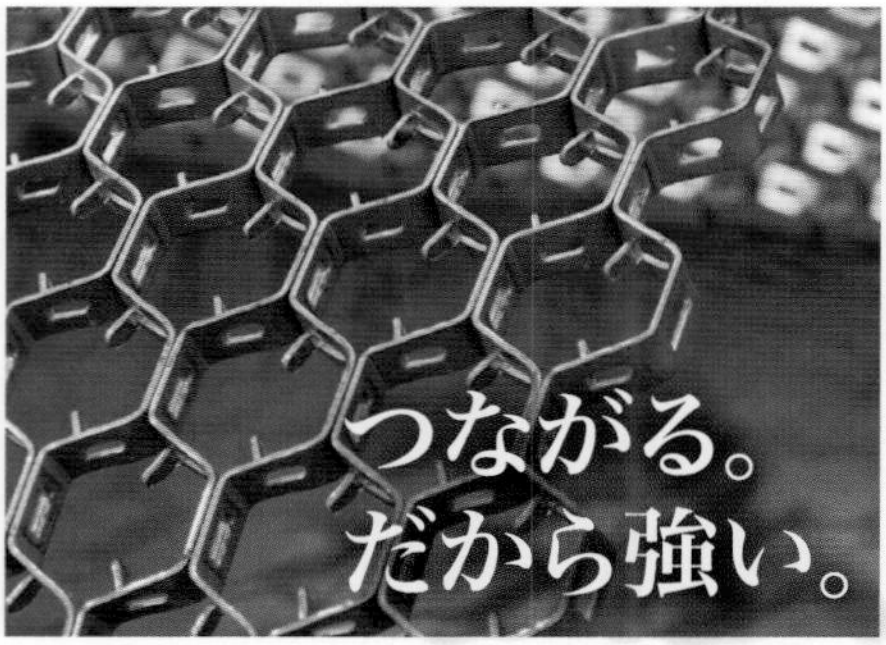

オシャレなだけじゃない サステナブルな製品

DIYやアウトドア好きから熱視線を集めるのが『有限会社双葉テックス』だ。1983年の創立以来、織金網、パンチングメタル、エキスパンドメタル、線材加工品、ステンレス加工品など、あらゆる産業分野で使用される金属加工品を、ニーズに合わせて迅速に製造。炉材用耐熱支持金具の分野では、『HEX MESH（ヘックス メッシュ）』や『チェーンリンク』、『アンカーメタル』などのリーディングメーカーとして、その製品が国内外の製鉄所溶鉱炉、焼却炉などにて幅広く採用されてきた。特に『HEX MESH』と『チェーンリンク』は、業界内でデファクト・スタンダードと評されるほど支持されており、その安定供給と迅速かつ高品質な生産を通じ、各種大規模プラントや焼却炉など、現代社会・経済の重要インフラを支えてきた。そんな同社の真骨頂ともいえる『HEX MESH』が一般販売をスタートさせたのである。『HEX MESH』は一本一本職人による手作業で製造された強度抜群のハニカム構造。テーブルや工具収納などに活用でき、DIY

「25㎜ランスグリット（L/G）」

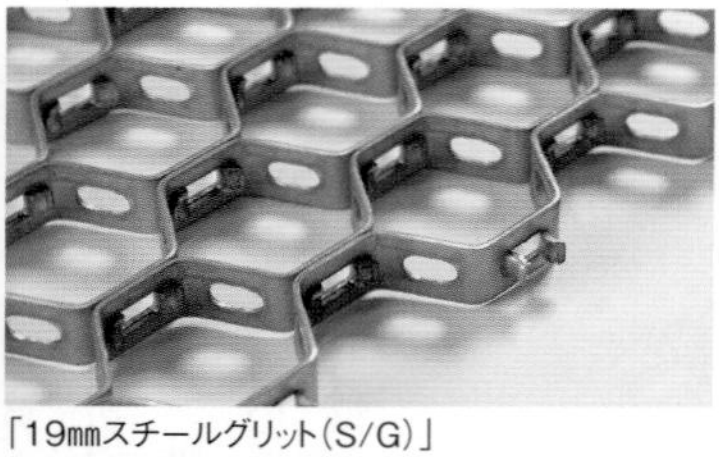
「19㎜スチールグリット（S/G）」

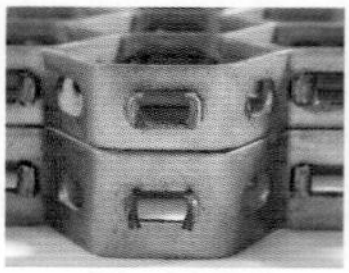
上:19㎜／下25㎜

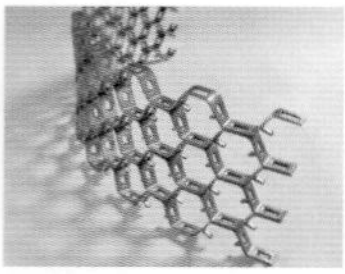
曲げ加工にも対応可能。

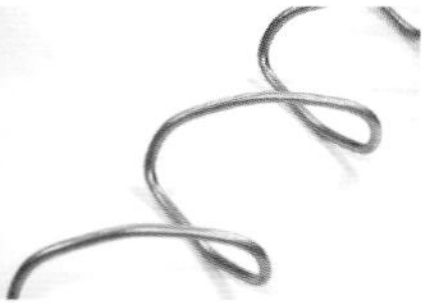
「チェーンリング」19㎜

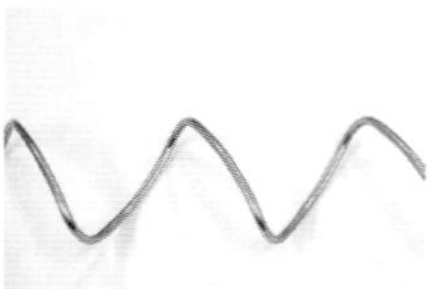
「チェーンリング」25㎜

「コイルアンカー」

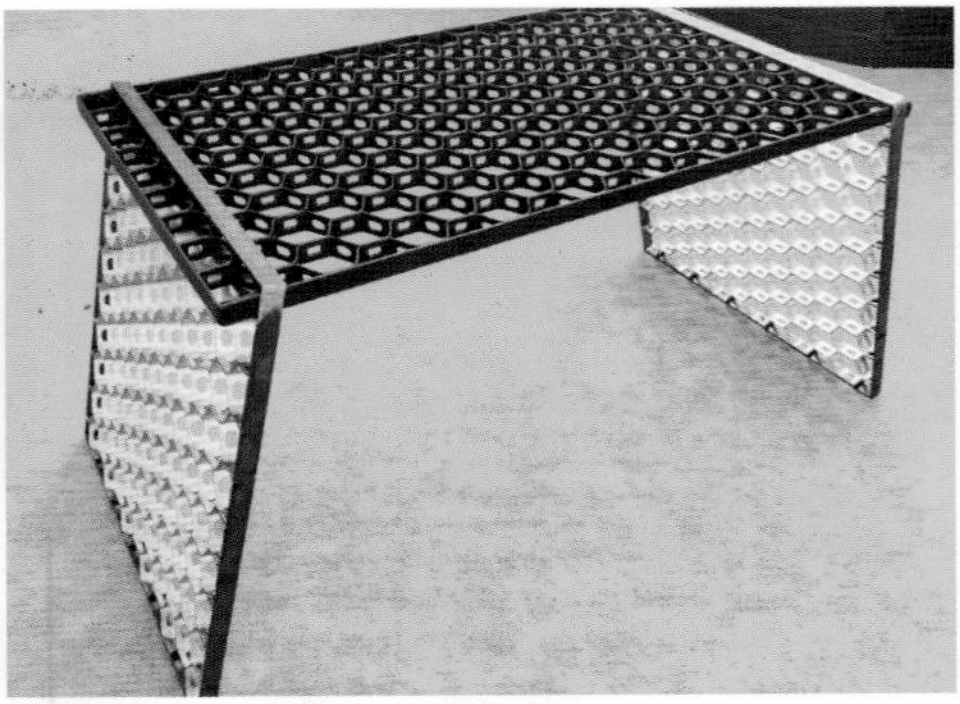

『HEX MESH テーブル』

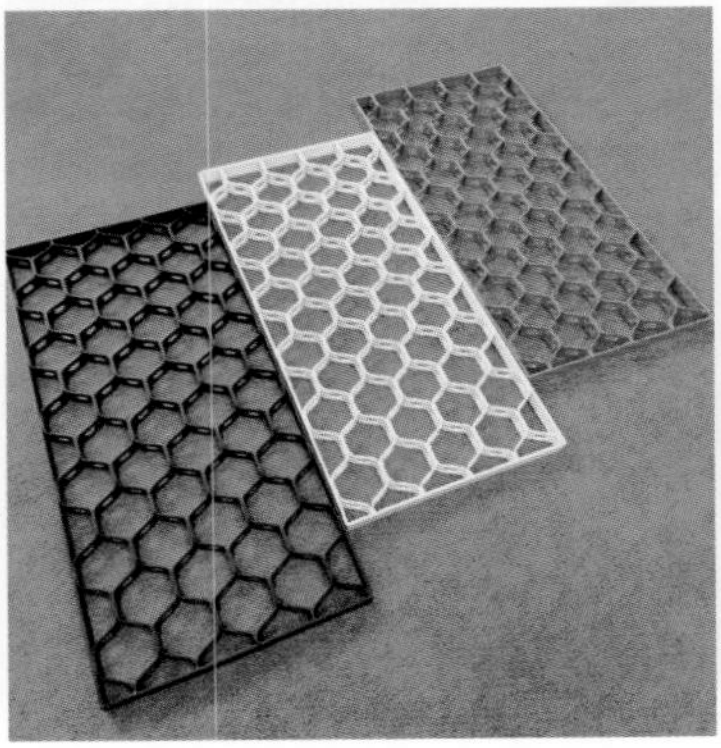

『HEX MESH 靴置』

『HEX MESH 工具置』

好きにとってはたまらないアイテムとなっている。

　また、金属加工業として長年培ってきた技術を活かし、日常をもっと楽しくするこだわりの生活用品も開発。２０２２年には、新ブランド『INDUST-REAL』を立ち上げ、バーベキュー用品、キャンプ用品、調理器具など、シンプルなデザインのステンレス製品を次々と販売している。

『ステンレス鉄板イワタニ Iwatani 炉ばた焼器 炙りや専用』は、炭酸ガスレーザー（CO_2レーザー）という治療にも使われる技術で加工をし、切断面に焦げもなく非常に綺麗に仕上げた鉄板。「ステンレス（３０４）製」なのでシーズニングの必要がなく、また錆もほとんど発生しないので非常に衛生的だ。利用後は洗剤を使用して金タワシでゴシゴシ洗ってからしっかり拭いておくだけでOK。使い捨ての網を何度も買い替えることを考えれば、このステンレスプレートは一生モノだ。分厚いステーキでも中までしっか

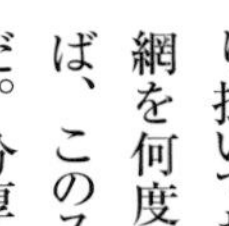

「VOP アンカー」

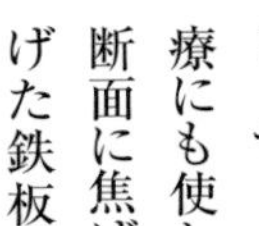

「ブロー アンカー」

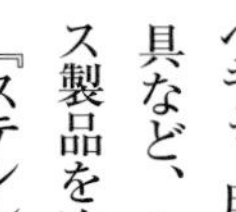

「Yアンカー」

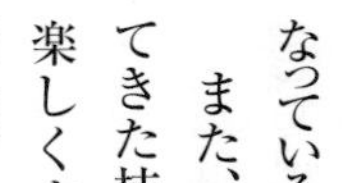

「Vアンカー」

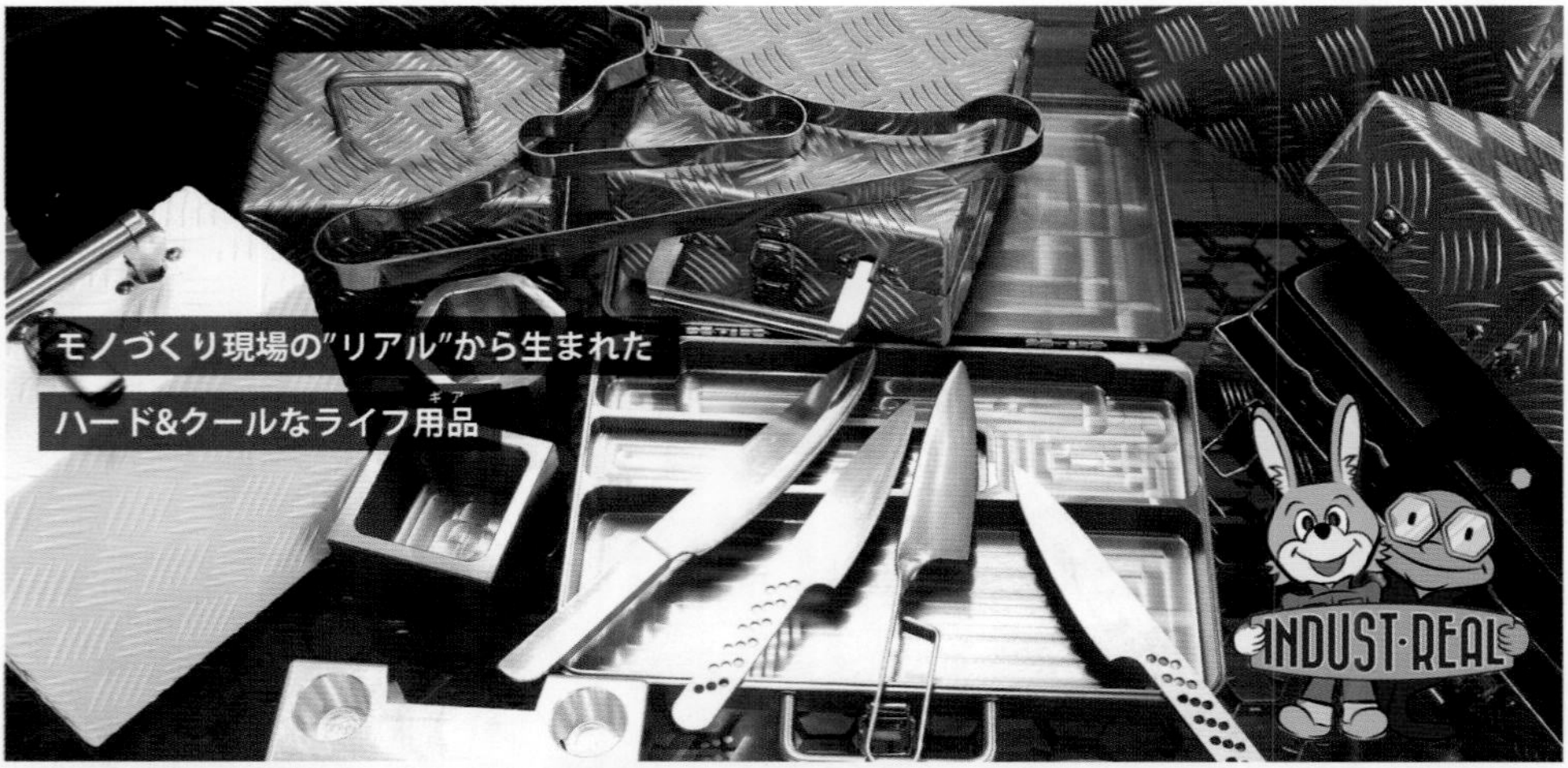
モノづくり現場の"リアル"から生まれた
ハード&クールなライフ用品《ギア》
INDUST·REAL

『BBQ用SUS串／スパイラル型』

『サステナブル／
カトラリーセット』

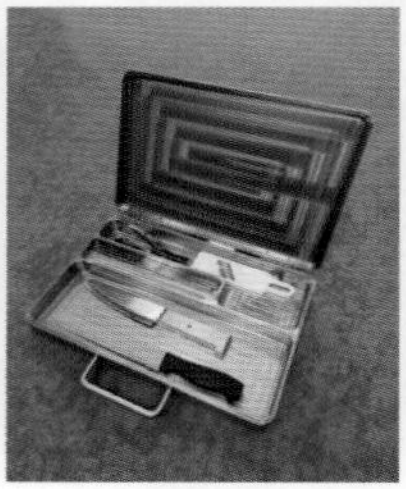
『ウレナイ道具入れ』

『シンプリーナイフ』
『レジネーナイフ』

りと火が通り、機能性にも長けている。『ウレナイ道具入れ』は、ナイフや包丁などの道具入れ。まな板もレールに仕舞える仕組みになっている上、ケース分離もでき、ステンレスプレートとしても活用できる。『BBQ用SUS串／スパイラル型【5本セット】』は、生産過程で余ったステンレス鋼を再利用。スパイラルはクール仕上げ、串部分に強度加工を施している。『シンプリーⅢ サスティナイフ』は、製造過程で生まれた残材から製作。切れ味も、市販の包丁と変わらない。無駄を削ぎ落としたシンプルな造形が美しく、キャンプやバーベキューなど様々な場面で活躍する。『サスティナブル／カトラリーセット』『サスティナイフミニ』『サスティナブル／スパイラルスプーン』『サスティナブル／スパイラル フォーク』は、人間工学を度外視し、ステンレス廃材や残材をベースに製作。とても軽量で錆びづらいステンレス材（国産）を使用しており、キャンプや災害など様々な用途で使える。

インダス星人
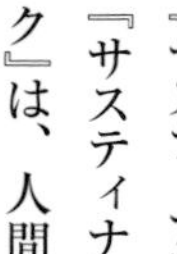

INDUST·REAL

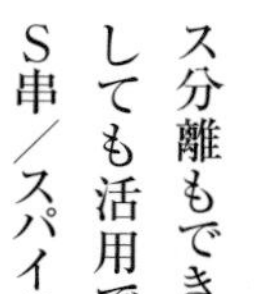
リアル・バーニー

INDUST-REAL　https://futabatechx.base.shop/

『ナットリング』

『ステンレス鉄板イワタニ』

『ブラックケース（履き上手α用）』
※本体は付属していません。

『ペン立て PENX』

『ステンレス升』

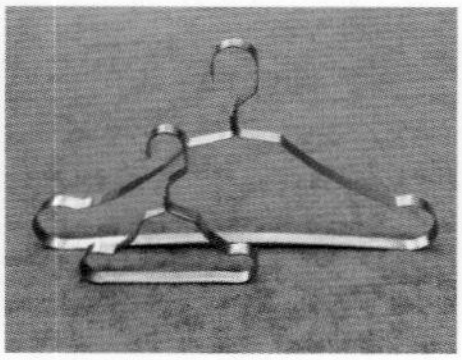

『ステンレスハンガー』

『ステンレス製無電源スピーカー』

『ハニカム升』『ステンレス升／４角』は、機械加工より削り出して加工した一体物の酒升。『ペンクスＰＥＮＸオーガナイザー』は、ペン差し穴が七ヵ所あり、付箋やスマホを置くことができるペン立て。デスクやお店の受付などに置けばオシャレでクールな雰囲気を演出できる。

「普段現場にいる我々には見慣れている製品、部品、素材、それらから出た端材。見方を変えれば、生活をもっと楽しくすることに使えるのではと考え、バーベキュー用品、キャンプ用品、調理器具など、思いつくまま試作を重ねてきました。『INDUST-REAL』は、今なお発展途上。つまり伸びしろしかありません。何が出るかは自分たち自身が楽しみで仕方ない、そんなブランドの成長をあなたも目撃して下さい」

（ライター／山根由佳）

有限会社 **双葉テックス**
ふたばテックス
047-435-1771
info@futaba2828.jp
㊟ 千葉県船橋市栄町2-8-11
https://futaba2828.jp/

FUTABA TECH
有限会社双葉テックス

着物と鳥居をイメージ ドイツ製の上質なレザーバッグ

OLBRISH
LAGRANDAM

世界三大コンテストで最優秀賞に輝いた逸品

女性のボディーラインやシルエットを美しく魅せる特長あるデザインと機能性に優れ、数々のデザインコンテストで受賞してきたドイツのバッグブランド『OLBRISH』が、遂に日本初上陸した。使用しているのは、南ドイツの自然豊かな牧草地帯で育てられた最高品質の牛革。保湿効果が良くても美しい仕上がりになるオリーブの木と葉を使ってなめしており、日本にはない上品な色合いを醸し出している。注目していただきたいのは、日本をイメージしてデザインされた『Kimono』と『Torii』。

ベルサイユ宮殿や国会議事堂、古城の修復などにも使用されているジャガード織りされた馬毛の織物を使った『Kimono』は、世界的なデザインコンテストで受賞もしている逸品。美しい着物姿の日本人女性をイメージし、デザインの構想を膨らませたショルダーバッグで、着物の襟合わせのように前方に開くのがユニークだ。２タイプの留め具（隠し磁石プッシュボタンとメカニカルクラスプ）で留めてシルエットをスタイリッシュにしたことで、上向

日本でなじみの浅い、馬毛（ホースヘアー）の発信、普及を行うドイツ（ベルリン）の『OLBRISH』。

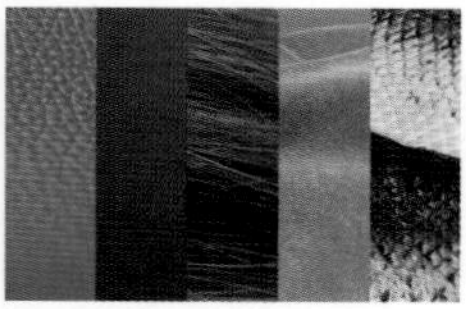

日本初上陸ブランド"OLBRISH"
Made in Germany

Kimono

『レザー&ホースヘアーショルダーバッグ』93,600円(税込)

Torii

『レザー&フィッシュレザーハンドバッグ』102,960円(税込)

きにそびえ立つ印象に。個性的なアーモンド型の底でボリュームを出しており、身体にぴったりと寄り添う。

一方、鮭の皮を使用した『Torii』は、日本の神社にある鳥居からヒントを得て製作されたハンドバック。イタリア製のハンドル、ロック金具がエレガントだ。手を自由にしたい場合には長いショルダーストラップがすぐに取り付けられるように設計されており、使い勝手が良い。上質な和洋折衷バッグを、ぜひ手に取ってみてほしい。

『OLBRISH』は、「SDGs」への積極的な取り組みでも知られている企業の一つだ。従来、焼却処分されるオリーブの木と葉を煮出し、レザーのなめしに使用している。製造過程で余ったレザーはすべて集め、特殊な技術で芯材へと加工し、再利用している。創業期より、貧困層へのベルトの販売、医療・福祉に対して売上金の一部を寄付するなども実践している。

(ライター／山根由佳)

蓮馬 株式会社
れんま
✆ 011-738-3040
✉ umanoke.renma@gmail.com
㊟ 北海道札幌市北区北38条西4-1-22-111
http://renma.co.jp/

細部まで妥協せず製作美しいオリジナルジュエリー

オーダーメイドやリモデルも相談可能

「ジュエリーとは、特別な日に想いを込めるもの。日々の生活にちょっと潤いを与えるもの。大切な日の思い出であったり、決意であったり、勇気をもらえるものであったり、あたたかいものであったり、ただ身を飾るためだけの道具ではなくそこには、大切にしたい気持ちがあります」

『St.amour Jewellery』のデザイナー武田達樹さんは、２０００年に貴金属装身具製作の道を歩み始めると、２０１１年に「一級技能士全国大会第26回技能グランプリ」で金賞及び厚生労働大臣賞を受賞し、２０１８年に名古屋市優秀技能者として表彰され、２０２０年に独立。他企業・ブランドからの依頼や、個人のオーダーメイドを製作する傍ら、『St.amour Jewellery』のオリジナルジュエリーを製作している。

テーマに掲げるのは、「想いと形が一つになったジュエリー」。長年のハイジュエリー製作で培った経験と技術を駆使し、繊細で美しく、アンティークのような気品に満ちたジュエリーを生み

『forest ring night Pt900／ロイヤルブルームーンストーン』211,200円（税込）

『forest ring rainy K18／ダイヤ』182,600円（税込）

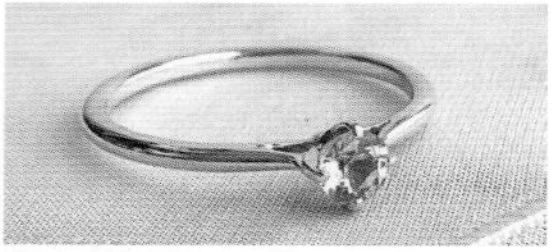

『インペリアルトパーズのシンプルリング K10』38,500円（税込）

『ルビーのエトラスカンスタイルリング K18』165,000円（税込）
『エメラルドのエトラスカンスタイルリング K18』176,000円（税込）

『アンティーク調ラウンドリング ガーネット／パール K10』79,200円（税込）

『一個石リング ローズカット ペリドット K10』41,800円（税込）

『ラピスラズリのアンティーク調オーバルリング K10』143,000円（税込）

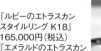

『アンティーク調 ラウンドピアス
ガーネット／パール K10』
107,800 円（税込）

『ハニカムピアス　K10YG』
104,500円（税込）

『一個石ピアス ローズカット
ペリドット K10』
36,300円（税込）

『蓮の葉のピアス 3枚葉
ダイヤ／K10YG』
132,000円（税込）

『アンティーク調ラウンドペンダント
ガーネット／パール K10』
67,100円（税込）

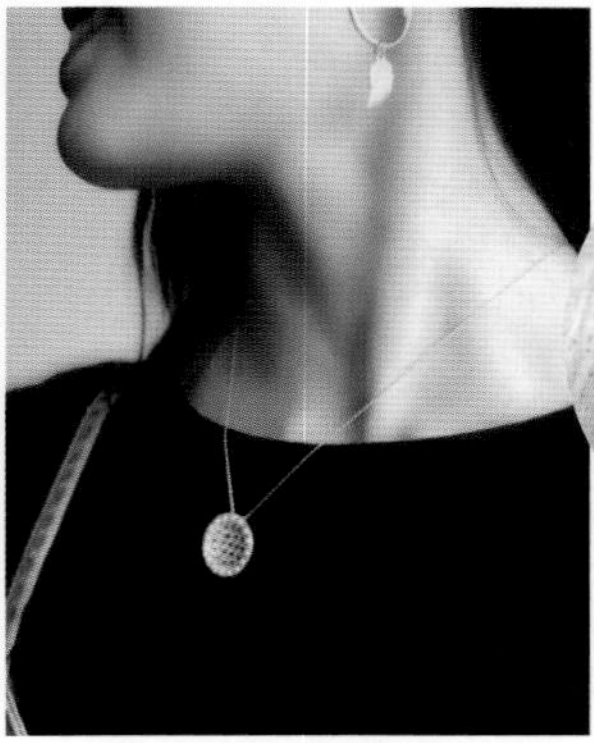

『アンティーク調
colors Pendant K10／
ペリドット／パール』
158,400円（税込）

『一個石ペンダント
ローズカットアメシスト K10』
39,600円（税込）

出している。

特筆すべきは、皿状の土台にカラーストーンやパールが散りばめられたアンティーク調のリングやネックレス。一つのストーンの周りに均整のとれた配置で小粒のパールをぐるりと取り巻いたデザインのジュエリーは、洗練された上質さを感じられ、熟練された職人でなければ出すことのできない美しさを放っている。

森の風景を切り取った新作、『forest』シリーズも素敵だ。森の木の葉が生い茂る様子を立体的に表現しており、生い茂った木々の葉が指を取り巻く可愛らしい指輪となっている。

「『St.amour Jewellery』は、皆さまの想いを形にして、一点一点心を込めてお作りします。『St.amour Jewellery』の作品は、お客様のお手元に届き、お客様の愛が注がれて初めて完成します。想いと形が一つになったジュエリーを身にまとって、あなたの毎日を今より少し潤いのある日々にしてみませんか」

（ライター／山根由佳）

St.amour Jewellery
サンタムール ジュエリー
090-3563-2101
st.amour221@gmail.com
https://stamour.handcrafted.jp/
@st.amour_jewellery

St.amour Jewellery

『forest ring
apple K10／
赤サンゴ』
101,200円（税込）

人と同じ
モノを持ちたくない
個性的な
革製品の数々

革業界を盛り上げる二大ブランド

ひと味もふた味も違う革製品で業界を盛り上げたいと、２０２０年より活動を開始している『All craft』。現在は海外ブランド品の輸入販売とオリジナルレザーブランド『sumo56（スモゴロー）』の二本柱により革製品の販売を展開している。

その活動の第一弾として、クラウドファンディングにて６００%もの支援を集めたとして話題を呼んだのがミニ財布『Wrap Wallet（ラップウォレット）』。アメリカの革職人が厳選した柔らかなヤギ革を使って一つひとつハンドメイドした確かなクオリティ。シャツの胸ポケットにも楽に収まるスマートなミニ財布ながら、お札15枚、カード3枚が収納できる。レザーの色、縫い糸の色を好みのもので組み合わせれば30通りものカスタマイズが可能。レザークラフトキットとしてパーツ販売もしており、DIYも楽しめる。

様々な方向からのアプローチで続々とオリジナルの革製品を発表しつづけている『sumo56』からは人気の商品『oby』を紹介。「ファッションを自由にする」というコンセプトのもとに、キャッ

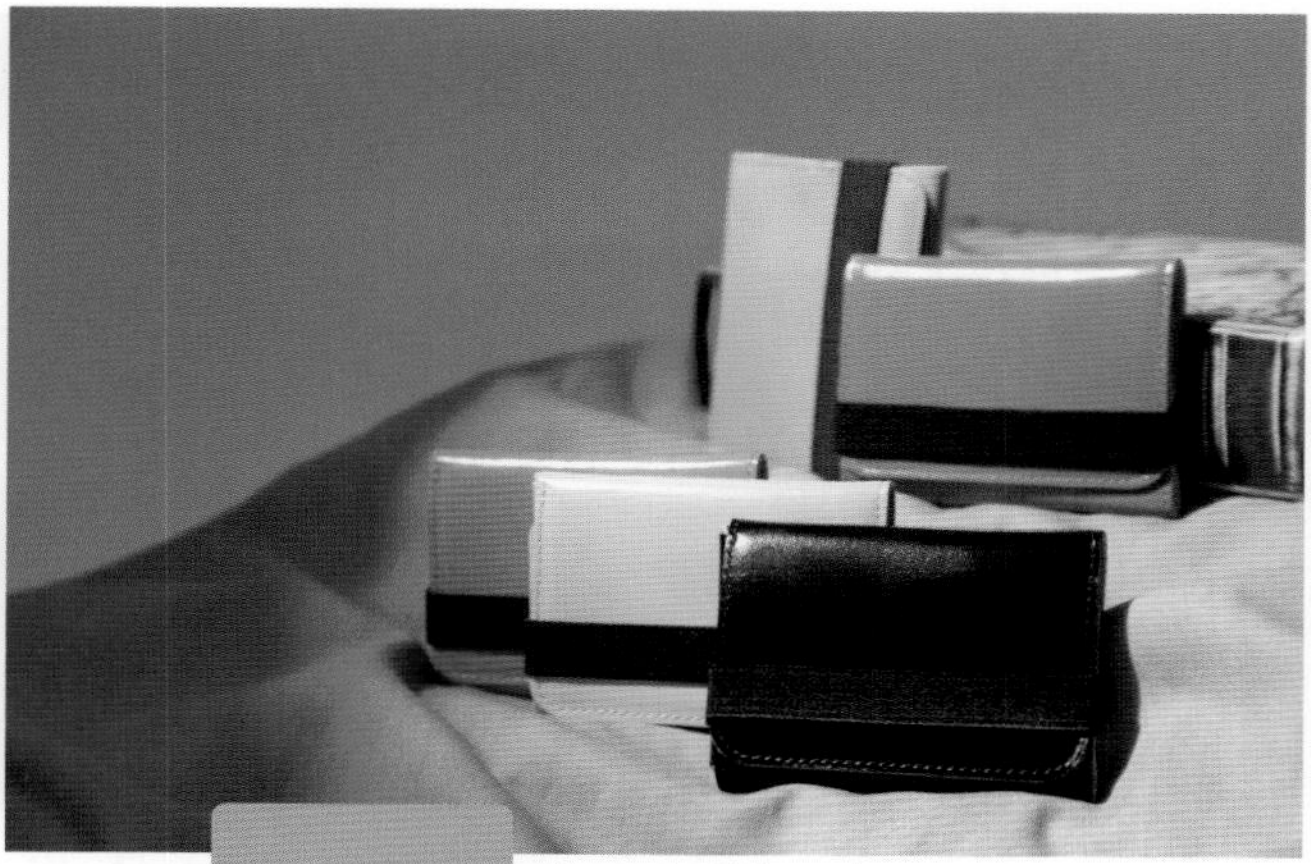

sumo56

『コンパクト財布 oby』
カラーはブラック、オレンジ、ブルー、オリーブ、イエローの5色を用意。

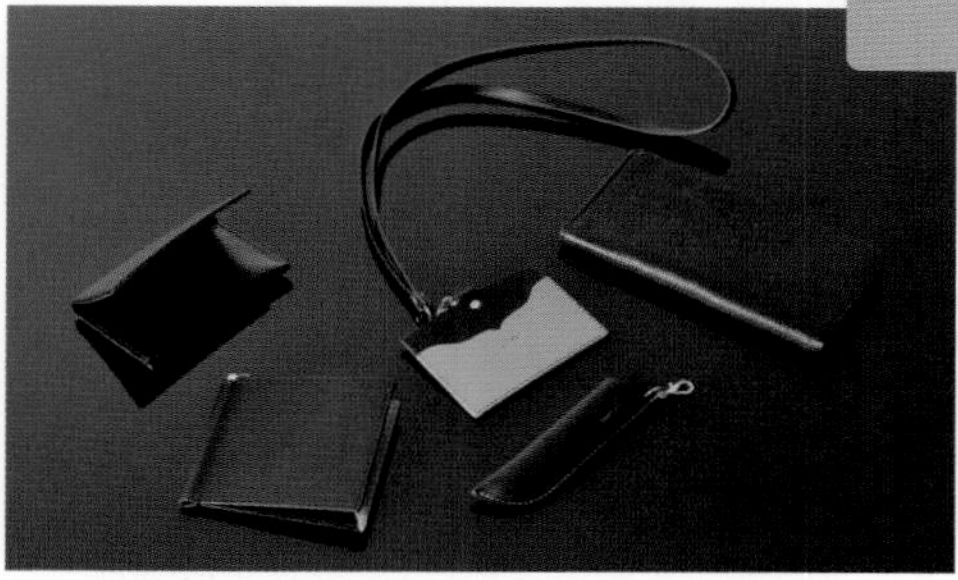

国内生産にこだわったワンポイントカラーの『レガシーシリーズ』。

シュレス化が進んだ現代人の生活スタイルに合わせて作られたコンパクトな革財布だ。二枚の革をサイコロの展開図からイメージしたダイス構造の三つ折りにすることで、小さく薄く、本体37gという軽さ。胸ポケットにも入るコンパクトな手のひらサイズに仕上げた。素材の革は姫路のスーパーレーザーを使用し、大阪の革職人により完全ハンドメイドで品質は確かだ。

収納力も小さいながらカード5枚にお札5枚、小銭15枚と鍵1本を実現するとともに、財布の表面に帯を付けることにより、レシートやクーポン、メモなどを挟んでおくこともできる。カラーはブラック、オレンジ、ブルー、オリーブ、イエローの5色。ポケットが不格好に膨らむなど財布に煩わされずにおしゃれを楽しみたいミニマリスト必携の逸品だ。

『sumo56』より新しい商品が次々発売されるので、ぜひホームページでご確認を。

（ライター／今井淳二）

Allcraft
オールクラフト
070-8444-7689
info@allcraft.work
㊟ 大阪府堺市中田出町1-2-14-201
https://allcraft.work/

ホームページ　Instagram

紫外線とオゾンガスのダブルで殺菌
普及が進む紫外線自動回転照射装置

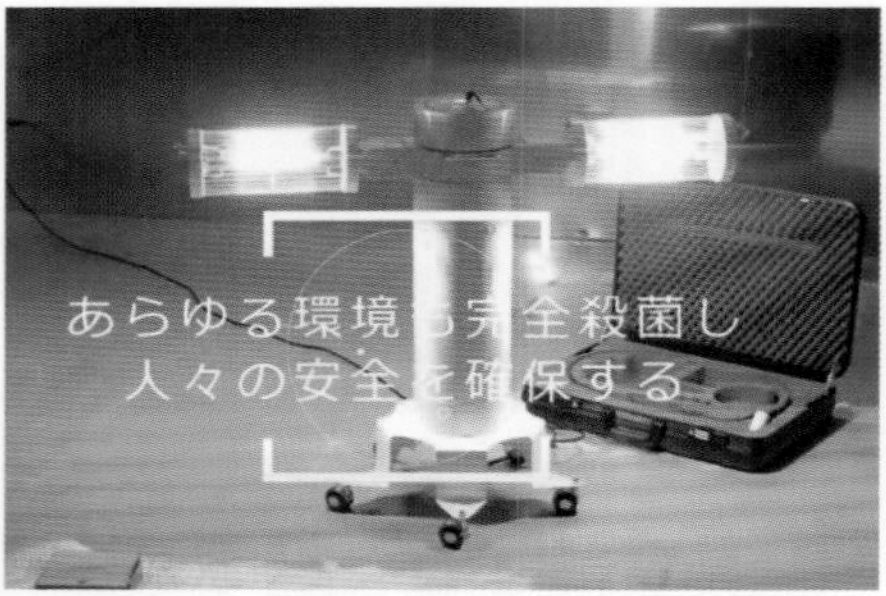

『クリーンライザー』

厳正な実験で効果確認
殺菌代行の業務も実施

全国2500超の医療機関をはじめ、福祉施設や学校、飲食店、宿泊施設、公共施設、動物病院など多くの人が出入りする施設で導入が進む殺菌装置がある。『株式会社アドニス本澤』の紫外線自動回転照射装置『クリーンライザー』。設置や操作が簡単で、紫外線と同時に定量のオゾンガスも放出するダブル効果で室内空間だけでなく、設備や備品、機器類までも殺菌消毒する優れた性能、機能が支持される理由だ。

「当院では、診療終了後の毎日、待合室や診察室などのすべてを紫外線とオゾンのダブルで新型コロナウィルスの殺菌をしています」（埼玉県の内科医院）「近年、メチシリン耐性黄色ブドウ球菌など新たな菌が発生していますが、これらの菌を殺菌し、手術室内環境を清浄に保つためにクリーンライザーを設置しています」（岡山県の総合病院）「紫外線とオゾンの効果で院内を常に清潔に保つことを心がけています」（沖縄県の歯科医院）…。

医療機関がホームページで殺菌対策として導入をこのようにアピールす

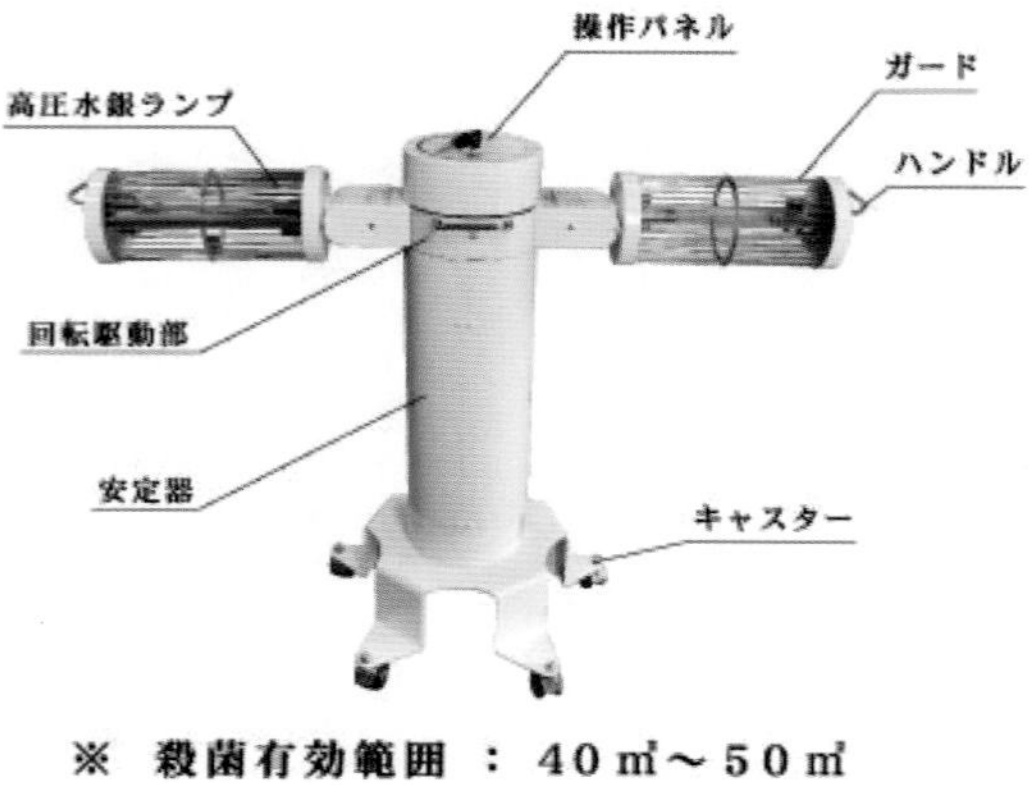

※　殺菌有効範囲　：　40㎡～50㎡

導入機関

○藤田医科大　○横浜市立大付属病院
○岐阜厚生連病院すべて　○奈良県立病院
○春日部医療センター　○春日部医師会
○ふじみの救急病院　ほか多数。

春日部市との災害協定。

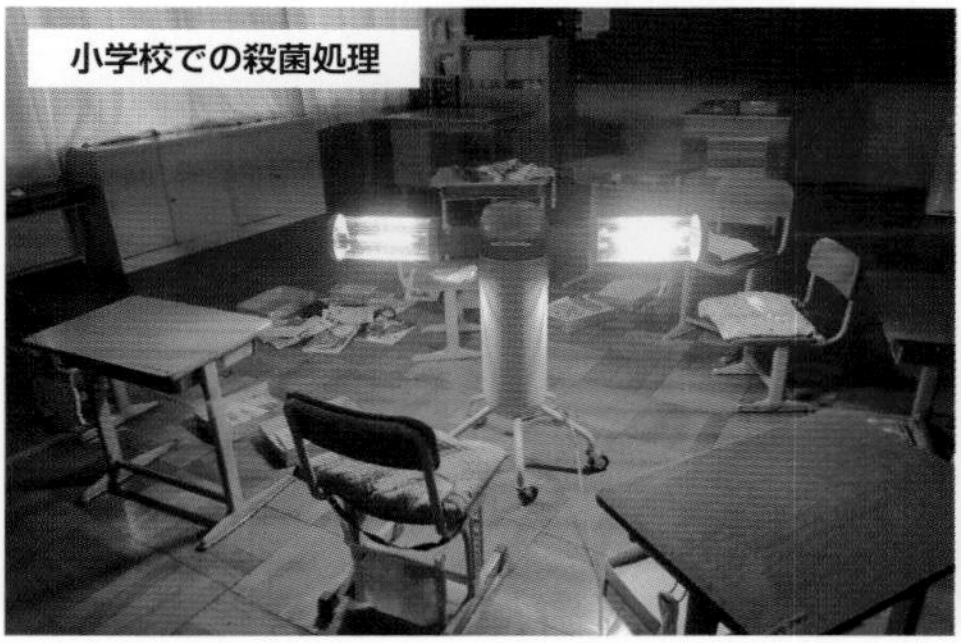

るほどの『クリーンライザー』は、紫外線照射装置を組み込んだ左右2本のアームを持つ高さ89㎝の円筒形。アームは不使用時には折り畳まれ、使う時には翼のように117㎝幅で水平位置に広げる。操作は、本体底面にプラグを差し込み、ACプラグをコンセントに繋ぎ、キーでONにするだけ。本体がゆっくり回転しながら紫外線を照射、定量のオゾンガスを放出する。

その殺菌効果は、認定特定非営利活動法人バイオメディカルサイエンス研究会が受託し、学者で構成する評価委員会が表皮ブドウ球菌、黄色ブドウ球菌、病原性大腸菌O-157、多剤耐性緑膿菌、枯草菌の5種の細菌を対象に『クリーンライザー』を使って行った実験で、運転後30分から殺菌効果が認められ、180分の運転で回転軸から半径1mの範囲で紫外線が直接照射された測定点では5菌種のいずれも残存菌が検出されず、有効な殺菌効果が認められた。紫外線を遮蔽したオゾンガスによる殺菌効果の実験でも有効な殺菌効果が認められた。

オゾンガスは、一定の時間が経つと酸素と結びついて空気に戻るため、人体に対して悪い影響も残らないという。

同社は、院内感染や施設内でクラスターが発生した際に『クリーンライザー』を複数台現場に持ち込み、短時間で全フロアを殺菌する『殺菌代行サービス』も行っている。

（ライター／斎藤紘）

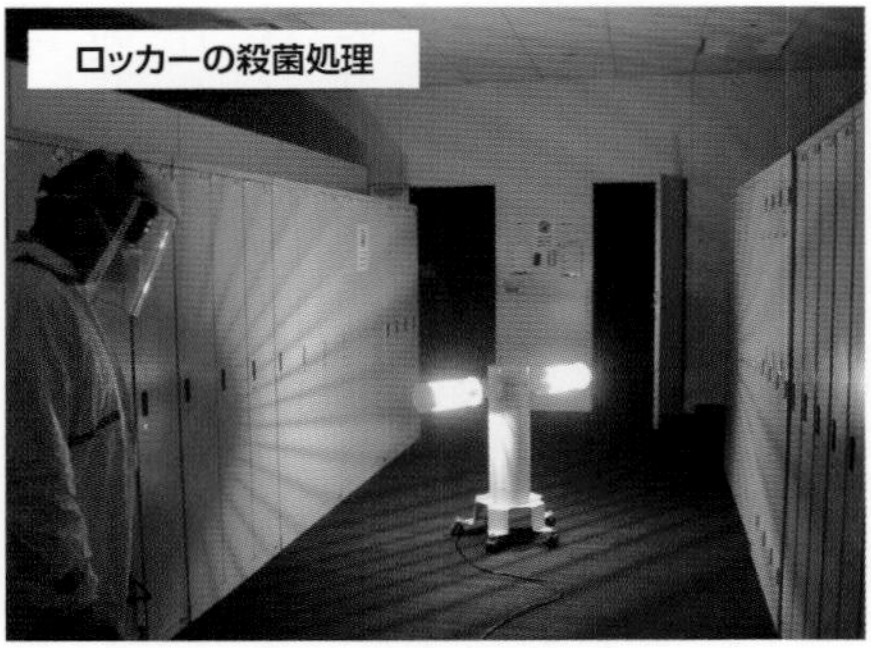

株式会社 アドニス本澤
アドニスほんざわ
048-752-1031
info@adonis-h.co.jp
㊟ 埼玉県春日部市南栄町5-6
http://www.adonis-h.co.jp/

こちらからも
検索できます。

ADONIS HONZAWA

赤ちゃんも
ペットも安心
100年先の未来に
優しいアイテム

100年先を見据えた洗剤や除菌商品

「100年先の未来に美しい地球を」をコンセプトに、2022年8月に『株式会社jolie mimmi』から誕生した『MAGICAL RELEASE®』。4児の母である代表の錦織弁妃さんが、赤ちゃんやペットも安心して使えるもの、そして子どもたちが大人になった時に安心して暮らしていられる地球を残していきたいという想いから、生まれたブランド。現在販売されている粉洗剤や除菌スプレー、スキンケア用品は、すべて自然成分のみで作られている。自然由来で作られた商品は、原料は自然界に存在するものであっても製造の段階で化学的処理を加えているものが多いが、『MAGICAL RELEASE®』の商品は自然由来ではなく、自然成分100%。すべて自然成分のみで作られており、防腐剤や界面活性剤などの化学物質を一切使用しないことに加え、製造の段階でも電気分解などの処理を行わないことにこだわりぬいている。

人気商品は、『MAGICAL RELEASE®粉洗剤』。成分表示には、過炭素塩や炭酸塩などの表記があり、一見普通の洗剤のように見られるが、これらがすべて自然の成分のみで作られているのが大きな特長。安心・安全なだけではなく、つけ置きで落ちやすい

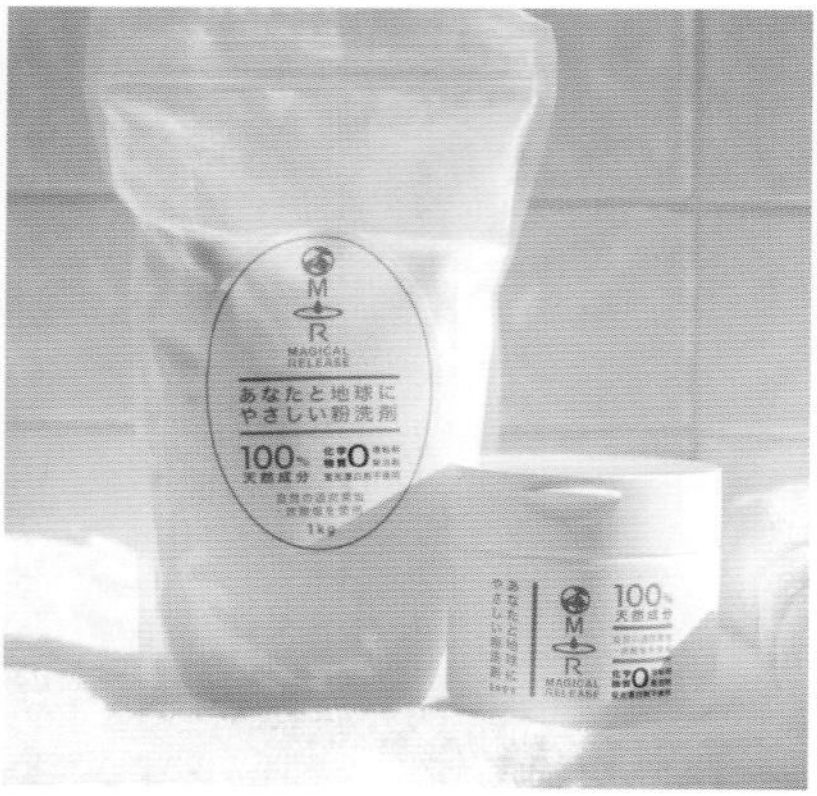

『100%自然成分のアルカリ除菌スプレー』
1,800円(税込)

『MAGICAL RELEASE®』(粉洗剤)
1kg 7,480円(税込)
300g 3,300円(税込)

『MAGICAL RELEASE®
ベビーローション』
近日発売予定

『MAGICAL RELEASE®
for ベビー』
(粉洗剤)
300g 3,300円(税込)

代表 錦織弁妃さん
28歳の時、人には見えないものが「見える」「聞こえる」「感じる」体質を活かし、カウンセラー、コーチとして個人支援事業を開始。組織向けアドバイス増加に伴い法人化し、並行してショップも始めた。

『璃咲乃肌®プレミアムピュアウォーター』
11,000円（税込）

ことや、トイレやお風呂の掃除、窓拭きや食器洗いとしても幅広く使用できて、簡単に綺麗になるとして主婦層から高い人気を得ている。

また、近年出番が増えた除菌スプレーも好評アイテムの一つ。一般的に使用されているアルコールの消毒剤は、使用頻度が増えると健康にも影響が出る危険性が高い。『MAGICAL RELEASE®』の除菌スプレーは食品レベルに安心でありながら、高い除菌力を持つ南極の水を原料に作られており、小さな子どもの身の回りのものや、ペット用品の除菌にも安心して使うことができる。原料となっている南極の水は、まだ地球が手付かずの大自然だった21億年前の太古の地球の記憶を持つもの。この太古の地球の記憶が持つエネルギーを、生命体エネルギーという。生命体エネルギーとは、自然界の花が咲く時のエネルギー。化学物質はとても便利な存在ではあるが、偏りすぎると時に人が本来持つ生命力や〝自分らしさ〟を見失わせてしまうことがある。現代の私たちの生活から化学物質を全て排除することは難しいが、南極の水を使用した商品を使用することで、除菌だけではなく、「その人だけの美しさ・才能が自然と花開くように」という錦織社長の想いも込められている。

『MAGICAL RELEASE®』というブランド名は、化学から魔法のように解放（リリース）して、自分らしさを取り戻すという意味も含まれている。

南極の水を使用したもう一つの商品が『璃咲乃肌®プレミアムピュアウォーター』。この商品も南極の水を原料に、余計なものを一切加えずに作られている。この美容液は肌に栄養を加えるものではなく、肌本来の機能を取り戻す効果がある。人の肌は本来、自分で健康な状態を維持できるもの。自分で美しくあれる状態へと肌を育てていくことができるため、使い続けていくうちにスキンケアはこれ1本になる人も多い。

今後は、ペットの皮膚や毛のケアができるペットスプレー、赤ちゃんの肌に安心して使えるベビーローション、部屋の有害物質を軽減する壁用スプレーなどを展開予定。商品を通して、人々の健康・自分らしい人生・地球環境に貢献していく。

（ライター／渡辺唯）

株式会社 jolie minmi
ジョリー ミンミ
03-5244-9995
住 東京都中央区新富2-5-11-704
https://jolie-minmi.co.jp/

ショップ https://www.magical-release.jp/
@magical_release

LINE

安全・高品質なダニ捕りシートで快適なアウトドアライフを

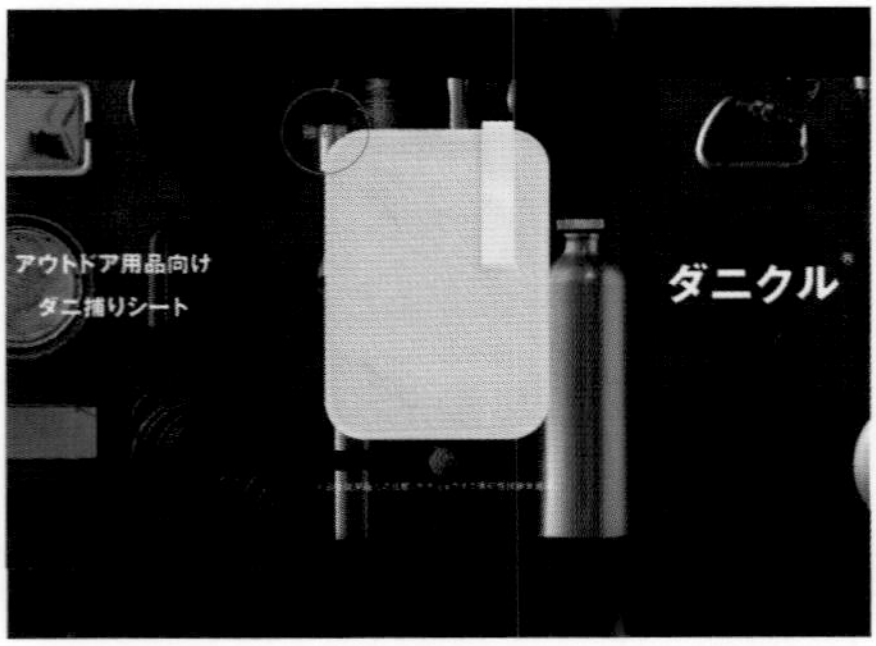

一般的な製品の2倍の誘引剤と強粘着でしっかりダニを確保

『有限会社エース産業』の『ダニクル®』は、寝袋やキャンプ用防寒具などのアウトドア用品向けに開発された安全で高品質なダニ捕りシート。一般的な製品の2倍の誘引剤と強粘着剤で、アウトドア用品をしっかりケア。ほぼ1年中いるとされるダニは繁殖力が強く、約2ヵ月で成長、約3ヵ月〜約1年の寿命の中で産卵、数が爆発的に増えていくという。中でももっとも最も多く生息しているとされるヒョウヒダニは、高温多湿を好み、温度20〜30℃、湿度60〜80%の環境に多く生息。温度・湿度がこもりやすい寝袋やキャンプ用防寒具は保管時にダニの温床になっている可能性があるという。万が一ダニの温床となってしまうと気管支喘息やアトピー性皮膚炎、アレルギー性鼻炎、アレルギー性結膜炎といった疾患を患ってしまう可能性もあり、しっかりとダニ対策を取ったアウトドア用の保管が必要。そんなダニ問題を『ダニクル®』であれば解決してくれる。

使い方は、袋を開けて、入れるだけと簡単だ。寝袋や防寒具などの布

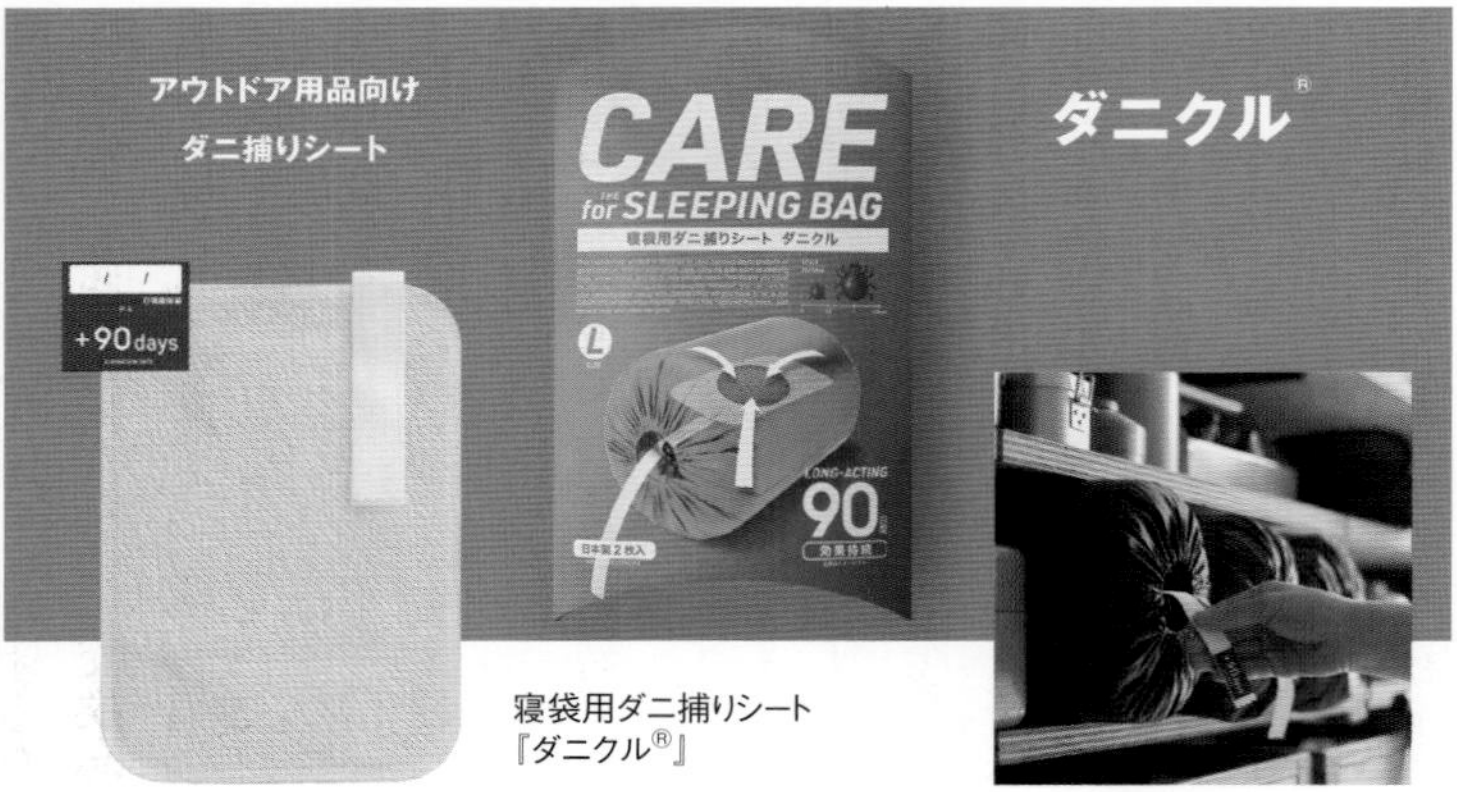

寝袋用ダニ捕りシート『ダニクル®』

『ダニクル®』は 10年間で40数万販売の実績

日本の縫製技術を生かして、お客様のデザインを「カタチ」に。

『ダニクル®』の使用方法などこちらから検索できます。

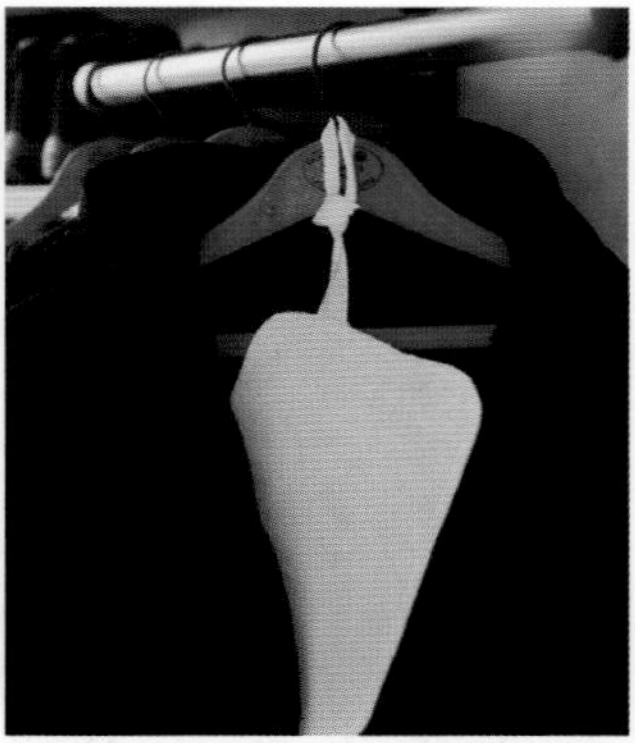

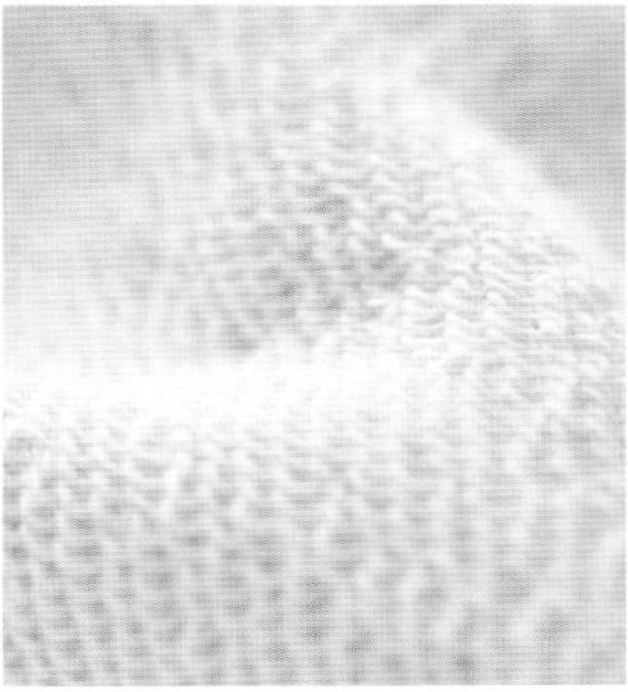

誘引剤、粘着剤が2倍。

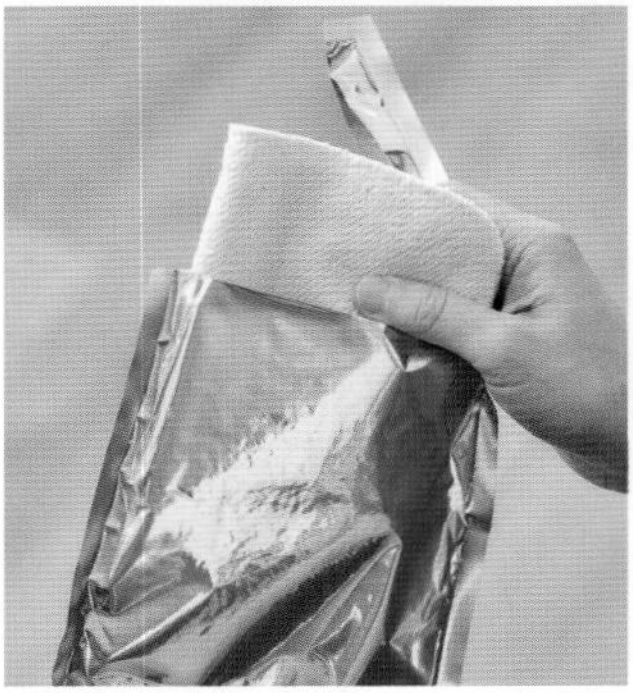

個包装で長期保存。

ストラップ付で簡単使用。

製品の中へ入れて、一緒に保管するだけで効果を発揮してくれる。交換忘れ防止ストラップに記載された期日まで使用した後は、取り出してゴミ箱へ捨てるだけと処分方法にも困らない。また、アルミ個包装なので効き目が長持ち。アルミ袋開封後は、90日効果が持続し、未開封品であれば約3年間の長期保存が可能だ。誘引剤は、食品由来のため安全性も高い。本体は、綿100%とこちらも安心・安全。日本製の原材料を使用しており、製造もすべて国内。同社の高い技術力を活かしてガレージやキャンプ場などの厳しい環境でも壊れにくく、中身の誘引剤がもれない「2本糸縁かがり」製法で製造している。

ダニは、湿気があり暗くて暖かい場所を好むので室内で使用する場合は、シーズンオフ中(寒い時期)も継続的に使用することをオススメ。年間を通してしっかりダニのケアをすることでアウトドア用品をクリーンな状態に保つ。

（ライター／長谷川望）

有限会社 エース産業
エースさんぎょう
☎ 0226-42-3939
✉ info@ace-industry.co.jp
㊟ 宮城県気仙沼市本吉町坊の倉67-1
https://ace-industry.co.jp/

本社・工場

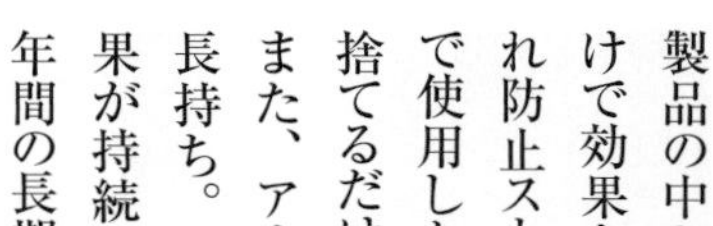

遊び心ある女性に好評のカジュアルセレクトショップ

親子で使えるエイジレスなデザインも

『Talent_Voler』は、池袋西武や横浜高島屋、千里阪急など、様々な百貨店から引っ張りだこの大人向けカジュアルセレクトショップ。

テーマは、遊び・トレンド・女性らしさ。長年バイヤー、スタイリストとして活躍してきた代表の中島友貴さんの審美眼を活かしたセレクトは、シンプルだが少し変わったデザインやトレンドを取り入れたこだわりの素材感を楽しみたい女性から支持されている。トップス、ボトムス、アウター、靴、アクセサリー、バッグと何でも揃っており、親子で着られるエイジレスなものが多い。

また、ライブ配信も月3～5回実施。サイズ感や身長に合わせたコーディネートの提案やそこでしか見られない商品の紹介などを行っている。

「カジュアルでも細見えに。上品さを忘れずに。大人向けのちょいトレンドをプラス。可愛い商品盛りだくさんなので、ぜひチェックしてみてください」

（ライター／山根由佳）

『R483231
MIXカラーチュールSK』
14,300円（税込）

『R480335
ネック&袖エアリーカットソー』
9,900円（税込）

『R480531
3wayシアーシャツ』
15,400円（税込）

Talent Voler
タラン ヴォレ
080-3863-2424
㊟ 大阪府大阪市東淀川区菅原4-10-7
https://yunb.thebase.in/

トレンド感満載 写真映えする 韓国ゴルフウェア

R.E.M

大人スタイリッシュな ゴルフウェアが揃う

『R.E.M.GOLF』は、ゴルフでも日常でもお洒落を追求したいゴルファーに向けた韓国ゴルフウェアセレクトショップ。韓国のゴルフウェアは、シンプルながら洗練されたデザイン・形で、スタイルを良く見せてくれるアイテムが豊富だ。その中でも、コースで数ヵ月に一回だけ着られる高価なゴルフウェアではなく、リーズナブルな価格でゴルフでも日常でも何度も着たくなるウェアを取り揃えている。

また、ワンパターンのコーデにならず色々な組み合わせを楽しめるように、着回しに便利なシンプルでベーシックなアイテムを多数用意。ウェアだけでなくアクセサリー類も充実しており、特にUVカットゴルフストッキングと裏起毛タイツはリピーター続出の人気商品だ。

可愛いウェアを身につけてSNSに写真や動画を上げるのもゴルフ女子の楽しみの一つ。トレンド感満載のコーデは、写真映えすること間違いなし。お洒落なゴルフライフを楽しもう。

（ライター／山根由佳）

『トレーナー』8,500円（税込）
『スカート』8,800円（税込）
『ツートンストッキング』
1,800円（税込）

『ベスト』8,400円（税込）
『インナー』4,200円（税込）
『パンツ』11,000円（税込）
『キャップ』2,800円（税込）

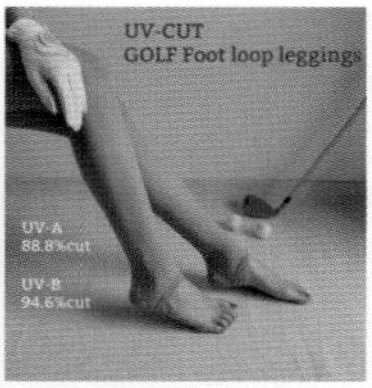

『UVカット
ストッキング』
1,800円（税込）

『裏起毛
ツートーンタイツ』
2,200円（税込）

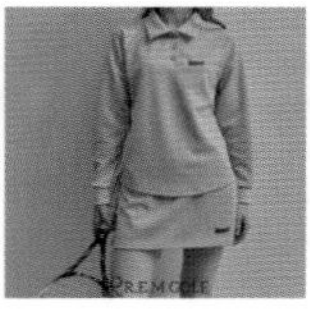

『Forwardtee
ポポセットアップ』
10,800円（税込）

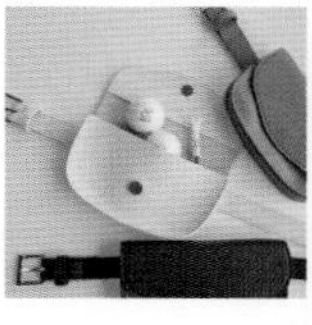

『ウエストベルト
ポーチ』
3,200円（税込）

R.E.M.GOLF
アール．イー．エム．ゴルフ
✉ rem.golfwear@gmail.com
㊟ 東京都渋谷区神宮前6-23-4 桑野ビル2F
https://www.rem-golf.com/

あらゆるシーンにフィットする洗練されたベーシックアイテム

『吊り編み半袖Tシャツ ロゴ刺繍』7,920円（税込）

『吊り編み半袖Tシャツ クラックプリント』7,920円（税込）

高品質のモイストファイバーで着心地抜群

生産と着用を通じて地球環境と人々の未来をより良くするためのファッションブランド『Five Rules』。

環境への負荷を極限まで抑えるため、「完全無農薬、土に還るオーガニックコットン使用」「生産時のCO$_2$排出量が通常の機械の30分の1」「数量限定生産のため衣類廃棄ゼロ」「自然と共生するエコな工場で製造」「端材を廃棄せず、アップサイクルを推進」という5つのルールを守って製造している。

そんな同ブランドのスタンダードコレクションでは、ジェンダーレスで年代も選ばない、だれもが気軽に身につけられるアイテムを展開。Tシャツやポロシャツ、トレーナー、スウェットパンツといった定番アイテムを数量限定生産で販売している。

新開発モイストファイバー使用の「5R＋美衣」の各アイテムは、着心地はもちろん肌触りも抜群。しっかりとした素材感のためあらゆるシーンで着用できるのも嬉しい。品質、着心地、そして見た目も洗練された一段上のベーシックを提案している。

（ライター／長谷川望）

5R ＋ 美衣 JAPAN

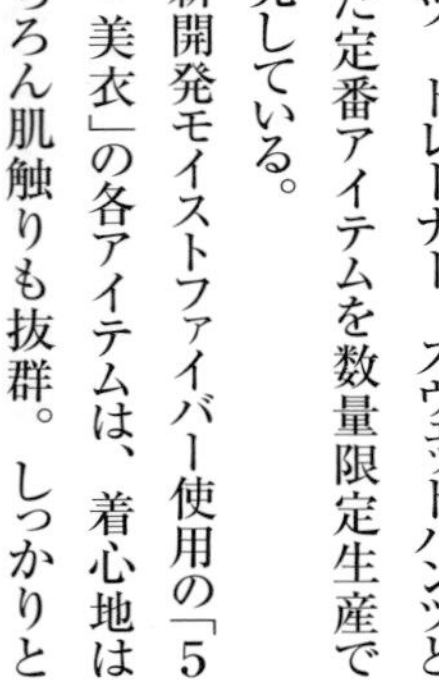
『ワッフル半袖Tシャツ バックプリント』7,920円（税込）

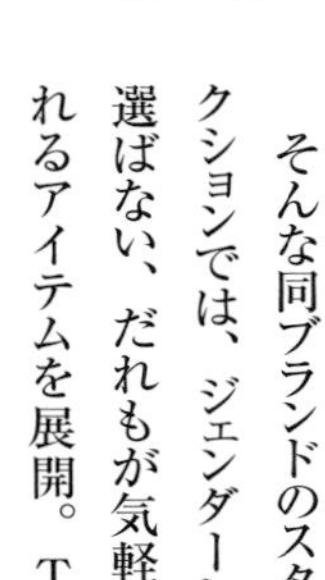
『リネンボーダー半袖Tシャツ』11,000円（税込）

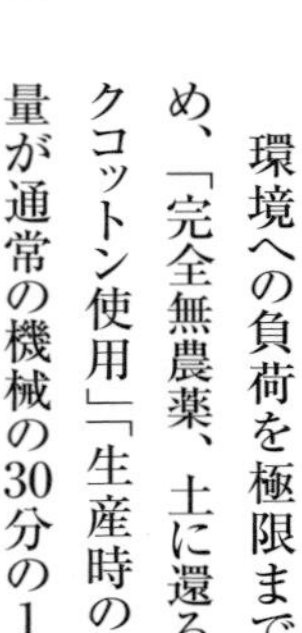
『モイストノースリーブワンピース』22,000円税込）

『リネンBIGサイズ半袖ポロシャツ』11,000円（税込）

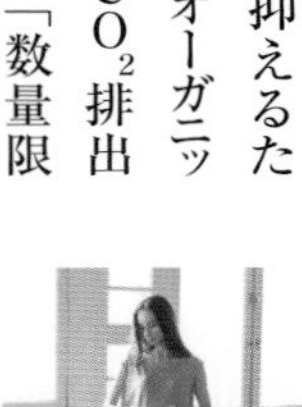
『モイストボックスボーダー半袖Tシャツ』16,500円（税込）

Five Rules
ファイブ ルールズ
0736-68-9008
info@fiverules.org
㊟ 和歌山県岩出市安上647
http://www.fiverules.org/

5R Five Rules

こちらからも検索できます。

繊維の編み立て工場として「自然との共存」をポリシーにファッションブランド『5R』が生まれた。

軽くて暖かく 締め付け感の 少ない 優秀インナー

ラウンドネック＆ハイネック 10分丈ボトムが販売中

『株式会社アステージ』の『パフィール』は、軽くて温かく使い心地の良いインナーのブランド。軽くて薄くて温かい『パフィールソフト』の人気の秘密は素材と薄さ。コットンの種の周りのうぶ毛「コットンリンター」を原料とした旭化成「ベンベルグ」とインナーに最適なナイロン ニリット社「タクテル」を使用したことにより柔らかくしなやかでソフトな肌触りを実現。締付けないのに抜群のフィット感。薄くてふわっと温かい『パフィールオン』は、ニリット社のナイロン「タクテル」に断熱効果の高い素材をミックスしたことで、自身の体温がインナーの中に留まるため、保温力がアップ。そして冷えを感じやすい背中・肩・お腹部分の裏側をパイル編地にしたことで、より一層温かな着心地となっている。創業より六十八年の信頼のおける日本のレッグニット工場にてその編立技術を生かして生産しており、丸編みの為脇に縫い目が無く快適な着心地。重ね着をする時期、アウターに響かないのも嬉しい。縦横共によく伸びるので、締め付け感が少なく着脱しやすいインナーだ。

（ライター／山根由佳）

『パフィール・ソフト
ラウンドネック』（ブラック、ベージュ、グレー、アッシュグレー、ネイビー、サックス、ピーチ、トープ、ラベンダー）
M-L・L-LL サイズ
各1,760円（税込）

『パフィール・ソフト
ハイネック』
（ブラック、トープ、ミモザ）
M-L・L-LL サイズ
各1,760円（税込）

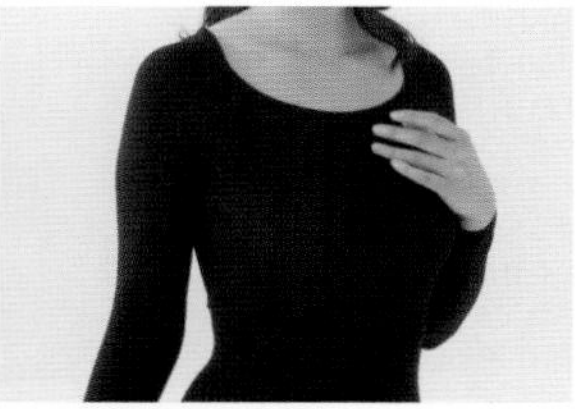

『パフィールオン ラウンドネック』
（ブラック、アイボリー、グレージュ、ライラック）M-L・L-LL サイズ
各2,300円（税込） ハイネックもあり。

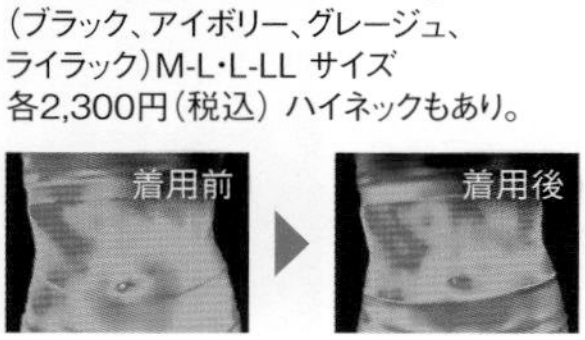

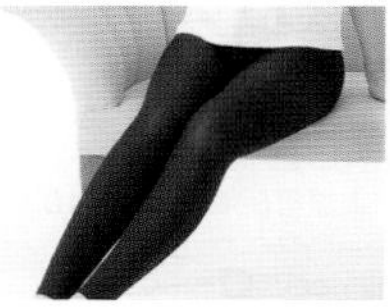

『パフィール・ソフト
10分丈ボトム』

株式会社 アステージ

03-3666-1008
yoshimura@astage.biz
㊟ 東京都中央区日本橋箱崎町1-7 千歳ビル5F
https://pufeel.tokyo/

熟練職人が高技術でジュエリーをリメイク&リペア

オリジナルブランドの
ブライダルリングからフルオーダーまで
人の想いをカタチにします

Feel

国家資格一級
貴金属装身具技能士資格保有

『芦屋ジュエリー工房フィール』は、兵庫県技能顕功賞や西宮市技能功労者栄誉賞を受賞し、40年以上に亘り様々なジュエリーの制作実績を誇ってきた菊井一夫さんのお店。熟練職人による工房併設の直売店なので、厳選素材による高品質なジュエリーをリーズナブルに購入できる。

ブライダルジュエリーやオリジナルジュエリーのオーダーはもちろん、リメイク(リフォーム・作り替え)やリペア(メンテナンス・修理)も相談可能。卓越した技術を駆使し、大切なジュエリーに新たな輝きをもたらしてくれる。サイズが合わなくなってしまったリング、チェーンが切れてしまったネックレスの修理やピアスをイヤリングへ加工替え、リングをペンダントへ作り替えするなど、幅広く対応してもらえる。

また、不要になった貴金属を下取りし、加工料金から差し引き、よりリーズナブルにしてもらうこともできる。

（ライター／山根由佳）

『Pt900/850ダイヤ・ダイヤ入ペンダントネックレス』
お客様のお手持ち品の立爪リングを、シンプルで引っ掛かりの無いデザインのペンダントにリメイク。一回り、ダイヤが大きく見える加工されているので、胸元での存在感もUP。

『Pt900/850ダイヤ・ダイヤ入ペンダントネックレス』
お客様のお手持ち品の立爪リングを、クラシックデザインのペンダントにリメイク。繊細な透かし模様に囲まれて、ダイヤが美しく蘇える。

『K18ルビー・ダイヤ入リング』
お客様のお手持ち品のルビーを、クラシックデザインのリングにリメイク。小ぶりなルビーが活きたデザインで、若い方からも好評の可愛いデザインリング。

『Pt900/850ブルースピネル・ダイヤ入ペンダントネックレス』
カラーストーンを活かしたクラシカルデザインペンダントは、大変好評。お客様のご予算に合わせた上質なカラーストーンも用意。

芦屋ジュエリー工房 **フィール**

0797-38-5670 jewelryfeel@icloud.com
㊓ 兵庫県芦屋市大原町5-4 竹内ビル102
https://ashiyajewelryfeel.com/
@ashiyajewelryfeel @801twzfd

Feel

センス抜群で可愛らしい個性的な猫アクセサリー

オーダーメイドはリーズナブルな設定

見た目はぷっくり可愛く、ガラスのように透き通り、でも軽いので負担は少ない。そんなレジンを使って、猫と季節ごとにイメージした模様をモチーフにしたアクセサリーを作っているのが『sound*suzu』。レジンの透き通る世界観に猫がちょこんといる姿が可愛らしく、猫好きから熱視線を集めている。ネックレスやブレスレット、ノンホールピアス、イヤリングなど種類が豊富で、今すぐ身につけたくなるような個性的なデザインばかり。ハンドメイドで基本的にすべて一点ものなので、大切な友人や恋人、家族へのプレゼントにもぴったり。プレゼントラッピングにも対応してくれる。オーダーメイドも可能で、「こんなのがあったらいいな」「プレゼント用にこんな商品をあげたいな」といったリクエストにも気軽に応じてくれる。

「オーダーメイドであなたのこだわりを詰めたアクセサリーを作ってみませんか」

（ライター／山根由佳）

『小さなねこのノンホールピアス』
550円（税込）

『黒猫とお花のネックレス』
550円（税込）

『逆さ虹と黒猫のバックチャーム』
1,500円（税込）

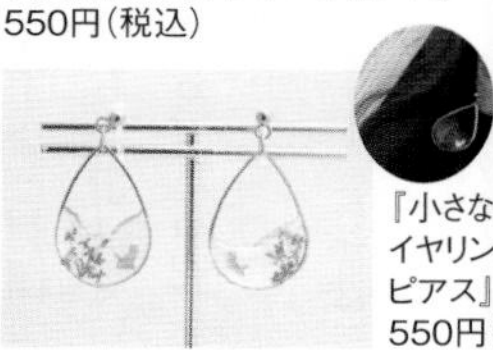
『小さなねこのイヤリングorピアス』
550円（税込）

『チェック柄の黒猫のネックレス』
550円（税込）

sound*suzu
サウンド スズ
✆ 090-5813-9329
✉ happy.nyan.nyan0222@gmail.com
㊟ 東京都目黒区自由が丘（ネット販売のみ）
https://soundsuzu.com/

新作ぞくぞく。
各550円（税込）～

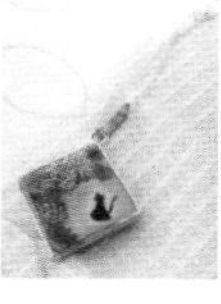
『紫陽花と黒猫ネックレスorキーホルダー』
1,500円

カフェ併設のオシャレな刺繍屋さん

アイテムに合わせたミシンで高クオリティの刺繍

オーダーメイド刺繍や缶バッジ製作ポトムなどでオリジナルグッズ製作を手がける『株式会社グラウクス』が刺繍の魅力を身近に感じられるようにとオープンした埼玉県所沢市にある『刺繍屋カフェHariii』。刺繍屋さんとカフェを併設した店舗で、ウェアやバッグ、タオルなどを購入して、名入れ、オリジナルロゴ入れなどが可能で、自家製にこだわったホットドッグなども楽しめると所沢では有名だ。所沢市内にある工場では、ロット数の多い企業様の作業着ネーム入れやロゴデータ作成、オリジナルワッペンの製作なども手掛けている。店舗には、工業用ミシンのトップメーカ「TAJIMA」の最新型の刺繍ミシン、糸調子自動テンション調整のTMEZ、コンパクト刺しゅうミシン彩SAIを導入。アイテムに合わせたミシンで高クオリティの刺繍を行ってくれる。TMEZ、多頭機刺繍ミシン、彩SAIなど刺繍ミシン本体の販売や修理も手掛けている。購入前の実機体験もできるので、ぜひ足を運んでみてはいかが。

（ライター／長谷川望）

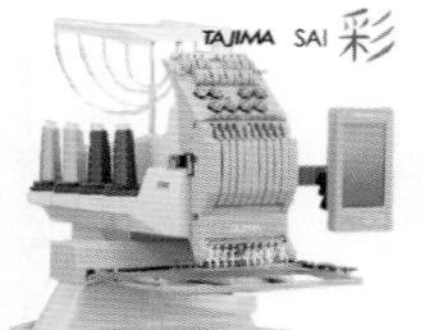

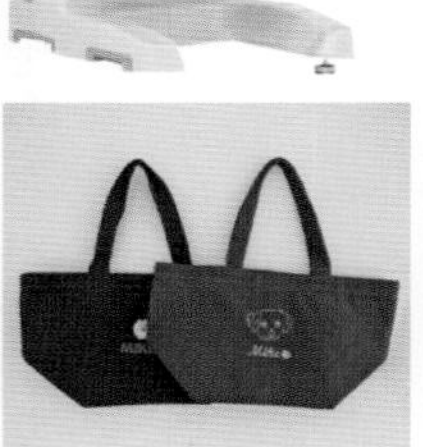

制作事例

刺繍屋カフェ Hariii　株式会社 グラウクス
ハリー
04-2968-5064
sisyuu@glaucus.biz
㊟ 埼玉県所沢市有楽町10-6
https://www.big-advance.site/s/154/1536

Yahoo!　Instagram

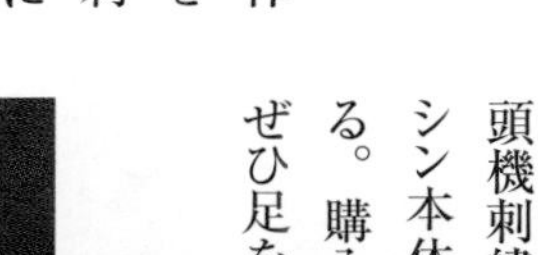

『自家製ウインナーのHariiiホットドッグ』
880円（税込）

廃車素材を活用
機能性・耐久性・デザイン性に優れたバッグ

自動車100%エコ目指し 新たな価値を生み出す

現在、自動車の約99%が再利用、残り約1%は埋め立て処理されているが、それを0%にするべく立ち上がったのが『車の解体工場 株式会社ギヤ』。代表の上村正則さんは縫製技術を学び、試行錯誤の末に新たな価値を創造した。自信作は、外側にシートベルト、中に未使用エアバッグを使用した『シートベルトトートバッグ』。飽きのこないシンプルなデザインと普段使いでもアウトドアでも使えるタフな機能を備えたユニセックスのトートバッグで、どれもが素材選びから縫製まで一つひとつ手作業で仕上げた一点物。外側のシートベルトは滑らかさを出すためにフラットに縫製しており、自然な光沢が目を引く。持ち手は、肩掛けしやすいように55㎝にするなど、細部にまでこだわった逸品だ。

「丈夫で経年劣化の少ないシートベルトの特長を活かし、シーンを選ばずに使えるトートバッグにアップサイクルしました」

女性ファッション誌やテレビ紹介などで取り上げられている。

（ライター／山根由佳）

『シートベルトトートバッグ』
各サイズ 12,800円（税・送料込）〜

車の解体工場 **GEAR**
ギヤ
✆ 090-8856-7376
✉ gear_kamimura@ybb.ne.jp
㊟ 群馬県藤岡市中島493-5
https://gear-g.jp/

こちらからも
検索できます。

代表 上村正則さん

約20年間の伝統工芸技術を活かした絵付け和小物

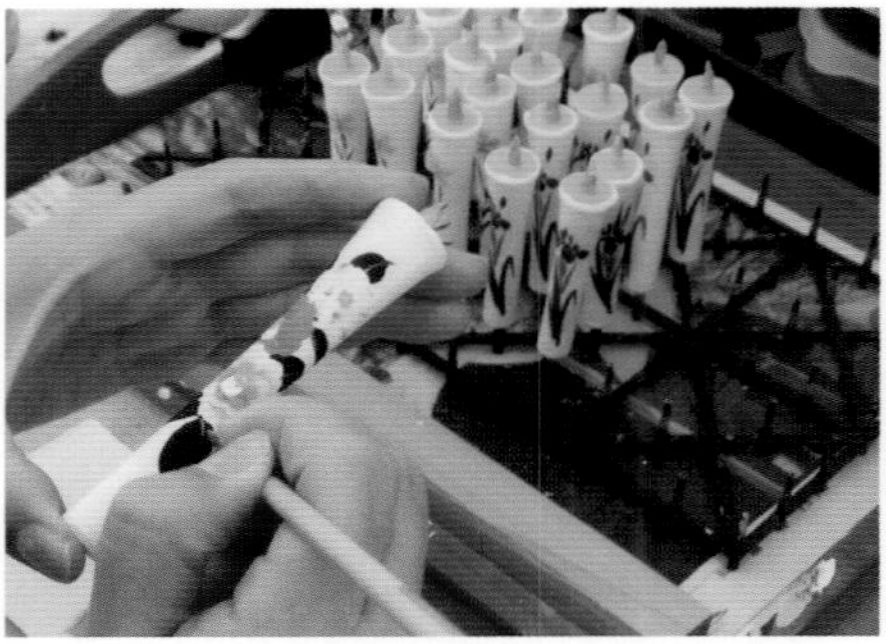

温かな気持ちになれる稀少な作品ばかり

『atelier こあん』は、「季節は過ぎても〝心に残る〟もの」をコンセプトに、季節の草花の絵付けを施した、帯留め、ブローチ、イヤリングなどの和小物を届けている。手がけるのは、絵付師の中邑たまきさん。京都に生まれ育ち、嵯峨美術短大日本画科を卒業後、京都市内の清水京焼窯元で絵付け師として勤めた後、自宅で絵蝋燭の絵付けを勤しんできた。『atelier こあん』では、伝統工芸で培った技術を生かし、新たな手仕事として小さな宝物を生み出している。

イチオシは、無垢材に季節に合った絵柄を一つずつ絵付けした帯留め『十二か月の花 帯留め』。他にない手描きの絵と木の素朴な温かみで季節を楽しめる。ブローチもあり。

新商品は、米ぬかから造られた手作り蝋燭に手描きで絵付けした『絵蝋燭』。熟練の手仕事による繊細な技で贅沢な灯りが空間を演出してくれる。お供えはもちろん、お部屋の飾り、インテリア、手土産としていかが。

（ライター／山根由佳）

『十二ケ月のお花 帯留め』各4,500円（税込）

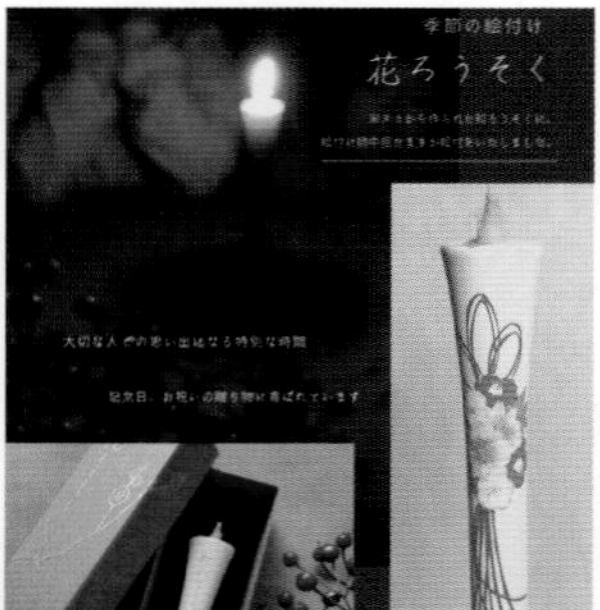

『花ろうそく』3,800円（税込）

atelierこあん　絵付師 中邑たまき
アトリエこあん
090-1968-7056　siroyagi.007@gmail.com
住 兵庫県神戸市北区君影町4-3-6
https://coan2021.thebase.in/
tamaki_nakamura2021

こちらからも
検索できます。

伝統技法を現代版にアップデートした布のような器

亜麻に頬ずりしたような心地よさと透けるほどの薄さ

『ceramic mimic fabric（セラミックミミックファブリック）』は、焼き物に写し取られたリネン、その風になびく風合いが特長の磁器ブランド。有田焼の窯元「文山」に伝わる伝統技法の「てびねり」を現代版にアップデート。極上の亜麻（リネン）に頬ずりしたような心地よさと透けるほどの薄さと軽さ、日常使いできる強度を実現している。

そのオリジナリティ溢れる磁器は、日本だけでなく海外からも評価が高く、日本の優れたおもてなし心溢れる商品・サービスに贈られる「OMOTENASHI Selection 2022」にて金賞受賞。2022年3月まで開催の「ドバイ万博」においては、日本館でのVIP向け記念品に採用されている。商品は、タンブラーやマグカップ、お皿、花瓶など様々な器を展開。器は、一つひとつ手仕事にこだわって作陶しているためすべて違った布目に仕上がり、それぞれの個性を楽しめる。どんな空間や花にもすっと馴染み日常生活を上質なものにしてくれる。

（ライター／長谷川望）

『タンブラー』
プレーン 6,600円（税込）
ゴールド 7,700円（税込）
プラチナ 7,700円（税込）

『ビアマグ』
プレーン 7,700円（税込）
ゴールド 8,800円（税込）
プラチナ 8,800円（税込）
KURO 8,800円（税込）

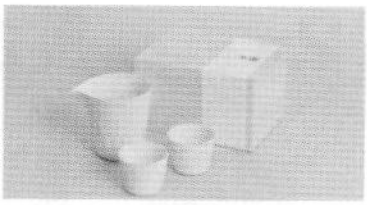

『冷酒セット』
プレーン 14,300円（税込）
ゴールド 16,500円（税込）
プラチナ 16,500円（税込）

『ロックグラス』
プレーン 5,500円（税込）
ゴールド 6,600円（税込）
プラチナ 6,600円（税込）
KURO 6,600円（税込）

『角皿』『小皿』

文山製陶 有限会社
ぶんざんせいとう
☎ 0954-45-2215
✉ info@bunzan.co.jp
㊟ 佐賀県西松浦郡有田町白川1-7-1
https://bunzan.co.jp/

花瓶（レース、ピッケ、リネン）
S 2,860円（税込）
M 4,840円（税込）
L 8,800円（税込）

スマホのケアに煩わされたくない人やヘビーユーザーには必携のアイテム

『iPhone ガラスフィルム』
1,080円（税込）

高性能・高品質・耐久性 三つのすぐれもの

各社スマートフォン対応でスマホ生活を快適に過ごすために欠かせない製品を取り扱う『Case BY casE』から三商品をご紹介。うっかり落としたりぶつけたりしてしまいがちなスマホ画面。『iPhone 用ガラスフィルム』は、業界最高硬度9H、高い透過率を誇る日本旭硝子製ガラスをベースにした5層構造で、汚れやキズからしっかり画面を守ってくれる。全面保護タイプで画面上部イヤーホールのホコリ・ゴミ詰まり防止機能付きだ。また、長さやタイプが合わなかったり、出先で充電したくても用意がなくて困るのが充電ケーブル。『長さ・カラーが選べるiPhone用充電ケーブル3本セット』は、0・25m、1m、1・5m、2mの4種類のケーブル長を用意。生活シーンに合わせて使い分けたい。『長さ・タイプが選べるType-C充電ケーブル2本セット』は、複数のスマホを使い分けている人にはうれしい。いずれも細くて柔らかいのに耐久性が抜群、安心の高品質TPE素材製だ。

（ライター／今井淳二）

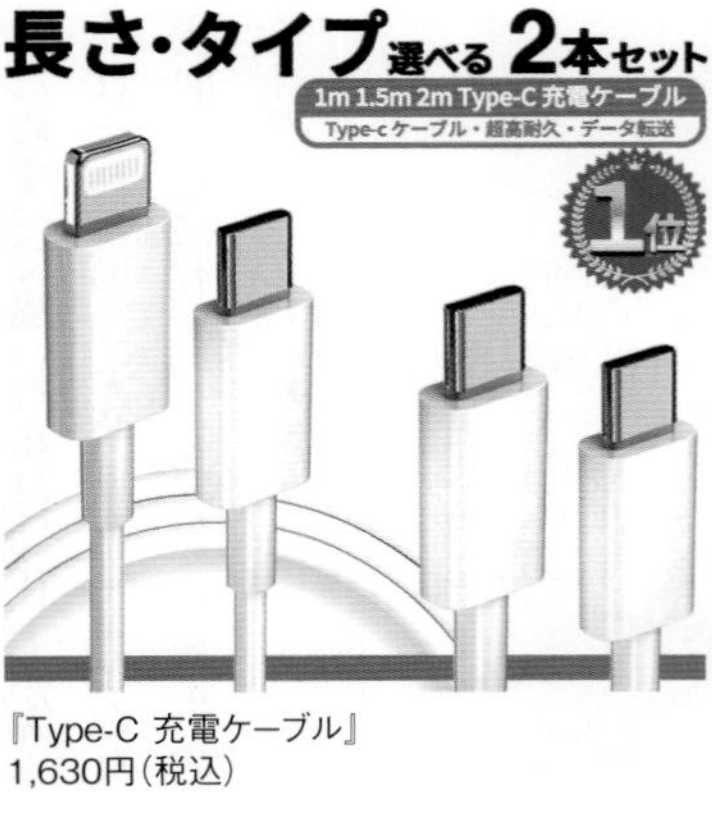

『Type-C 充電ケーブル』
1,630円（税込）

『iPhone充電ケーブル』
1,111円（税込）

Case BY casE
ケース バイ ケース
0164-56-4197
㊟ 北海道留萌市旭町3-2-33
https://www.rakuten.ne.jp/gold/case-by-case/（楽天市場）

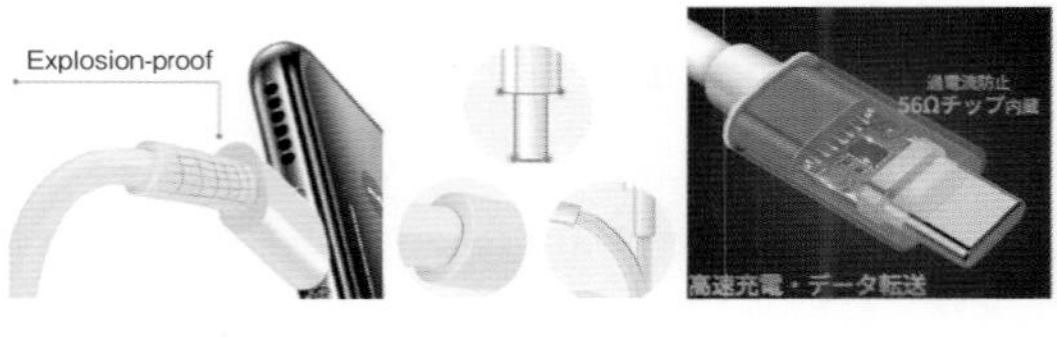

人外の者が身近に感じてしまうようなリアリティあふれるイラストの数々

「なびくすすきをいつまでも」

その場で感じた風景の空気感 獣人特有の神聖な雰囲気

ゲームやアニメなどファンタジーの世界に頻繁に登場する動物と人の容姿を併せ持つ獣人をモチーフに、心象風景や実際の風景の中に溶け込ませた神秘的な画風が魅力の『moja yokoi』。細かい筆致で描かれリアルな息遣いすら感じさせる獣人たちは、神聖な雰囲気すら感じさせてくれる。各地で行われているアートイベントなどにも精力的に参加しており、異世界的な雰囲気の作品にはファンも多い。

作品を依頼するには、まず獣人のベースとなる動物の種類や服装をリクエスト。ラフ画段階で絵のイメージを確認できる。要望どおりであれば制作に。主にペン画、水彩画にて作品を仕上げるが、デジタルでも対応可能とのこと。大きさもポストカードサイズからA3超まで。一枚そこにあるだけで、部屋の雰囲気がピリッと変わる存在感も魅力だ。

これまでに描いた作品のポストカードやイラストカード、サコッシュなどに仕上げたものは、通販などでも販売している。

（ライター／今井淳二）

「己を貫け煌めけ」

「唯我独尊」

「横顔」

「石英の岩場」

「撮影の合間」

『ポストカードサイズアナログ原画』25,000円（税込）『A4サイズアナログ原画』60,000円（税込）など

moja yokoi
モジャ ヨコイ
✉ mymj1728@gmail.com
@mojadeer12
@moja12deer

Twitter

大切な日に
大切な人へ
華やかで可愛らしい
花文字

花文字　祐

笑顔が生まれる花文字
【書道・アート・開運】

おめでたい絵柄で ハレの日を彩る

「花文字」とは、２０００年以上もの歴史を持つ中国の伝統芸術で、運気上昇を願い、縁起の良い絵柄と文字を組み合わせて描いたもの。それぞれおめでたい意味を持つ絵柄「吉祥絵柄」によって形作られた絵柄には、それぞれ意味や願いが込められている。そんな花文字の普及に努めているのが、花文字講師・作家の祐さん。２０２０年より、ワークショップ開催や作品展出展、教室開講など精力的に活動をしている。

祐さんが手がける花文字作品は、オンラインより購入可能。七五三や命名書、色紙、ミニ色紙、ハガキ、キーホルダーなど、自身の名前はもちろん、子どもや大切な方へのギフトにふさわしい、一点ものの手書きのアイテムをオーダーメイドで注文できる。

優しいタッチで可愛らしい花文字は、ハレの日にもぴったり。結婚式のウェルカムボード、招待状、席次表、席札、子育て感謝状などもオススメだ。

（ライター／山根由佳）

『七五三』
3,100円（税込）

『命名書』
3,100円（税込）

『キーホルダー』
770円（税込）

『色紙』
2,200円（税込）

『ウェルカムボード』
15,000円（税込）

『招待状』1枚165円（税込）
50分セット 8,250円（税込）

『ハガキ』 1,200円（税込）

花文字 祐
はなもじ ゆう
✉ 87yu87.hanamoji@gmail.com
https://www.yu-hanamoji.com/
@87_yu_87

こちらからも
検索できます。

花文字講師・
作家 祐さん

マイナスイオンで心地よい空間創出 縄文イオンアートのサブスクを開始

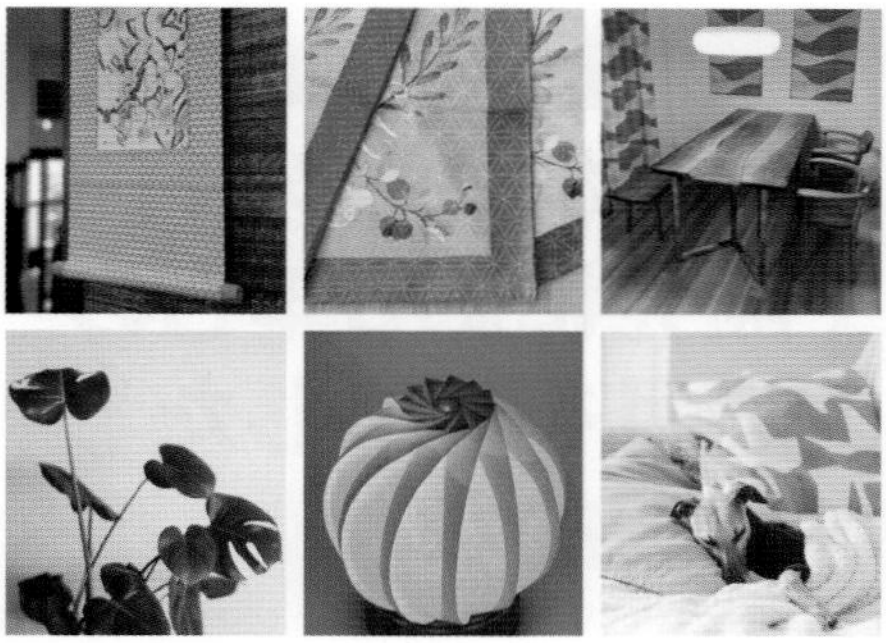

天然鉱石ラジウム利用 手軽な月額制レンタル

マイナスイオンを発生させるラジウムパウダーを使用した商材を開発するベンチャー企業『株式会社エンキ』が、新たな『縄文イオンアートサブスクリプションサービス』を開始した。デジタル・リトグラフともいわれるジークレーの縄文イオンアートに練り込んだ天然鉱石ラジウムパウダーからマイナスイオンが発生、飾るだけで森林浴をしているかのような心地よい室内空間を創ることができる月額制のレンタルサービスだ。

日常空間に溶け込むアートで健康な心と身体づくりをサポートすることを目的に企画されたもので、作品に練り込まれたラジウムパウダーは医師の監修のもとで質も量も最適のレベルで配合したという。

季節や気分に応じて好みのアートを自由に選べ、いつでも交換できる。すでに個人だけでなく、ホテルやオフィス、高齢者施設、クリニックなどから問い合わせがきているという。

（ライター／斎藤紘）

『縄文イオンアートサブスクリプションサービス』月額 3,300円（税込）
会員登録し、絵を選定、注文から7営業日以内に発送。

株式会社 エンキ
03-5533-8583
info@enki1111.co.jp
㊟ 東京都千代田区丸の内2-3-2 郵船ビルディング1F
https://enki1111.com/

Enki

こちらからも
検索できます。

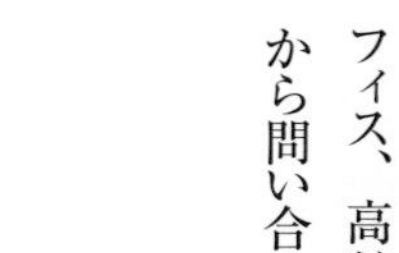

枕の概念が変わる開発に約6年もの歳月を費やした画期的な枕

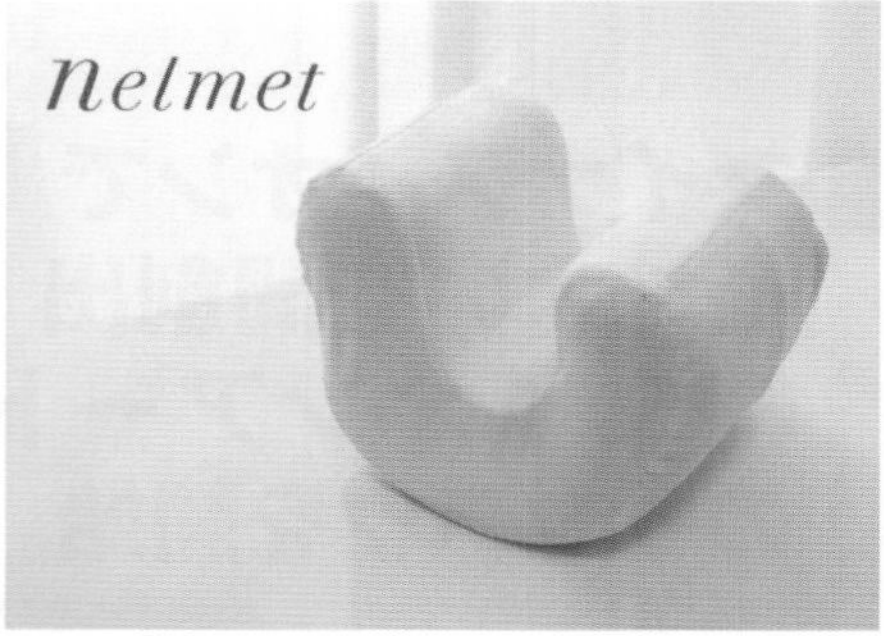

頭だけでなく首から支える睡眠の質が変わる

日常生活の中で悩まされる首や肩のこり。近年、様々な角度から研究が進み、症状の原因の一端が睡眠時の状態にあり、既存の枕が首・肩に負担をかけていることもあるという。そういったことから、頭を支えるのに適した角度や低反発素材を使用したりと工夫を凝らした枕が登場するようになった。

従来の枕の概念とは全く違う新発想から生まれた「かぶる」枕、『manet』の『ねるメット』は、U字型の独特の形状で、就寝時は頭を乗せるのではなく、首から頭にかけて装着するスタイル。ポイントは、頭の後ろと左右にあたる部分、それぞれ高さを変えてあることだ。寝相が悪い人でも、寝返りをうっても頭にとって最適な高さの枕がついて来て、しっかりと頭を支えてくれる。「睡眠が変わった」「朝が楽になった」という喜びの声のほか、周りの音を遮る効果もあって入眠しやすいなど、キャンプで寝袋使用時にも快適との声も聞かれる。

（ライター／今井淳二）

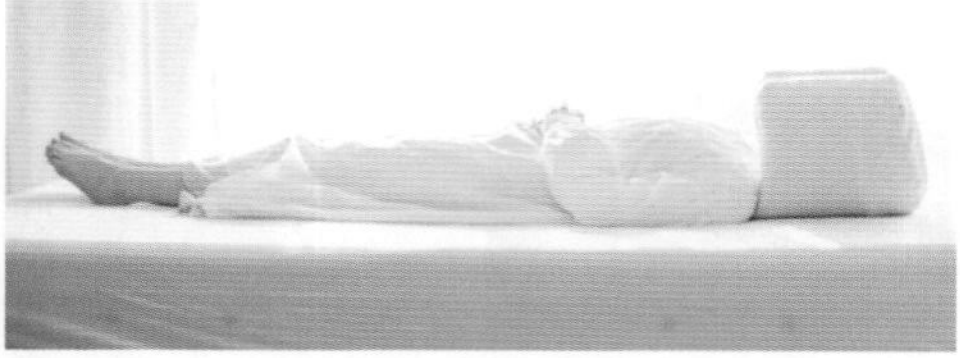

『ねるメット』19,800円（税込）

仰向けで寝ている状態は枕の高さが約3cmに対し、横向き時は肩の萎縮をしないように約10cmの厚みになっている。その高さの違う枕が一つになり、寝返りしやすい。

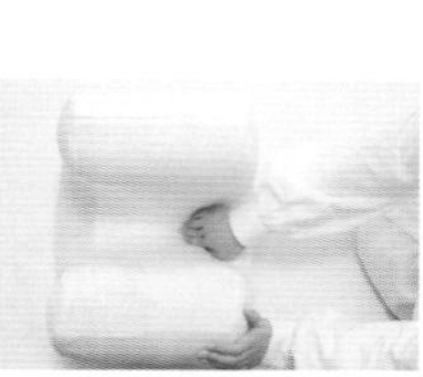

ユニークで優れたアイデアというだけでなく、枕に特化した企画開発会社の全面協力により枕本体はもちろん、カバーまで高品質の素材を使用し、肌触りと機能性にこだわった作り。

YouTube youtu.be/932rNElu_6k
@nelmet.mn

manet
マネット
03-3476-7173　080-7642-3196
nelmet.mn@gmail.com
㊟ 東京都渋谷区桜丘町21-12 桜丘アーバンライフA404
https://manet-hair.myportfolio.com/

手軽で効果的な特製マッサージ用ストーン

電気いらずで ナチュラル&サスティナブル

『一般社団法人オフィスSERENE』は、米シアトル発祥の石に玄武岩・セラミック7種類の赤外線発光体を含む鉱石や珪藻土を練混し、人体生体工学に基づき加工したマッサージ用ホットストーン『シナジーストーン®』を日本で唯一販売している。『シナジーストーン®』は、マッサージに有効な五つの形状とカラフルな色で心身不調を整え、遠赤外線を発して身体の深層部まで温かさを伝えながらマッサージできるので、手技とは異なるリラックス効果を得られる。

また、日本人の骨格に合わせた形状で使いやすさにも配慮して作られた『アーシングストーン』もオススメ。職人が、珪藻土SiO_2や温泉の成分でもある全9種類、天然鉱石の成分から一つひとつ手作りした日本製だ。いずれのストーンも、電子レンジや熱湯で1～2分温め、気になる部位を温めながら筋肉をほぐすだけ。疲れや冷え、女性特有の悩みにもアプローチできる。『SERENE』認定スクールでは、認定講師やセラピストを育成している。

（ライター／山根由佳）

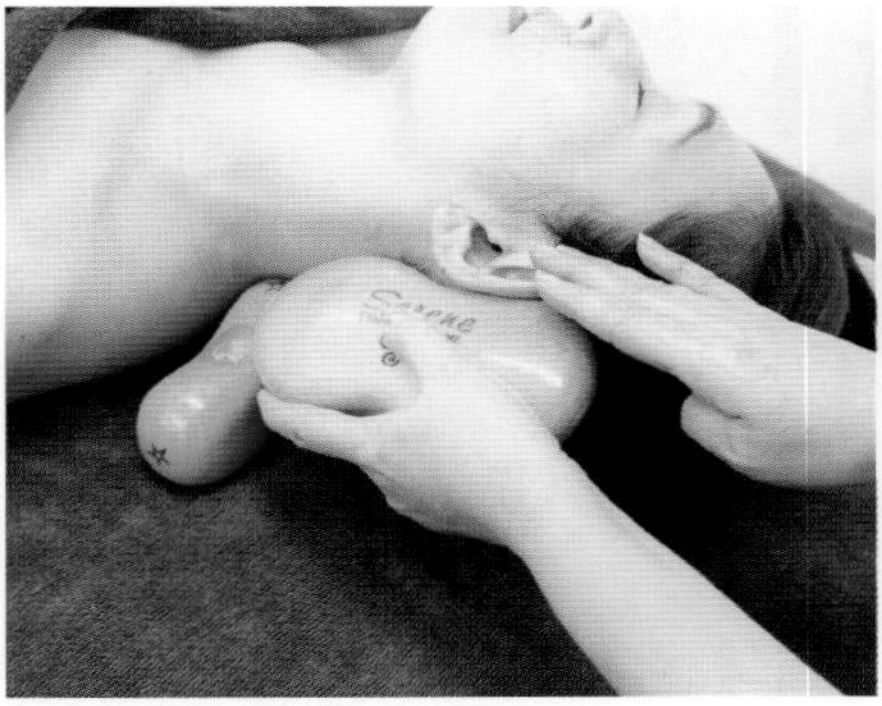

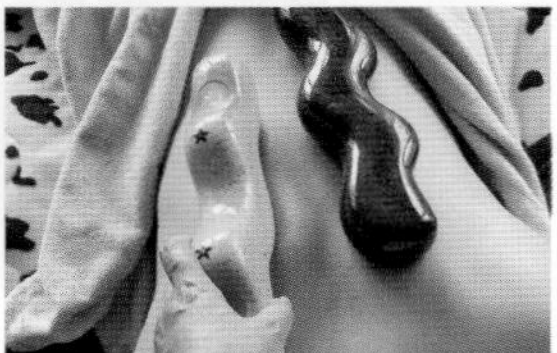

『シナジーホットストーン®』
（ウェーブ型、手のひら型、ダンベル型、星型、たこ足型）

一般社団法人 **オフィスSERENE**
オフィスセレーヌ
090-4895-8089
holy.lani@icloud.com
㊟ 東京都千代田区平河町1-8-12 クリニックFビル6F
https://synergystone.hp.peraichi.com/

SERENE

Instagram

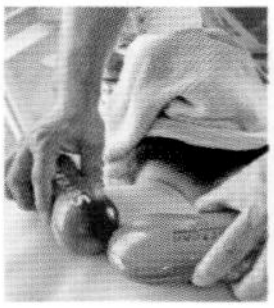
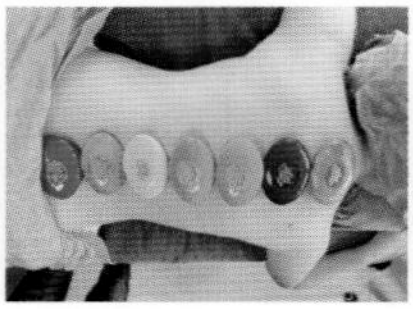

ソファーの代わりに 足まで伸ばせる 2WAY チェアハンモック

写真は、『西陣つつまれチェアモック』。

1畳にも満たないスペースで 極上の癒し空間を演出

『World Hammock』の『2WAYチェアハンモック』は、お客様の声から誕生した二つのハンモックで二つの姿勢が楽しめるハンモック。従来のチェア型ハンモックに、足まで伸ばして全身でリラックスできるよう足乗せ部分を設計。足乗せ部分は、ハンモック下部分へ折り返して収納可能なので無駄なスペースを取らず、すっきり使用できる。しっかりとした作りのコットン素材は、おうちで手洗いすることも可能で扱いやすいのも嬉しい。

また、オリジナルの日本製チェアスタンド（意匠権登録済）と組み合わせれば、1畳にも満たないスペースで、お部屋の一角が極上の癒し空間に。左右のロープで高さ調整も可能で、ライフスタイルに合わせて好きな使い方で楽しめる。

カラーは、ベージュやグレー、カーキなど豊富な8種類展開。好きな色やお部屋の色と合わせて理想の空間を演出できる。『2WAYチェアハンモック』で、至福のおうち時間を。

（ライター／長谷川望）

『2wayチェアハンモック』（全8色）
単品 9,900円（税込） チェアスタンドセット 56,100円（税込）

『チェアスタンド』
（ホワイト、ブラック）
各46,200円（税込）

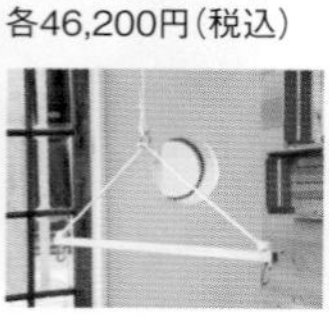
『バランスバー』
10,780円（税込）

手作りハンモック専門店 **World Hammock**
ワールドハンモック
03-6804-3161
worldhammock88@gmail.com
㊟ 東京都港区赤坂9-1-7
https://www.worldhammock.jp/

こちらからも
検索できます。

ベージュ

グレー
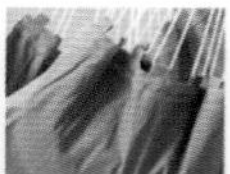
カーキ

カラーは8種類。

コンパクトな キャンプギアで 手軽に火を コントロールする

火が時間を豊かにしてくれる 気軽に最高のひととき

キャンプに代表されるアウトドアレジャーは、町中を離れて季節を肌で感じ、大自然と触れ合えるのが魅力だが、様々な道具、進化したアウトドアギアを駆使して明かりや暖を取ったり、料理を楽しむことに楽しみを見出す層も近年では増えてきている。そんな中、各地の展示会でも注目を集めているアウトドアブランドが『Gaobabu』。屋外の限られた環境下で火をコントロールすることの重要性と魅力に特化し、携帯コンロをはじめとする数々のギアを開発している。

人気製品『キャリボ風防』は、風防と五徳が一体になったコンパクトな携帯コンロ。折りたたみ式のハンドルが付いているので燃焼中でも安全に移動できる。アルコール燃料や固形燃料、薪木といろいろな熱源が使え、災害時の非常用としても有効。アルミ製、フッ素加工で手入れも楽な『マルチグリルプレート』は、裏面に実用新案の溝加工を施し、シングルバーナーやコンロの五徳にフィットしてズレにくく使いやすさ抜群だ。

（ライター／今井淳二）

『キャリボ風防』アルストや固形燃料、小枝などを熱源にできる。

『B6マルチグリルプレート』軽量240g

Gaobabu
ガオバブ
072-234-2922
shop@gaobabu.net
㊟ 大阪府堺市中区田園442-1
https://gaobabu.net/

『Gaobabu ブランドサイトはこちら。

正しい睡眠姿勢をキープし快適な眠りをサポート

※マットレス以外の商品はイメージです

高反発ラテックスフォーム採用 高い体圧分散効果を発揮

『株式会社 HUG COMPANY』が販売する『天然ラテックス使用のマットレス』は一晩中正しい姿勢で眠れるマットレス。

「肩が突っ張って寝付けない」「寝返りで目覚める」「起床時に腰が痛い」など睡眠に関する悩みは様々。その原因は、体に合っていないマットレスであることも多い。しかし『天然ラテックス使用のマットレス』であれば、そんな悩みを一気に解決してくれる。反発性と柔らかさを両立した高反発ラテックスフォームの採用や特許を取得した三次元立体構造により、高い体圧分散効果を発揮。どんな寝相でも一晩中正しい睡眠姿勢をキープ。また、使用されているラテックス素材は、高反発でありながら体に寄り添う柔らかさと長時間使用しても型崩れしない耐久性に加え、天然由来の抗菌性・防虫効果・消臭効果をも兼ね備える。多数の病院で「手術用マット」として採用されていることでも裏付けされている。また、廃棄時も「土にかえる」ことで「SDGs」にもマッチする。クオリティの高い素材の採用と独自技術が融合した新時代のマットレスが快適な眠りをサポート。

（ライター／長谷川望）

『天然ラテックス使用のマットレス』

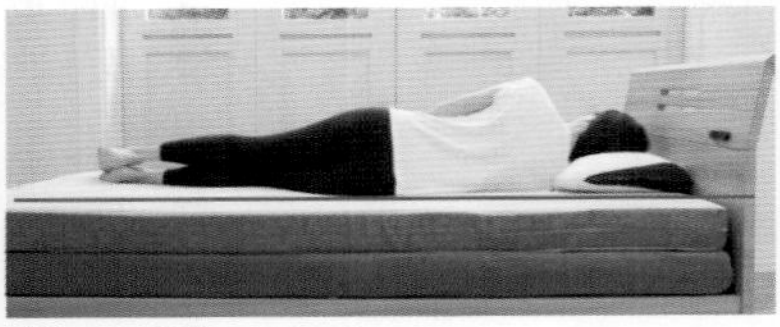
特許により平らにしている。

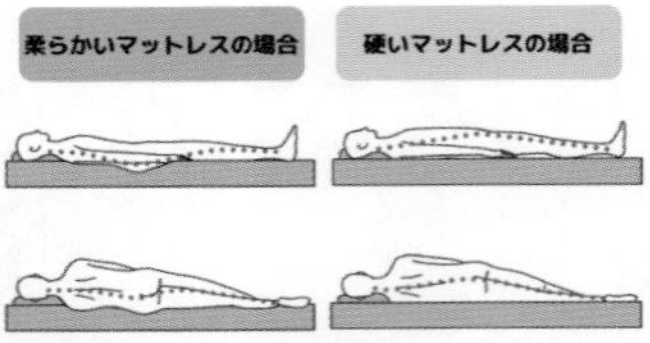

柔・硬時の背骨などの位置。

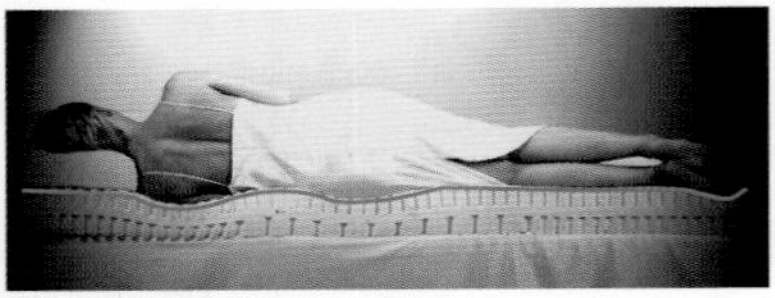
波うたないと真っすぐにならない。

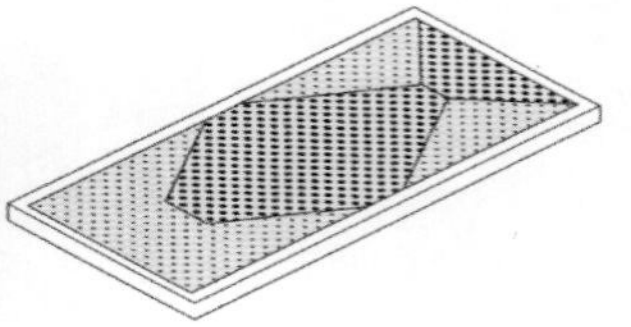
plusDゾーン面

株式会社 **HUG COMPANY**
ハグ カンパニー
0875-62-6001
㊟ 香川県三豊市豊中町笠田笠岡3043

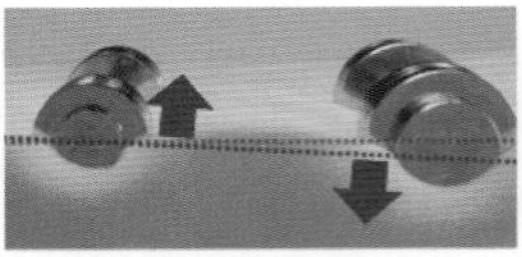
一般的なウレタンマットレス

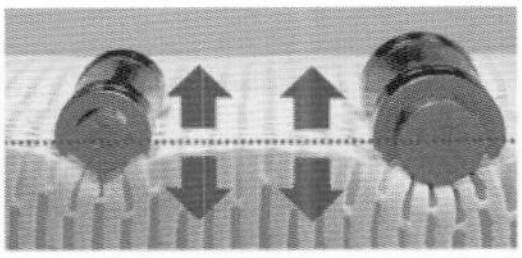
『天然ラテックス使用のマットレス』

エコ、セーフティー、クリーンネス、リーズナブルを実現できるブレーキパッド

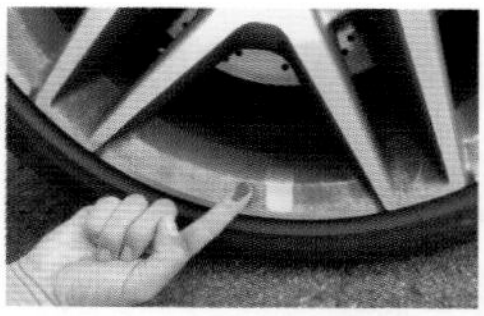

純正ブレーキパッドでは、ホイールに赤茶けた鉄粉が付着し、黒ずんでいるのが一目で分かる。
(1000㎞走行後)

Mタイプを装着するだけで、鉄粉の付着を大幅に低減できる。
(1000㎞走行後)

ホイール汚れを大幅軽減

マイカーのブレーキの効きが悪くなったと感じている人、いくら洗車してもすぐに汚れるホイール周りにも悩まされていないだろうか。それらは自動車のブレーキパッドに起因するもの。自動車のブレーキ制動は、回転するブレーキローターをブレーキパッドが押さえつけ、その摩擦により減速させる。その時に削られたブレーキローターが金属カス(鉄粉)となり、ホイールに溜まって黒ずんだり、ホイールにサビが出たりする。自動車のブレーキパーツを専門に開発・販売している『株式会社ディクセル』の『ブレーキパッドMタイプ』は、ブレーキローターを削らずに制動することにより金属カスの発生を大幅に低減。多くのテストでもしっかりとキレイに止まるブレーキパッドと実証されている。ブレーキローター・パッド双方の摩耗が劇的に減ることで鉄粉の発生も減少、水を大量に使う洗車や部品の交換の頻度も低くなって環境保護にも貢献する。メーカー純正のブレーキパッドに比べても安価なのもうれしい。

(ライター/今井淳二)

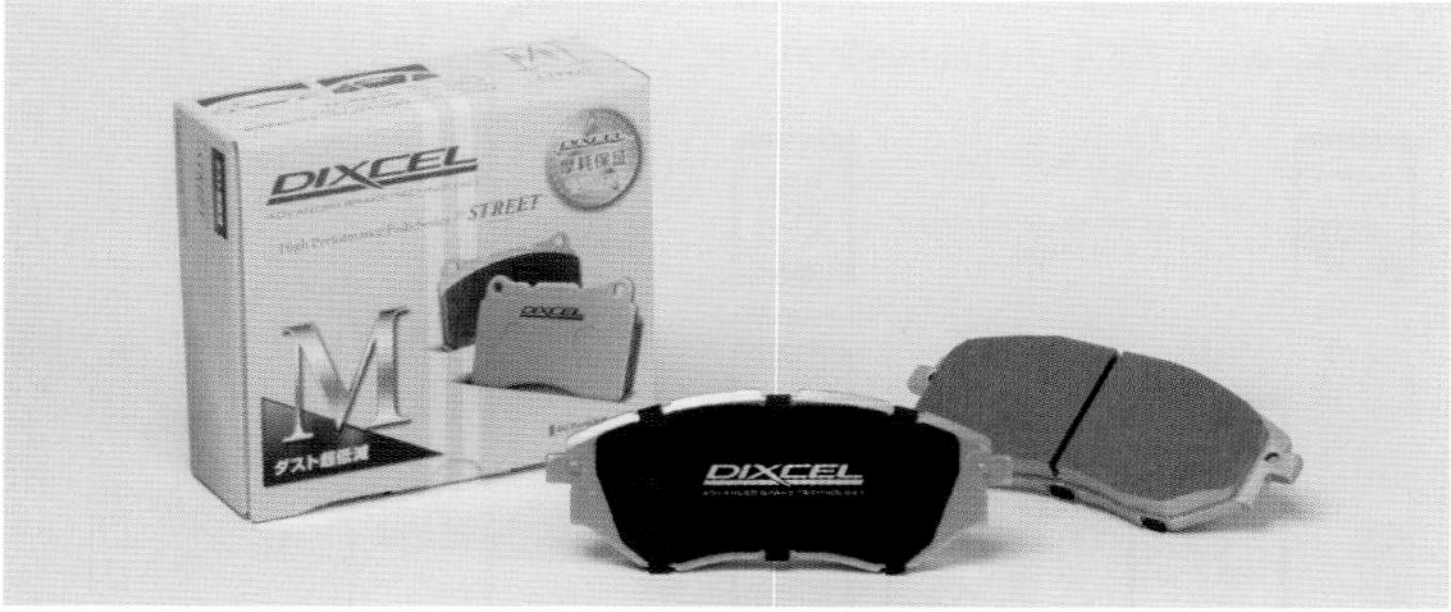

『ブレーキパッドMタイプ』
<軽自動車用> フロント 13,640円(税込)〜　リア 13,640円(税込) 〜
<国産普通車用> フロント 18,700円(税込)〜　リア 17,490円(税込) 〜
<輸入車用> フロント 19,910円(税込)〜　リア 19,910円(税込) 〜

株式会社 ディクセル

06-6340-0121
info@dixcel.co.jp
㊟ 大阪府摂津市西一津屋3-3
https://www.dixcel.co.jp/

DIXCEL
ADVANCED BRAKE TECHNOLOGY

サイトでは分かりやすいマンガで紹介。

寄付金集めの苦労を解消 LINEで寄付できるアプリが誕生

寄付金集めを
LINEでカンタンに!

約3分で登録手続完了 クレジットカード払い

コミュニケーションツールLINEを利用して寄付金を集めることができる画期的なアプリが『プロダクトシンク株式会社』の『寄付金@LINE』だ。LINEで寄付金を集めることができるアプリで、あらゆる寄付金を募る際、様々な相手先に振込口座を伝え、振り込んでもらうということを行っている。『寄付金@LINE』を導入すれば、相手先の方とのLINEでつながるだけで、寄付ができるようになる。LINEで登録するだけで、初期費用0円！送金手数料も15%と圧倒的におトク。従来の寄付金集めの方法に比べ、郵送費や人件費などの削減につながる。寄付を募る際、相手方の手を煩わせることになるが『寄付金@LINE』なら24時間365日、いつでもどこでも支援が可能。LINEでつながるだけのカンタン手続き！3分ほどで登録が完了して、その瞬間から寄付が可能になる。寄付をする方のクレジットカードを使って行うため、寄付金額の上限はなし。クレジットカードの限度額の範囲内なら、何度でも支援が可能。業務効率化の一助として、寄付金集めにもDX化。

（ライター／斎藤紘）

寄付金@LINE 寄付を募る側と寄付する側をつなげるLINEアプリです。
寄付を募る人
① LINEで「寄付金@LINE」に友達登録
支援設定をします。
② 支援金額を設定します。
③ 振込口座を入力します。
④ あなたのQRコードが発行されます。
寄付を行う人
① 支援したい人のQRコードを読取
つながりました!
② 「支援」を選択します。
③ クレジットカード情報を記入
寄付金@LINE
LINEアプリであっという間に寄付が完了します。

プロダクトシンク 株式会社

050-3160-5660
info@product-think.co.jp
住 千葉県松戸市新松戸6-230-1
https://www.product-think.co.jp/

プロダクトを 想像して 創造する
プロダクトシンク株式会社

全体重を支えてくれる大事な足の裏がきちんと働けるようにサポートするインソール

今度はパッチタイプのインソール
＃足ラキュッと

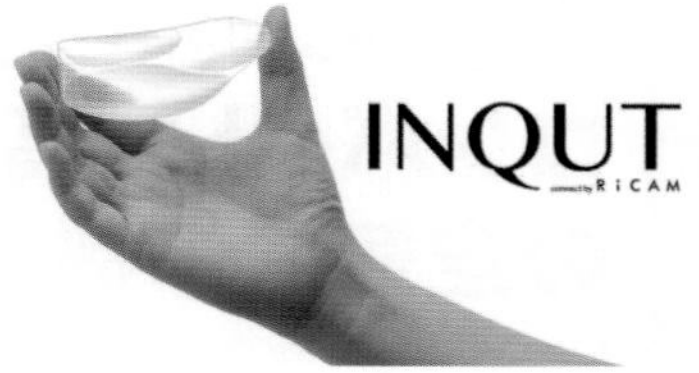

足腰・姿勢の悩み解決に

現代人は、生活習慣や日常的な履き物の影響でかかと重心になっており、足が上手に使えていないという。足裏全体で体を支えられず、「立つ」「歩く」「走る」といった動作の際、体の重心が歪み、外反母趾や扁平足など足の痛みから膝痛や腰痛、そしてなかなか良くならない肩こり、頭痛といった症状になって現れるという。

　こうした足の重心を自然に矯正する独自の特許技術「RiCAM（足底三点支持式インソール）」を開発した『IRERUDAKE 株式会社』の新製品『INQUT（インキュット）』は、靴に貼るだけで簡単に重心バランスを整えられる足に優しいジェルタイプのインソール。重心を本来の位置に戻すことで美しい立ち姿勢を実現。歩行時の重心移動も滑らかになり、辛い立ち仕事や歩行時の疲労軽減にもつながる。

「足が痛くなるから」とお気に入りの靴を控えたり、憧れの靴をためらわずに購入できたと喜びの声も多く届いている。

（ライター／今井淳二）

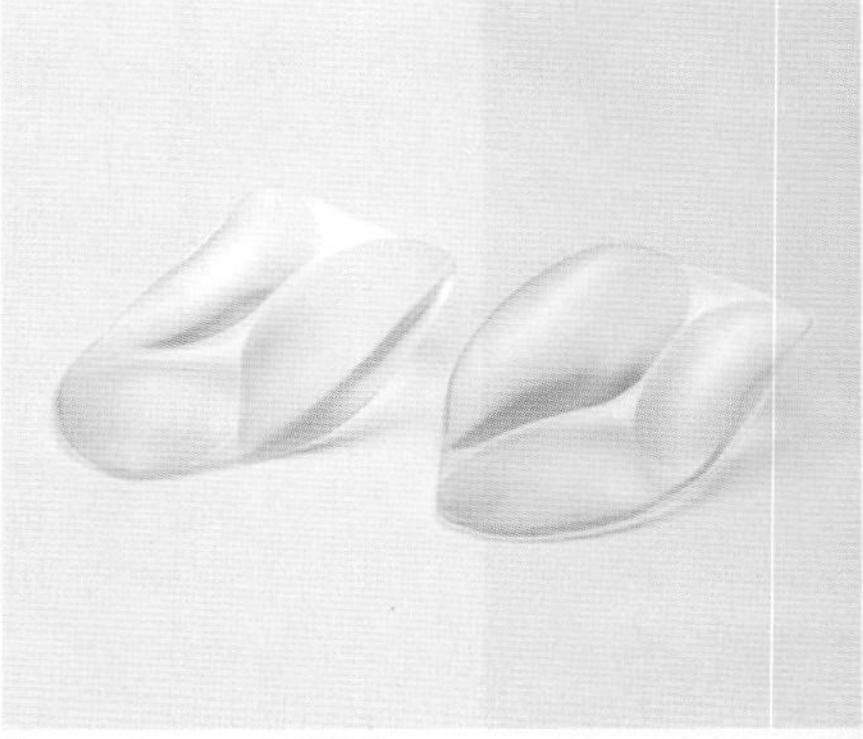

『INQUT』4,400円（税込）

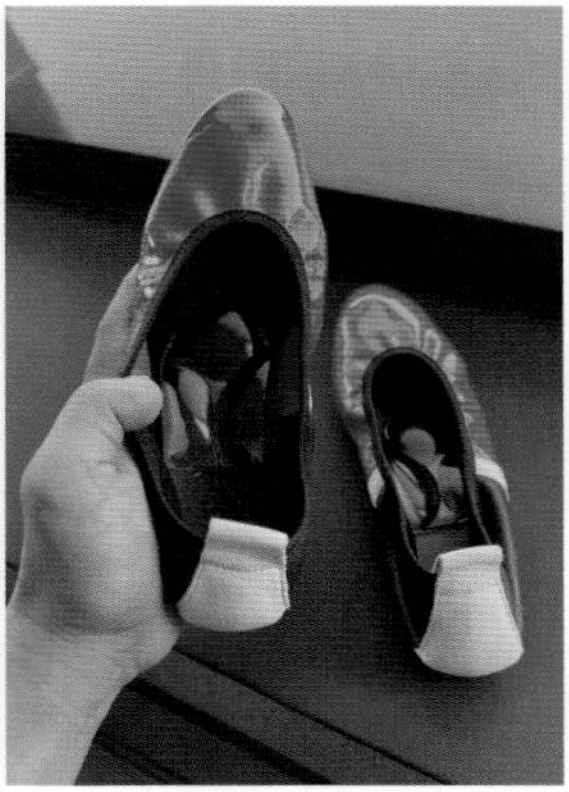

IRERUDAKE 株式会社
イレルダケ
0296-71-8580
info@irerudake.com
㊟ 茨城県笠間市鯉淵6211
http://irerudake.com/

IRERUDAKE

靴のおしゃれを諦めたくない人へ
パンプスの救世主 インソール
INQUT

光触媒とLEDでウイルスを不活化コンパクトで高機能の空気清浄機

※写真はイメージです

大学の実験で効果確認 インテリア感覚の形状

収束の兆しが見えないコロナ禍で、普及を加速化させている空気清浄機がある。「綿谷製作所」が販売する『PLEIADES（プレアデス）』。コンパクトなサイズながら、微弱な紫外線でも効果的に有機物が分解される光触媒技術と高出力・高集積LED技術の組み合わせで細菌やウィルスを30秒で99・97％不活化する高い機能を有し、新型コロナウイルス対策に有効であることが支持される理由だ。

『PLEIADES』は、光触媒の酸化チタンをコーティングしたフィルタと安全な可視光領域の高出力LEDから成り、公立大学の実験で新型コロナウイルスの減少効果や脱臭効果が確認された。直径91㎜、高さ195㎜、重さ約560gと軽量コンパクトでインテリア感覚のお洒落なデザイン。適応床面積の目安は約10畳。

静音設計で、操作は専用のACアダプターをコンセントに繋ぎ、電源ボタンを押すだけ。消費電力は約30Wで済む。

（ライター／斎藤紘）

『PLEIADES』
定価 110,000円（税込）
本誌特価 77,000円（税込）
開発元「株式会社Nano Wave」
製造元「アグリ・キュルチュール軽井沢株式会社」

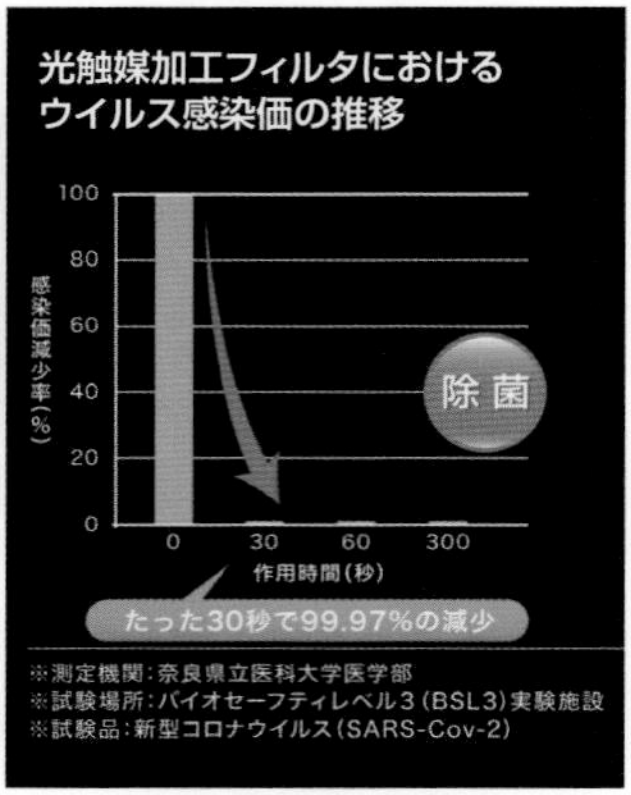

※測定機関：奈良県立医科大学医学部
※試験場所：バイオセーフティレベル3（BSL3）実験施設
※試験品：新型コロナウイルス（SARS-Cov-2）

株式会社 綿谷製作所《わたやせいさくしょ》
0268-42-3114
p-chumon@wataya-karuizawa.co.jp
㊟ 長野県上田市上丸子1082
http://www.wataya-co.jp/

導入事例などはこちらから。

口コミで
人気沸騰中!
上向き自動
液体噴出装置

キューブデザインモデル『LJ-01』

コンパクトモデル『LJ-02』

上向き自動液体噴出装置
LiquidJet
リキッドジェットシリーズ

ひょうご新商品調達認定制度
認定商品

どちらも特許取得済。

衛生的で清潔に使用できコスパも抜群

口コミで話題となり、主婦やOLなど女性を中心に人気沸騰中なのが、『ライズテック株式会社』の上向きの自動液体噴出装置『リキッドジェット』シリーズだ。センサー感知で触れることなく手指に消毒液や除菌液を塗布することができるので衛生的。手をかざすと瞬時に噴出し、自分に合う液量（噴出回数）で使用することができ、コストパフォーマンスの面でも優秀だ。上向きに適量の液体が噴射するので、液だれの心配もなく、清潔に使用できる上、お手入れも簡単。

会社や学校など不特定多数が利用するのなら、電池寿命長持ちの『LJ-01』『LJ-02の大容量モデル』が、家庭やオフィスのデスクなど個人的に使用する場合には小型サイズの『C plus3 LJ-02』がオススメ。特に『C plus3 LJ-02』は、手のひらサイズで気軽に設置しやすく、台所や玄関など家庭の様々なシーンで大活躍してくれる。家族での感染予防にぜひ。

（ライター／山根由佳）

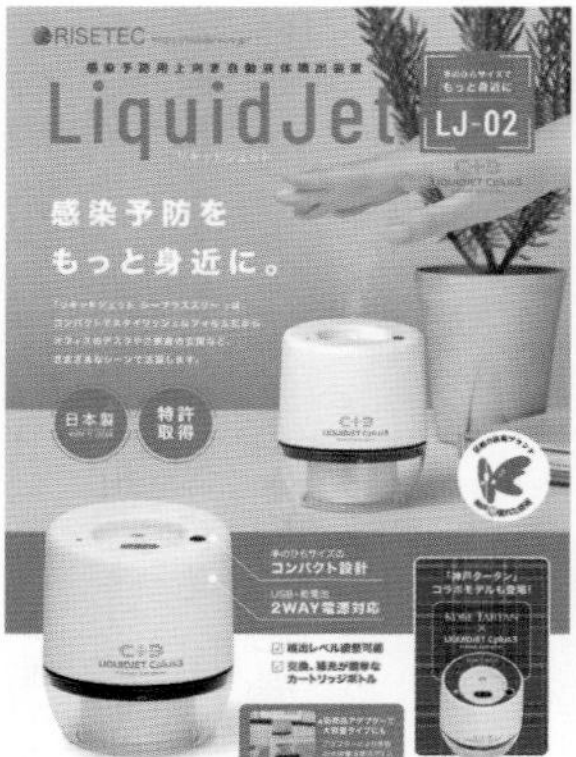

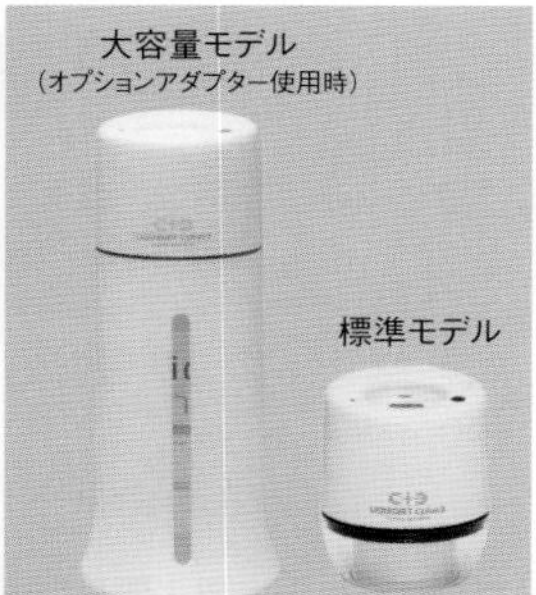

家庭など様々なシーンで大活躍。台所や玄関など家族での感染予防にも、今、主婦やOLなど女性に人気沸騰。

感染予防用上向き
自動液体噴射装置
『リキッドジェット
Cplus3』
オープン価格
「神戸発・優れた技術」認定

ライズテック 株式会社
RISETEC

☎ 078-652-1229
✉ info@risezero.co.jp
㊟ 兵庫県神戸市長田区苅藻通り7-4-27 別棟2F
https://risezero.co.jp/

市販の消毒ボトルにも装着できる。

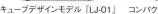

酵素の力で抗菌!
フィルター専門会社
だからできた
酵素マスク登場

フィルター捕集効率試験実施
BFE(バクテリア飛沫ろ過試験):
VFE(ウイルス飛沫ろ過試験):
マスクとしてのろ過性能
99%

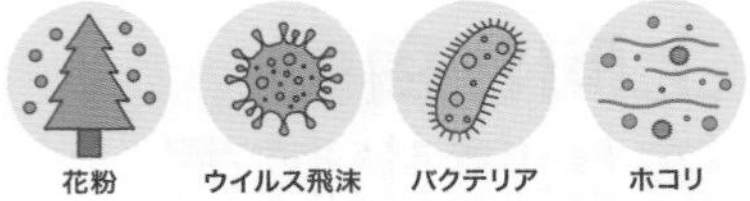

ウイルス飛沫を捕集して酵素の力で抗菌・抗ウイルス

インスタグラムでも人気のレンジフードフィルターを販売する『スターフィルター株式会社』が独自技術を用いて開発した『ENZYME 酵素マスク』は、抗菌・抗ウイルスの機能性マスク。マスク上層には、「日揮ユニバーサル株式会社」の酵素不織布「BIOFREE®」を採用した。この酵素は、動植物に含まれる特殊なたんぱく質を抽出精製した天然由来成分で、一般的に長期保存が生命線となる鳥や魚の卵に含まれ、外部からの雑菌による腐敗を防止する防波堤の役目を担う生命体には必須の物質。食品添加物の分類では天然添加物としての使用が認められ、その性能により、食品工場や病院などの空調フィルターに多く用いられてきた。

効率的な三層構造で高い機能性を実現し、さらに立体的なプリーツ構造やしっかりしたノーズフィットワイヤー、耳に優しい幅広耳ひもの採用で使用感も快適そのもの。高機能でありながら抜群の着け心地を実現した機能性マスクに仕上がっている。カラーは、ブラックとホワイトの2色展開。

（ライター／長谷川望）

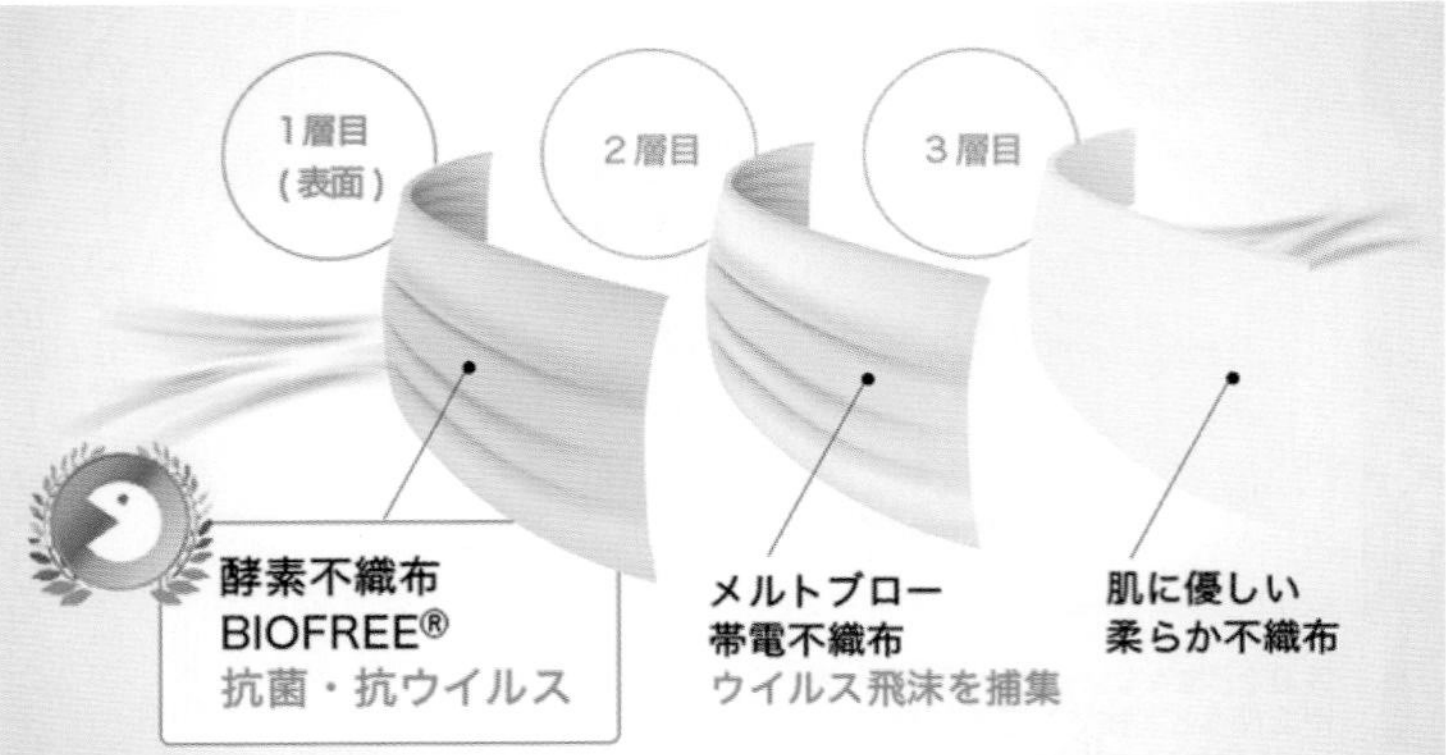

スターフィルター 株式会社

0120-836-901
info@starfilter.co.jp
㊟ 東京都中央区日本橋本町1-8-16
https://www.starfilter.co.jp/

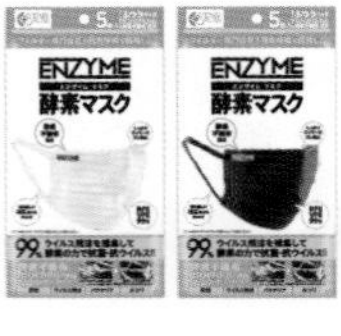

『ENZYME酵素マスク』
（ホワイト／ブラック）
5枚入 各880円（税込）

時代の要請に対する一つの答え 持ち運びに便利な携帯型ウェットシート

「困った時のタメイシ産業」と呼ばれる喜び
私たちタメイシ産業にお任せください！

アイデア一つで「ウエットシート」から「消毒シート」へ

包装資材や工業資材を取り扱う総合商社『株式会社タメイシ産業』では、「省エネや省資源意識の高まりなどに着目し、時代の要請に応える製品を見出していく」中で、タブレット状の携帯型ウエットシート『水にポンでウエットシート』を開発した。使い方は、とても簡単。使用したい時に少量の水に浸すだけで水を吸収してモコモコと膨張し、わずか数秒でウエットシートに様変わりしてくれる。ペットの散歩などちょっとしたお出かけからアウトドアレジャー、出張や旅行、そして水が貴重になる災害時などの非常時にコンパクトに持ち運べる。材質は、天然パルプ不織布で丈夫さもあり、無漂白と環境にも配慮した製品だ。現在コロナ禍で、消毒液を吹きかけて、消毒シートに早変わり。手軽に使え、便利で重宝する。

その他、いろいろな商品を取り扱っているので「困った時は『タメイシ産業』へ」ご相談を。

（ライター／今井淳二）

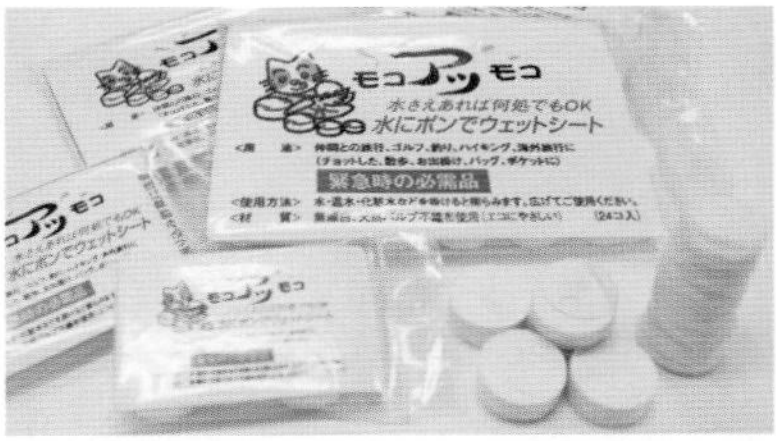

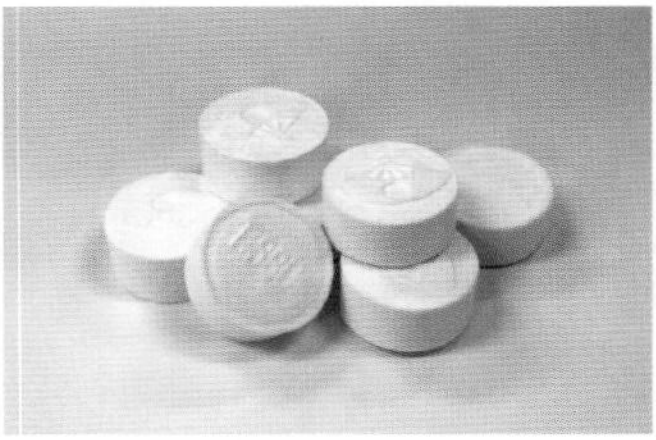

『水にポンでウェットシート』
6個セットから販売。旅行代理店や生命保険のアメニティーとしてもオススメ。バックに常備しておけば、いざという時にすぐ使える。

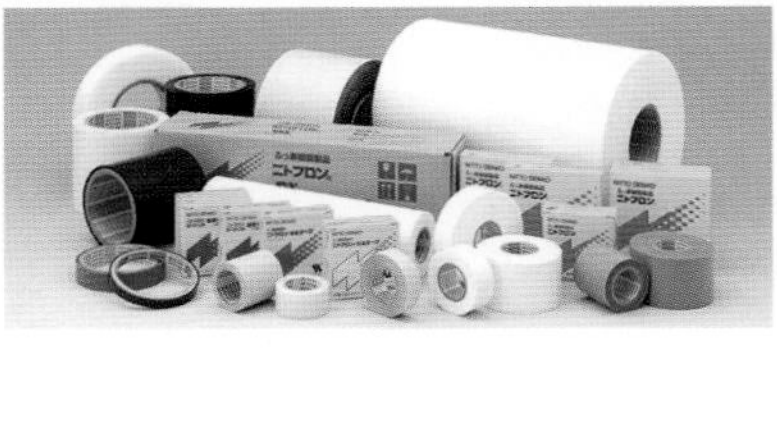

フッ素樹脂・高密度ポリエチレンテープ・フィルム・両面テープ加工各種取り扱い。

株式会社 タメイシ産業
タメイシさんぎょう
042-476-1991
info@tameishi.co.jp
㊟ 東京都東久留米市中央町5-7-41
https://www.tameishi.co.jp/

東久留米本社

ペットショップでも活躍 強アルカリイオンクリーナー

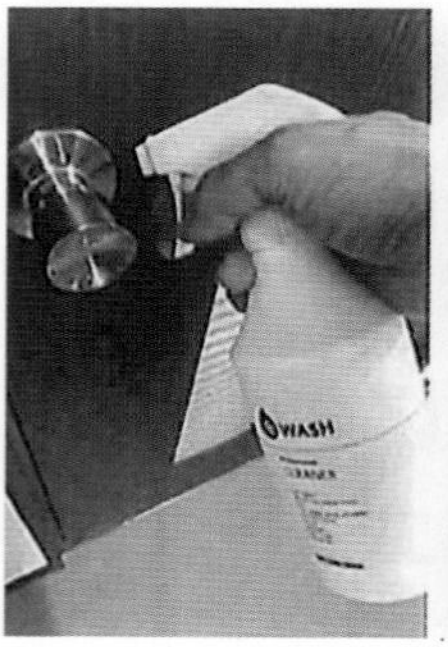

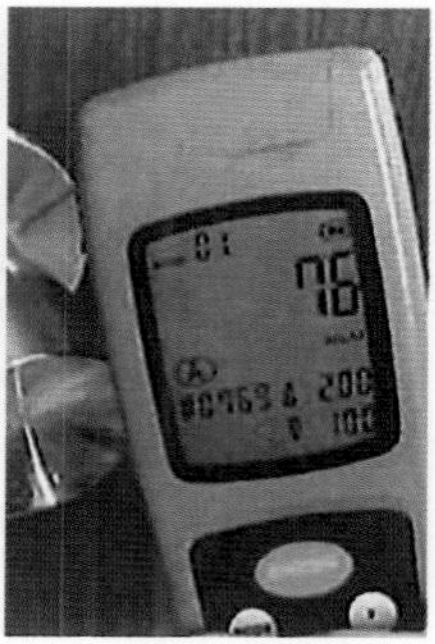

人と環境にやさしいアルカリイオン水

現在、ペットショップやトリミングサロン、動物病院などで好評を博しているのが『株式会社アールアンドアール』の取扱商品マルチクリーナー『e-WASH（イーウォッシュ）』だ。

使用しているのは、99・83％の純水、pH12・5の水素イオンが充満している強アルカリ電解水「スーパーアルカリイオン水®」。頑固な汚れにも対応できる、合成界面活性剤にも劣らない優れた洗浄力を誇り、除菌・消臭も強力、酸化・腐食・さび・静電気を防ぐ効果にも優れている。それでいて、無色・無臭・無刺激。化学薬品、合成剤を一切使用していないので泡が立たず、二度拭きの手間もすすぎの手間もかからない。肌が弱く、匂いに敏感な犬猫にも安心。

ペット用品のお掃除や体のお手入れなどマルチに使え、舐めても安心。排水先の河川を汚さない、環境にやさしい水。今後実施予定のサブスクリプションサービスにもぜひ注目してほしい。

（ライター／山根由佳）

水を創る®
スーパーアルカリイオン水®
『e-WASH』
株式会社アールアンドアールは、ペットに優しく、
自然環境を汚さず、キレイにすることを追求しています。
SUSTAINABLE DEVELOPMENT GOALS
Eプランは持続可能な開発目標（SDGs）を支援しています。

e-WASH

※『e-WASH』は、「株式会社Eプランリール」の登録商標です。

『e-WASH スプレーノズル』500ml
泡ポンプノズル（500ml）もあり。

株式会社 アールアンドアール

047-316-4688
r-eika@r-rental.co.jp
㊟ 千葉県浦安市入船1-5-2 プライムタワー新浦安16F
https://www.r-rental.co.jp/

環境・職場改善navi

レンタル業界のパートナー
株式会社アールアンドアール

日頃のチェックと対策でペットのアイケア毎日与えられるひとみのサプリメント

飼い主様の声より誕生！ペットのためのアイケアサプリ

近年、主にスマホやパソコンによる日常的に酷使されている私たちのひとみ。機能が低下したり、時には病気や症状となってそれが現れることすらある。そんなひとみのトラブルは人間だけでなく、共に過ごすペットにも様々な要因によって起こり、動物病院で治療を受ける犬や猫も多いという。動物たちにとって、人間以上に重要な器官である目。何とかそんなトラブルは未然に防いであげたい。

今、大好評を博しているアイサプリ『ブルーベリーアイ』の『株式会社わかさ生活』が、犬・猫用のアイサプリとして発売しているのが『わんにゃブル』。与えやすいチキンの旨味のタブレットに、人間用アイケアサプリにも使用されている北欧野生種ブルーベリーである「ビルベリー」エキスを100％使用。「ビルベリー」のアントシアニンがペットのひとみの健康に働き、多くのペットが悩む目やにや涙やけなどの改善をサポートする。

（ライター／今井淳二）

『わんにゃブル』
62粒入り 1,800円（税込）
30粒入り 990円（税込）

株式会社 わかさ生活
わかさせいかつ
075-213-7727
㊟ 京都府京都市下京区四条烏丸長刀鉾町22 三光ビル
https://shop.wakasa.jp/products/wannyaburu/

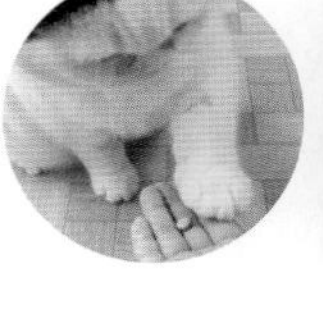

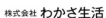

長く着ることができる国産のベーシックな洋服

1953年、ニット産地である大阪泉大津市に創業した『南出メリヤス株式会社』は、素材開発、デザイン企画、縫製まで自社工場で一気通貫したモノ作りにこだわっている。同社が、日本製素材の持つ味、シルエット、自然と笑みがこぼれる着心地の良い高品質かつ、一貫した自社製造ならではの本当の価値の追求により誕生したのが『NARU』。色褪せることなく上質な服を手がけている。新着情報など、ぜひホームページでチェックしてみて。（ライター／山根由佳）

『ウールガーゼハンドベルワンピース』20,790円（税込）

『カツラギベイカーパンツ』13,090円（税込）

『コットンランダムリブニットタートル』5,390円（税込）

『ニットメルトンロングコート』18,700円（税込）

NARU onlinestore　南出メリヤス 株式会社
ナル
0725-21-0865
info@minamide.jp
㊟ 大阪府泉大津市田中町9-35
https://naru.minamide.jp/

神経を安定させることが健康長寿への近道

温泉地などで利用されている天然鉱石類を独自配合し、さらに、オーガニック籾殻炭とオリジナルブレンド。こうしてコントロールされた微弱電磁波は、乱れた神経や血流を整えるなど、驚くべき効果をもたらす。この独自配合粉末が『ケアオール®』。赤ちゃんからお年寄りや愛犬愛猫まで喜びの声がたくさん寄せられている。『エバナース株式会社』では、この『ケアオール®』を衣服や腹巻き、サポーター、インソールなどに加圧熱転写して商品化。「着用することで体幹が安定して転びにくくなった」「ひざ痛・腰痛も緩和された」と喜びの声が届いている。（ライター／今井淳二）

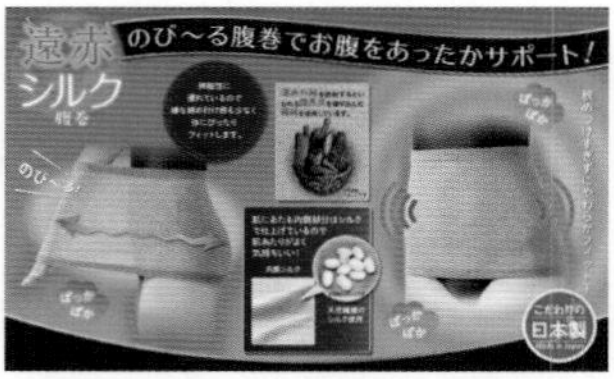

『遠赤外線シルク』（ふくらはぎ・ひざ・腹巻など）

『リストバンド』

『紀州備長炭入りひざサポーター』

『紀州備長炭入りひじサポーター』

エバナース 株式会社
0120-213-283
evernurse-customer@orion.ocn.ne.jp
㊟ 大阪府豊中市小曽根4-9-7 エバナース本社ビル2F
https://www.evernurse.co.jp/

携帯性に優れたコンパクトマフラー

『コンパックマフ™』(春秋用) 2,980円(税込)

『コンパックマフ™』は、四代続く老舗ニットメーカー『株式会社寺一』が提供する携帯性に優れたコンパクトマフラー(意匠登録取得)。「コンパクト+パッカブル=コンパッカブル」を追求し、折りたたんでまとまる携帯性の良さが特長。着用も簡単で通し穴にもう片方の端を上から差し込むだけでスタイリッシュな格好良さを実現。シンプルなデザインなので、スポーティスタイルからスーツスタイルまで幅広い服装にマッチ。心地よい風合いに加え、保温性も兼ね備える。

(ライター/長谷川望)

株式会社 **寺一**
てらいち
0879-25-4208
info@teraichi.co.jp
㊟ 香川県東かがわ市湊1952-4
https://teraichi.co.jp/

美しくて使いやすいシンプル仕立ての革財布

素材の魅力を十分に引き出した美しい仕立てと日本古来の高い技術を巧みに施した革財布が人気の『La vetta』。オススメは、オリジナル商品『Rugato（ルガト）』シリーズ。厳選されたベルギー産ショルダー革を使用したシンプルな仕立てが特長。日本の伝統技術である風琴マチを採用し、出し入れしやすい利便性と美しい見た目を両立している。カードサイズのポケットも10口あり、収納も十分。美しくて使いやすい、そんな逸品が誕生した。『Mostro（モストロ）』『Coloria（カラリア）』シリーズもあり。

（ライター／長谷川望）

『Rugato（長札・小銭入無）』
35,200円（税込）

『Rugato（ラウンドファスナー）』
41,800 円（税込）

『Mostro』
26,400 円（税込）

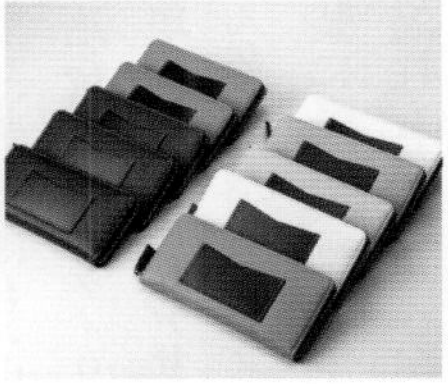

『Coloria』
22,000円（税込）

ラ・ヴェッタ 株式会社

0796-34-8388
㊟ 兵庫県豊岡市城南町20-7
https://lavetta.jp/

ファッション性も高いクリアな帯電防止バッグ

静電気が大敵となる精密機器を製造したり取扱っている場所というのは、荷物の持ち込みや持ち出しのセキュリティも厳重なことが多い。そんな時に重宝するのが『GooTouch 透明エンジニアバッグシリーズ』。リュックタイプからショルダーバッグ、ウエストバッグなど、いずれも500g以下の軽量、クリーンルームにも持ち込み可能な帯電防止PVC製で、防水機能も備えているからアウトドアなどのレジャーにも。

（ライター／今井淳二）

『GooTouch透明エンジニアバッグシリーズ』

株式会社 **東京セブンデイズ**
とうきょうセブンデイズ
03-6260-8403
info@vektor-inc.co.jp
㊟ 東京都板橋区南常盤台1-31-4
https://tokyo7ds.com/

製造時に残った糸で編まれたカラフルな『モチーフブランケット』

『ニット工房 編む〜る』から製造時に残った糸で制作する一点ものの『モチーフブランケット』が発売中。製造した時に残った高品質な糸が「もったいない」と思ったのがきっかけで生まれたのだという。残った複数の糸を合わせてモチーフを編み、そのモチーフをパターンにブランケットが出来上がる。カラフルなモチーフで編まれたブランケットは、自宅での膝掛けにはもちろん、コートの上から羽織ってもおしゃれ。購入は、公式オンラインショップから。

（ライター／長谷川望）

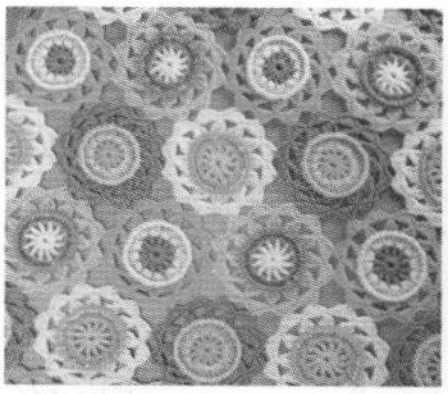
パステル系カラフル
25,300円（税込）

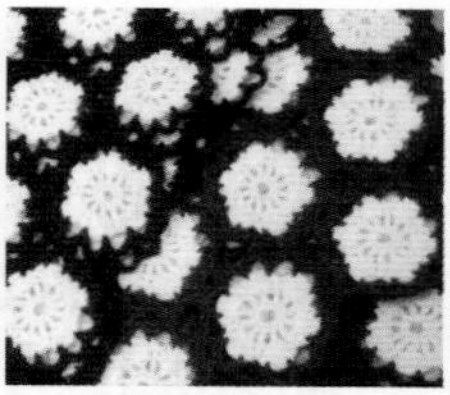
白×パープル／白×ネイビー
22,000円（税込）

ブラウン×イエロー
38,500円（税込）

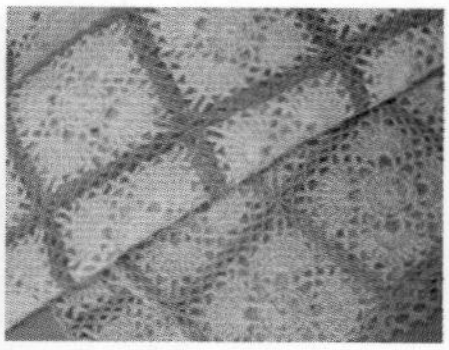
グレー×ブルー／ベージュ×ブラウン
19,800円（税込）

ニット工房 **編む〜る**
あむ〜る
0226-22-1081
tetsuya.s@knit-amour.jp
㊟ 宮城県気仙沼市上田中1-3-22
https://knit-amour.jp/

AMOUR
JAPANESE HANDMADE

一枚で入浴、サウナ、外気浴を思い通りに楽しめる新発想タオル！

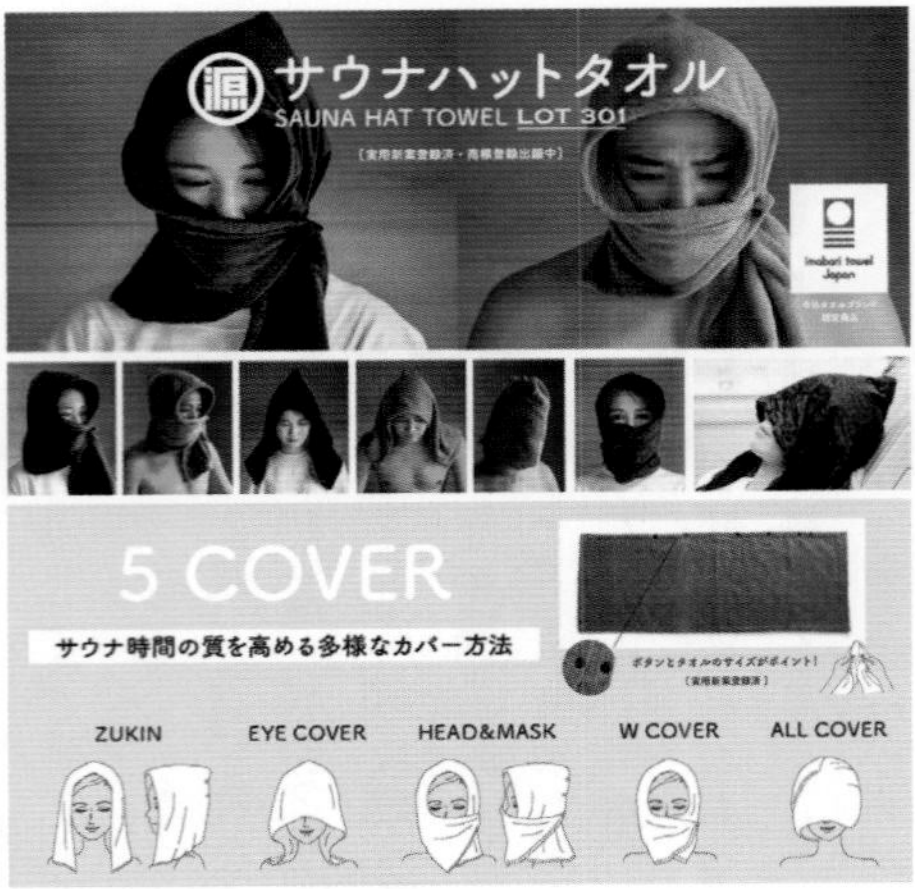

『サウナハットタオル』LOT301 カラー（カーキ・ネイビー・グレー・ベージュ・ブラック） 3,740円（税込）

お風呂では吸水力の高いタオルとして、またサウナでは高い室温やロウリュなどの熱波から頭部・髪・鼻や口元を守るハットやマスクとしての役割も果たしてくれるのが『源商店』の『サウナハットタオル』。今治タオルブランド認定のタオル生地に高温の中でも安全・簡単に着脱できるボタンが付いているのがポイント。ボタンの留め方で頭巾からマスク、首から上全体を覆うカバーまで、サウナの温湿環境や体調に合わせて調整できる。

（ライター／今井淳二）

源商店 株式会社 GEN
げんしょうてん
050-8885-7331
contact@gen-firm.jp
㊟ 神奈川県横浜市磯子区栗木1-8-13
https://genshoten.com/

光りで宇宙へあなたの存在を届ける宇宙から光って見えるキャップ

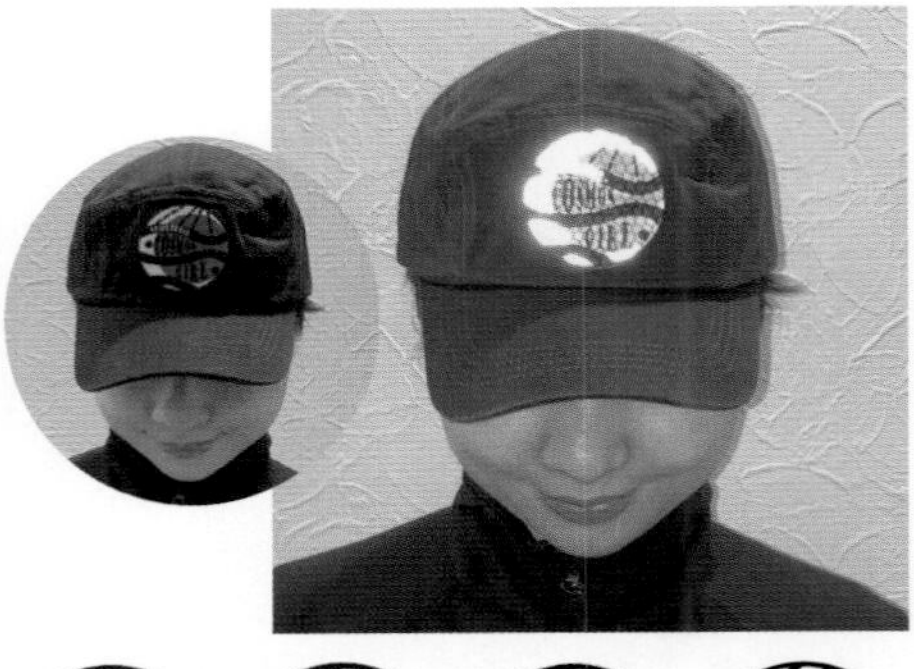

『宇宙から光って見えるキャップ』3,980円（税込）
カラー3種（ブラック、ネイビー、ベージュ）×エンブレム4種類

サーチライト搭載のドローンで約150m、さらに現在地球を周回する人工衛星「Space Tuna 1」に搭載され、レーザー照射実験により約400㎞の反射到達距離が実証された高輝度プリズム型再帰性反射材を装着したのが『光トライオード株式会社』の『宇宙から光って見えるキャップ』。レーザー搭載人工衛星によって山岳遭難者や迷子の捜索を行うミッションも提案されており、宇宙への夢も広がるアイテムだ。

（ライター／今井淳二）

光トライオード 株式会社
ひかりトライオード
059-346-8123
hikari-triode@kni.biglobe.ne.jp
㊟ 三重県四日市市河原田町2220
https://www.rakuten.co.jp/hikarisearch/

こちらからも
検索できます。

生活感度アップ!!
オーダーメイドの『スピリチュアルハーバリウム』

「日々の暮らしに癒しを」をコンセプトに、ハーバリウムやボタニカル雑貨の販売や教室を通して植物系インテリアのある暮らしを提案している『アトリエJadegreen』。特に注目は完全オーダーメイドの『スピリチュアルハーバリウム』。生活感度の高い女性に注目されており、特に「運気や気分をあげたい」という時に活用されている。美しいボタニカル雑貨をインテリアとして楽しむだけでなく、日々の生活のラッキーアイテムとして活用してみては。

（ライター／長谷川望）

『スピリチュアルハーバリウム（オーダータイプ）』6,000円（税込）

『シャンパングラスハーバリウム』4,800円（税込）

『Harbasolidium（ハーバソリデュウム）』22,000円（税込）

アトリエ Jadegreen
ジェイドグリーン
090-3492-4740
jadegreen.ah@gmail.com
住 兵庫県西宮市樋之池町2-35-201
https://jadegreen.net/
Instagram

簡単にものを吊り下げられるたまご型リールが登場

自動車用ばねを製造している『中央発條株式会社』。ばねやケーブルの技術を活かして開発された『エッグリール』。握りやすさを追求した、たまご型のリールで、様々なアイテムを好きな高さで吊り下げることができ、ワンタッチで簡単に昇降可能。

インテリアや小物飾りなど、日常の様々な場面で大活躍。「あなたに合った使用場面がきっと見つかるはず」ぜひお試しを。

（ライター／長谷川望）

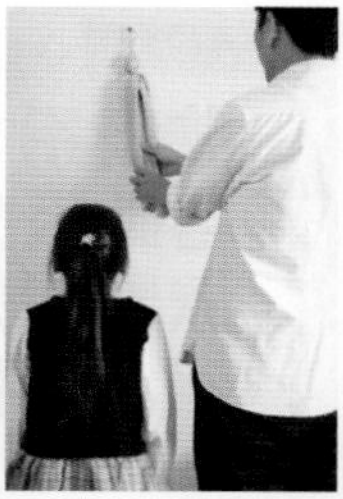

『エッグリール』

中央発條 株式会社
ちゅうおうはつじょう
0561-32-8158（新規事業開発室）
住 愛知県名古屋市緑区鳴海町字上汐田68
https://www.chkk.co.jp/

おしゃれなマイボトルでライフスタイルにアクセントを

世界32か国以上で展開されているスペイン発のボトルブランド『quokka』が日本に初上陸。人気モデルの『SOLID』は、美しいデザインと忙しい日常に十分耐えうる強度も兼ね備えるボトル。豊富な素材・色・柄のボトルで、ライフスタイルに最高のアクセントを与えてくれる。また、ホットは約12時間、コールドは約18時間の保温が可能で機能性も抜群。ボトルの他にも『フードジャー』も展開中。お買い求めは、公式オンラインショップから。

（ライター／長谷川望）

『SOLID』（330ml、510ml、630ml、850mlなど）

『フードジャー』（369ml、500ml、604ml、820mlなど）

quokka 日本公式通販サイト　株式会社 シーエム総研
クオッカ
☎ 03-5785-1210
✉ quokka@cmsoken.jp
㊟ 東京都中央区日本橋茅場町2-14-7-5F
https://quokka.shop-pro.jp/

飲料用自動販売機で飲料以外も売れる容器

ペットボトルを始めとする各種プラスチック容器のリーディングカンパニー『株式会社東北タチバナ』では、アイデア次第で無限に用途が広がる万能容器『スマートボトル』を発表した。市販の350㎖、500㎖ボトルと同じサイズなので自動販売機で使えるというのが大きなポイント。スイーツや惣菜などを入れて食品の無人販売、おもちゃや雑貨、お土産などを入れれば、ゲーム景品やカプセルトイのように使用することも可能だ。

（ライター／今井淳二）

自動販売機でも使える万能容器『スマートボトル』

株式会社 東北タチバナ
とうほくタチバナ
☎ 0198-24-6356
✉ info@ttpg.co.jp
㊟ 岩手県花巻市椚ノ目第6地割114-1
https://www.ttpg-hp.info/

炭火料理にオススメの火付き・火持ちに優れた木炭

『岩手木炭』は、岩手独自に開発した岩手窯で製炭される日本屈指の木炭。火付き、火持ちに優れ、初心者の方でも扱いやすい。また、不純物が少ないので煙・炎がほとんど出ず、匂いが食材にうつらないのも魅力。遠赤外線が多く、食材全体をすばやく加熱して外側はカリッと内側はふっくらジューシーに美味しく焼ける。炭火料理にはもってこいの木炭に仕上がっており、バーベキューにもオススメだ。チャコールバックやステッカーセットも販売中。（ライター／長谷川望）

『チャコールバッグ
岩手切炭6kgセット』

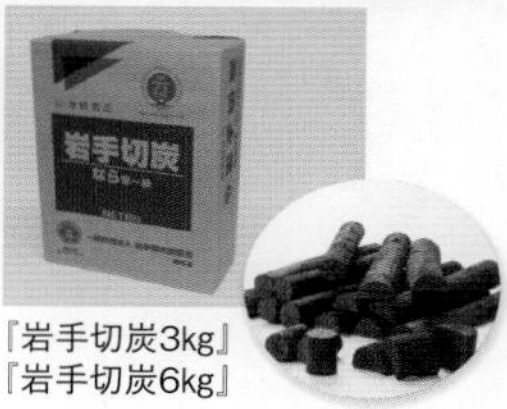
岩手切炭

『岩手切炭3kg』
『岩手切炭6kg』

一般社団法人 岩手県木炭協会
いわてけんもくたんきょうかい
019-601-7144
info1@mokutan.jp
㊟ 岩手県盛岡市南仙北2-3-21
https://www.mokutan.jp/

銀イオンによる除菌消臭効果でペットの臭いと肌を同時にケア

『有限会社メディケアネット』が販売している『PETCARE（ペットケア）』は、食品や食品添加物と定義されている成分で製造された安全で洗い流さないタイプのドライシャンプー。

ペットの毛や皮膚、お尻周りや肉球などに塗り広げることにより、高い消臭効果とプラチナの抗酸化作用によるスキンケアができる。小型犬の全身に使っても66円でケアできて、効果は1週間程度継続。（ライター／長谷川望）

ペットのニオイが
本当に
消えた!?
PET CARE

『PETCARE』
250m 3,300円（税込）

プラチナ配合
PET CARE
ドライシャンプー＆スキンケア
Platinum Shampoo & Skincare
無添加

有限会社 メディケアネット
047-351-8598
info@medicare-u.co.jp
㊟ 千葉県浦安市今川2-15-38-2F
https://www.medicare-u.co.jp/

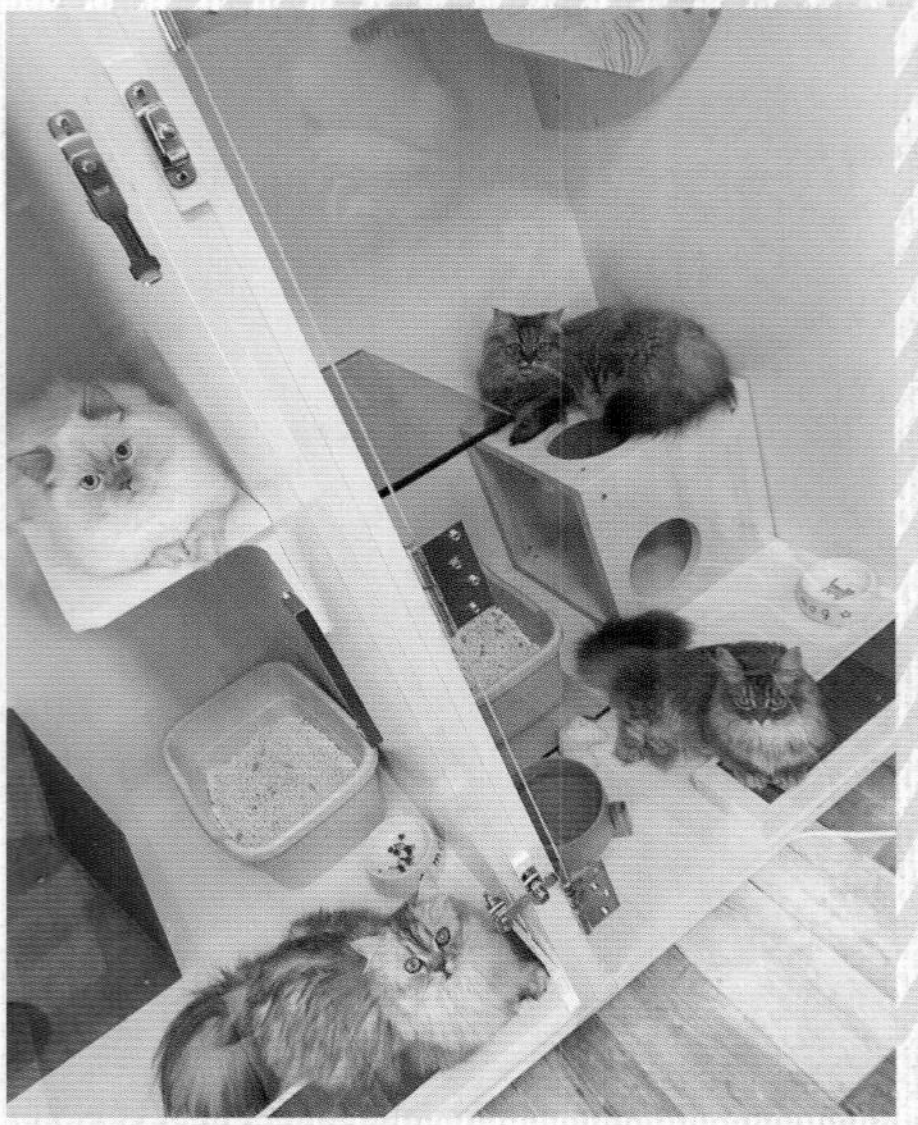

部屋はすべて上下の運動可能な広さ。12タイプの部屋。要望があればフロアに出して遊ばせることも可能。

東京都渋谷区にある『ねこホテルMOG』は、「ホテルを利用するご家族・猫ちゃんにとっても安心できる場所を作りたい」という思いから作った"猫様"専門のホテルだ。全12部屋ある個室は、それぞれタイプが異なるレイアウトや色合いで、愛猫に合ったものを選ぶことができる。各部屋ごとにキャットタワー、ごはん用お皿、お水、トイレ、爪とぎが完備。天井が高く壁にステップが付いているので、どの部屋も上下運動できる環境となっている。猫には快適さ、そして飼い主に安心感を持ってもらえるような徹底的なサービスを提供している。営業時間外のスタッフがいない時間帯も24時間カメラ完備なので安心だ。猫愛に溢れ、至れり尽くせりでお世話をしてくれる。

JUNIOR ROOM （1匹）	SUITE ROOM （1～2匹）
1泊 6,050円（税込）	1泊 7,700円（税込）
日帰り 3,300円（税込）	日帰り 4,950円（税込）

※GWやお盆、年末年始などの繁忙期は通常価格から20%増し。

どれでも一点ものです。
1点 1,500円～

猫イラストグッズも好評

ねこホテル
MOG

@nekohotel.mog

ねこホテルMOG　株式会社 MOG
東京都渋谷区恵比寿3-43-7 EBISU343-2F
070-2212-2212　nekohotel.mog2212@icloud.com
http://mog.tokyo/

㊮ 10:00～19:00
㊡ 不定休

猫と飼い主の気持ちに
徹底的に寄り添う

猫専用ホテル

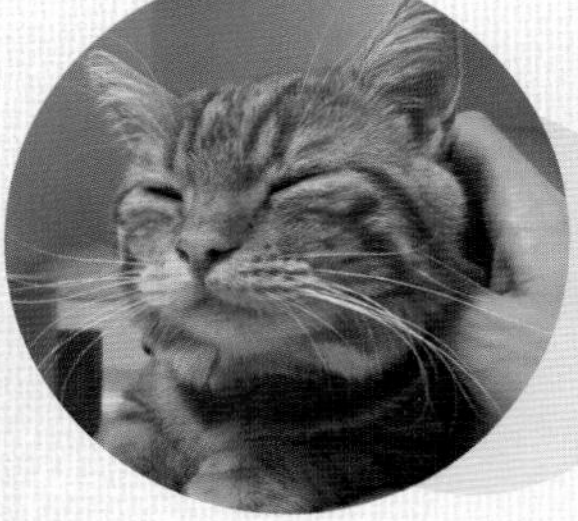

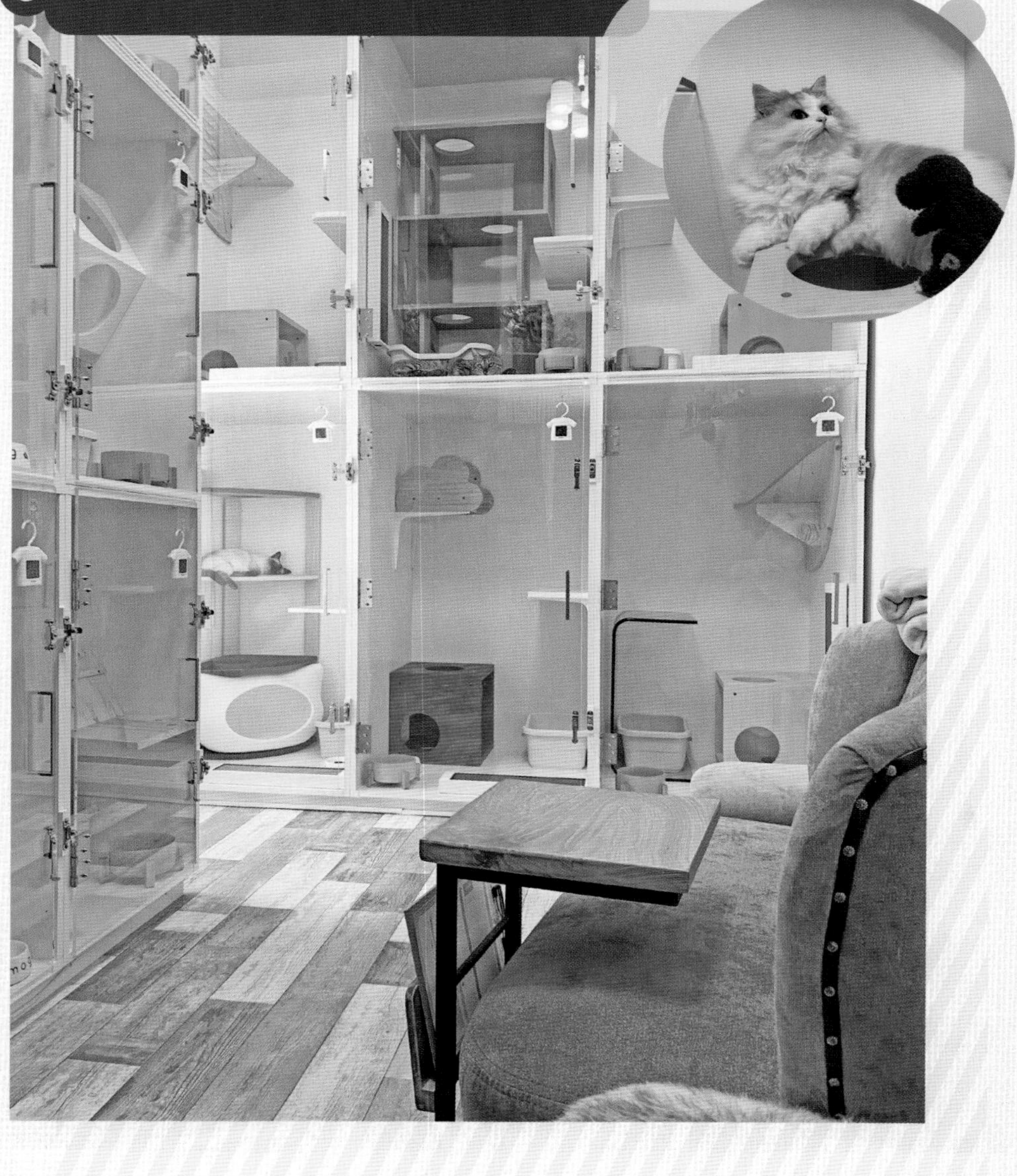

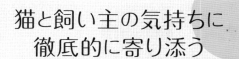

心に大きな変化をもたらす魔法の学校
潜在能力を引き出す様々な手法伝授

1期6ヵ月12の講座
受講生の約9割が女性

「何かに気付き、変わりたいと思った時に、その手段がここにはあります」

自分の内面を探求し、自らの意思に従って自身の深層意識を呼びおこす様々な技術を学べる場として『きゃらちふる魔法学校』の講座を受講した女性の言葉だ。スピリチュアルの世界に精通し、メンタル(心)にアクセスして変化をもたらす様々なテクニックを持つ4人の講師の下で、1期6ヵ月、12講座を受講した人たちは、これまでに気づかなかった潜在能力に目覚め、新たな進路に進んでいる。

「古来から、人智の及ばない、非科学的な事象を総称して魔法と呼んできました。見えぬ神を信仰する心、物事に対して喜びや不安を感じたり、落ち込んだりする心の動きなども同様、科学的解明に限界がある事象は少なくありません。その心、メンタルに様々な手法を使ってアクセスし、変化に導くのが当校の講座であり、校名に魔法を冠した所以です」

『きゃらちふる』の講座の内容は、多岐に渡っている。講座は、3月～8月期と9月～翌2月期に行う「一般過程コース」があり、全講座を受講することでディプロマ(終了証)が授与される。

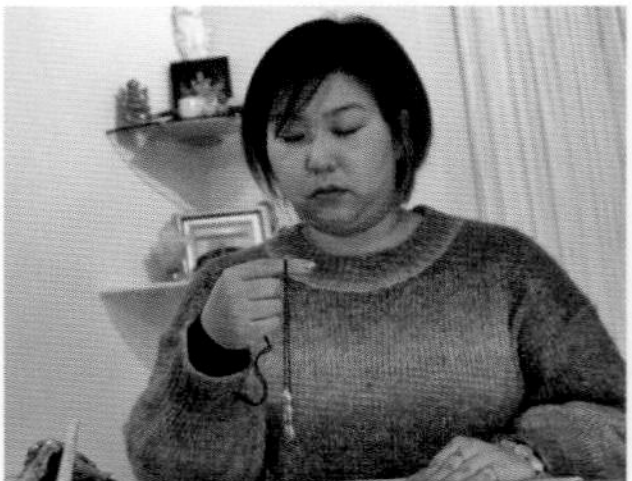

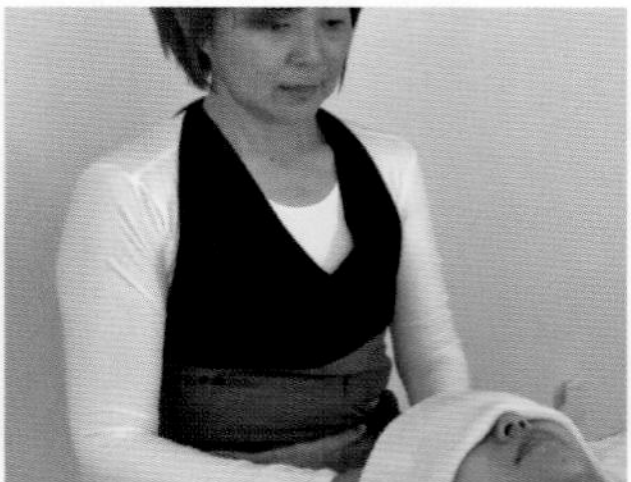

「一般過程」の12講座に掲げたカリキュラムは、宇宙の創造主や神をも超える「絶対様」、手のひらから発する癒しのエネルギーによる療法「レイキ(靈氣)」、身体に働きかけ、心身に変化をもたらすヨガを取り入れた「ボディワーク」、気の測定方法の一つでペンデュラムやOリングを駆使した「フーチ」、神様や天使とコミュニケーションをとるための「オラクルカード」、光のエネルギーを使って高次元の宇宙の存在とコンタクトを取る光の言語「ライトランゲージ」、それに加えて「潜在意識の書き換え」や「解放と手放し」「個人面談」「実践」などから成る。半年間の講座とは別に一般の方向けに気軽に参加可能なワークショップも充実している。自宅でもヒーリングに使える音叉を使っての「ライトランゲージ」、同校オリジナルのオラクルカード(プレゼント)を使った「カードリーディング」、参加者のためにカスタムブレンドしたエッセンシャルオイルミストを作る「香りのワークショップ」、スプーン曲げの実践による「メンタルブロック外し」など気軽に参加できるため

共に学ぶ同期生・卒業生との交流が起業のきっかけに。

学校や講師の雰囲気を確認できる点も見逃せない。こうした講座やワークショップで出てくるキーワードが『潜在意識』だ。

「メンタルには、顕在意識と潜在意識があります。顕在意識は、人が目覚めている時に様々な精神活動を行うのに対し、潜在意識は自覚なく動く本能のままの行動に影響を及ぼします。普段、私たちが使っている顕在意識は、心の中でもわずか3~5%程度の表層部分でしかありません。これに対し、潜在意識は心の中に占める割合が顕在意識より何十倍も大きく、潜在意識を引き出すことができれば無限の可能性が生まれるのです。ところが、人には身体の状態を一定に保とうとする働きのホメオスタシスと似た機能が心にも備わっているため、人がメンタル面で変わろうとすると元に戻そうとする力が働くのです。このホメオスタシスを各種の手法で解きほぐし、潜在意識の回路にアクセスすることで、心の中に大きな変化をもたらすことができるのです」

各授業は4~6人程の少人数制で、きめ細かな対応が魅力的。受講者は20代から60代まで幅広い年齢層に及び、その約9割は女性だという。3人の卒業生の感想から、講座を受けた前後での変化の大きさがうかがえる。

Interview

身近な人の本当の気持ちを知りたい。そう思ったのが入学のきっかけです。魔法学校が出来る前から講師の人たちと話す機会が多く、その時に私や私の友だちに全く違う角度から話しかけ、その人の本当の気持ちや願いを伝えている場面をよく目の当たりにしていました。受講したのは、何かに気づき、変わりたいと思った時に、その手段があることを私も伝えられる存在になりたかったからです。好きなのはレイキの講座です。使えば使うほどレイキを感じることができます。私は施術者なのでそれを一番実感していて、知るほどに奥深いと感じます。本当に不可能な事ってないんだと言い切れるようになりました。普通の学校とは全く違い、日々の生活の中で迷った時、軸を元に戻してもらえたり、波動を上げてくれる場所です。どんな方でも絶対に行った方がいいと思っています。

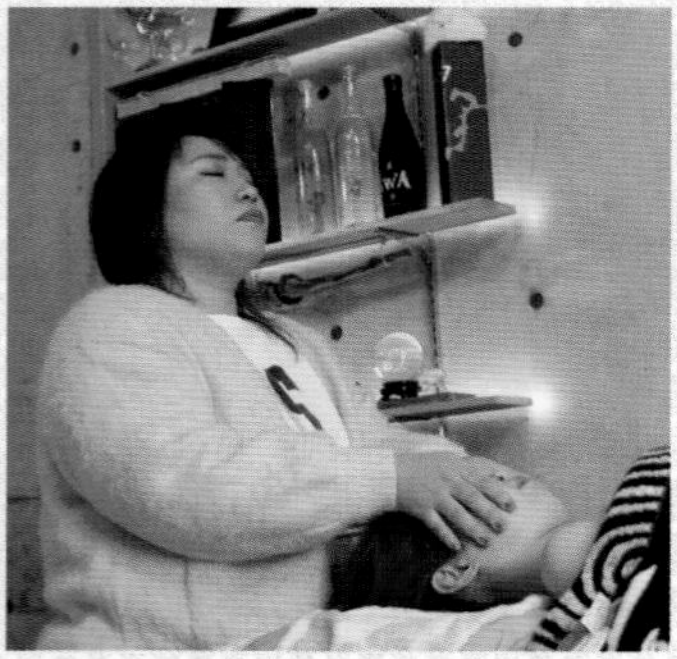

Profile

パーソナルエステティシャン。「きゃらちふる」を卒業することでフェイシャル・ボディの肌コンディションだけでなく顧客の心身状態のケアまで可能になった。

出張パーソナルエステをフリーで行っている 今川優さん

人生の方向性に迷い、受講後、事業拡大に成功した Hitomi Coyorip さん

Interview

講師の方々のセッションを受けて、自分もこんな波動を提供したいと思ったのが受講のきっかけです。

好きな講座はライトランゲージ。久々に人前で話しましたが、勝手に笑顔になってゆく自分がおかしくて。しかも、みなさん固有のライトランゲージが聞けたので、あの時間の教室はさながらリアルな宇宙空間でした。

興味深い講座といえば、個人的には絶対様の授業です。今まで自分がつながっていた光の存在たちとの違いを追求しながら受けたことが、自分の今の成長に大きくつながっていると思います。

また、講座を受けて、スピリチュアルと現実のつながりについての認識がますます深まり、現実的にそれを活用するという意識が今までの自分に欠けていたのだということを知りました。

Profile

セッションを通して生き方や方向性に迷われている方々のケアを行うヒーラー。「きゃらちふる」を卒業することで顧客の幅も広がり事業拡大につながった。現在3拠点の事務所を構えて活躍中。
https://lin.ee/jb7iDU4

Profile

元来スピリチュアルの能力が高かったことに自分では気づかずに生活していたが、その能力の高さを見染められ、卒業生から『きゃらちふる』講師に引き上げられた唯一の存在。特にライトランゲージに関しては、右に出る者はいない。

日常生活の中で自分を活かせず、ありのままの自分を出せていないことから、生きづらさを感じていたことが受講のきっかけです。講座はそれぞれ濃厚でしたが、チャネリングの授業でオラクルカードやその実践の授業が楽しかったです。講師のサポートで新たな気づきが得られて自分自身の視野が広がりました。思ってもいなかった自分の側面に気づかせてもらったり、自分と向き合い、心の状態をクリアにして具体的に行動をしていくという、まさに現実に生かせるスピリチュアルが学べたので、日常生活にすぐに取り入れて実践すればするほど現実的変化が早かったです。講師も含め、みんなが年齢や性別関係なくフラットに学びを共に進めていける環境であり、ここだったら安心して自分のことをさらけ出せる。そんな空気感です。

卒業生から
講師に引き上げられた 長岡真衣さん

同校では、オリジナルの通販サイトを開設。チャクラの調整や覚醒の手助けをしてくれる「果実酢」や手仕込みの「甘酒」など、メンタルケアを応援するこだわりの品を扱っているが、中でもユニークなのは卒業生の各種作品やエステ・各種セッション・施術・リーディングなども販売可能としており、卒業生応援のプラットフォームとして副収入アップや起業も手厚くサポートしてくれる。

通販で取扱商品。

きゃらちふる魔法学校

TEL / 06-4400-3964　E-mail / info@carachful.com
大阪府大阪市中央区南船場2　@carachful
https://carachful.com/

きゃらちふる魔法学校

column

お金を持つ・稼ぐ・使うことへの罪悪感を解除

お金を好きになり お金の循環を促す

NGH（米国催眠士協会）認定ヒプノティスト の資格証。

NORIKO ISHIBASHI
いしばしのりこ
TEL/080-4096-5858　E-mail/n.ishibashi58@gmail.com
東京都渋谷区神宮前2 INSIDE
https://noriko-stone.com/
Youtube　INSIDE ヒプノシス 音声ファイル　検索
こちらからも検索できます。

日本人は、お金に対して、意外と負の感情を抱いている方が多いように思います。裕福な方を見て「羨ましい」「どうやって稼いだのかな」と考えてしまったり、使う時に罪悪感を感じてしまったり、お金を汚いものだと捉えてしまったり…。そんな " お金に対するメンタルブロック " を解除するセッションも、けっこう人気です。自分の収入などのプライベートなことを他の方に話す場というのもなかなかないですし、友人に話すのも憚れるからでしょう。セッションで、「お金を好きですか?」という質問をすると、けっこう戸惑われる方もいらっしゃいます。でも実際、お金は日常生活にすごく密接している、とても大切なものですよね。

お金もエネルギーの一部です。なので、負の感情によってエネルギーの循環が止まると、「お金が入ってこない」という現象も起こり得ます。貯蓄に重きを置き過ぎるのも考えようです。お金を使わず節約に徹し過ぎると、循環が減り、大幅に利益を上げることが難しくなることもあるからです。なので、セッションでは自身も気づいていないような潜在意識にアプローチして、お金に対する負の意識を変えていけるよう努めています。皆さん、お話しするだけで、「もっとお金を持っていていいんだ」「もっとお金を稼いでいいんだ」「もっとお金を使っていいんだ」と自分で自分の心に許可できるようになって、アグレッシブに。

お金に対する罪悪感から解放されていかれます。

主宰
石橋典子さん

元々インストラクターとしてピラティスレッスンを行っていたが、クライアントからの要望でカウンセリングのみのセッションを開始。コロナ禍にニーズが増えたカウンセリング業務に専念するため、2021年末に11年続けたピラティスレッスンを終了。カウンセラーとしての活動は8年目。

地域を活性化させ、社会に役立つ話題のサービス&ビジネス

地方が元気になり、地域の経済を発展させて、日本の経済を牽引する様々なサービスやビジネスを紹介。

「一般社団法人やさしいあかりでつなぐ地方創生ネットワーク」に加盟。

国内外で展開する事業が「SDGs」に合致 社会に貢献する4事業会社の総合力

産業廃棄物等も再利用 途上国の電源開発支援

「当社は長年、地域の人が安心して暮らせる社会をつくるために住環境の整備やまちづくり、インフラ構築、産業廃棄物の再利用、再生可能エネルギーの推進などに取り組んできました。これらの事業そのものがSDGsに合致していると考えています」

「TOTAL SERVICE FOR THE COMMUNITY」を経営理念に掲げ、『株式会社ライフ建設』を中核企業に4事業会社で形成する栃木県真岡市の『ライフグループ』会長の菱沼博之さんの信念だ。その活動は地域に止まらず、途上国のエネルギー開発支援にまで及ぶ。2022年9月には「SDGs達成に向けた宣言書」が栃木県の「とちぎSDGs推進企業登録制度」で登録され、地域社会づくりへの貢献を通して「SDGs」達成に寄与する意思をさらに明確に示した。

『ライフグループ』を構成するのは、『ライフ建設』に『ライフ興産』『ライフ開発』『ニシオカリース』を加えた4事業会社。展開する事業は職種のデパートといわれるほど多種多様で、建設土木事業を主軸に20を超える。

『ライフ建設』は、専任技術者として1級土木管理施工技士の国家資格保有者がいるこ

とや、財産要件をクリアすることなどの厳しい条件を満たし、発注者から直接工事を請け負う元請け業者として1件の建設工事(元請工事)につき合計額が4000万円以上の工事を下請に出すことができる特定建設業の許可を得たグループの中核会社だ。

4事業会社が展開する20超の事業の中で、「SDGs」への貢献度が大きいのが「太陽光・風力・水力発電トータルプランナー事業」「建設残土処理事業」「産業廃棄物の運搬及び処理事業」。地球温暖化の原因となる温室効果ガスの削減や、廃棄物の発生防止、削減、再生利用及び再利用による廃棄物の発生の大幅な削減を目指す「SDGs」の目標に貢献するものだ

「太陽光・風力・水力発電トータルプランナー事業」は、太陽光や風力、水力など再生可能エネルギーを利用した発電所の建設をサポートする事業。出力が1000kw以上のメガソーラーと呼ばれる規模の太陽光発電所をはじめ、風力発電所、水力発電所を一から造るうえで必要な不動産、測量調査、設計、土木、建設、保守管理など各分野のエキスパートの力を結集してプロジェクトを一貫体制で完結させる。太陽光発電については、国内外から高機能高性能の太陽光パネルなどの発電設備を調達し、国内各地で年に200から300ヵ所で設置工事を行ってきた。直近では栃木県那須地域で約80ヘクタールの広大な土地での工事を請け負った。

「建設残土処理事業」は、栃木県の土砂等の埋立てなどによる土壌の汚染及び災害の発生の防止に関する条例で特定事業として許可を得た事業。建設残土の盛り土が崩落し死者・行方不明者27人を出した2021年7月の静岡県熱海市の土石流災害もあり、建設残土の処理で求められる安全性確保に貢献する事業だ。

具体的には、建設工事間で流用が困難な建設発生土をグループが所有する6ヵ所の処理場で受け入れもので、さらに栃木県内で処理場開設のための用地を30カ所確保し、受け入れ体制をさらに拡大する。建設残土の捨て場がなく、着工することができずに困っている建設業者を救うだけでなく、自治体の要請を受けて公共工事の建設残土も受け入れ、インフラの構築を下支えしている。

「産業廃棄物の運搬及び処理事業」は、公益財団法人日本産業廃棄物処理振興センターの厳格な講習を経て栃木県の許可を取得した事業で、石炭がらや焼却炉の残灰などの燃えがら、鉱物性油や動植物性油などの廃油、鉄鋼または非鉄金属の破片や研磨くずなどの金属くず、ガラスやコンクリート、陶磁器のくず、木くずなどが対象だ。

　このうち、コンクリートのくずは粉砕して建設資材として再利用するほか、周辺環境への悪影響が懸念される空き家の所有者を支援して解体にも力を入れ、そこで出た木くずをチップ化してバイオ燃料に活用する徹底ぶりだ。さらに社内では、廃プラ公害抑制の視点からプラスチックストローの代わりに紙製のストローを使うなど小さな努力も重ねる。

　一方、途上国のエネルギー開発支援は、グループ事業とは別に、事業で培った技術を活用しながら、菱沼さんがライフワークとして取り組んでいるものだ。軍事政権発足とコロナ禍で中断しているが、ミャンマーで3000ヵ所に小水力発電所を造る計画はその代表例だ。政府要人と太いパイプを作り、建設資材やダンプカーを調達し、提供したりしてダムの建造に力を注いできた。フィリピンでも毒蛇に噛まれたときの血清を作るのにも電力は必要だろうと小水力発電所の建造を進めてきた。

　このほかにも、途上国では電力不足のため家庭で電気を使えない地域が多いことに着目、各家庭に太陽光パネルを1～2枚取り付け、古バッテリーと組み合わせて蓄電し、家生活に必要な電気を賄い、家電や携帯電話が使えるようにして、先進国並みの文化的な生活に手が届くようする活動も進める。

　「SDGs達成に向けた宣言書」では、「企業技術力を向上させ、地域社会づくりに貢献するとともに、全従業員とその家族が豊かな生活が出来るよう努力する」ことを宣言し、4事業会社の事業遂行に必要な人材育成の強化、特に管理技術者資格保有者の増加や、業務効率化のためのシステム導入による生産性向上と労働環境の改善などに取り組んでいくことも目標に掲げた。

　菱沼さんは、24歳の時に建設業を立ち上げたものの、取引先の不渡り手形で10数億円もの借金を背負うどん底を経験、哲学書など読書に耽る無作為な日々を送る中で「世の中に貢献したい」との思いが再

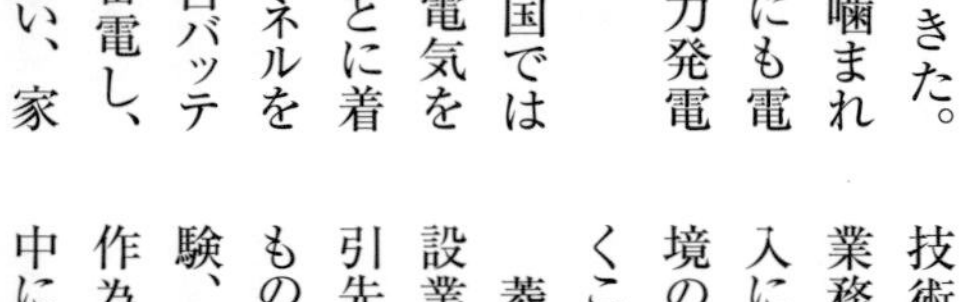

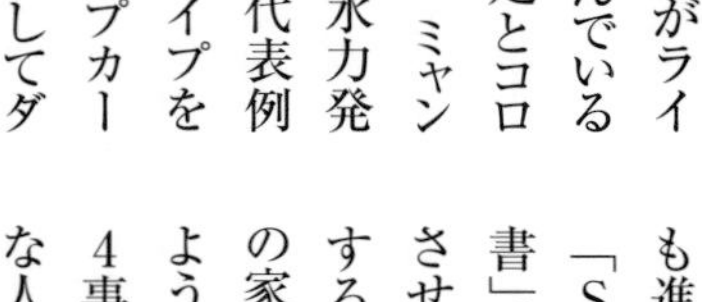

菱沼会長と国子夫人、そして伏見宮殿下（右）。

有限会社ライフ興産　㊟ 栃木県芳賀郡益子町大字益子3312-1

株式会社ニシオカリース　㊟ 栃木県真岡市西田井字東原1144-8

株式会社ライフ開発　㊟ 栃木県真岡市西田井東原11-1

び頭をもたげ、トラック1台、軽トラ1台、油圧ショベル1台、従業員4人で建設業を始めた。時代の建設ニーズを読み取る経営感覚と建設ニーズに応える事業体制を構築する経営手腕で成長軌道に乗せ、今や、約600人の従業員と特殊車両10種を含め36種の重機や車両、機器類を保有する企業グループを形成するまで成長させた。

「経営理念も人の努力なしには実現できません。熱意と誠意と創意の有無を基準に採用した従業員たちの力を結集して、SDGsの精神に沿う事業にこれからも積極的に取り組んでいきたいと思っています」

地域経済を担いながら、その視線は社会全体の発展に向けられている。

（ライター／斎藤紘）

会長 菱沼博之 さん
祖父や父親が経営者で早くから独立心を抱く。自衛隊を除隊した21歳の時から父親の仕事を手伝いながら建設業のノウハウを磨き、24歳で独立。『ライフ建設』、『ライフ興産』、『ライフ開発』、『ニシオカリース』で構成する『ライフグループ』会長。

株式会社 ライフ建設
ライフけんせつ
☎ 0285-81-7916
✉ lifeconstruction@themis.ocn.ne.jp
㊟ 栃木県真岡市西田井1129-2
http://life-group-global.com/

美しい水田

美しい森で社会課題の解決に挑む 100年先の未来をつくるFDS構想

持続可能な里山経営は地方創生の新たな活路

「未来は森の中にある小さな種から発芽した小さな生命は将来の夢や希望を感じさせてくれる」

2022年12月、福島県を拠点に「日本が誇る森林文化を基本に、森林資源や地域資源を活かした産業の創造や社会課題の解決に挑み、持続可能な経済価値の創造に取り組む『一般社団法人FDS』が設立された。早くから地方創生に取組んできた社会起業家である代表理事の渡部一也さんは、多くの事業の立ち上げや企業の再生を行ってきた。東日本大震災、福島第一原子力発電所事故から12年目を迎え、その集大成として設立したのが『FDS』である。「豊かで美しい故郷の創造は、地域社会の課題を解決する」との意味を込めた「Forest Design Solution」の略。その事業スキームは雄大で先進的だ。

その第一弾は、「FDS本郷」の開設。2023年4月に福島県会津美里町に「豊かで美しい故郷の情報を収集発信する」という意味を込めた「Forest Design Studio」の略。「FDS本郷」は、田園都市国家構想推進交付金・地方創生テレワークタイプに採択された事業で、会津美里町と有限会社会津管財が提案した事業で、運営を『一般社団法人FD

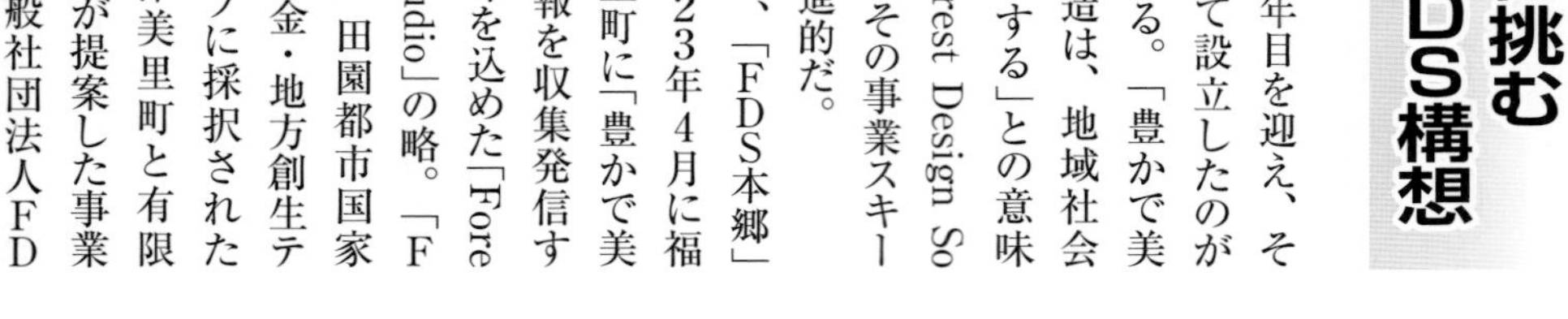

『FDS本郷』

近くを走る「只見線」

美しい里山

S』が担っている。首都圏からの個人や大手企業がテレワークとして利用できるほか、生物多様性の維持や水質浄化、保水・水環境機能の向上などの環境保全事業や、最先端の発芽技術で苗木の生産から植林までの緑化事業や、再エネ・地域資源のエネルギー化・脱炭素・GXなど様々な講習会や研修会を実施するForest Design Schoolの拠点ともなる。

第二弾は、「DAB」「TAB」「LAB」三つの集約基地の設置である。「DAB」は、「データ集約基地」Data Aggregation Baseの略。「TAB」は、「木材集約基地」Timber Aggregation Baseの略。「LAB」は、「地域資源集約基地」Local resources Aggregation Baseの略。広域的に市町村ごとに設置する事で、地域資源の物流改革を行う事業。

第三弾は、「CAB」の開発・設置である。「CAB」は「生きている小さな暮らしを運ぶ」Carry the Alife Baseの略。通常時や緊急時や災害時に関係なく安心して暮らすことが出来るモバイルハウス。集水・貯水・排水処理など生活水の循環や再エネを活用した小さな暮らし「AlLife」を可能にする事業。

渡部さんが地方創生に取り組み始めたのは、２００１年から。様々な社会課題に直面し、解決することが事業の発展になってきた。特に2018年以降の活動は目覚ましい。２０１８年に設立した「会津森林活用機構株式会社」は、その象徴。地域の自治体と地元経済界や全国有数の企業などとの連携を図り、持続可能

耕作放棄地の整美

木質チップ生産事業

素材生産事業

な森林経営を推進し、木質バイオマス熱利用や災害に強い移動可能な木造ハウスの企画・提案をする会社だ。株主には、地元経済人を中心に金融機関や建設会社、電力会社などの企業のほか、三菱総合研究所や住友林業、戸田建設、物林なども名を連ねた。全国的に注目を集めたのは、元東京大学総長で、現在は三菱総合研究所理事長や科学技術振興機構低炭素社会戦略センター長、一般社団法人プラチナ構想ネットワーク会長を兼任する小宮山宏氏が相談役に就いたこと。渡部さんは、「小宮山先生の構想を実現させるため、実装していく基盤がやっとそろった」と評した。

　その後、２０１９年には、木材のカスケード利用促進を図り、熱供給事業やバイオマス発電事業に供給する木質チップの加工、地域資源集約基地ＬＡＢとして「南会津森林資源株式会社」を設立。２０２０年には、主伐期を迎えた森林には欠かせない植林事業や世界的に高まる緑化事業向けに住友林業の協力を得てカラマツのコンテナ苗を年間30万本生産する「南会津樹木育苗センター」を設立。２０２１年には、地域資源の有効的な活用及びリサイクル事業の研究を行い、重たい荷物を運ぶダンプやトラックの運搬事業を通して効率的な運搬、物流コスト削減など環境改善に取り組む「南会津骨材販売協同組合」を設立。２０２２年には、大量生産出来ない希少な広葉樹や大径材などを中心に製材、乾燥、プレナーなど木材加工及び木材保管事業に取り組む「ＦＤＳ磐梯協同組合」を設立。奥会

広葉樹や大径材の利活用

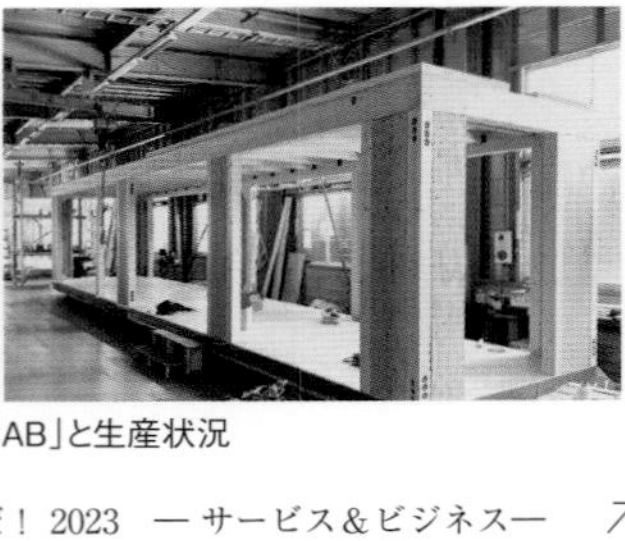

オフィスタイプの「CAB」と生産状況

骨材生産事業

資源環境事業

苗木生産事業

津地域を中心に多様な地域資源を活かし、持続可能な経済価値を創造する事業として、地域文化のデジタルアーカイブや虫を養う森づくり事業などに取り組む「一般社団法人奥会津FDS」を設立。こうした事業展開の延長線上で設立したのが『一般社団法人FDS』である。

『FDS』が取り組む事業は、民間や公的機関が保有する森林や耕作放棄地を預かり管理する事業。『FDS本郷』ができたことで、保有・管理する森林面積(耕作放棄地を含む)を1万haへ拡大し、10年間で10万haを目指すことが見えてきた。樹木や土壌にカーボン固定し、生物多様性の維持や水質浄化、保水・水循環機能を向上させる取組みなどネイチャーポジティブ(生物多様性を含めた自然資本を回復させる)を実現させる。

その他には、「ふくしまにどんぐりを届けよう! FDS(Fukushima Donguri Support)」を開始する。最先端の発芽技術で、あらゆる苗木生産にチャレンジし、種の保存から発芽、そして苗木を育て緑化する「ふくしまどんぐり支援」事業。

「国土の3分の2が森林である日本は、森林資源や地域資源を利用し、循環型の資源化に取組むことで、世界有数の資源大国になります」

美しい森で社会課題の解決に挑む渡部さんの挑戦は、「100年先の未来をつくる」新たなステージに移った。

「人は森と共に生きているのです森の恵みが感じられる社会を目指して」(渡部さん)

(ライター/斎藤紘)

一般社団法人 FDS
エフディーエス
0242-93-7331　info@aizu-fds.com
(住) 福島県大沼郡会津美里町本郷道上1番地　https://aizu-fds.com/
会津森林活用機構 株式会社　https://morikatsu.net/
会津管財グループ　https://aizulife.com/

歴史ある木造建築「長床」にて、小宮山宏さんとのお茶会

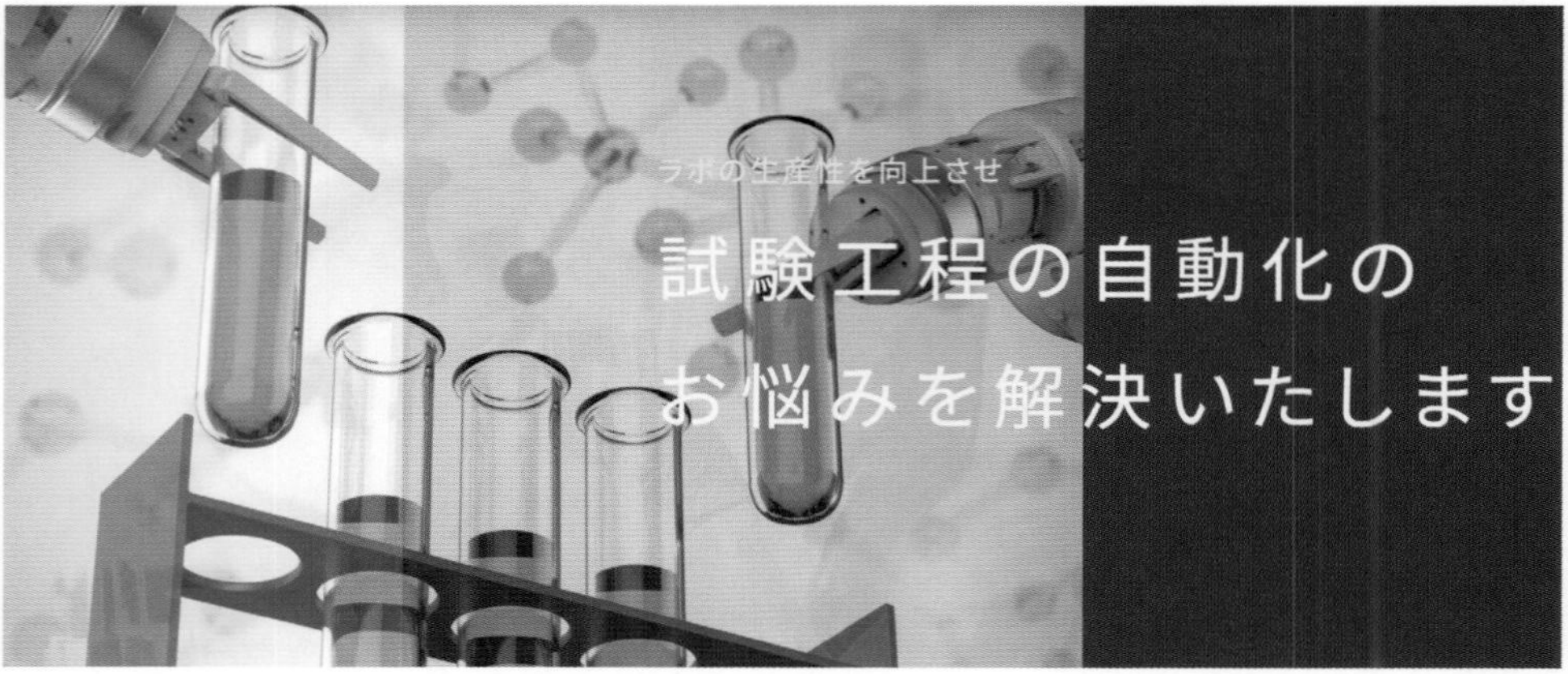
ラボの生産性を向上させ
試験工程の自動化の
お悩みを解決いたします

世界の先進的装置でラボ自動化支援 POPなデザインのグッズも制作販売

的確なコンサルと導入 独自のブランドで制作

医学、生物学、化学などの実験、試験を行う研究機関などのラボラトリーで、ヒューマンエラーを回避し、温度や湿度、気体の割合などを一定量に管理して作業の精度を最大限に高めるためのオートメーション化が進む中、その導入のコンサルティングとサポートを行うのが埼玉県新座市の『株式会社 regulus』だ。コンサルティングや導入支援で重視するのは、ラボ全体を整合性を持って自動化するための他の製品との互換性、連動性、それに利用者に使いやすいユーザーインターフェイスだ。この視点で厳選した自動化装置は様々だ。

ラボでの細胞の培養や保管には、温度や湿度、気体組成の徹底した管理が求められるが、労力と人件費を大幅に削減できるのが、リヒテンシュタイン・LiCONiC（ライコニック）社製のCO_2インキュベーター『STXシリーズ』だ。研究対象のサンプルである細胞を体内の自然な状態に近い環境で培養するために使われる装置で、温度、湿度、二酸化炭素濃度を一定に保つよう環境制御された自動格納庫として利用され、実験室の状況に対応できる柔軟性に特長がある。具体的な機能は、培地が乾燥することによる細胞へのダメージを防ぐため湿度を一定に保ち、生理的条

STXシリーズ

件下に近い温度を維持するほか、細胞代謝により培地が酸性化するのを防ぎ、培地のpHを一定に保つために培地や細胞の種類によってCO_2濃度を自動調整しながら安定して細胞を培養することができる。ドライストレージ(乾式貯蔵)にも使える。『STXシリーズ』には、多数のくぼみのついた平板からなる検査器具で試験管やシャーレとして利用されるマイクロプレートを44～3000枚以上格納できるカセット、廃棄物を集めるトランスファーステーションなども備わる。完全に自動化された他のラボアプリケーションにシームレスに統合するようにも設計され、メンテナンスも不要だ。マイクロタイタープレート、ディープウェルプレート、培養フラスコ、ペトリ皿、バイオリアクターチューブのオプションはすべて、標準的な溶液範囲の一部として収容できるオールラウンドプレーヤー的な装置だ。『STRシリーズ』は、『STXシリーズ』と同等の機能で、よりコンパクトなワークステーションとして設計されたインキュベーター。ペリスコープリフトを使って機器の上部表面からサンプルを送達するため、リキッドハンドラーデッキなどの下に収まり、サンプルをデッキに直接送ることが可能だ。

各種プレートを効率よく管理できるのが「LiCotel シリーズ」のプレートホテル。高速プレート搬送とスピード調整機能などによって、安全で穏やかなプレートの移動を実現する。LICONIC 社の他の装置とも相性がよく、特別な搬送ステーションや拡張型ロボットアームが不要な設計で、大幅なコスト削減に寄与する。LiCONiC 社は自動インキュベーターと小型のプレート保管システムを世界で最初に開発し、最大シェアを持つソリューションプロバイダー。インキュベーター以外の自動化装置の代表例は、ドイツのINHECO 社の「サーマルサイクラー」。生物学や医学の実験で、ポリメラーゼ連鎖反応（PCR）によりDNA断片を複製させるための機器。磁気ヘッドを直進運動させるボイスコイルモータ(VCM)テクノロジーの超高速熱伝導による優れた熱性能、小さなフットプリント、選択可能な四つの異なる換気排気位置などの特長を持ち、SiLA通信規格によってすべての主要なLHプラットフォームでシームレスに統合できる。リヒテンシュタイン・エッシェンのLARIANTECH 社製のラボ管理システム「LARIANTECH」は、毎回定時に目視で確認しようとすれば労力と人

件費がかかる温度や湿度、CO_2などのラボ内環境状態をクラウドシステムで24時間モニタリングすることができる。重量わずか22gのワイヤレス温度・湿度センサー、パスワードの保護とドアの開閉などを管理するKロック、水タンクを検知する水量レベルセンサーなどで構成されている。

HJ-bioanalytik GmbH社製の自動シーラー「HJ@Sealer」は、試験で必要不可欠なマイクロタイタープレートの内容物を一時的または長期的に保護し、異物混入や蒸発を防止するために重要なシーリングで活躍。

シール剥がし「HJ@Piercer」は、シールを剥がす際に最も注意なければならない内部汚染の心配もなく、約12秒で完全に取り除くことができ、ピアシングローラーの位置検出などの診断機能で操作も簡単だ。

いろいろなグッズが発売。詳しくはホームページを。

『regulus』は、ラボオートメーションとは異次元の事業でも注目される。POPな世界観の中に少しの毒々しさを取り入れたユニークで個性的なデザインのキャラクターやロゴ、イラスト、さらにはTシャツやマグカップなど生活に彩りを与えることを目指す『usachimu's』ブランドのグッズの制作、販売だ。制作を担当するイラストレーターやデザイナーは、オリジナルの世界観を崩さず、どんな世界も可愛らしくPOPに表現することに力を注ぎ、制作依頼にも応じている。『usachimu's』ブランドのキャラクターやグッズは、2022年11月に東京ビッグサイトで開かれた東京デザインフェスタに出展し、個性的かつカラフルな色合いで好評を博した。

（ライター／斎藤紘）

株式会社 regulus
レグルス
080-5571-0321
r_watanabe@regulus-company.jp
㊟ 埼玉県新座市馬場1-7-2-38
https://regulus-co.jp/

ホームページ　shopping　Twitter

食を通じて健康でより豊かな生活を実現する場所

電子行商人プラットフォーム

『Aecury』は、「食べることをプラットフォームにていねいな暮らしをプロデュースする」をコンセプトに、食や健康について関心のある方に向けて、最適な食品・健康関係のサービスを提案するマッチングサイト。「食」と「IT」の力を通じて、人とモノ・人と地域をつなげることで、より健康で、より豊かな生活の実現を目指す。

顧客をがっちり掴む電子行商人誕生 AIを活用したCRMシステムの進化形

顧客ニーズを的確把握 待ちのECの課題克服

CRM(Customer Relationship Management)。経営戦略の一つで、顧客一人ひとりと良好な関係を築き、満足できる商品やサービスを提供して企業収益の向上を図る顧客関係管理のことだ。今や、業種や規模を問わず、広く浸透しつつあるこのシステムの進化形として存在感を高めているのが、CRMの第一人者、「アーカス・ジャパン株式会社」代表取締役の松原晋啓さんが開発した『Arcury』だ。顧客が来るのを待つ従来のe-Commerce（EC）電子商取引とは異なり、自ら売りに行く行商人のような働きをするe-Merchant（EM）電子行商人の機能を持つのが最大の特長だ。

新規顧客獲得が比較的容易だった高度成長期やバブル期と異なり、現代は、経済の長期低迷に加え、少子高齢化や人口減少、労働力人口による市場縮小、消費者の価値観の多様化など社会経済環境の変化で、これまでのような待ちの戦略では顧客開拓が難しい時代。ECとしてネットショップが普及しているが、不特定多数の見込み客を想定しているため、収益向上に確実に結びつく保証はない。こうした状況下で重視されるようになったのがCRMだ。

「同じITでも会計や人事、生産などの管理を担うERP(基幹システム)が人間に例えると手足なのに対して、CRMは頭脳のような存在といえます。連絡先や購入履歴の確認、メールやSNSを通じたやりとり、業務管理、商談状況など社内に散らばった顧客に関する情報を一元管理し、その情報を元に誰に何を売ればいいのかを企業全体で認知するために、顧客との関係性、コミュニケーションを管理し、自社と顧客との関係を一元的に把握できるITシステムです。分かりやすくいえば、CRMが目指すのは、お客様が求めるものを作り出し、営業活動をしなくても製品やサービスが売れる状態を作ることです。お客様に売るのではなく、買ってもらうという状態を生み出すのがCRMなのです。コロナ禍で多くの飲食店が苦境に立たされている中で、コロナ禍以前からお客様一人ひとりを大切にしていたお店は何とか耐えていますが、そのような顧客重視の対応を可能にするシステムと考えれば理解しやすいと思います」

CRMは、1990年代後半、世界最大のコンサルティングファームであるアクセンチュアによって概念が確立されたシステム。松原さんは、大学中退後に入社したシステム会社でプロジェクト推進の手腕が評価され、アクセンチュアからヘッドハンティングされ、能力を発揮した後、アメリカのソフトウエア会社であるインフラジスティックスの日本法人設立に参画するために転職。経営を軌道に乗せた後に移った日本マイクロソフトでCRM製品の立ち上げメンバーに抜擢された経歴を持つ。

2012年に共同経営のCRM事業部を立ち上げ、2020年に分社独立して設立した『アーカス・ジャパン』で最重要事業として開発し、2022年1月にリリースしたのがCRMの進化形『Arcury』だ。顧客が来るのを待つ従来のECとは異なり、必要な人に必要な商品を売りに行く行商人のような電子行商人と呼ばれる次世代のプラットフォーム。CRMとAI人工知能を組み合わせて松原社長が開発した『EMOROCO AI』を組み込んだことでCRMを大きく進化させた。

「モノが余り、製品は細分化され、顧客ニーズも多様化した時代。ビックデータを使っただけでは適切な顧客アプローチをすることが困難となっていますので、それらの情報から

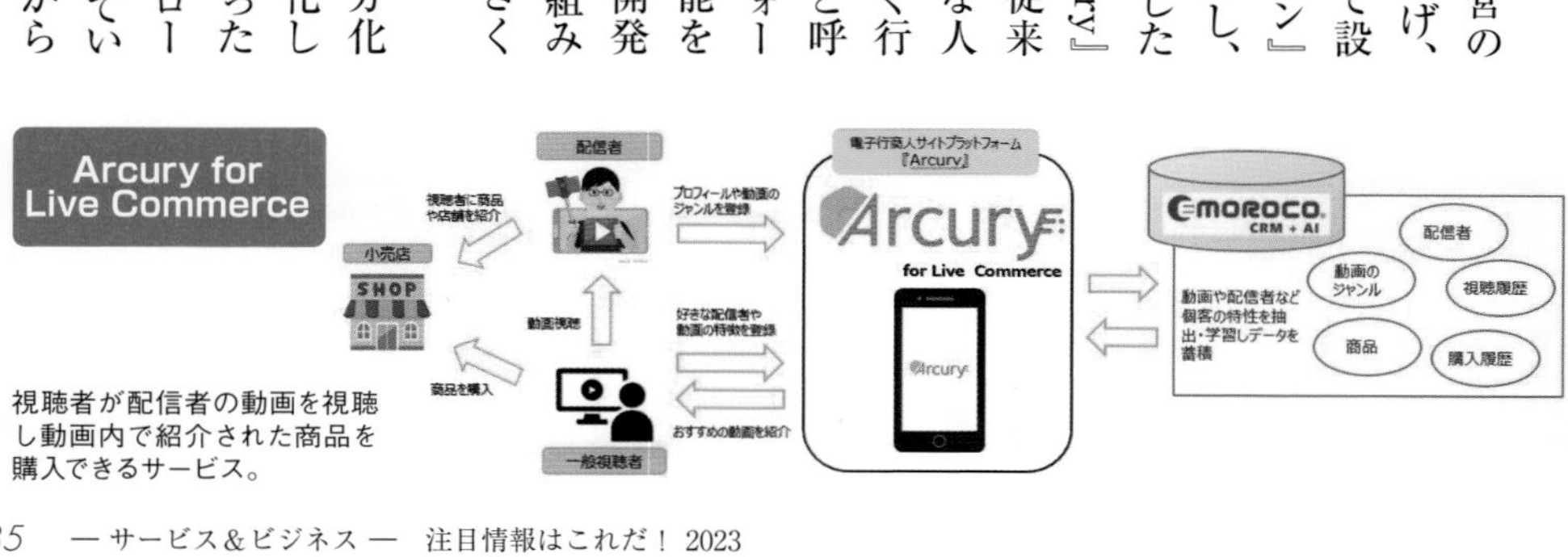

視聴者が配信者の動画を視聴し動画内で紹介された商品を購入できるサービス。

EMOROCO

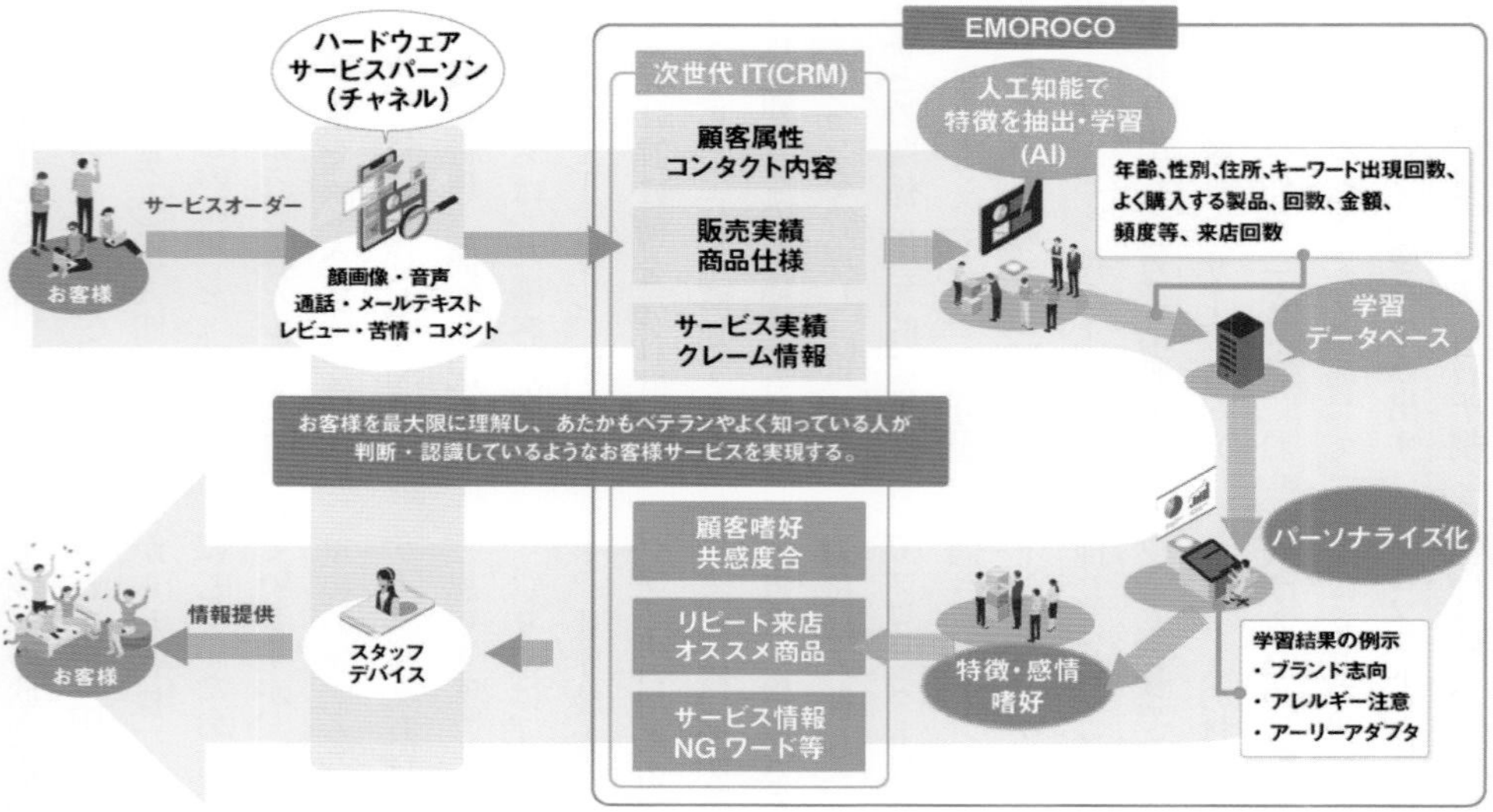

EMOROCOは、EMOtional Analysis（感情分析）、RObot（ロボット）、COgnitive（人工知能）の各機能を搭載したCRMソリューション。従来のOne to Oneを謳うCRMに比して新世代（CRM3.0）のCRMコンセプト「パーソナライズドCRM」に基づいて開発されているため、顧客の感情を"見える化"することで、より精度の高い顧客サービスの提供が可能。

顧客一人ひとりに合わせた情報を導き出し、サービス従事者を支えるシステムに必要不可欠な機能を備えているのが『EMOROCO AI』です」

その機能、大きく分けて三つある。

第一が「集合知の活用」。

「自社に蓄積された基幹システムなどのデータや機能特化型人工知能から算出されたデータ、センサーやロボットなどのIoTモノのインターネットデバイスを含めた各種デジタルチャネルから得られるデータなど、あらゆるデータを統合化し、それらのデータだけでなく、市場データや顧客ニーズなどの一般的な情報から同業界、同業種における膨大な情報から学習したデータを人工知能によって活用します」

Arcury for Location

狩猟、イベント、災害時の救助活動など、チーム内の動きをリアルタイムで把握し、作戦の計画から遂行・評価までを支援するサービス。

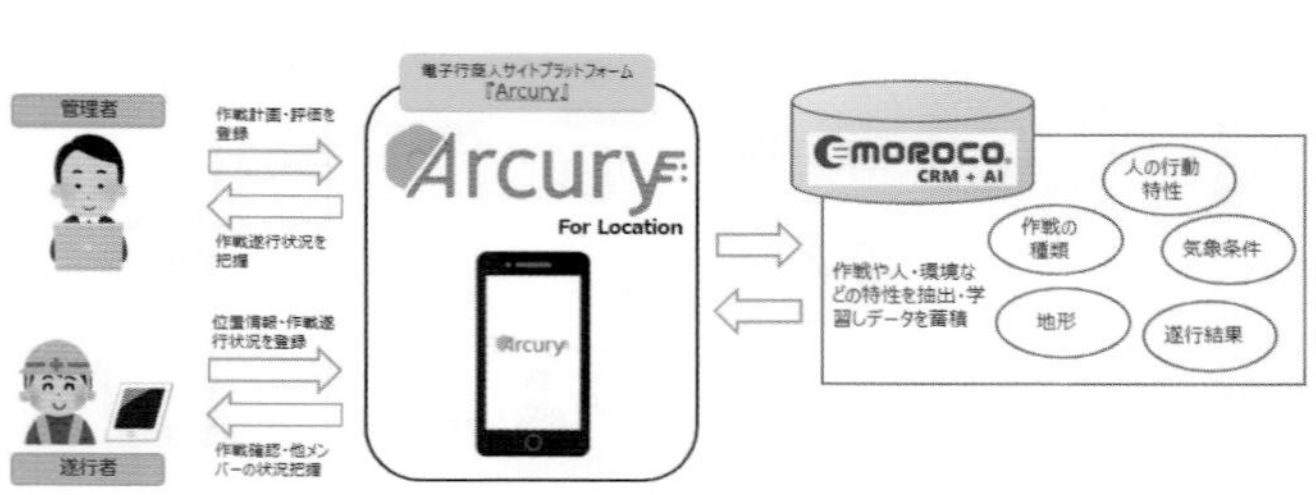

第二が「顧客サービスに特化した人工知能アルゴリズム」。

「顔認識や音声認識などの機能特化型の人工知能とは異なり、顧客一人ひとりの満足度を向上させることに特化して都度最適なアルゴリズムによる分析を実行します。また、日々の活動から得られたデータによって、再学習を行い、使えば使うほど算出値を自社に最適化する精度の向上を実施します」

第三が「柔軟なプラットフォーム」。

「市場や顧客ニーズの変化、日々の活動におけるリトレーニングによって、日々システムを改修していくことが必須であるため、運用しながらカスタマイズしていくことが可能なプラットフォーム型CRMをベースとして採用しました」

こうした機能に加え、『Arcury』は動画で商品を販売するライブコマースや実店舗とオンラインを統合したスマートショッピングカートなど多彩な機能をカスタマイズできるのも特長だ。『Arcury』の導入には、初期費用や月額使用料はほとんどかからず、発生するのは商品やサービスが売れた際の手数料のみで、中小企業も導入しやすい料金設定にしたのは、松原社長が地方活性化を企業理念の一つに掲げたことと関係する。

「日本の経済が停滞している理由の一つは、東京への一極集中。この状況改善するためには、地方の企業が元気になり、地域が活性化することですが、これを実現する上で『Arcury』が役立つと思っています」

また、『Arcury』を理解するのは難しいこともあり、同社は導入した企業には、仕組みを分かりやすく解説し、パソコン上での操作方法などのトレーニングも行う。

松原さんは『Arcury』と位置情報を用いた『Arcury for Location』も開発し、2022年9月にリリースした。イベントや災害時の救助活動、狩猟などのチーム内の動きをリアルタイムで把握し、作戦の計画提案から遂行、評価までを支援するもので、初期費用はなく、毎月の利用料だけでスマホやタブレットで利用できるサービスだ。

（ライター／斎藤紘）

アーカス・ジャパン 株式会社

06-6195-7501
info@arcuss-japan.com
㊟ 大阪府大阪市淀川区西中島5-9-6 新大阪サンアールビル本館3F
https://www.arcuss-japan.com/

こちらからも
検索できます。

ARCUSS JAPAN

新築同然に改修の低価格中古住宅 コロナ禍のテレワークで需要が拡大

都会からの移住が増加 付帯する好条件も好評

「中古住宅を買い取り、新築同然にリノベーションして『リフレッシュ住宅』として若年層でも手が届く価格設定で販売する」

コロナ禍でテレワークが急速に広がるなど勤務形態が大きく変化する中、注目度を高めているのが『株式会社アートランド』代表取締役の武本尚さんが不動産事業で構築したこのビジネスモデルだ。郊外でゆったりと住居兼仕事場を構えたいと考える人たちからの問い合わせが後を絶たない。

「コロナ禍の前後で、問い合わせされるお客様の層に変化がありました。新型コロナ感染症が流行し始めてからは神戸や大阪、京都方面から多くの問い合わせが寄せられるようになったのです。感染者が相対的に少ない市町に絞って物件の有無を問い合わせてくるケースも増えています。ウィズコロナの時代に入ってテレワークが広がり、会社の近くに住む必要性がなくなってきたこともあり、郊外の比較的安価な中古住宅に対するニーズが高まっていると感じています」

『リフレッシュ住宅』の販売事業は、具体的には、居住環境に恵まれた兵庫県西部の播磨地域を中心に土地付き一戸建ての中古住宅を一級建築士が顧客目線で細部に至るまで調

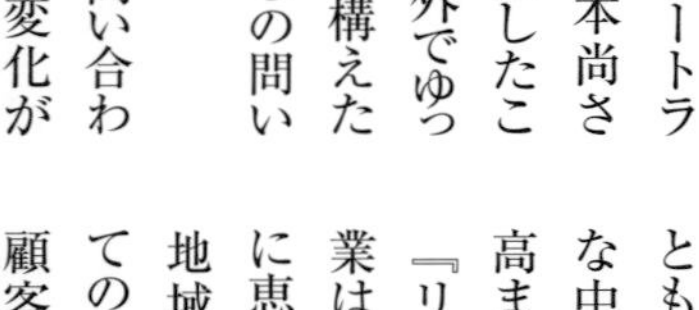
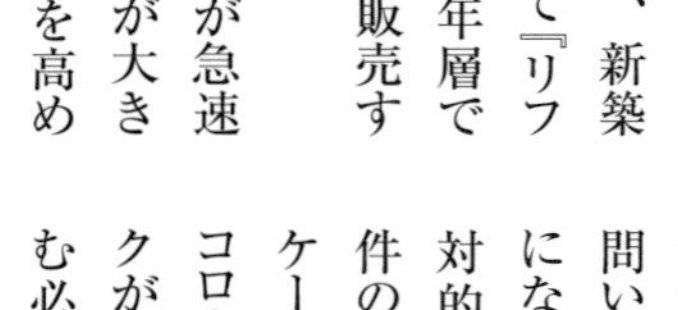

「リフレッシュ住宅」

査して購入、事業パートナーである工務店が新築並みにリノベーションし、それを毎月の住宅ローン返済額が周辺の家賃相場以下になるような価格で提供するというものだ。中には月々の返済が４万円以下の物件もある。

しかも、耐震性があり、建物状況調査などの情報提供が行われ住宅に対し国交省が登録した住宅・不動産業界の団体が付与する安心R住宅の標章を獲得し、さらには既存住宅を販売した売主が基本構造部分の瑕疵について買主に対して負う瑕疵担保責任を確実に履行するための保証期間５年の既存住宅売買瑕疵保険にも同社が加入するので、安心、安全も担保される。こうした好条件件が高く評価され、近年の販売実績は年間40件前後にものぼる。

「『リフレッシュ住宅』の購入者は当初、姫路市など兵庫県西部の30代以下の若い世代が7、8割占めていましたが、コロナ禍に伴うテレワークに合わせた移住に加え、九州や中国地方から関西圏で就職した人たちで都会暮らしから田舎暮らしを望む人たちの購入も増えています」

『リフレッシュ住宅』事業は、人口減少で深刻化する空き家問題解決の一助になるとも武本社長は考えている。

（ライター／斎藤紘）

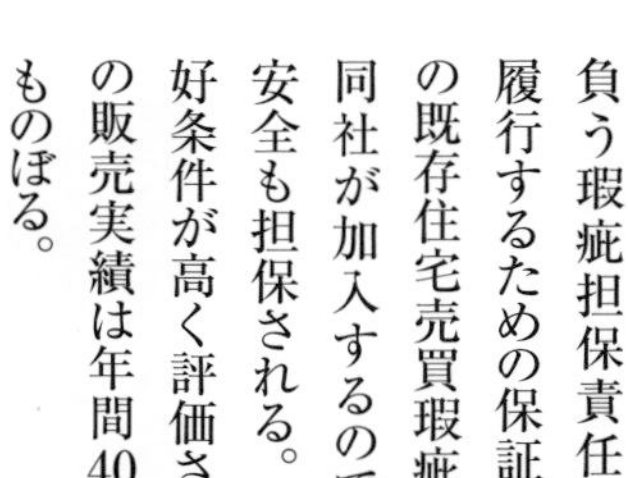

株式会社 アートランド

079-295-0185
fresh@artland-fr.jp
㊟ 兵庫県姫路市南今宿8-9
http://www.artland-fr.jp/

代表取締役
武本尚さん

知多市の『営農型太陽光発電』

『営農型太陽光発電』の先進例に倣い農業収入向上に高麗人参栽培開始

耕作放棄地が活用可能 地域活性化など効果多様

農地の上に太陽光発電パネルを展開、その下で農作物を栽培し、農業収入と売電収入で農家の所得を向上させる『営農型太陽光発電（ソーラーシェアリング）』の普及を図る『一般社団法人営農型太陽光発電普及協議会』は、2017年設立当初から営農型発電設備の下部農地でブルーベリー栽培を推奨し、2022年末の時点で9万3千㎡以上、1万2千鉢のブルーベリーを栽培している。同協議会では、他に収益性の高い農作物を検討していたところ、茨城県つくば市の「農業生産法人水杜の郷（みもりのさと）株式会社」が高麗人参の栽培に取り組んでいることを知り、同社の指導を受けながら2022年12月から愛知県新城市と常滑市で高麗人参の試験栽培を始めた。高麗人参は、薬用人参として高価で売れることから、栽培法を修得し、広く栽培を推奨していく計画だ。

「水杜の郷」は、2013年から農林水産省の指針に基づくソーラーシェアリング事業として耕作放棄地を活用し、太陽光発電パネルの下で高麗人参と西洋人参を栽培してきた。高麗人参と西洋人参は、一般的なセリ科の人参とは全く異なるウコギ科の植物で、高麗

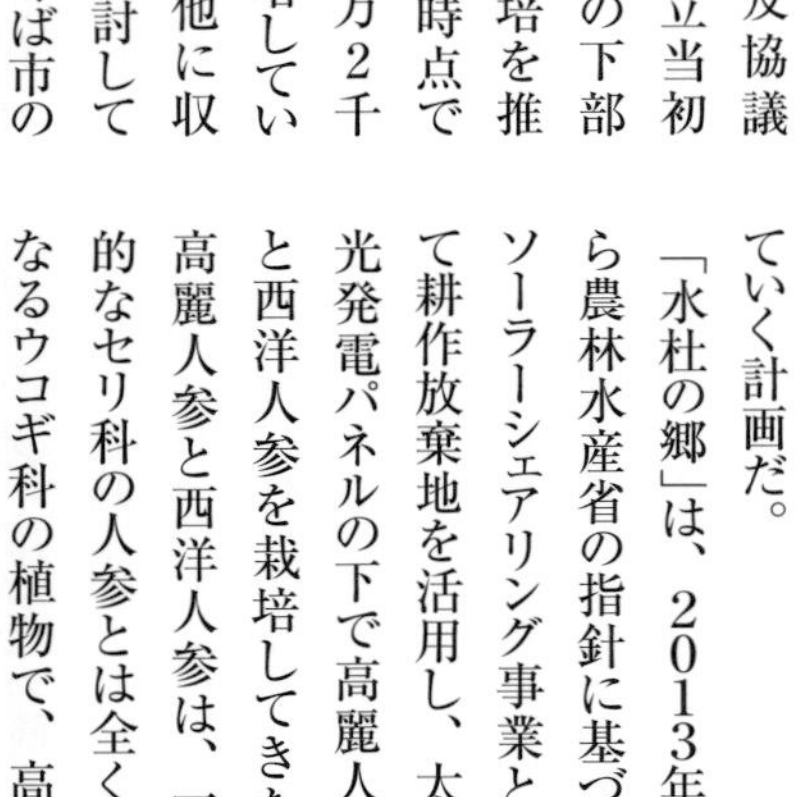

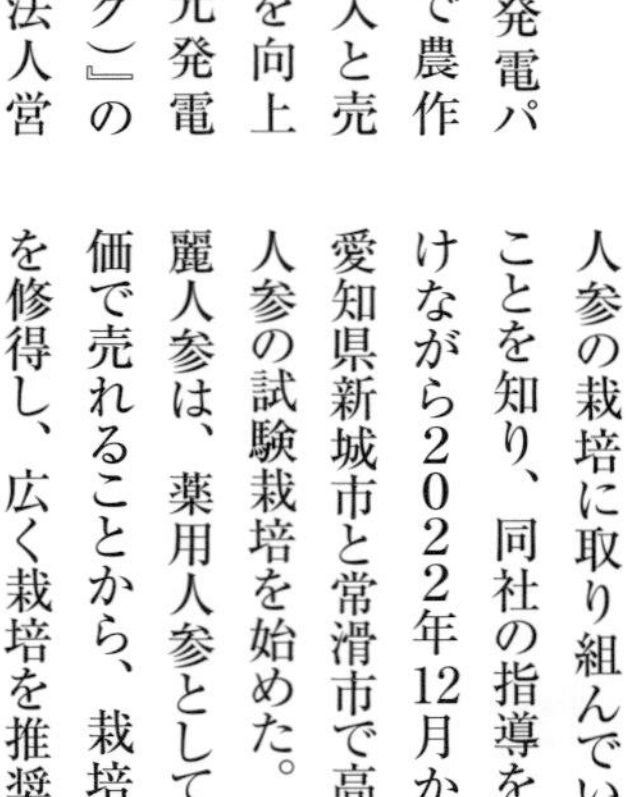

常滑市の『営農型太陽光発電』

高麗人参の試験栽培

「水杜の郷」のソーラーシェアリング事業

人参は血圧調整作用や美白効果、西洋人参は血圧・血糖低下作用やストレス緩和作用がある薬用人参だ。

同協議会は、2022年に「水杜の郷」の農場を見学し、高麗人参の栽培が営農型太陽光発電の可能性を広げると判断、苗の購入、栽培指導、収穫した高麗人参の販売について「水杜の郷」と正式に契約を結び、現地で植え付けの実践研修を受け、試験栽培を始めた。今後、太陽光発電無しで小規模の栽培からスタートし、徐々に規模を拡大し、営農型で展開していく考えだ。

同協議会が「水杜の郷」の取り組みに注目するのは、薬用人参の栽培に止まらず、『営農型太陽光発電』のもたらす多様なメリットが手に取るようにわかることだ。

年間、約12000世帯分の電気使用量に相当する約3800万kwhの電力の発電、東京ドーム32個分にもなる1・4億ℓもの二酸化炭素の削減で地球温暖化防止に寄与していること、耕作放棄地の活用で44haのつくば市の耕作放棄地を解消したこと、シルバー人材の雇用や付加価値の高い地域特産品のブランド創出などで農業従事者の高齢化、後継者不足、不安定な農業経営などの課題を抱える農村の地域活性化に貢献していることなどメリットは多岐にわたる。同協議会では、これから『営農型太陽光発電』のさらなる普及拡大を図る上で格好のモデルになるとみて推進していく方針だ。（ライター／斎藤紘）

一般社団法人 営農型太陽光発電普及協議会
えいのうがたたいようこうはつでんふきゅうきょうぎかい
0533-78-2400
mail@einou-pv.org
㊟ 愛知県豊川市宿町佐平山48
https://einou-pv.org/

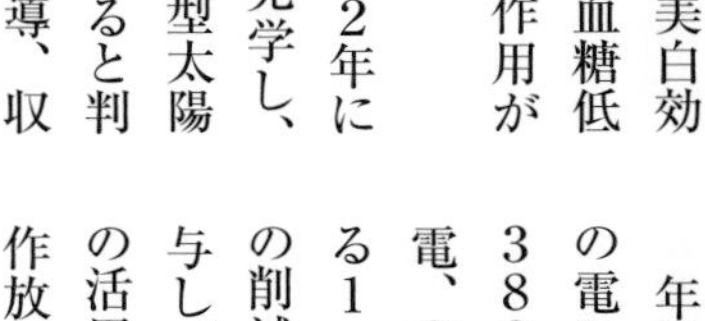

一般社団法人
営農型太陽光発電普及協議会

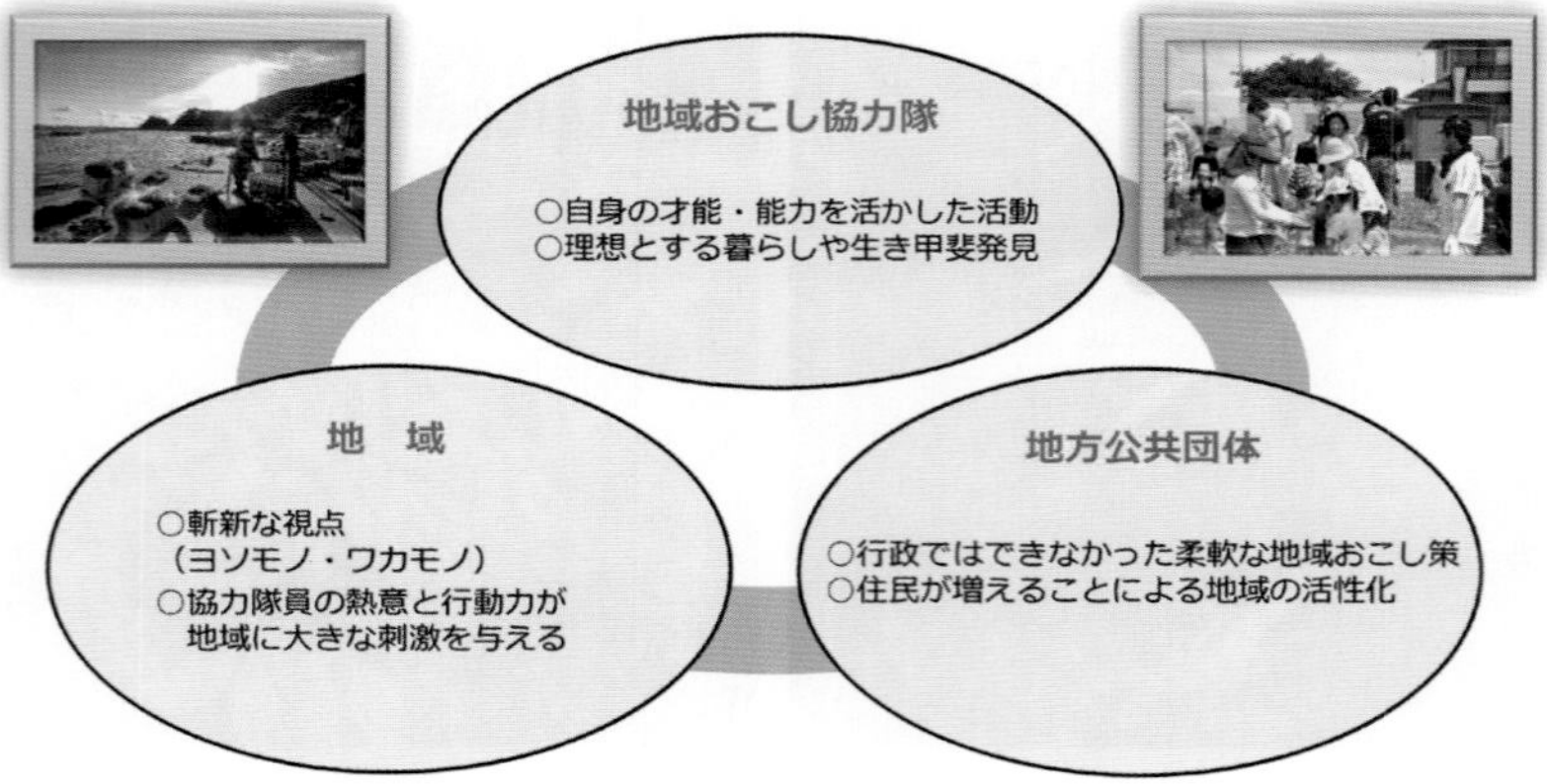

緑豊かな南阿蘇村に暮らし共に盛り上げる一員となる

地域活性化に協力『地域おこし協力隊』

『地域おこし協力隊』とは、地方自治体等からの委嘱を受けた「外部人材」が、様々な「地域おこし協力活動」に従事する全国の取り組み。地域ブランドの創出や地場産品の開発・販売、農林水産業の応援、住民の生活支援にいたるまで、活動内容は幅広い。隊員になれば、三大都市圏のような都市部から、過疎や高齢化に伴う人口減少・活力低下等の問題に直面している地域へ生活の拠点を移し、居住しながら活動に当たることになる。地方自治体では、外部人材を積極的に受け入れ、地域を盛り上げるキーマンになってもらうと共に、任期終了後の定住・定着を促す目的もある。

管轄省庁である総務省の発表によると、令和3年現在、1085自治体で約6千名が活躍しているという。また『地域おこし協力隊』を勤めた隊員の約53%が任期終了後も同一市町村内に居住し、そのうちの約4割もの人たちが起業に成功している。都会生活では得難い大自然や近年では充実した子育て支援制度を求めて、地方への移住を希望する特に若い世代が増えている。先んじて地域の人たちや文化、環境についても知ることができる「地域おこし協力隊」は、そんな夢を実現するための新し

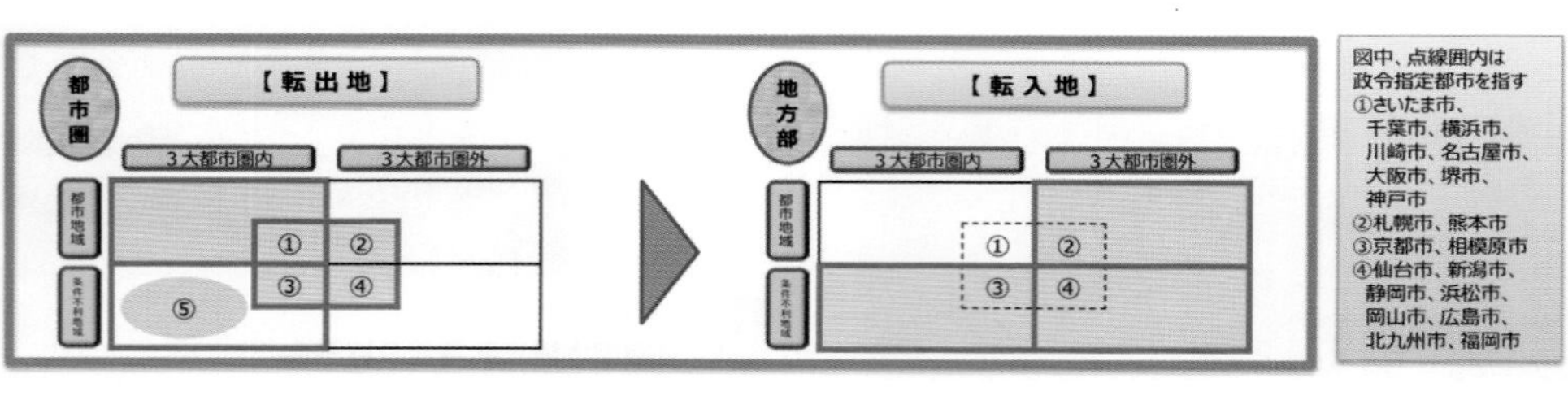

いアプローチ方法としても今注目されている。

九州の中心、阿蘇地方を構成する阿蘇カルデラの南部に位置し、名水百選にも指定されている白川水源をはじめとする多くの湧水群から名水の里としても知られている熊本県『南阿蘇村』も『地域おこし協力隊』を募っている自治体の一つ。「誰もが住みたい、住み続けたい南阿蘇村」を目指して様々なプロジェクトを通して地域活性化に協力してくれる隊員を随時募集している。

例えば、過疎化に伴い空き家となった民家などを利用し移住定住を促すプロジェクト、後継者不足が深刻な農業分野における新たな担い手育成のためのプロジェクト、熊本地震による被災集落の再生プロジェクト、地域観光産業の活性化を図るプロジェクト、高齢者がいきいきと活躍できる場を創出するプロジェクトなど。

「自分の持っているスキル・経験で人の役に立ちたい」「新しいことにチャレンジしたい」「雄大な阿蘇に育まれた自然の中で伸び伸びと子育てをしたい」そんな人たちの挑戦を『南阿蘇村』は待っている。

（ライター／今井淳二）

南阿蘇村役場 定住促進課

みなみあそむらやくば

0967-67-2705

teijyu@vill.minamiaso.lg.jp

㊟ 熊本県阿蘇郡南阿蘇村大字河陽1705-1

https://www.vill.minamiaso.lg.jp/

こちらからも
検索できます。

Minamiaso Village
南阿蘇村

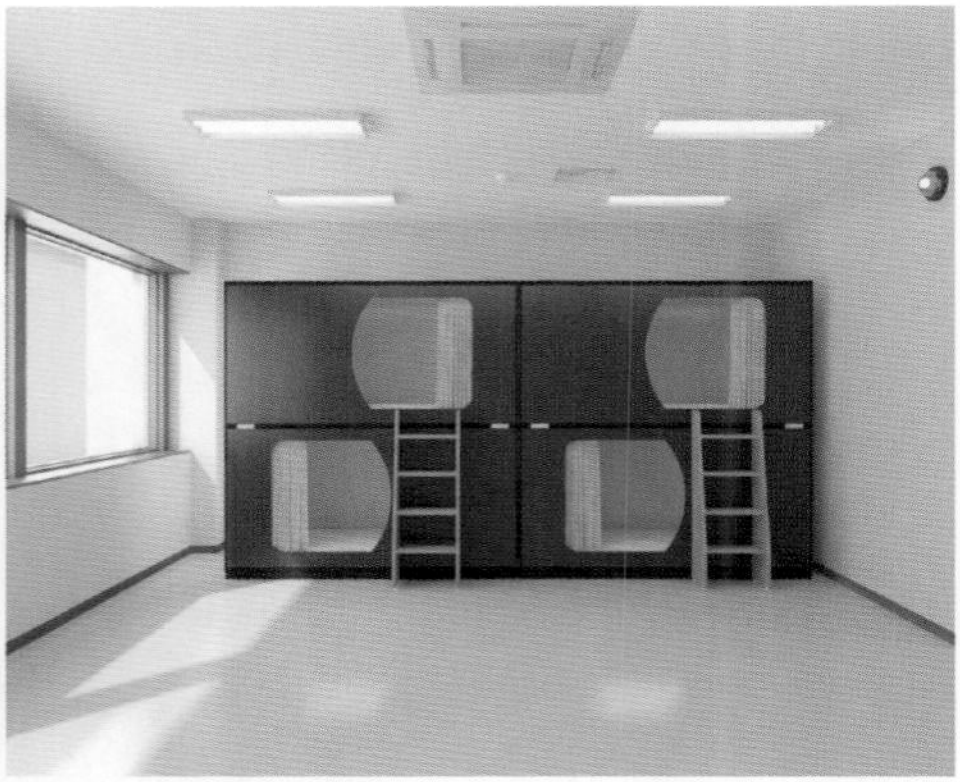

『SRIPPLE』2段ベッド ＜ベーシック＞

高い力を活かしたオリジナルの『カプセルベッド』と猫本来の行動を引き出してくれる『ネコハウス』

高いスペースの独立性でリラックス

リフォームから、オリジナル家具・什器製作など、総合的な内装の改装を企画・デザインし、施工までを行っている『株式会社エクセレント』。一般住宅から、店舗、オフィス、クリニック、アミューズメントパーク施設などの大型施設までを手がけ、統一感のある美しい空間づくりで定評がある。そんな同社では、その高い技術力を活かしたオリジナル商品も製造・販売。『SRIPPLE（スリプル）』と『エックボックス』という2種類のカプセルベッドもその一つ。

『SRIPPLE』は、個人・企業向けのカプセルベッド。スペースの独立性が高く、リラックスできる空間を確保し、質の良い睡眠をとることができる。シャープなフォルム、ぬくもりのある風合いが融合したワンランク上のデザインも快適性を高めている。『エックボックス』は、災害用ベッドとして避難所などでの利用を考慮したもの。備蓄時はコンパクトに収納でき、六角レンチだけでスムーズに組み立てられ、リユースも容易。ブース一つひとつに遮光カーテン、鍵付きのクローゼットが備え付けられており、中での安全も確保されており安心。

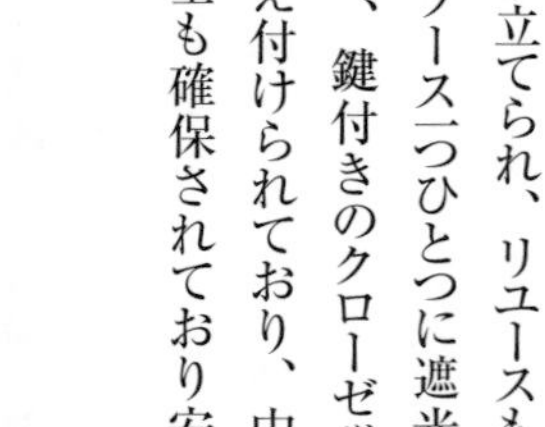

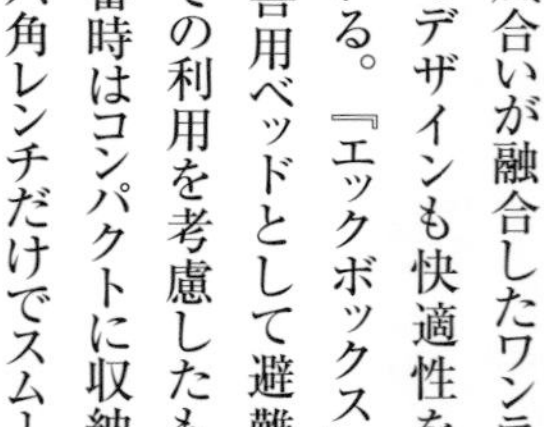

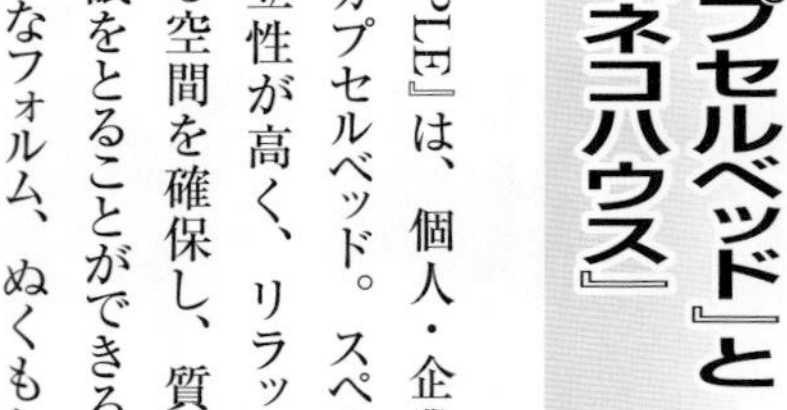

『エックボックス』

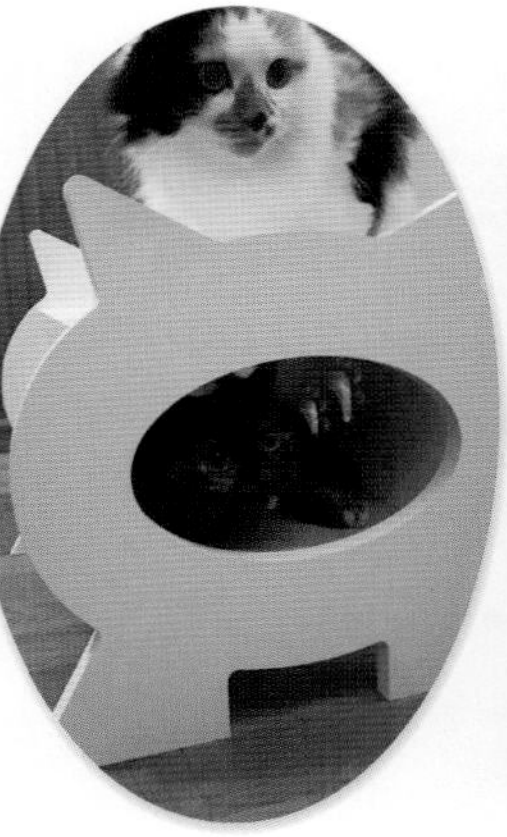

木材設計で組み立ても
シンプルで簡単

もう一つが『ネコハウス』。可愛らしい猫の耳のフォルムやハウス本体にくり抜かれた猫の足形などネコを感じさせる可愛らしいデザインが特長だ。木材でしっかりとした造りで設計されており、木材の丈夫さとぬくもりが猫が安心して休むことができる空間を演出。多数ののぞき穴を通して飼い主さんと遊ぶことができるのも嬉しい。「狭いところに隠れて休む・遊ぶ」という猫本来の行動を引き出してくれる。

組み立てもシンプルで簡単。木ダボをはめ込んでいくだけであっという間にネコハウスを完成できる。木製なのでプラスチックや布製の物と比べると重く感じるが、女性一人でも持ち上げられる軽さに仕上げているので持ち運びに困るということもない。

設計図面から材料加工、仕上げまで一貫して社内で行い、細かい手直しや指示もスピーディーに対応。基本の形は決まっているもののデザイン変更やフルオーダーも受け付ける。

また、店舗や施設用の特注家具製作を主に請け負う中で、納品後のまだ使用可能だが廃棄せざるを得ない端材や使用しなくなった木材を有効活用しようという考えから生まれたサステナブルな一面として「SDGs」に貢献している。

（ライター／長谷川望）

『猫型』9,200円（税込）
『お魚型』8,000円（税込）
『2段型』10,800円（税込）など

株式会社 **エクセレント**

049-255-2520
sp@ex-nt.co.jp
㊟ 埼玉県富士見市下南畑3767-6
https://www.ex-room.jp/

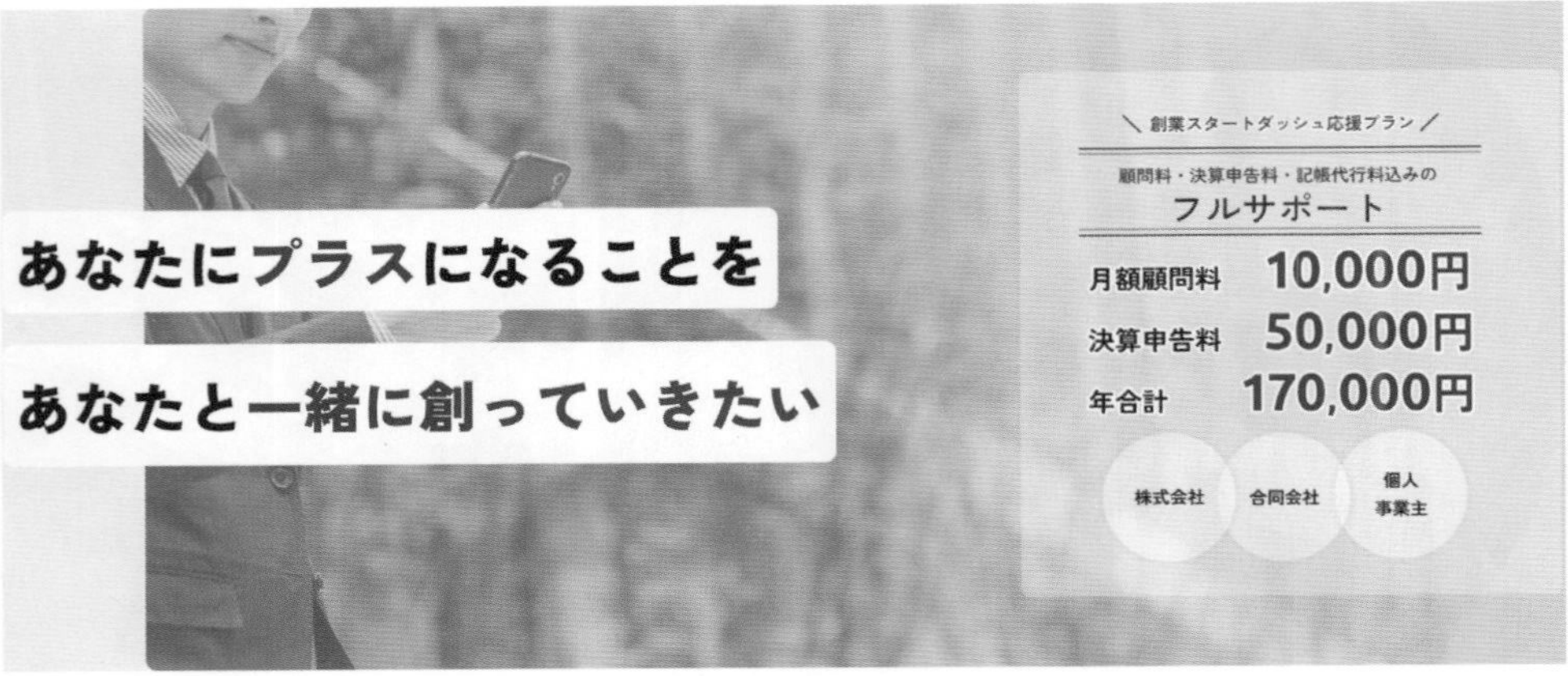
あなたにプラスになることを
あなたと一緒に創っていきたい
＼創業スタートダッシュ応援プラン／
顧問料・決算申告料・記帳代行料込みの
フルサポート
月額顧問料 10,000円
決算申告料 50,000円
年合計 170,000円
株式会社
合同会社
個人事業主

スタートアップ経営者向け経営に関するかかりつけ医

創業期の様々な悩みや課題を全力サポート

インターネットの普及で誰でも簡単にビジネスを立ち上げられるようになった時代。起業のハードルも低くなってきたが、いざ起業してみると「人・物・金」など様々な資源不足や、税務・会計・労務・法務などに関する複雑で煩雑な事務手続きやトラブルなどで、本業になかなか専念できない状況に陥りがち。その歯痒さを払拭してくれるのが、新規開業会社支援のエキスパート『税理士法人ユープラス千代田オフィス』だ。税務・会計だけでなく、経営に関わるあらゆる課題や悩みをフルサポートし、本業に注力できる環境づくりを全力で支援してくれる。スタートアップの一般的な成長過程「創業0年目：シードステージ」「創業1～3年目：アーリー・ミドルステージ」「創業3年目以降：ミドル・レイターステージ」に応じて想定される課題を考慮し、明確な年間顧問料を設定しており、相談料は無料でオンラインでも対応してもらえる。

「シードステージ」では、事業開始前段階からサポート。開業までのタスクや期日の明確化、資本金の設定、決算期の設定、インボイス制度への対応などを相談できる。融資・助成金の申請サポートも原則、顧問料に含まれており、

会社書類の作成・税務届出書類の提出は丸投げでお任せできる。また、従業員の採用・社会保険などの加入などは提携社会保険労務士と提携してサポートしてもらえる。

事業の創業期から成長期である「アーリー・ミドルステージ」では、作成した試算表・二期比較表・推移表などの分析帳票を活用した定期的な打ち合わせでバックアップ。利益が出ている場合には、節税対策や成長・拡大へ向けたキャッシュの拡大のために、「決算シミュレーション」「納税シミュレーション」「経営・キャッシュフローに対するアドバイス」などを実施。インボイス制度や電子帳簿保存法など、様々な税制改正への対応や各種助成金についても情報を提供してくれる。

事業が成長拡大し安定期に入る「ミドル・レイターステージ」では、節税対策、資本政策、上場や多角化への準備、事業承継など、特に複雑で多様な選択肢や課題に対し、これまで多くの企業や個人事業主をサポートし、蓄積してきたノウハウをもとに最適な方法を提案してくれる。

（ライター／山根由佳）

代表税理士
田中壮太郎さん
<所属>
東京税理士会神田支部
公益社団法人
松戸青年会議所OB会
<資格>
税理士
（登録番号:129278）
経営管理修士（MBA）
ファイナンシャルプランナー
（AFP）

税理士法人 ユープラス 千代田オフィス

☎ 03-5577-5933
✉ upoct2017@gmail.com
㊟ 東京都千代田区外神田4-14-2 東京タイムズタワー803
https://uplusoct.com/

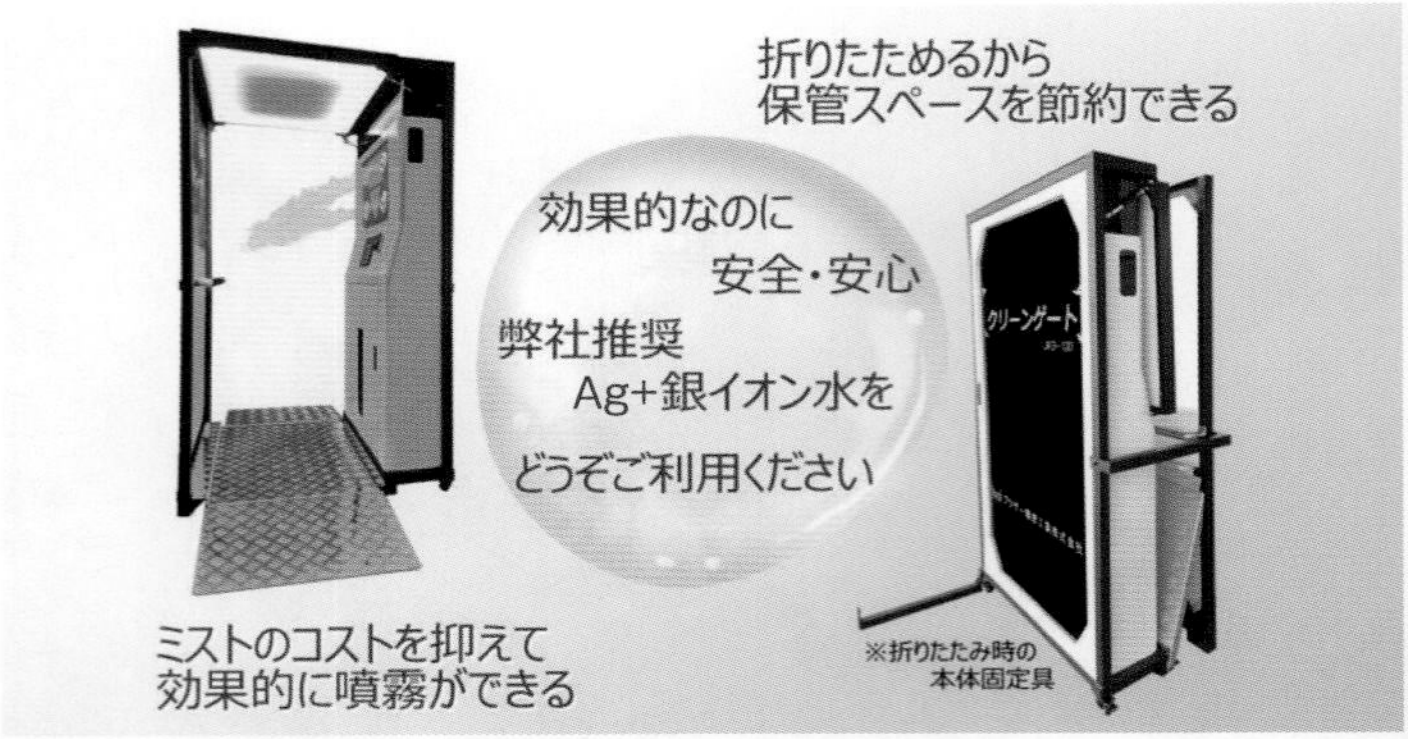
折りたためるから
保管スペースを節約できる
効果的なのに
安全・安心
弊社推奨
Ag+銀イオン水を
どうぞご利用ください
ミストのコストを抑えて
効果的に噴霧ができる
※折りたたみ時の
本体固定具

『クリーンゲート JKB-100』 Ag+銀イオン水20L付 1,980,000円（税込）
レンタル価格（期間6ヵ月以上）月額 198,000円（税込）

所用時間10秒の自動除菌ゲート好評
人の集まる場所の感染症対策で活躍

センサーで噴霧を開始
移動簡単な折りたたみ式

自動車エンジン部品などを製造販売している『プラザー精密工業株式会社』が、新事業の目玉として、感染症対策製品の販売に力を入れている。その筆頭格が「人が集まる場所の安全・安心を確保するアクティブな新型コロナなどの感染症対策」として開発した全身除菌装置『クリーンゲートJKB-100』。自動化された除菌液噴霧機構や移動が簡単なキャスター、折りたたみ式などの特長が高く評価され、イベント会場などでの利用が進む。

『クリーンゲート』には、密閉空間で除菌ができる密閉型、通過するだけで除菌ができるゲート型、人が前に立つタワー型があるが、同社は、イベント会場などで大人数を除菌する場合、除菌力と一人当たりにかかる除菌時間のバランスが重要と考え、技術的な工夫を重ねて、除菌液が隅々まで行き渡る密閉型にすることで除菌力を確保し、短時間で除菌できる『クリーンゲートJKB-100』を完成させた。

使い方は極めて簡単で、利用者が遮蔽用のビニール製ソフトカーテンに近づくと、人感センサーが感知して除菌液のミスト噴霧装置が作動、除菌液のミストを全身で浴びて退出

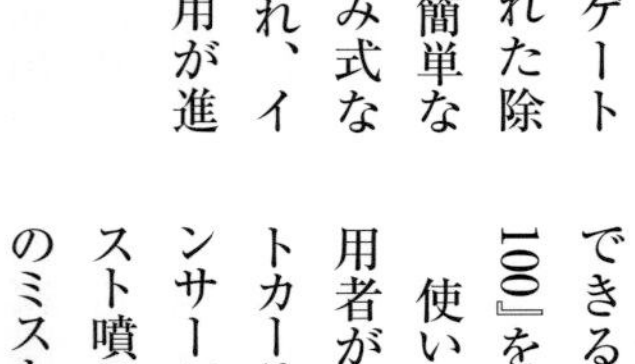

使用時のサイズは、車椅子でも利用可。
（幅116㎝奥行110㎝高さ198㎝）

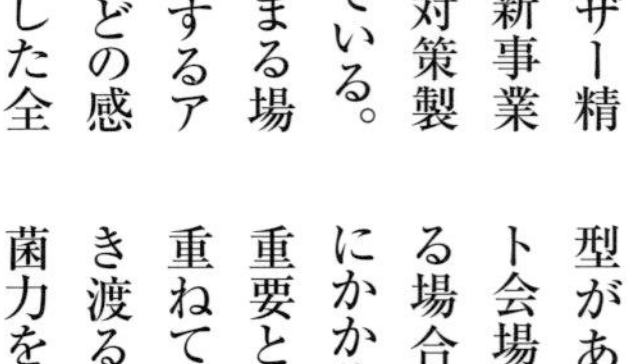

効果的に噴霧。身体及び衣類に付着したウイルスを不活化させる。

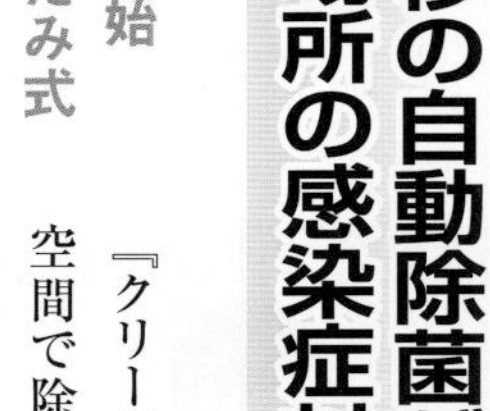

二酸化炭素濃度管理を厚生労働省が推奨
換気のタイミングを
数値で管理！
オフィスに
カウンターに
テーブルに

二酸化炭素濃度測定器『DM77』
9,900円（税込）
換気のタイミングが一目瞭然。

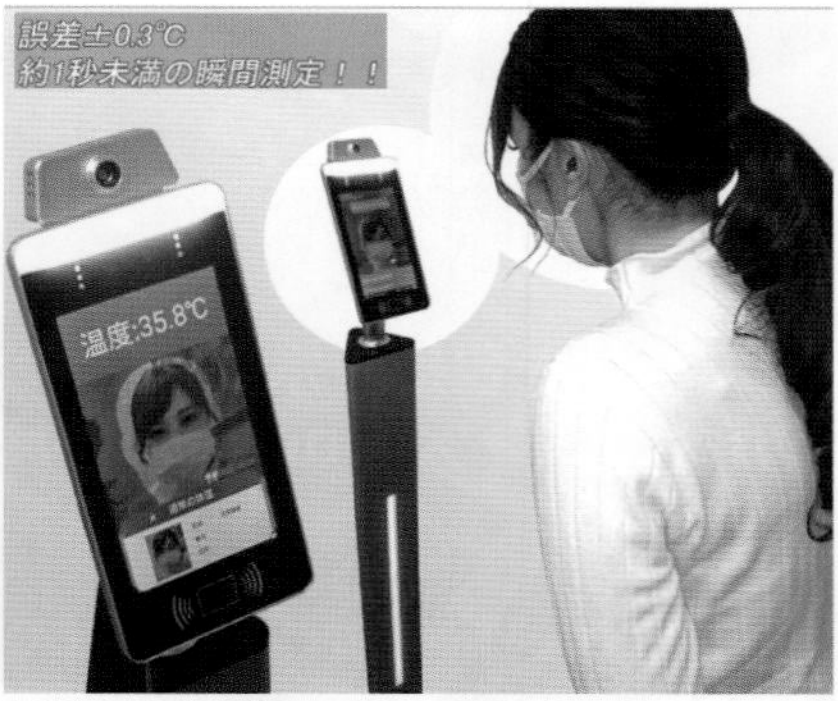
誤差±0.3℃
約1秒未満の瞬間測定！！
温度:35.8℃

非接触型温度計『サーモミハリバン』
108,900円（税込）
高精度な温度検知、約1秒未満の瞬間測定。

するだけ。入退室、除菌にかかる時間はわずか約10秒だ。

使用時のサイズは、幅１１６cm奥行１１０cm高さ１９８cm、重さ約１６０kg。電源はＡＣ１００Ｖ。15ℓタンクと噴霧時間を３時間まで設定可能なコントロールパネルを備える。噴射量は、１分間に約１００mℓ。白色ＬＥＤライトが常時点灯し、噴霧時には緑色ＬＥＤライトが点灯する。運転音は、家庭用エアコンの室外機並みの55デシベル。折り畳み式で、筐体下部にはキャスターが付いていて簡単に移動でき、運搬、保管コストの削減も実現した。

除菌液には、強力な除菌効果を持ちながら人と環境にやさしい「銀イオン水」を採用した。銀イオンは、銀が分子状態で水に溶解し、荷電を持ち活性化したもので、食品添加物として認可されている。その殺菌効果はレジオネラ属菌や大腸菌、一般細菌、メチシリン耐性黄色ブドウ球、ヘルペスウィルスなどほとんどの菌に対して有効で、大学の研究で新型コロナウイルスの不活性効果が実証されている。

同社では、感染症対策製品以外にも新事業の第二弾も検討中という。

（ライター／斎藤紘）

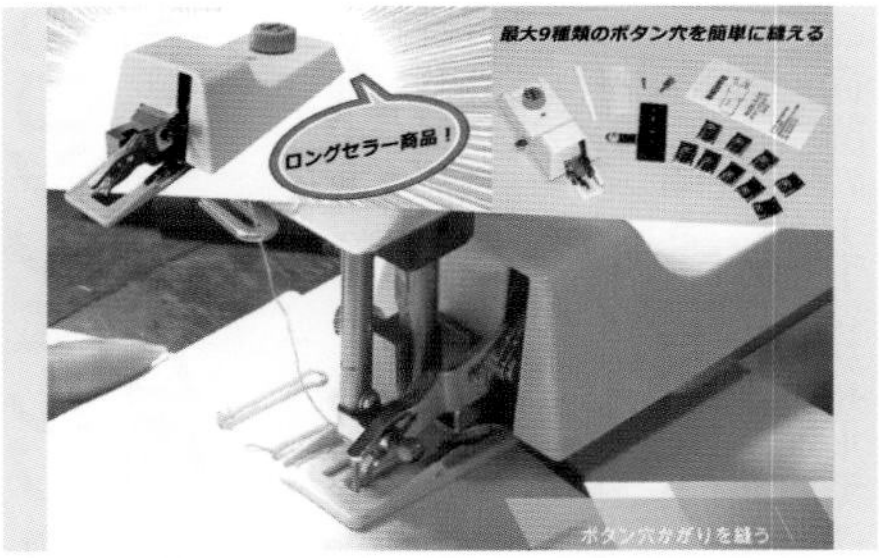
最大9種類のボタン穴を簡単に縫える
ロングセラー商品！
ボタン穴かがりを縫う

『ボタンホール用穴かがり器』
職業用・家庭用ミシンでボタンホールがかがれるようにする機器。

ブラザー精密工業 株式会社
ブラザーせいみつこうぎょう
0566-81-1212
shinjigyo@bpi-japan.co.jp
㊟ 愛知県知立市池端2-43
https://www.bpi-japan.co.jp/product/infection/

紹介動画は
こちら。

ITの相談に応えるコンシェルジュ 事業の展望拓く最適システム構築

先進技術情報に精通 地方創生のDXも支援

顧客の相談や要望に決してNOといわず、手配や代行、案内をするよろず承り係のコンシェルジュをITの利活用で実践しているエンジニア経営者がいる。『合同会社 rapport』代表の岩本高佳さん。企業間競争に負けない体制を創りたい、新規事業を開拓したい、人手不足を業務効率化で補いたい、集客力を強めたい、顧客満足度を高めたい、人材を育成したい、安全衛生体制を構築したい、住民サービスを向上させたいといった企業や工場、医療機関、教育機関、自治体などの要望に技術力と創造力、豊富な経験を生かして対応し、包括的にサポートする。

岩本さんは、20歳からIT業界で働き、複数のIT企業で部長職や役員職を経験、行政機関のITコンサルティングなどを手掛けた後、2020年に独立、経営コンサルティング、行政支援、システム開発、ソリューションサービスを業務の柱に「ITコンシェルジュ」として活動してきた。その最大の強みは、ITだけでなく、AIやIoTを利用した先進的なシステムやアプリ、装置機器に精通し、IT活用の相談や要望があった業務プロセスやシーンごとに応用できる数多くの選択肢を持っていることだ。そ

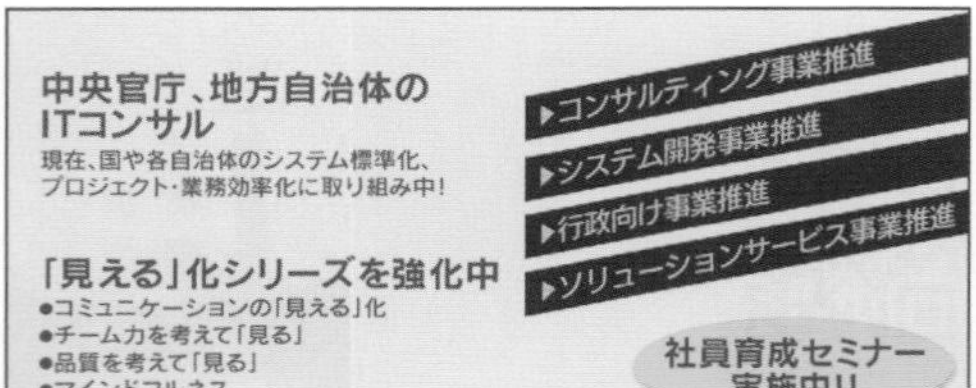

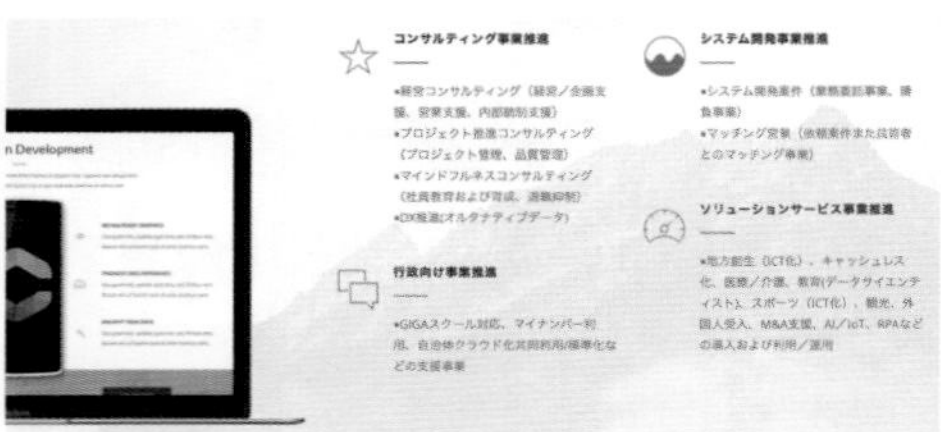

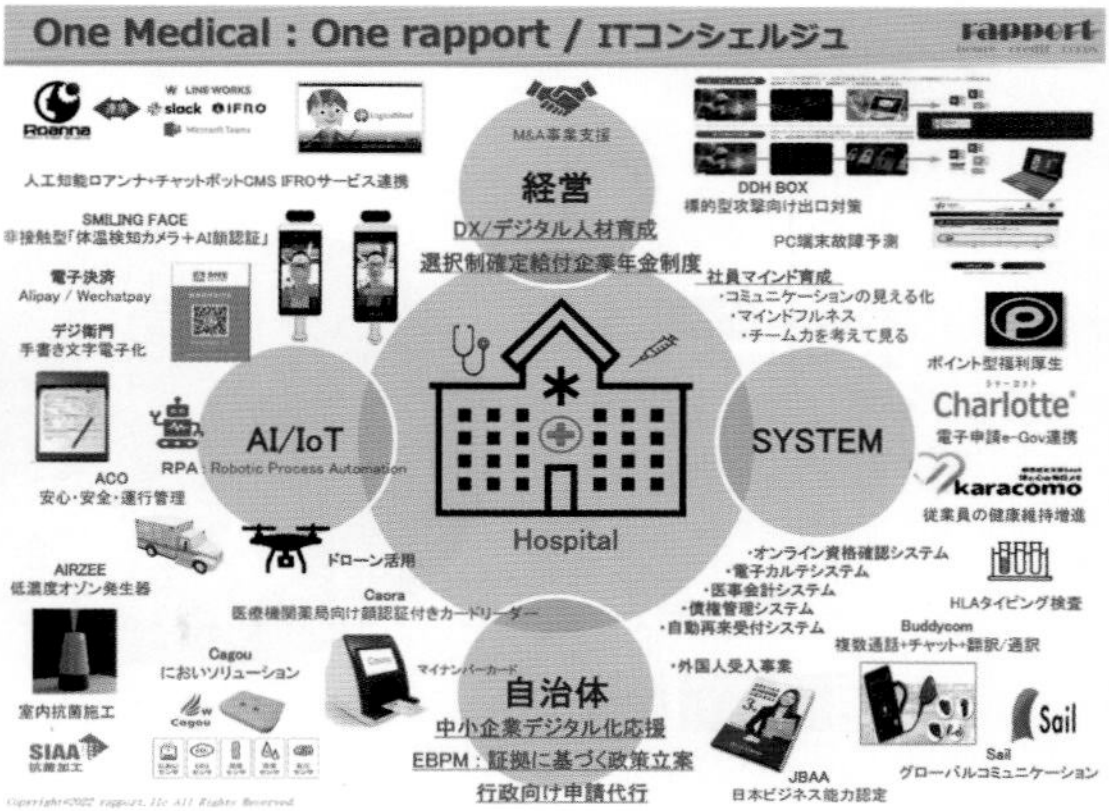

地方創生（DX推進）のコンサル活動は、SDGsを基本に取り組んでいる。

の実力が伝わるのが、少子高齢化や労働力の流出に悩む地方に活力を復活させる地方創生のためのDXデジタルトランスフォーメーションを支援する事業だ。具体的な支援対象は、行政事務のクラウド化と共同利用、外国人労働者受入事業のデータ管理、医療や介護事務のデジタル化、健診情報の可視化、キャッシュレス化、マイナンバーカードの活用、児童生徒のために学習者用PCと高速ネットワーク環境などを整備するGIGAスクールの支援、観光事業の活性化支援など広範囲に及ぶ。

「社名の『rapport』には、仲間と信頼関係を結ぶという意味があります。お客様も仲間として、人と人だけではなく、人と事業体、事業体と事業体とを結ぶ役割を果たしたいと考えています。ご依頼者様の中には、どこから手をつけたらよいか分からず困っている方が少なくありません。まずはしっかりヒアリングして課題を把握し、解決への糸口を考えていきます。ITやAI、IoTといっても使われないと意味がありませんので、利用される方々のことを考えて、使われるシステムを構築していきたいと思っています」

（ライター／斎藤紘）

代表 岩本高佳 さん

「人に尽くす、会社に尽くす、社会に尽くす
和を以て貴しとなす
意思あるところに道がある
継続は力なり」

「時間」「信用」「体」
これらを大切にしたいと考えて実行している。

合同会社 rapport
ラポール
090-1093-4828
takayoshi_iwamoto@rapport-llc.jp
㊟ 東京都中央区日本橋箱崎町18-11 COSMO8-4F
https://www.rapport-llc.jp/

こちらからも
検索できます。

rapport

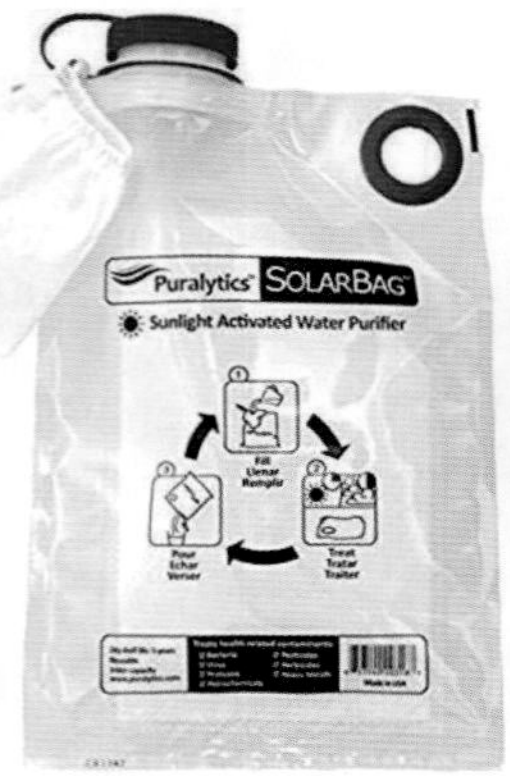

携帯用浄水器
『SOLAR BAG』

太陽光で河川の水や雨水などを浄化 米国発の携帯用浄水器

光触媒反応などを利用 細菌や有害物質を除去

太陽光の力を利用し、そのままでは飲めない河川の水や雨水などを飲める水に浄化する米国発の携帯用浄水器『SOLAR BAG（ソーラーバック）』。電源もポンプも薬剤も必要なく、飲料水の確保が難しい災害時や屋外レクリエーション、旅行などで活躍するだけでなく、人道援助にも利用できる優れものだ。

『SOLAR BAG』は、米国オレゴン州ヒルズボロに本社を置く浄水装置会社「Puralytics」が光のエネルギーを使用する特許取得済みの光化学浄水技術で開発した製品。サイズは縦40㎝、横24・5㎝、幅7㎝、重さ110gで容量は約3ℓ。

人体に悪影響を及ぼす懸念がある化学物質BPA（ビスフェノールA）を含まないポリエチレン製で、太陽光などの光が当たると表面に強力な酸化力が生まれ、接触してくる有機化合物や細菌などの有害物質を除去することができる環境浄化材料の光触媒をナノテクノロジーでコーティングしたほか、バクテリアやウイルス、原虫を死滅させ、不活性化する波長200〜300nmの紫外線を利用する工夫が施されているのが特長。

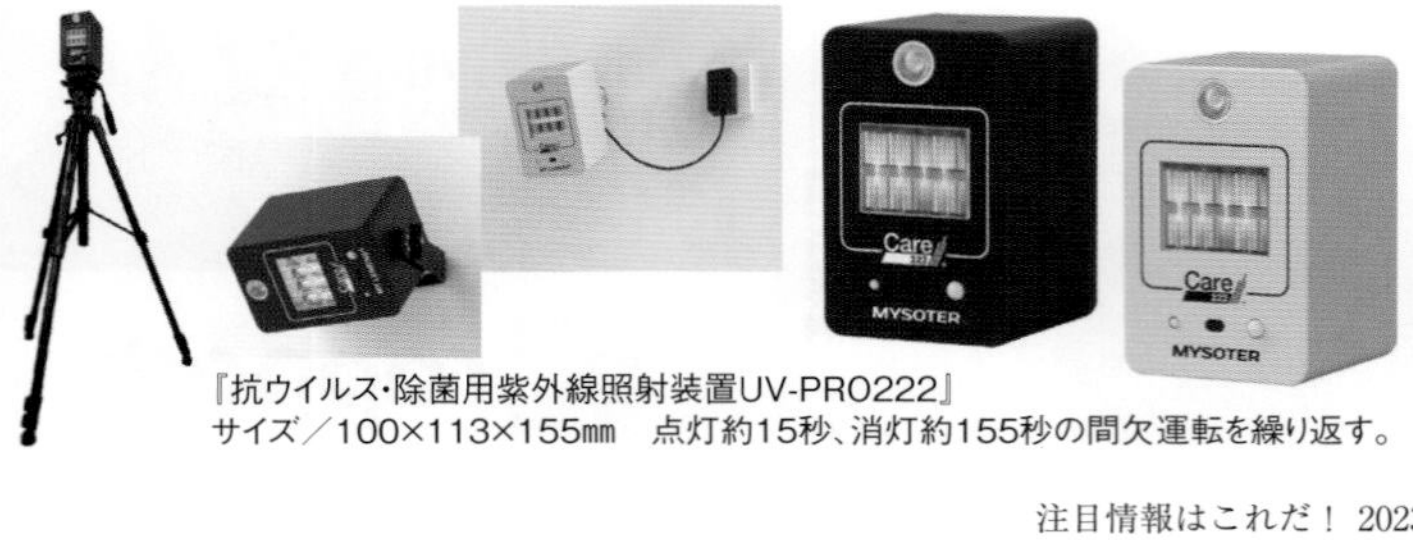

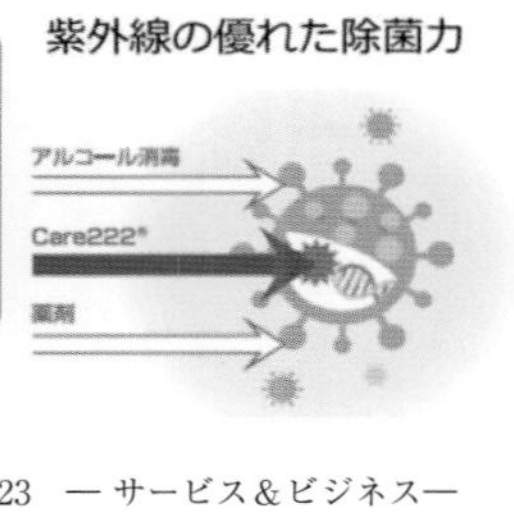

『抗ウイルス・除菌用紫外線照射装置UV-PRO222』
サイズ／100×113×155㎜　点灯約15秒、消灯約155秒の間欠運転を繰り返す。

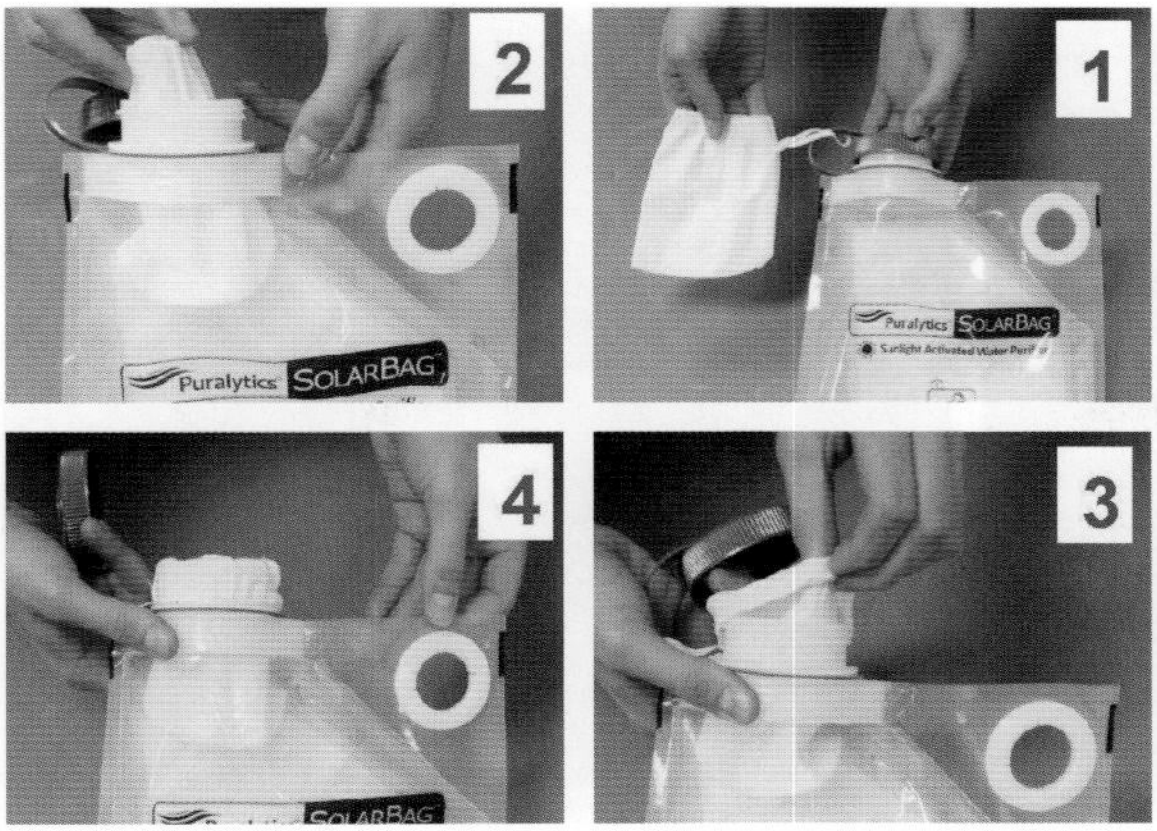

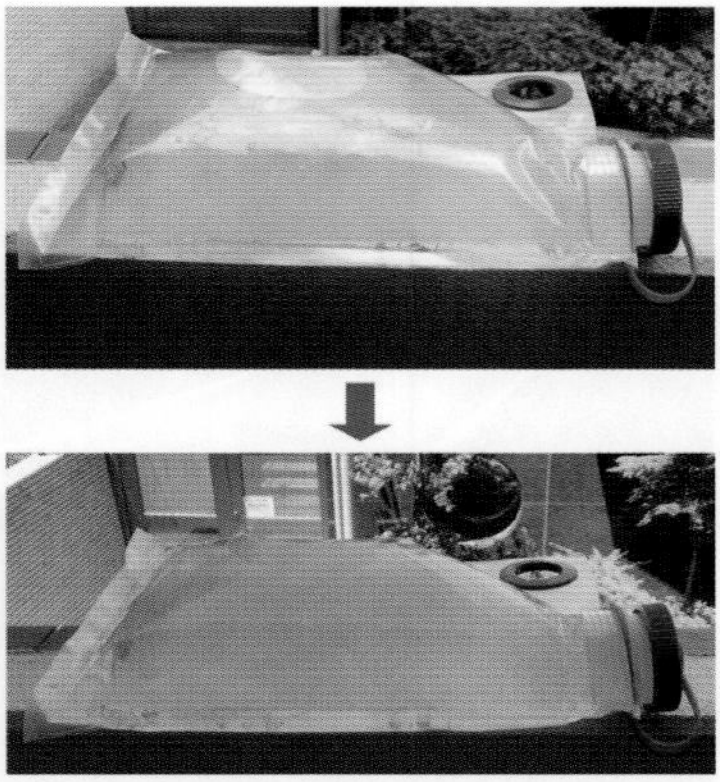

色の変化。

使い方は、開封後に容器内を一度すすぎ洗いし、水で満たした後に数時間太陽光に当てる。使う時はキャップを外し、100μ以上のゴミなどの浮遊物を除去する付属の不織布フィルターを入れ、ゴム部を外に出して注ぎ口にはめる。このフィルターを通して水を入れ、青色の食品添加物「Pur-Blue」を一滴入れる。これを直射日光の当たる場所か空に開けた場所に、暖かく晴れた日なら2〜3時間、曇りの日なら4〜6時間、文字が書かれていない面を上にして寝かせるように置く。「Pur-Blue」が透明になると浄水が完了する。2回目からは、より短い時間で浄水できるようになり、100回以上使用できる。

バクテリアは99・9999%、ウイルスは99・99%、原虫は99・9%が死滅、不活性化される性能が確認されているほか、従来のフィルター方式の浄水器では除去しきれなかった重金属や化学物質、殺虫剤、ヒ素、水銀、鉛なども除去する。安全性は、日本食品分析センターで試験済みだ。

「Pur-Blue」は、いわばタイマーのような役目で、国内で市販されているものも使えるといい、晴れの状態で一日たっても透明にならない場合は、『SOLAR BAG』の買え換え時という。備蓄しておけば、安心できる防災グッズでもある。

（ライター／斎藤紘）

SB環境 株式会社
エスビーかんきょう
03-6240-1621
info@sbenvironment.com
㊟ 東京都江東区石島24-8 三木ビル3F
https://www.sbenvironment.com/

ビアポン・ダーツ・カラオケが楽しめる大人に大人気のアミューズメントバー

夕方から早朝まで営業 酒類食事メニュー豊富

「ビアポン」というアメリカ発祥のゲームやダーツ、カラオケ、お酒が楽しめる大人のアミューズメントバー、「株式会社グローバルグローヴ」が運営する『Beer Pong Bar GROVE』が人気だ。東京で21店舗、横浜で3店舗を展開、夕方から翌朝5時まで営業し、終電に乗り遅れた人たちも含め、食べ、飲み、賑やかにゲームに打ち興じたりしながら楽しい時間を過ごしている。

「ビアポン」は、1950年代にアメリカの大学生の間でカップにビールを入れ、相手が投げたピンポン玉がカップに入った場合にそのビールを飲み干すという遊びに由来する。2人～複数でチームを作り、テーブルを挟んで2チームが対戦、約8分間の間にお互いが相手チーム側に並べた10個のカップに1人3投ずつ交互にピンポン玉を投げ、多くのカップに入れたチームの勝ちになり、負けたチームは残ったドリンクを全て飲み干すゲーム。

『GROVE』には、このゲームをデジタル化した日本初上陸のビアポンマシン「ハイポン」が導入され、センサーがカップに入ったピンポン玉を自動で感知する仕組みで、大迫力のグラフィックやサウンドが場を盛り上げる。

日本初上陸！
HIPONG™
海外では競技としても、
遊びとしても楽しまれているハイポン

六本木

歌舞伎町

横浜

渋谷

店舗はどこも学校の教室ほどの広さで、お客様同士の仲を一気に深めるほか、貸し切りにもちょうどいい空間だ。店内には、ゲーム機やカラオケ機器だけでなく、巨大スクリーンもある。酒類も豊富でカクテルやワインも含め100種類以上ある。食事メニューは、クイックメニューからがっつり系まで揃う。こうした店舗展開は、ビリヤード店やダーツバーなどで様々な経験を重ねた「グローバルグローヴ」代表取締役小森康裕さんの「人と人とのコミュニケーションを大切にし、その時の楽しさが思い出になるようなお店作りをしていく」という経営理念に基づく。

小森さんは、静岡県富士市のビリヤード店の専属プロとして働いたり、東京でダーツバーを経営したりした後、コロナ禍の中で補助金を活用して空き物件を取得、アミューズメントバー事業を本格化させた。

「経営を一つの芸事として捉えて、楽しみながらやろうと思ったのです。働いてくれているスタッフたち、そしてお客様についても然りです。楽しかった思い出としてお客様の記憶に残るようなお店にしていきたいと思っています」

この思いが店舗の楽しい雰囲気に投影されている。

（ライター／斎藤紘）

Beer Pong Bar GROVE
ビアポン・バー グローヴ
03-6914-0828
HPのお問い合わせフォームより
住 東京都豊島区東池袋4-21-1 OWLタワーオフィス301
https://global-grove.com/

ビアポンバー
Beer Pong Bar
GROVE

SECRET BASE 58

完全受注生産で世界に一台しかないこだわりのマイカー

夢が広がるキャンピングカー キッチンカーは軽トラック

カスタムカーというと、市販車のエンジンを載せ替えたりチューンナップしたり、あるいは足回りを強化したり、空力パーツを取り付けたりと、とかく速く走るためのものと思われがちだが、最近では市販車をユーザーそれぞれの使用目的に特化した改装をすることが一般的になっている。折しもアウトドアブーム、夢のキャンピングカーを使い勝手良く、安価に手に入れたいという人たちに注目されているのが、兵庫県の『SECRET BASE 58』だ。

車両価格、維持費も比較的安価、さらに軽量で小回りも効くなど日本の自動車事情に適した軽トラックの荷台を活用。培ってきた住宅リフォームと自動車鈑金塗装の技術を活かし、「シェル」と呼ばれる用途に応じた居住空間をオリジナルで製作。キャンピングカーやキッチンカー、移動事務所などとして使用できる。シェル内に水回りを設けたり、冷暖房空調設備を備えることも可能。簡単に着脱ができ、「シェル」を使用しない時は、普通の軽トラックとして活用できる。

完全受注生産、世界に一つだけ!!

ライフスタイルや目的に沿った大きさ、形、色、内装、設備など細部に渡るこだわりもじっくりと相談、ベストな一台を提供してくれる。

壁・床・天井のすべてに住居用の断熱材を使用したシェル内部は、外見から見た目以上に広く、足を伸ばして寝ることにも不自由しないほど。

『SECRET BASE 58』では、このシェル外壁に約65種類のカラーバリエーションが揃え、遮熱性にも優れている「ガルバリウム鋼板」を採用。これは住宅の外壁にも一般的に使われており、その居住性の高さは同種のカスタマイズの中でも抜きん出ている。

「せっかくのカスタムカーなのだから、世界に一台しかない唯一無二の車に仕上げたい」という声に応え、各部の大きさ、形、色、内装、設備など細部に渡って顧客一人ひとりの要望をじっくりと聞き入れてくれるのが同社の強み。

その評判を聞きつけてオリジナルカー制作を依頼したオーナーさんは全国各地におり、同社のYouTube公式チャンネルではそうした数々のこだわりの一台を紹介している。こちらもぜひ観てほしい。

（ライター／今井淳二）

「ぜひ、チャンネルをご覧下さい。クオリティの高さとサービスについて実感できます」

SECRET BASE 58
シークレット ベース ごじゅうはち
090-3281-0058
secret-base-58@docomo.ne.jp
㊟ 兵庫県加古川市東神吉町天下原52
https://secretbase58.com/　@secretbase58

墓じまいから遺骨整理まで
プロにお任せしませんか？
お墓じまいサポートパック
&海洋散骨
¥214,500~

墓じまいと海洋散骨をセットで支援
煩瑣な手続きから実施までプロが代行

時代のニーズに応える
海洋散骨単独プランも

少子高齢化や核家族化、都市部への人口集中などを背景に、墓じまいや墓を移して遺骨を別の供養先に移す改葬が増え続け、厚生労働省の調査では年間10万件を超える。家族ですると数ヵ月から数年かかるこの墓じまいや改葬の煩瑣な手続きで困っている家族に喜ばれているのが、墓じまいや遺骨整理のプロがワンストップで包括的にサポートする「株式会社ハウスボートクラブ」の『墓じまいサポートパック＆海洋散骨』プランだ。

このプラン、墓じまいで高額な離檀料を請求される、寺院とトラブルになる、手続きが煩瑣で面倒、都会で永代供養する場合1柱あたり50万円以上する、といった課題を考慮して組み立てられたもので、プランには、寺院など墓地の管理者との交渉、改葬許可申請、名義人が亡くなっている場合の名義変更、共同墓地の場合の墓地管理者の特定、永代使用権返還手続き、墓地返還手続き、指定石材店手続き、閉眼供養や出骨の日程調整および立会、離檀手続き、遺骨の洗浄乾燥、粉骨化、『海洋散骨』の代行まで含まれる。墓じまいのみのプランもある。

『海洋散骨』は自然葬の一つで、死後は自然に還りたい、大好きだった海に眠りたいといった

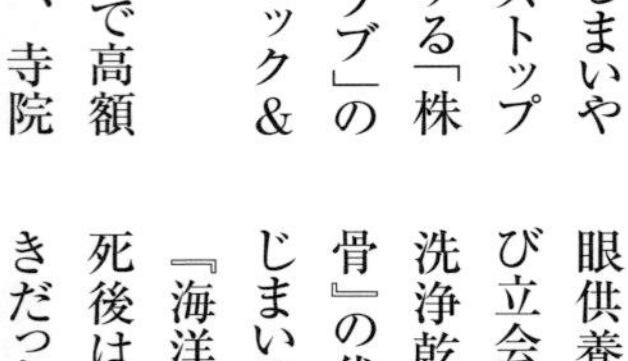
電話一本でOK! お墓の閉眼供養・
工事の立会もすべておまかせ。

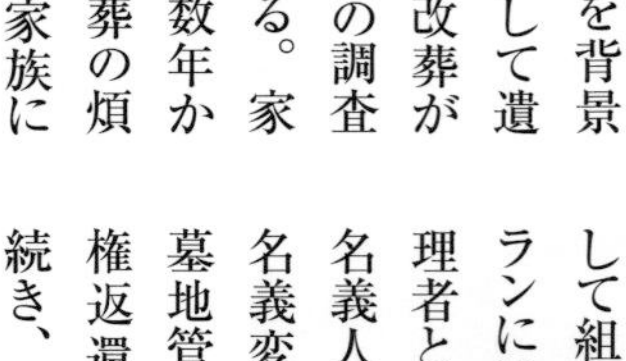
改葬許可申請のほか、複雑な手続きや
調査も専門知識を持った行政書士が対応。

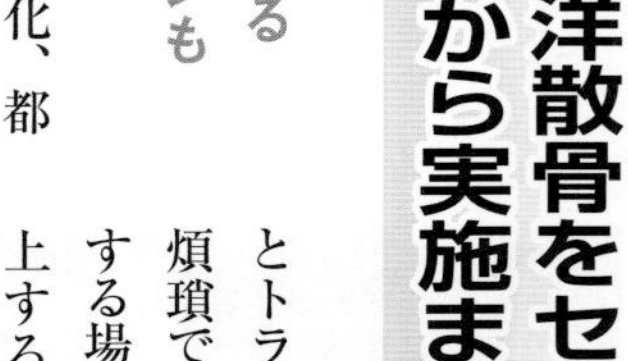
明朗会計で安心。
実施前に必ず見積もりを作成。

全国40ヵ所以上とハワイでの出航も可能。

『ブルーオーシャンセレモニー』海洋散骨事業

故人の願いや遺族の事情に沿い、遺骨を粉末にして海に撒く方法だ。同社は2007年の創業以来、「ブルーオーシャンセレモニー」というブランドで『海洋散骨』をサポートしてきた。

『海洋散骨』には同社が散骨を代行する「代行委託散骨プラン」のほか、クルーザーを一隻貸し切って行う「チャーター散骨プラン」と、数組の遺族がクルーザーに乗船し、合同で散骨セレモニーを行う「合同乗船散骨プラン」がある。希望の宗教者を同乗させたり、故人思い出の音楽や映像を流したりすることもできる。散骨を行う場所は全国40ヵ所以上、自社船のある東京湾のほか、海外ではハワイも展開している。東京湾では、散骨後のお参りとして利用できる「メモリアルクルーズ」も行っている。

船に乗らない代行委託散骨のオンライン中継も可能。

同社は、『海洋散骨』の健全な発展と普及を目的とする業界団体の一般社団法人日本海洋散骨協会に加盟し、散骨に当たっては、トラブルの防止や環境保全、安全確保について定めた同協会のガイドラインを厳密に守る。2022年の施行数は過去最高となり、年間800件もの依頼を受けている。

（ライター／斎藤紘）

株式会社 ハウスボートクラブ

ブルーオーシャンセレモニー（海洋散骨事業）
㊋ 0120-364-352
㊟ 東京都江東区住吉1-16-13リードシー住吉ビル3F
https://blueoceanceremony.jp/

こちらからも検索できます。

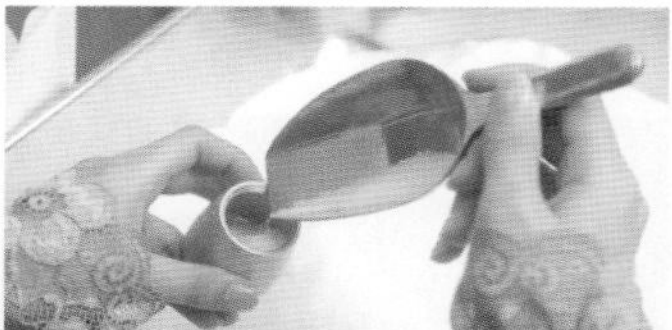

粉骨に家族が参加できる「立会粉骨」が好評。

火無し銅配管継手の決定版 低温・空調設備の配管作業で活躍

施工も接続圧着と簡単 経費を抑制する米国製

火気を使用する溶接作業をせずに、低温・空調設備の配管ができる画期的な火無し銅管継手が登場した。『レイテック株式会社』が販売するアメリカRLS社製『ラピッドロック』。継手を接続して圧着するだけという単純な施工方法が特長で、ストレートに限らず、様々な場所で使用できる形状とサイズが揃い、火気の使用ができないあらゆる現場で活躍する。独自のテクノロジーで開発された360度の真円で圧着する機能を備え、リーク（漏れ）のリスクを最小限にすることができる。圧力4・8MPa（メガパスカル）まで使用可能。小型化された専用ツールは狭い場所での作業を可能にし、誰でも配管作業ができるようアシストする。導入メリットは、溶接作業と比べ、作業時間を約77％短縮することで、作業員の負担を大幅に軽減し、施工にかかる現場管理費や作業費を削減することができる。

（ライター／斎藤紘）

『ラピッドロック』
電動の専用ツールを使用、作業精度が均一。

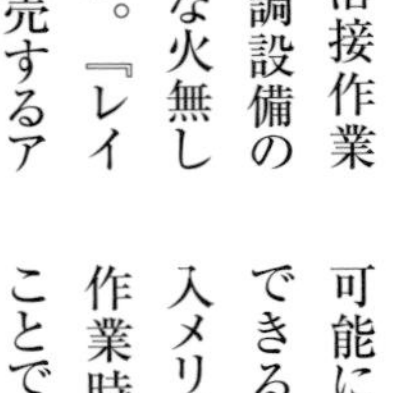

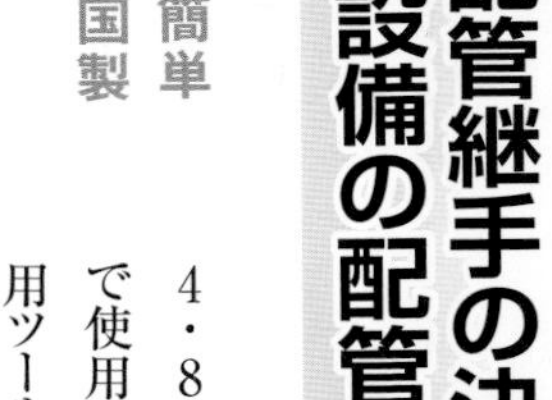

継手は，第三者機関による厳しい検査に合格し、日本銅センター規格JCDA0012を認証。

レイテック 株式会社

03-3669-1150
info@rei-tech.co.jp
㊟ 東京都中央区日本橋蛎殻町2-8-6
https://www.rei-tech.co.jp/

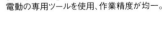

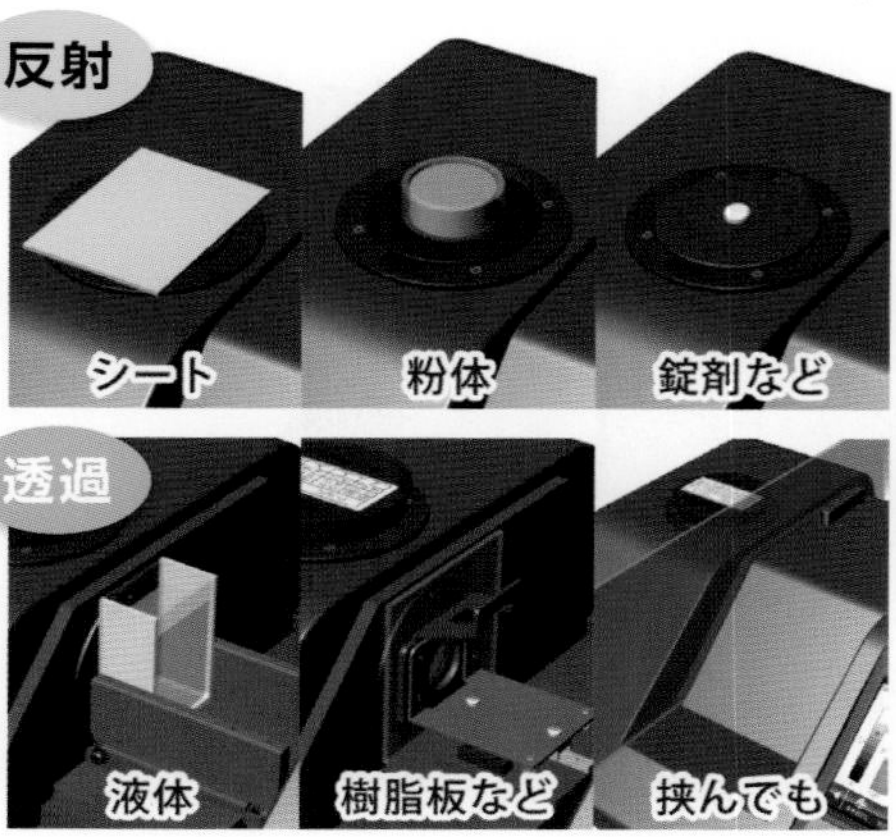

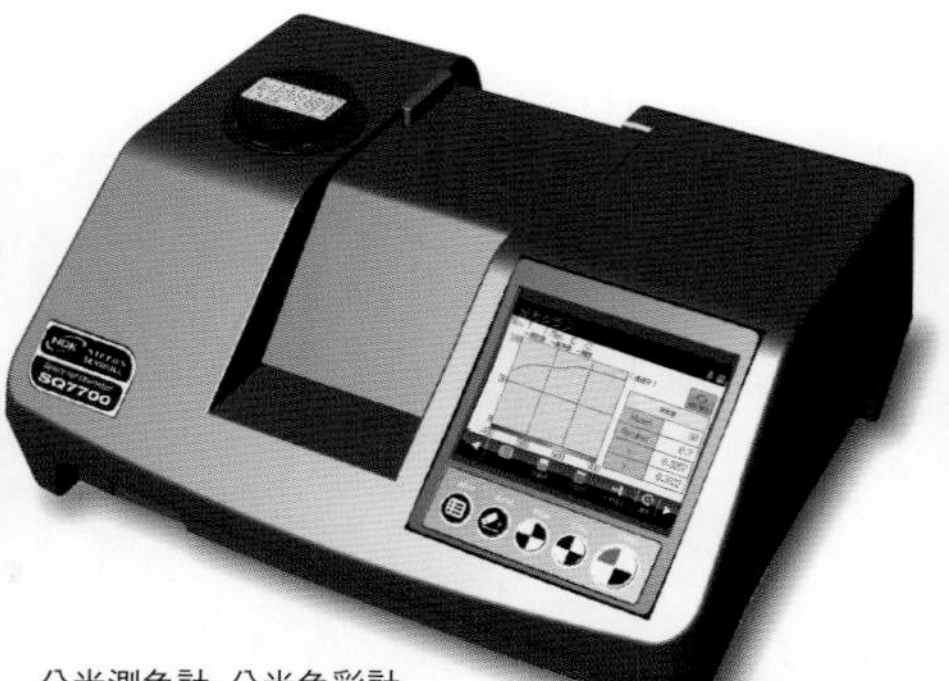

分光測色計・分光色彩計
『SQ7700』

色彩測定器の進化形が登場し普及
多様な分野の品質管理や検査で活躍

分光測色計等の新機種
機能性操作性に高評価

製品や原料、試料などの品質管理や検査などで重要な色を調べる色彩測定器の進化形が『日本電色工業株式会社』からリリースされた。国際基準に沿って色を数値化して判定するもので、様々な産業分野や医療・研究機関、環境監視機関などで普及が加速化している。分光測色計・分光色彩計『SQ7700』は、測定波長380nm～780nmの5nm間隔出力で測定ができ、正反射光を含むSCIと除くSCEの測定が一台で可能だ。色彩計・色差計『ZE7700』は、人間の視角特性と同等な赤緑青の3刺激値を測定する測定器。いずれも反射と透過測定が可能な上、固体、液体、粉体、粘体、フィルムの色彩、色差測定が可能で、PCでデータを管理できる。各種試料測定用アタッチメントも充実。分光色彩・ヘーズメーター『COH7700』は、1台で分光透過率、色彩値、石油製品色、ヘーズ(曇り度)の4種類の測定が行える機能を備えた装置だ。

（ライター／斎藤紘）

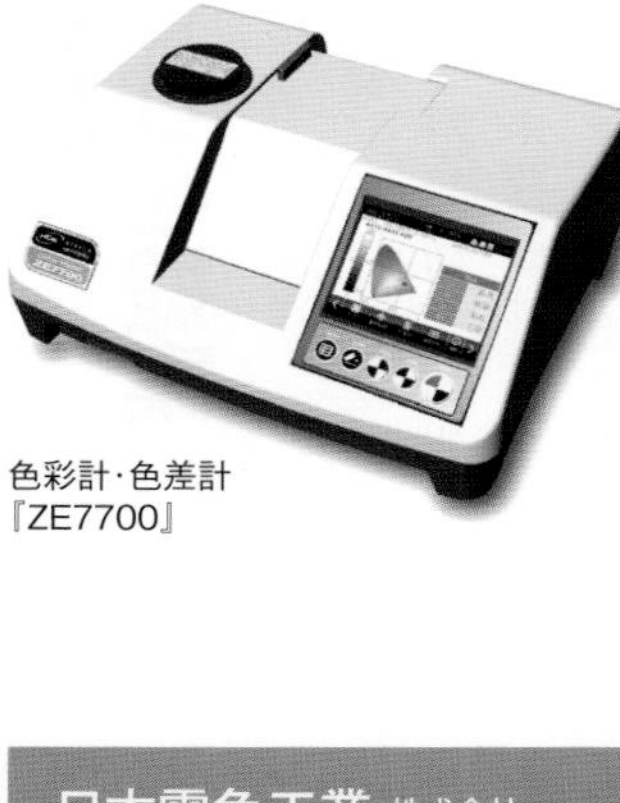

色彩計・色差計
『ZE7700』

日本電色工業 株式会社
にっぽんでんしょくこうぎょう
03-3946-4392
tokyo@nippondenshoku.co.jp
㊟ 東京都文京区千石4-45-17
https://nippondenshoku.co.jp/

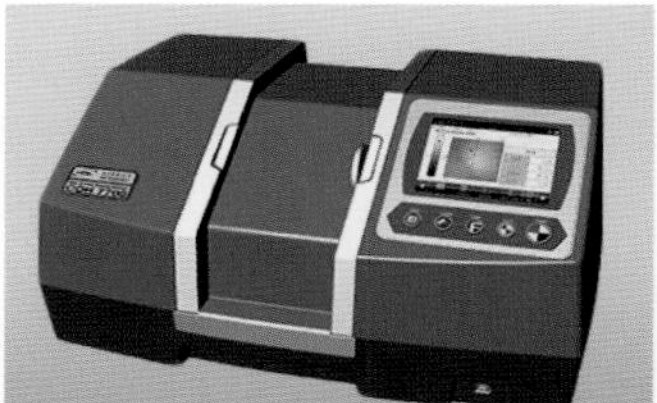

分光色彩・
ヘーズメーター
『COH7700』

お客様と二人三脚でつくる
フルオーダーメイドの家

施主の個性に合わせた居心地の良い家づくりを提案

自然環境に優しい建材 最新設備も提案

『ホシ・アーキテクツデザイン』のこだわりは、暮らしのかたちに合わせたユニークな家づくり。施主さんのライフスタイル、希望予算、将来設計や夢などを丁寧にヒアリングした上で、代表の星隆士さんがデザイン、大工工事、施工管理、アフターメンテまで一貫して携わってくれるので、建築途中に閃いたアイデアにも柔軟。二人三脚の家づくりをモットーに施主さんとユニークな家づくりを進めている。

「自然環境にやさしい建材は、身体に優しく、優しさと豊かな心を育むからです」と、土に還る「内壁材 MOISS」などの自然素材を推奨。

また、耐震、防火、防犯、室内事故を未然に防げるよう、安全にも配慮。住み良さを考慮し、最新設備の導入も勧めてくれる。完成するのは、謙虚だが特長的な外観と室内の「窓度り」から覗く景観が気持ちのいい家。「我が家に誇りを持って暮らしていただけたら嬉しいです」

（ライター／山根由佳）

暮らしのかたちに合わせたユニークな家づくり。

ホシ・アーキテクツ・デザイン

025-201-7988
contact@hoshi-archi.com
㊟ 新潟県新潟市南区上新田甲153
https://hoshi-archi.com/

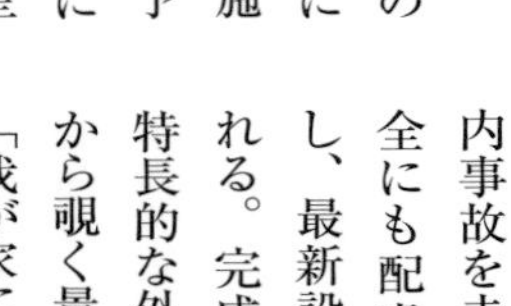

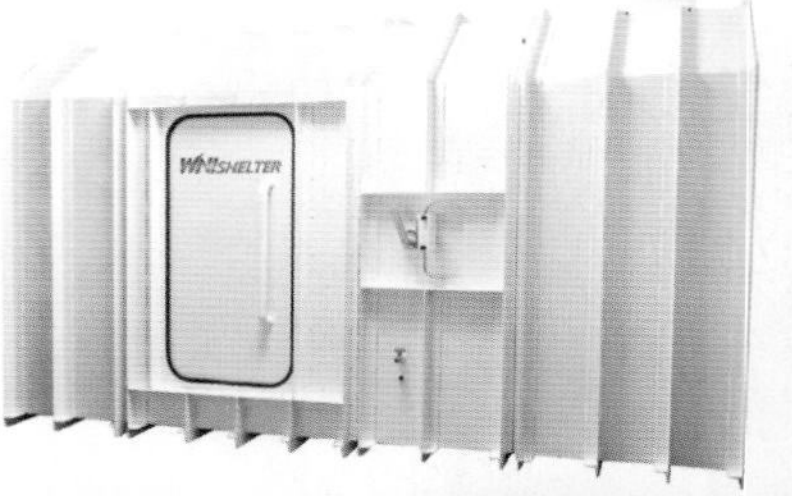

日本の住宅事情に合わせたサイズで防御機能を凝縮

生き残るための『最後の砦』

ウクライナで起きている戦禍、隣国の打ち放つミサイルの脅威もあり、いざという時現実的に身を守る方法を模索する人も増えてきている。酸素カプセルや防犯カメラ、そして防災シェルターの開発・製造・販売を行っている『ワールドネットインターナショナル株式会社』から登場したのが室内設置型シェルター『最後の砦』だ。地下に埋めたり、設置のための土地が必要なく、コンパクトながら防爆・耐震・耐放射性物質・耐生物・化学兵器の機能をしっかりと備えている。耐水機能を付加すれば、近年増加している大規模水害に備えることも。

シェルターの肝となるのが空気清浄機能。その分野で世界的な実績を誇るイスラエル製「レインボー72R」を搭載。瞬時に防護室内を加圧して放射性物質など有害物質の侵入をシャットアウトしつつ、安全に空気を取り込む。

（ライター／今井淳二）

『最後の砦』7,800,000円（税込）～

ワールドネットインターナショナル 株式会社

042-440-6023
info@wni-group.co.jp
㊟ 東京都港区海岸1-2-20 汐留ビルディング3F
https://wni-group.co.jp/

1日15分で 楽しく続く

会話なしで

成果が出る

AIによるオンライン英語学習プログラム

世界で600万人以上のユーザー※
AIがあなたのために英語レッスンを構成

※英語以外の言語の学習プログラム利用者も含む。

AI搭載のオンライン語学学習プログラム

一回15分のレッスンで無理なく続けられる

『KOLENDA Japan 株式会社』が提供している『Gymglish』は、一日15分で英語が身につく、AI搭載のオンライン語学学習プログラム。「とにかく継続できる語学学習」をコンセプトに設計。

「レッスンは一回15分のみ」「会話レッスンがないので空き時間で学習可能」「AIによるアダプティブラーニングで効率的」「ストーリー性のある教材で楽しく学べる」といった特長を備え、確実に継続でき学習成果を出せる。パソコン、タブレット、スマートフォンに対応しており受講環境も便利。

実際に講座を受けた方々も「漫画を読んでいるような気分で無理なく続けられる」「レベル調整があって、文法や語彙の学習が効率的にできた」と好評だ。15日間の無料トライアルも受付中。気になる方はまずはトライアルを。

（ライター／長谷川望）

忘却曲線に則ったタイミングで復習の機会が提供される

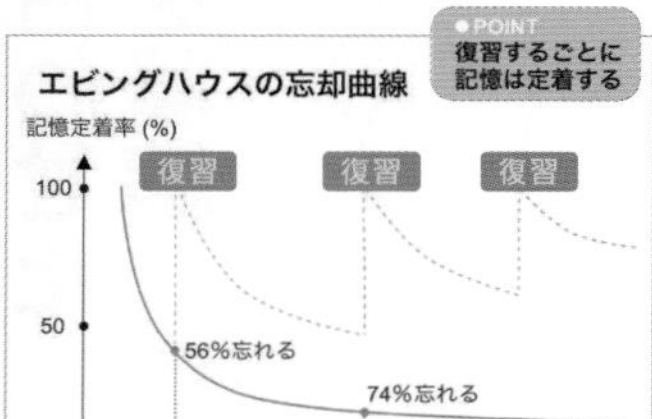

ストーリー連載型の英語レッスン

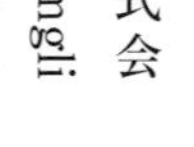

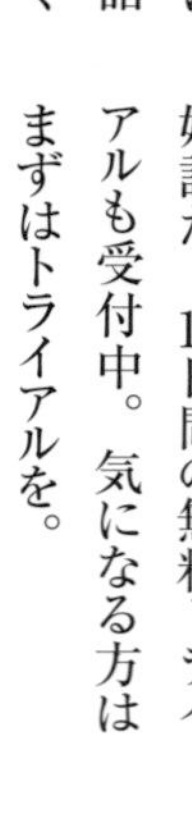

AIがあなたの語学レベルにあったレッスンを個別に提供

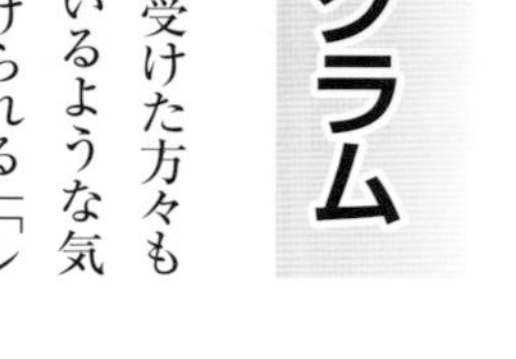

KOLENDA Japan 株式会社
コレンダ ジャパン
support@kolenda.co.jp
㊟ 東京都世田谷区
https://kolenda.co.jp/gymglish/

既婚者のための真面目なマッチングアプリ

癒し癒される一人の方を探せるサイト

「レゾンデートル株式会社」の『Healmate（ヒールメイト）』は、既婚者同士の真面目な出会いを見つけられる既婚者向けのマッチングアプリの決定版。最近は、既婚者向けのアプリがいくつか出てきているが、どれも軽い感じのお付き合いを望む方など出会いの目的が混在する。そんな中、唯一「真面目な出会い」というコンセプトを持つ。一度きりの人生を彩あり、豊かなものにしたいと考える方の懸け橋となっている。特長である掲示板も人気の一つだ。そこでは、掲示板専用のニックネームで、結婚生活の相談、セカンドパートナーとの悩み、マッチングできるための秘訣など真摯で本音の意見交換がされている。また、ニックネームによる登録やプロフィール写真のぼかし機能により特定されるリスクを回避できることも安心。個人情報を交換せず、無料の通話・ビデオ通話機能を使い相手の雰囲気を知ることができるのも大きな特長。他にはないコンセプトや機能、運営の迅速な対応が評判となり、注目されている既婚者のためのマッチングアプリ『Healmate』。

（ライター／長谷川望）

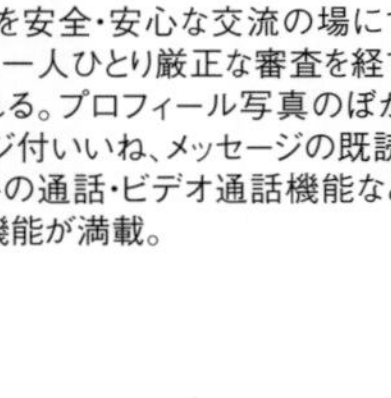

サイト内を安全・安心な交流の場にするため、入会時、一人ひとり厳正な審査を経てサイトに公開される。プロフィール写真のぼかし機能、メッセージ付いいいね、メッセージの既読・未読機能、無料の通話・ビデオ通話機能などあったら便利な機能が満載。

Healmateと他マッチングアプリの違い

	Healmate	某マッチングアプリA社
目的	既婚者同士の真面目な出会い	遊び
会員	既婚者のみ	既婚者・未婚者混合
会員のレベル	高い ※料金が高めだからこそ、会員のレベル高い	低い ※ポイント制で安く利用できるため、レベル高いとはいえない

Healmate 運営元 レゾンデートル 株式会社
ヒールメイト
03-5324-2880
mail@healmate.jp
㊟ 東京都新宿区新宿4-3-15 レイフラット新宿B棟3F
https://healmate.jp/

こちらからも検索できます。

事故車や廃車も独自の査定でどこよりも高く買い取りを実践

関東一円で人気の買い取り

世界的な半導体不足やコロナ禍を受け、新車の生産が滞っているという。その影響は、中古車不足という事態を招き、市場は活況を呈しているという。車なら何でも売れるというわけではなく、廃車や事故車、多走行車などは買取拒否や価格がつかないなどの憂き目に合う傾向にある。

一都三県を中心に全国対応で車の買取を行っている『バイバイカー』では、例え廃車でも貴重な金属資源、パーツの再利用もできると、どんな車にも価値を見い出して査定。事故・故障に関わらず0円以上の買取保証、どこよりも高値で引き取ってくれると評判だ。不動車でもレッカー引き取り無料、面倒な手続きも手数料無料で代行しており、やることは見積もりを依頼して決めるだけ。後はすべて『バイバイカー』に任せればいい。

（ライター／今井淳二）

廃車買取 バイバイカー　株式会社 カーバンク

0120-978-837
info@carbank.co.jp
㊟ 千葉県千葉市中央区浜野町1025-55
https://buy-car1.com/

ホームページはこちら。

電話連絡はこちらまで。

「注目情報はこれだ!」を見たと売却した際に、特典で、軽自動車は3,000円、普通車は5,000円査定額にプラスでお支払いいたします。

木造建築の基礎づくりが大きく変わる新工法

現場が変わる。
家づくりが変わる。

高い耐震性と耐久性で現代の木造住宅でも当たり前になったべた基礎。徳島県の『株式会社松島組』では、べた基礎の新しい工法『E.M.B.S.（エンボス）』を開発。従来工法では間取りに合わせて型枠を現場で用意し配筋、コンクリート打設していた。新工法『E.M.B.S.』は、整地後にあらかじめ規格化した鉄筋入りのコンクリートブロックを間取りに合わせて配置し、ブロック間にコンクリートを打設するだけ。工期短縮、コスト削減に寄与する。

（ライター／今井淳二）

株式会社 松島組
まつしまぐみ
0883-24-1233
㊟ 徳島県吉野川市鴨島町牛島1572-1
https://www.smiletrust.com/

多業種でフレキシブルに活躍するロッカーシステム

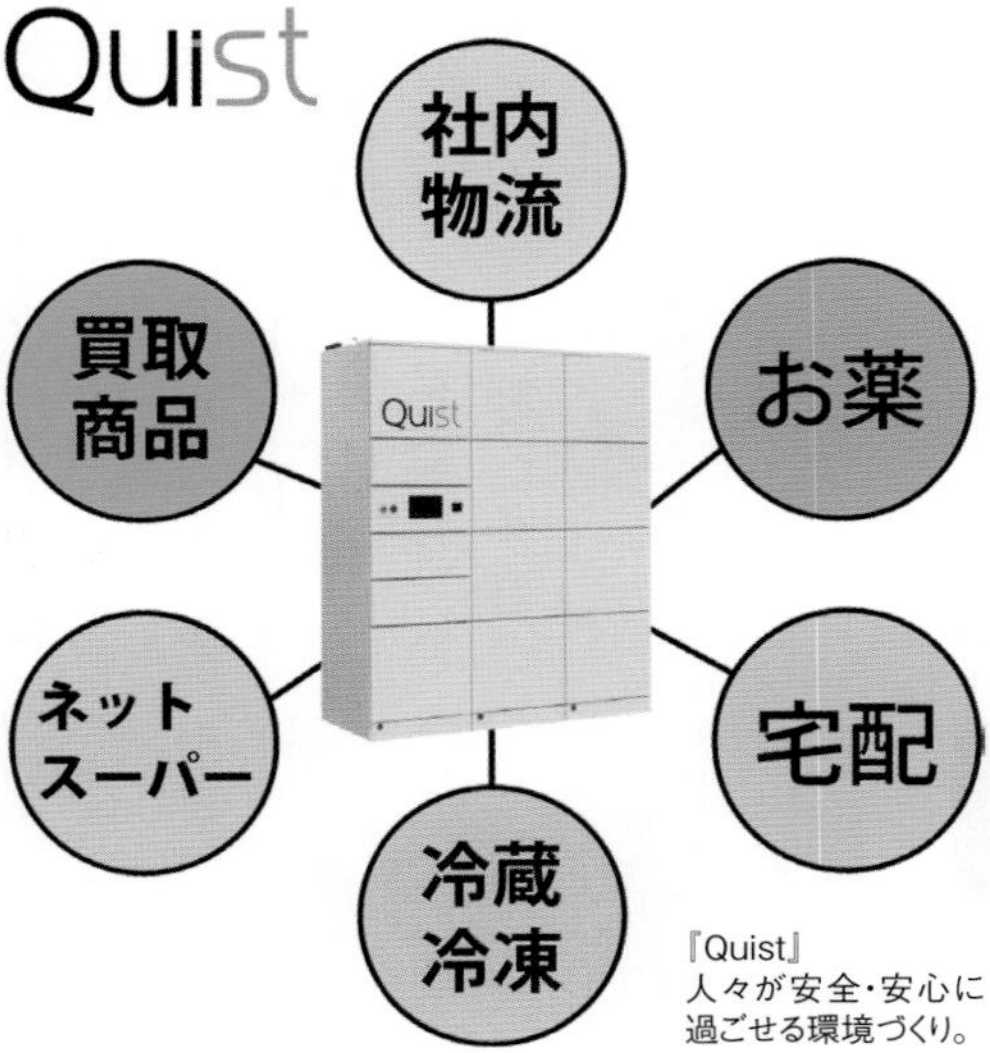

『Quist』
人々が安全・安心に過ごせる環境づくり。

『株式会社FUJI』のパブリックストッカシステム『Quist（クイスト）』は、非対面・非接触での荷物の受け渡しや、自動化・省人化による利便性向上により、店舗運営の効率化を実現する。QRコードをかざすとボックスが開き、スマートな配達と受け取りが可能だ。防塵・防水構造で屋内・屋外に設置できる。システムは要望に合わせてカスタマイズ可能で、あらゆる業種で採用される。一台で複数の受け渡し方法を組み合わせられる。

（ライター／長谷川望）

株式会社 FUJI
フジ
0566-81-8365
guist_sales@fuji.co.jp
㊟ 愛知県知立市山町茶碓山19
https://www.fuji.co.jp/

面白いほど蒸発せず悪臭や害虫を防ぐ

『面白いほど蒸発しない』
管理会社向け標準価格 950ml 2,640円（税込）
商品動画
https://youtu.be/QOHI6blabKA/

こちらからも
検索できます。

空室の排水口から発生する悪臭や害虫を防いでくれる特殊破封防止剤『面白いほど蒸発しない』が発売。開発したのは洗浄剤や衛生品等の専門メーカー「株式会社ピュアソン」。約45㎖注ぐと封水の排水口側・下水道側の両面に膜が形成され、封水の蒸発を防いでくれる仕組み。効果持続期間は3年と長期間。排水口に水を流さない状態が長時間続くと破封が起こってしまい、悪臭や害虫が発生してしまうため、今まで管理会社を困らせていた定期的に空室の水を流す作業から開放してくれる。

（ライター／長谷川望）

株式会社 ピュアソン
03-5960-3121
info@pureson.co.jp
㊟ 東京都豊島区池袋2-63-5
https://www.pureson.co.jp/

医療従事者・関係者向けの大容量除菌スプレー

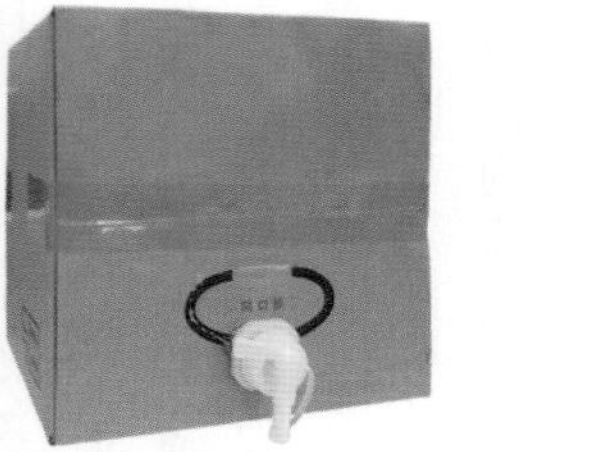

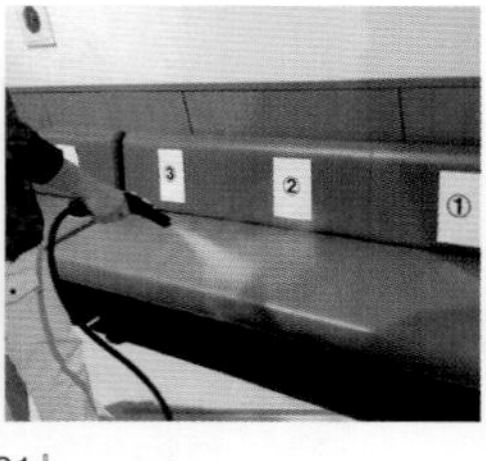

安定型次亜塩素酸ナトリウム『BC-01』
500ml スプレーボトル 2,200円（税込）
20L入 バロンボックス 33,000円（税込）

コロナウィルスを含むウィルスに99・99%の効果が認められている（第三者機関検査済）除菌・消臭剤『BC-01』は、埼玉県の『有限会社日動クリーニング』が、ベッドマットレスを安全にクリーニングするために開発された、食品添加物（殺菌料）に該当する安定型次亜塩素酸ナトリウムと純水だけを使った安定型除菌製剤。500㎖の大容量、希釈不要で人体や精密機器・布等に付着しても安心だからどこでも広範囲にスプレー可能。

（ライター／今井淳二）

有限会社 日動クリーニング
にちどうクリーニング
048-875-0525
nichido.cln@dmail.plala.or.jp
㊟ 埼玉県さいたま市緑区中尾1010-3
https://nichido-cln.co.jp/

触らず清潔に、触るから清潔に両睨みの公衆衛生対策を

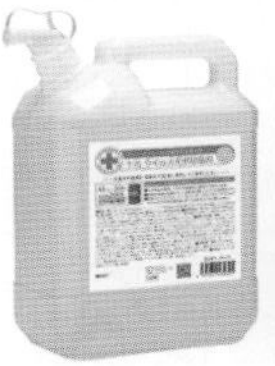

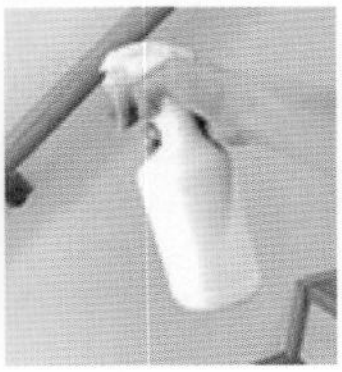

『クリーンボスエクシードロールタオルディスペンサー』
（ホワイト、ブルー、グレーグリーン、ブラック）43,880円（税込）
『十光ウイルス天然除菌剤』29,700円（税込）

『ジャンボロール問屋』の『クリーンボスエクシードロールタオルディスペンサー』は、手をセンサーにかざすだけでタオルペーパーを一枚ずつ排出。また、『十光ウイルス天然除菌剤』は、アルコールや次亜塩素酸水などの化学薬品を使わずにグレープフルーツ種子から作られた自社開発天然除菌液。新型コロナウイルスオミクロン株も不活化できることが第三者機関で実証されている。4L原液を水道水50倍希釈でドラム缶200Lが作れ、1L当たりのコストは135円。開封後1年間の品質保証付き。

（ライター／今井淳二）

ジャンボロール問屋　株式会社 十光
ジャンボロールとんや
03-3485-7801
info@jyuko.com
東京都渋谷区神山町11-17 日興パレス渋谷303
https://www.jumboroll-tonya.com/

未来にしっかり向き合うよう心にあてる魔法の絆創膏

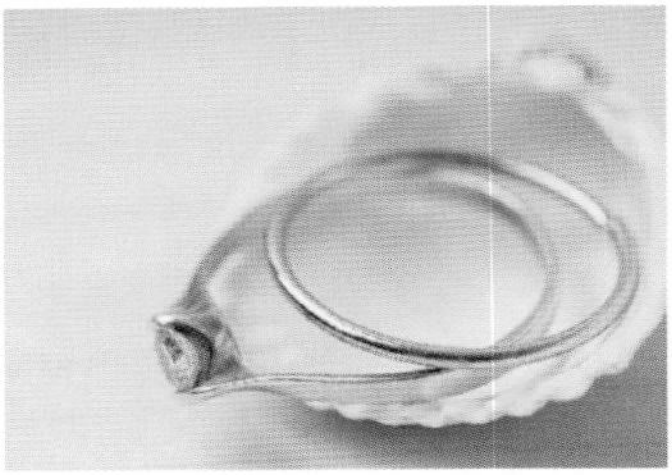

『エンジェルカード
orルーン
Kinaにおまかせ
リーディング』
4,700円（税込）など

エンジェルカード、ペンデュラムを駆使してのリーディング（占い）や自ら志願してきたパワーストーンを使ったヒーリング、前世や守護天使なども調べてくれるのが『よいぼしのなぎうた』のヒーラーK・inaさん。リーディング結果に寄りかからず、相談者が最後は自分の力で人生をしっかりと歩いていけるよう、時にはつらく耳の痛いこともはっきりとアドバイスをくれる点、そしてECサイトで手軽に依頼できるのが好評だ。

（ライター／今井淳二）

よいぼしのなぎうた
メッセージフォーム
https://my.formman.com/form/pc/kWUz7PXgiEZdnSSe/
https://nagikina.stores.jp/

夫婦の問題どうすればいいかまずは相談

親しい友人はおろか、親兄弟にもなかなか相談できない夫婦間の問題やトラブル。数々のカウンセリング資格を持つ女性カウンセラーが夫婦関係専門で相談にのってくれるのが『すまいる相談室』。離婚や修復、不倫、モラハラ、DVなど相談者一人ひとりに寄り添い、メンタルケア心理士として心の問題にも注力し、不安や悩みを解消できるよう努めてくれる。オンライン対応で国内のみならず、海外からも依頼多数。

（ライター／今井淳二）

モラハラ、離婚、夫婦関係の修復…
家庭内のお悩みは、一人で抱えず
ご相談下さい。
オンライン
全国対応!
出張OK
横浜市内!
夫婦関係
専門!
夫婦カウンセラー 北村 貴子

『オンラインカウンセリング』『電話カウンセリング』
90分 13,000円（税込）
『夫婦カウンセリング』120分 28,000円（税込）

夫婦関係カウンセリング **すまいる相談室**
すまいるそうだんしつ
✆ 090-2155-6684
✉ info@smile-soudan.net
㊟ 神奈川県横浜市西区平沼1-40-1-8F
https://smile-soudan.net/

話すカウンセリングで悩みを解決

「東京都武蔵野市で出張スタイルで、オンラインと直接対面双方でカウンセリングをお引き受けしています。経営者さま、個人の方問わず、仕事上の人間関係、地元の関係、子育ての事など、心の中でもやっとしていることを一度話してみませんか？」と話す『うゑの柱』の井本よし子さん。「話すことから始まる、あなたの心を解放するカウンセリングです」

（ライター／長谷川望）

毎日の生活の中で
自分と一緒にホッとする時間
もってますか？
カフェに行かなくても
誰かと一緒じゃなくても
豊かな時間を持つことは
できます
うゑの柱
おしゃべりみたいな
カウンセリング

経営者様向けは戦略見直しなどコンサル付。（要予約）
個人向け1時間 25,000円（税込）
経営者向け 1時間 50,000円（税込）

うゑの柱
うえのはしら
✆ 080-7176-3168
✉ uyenohashira2131@gmail.com
㊟ 東京都武蔵野市
https://goo.gl/maps/BsTAtCcYqrwDDtsy9

インボイス制度や
2024年問題に対応

運送業の
運行管理業務を
デジタル化

一般貨物自動車運送事業者向け
基幹システム

AEGISAPP
UNSOGYO

基本サービス利用料
年間 600,000円

■ 管理部門向けライセンス :5ライセンス付
■ 初期設定料金 :980,000円～
※「ビークルアシスト API」通信費
（動態情報用）
「B.PRO カーナビ」ETC 装置及び
上記取付費用が別途発生

クラウドシステム『AEGISAPP運送業®』は、2018年の初登場以降、経営分析機能、運行計画書作成機能、労基法の労働時間基準に対応した受注システム、運行計画システムなどの新たな機能を加えながら進化し、運賃計算では2023年10月1日から消費税の仕入税額控除の方式として導入されるインボイス制度にも対応する。Salesforce 社のプラットフォームとB. PROカーナビ、クラウド型運行管理サービスのビークルアシストAPIを利用する。マウスで操作できるのが特長。

株式会社
イージスワン
Tel.03-3261-0861
東京都千代田区麹町4-3-4 宮ビル3F
E-mail／info@aegisapp.net
https://unsogyo.aegisapp.net/

こちらからも
検索できます

特許第6936500号
特許第6961193号
特許第7072299号

機能概要
説明動画は
こちらから

ストレスに晒される現代人の心を優しく癒す光と音の遠隔セラピー

五次元撮影した太陽。

太陽が空を青から緑色に染め変えた。

太陽の金のヴェールに神々が集結。

2023年初日の出パワー。

動物たちの不調も改善
スポーツ選手の支援も

コロナ禍、自然災害、国際紛争、経済競争、労働環境、人間関係、情報洪水…。不安、恐怖、悩み、病いをもたらす様々なストレス要因に晒される現代人の心を優しく癒す独自の「光と音の遠隔セラピー」で支持者を増やし続けているセラピストがいる。『KISS GARDEN』を主宰するシャーマニック・セラピスト、やわやままことさん。「光の遠隔セラピー」は人だけでなく、動物たちの不調の改善にも役立つという。自宅やオフィスに居ながら受けられる。スポーツメンタルコーチ、スポーツセラピストでもあり、スポーツ選手のメンタル強化やコンディショニングのアドバイスなどでも活躍している。また、農作物をおいしくするCDや建築作業を安全化するCDなどもオーダーメイドできる。

写真集『方舟（はこぶね）』
KISS GARDEN 刊

「クリスタルボウル個人レッスン」90分 初級 21,000円（税込）
中級、上級、プロフェッショナルもあり。

波動調整で不調を緩和
純粋正弦波の振動利用

「光の遠隔セラピー」は、生活習慣や人間関係、霊的な関係、トラウマなどの根本原因を見極め、やわやまさんが宇宙から受け取った「光のエネルギー」で波動調整し、身体的、精神的不調を緩和に導くピンポイントのセラピー。遠方にいても相談できる電話カウンセリングの手法を取る。

「音のセラピー」は、44個のボウル型の楽器クォーツクリスタル・ボウルで奏でる原音をレコーディングしたCDを使ったセラピーで、純粋正弦波のバイブレーションがストレスの解消、精神力や体力の向上、潜在能力の開花などを促進させる効果が期待できるという。

CDはすべてオーダーメイド、本人の体調や生活環境に合わせて製作。

太陽から光の粒がふり降りる。

著書

●奇跡が起きた
ハートいっぱいいっぱいのセラピー
宇宙のおともだちからのプレゼント
現代書林刊

●わんにゃんひーりんぐ
ペットのための光の遠隔ヒーリング
地湧社刊

「注目情報はこれだ!」を見てお問い合わせの方に数々の本の中からプレゼント。

高次元フォトグラファー シャーマニック・セラピスト やわやま まことさん

日本大学商学部卒。1995年、「KISS GARDEN」設立。催眠セラピー、遠隔クリアリング、応援チャージングなどの習得法を開発。シャーマニック・セラピスト。元文部省認定スポーツ指導員。スポーツのメンタルコーチ、スポーツセラピスト。

クォーツクリスタルボウルのバイブレーションCD

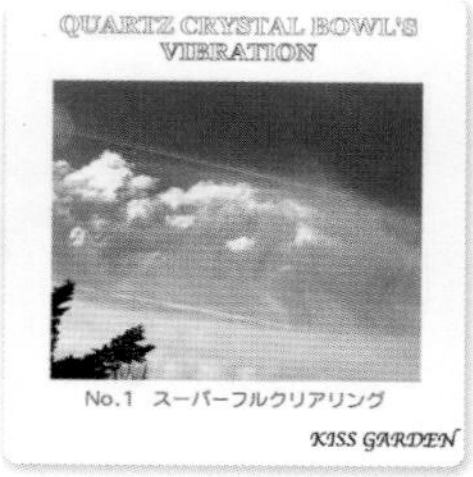

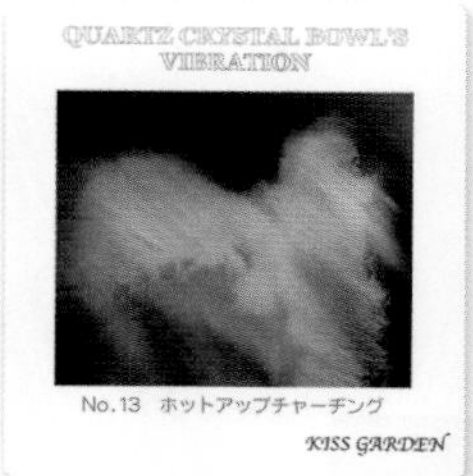

KISS GARDEN

TEL ■ 090-3512-5332　FAX ■ 0422-29-9018
E-mail ■ kissgarden@rondo.ocn.ne.jp
携帯メール■ kiss567@ezweb.ne.jp
東京都武蔵野市吉祥寺南町 3-16-15
http:// やわやままこと . jp/

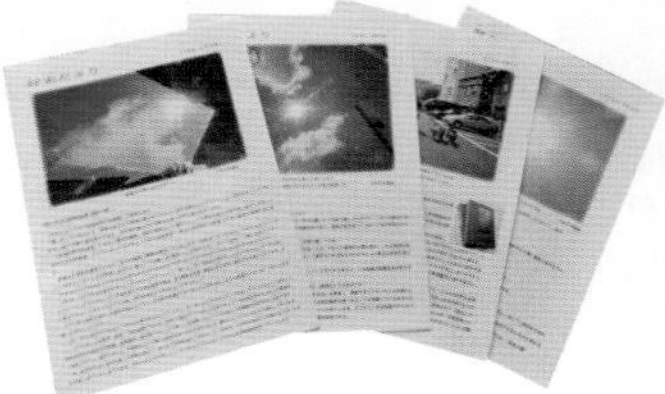

会報誌も無料発送している。
申し込みは、Tel、Fax、メールで。

**トランペット、トロンボーン
レッスン**

60分／月1回 4,500円（税込）
60分／月2回 8,000円（税込）

（PayPay、au PAYの利用可能）

アドリブ初級レッスン

2時間 6,000円（税込）／1回

オンラインレッスン

60分／月1回 4,000円（税込）
60分／月2回 7,000円（税込）

体験レッスン

無料
※アドリブ初級レッスンには
体験レッスンはございません。

楽器レンタル

500円（税込）／1回

「さっぽろ村ラジオ(FM81.3MHz)」で
毎週土曜日14:00-15:00
「村上あきらの楽しい音には福来たる」で
パーソナリティを務めている。

講師の村上陽さんは、中学時代より金管楽器に触れ、大学時代にジャズの道に進み、卒業後は仕事の合間に数々のビッグバンドのメンバーとして大舞台に立ってきた。1996年アメリカ、ロサンゼルスで開催「インターナショナル ジャズパーティ」にアップビート・ジャズ・オーケストラのメンバーとして出演。2012年より脱サラし、講師活動も始めた。

@murakami_tp

村上陽
トランペット&トロンボーン教室

Tel／090-9745-4951　北海道江別市野幌住吉町39-4
E-mail／murakami.trumpet.school@gmail.com
https://murakami-tp-tbschool.amebaownd.com/

金管楽器を楽しく演奏

ベテラン講師による楽器教室

『村上陽トランペット&トロンボーン教室』では、トランペットやトロンボーンを楽しく演奏できるよう指導している。

「トランペットは、クラシック、ポピュラー、ジャズなど幅広い音楽ジャンルで、キラキラした音から渋いダークな音までいろいろな音色が出せる」

そのもとには、小学1年生から60代以上の方まで集う。生徒の約半数は、全く吹けない初心者としてスタートしているので気軽に通える。楽に音が出せる吹き方や音域を広げるトレーニングなどもレッスンに取り入れており、日々上達を感じられるはずだ。

優しい
甘み・香り
爽やかな
風味漂う

佐渡の乳製品

Fresh Milk

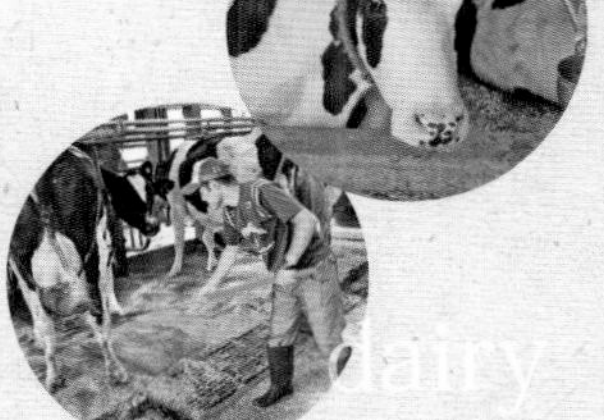

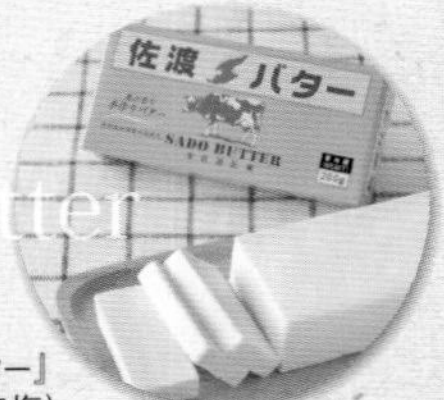

『佐渡バター』
(有塩／無塩)
200g 1,200円(税込)

『雪の花チーズみそ漬け』
3種セット 3,564円(税込)

佐渡島の酪農家たちは、高度な衛生管理を取り入れて家畜を飼養する「クリーンミルク生産農場」に取り組んでいる。そして、毎朝搾る新鮮で安全・安心な牛乳を、四季の乳質を大切にし、ファームメイド製品に仕上げるのがこだわり。搾りたての生乳と佐渡海洋深層水を使った塩のみで作る『佐渡バター』は、極上の口どけ。甘さと香りのバランスが絶妙だ。絞ってから6時間以内の新鮮な生乳で作る各種チーズは、牛乳本来の風味が活かされている。『雪の花チーズみそ漬け』は、チーズ職人と味噌蔵人が本気で作った至極の逸品だ。

佐渡市認証米
コシヒカリ
『朱鷺と暮らす郷』

『朱鷺と暮らす郷』の売上の一部は、トキの生育環境の整備に使われている。

島の産物をお届けするオンラインショップ

さどまるしぇ

さどまるしぇ

『佐渡農業協同組合』『佐渡市』『ヤマト運輸株式会社』との三者連携によるECプラットフォーム。少量から業務用単位まで、『佐渡農業協同組合』が取り扱う『佐渡米』『おけさ柿』『乳製品』『直売野菜』のほか海産物、加工品も取り揃えている。

https://sado-sanchoku.net/

佐渡乳業HP

佐渡乳業
オンラインショップ

佐渡農業協同組合 **0259-27-6161** **新潟県佐渡市原黒300-1**

kouho@ja-sado-niigata.or.jp JA佐渡ホームページ **http://www.ja-sado-niigata.or.jp/**

令和時代のエキスパート

その道に特化した優れた知識や技術をもって、その分野に精通している頼れる専門家たち。

魂ふるえる
喜びの生き方へ
Mana Life Creation

代表／ココロの看護師
玉置仁美 さん

東京女子医科大学病院等で脳外科ICU、OPE室、訪問看護など、10年間看護師として活動。2009年に渡米し、アリス・ラングホルトに師事後、自らレイキティーチャーに。その後、オリジナルメソッド『MLC(Mana Life Creation)』を開発。

自らの手で、人生を力強く創造し 魂が震えるような喜びを生きるヒーリングメソッド

見えない世界を不思議に思いながらも リアルなエネルギーを体感して、現代の魔法使いに!!

看護師として脳外科ICU、OPE室、訪問介護など、命の灯と向き合う現場で、投薬や医療の限界を超えた奇跡や「人間の可能性」を何度も目の当たりにしたことが私の原体験になっていると語る、『Mana Life Creation』代表の玉置仁美さん。玉置さんは約10年間の看護師経験や、自身の卵巣癌発症からの生還等を通じ、心と体がいかに密着しているか、今この瞬間を生きる尊さを痛感。そして2009年に渡米。自分探しをする中で、まるで何かに導かれるような偶然が重なり、世界トップレベルのレイキティーチャー、アリス・ラングホルトさんに師事することに。

「靈氣(レイキ)とは、宇宙エネルギーを活用して、心身を調和し活性化させる癒しと共に、精神的な成長を促し、私たちをより一層幸せへと導いていくエネルギー療法だといわれています。それが日本発祥と聞き、体に電気が走るような感覚を覚えました。しかし、当時、見えないものへの信頼が薄かった私は、〝そんな世界があるわけない〟と、最初は斜に構えていました。でも、初めてアリスに出会ったカフェで、目を閉じて、目の前でレイキを流され始めた途端、瞼の裏に表れる光のゆらぎや時間を忘れるような感覚を通じて、エネルギーを体感することができたのです」

Mana Life Creation
マナ ライフ クリエーション

✉ mana.life.creation1@gmail.com
㊓ 12 Garzoni Aisle Irvine,
CA 92606-8353
http://mana-reiki.com/
https://lin.ee/AzQcum0

こちらからも
検索できます。

LINEから登録無料プレゼント『あなたの今世の魂のテーマ診断』好評配信中。
毎月開催『まなレイキ体験会&REIKI CIRCLE』　8,000円（税込・LINE割引有）

とてもパワフルで、マントラやシンボルといった作法を必要とせず自由度の高い西洋レイキを学び終えると、レイキティーチャーとして自らレイキを教えるようになっていった玉置さん。セッション数は、これまでに延2万件を超える。しかし始めた当初は、国を超え、時差を超え、お相手の不調和に気づき、深い癒しと調和のエネルギーをお相手に届けられるようになった自分が、まるで〝魔法使い〟になったようだと喜んでいた一方で、実はその頃、子育てではまだ、大きな苦悩を抱えていた。後にADHD（注意欠陥障害）と解った長女との関わりに感じる難しさ、度重なる親子の衝突…。慣れない海外での子育て。誰かに助けてともいえなかった。一番効いてほしいところにもレイキが効かないようにも思えて、私なんてと自分を小さく感じ、「私にはレイキを教える資格などない」と自分を責め、自己価値観もどんどん低くなっていった。しかし、娘との度重なる衝突の中で、ある時にふと「〝今〟を大切に、〝自分そのもの〟をちゃんと生きているのは、逆に娘の方かもしれない…」と気づけたところから、大きく風向きが変わっていった。親子の絆はもう一度深く繋がり合い、娘は自力で立ち上がり、得意を生かして自らの人生を切り開き、たくさんの有難い出会いや奇跡と共に、大切に支え合う仲間の輪が広がっていく…、そんな喜びに満ちた世界が繰り広げられていった。こうした経験から、自分の軸を見失い、満たされない〝本質

の在り方を生きられない時の苦しさ〟と、〝本質の在り方を大切に生きる力強さ〟の対極を痛感。そうして「神なる我（神我）」として生きるように、その本質の生き方が起こしていく様々な奇跡を、自身も、きてくださるクライアント様もどんどん経験してくようになっていったという。

レイキは、日本発祥といわれているが、戦後の時代背景により国内での普及は一旦影を潜め、現在は海外の方が盛んに取り入れられており、全世界でのレイキ施術者は800万人とも1000万人（121ヵ国）以上ともいわれている。西洋医学の分野においても研究が進んでおり、様々な考察から既に、痛みの緩和やリラクゼーション効果、睡眠や食欲の向上、不安の緩和、ストレスの軽減、鎮痛剤の使用頻度の減少や免疫システムの向上など、レイキの様々な効果が示されている。

「お相手が本来持っている魂の底力を信頼して、ただそのままを愛し、認め、慈しみ、自ら人生の創造主として生きていけるように伴走していく。そうして見える、その先の皆様の笑顔が、私にとって何よりの喜びであり最高な幸せなんだなと実感させていただく毎日です。レイキは、本当に素晴らしいツールです。心も体も癒され、色んなことが不思議とうまくいくことを体感していきます。でも、それでも、時折うまくいかないように思えることも起こってくる。誰にも頼れず、抜け出し方が分か

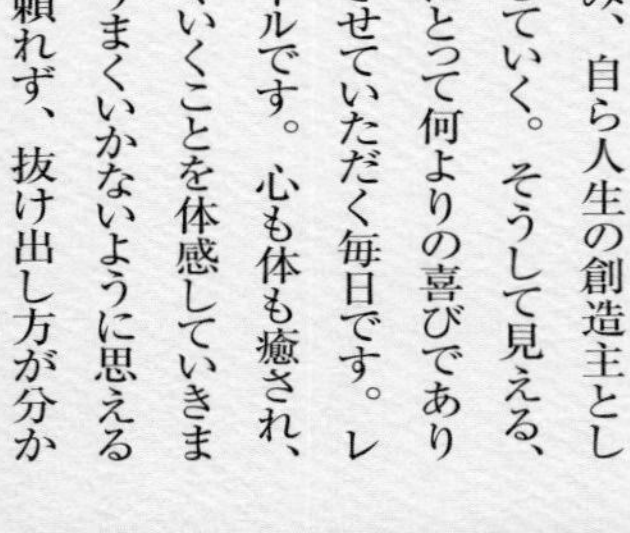
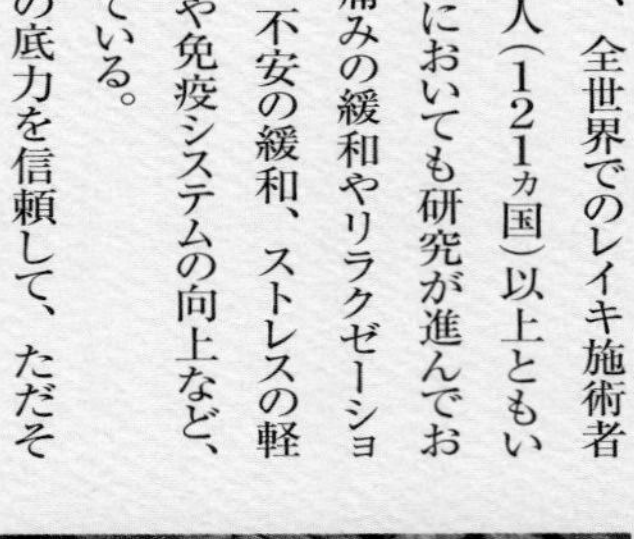
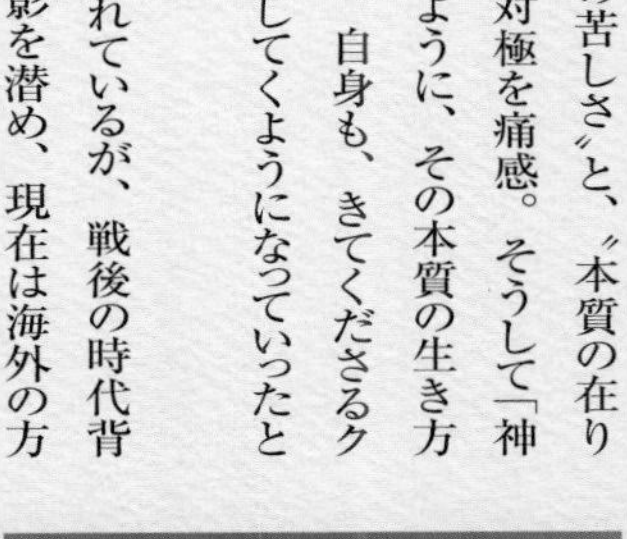

らず、負のサイクルに陥ったように思えるその間は、本当に苦しいですよね。でも、どうかそこで諦めないでいただきたいのです。そこにこそ、本当に大切な、魂からのメッセージが込められているから。どんなことも全ては愛からできていて、どんなことも、あなたに乗り越えられないものは起こらないし、どんなことであっても、それは私たちの真の喜びへと繋がっていくのです。そこにたどり着くには、ほんの少しのコツがいるのだけど、【私たちには皆、その力がある】。自分で自分の人生を書き換え、昇華させ、そこを超えた真の喜びを味わっていくことができる、そんな、とてつもない力を私たちは持ってるんだよ！ということを皆様に思い出していただきたいのです。

私自身、自己肯定感をなかなか感じられず、全く思うように行かないと思っていた人生が、思考や在り方を変え、そこにエネルギーを導いていくことで、どんどんと状況が変化し、温かく、心からホッと泣きそうになるほどの幸せを実感する、そんな毎日に変化していきました。そんな経験から、レイキを癒しのテクニックとして使うだけでなく、〝生きづらさを脱し、もっと生きやすく、魂ふるえる喜びの生き方に変化させる方法〟を加えてお伝えするように変わっていきました。それが次第に口コミで伝わるようになり、現在の人生創造の仕組み×ヒーリングを体系化したオリジナルメソッド『MLC(Mana Life Creation)／まなレイキ®』が生まれたのです」

内側に潜む魂のテーマを徹底解剖する過程で離れていても育まれる、家族以上の同志との絆

『MLC(まなレイキ®)』は、世界に誇る伝統的な日本の靈氣と、シンボルもマントラも必要とせずに遠隔でもパワフルに送受信できる実践的な西洋レイキのテクニックの要素を融合させたものに、玉置さんが人生をかけて培ってきた悟りと気づきのすべてを交え、〝魂の成長(悟り)〟を加速的に促していく。手軽でパワフルなテクニックを学びながら、ここで人生に本気で向き合いたい、と思っている人に、強くお勧めしたい。

講座は、玉置さんが在住するロサンゼルスから世界各地の生徒さんと繋ぎ、配信される。オンライン上で一見不確かなように思える『見えない世界』を扱うからこそ、単なる知識の受け渡しに留まるのではなく、時空を超えて送られるエネルギーを実際に体感し、繰り返し実践して、誰もが日常を自分自身で変えていける喜びと自信を手にしていただくことを大切に構成されている。そのため、これまでまなレイキをお伝えしてきたこの約10年間の中で、最後までエネルギーの実感や効果が得られなかったと感じた卒業生は一人もいないのだという。物事の本質を捉え、自ら人生を変えていく在り方へシフトしていける喜びは、想像をはるかに超えるものなのだそうだ。

「ヒーリングのセッションは、とてもリラックスでき心地よいものです。ですが、私たちは本来、誰かにヒーリングをしてもらわないといけないような弱い存在ではないはず。いつも誰かに頼らないと心身の不調を治せない、という状況は作りたくないのです。皆さん一人ひとりが自分で自分を存分に愛し、認め、赦し、癒して、人生を書き換えていく本当の強さを取り戻し、あなた自身が満たされ、太陽のように周りをも明るく照らしていく、そんな存在になっていっていただきたいと思います。エネルギーを意図的に扱えるようになるということは、今まで徒歩でしか移動手段を持たなかった人が車やジェット機を手にするような驚きと、限りない可能性を秘めています。そのように枠が外れることで見えてくる人間の可能性とその感動を、一人でも多くの方に味わっていただきたいと願っています。そのために、こうして皆様の内に秘める偉大なる強さを引き出していくことが、私のお役目かなと感じています」

人生が思うようにいかない生きづらさを抱えている人や、被害者意識ではなく、なんとか自分で生きづらさから抜け出したいと思っている人、大切なご家族や最愛のペットの力になりたい人、育児や介護に追われて自分を後回しにしながらも頑張っている人、家族を健康に幸せにしたいと願う人、家庭内や職場などの人間関係を再構築したいと願う人、真面目に頑張りすぎてきた人

やもう少し楽になりたい人、自分を許せない人や自己肯定感を上げたい人、その他、許し難い相手とのトラブルから解放されたい、癒したい過去がある、今世の天命と共に、喜びを存分に味わって生きていきたい…。そんな思いを抱えてらっしゃる方には、ぜひ『MLC（まなレイキ®）』の講座を受けてみて欲しい。「ようやく人生の暗闇から抜けられた。不安だらけだった人生がこんなにも楽になった」「お互いに愛し・愛される、大事な感覚が蘇ってきた」「家族が変わった。私自身や周りの笑顔が増えた」といった受講生からの喜びの声が後を絶たない。また、病気や生きづらさの根源の癒しにつながると、教育に携わる方や医療・介護従事者からも高い評価を得ている。

オンライン講座なので、自宅など居心地良く安心な場所で、リラックスして学べるのも嬉しいところ。ベーシックの段階から、アチューンメント（エネルギーを自在に扱えるようになるため、エネルギーの回路を開き、段階的にチャクラバランスを整えること）という儀式を受けることで、シンボルやマントラ、ハンドポジションなどの特別なお作法なしでも時空を超え、距離が離れたお相手にも、パワフルな癒しのエネルギーを送ることができるようになっていく。散歩中でも、会議中でも、いつでもどこでも、誰でも日常に使え、どんな業種のどんなシチュエーションとも相性が良い。寝ずにぐずる子どもや、兄弟や友達同士の喧嘩に対応するママや保育士さんも、悩める子ど

もたちを元気づけたい先生も、ストレス過多で自身を犠牲にしながら頑張ってくださっている医療関係者も、子どもの反抗期や引きこもりに悩む親御さんにも、家族の癒しにも、そして過去の傷や痛み、トラウマに悩む人も、無くし物やギフト探しにも…。エネルギーを活性化させたい対象は、人物のみならず、動物やモノにも、イベントやチャンス、過去生やDNA、亡くなられた方との繋がりや未来の自分にもと幅広く、その使い方や可能性は無限大だ。また、約4カ月間の講座を通じて、共に学ぶ同志たちと家族のような深い絆が育まれていくのも特筆すべき点だ。玉置さんとの日々のやりとりや仲間からのコメントは、受講中の全期間を通して、多い人で優に500〜700件を超えるという。ワークへの不安や疑問はその都度解消しながら、一人ひとりの日常や悩みに寄り添い、思い通りにならないように思える状況を紐解くことで見えてくる本当の愛や絆、信頼や自分らしさを共に取り戻していく。

「私たちはこの講座の中で、それぞれが徹底的に自分の内側と向き合っています。そうして得る気づきや悟りは至福の喜びに繋がっていきますが、それだけではありません。自分の悩みが他の誰かの気づきとなり、さらけ出すそのままの私をお互いが認め、支え合っていきます。お相手の弱さ・苦しさを慈しみ、支える強さや信頼に繋がっていく経験が、どんな自分も愛し、許容していく

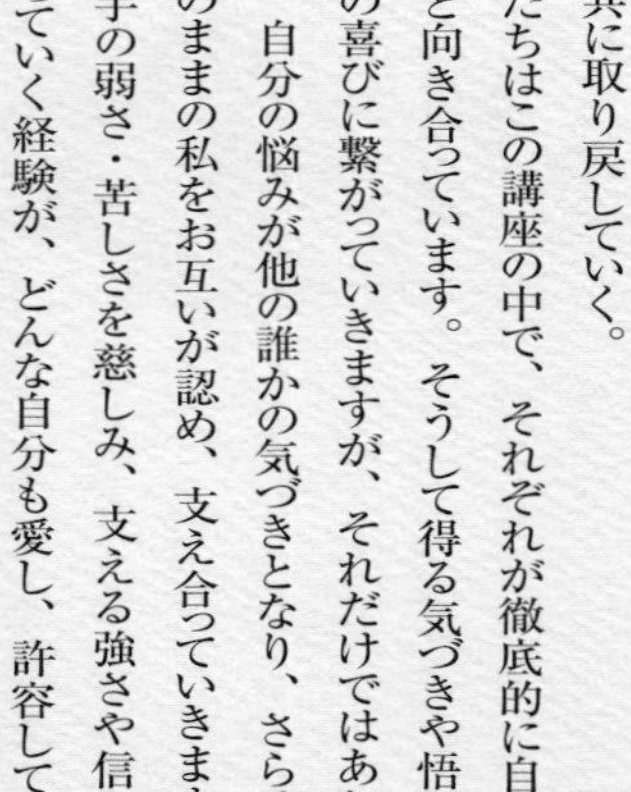

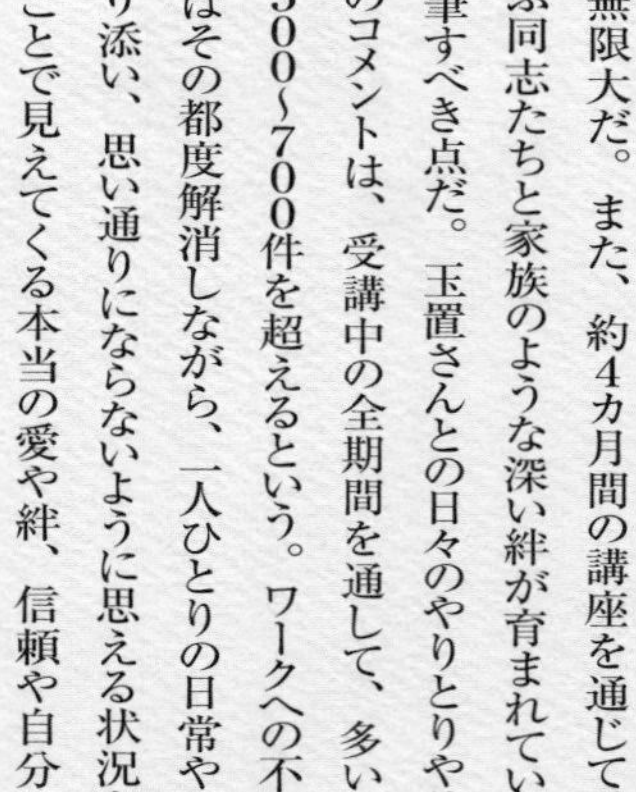

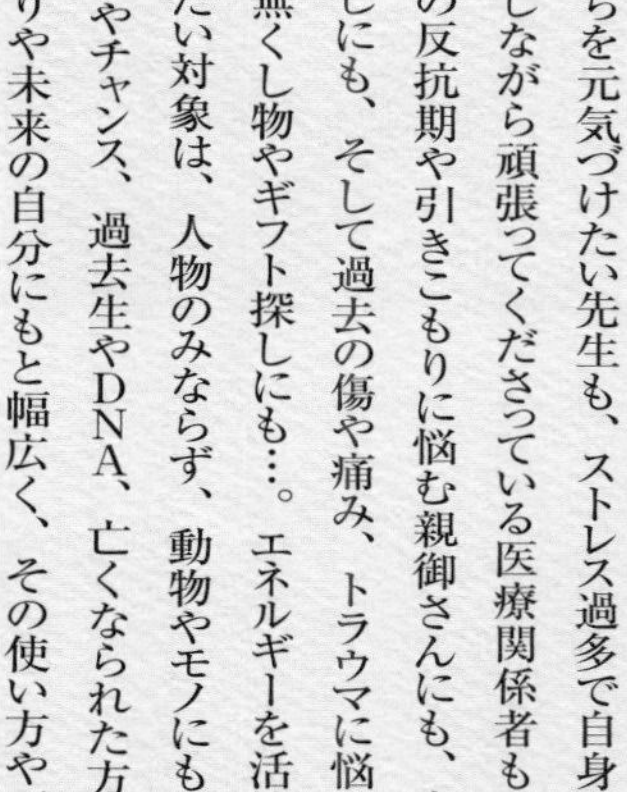

ことの土台になっていくと共に、受講生同士が深く深く繋がり、応援し合う素晴らしい絆になっていく様子。愛でしかないこの安心の場が、これからも更に拡がっていくといいなと感じています」

日本、アメリカ、アジア、ヨーロッパなど世界各国より集まってくる受講生の実に97％が口コミにより訪れているというのも、過去の卒業生の受講満足感が高い証。ここにいると心安らぎ、自分軸に戻れるからと、何期も繰り返し受講されるリピーターが多いのも、『まなレイキ®』の大きな特徴の一つといえるだろう。講座は「ベーシック」「アドバンス」「マスター」の3段階を経て進んでいく。

「ベーシック」ではエネルギーを日常生活に使っていくやり方や、エネルギーの感じ方・受け取り方を学ぶ。ここからすぐに、自分自身や他者へのヒーリングや遠隔でのヒーリングも行えるようになり、動植物やモノ、食べ物、部屋の浄化、人間関係の癒しなど、日常のあらゆる場面に早速パワフルに使っていく方法を学んでいく。「アドバンス」では、エネルギーの通り道を清め、更に強化する特別な浄化の一週間を経て、エネルギーへの感度や、パワフルさも一段と向上。より深く体の不調和やチャクラのエネルギーバランスを見つめ、エネルギーがどこにどのように流れるのかエネルギーと対話し調整していくスキャニングの手法を学んでいくと共に、自身が望む人生を創り出すために、より深く、思考を具現化していく手法もここで身につけていく。そして「マスター」では、DNAヒーリングや過去世ヒーリング、30秒で全チャクラを調整していくパワフルなテクニックなど、興味深く効果的なヒーリングを習得。また、エネルギーと共に思いを具現化し、多くのことを望むように引き寄せていくようになってもなお、時折うまくいかないように思えるそのモヤモヤを紐解き昇華させ、その奥にある大切な気づきと共に、人生を大きく好転させていく思考と在り方、そのテクニックを身につけていく。そして、ここまで学ぶとエネルギーを最大限かつ効果的にパワフルに扱えるようになり、他者へのアチューンメントを伝授できるまでに。

まずはレイキがどういうものなのかを知りたい、エネルギーを体感してみたいという方向けに、簡単なレクチャーと共に、受講生や卒業生とで送り合わせる豊かなエネルギーを体験できる「レイキ体験会／レイキサークル」も月1回開催している。親子問題に悩むご家庭が、愛と信頼を取り戻し、イキイキと輝いて過ごしていけるように応援する無料オンライン相談会「はれのひカフェ」も不定期開催中。誰にでも簡単に身に着けることができ、自分も周りも癒し、美容にも、人間関係にも、開運にも、願望実現の加速にもといわれるエネルギーテクニック。「一家に一人」を目指して。そこから広がる安心と喜びの波動を、ぜひここから体験してもらいたい。

（ライター／山根由佳）

「内部移動式足場」

代表取締役
深田晃弘 さん

1958年創業の『深田鉄工有限会社』の代表取締役に2019年就任。構造物の高所足場の組立解体法、高所足場装置、吊り高所足場の移動装置、足場床を支持する梁材と柱材の組立法、足場支保工の架設法など会社として多数の特許技術を保有。

水平上下に移動する画期的な足場開発
大型建築で活躍するパーフェクト工法

自社特許技術の集大成
作業効率の向上に貢献

国土交通省の「建設企業等のための経営戦略アドバイザリー事業」で、他企業に対しモデル性の高い新事業として選定された全国29社の事業の中で、唯一、建設足場に関する事業で選ばれたのが、『深田鉄工有限会社』の「自社開発の移動式足場(パーフェクト足場)の販路拡大」だ。固定足場を部分化し、水平、上下方向とも立体的な移動で作業範囲全体をカバーする画期的な足場工法で、大規模な工場や体育館、ドーム、アトリウム、城、神社仏閣などの新築、改築現場の作業効率の飛躍的な向上と工期短縮、コスト削減に寄与する。

この足場工法を生み出したのが、同社の創業者で厚労省に「現代の名工」として表彰された深田義徳さんと2019年に経営を引き継いだ代表取締役深田晃弘さんの父子で開発し、特許や実用新案を取得した「構造物の高所足場の組立解体法」「高所足場」「吊り高所足場の移動装置」「高所足場装置」「足場床を支持する梁材と柱材の組立法」「足場支保工の架設法」などの技術。

中でも、深田さんが2019年に特許を取得した「張出プラットフォームを備えた仮設足場」は足場工法に大きな技術革新をもたらした。

深田鉄工 有限会社 (FTK)
ふかだてっこう

<本社> ☎ 078-841-1669
㊟ 兵庫県神戸市東灘区御影本町5-8-1
<東京営業所> ☎ 03-6423-1738
http://www.ftk-kobe.com/

Ftk 深田鉄工
建設足場のプロフェッショナル パーフェクト工法

パーフェクト工法とは

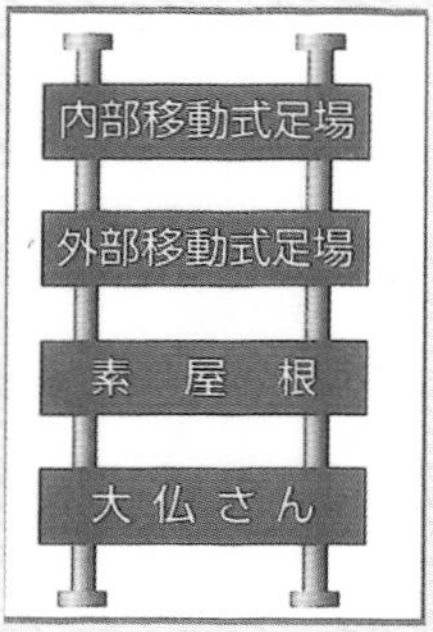

パーフェクト足場は、城・神社仏閣などの重要文化財・工場・体育館における新築・改築を問わず建築現場にいかんなく力を発揮し、様々な用途に応じて作業の工期短縮・作業効率に大きく貢献する深田鉄工が専門とする足場です。工法の特徴としては、パーフェクトビーム□450×450トラス支柱を採用し、組み合わせ、支柱間梁にはワイヤーを張弦工法で組み立てています。よって支柱間の距離を飛ばすことが可能で、下部作業スペースの有効利用を図ることができます。また、仮設資材の大幅削減によるコスト低減メリットも期待できます。パーフェクト足場は、大きく分けて
■内部移動式足場■外部移動式足場
■素屋根・大型飛散防止建屋■大仏さん（大型高所作業車）4本柱として日本全国の作業現場へ提供いたしております。移動式足場では、足元等に電動台車・走行レールを設置することにより、足場面積を小さくし、作業範囲全体を水平移動でカバーすることができます。従来の枠組足場と比較して多くの特殊な建物等に対応でき、半分程度の工期で施工でき、大空間において無理のない作業（高所での広い足場の確保・現場全体に足場が林立しない・現場によっては水平移動でき、高さを変えることができる）が可能で、様々な現場に大きく貢献していくことができると確信しています。これからも、深田鉄工は各建築・土木の現場へ、工期の短縮・作業効率のアップをはかり作業現場へ貢献してまいります。

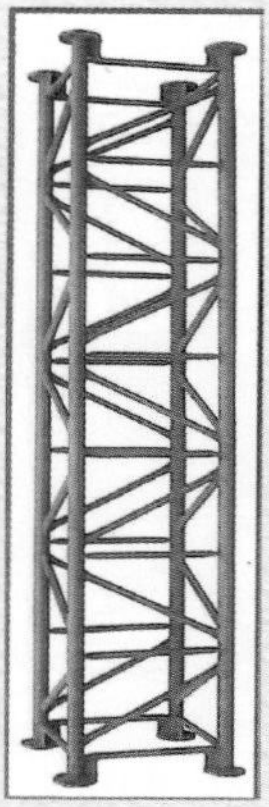

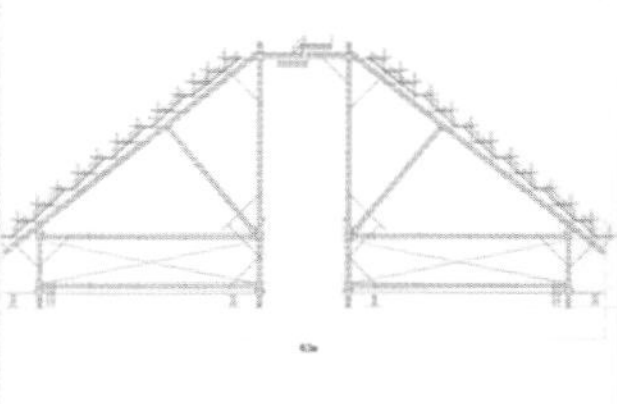

「内部移動式足場」

大規模建築物の外部又は内部で構築物に寄り添わせて設置するような大型の仮設足場に関する技術で、高所位置で床面積の広い作業スペースを設けることができるのに加え、作業スペースに対して長尺物などの荷上げが容易に行えるようにすることが可能になる足場だ。

具体的には、梁枠のトラス支柱を組み合わせた吊上げ装置パーフェクトビームの上に足場を組み、電動装置で作業床を上下水平に移動できるようにしたもので、吊上げ装置パーフェクトビームは450×450㎜のトラス支柱を採用し、組み合わせる。支柱間梁にはワイヤーを張弦工法で組み立てるので、支柱間の距離を飛ばすことが可能で、下部作業スペースの有効利用を図ることができる。一度で鉄骨など1トンもの資材を運び上げることも可能だ。

この工法の開発に当たって、深田さんは、従来工法の荷取りステージでは一対の建て枠を布板によって連結する間隔が布板の長さとして規格統一化されていることから、この建て枠の連結間隔の整数倍を超えた大型のゴンドラを吊り下げることはできず、これが要因となって、ゴンドラの幅は狭くなり、ステージに載せることのできる荷物は長さが制限されてしまう上、ゴンドラの幅方向両

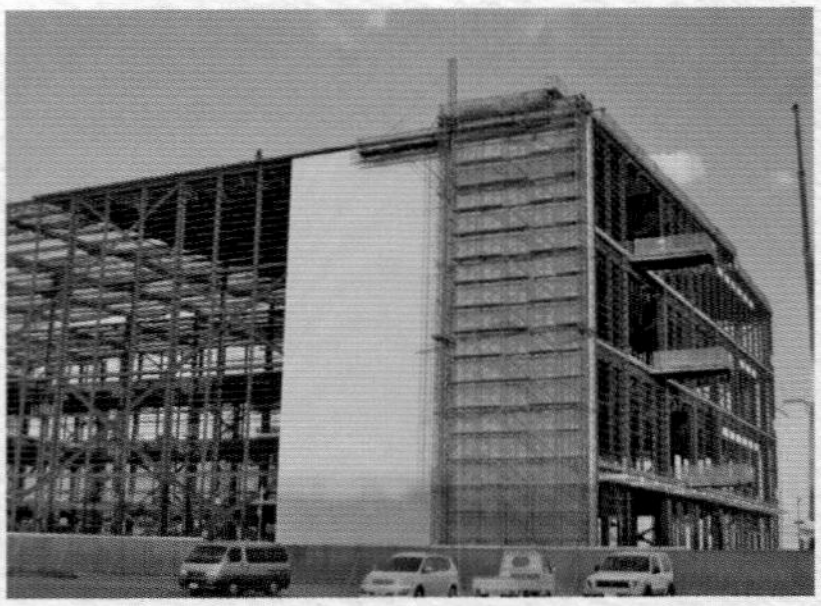

「外部移動式足場」

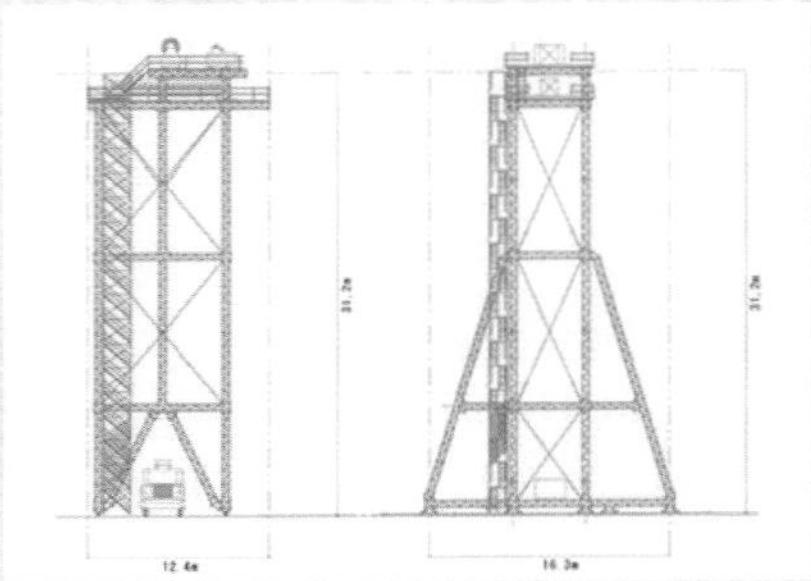

側の吊り下げ用のワイヤが邪魔になってゴンドラの幅よりも相当に短い荷物しか載せることができないという課題に着目し、どうすれば解決できるかを考えたという。

こうした技術の集大成として確立したパーフェクト工法（足場）について深田さんはメリットの多さを強調する。

「従来の枠組足場工法と比べ、骨組立作業や内外部仕上げ作業に伴い作業床を上下に盛りかえることや、水平移動が可能なうえ、下部作業スペースの有効利用を図ることも可能となります。高所作業の安全性も向上し、従来工法では不可能とされた地上百メートルでの高所作業が可能になるなど、作業効率が飛躍的に向上し、工期短縮につながります。また、使用仮設資材を大幅に削減することができ、コスト削減が期待できます」

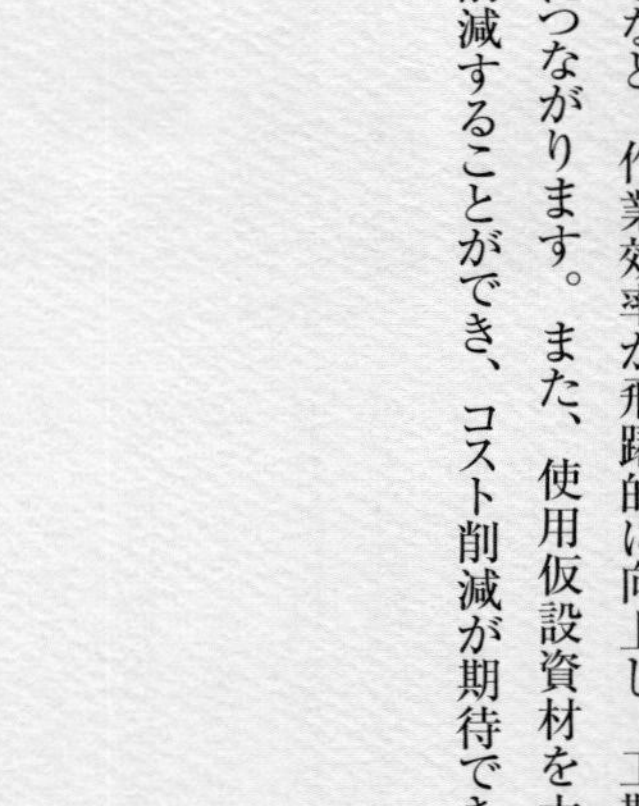

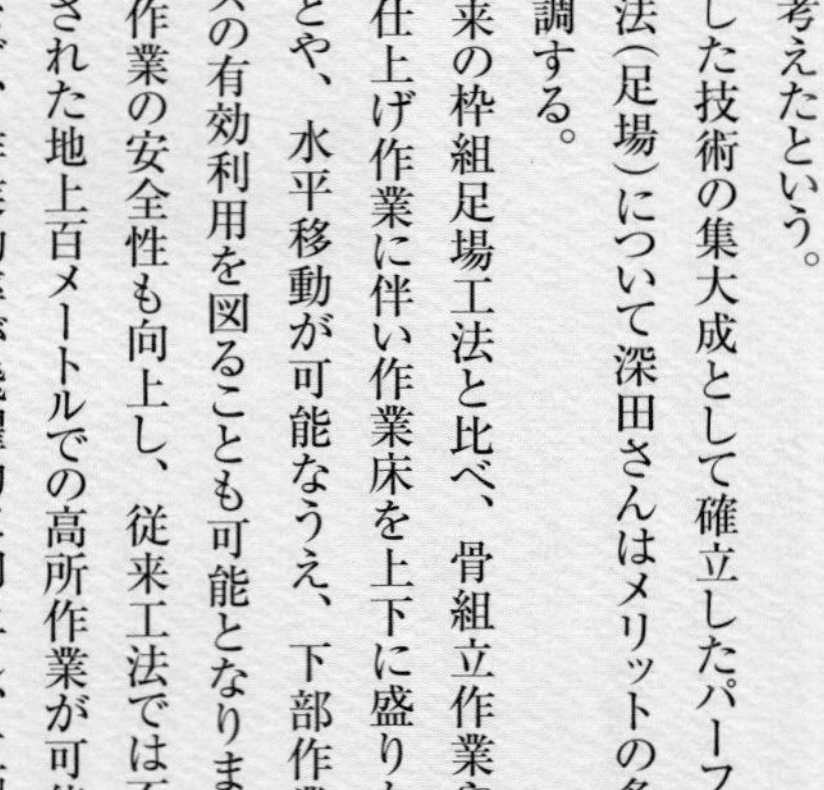

「固定式足場」

建築現場で実際に活用するパーフェクト工法には、設置場所や使い方、形状によって、「内部移動式足場」「外部移動式足場」「移動式成型機構台」「素屋根・大型飛散防止建屋」「大仏さん(大型高所作業車)」の5タイプがあり、建築物の形状や大きさ、作業環境によって使い分ける。

「内部移動式足場」は、トラス(梁枠)支柱を組み合わせた吊上げ装置パーフェクトビームを使用して一部分の足場を組立て、支柱脚部に移動装置、レールを設置する。建物の内部全面に足場を掛ける一般的な足場と比べ、組立・解体日数の減少に伴う工事日数短縮と危険作業の減少、扇型や円形の建物でも設置が可能だ。建物内部にクレーンが入れない場所での組立、解体ができ、天井作業でも地面と同じように作業をすることができる。また、作業工程の中で足場の高さを変えるスライド・レベルダウンができ、しかも作業床の下に空間ができるので、資材の整頓なども問題なくできる。移動機構を付けない場合は固定足場として施工できる。工場や体育館、ホールなどの鉄骨工事、天井工事で力を発揮する。

「大型移動成型機架台」

この工法を採用した代表例が神奈川県横浜市で施工した大規模建造物の外壁仕上げ作業。屋根が傾斜角度約40度の切妻形状で、屋根鉄骨の梁高さがあるため、2台の移動足場を組み立て、平面の移動を縦と横に移動ができるように長さが155mの上下2段のレールを採用して組み立て、高さが約37mの足場には走行速度が分速10mの電動台車を取り付け、稼働はレールの上を走行する形をとった。

体育館のアリーナ建築でこの工法を採用した準大手ゼネコンの技術陣は、「重機の使えない狭い敷地での立体トラスの組立にあたって、コストダウンと工期短縮を図るため、深田鉄工の工法を採用した結果、当初危惧された立体トラスの組立精度は十分満足され、仕上工事、また安全面でも十分役立った」と評価している。

「外部移動式足場」もパーフェクトビームを使用し、一部分の枠組足場を組立て脚部に移動装置、レールを設置する工法で、在来の足場に比べ仮設機材減少に伴うコスト削減、工期短縮、危険作業の減少、工事エリアの有効利用、強風時対策の養生、復旧の減少などのメリットがある。一般社団法人日本建設業連合会が2018年に公表した建築省人化事例集で「移動式外部足場」が

「素屋根・大型飛散防止建屋」

取り上げられ、「従来の固定式足場と比較して、安全面や作業性、環境面において優れた効果がある。組立、解体作業の短縮と作業効率のUPによる工期短縮を実現する」などと紹介された。

京都府城陽市で施工した建造物の外壁仕上げ用工事作業用の移動足場はレールの長さ900m、足場の高さ約17mで、支柱ビームをガイド支柱として門型に組み立てた後、枠組足場を重機で吊り上げて門型支柱間に吊り込んで組み立てた。足場の最下部には電動走行台車があり、毎分10mの速度で走行した。このほか、札幌競馬場の新スタンドへの改築工事の現場で採用された。

「移動式成型機構台」は、大型倉庫や工場などの屋根折板工事の作業効率を飛躍的に高める機能を持つ。通常、屋根折板工事では、成型機を地上に設置して大型クレーンで吊り上げて施工する場合と、屋根レベルに固定の構台を設置後、成型機を載せて成型し、多くの人力で設置場所まで持ち上げて移動する方法で施工されるが、「移動式成型機構台」は屋根レベルにパーフェクトビームを使用した構台を設置し、移動装置、レールを設置することで施工する場所まで細かに移動することができ、工期短縮、コストダウン、危険作業の減少につながる。

「素屋根・大型飛散防止建屋」は、城や寺社、五重塔など国宝や重要文化財の修理、焼却場などの解体時に飛散を防止する仮設屋根などで採用される。あらゆる屋根形状の屋根勾配に角度を合わせることができ、どんな高低差でも各柱の高さを調整して合わせることが可能で、改修部分の開放をせずに天井にクレーンを取り付けて資材の搬出入もできる。壁面の足場取り付けもできる上、屋根を移動させることによって一方から梁を乗せ、移動させることも可能だ。さらに素屋根内部に広大な空間を設けることができるので、障害物なく、天候の影響も受けず作業できる。

これまでに伊勢神宮式年遷宮(外宮)、浅草寺、身延山久遠寺五十塔、松山城天守閣、興福寺中金堂、熱田神宮本殿などの工事で採用され、作業効率の向上に大きく寄与した。文化財、社寺、仏閣の素屋根工事が増え、機材増産にフル稼働している。

「大仏さん」は、深田義徳さんの特許技術によって開発されたもので、35m~53mの高所で360度回転する大仏さんの大きな手のような縦2m横5m、10㎡の広さがある作業床で、一般的に多くの現場で使用している重機の先端に取り付けができるような構造になっている。作業床が360度回転することによって建物に密着し、作業床の水平維持装置や過負荷防止装置などの安全装置があるため、高所でも安全に作業することができる。高所の看板取換工事や鉄骨建屋の解体工事などで活躍する。

「大仏さん(大型高所作業車)」

同社は、1958年の創業以来、足場工事一筋に歩み続け、パーフェクト工法による足場施工でゼネコンなどの建築工事を支え、関東、関西を中心に北陸、中部、九州、そして海外などで施工実績を重ねてきた。関東資材倉庫や中部営業所を開所予定。近年、屋根折板工事の移動式成型機は、物流倉庫工場工事中心に多く採用され、屋根成型機のスタンダードになりつつある。また高所作業車のリースや足場工事にかかわる製品の製作、販売、1t車から2・8t車までのホイストクレーンのリースなどの事業も行い、建築建設業界や仮設足場業界に貢献する経営意思は鮮明だ。

(ライター/斎藤紘)

「馬筋」

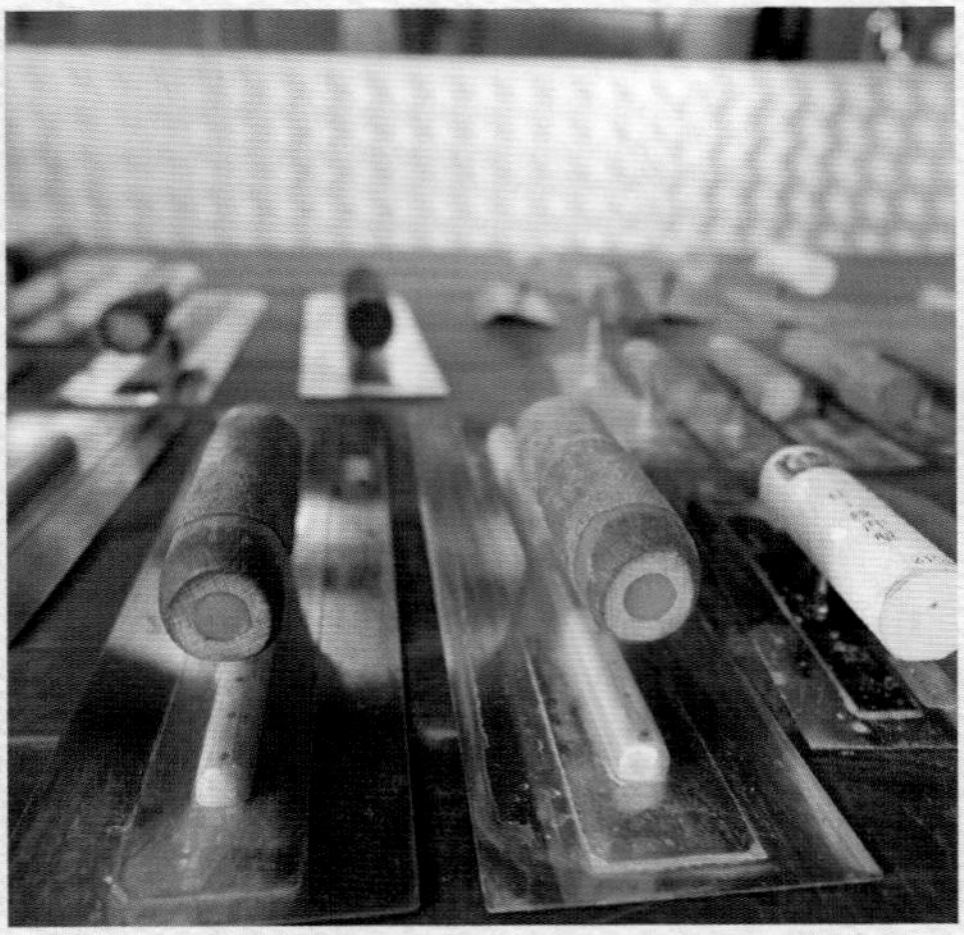

妥協を許さぬマイスターの工具。

代表取締役
宍戸信照 さん

神奈川県出身。『有限会社信和土建』を創建した父親の「仕事は見て覚えろ。ワザは盗むもの」という教えを胸に経験を積み、27歳のとき事業を継承。個人事業主の職人たちと協力し合い施工。基礎工事の配筋マイスター、転圧マイスター。

基礎工事の理想形を日々追求
一切の妥協も許さない正確な工事が定評

自分たちが納得する工事が
お客様からの評価に繋がる

神奈川県相模原で長年にわたって基礎工事を手がけている『有限会社信和土建』。細部にまでこだわった正確で妥協のない施工に定評がある。基礎工事とは簡単にいえば、建物の形状に合わせて穴を掘り、そこに砂利を敷き詰めて下地を作り、その上に鉄筋を組んでコンクリートを流して形成して建物の土台を作る工事のこと。工事が終われば見えなくなってしまうが、建物の重さや地震の揺れを地盤に伝え建物の一部分だけ沈んで傾いてしまう不同沈下を防いでくれる地盤と建物をつなぐ重要な役割を果たしている。第三者住宅検査機関のホームリサーチ社が卓越した技術を持つ職人を顕彰する制度では、最高位の三ツ星の転圧マイスターと配筋マイスターの称号を与えられ、全国工務店グランプリで「匠の盾」も受賞。建物の安定性、耐久性、耐震性に関わる土台造りが正しく行われているかといった基礎工事の理想形を日々追求し、工程一つひとつで発揮される正確さと完成度の高さは、文字通り「匠の技」だ。

有限会社 **信和土建**
しんわどけん

042-763-4443
㊟ 神奈川県相模原市中央区田名7165-13

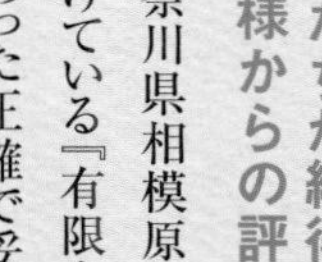

2020年、工務店グランプリ『匠』受賞。

高い道具を使い、大事にしていく。安い道具も同じ大事にする。

代表取締役の宍戸信照さんは、高い安いにかかわらず物を大事にすること、何事にも分け隔てなく接する姿勢というのが高い評価を獲得している基礎工事の仕事にも繋がっているという。

「よくいうのが自分の身の丈と合わない買い物をしてみなさいということ。例えば、普段は安い靴を履いているけど10万円の靴を買ってみる。そうすると普段は安い靴だからと踵をすり減らしていたのが、高い靴を履いているとそれをすり減らしたくないという意識が芽生えるので歩き方に気を使って踵がすり減らなくなる。人間は、どうしても安いとどうでもいいやという認識になってしまう。でも一回高い靴を履くことで、大事に履こう、しっかり歩こうという認識になり、次に安い靴を履いた時に高い靴を履いた時と同じように歩けるようになる。これは、他の高い買い物でも食事でも、人に対しても同じです。すべてを大事にするという認識でいるからこそ、仕事においても単価が高いからしっかりやろう、低いから手を抜いてもいいといった区別なく、どんな仕事でも手を抜かずに丁寧に取り組むことができるようになるのです。当たり前のことですが」

こうした高い人間性からくる質の高い仕事で、これまで様々な建築物の基礎工事の仕事を請け負ってきた。最近は、民間だけでなく公共工事の依頼もあり、普段の依頼とは違う公共工事特有の苦労もあったという。

「融通が効きにくいというのが大変でした。公共の建物ということもあり、前例がないとなかなか許可が降りない。事前に溶接加工され、くみ上げられているユニット鉄筋というものがあるのですが、事前に溶接することでより精度の高い加工が可能になったり、施工に対する時間の節約にもなるので今や民間の住宅や建物の工事では一般的になってきています。だが公共施設では、前例がないからユニット鉄筋ではなく、現場でその都度加工しなくてはならないというようなことがありました。他にも地面から掘り出した泥を捨てに行くのにも指定の処分場に捨てに行かなければならない。しかも片道1時間半から2時間かかる。もっと近い処分場を提案しても指定の処分場での処分を求められました。タイムマネジメントには、いつも以上に気を配りました」

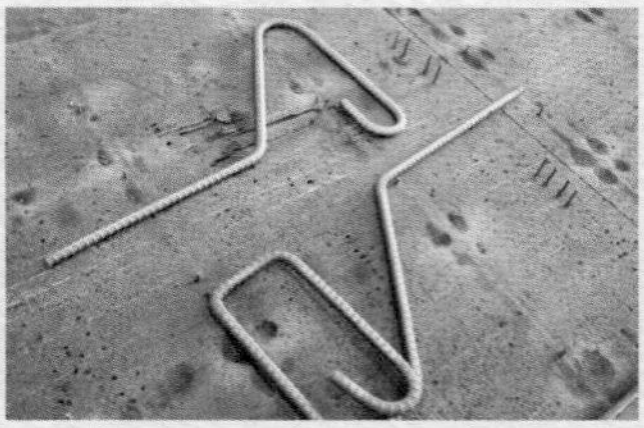
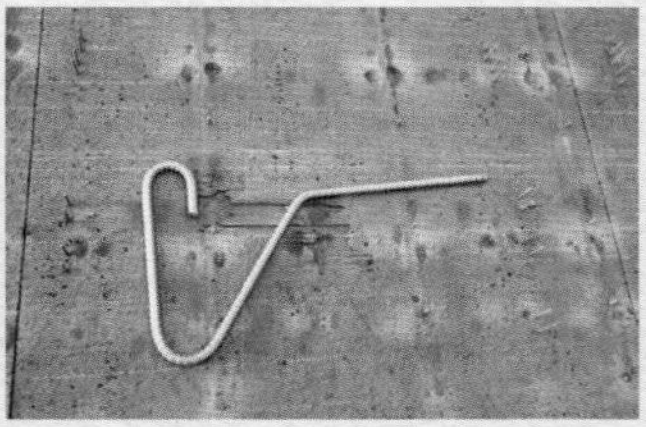

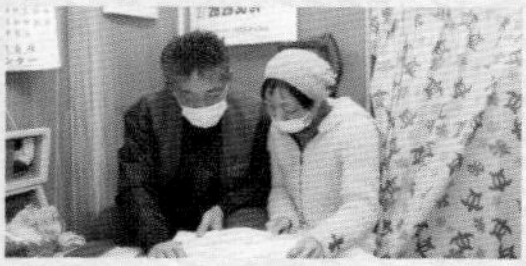

「職人のプライドをなくすな。」
ミスター・パートナー刊
Amazon Kindle版

夜遅くまで夫婦で打ち合わせ。「手を抜かず、妥協しない」精神は、優れた職人に選ばれるほど。お客様に満足していただくため、日々努力を重ねていく。

そういった苦労がありながらも工事は無事終了。どんな苦労があったとしても自分たちのやる仕事のクオリティは一切下げずにやり抜く。そんな姿勢が信頼される理由なのかもしれない。

基礎工事の最近の事情を例に自身の仕事観についても語ってくれた。

「最近は、基礎工事業者といえども鉄筋を組むことを外注してしまう業者が増えている。そのほうが工事時間短縮にも繋がり、より効率的に仕事を回せる側面もあって、たくさんこなせて売り上げの増加にもつながる。でも自分たちは、納得できる鉄筋を自分たちで組みます。アンカーボルトが真っすぐ立つように。そうしないと納得するクオリティの基礎工事ができない。お金稼ぎのために頭数をこなしたいからと業者に外注する気持ちも分かるが、それでクオリティが下がったら意味がない。お金を稼ぐことは大事だけどそれだけじゃない。お金を頂いて工事をしている以上、どれだけお客様に納得していただけるかが大事。そしてそれは自分たちが納得する工事があってこそ達成されるものだと思います」

（ライター／長谷川望）

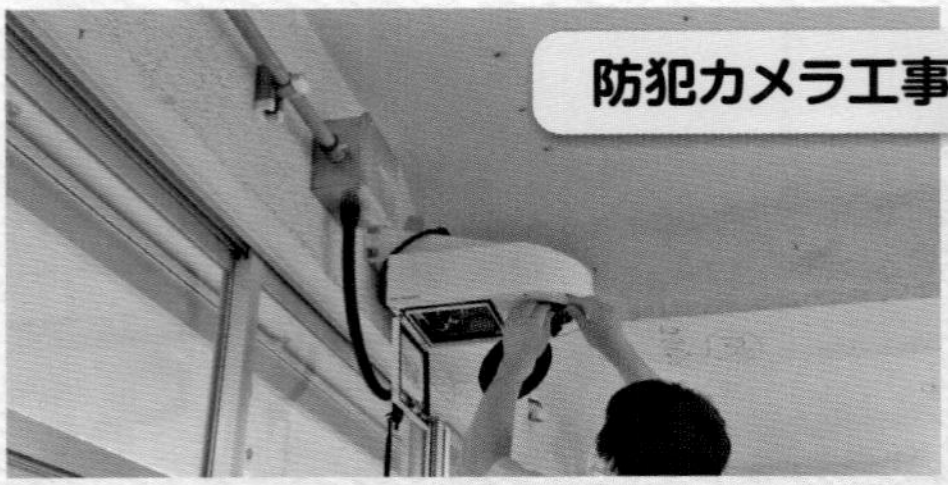

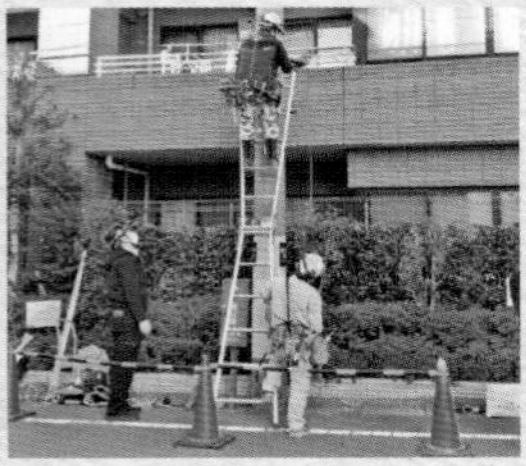

代表取締役社長
金澤健一 さん

青森県立十和田工業高校電気科卒。就職説明会で出会ったOBの社長に惹かれ、1980年創業の『センシン電気株式会社』に入社、技術職人として下積みで経験を積み、尊敬する社長の他界後、2020年3月、代表取締役に就任。

電気通信工事に光る誇りと使命感
測定機器や度量衡機器校正で実績

経験豊かな技術者集団
実力示す広範囲の施工

2022年5月に公布された経済安全保障推進法で、安全性と信頼性、安定的な提供の確保が今後ますます重要になるとされた基幹インフラの情報通信と電気。1980年創業の『センシン電気株式会社』は、通信機器サービスと電気工事サービスで、この基幹インフラの設備に係る調査、設置工事、施工管理、保守などの業務を官公庁や航空業界、大手電機、電子メーカーなどから請け負い、熟達の技術スタッフによる高精度の仕事ぶりで地歩を築いてきた会社だ。加えて、病院や工場で使われる測定機器が正しく機能するための校正でも信頼を集めるなど、文字通りの高度技術者集団だ。

「積極的にチャレンジし、時代の変化に対応する」。2020年から経営を担う代表取締役の金澤健一さんが掲げた経営理念。さらに、日々の業務で実践しているのが「迅速な対応」「信頼の技術」「安心のサービス」の3つのモットーだ。

受注する業務のうち「通信機器サービス」は、防災行政無線や航空無線通信、防犯カメラ、車両無線関係などの施工管理、調査、保守、「電気工事サービス」は一般電気工事、弱電工事、その他付帯設備工事などの施工管理、調査、保守。これらの業務

センシン電気 株式会社
センシンでんき

03-6715-9473 FAX 03-6715-9474
kanazawa@senshin-e.co.jp
住 東京都大田区南六郷2-39-1
https://senshin-e.co.jp/

JQA-2B19
キャリブレーションセンター

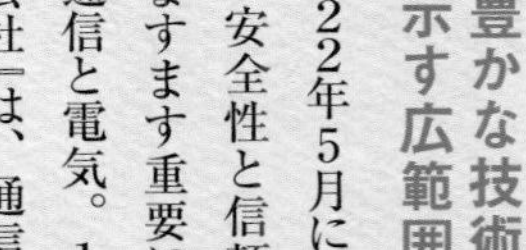

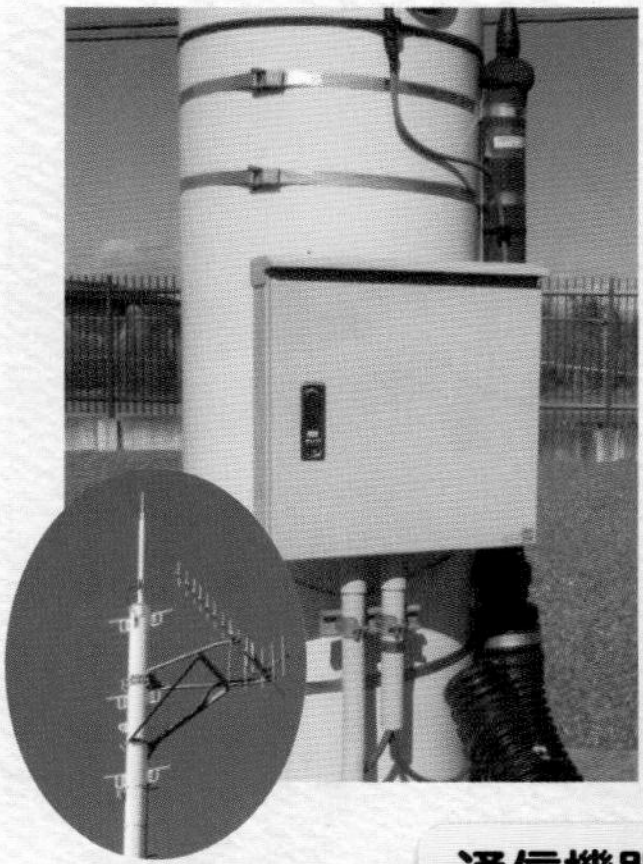

通信機器サービス

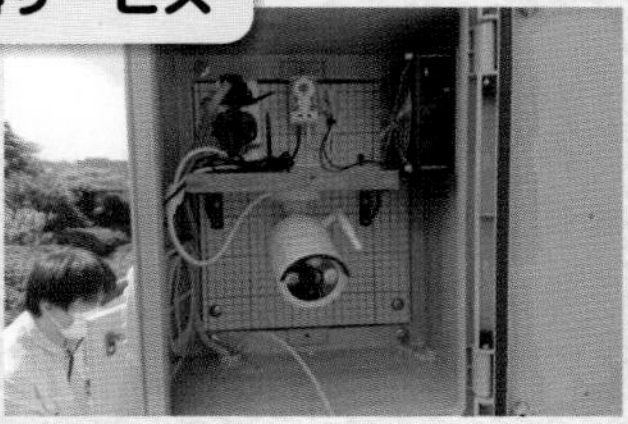

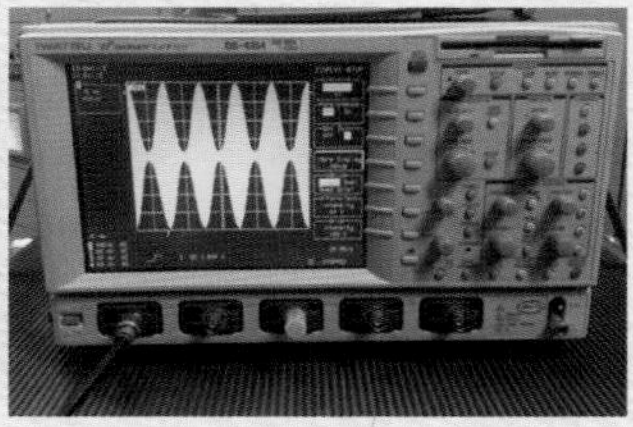

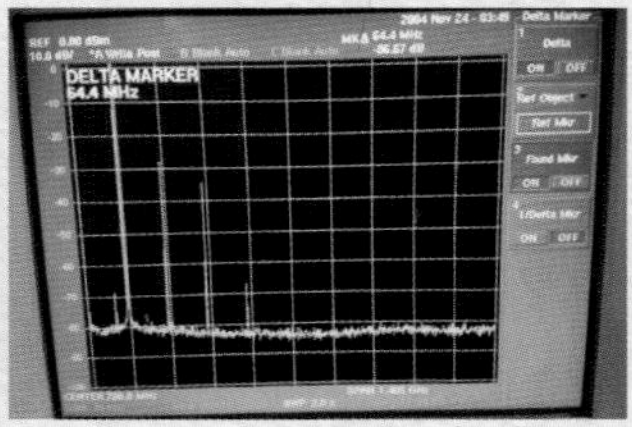

を一線で担うのは、第一種電気工事士や第二種電気工事士、一級電気工事施工監理技士、二級電気工事施工監理技士、高所作業車運転技能者、第一級陸上特殊無線技士などの国家資格を持つスタッフたちだ。

主要取引先は、国土交通省東京航空局や防衛省、警察、区役所、学校、大手電気会社などに広がる。施工実績を見れば、いかに専門性の高い業務を担ってきたかがわかる。洋上管制処理システム訓練シミュレータ設置工事、飛行情報管理処理等設置工事、大子TACAN更新工事、新島WAM用空中線交換工事、東京国際空港滑走路ILS装置蓄電池交換作業、大田区萩中小学校便所全面改修電気設備工事、大田区池上第三保育園キュービクル改修工事、大田区教育委員会防犯カメラ設備工事、大田区立小中学校緊急地震速報装置保守、防衛省共済組合市ヶ谷会館宴会場音響・調光設備保守、神奈川県警カーロケータ車載装置搭載替え工事など多岐にわたる。このほか、身近なところでは、携帯電話の基地局のアンテナの更新や災害時の無線通信の工事も行う。

「測定機器校正サービス」は、工場や医療機関、研究機関などに欠かせない電子機器や通信機器、電気設備が正しく作動するかを測定する電圧電

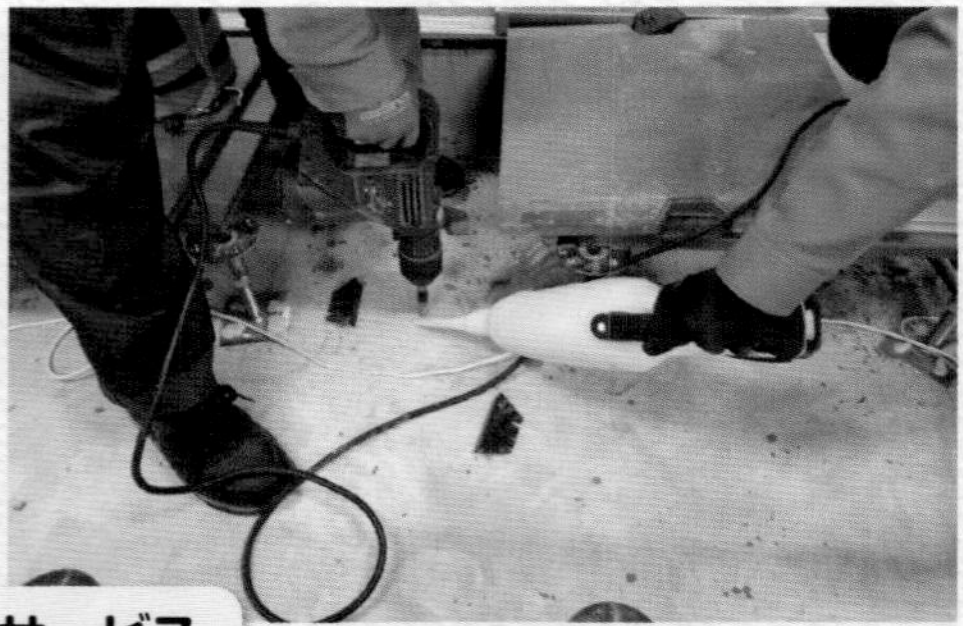

電気工事サービス

流計やオシロスコープなどの電子機器用測定機器や度量衡機器を標準器などを用いて正しい値になるよう調整したりする業務。ＩＳＯ対応書類や校正証明書の作成やトレーサビリティ、試験成績書などの作成まで請け負う。レーダー会社、電子機器会社、住宅設備会社、計測機器会社などが主要取引先だ。

この業務を行っているのが１９９６年に開設したキャリブレーションセンター。キャリブレーションとは英語で校正、調整などを意味する。

「測定機器や度量衡機器は、様々種類の精密部品で構成されていて、気温や湿度などの環境の変化でわずかに膨張したり、縮小したりすることがあります。こうした微少な変形の積み重ねは経年変化として測定に影響を与え、測定結果に本来の値とは異なる誤差として表れます。測定機器の誤差を放置したまま測定を続けてしまうと、測定対象となる電子機器や通信機器、電気設備の品質や性能が維持できなくなるだけでなく、国が定める規格や規制に適合していることの証明もできなくなってしまいます。測定機器の校正は電子機器や通信機器、電気設備を正しく作動させる上で欠かせない仕事なのです」

金澤さんは、この３つの業務の品質の維持向上

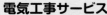

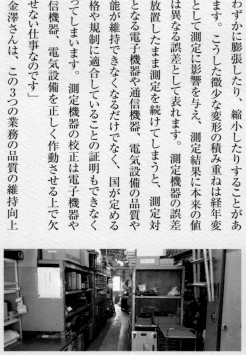

にも力を注ぎ、1998年に同社が認証を得た品質の体系的な管理手法である品質マネジメントシステムの国際規格ISO9001の要求事項に沿い、Plan（プラン）、Do（実行）、Check（評価）、Act（改善）を徹底し、高品質のサービスの提供による顧客満足度の向上に努めてきた。

『センシン電気』は、個人事業としてスタートし、電気通信の点検事業者としての公的な認定を受けたり、測定機器類の設備導入や業務拡充のため増資などしながら一歩一歩前進し、現在では、優秀な技術スタッフが集結し、数多くの公共プロジェクトを受注するまでに成長した。

金澤さんは、青森県立十和田工業高校電気科で学び、高校での就職説明会で同高校OBで同社の創業者である先代社長の話に魅了され、入社した。現場で修業する中で挫折しそうになったことが幾度かあり、その度の先代社長が励まし、支えてくれたという。2020年3月、先代社長が肺がんで他界した後、役員会議が開かれ、社員からの推薦もあって、2代目社長に就任した。その直後に発生したコロナ禍で経営危機に陥ったが、同社の仕事の実績と創業者が築いた人脈もあって資金を調達することができ、危機を乗り切ることができたという。

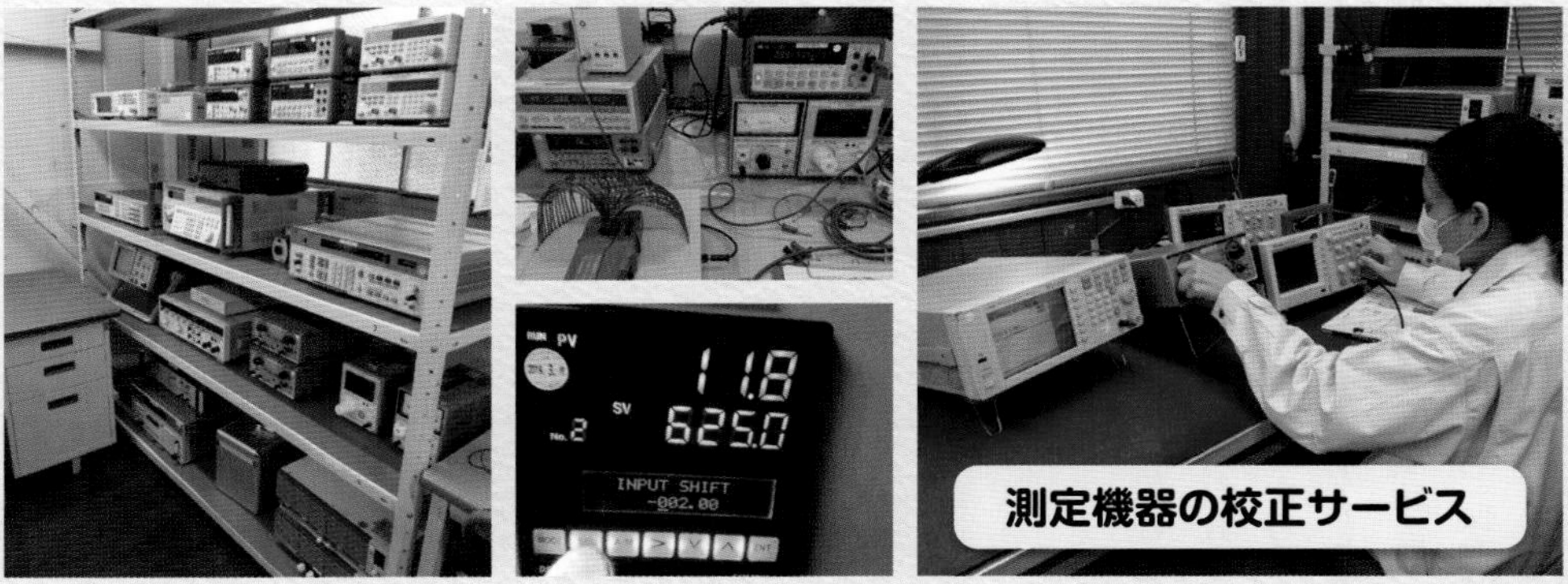

測定機器の校正サービス

「情報通信、電気は基幹インフラといわれるように、正しく機能しなければ、社会生活、経済活動に大きな影響を与えます。しかも、情報通信、電気の分野は日進月歩で進化し、高度化していきます。こうしたことを念頭に、請け負った業務については発注元の意向や図面通りに仕事を完遂するのは無論、技術の進化に併走していく努力が欠かせません。また、当社の業務は特殊で、マニュアルを見ただけでできる仕事ではないので、とにかく経験も大事です。迅速な対応、信頼の技術、安心のサービスという当社のモットーの実践、ISO9001の要求事項の遵守、経験で培った技術の継承、働きやすい職場の整備、スタッフとのコミュニケーションの励行、そして何よりもお客様との信頼関係の構築を大事にし、さらには、時代の変化に柔軟に対応できるように、これまでとは違った考え方や価値観を持ち、しかも、とっさのトラブルや変化に対応できて、周りの仲間と一緒に解決できる人材を積極的に採用し、時代と共に変化するニーズに的確に応えていけるよう努力を重ねていく決意です」

基幹インフラの安全性と信頼性、安定的な提供の確保に関わる仕事に対する誇りと使命感がここにはある。

（ライター／斎藤紘）

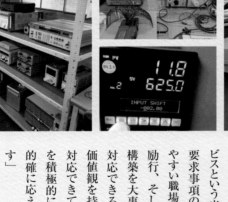

作品展

理事長 兼 園長
山本良一 さん

関西学院大社会学部社会福祉・社会学コース卒。大阪市中央児童相談所で児童福祉司として活躍。1976年、「社会福祉法人弘法会」理事長、「大東わかば保育園」園長。大東市児童福祉審議会委員、花園大学非常勤講師などを歴任。

保育園のあるべき姿の一つのモデル 安心信頼感動を重視する積極的保育

47年の歴史を通して実践 園児に寄添う姿勢鮮明

戦後の第2次ベビーブームによる保育園不足、平成時代に入って問題視され始めた少子化による保育園の定員割れ、共働き家庭の急拡大に伴う待機児童問題の顕在化…。時代とともに保育園をめぐる環境が変化する中、1976(昭和51)年に定員60人で開園して以来、独自の運営方針を貫いて歩み続け、定員が105人にまで拡大し、地域の保育拠点となっているのが幼保連携型認定こども園『大東わかば保育園』だ。その運営方針、園長山本良一さんが思索と経験を基に確立した「積極的保育」は、保育園のあるべき姿のモデルともいえるものだ。

山本さんは「積極的保育」を「現実的な諸問題にとらわれずに、子どもの力を信じて伸ばしていくことを第一に考え、安心、信頼、感動を重視して保育に取り組むこと」と定義する。現実的な諸問題とは、行政への書類提出、各種審議会や保育団体などからの文書、研修会の案内、研究機関などからのアンケートなどへの対応、不審者対策、感染症対策、虐待問題、情報公開、業務の記録化など保育の第一線が直面する事務上の様々な問題を指す。

社会福祉法人 弘法会 認定こども園 **大東わかば保育園**
だいとうわかばほいくえん

072-878-4121
㊟ 大阪府大東市北条1-21-36
http://www.eonet.ne.jp/~wakaba-hoikuen/

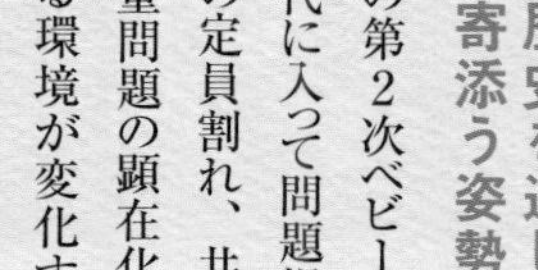

うんどう会(2020年10月開催)

「積極的保育」で重視する「安心」「信頼」「感動」についても、その実現のために工夫と努力を重ねてきたことがわかる。

【安心】「自分自身のこれまでの人生体験や宗教、哲学、心理学などの分野から得たものから、健全な自己実現を現実のものにするには安心は大切なことであると知りました。現実の園において、子どもたちが安心してすごせるためにはどうしたらよいのでしょうか。まず、子どもたちが毎日生活する場である園において、最も深く関わる職員間の人間関係、職員と保護者の関係がよいものでなければならないということです。この人間関係が悪くては、子どもは安心できません。職員の人間関係については、打ち合わせや話し合いを日常的に行い、園の基本的な姿勢として、いつも子どもの幸せや成長のために努力することを大事にしています。職員と保護者との関係については、ちょっとした行き違いや誤解があっても、翌日顔を合わせたときにいつものように朝の挨拶をしたり、連絡帳や直接の会話によって必要なことを伝えたり、子どもの良い面を知らせりすることによって是正しています。加えて、園長として毎日午前7時前後からは登園してくる子どもたちと保護者を迎え、挨拶を交わすほか、園庭な

さつまいもほり

親子遠足

どで自由に遊んでいる子どもたちのいのちのリズムと共鳴するような姿勢で気持ちをこめて見まもります。この一人の人間によって見守られるということは、子どもたちも無意識のうちに感じて、一人ひとりの子どもに安心感を与えているように思います。また、先生たちの気持ちにゆとりをもたらすうえにおいて、この園長の姿勢、存在が少なからず作用しているように思います」

【信頼】「子どもの周囲の大人に対する信頼は、毎日の小さな具体的な事実の積み重ねによって強くなっていきます。保育園に入園してきた最初のころの子どもは、不安と緊張と頼りなさがいっぱいの状態です。それが毎日の保育の中で、不快なとき、困っているとき、不安な気持ちや嫌な思いをしているときに、必要な援助をしてもらったり、不安感や嫌な思いを理解してもらったうえ、少なくなったり、解決されたりすることによって信頼感を強めていきます。また、できないことが必要な援助をしてもらうことによってできたり、うまくできたことをほめてもらうことによっても信頼感を強めていきます。安全や清潔、そして秩序などに重点がかたより過ぎると、子どもは信頼感を強めていくことが困難になりますので、園のすべての職員が一人ひとりの子どもの状態や気

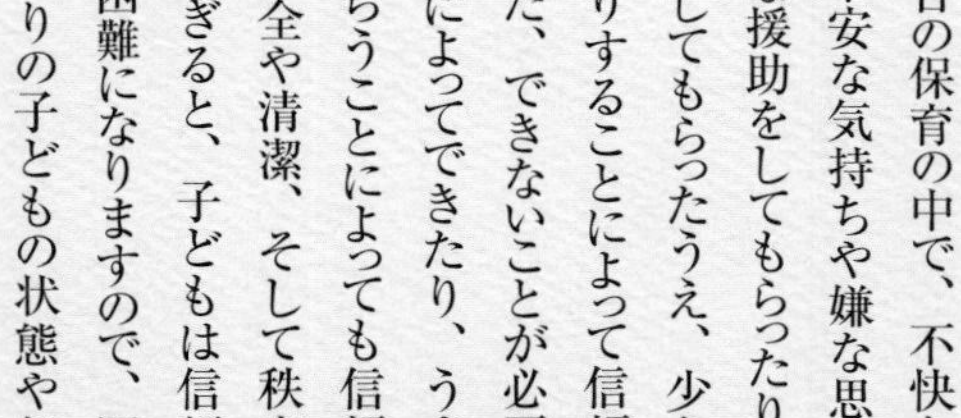

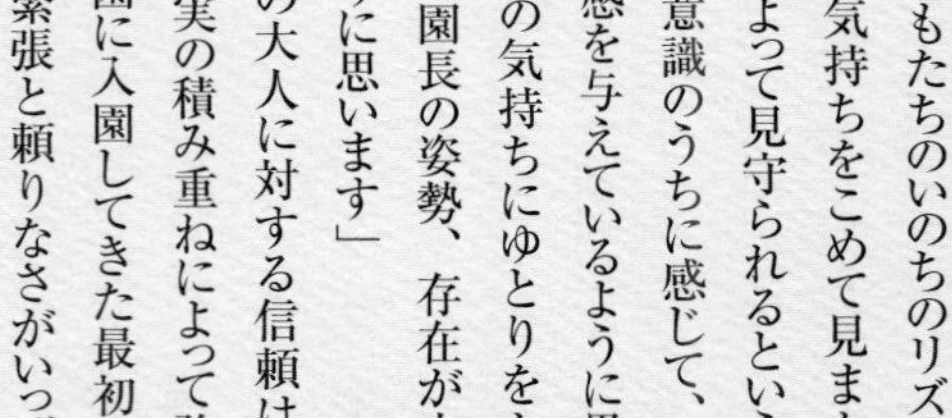

クリスマス会

持ちに配慮することをいつも忘れないようにするという姿勢を大切にしています。さらに、子どもたちの現実を深く見つめたとき、子どもたちが実存的な意味で不確実感の思いに無意識のうちにとらえられていることです。現代の社会の変化の激しさ、多様な価値観の併存、そして情報の洪水などによって、子どもだけではなく、大人にも拡大している不確実感への理解と具体的な生活場面での配慮がないときは、子どもへの過度のやさしさや甘さが起こり、子ども自身にほんとうの意味の自信や大人への信頼感を持たせることができないように思います。

【感動】「積極的に子どもたちのこころを豊かにするものとして感動があります。誕生会やうんどう会、星まつり、お泊まり保育、クリスマス会などに一人ひとりに渡すプレゼントのカードや参加賞、メダルやワッペンが先生たちによって製作されます。また、卒園記念アルバムが先生たちのセンス、創意、工夫によって手づくりされて手渡されます。これらのものは子どもたちはもちろん、保護者の方にも感動をもたらします。また、給食のときに使用するランチマットや給食袋、そして遠足のときに使用するリュックサックなど保護者の方にも大きな負担にならない程度に手づくりで作ってもらって、市販のものでは味わえないお母さんの具体的な愛情を子どもたちが感じられるように保護者の方の協力を得ます。様々な行事が子どもにとってどのような意味があるか、どのような気持ちを味わうのか、どのような力を伸ばしたか、そしてともだちとの関係や先生との関係を深めることができたか、が意識されて取り組まれます。1回1回の練習もたんなる当日に向けての練習ではなく、子どもたちにとっては、そのつど意味のある遊びとなるようにということも意識されています。以上のような取り組みによって、うんどう会や生活発表会は、子どもたちがいきいき、のびのびと動き、自分のことばで話し、自分たちのアイデアも出すことができるものになって、見る人に大きな感動を与えるものになっています。そして子どもたちも、見る人が感動しているのを感じて自分たちも感動し、自信を持つようになるのです」

「積極的保育」を実践してきた足跡とその具体的な取り組みは、「保育に、哲学を! 一人ひとりの子どもを深く見つめる、真の保育とは?」「明るい保育は未来を明るくする『積極的保育』のススメ」など、山本さんの5冊の著書で詳しく知ることができる。

（ライター／斎藤紘）

絶賛発売中!!

最新刊
「保育に、哲学を! 一人ひとりの子どもを深く見つめる、真の保育とは?」幻冬舎刊

これまでに数々の本を出版。

代表取締役社長
坂巻美代子 さん

土木工事を担う夫と結婚。1982年、土木施工管理技士の国家資格取得。1986年に『株式会社開発工業』を設立後、経理などの管理部門を担当。1999年、夫は会長になり、代表取締役社長の重責を担う。夫は2012年に他界。

建設用石材、砕石販売

宅地造成ならお任せください

半世紀にわたる安定経営支えた努力
人と建機一対派遣で国土開発に貢献

ゼネコンから信頼獲得 土木技術の進化と併走

バブル経済の崩壊に端を発した経済の低迷、リーマンショック、長引くデフレ、労働力人口の減少による人手不足など厳しい環境の中で、ピーク時から約10万社が姿を消した建設業界にあって、1973年の創業から半世紀、安定経営を維持してきた建設会社がある。厚木市の『株式会社開発工業』。早世した創業者である夫から1999年に経営を引き継いだ後も、「人と建機一対」で建設現場に派遣する施工体制を維持、発注元の大手ゼネコンから厚い信頼を得てきた代表取締役社長である坂巻美代子さんの経営努力がその推進力だ。

同社は従業員が約20人規模の会社だが、施工計画の作成、現場での工程管理、安全管理を担う土木施工管理技士資格を持つスタッフが5人もいる。「人と建機一対」の施工体制は、この有資格のスタッフを中心に重機オペレーター、協力会社の社員を含めた作業員とブルトザーやハイブリッド油圧ショベル、ローラーなどの最新鋭の重機をセットで現場ごとに派遣するものだ。工期が1年超に及ぶ現場ではスタッフが現場のある地域でアパートに常駐して工事を完遂、終われば、会社に戻り、

株式会社 **開発工業**
かいはつこうぎょう

046-241-3364
info@kaihatsu-kogyo
㊟ 神奈川県厚木市下荻野863-2
http://kaihatsu-kogyo.co.jp/

○砕石などの販売運搬
RC-40をはじめ、
様々な砕石を
要望に応じて
対応。

○舗装工事
戸建駐車場
舗装工事から
高速道路まで
幅広く対応。

○宅地造成工事
"使われ易い"会社を
目指して自己主張せず、
お客様の要望に
柔軟に対応。

次の工事のためのチームを編成して派遣する。

事業エリアは本州全域で、常時4~5ヵ所で作業する。土地造成や道路改良工事、太陽光発電のメガソーラー用敷地の造成、都市部に流れる河川浚渫、建設残土の処理、運搬などを請け負う。

重機は、5年ごとに最新鋭の高性能機種への更新を重ね、現在、ハイブリッド油圧ショベルやブルドーザー、ローラー、破砕機、ダンプトラック、重機を運ぶトレーラーなど約50台を保有、これを含め創業以来導入したマシンは205台にのぼる。重機オペレーターも自社で育成してきた。

「当社が目指してきたのは『使われ易い会社』。それを具体化したのがマンパワーとマシンパワーの相乗効果で機動力と施工力を生み出す『人と建機一対』の施工体制です。当社の最大の強みであり、大手ゼネコン様から信頼を得てきた施工体制だと思っています。土木技術は日々進化していますので、建機も最新の情報通信技術搭載機などを積極的に導入し、時代の要請である環境対策にも細心の注意を払って取り組んでいます」

同社には営業部門はなく、大手ゼネコンから仕事が継続的に入り、その割合は受注業務全体の8割を占める。

（ライター／斎藤紘）

真面目に真鍮部品と
向き合ってきたことが
私たちの誇りです。
造形作業

代表取締役
喜多繁幸 さん

1963年創業、74年法人化した『キタデンシ株式会社』二代目代表取締役。大阪工業大学工学部卒。大阪市立大学大学院創造都市研究科アントレプレナーシップ（起業家精神）研究分野修了。技術士の国家資格保有。

精密な真鍮部品の製造販売で実績 需要の多さ際立つドレンコック

新製品開発で進化追求 技術士資格持つ経営者

「新幹線からシティホテルの一室のインテリアライトや厨房にまで私たちの部品は使われています。小さな部品でも大きなものを動かしているのです。数十ミクロンの世界で精密な部品を作り、検査も丹念に行います」

真鍮（しんちゅう　黄銅）素材に特化した旋盤加工品の製造、販売を手がけて60年の歴史を刻む『キタデンシ株式会社』代表取締役の喜多繁幸さんが自社技術に自信を持つことを示す言葉だ。

多種多様な製品類の中で需要の多さが際立つのが厨房のステンレスフード用油抜き栓「ドレンコック」だ。同社では、最大径18㎜、高さ16㎜の業界最小の「2分（にぶ）」タイプを国内で唯一生産しているほか、最大径24㎜、高さ17㎜の「3分」タイプ、最大径25㎜、高さ17㎜の「4分」タイプも生産、各種サイズのフードに対応するドレンコックをラインアップしている。

「当社のドレンコックは、錆に強い真鍮製で、表面には、クロームメッキに比べてステンレスの風合いにマッチするニッケルメッキを施しています。また、シンプルな形状のため、ステンレスフードのデザインを害しません。材質が柔らかい上に軽量設計で、

キタデンシ 株式会社

072-958-4906
info@draincock1.com
㊟ 大阪府羽曳野市東阪田17-1
https://kitadenshi.net/

黄銅製品のパイオニア
キタデンシ株式会社

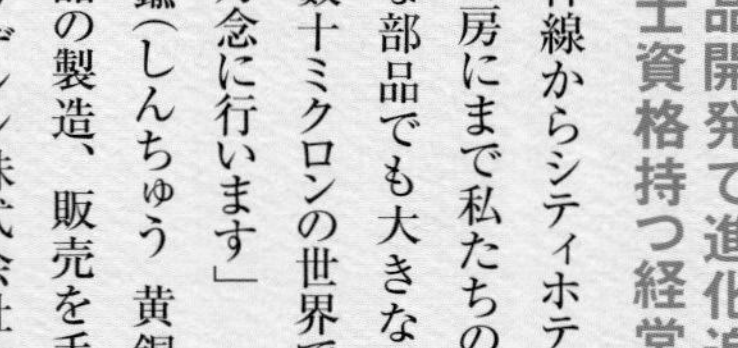

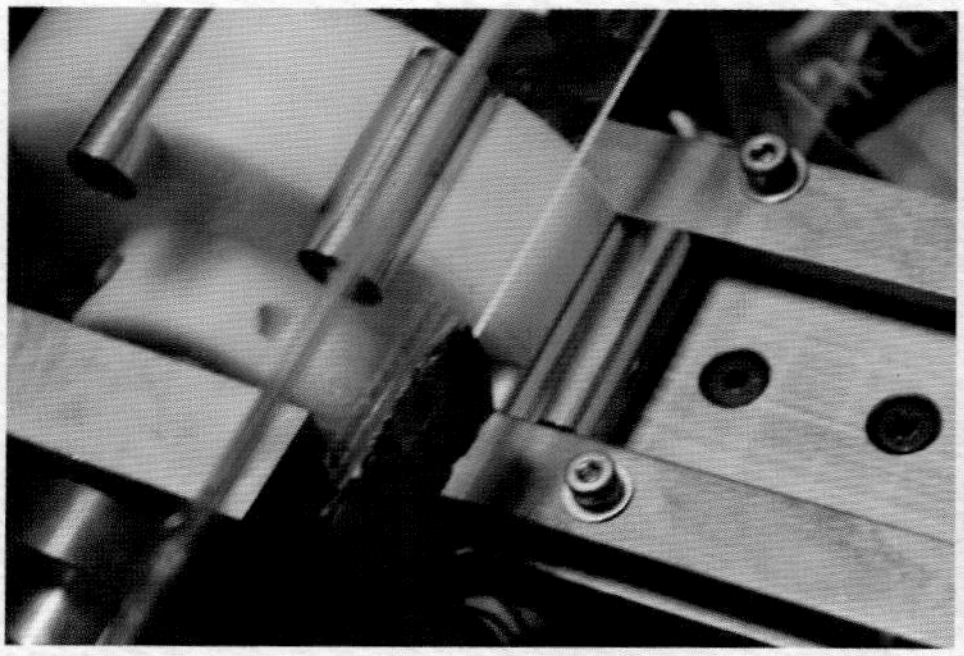

計測作業

インサート部品

ブッシュ部品

パイプ部品

アセンブリ部品

ステンレスフードを傷つけることもなく、ステンレスフードも少し軽くなります。さらに、薄型タイプのため、フードからの出っ張り量は約15㎜と業界最薄さで、お客様が頭を打つ危険もありません」

喜多さんは、ドレンコックの進化にも力を注ぎ、2017年10月には、新たな事業として掲げた「ドレンコックの小型化とアダプターパイプをつけた新商品の改良及び新分野への進出」が大阪府に経営革新計画として承認された。

「従来のお客様の製品のニーズを深掘りし、潜在ニーズを取り入れ、独自のドレンコック製造技術も活かしながら、今までになかった新商品の開発と生産を行い、新規市場を創造、開拓したいと考えています」

喜多さんは、大阪工業大学工学部で学び、科学技術の応用面に携わる技術者にとって最も権威のある最高位の技術士の国家資格を取得したほか、大阪市立大学大学院創造都市研究科で都市ビジネスも学んだ理系経営者。

「当社は、確かな技術を用いて大学様、企業様との共同で真鍮製品の開発をしてきました。今後も付加価値の高い真鍮部品を生み出し、お客様のご要望にお応えしていきたいと思っています」

（ライター／斎藤紘）

代表
堀内勇示 さん
1980年代に父、堀内斉が「堀内貴石」の屋号で創業。1992年「堀内貴石」入社。1995年頃、最初のレーザー機を導入。2019年12月、屋号を『レーザープロ』に変更。現在に至る。

商品価値を高めるレーザー加工好評
美しい仕上がりに加工依頼が相次ぐ

図案や文字などを彫刻
様々な素材に対応可能

「商品にプラスαの付加価値を提供する」

レーザー加工専門工房『レーザープロ』代表の堀内勇示さんに加工を依頼したクライアントは一様に、堀内さんのこの言葉通り、商品価値を高めた美しい仕上がりに感嘆の声をもらす。天然石に文字や絵を彫刻する仕事から始まり、今では金属、ガラス、プラスチック、アクリル、木材、本革、合皮、陶器、布、紙などでできた商品も加工、芸術的センスも含め、その高い技術が評判になり、加工依頼が後を絶たない。

レーザー加工は、クライアントが求める図案や文字、ロゴなどのイメージデータに基づき、レーザー光を対象物に照射し、熱エネルギーで彫刻やマーキング、切り抜きなどを行う技術。光の波長によって加工できるものが異なるため、CO_2レーザー機、YVO4レーザー機、UVレーザー機の3種類のレーザー機と研磨材を吹き付けて加工するサンドブラスト機を使い分けて加工する。

「加工を依頼される業界も素材同様に多岐にわたります。これまでのご依頼の代表的な例を挙げますと、飲食業のお店の厨房で使用する道具、お客様が使われる箸、スプーン、フォーク、ナイフ、

レーザープロ

055-235-1532
090-3339-3425
info@laserpro.jp
㊟ 山梨県甲府市砂田町12-23
https://laserpro.jp/

こちらからも
検索できます。

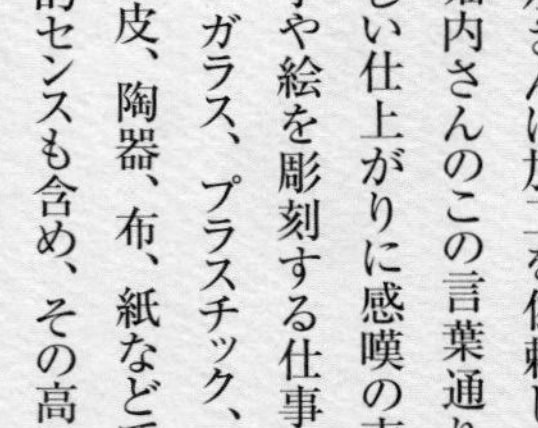

レーザー機

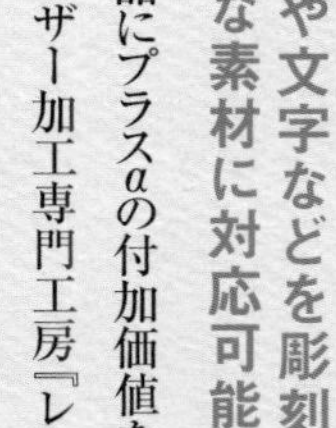
工房（2F）

ステンレス・タンブラー

ステンレス・マグボトル

マグカップ

一升瓶ワイン

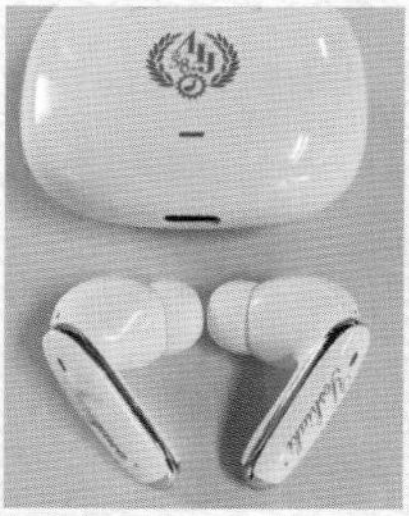
Bluetoothイヤホン

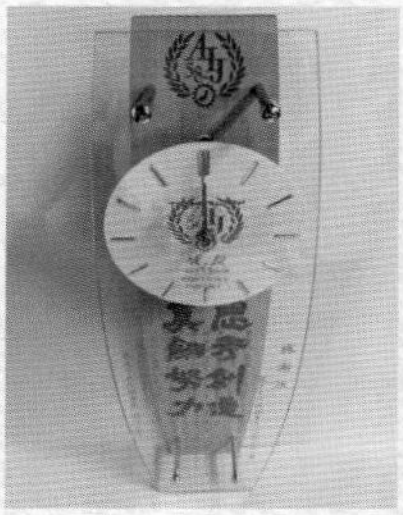
掛け時計

革ジャン

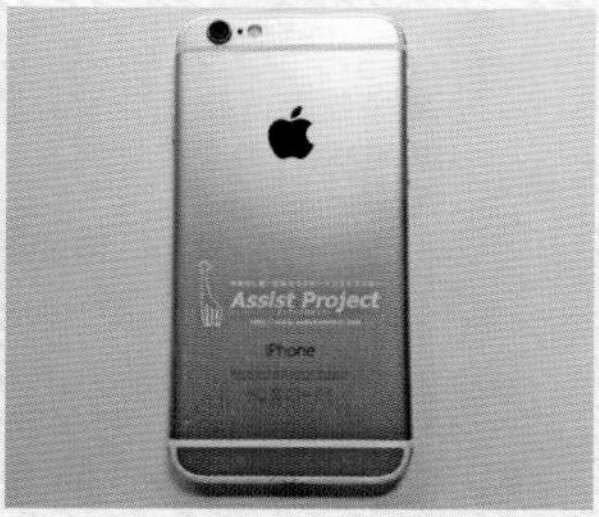

iPhone

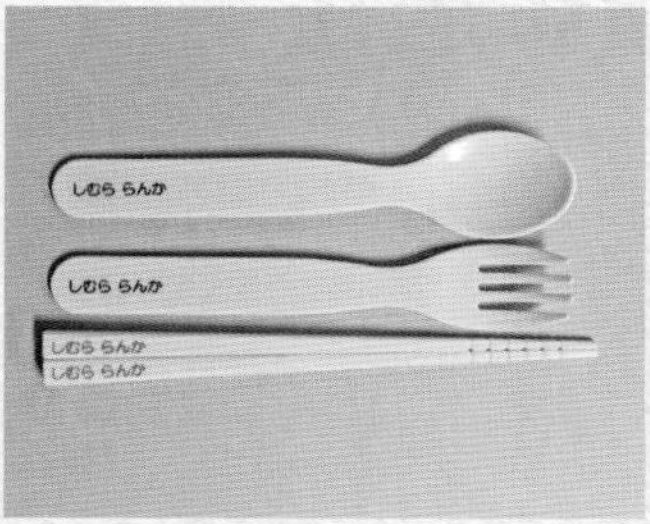
お箸セット

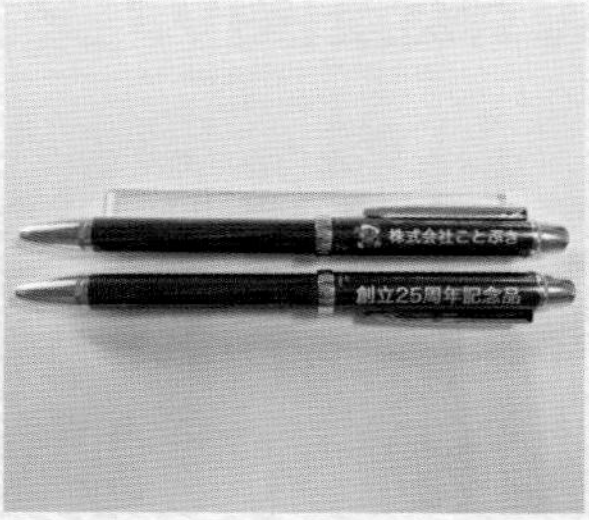

ボールペン

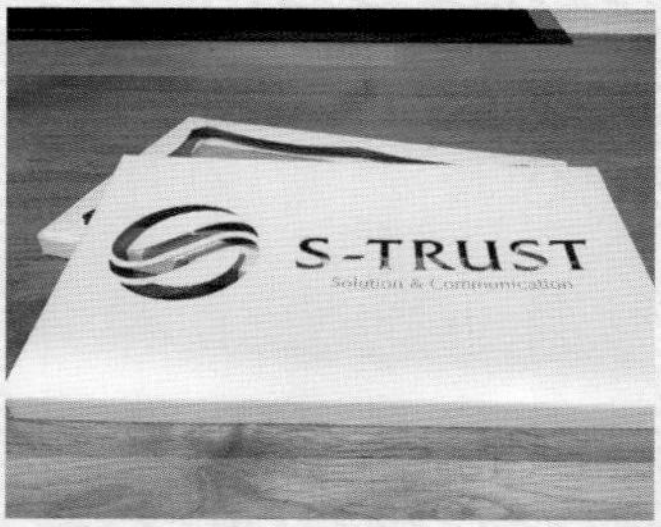

化粧箱

お皿、グラス、タンブラーなどにロゴマークを入れたことがあります。また、山梨でしか販売していないワインの一升瓶を県外の方への贈答品として贈る際、贈り先の祝い事に関係したメッセージを彫刻して喜ばれたこともあります」

堀内さんがレーザー加工を始めたのは、同社の前身で父親が経営していた「堀内貴石」で天然石製品の製作販売していた約28年前に遡る。

「入社後、自社でできる他の何かを探していたところ、ちょうど日本に輸入され始めたレーザー機と出合い、開運、厄除けの意味がある水晶に文字や絵を彫刻できたら面白いのではと導入に踏み切り、『石に彫刻』をキャッチフレーズに事業を展開してきました。その後、流量計製造メーカーからガラス管への目盛り彫刻を請け負ったことをきっかけに、これまでのレーザー加工の技術を活用する専門工房として事業内容をシフトしました。試作過程でイメージと違う出来栄えになるなどいろんな発見があり、どんどんレーザー機の魅力にひき込まれていきました」

2019年に屋号を『レーザープロ』に変更し、オーダーグッズ制作も含め様々な加工ニーズに応えているほか、イベント会場でレーザー機による実演販売も行っている。

（ライター／斎藤紘）

SDGs12（持続可能な無消費と生産）
SDGs13（気候変動）　SDGs15（陸上資源）

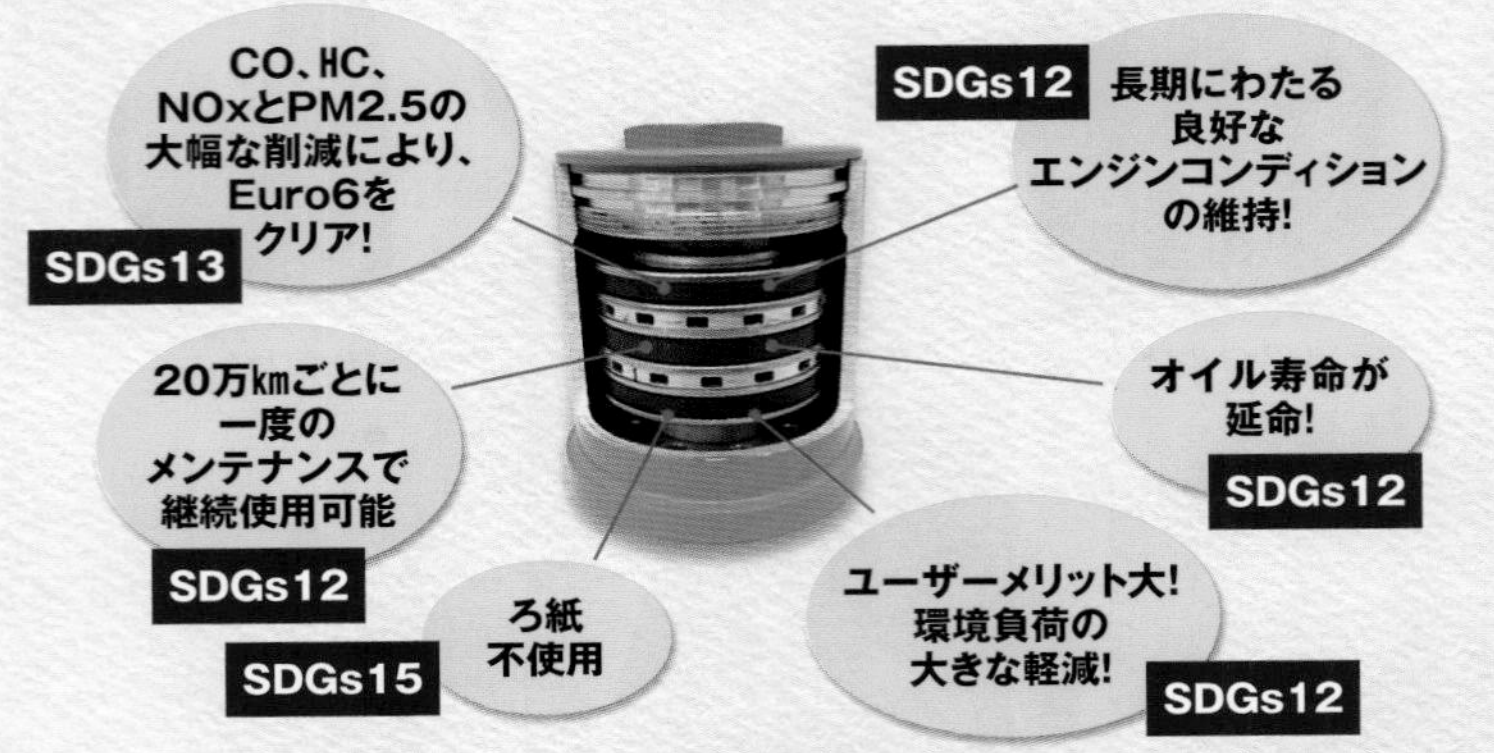
CO、HC、NOxとPM2.5の大幅な削減により、Euro6をクリア!
SDGs13
SDGs12
長期にわたる良好なエンジンコンディションの維持!
20万kmごとに一度のメンテナンスで継続使用可能
SDGs12
オイル寿命が延命!
SDGs12
ろ紙不使用
SDGs15
ユーザーメリット大! 環境負荷の大きな軽減!
SDGs12

オイルフィルターと互換性があるうえ、一部の車両を除き、走行距離20万kmごとのメンテナンスで継続使用が可能。

代表取締役
中村幸司 さん

日本大学工学部機械工学科卒。大手自動車関連会社で技術課にて知識を習得。独立して、1991年『株式会社ターゲンテックス』設立。磁性粉体の除去法を発明し、西独などで特許取得。ブラジル地球サミット国際環境機器展に招待参加。2005年度には日本大学大学院工学研究科非常勤講師。

自動車排ガス抑制装置の発明普及で国際気候変動対策機関の委員に選任

タイでのテストが成功普及のプロセスが始動

自動車排気の公害ガスや温室効果ガスを削減する無交換式オイル劣化予防装置『PECS MARK-IV（ペックスマークIV）』を発明した『株式会社ターゲンテックス』代表取締役の中村幸司さんが、その功績が評価され、開発途上国の温室効果ガス削減などを支援する国際実施機関、気候技術センター・ネットワーク（CTCN）の委員に選任された。功績の象徴が、中古ディーゼル車の排気ガスに悩むタイに『PECS』を普及させるためのプロジェクト。中古バスに『PECS』を搭載したテストでブラックスモッグの低減が確認され、大気汚染対策に採用される公算が大きくなった。『PECS』は、永久磁石でエンジンオイル中の微細鉄粉を吸着、微小粒子状物質PM2・5の原因になるカーボンの析出を抑制し、温室効果ガスの二酸化炭素、一酸化炭素、炭化水素、窒素酸化物を大幅に削減する。濾紙フィルターと互換性があり、導入しやすいのも特長。その効果が認められ、中村さんは自動車生産先進国8カ国で特許を取得した。タイでのテストは、タイの天然資源環境省公害管理局をカウンターパート機関としてJICA国際協力機構が支援し、バンコクの運輸会社の大型トレーラー及びピックアッ

株式会社 ターゲンテックス

03-3326-7081
ttpecs@tagen-tecs.co.jp
㊟ 東京都世田谷区南烏山5-1-13
http://www.tagen-tecs.co.jp/

PECS MARK-IV 種類　（乗用車）

型式	ネジ径	ガスケット径
P-1001	UNF3/4-16	71×61
P-2001	UNF3/4-16	62×52
P-2002	M20P1.5	62×52

『PECS MARK-IV』
上記写真はSPIN ONタイプのカット写真、その他種類は、濾紙だけを交換するインナータイプ（カートリッジタイプ）、センターボルト方式など各種あります。ガソリン・軽油・プロパン他燃料の種類は問いません。
※用途: 自動車・産業車両・発電機その他。
『PECS MARK-IV DIESEL』
適合機種:各種ディーゼル車、船舶、産業車両、産業機械などその他。
『PECS 3P-N for BIKE』　適合機種:各種バイク、マリンスポーツエンジンなど（カートリッジ式タイプに装着可能）。

プのいずれもディーゼル車両に『PECS』を装着しテストを行ってきた。中村さんは2022年暮れにタイを訪問、良好な結果が出たことを確認した。今後、普及を実現するために、『PECS』の協力会社鳥取県の「高林産業」が「タイ法人」と共同出資で「タイPECS（仮称）」を設立し、『PECS』の永久磁石を組み立てたコア部分を日本で製造し、タイに輸出して「タイPECS」で組立製造販売事業を行うビジネスモデルの構築を目指す。中村さんは協力会社の「高林産業」とともに、2023年1月末から3回目のタイへの渡航を行い、『PECS』の構造、機能、効果を解説するセミナーを実施、普及に向けたプロセスが動き出した。

「タイでは約3000台の中古バス、約3500万台ともいわれるピックアップトラックなど多くのディーゼルPECS』の導入が進めば、大気汚染対策に大きく貢献することになります。このプロジェクトには王立研究所も大きな期待を寄せています。PM2・5による汚染に悩まされている多くの開発途上国への普及の足掛かりにもなると思っています」

中村さんは、今後、『PECS』の普及を図る事業が、開発途上国の発展を資金や技術で支援するODA政府開発援助の対象になることも期待する。

（ライター／斎藤紘）

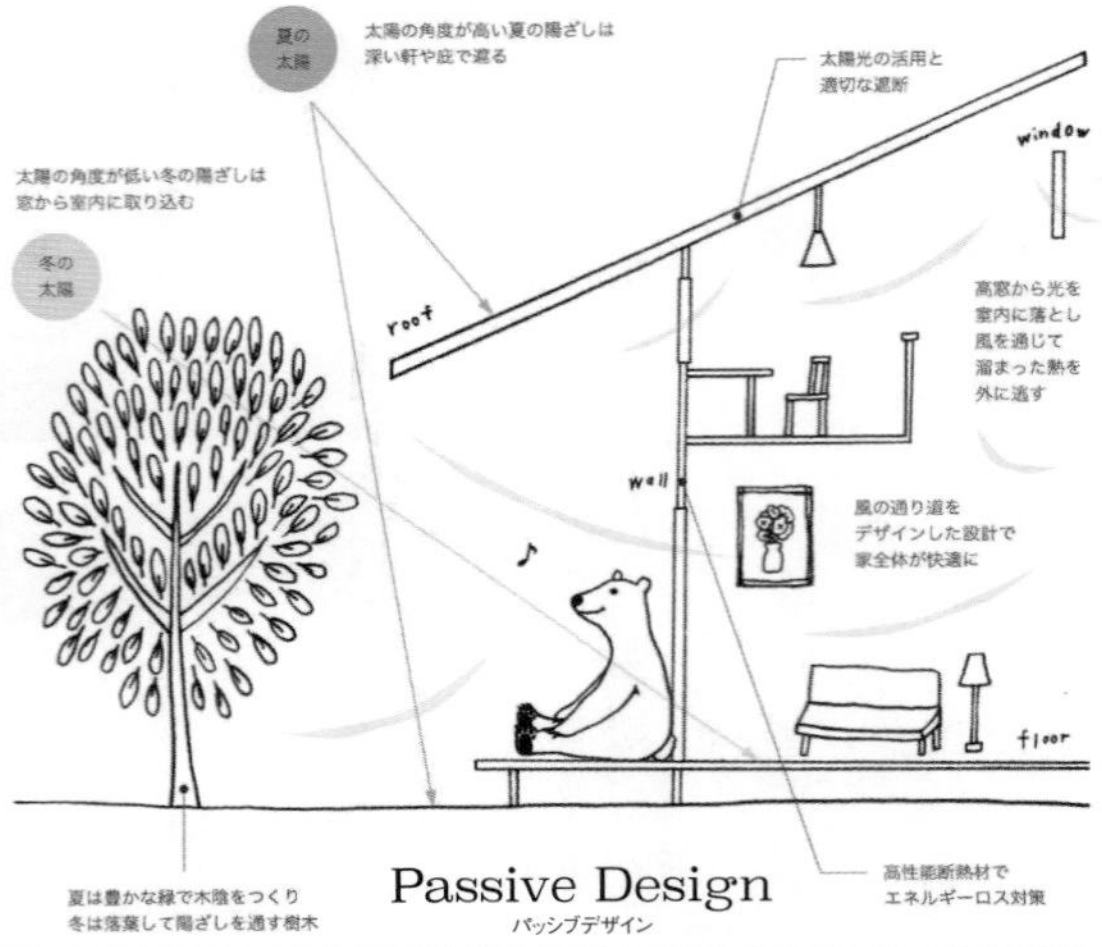

夏の太陽
太陽の角度が高い夏の陽ざしは
深い軒や庇で遮る
太陽光の活用と
適切な遮断
window
太陽の角度が低い冬の陽ざしは
窓から室内に取り込む
冬の太陽
roof
高窓から光を
室内に落とし
風を通じて
溜まった熱を
外に逃す
wall
風の通り道を
デザインした設計で
家全体が快適に
floor
夏は豊かな緑で木陰をつくり
冬は落葉して陽ざしを通す樹木
Passive Design
パッシブデザイン
高性能断熱材で
エネルギーロス対策

代表取締役
西川剛司 さん

岡山工業高校建築科卒業後、京都の建築専門学校に進学。在学中に二級建築士を取得し、通信教育で学士号を取得。京都、岡山で約12年間現場監督として経験を積む。29歳で一級建築士を取得し33歳で独立、『有限会社FOREST WORKS』設立。

太陽や風を利用して快適さを追求
住まう人を守る堅牢な構造も重視

注文住宅で様々な工夫
景観含め街づくりが夢

「外や自然とつながる暮らしをお客様にお届けしたい」

この思いを社名に込めた『有限会社 FOREST WORKS』代表取締役で一級建築士の西川剛司さんは、太陽や風を利用して快適さを追求するパッシブデザインと住む人たちの命や人生を守る堅牢な構造体の構築を重視する注文住宅の設計で施主から高い評価を得てきた建築家だ。

「家づくりは、単なる物づくりではなく、大切なご家族の人生の基盤となる暮らしづくりというのが当社の基本的なスタンスです。設計で重視するパッシブデザインは、建物のつくり、プランニングの工夫によって自然の風や太陽を上手にコントロールし、一年中、小さなエネルギーで心地よく暮らせる住まいをつくるための設計技術のことで、夏は涼しく、冬は暖かい、家計と人に優しい居住環境を創出します」

太陽の角度が高い夏の日差しを遮る深い軒や庇、太陽の角度が低い冬の日差しを取り込む高窓、溜まった熱を外に逃がす風の通り道、エネルギーロスを抑える高性能断熱材、夏は豊かな緑で木陰を作り、冬は落葉して日差しを通す樹木など快適さを

有限会社 **FOREST WORKS**
フォレスト ワークス

✆ 0869-24-8909
✉ info@forestworks2019.jp
㊟ 岡山県瀬戸内市牛窓町牛窓4792-30
https://www.forestworks2019.jp/

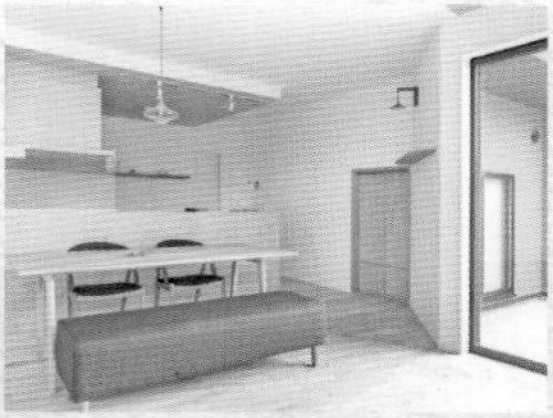
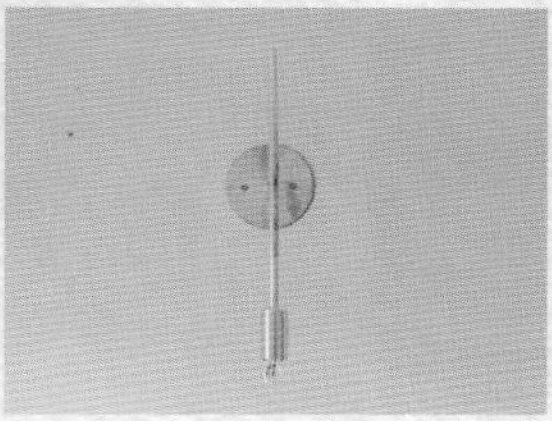

建物のつくり、プランニングの工夫によって
自然の風や太陽を上手にコントロールし、
一年中小さなエネルギーで
心地よく暮らせる住まいをつくる。

追求する工夫は様々だ。こうした工夫を取り入れた家全体のデザインの設計は、感性の鋭さに全幅の信頼を置いているという女性スタッフに任せているといい、西川さんは、建物そのものの重さや、地震や風の強さ、雪の重さ、家具設置時の重さなどによって建物がどう変形し、どう応力が生まれるのかを計算し、安全性を確かめる構造計算に力を入れる。

「お客様が多額の財産をかけて建てられる家なので、地震などで潰れて住めなくなってしまうようなことは絶対に避けなければなりません。しっかりとした構造計算で堅牢で安全な構造体になるよう心がけています。それが建築士としての責任だと思っています」

同社は注文住宅のほか店舗、リフォーム、リノベーションの設計、オーダーメイド家具の制作、内装やカーテン、照明などのインテリアコーディネートなども行い、結婚式の二次会や披露宴パーティーができる会場の建設も計画しているが、西川さんにはさらに大きな夢がある。古民家をリノベーションし、景観を含めた街並みを創造する街づくりだ。

「お客様のご要望を形にするだけでなく、自ら積極的に建築家としての思いを形にしていくプラスアルファを追求していきたいと思っています」

（ライター／斎藤紘）

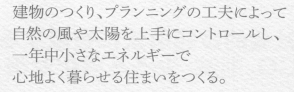

「ちちぶ こども園」

代表取締役
地引重巳 さん

東京藝術大学卒。同大大学院美術研究科建築専攻修了。建築家六角鬼丈に師事。2001年、「地引重巳建築研究所」設立。山本堀アーキテクツ代表取締役、工学院大学非常勤講師を経て、2017年『株式会社ジビキデザイン』設立。

社会的課題解決に貢献する設計理念
CO_2削減・少子高齢化対策・地域再生

目的と手段に独自視点 設計実績に理念が投影

レオナルド・ダ・ヴィンチに憧れ、東京芸大で建築を学んだ一級建築士、『株式会社ジビキデザイン』代表の地引重巳さんは、建築や建築デザインで社会的課題の解決に貢献することを企業理念に掲げる課題解決型建築家だ。その理念に即した多くの建築物を設計したが、地球温暖化対策に欠かせないCO_2削減、将来の国力に関わる少子高齢化対策、人口減少で活力が衰えた地域再生は目下の大きなテーマ。その実現のための手段、道筋に対する考え方は明確で示唆に富む。

CO_2削減で重視するのは、木造建築の推進だ。木造の建物は鉄骨やコンクリートの建築物では難しい炭素の固定、貯蔵とCO_2排出量の大幅な削減が可能だからだ。

「木がふさわしい自然豊かな地域に建てるだけでなく、耐火要件が厳しい都市部では耐火構造のデザイン性に優れた都市木造が重要ですし、軟弱地盤地域では軽量化して杭や基礎工事を抑える上で木造が最適です」

自然豊かな地域に建てた「ちちぶこども園」や木造らしさにこだわらず、見えないところに木を使った洗練された都市木造の「豊洲ぐるり公園パークレストラン」はその代表例だ。

少子高齢化対策の柱は、子育て世代が移住したくなるまちづくりだ。

「子育て世代にとってただ『住みやすい』だけでは響かない。カフェやベーカリー、本屋さん、図書館、温浴施設、農産物の直売所、コワーキ

株式会社 **ジビキデザイン**

03-6770-1607
jibiki@jibikidesign.com
㊟ 東京都杉並区成田西1-16-33
https://jibikidesign.com/

JIBIKI DESIGN

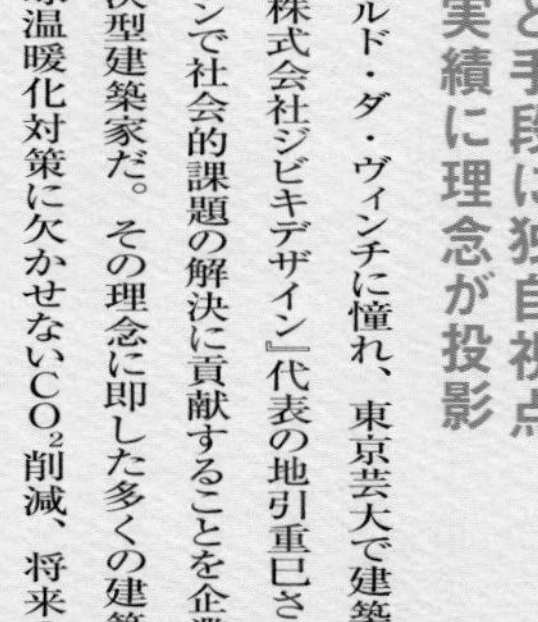

軟弱地盤に最適な木造建築に洗練されたブランド力と耐火性能の両立が求められた都市公園施設「パークレストラン」。「ウェディングレストラン」として機能する。

「ちちぶ下宮地公会堂」

ングスペースなど地域住民、移住者、世代も問わずみんなの居場所となるような『シェアの空間』があることが重要です。単独施設である必要はない。コーナやキッチンカーのようなトライアル的なものからゲリラ的に始めることも有効です。当然ながら、子どもと高齢者、健常者と障がい者が触れ合うことのできる場も大切です。みんなに親しまれる『シェアの空間』が多いまちは元気でいきいきしています。そういうチャーミングな場をつくるには木造建築は最適です。小さくても屋根の下は自然に人が集まり、木には人を癒す力がある。

地域住民が集う「ちちぶ下宮地公会堂」はこの考えで設計した一例です。

そして、地域再生の足掛かりの場として最も注目すべきは保育園です。地域交流の希薄化が叫ばれる今日でも、保育園は地域と関わり、若い世代のネットワークをつくりやすい。保育園は未就園児を含むすべての子育ての地域拠点であり、保護者が毎日通うところ。近隣公園などご近所は子どもたちの学びの場であり、子育て世代の関心も自然に集まる。環境や地域と向きあい、自分ごととらえ、より良くしたいと思う人たちを受け止め「このまちで子育てしてみたい」と思わせる魅力が保育園に求められている。殊に、人口減少の著しい地方においては、若い世代のUターン、Iターン希望者に刺さり、そのまちの将来を担う人材の発掘、育成の場となるのが理想です。

そんな思いからスタートしたプロジェクトが地元千葉県君津市で実現する。2024年3月に竣工予定の(仮称)君津市立貞元保育園で、八角形を特徴とする木造建築は子育て支援センターはじめとする地域開放がアピールポイントだ。

(ライター／斎藤紘)

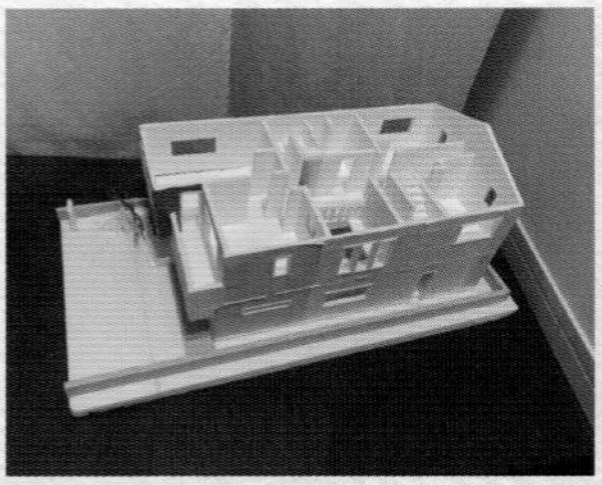

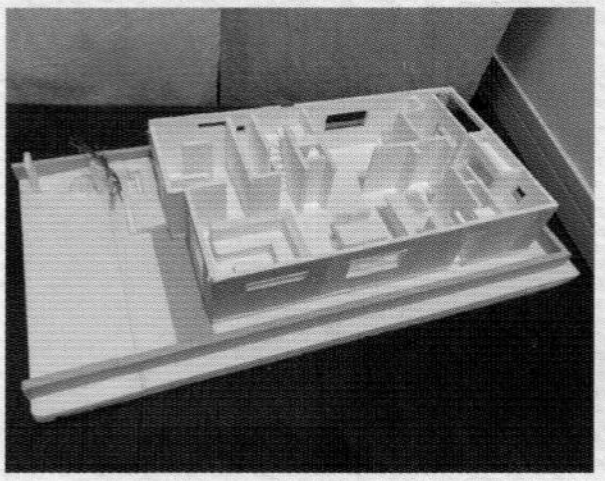

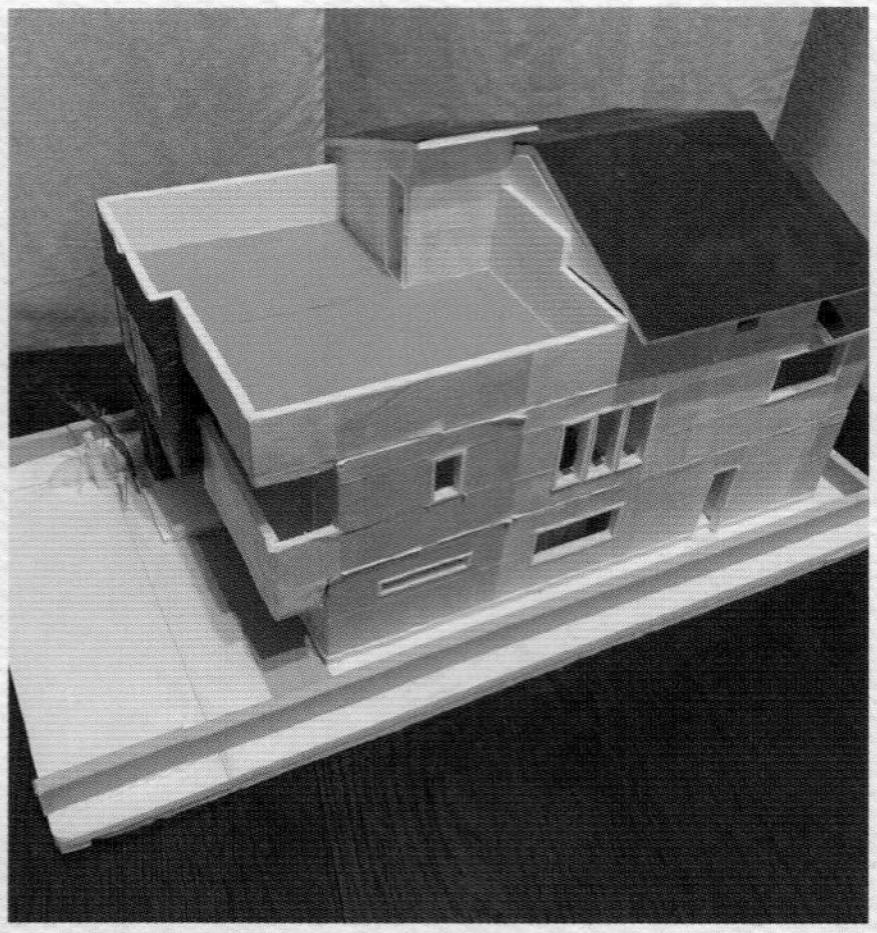

家模型

代表取締役
清水洋志 さん

2019年『株式会社ホームウエスト』設立、代表取締役に就任。姫路市、赤穂市、明石市、加古川市、神戸市、たつの市などを対応エリアに水回りや内装のリフォーム、リノベーション、家具製造販売などの事業を展開。

ものづくり好きが高じて建築業に転進 YouTubeなどを利用し先進工法修得

住まいの便利屋を標榜 リフォーム全般に対応

「住まいに関する便利屋」を標榜し、兵庫県姫路市を拠点に建築業を営む『株式会社ホームウエスト』代表取締役の清水洋志さんは、根っからのものづくり好きが高じ、約30年務めた住宅関連業界での営業職を辞して独立した職人気質の経営者だ。家屋のあらゆるリフォームや不具合の修理から家具の製作や取り付け、下水管の洗浄まで事の大小を問わず引き受け、一人で工事を的確に仕上げるその腕は、住宅関連業界で得た知識、大工職人の仕事ぶりを見て覚えた技に加え、YouTube で調べた先進的な工法などを独学で修得したもので、IT時代ならではの技術追求の姿も浮かび上がる。

清水さんがキャリアを積んだ住宅関連業界は、家具、インテリアの卸し、リフォーム営業、都市ガス業務、不動産仲介、アパート建築営業など多岐にわたるが、前職最後の大手アパート建築会社の営業方針が人のためになっていないと営業意欲が薄れたと同時に、ものづくり魂が頭をもたげ、職人として新たな道を歩む決断をした。

「私は元々ものづくり好きで、自宅の最終設計図面を基に50分の1の模型をつくったほど。会社

株式会社 **ホームウエスト**

079-263-7810
shimizu@home-west.co.jp
㊟ 兵庫県姫路市飯田512
https://home-west.co.jp/

こちらからも
検索できます。

HOME WEST
株式会社
ホームウエスト

シューズ棚造作

手作り看板

倉庫の引戸

引戸造作中

風よけ壁現状

木フェンス造作

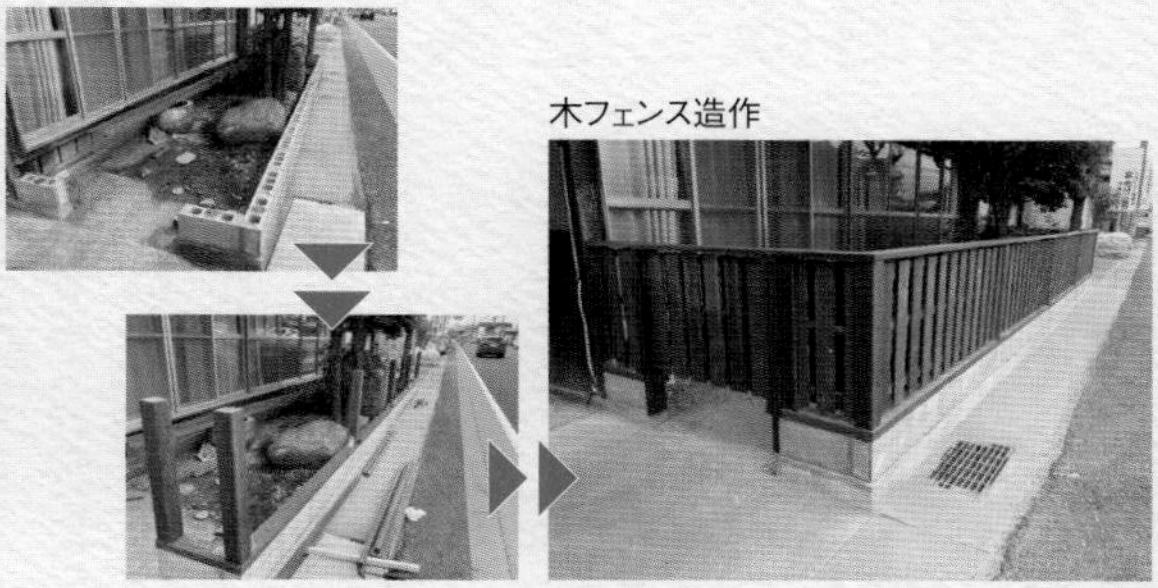

設立当初は、仕事を大工職人さんに外注し、その仕事ぶりを見たり、質問したり、YouTubeも利用したりして、リフォームの様々なニーズに一人で対応できる技術が身に着いたのです。営業職時代に築いた人脈を通して営業努力を重ねた結果、仕事の依頼が入るようになり、経営を軌道に乗せることができました」

その業務は、水回りのリフォームから壁紙クロスやフローリングの張替え、カーテンやブラインドの取り付け、部屋の間仕切り変え、手すり取り付けなどのバリアフリーリフォーム、オーダー家具の取り付け、悪い立て付けの修復、リノベーションまで幅広い。不動産会社からの依頼による賃貸物件の入居者退去後の原状回復工事や車椅子でも出入りできるようにする介護施設の大掛かりなバリアフリーリフォームなどの仕事も請け負っている。

清水さんは、人口減少で深刻化する空き家問題にも関心をよせ、古くなった空き家を処置に困っている所有者から買い取り、新築同様にリフォームして貸し出し、家賃収入を得る事業も計画している。また、10室あるアパート一棟を買い取り、賃貸経営にも乗り出している。

（ライター／斎藤紘）

代表取締役
堀口浩希 さん

小学生のころからレーシングカートに打ち込み、全日本選手権やワールドカップにも出場。その後、20代前半で内装工事の世界に入り、研鑽を重ね、腕を磨き、2014年独立。2021年に『株式会社中部創芸社』として法人化。

確かな内装工事を支える研鑽の経験
人格形成を重視する人材育成に注力

視野に建設業界の窮状
仕事を通じて信頼を蓄積

右も左も分からない状態で内装工事業界に入り、必死で技術と知識を吸収、営業実務、現場管理も担いながら一級技能士の国家資格を取得した12年間に及ぶ濃密な経験を背景に独立した、真摯に仕事に向き合う典型的な職人気質の経営者がいる。『株式会社中部創芸社』代表取締役の堀口浩希さん。自社の発展だけでなく、人手不足が深刻な建設業界の底上げにも意を用いる社会貢献意識も経営に色濃くにじむ。

堀口さんは、一級技能士のほか、壁装施工管理者、内装仕上げ工事基幹技能士、インテリアデコレーター、オールオーバー工法技術指導員、職業訓練指導員などの資格も持つ。これらの資格に裏付けられた技術と知識を生かし、自社の職人や協力業者合わせて20人から40人を牽引し、壁紙やクッションフロア、床シート、床タイル、カーペット、カーテン、ブラインド、硬質塩ビシートなどの資材で戸建て住宅や集合住宅、店舗、施設など内部仕上げ工事を遂行し、アフターケアまで自社一貫体制で対応する。顧客は個人から工務店、大手ハウスメーカー、ゼネコンまで広がっている。

「工事が終わってお客様が見たときに満足し、喜

株式会社 **中部創芸社**
ちゅうぶそうげいしゃ

本社
059-256-9335
㊟ 三重県津市久居北口町828-5

名古屋支店
052-508-4336
㊟ 愛知県名古屋市西区上名古屋2-17-16

株式会社 中部創芸社

んでいただける仕上がりにすることを大事にし、インテリアの提案時はいつまでも居続けたいと毎日感じていただけるような空間の創造とトータルコーディネートによるコスト抑制も心掛けています」

　仕事と並行して堀口さんが力を入れているのが人材育成だ。

「建設業界は、職人さんの高齢化が進み、人手不足に陥って若手の育成は急務です。当社は、人材を育て続けることで地域社会の発展に貢献したいと思っています。職人としての技術はもとより、どのような社会でも必ず人対人の関係の上に成り立つために人間性が何よりも大切と考え、常に高い志と使命感を持ち、誰からも信頼される人材を育成することを大事にしています」

　堀口さんが12年間経験を積んだのは、内装工事会社。そこで技術や知識を徹底的に叩き込まれただけでなく、人としてどうあるべきか、どのように人と接しながら業務を遂行するか、商売道徳とは何か、責任とは何かなども教えられたという。

　最後に「社会貢献していける人材を育成することが、地域社会への貢献につながるよう、技術はもとより人間性の向上に力を傾注していきたい」と語ってくれた。

（ライター／斎藤紘）

『ESPRESSOモデルルーム』

代表取締役
牛田寛千(かんじ)さん

不動産企画コンサルタントとして、コンセプト型賃貸物件『エスプレッソ』でファンとなった入居者の集客から賃貸事業の企画提案、施工まで行う。不動産企画コンサルタント、宅地建物取引士。

サロン型賃貸で人気のエスプレッソ お洒落なお部屋で夢のサロンの実現

カッコいいエスプレッソはサロン・オフィスに最適

アーティストやクリエイターが多く暮らす世界で最もクールな街、ニューヨーク・ブルックリン。その街角にある素敵なカフェのような佇まいで注目度を高めているのが、BROOKRIN Cafe Style Apartment『ESPRESSO』だ。格好よく暮らしたい若者やお洒落なサロンを目指す女性などの感性に訴えるファクターが集客力を発揮する。

サロンを経営している女性オーナーには、自分の夢が叶うお店が持てて、とても嬉しいと評判だ。また、来店されるお客様の反響も良く、隠れ家サロンで癒されている感じで、なにかゆったりとした時間の流れが満足感を生むようだ。お客様自身もこんな素敵な部屋に暮らしたいと思われるに違いない。

サロン空間のイメージが良く、オーナーと来店されるお客様の嬉しそうな声が聞こえることから、『ESPRESSO』の本部では、『ESPRESSO サロン』の直営店を出店しようと計画している。これから増えていく『ESPRESSO』には、お洒落なサロンが入り、輝く女性が喜ぶようなアパートになるきざしが高まっている。『ESPRESSO』には、そのような付加価値がたっぷり感じられる魅力があるた

株式会社 ESPRESSO
エスプレッソ
☎ 0120-358-505
✉ lan@lan-c.jp
㊟ 愛知県清須市新清洲1-4-6 セゾン新清洲101
http://espresso-apartment.com/
@espresso.fanclub

こちらからも
検索できます

「ESPRESSO FAN CLUB」 http://espresso-fanclub.com/

ブルックリンカフェスタイルアパートメント『ESPRESSO』

め、これからの賃貸事業の入居率の向上に繋がるよう仕組まれている。また、フランチャイズ展開で、サロンを開業したい女性の支援にも力を入れていくという。やはり女性のライフスタイルや美容など、元気のある女性の満足を高めていくことを大切に考えられている。

『株式会社ESPRESSO』では、『楽しい賃貸は、ESPRESSOで!』をキーワードに、空室が多くなりジリ貧型の賃貸経営になっていく時代の中でも、十分な人気を得ることで、この賃貸業界の荒波を乗り越えていく勢いが感じられる。やはり、賃貸事業という内容である以上、収益力がなくてはいけない。空室が多いだとか、家賃が下がっていくという状態では、より魅力的な賃貸経営ができなくなる。これからの時代に向かって、『ESPRESSO』賃貸事業は、入居者さんに喜んでいただきながら利用して頂き、所有するオーナーの安心や家族の幸せに繋がるような仕組が構築されていることを感じさせてくれる。

（ライター／斎藤紘）

「タイル面コーティング滑り止め工法」

大規模完成マンション

代表取締役

上村允郎 さん

大学卒業後、大阪の建築事務所に就職、転職を経て大規模修繕工事に出会う。2012年『建築設計事務所』設立。NPO法人集合住宅改善センター設計監理事業部長。耐震総合安全機構会員。

業務提携会社

- 六景 株式会社
- 株式会社 非破壊調査SST研究所
  大阪 ☎ 06-6944-7177　福岡 ☎ 092-526-3255
- 株式会社 ピアレックス・テクノロジーズ
  ☎ 0725-22-5361
- 株式会社 あつまり暮らすと ☎ 0798-35-5075
- 株式会社 ナカノセラミック ☎ 06-6368-3030

失敗しないマンション大規模修繕
セミナーで多角的視点から要点解説

関西に続き東京で開催
多数の管理組合が参加

老朽化するマンションが社会的課題になる中、マンション管理組合の間で注目されるセミナーがある。関西電力グループのIT企業「オプテージ」が主催し、『K15建築設計事務所』所長の上村允郎さんが講師の一人を務める「未来を考える大規模修繕セミナー」。関西圏で16回開催したのに続き、2023年3月には初めて東京で2回開催、管理組合の役員などで満席になるほどの関心の高さ。失敗しない大規模修繕でのヒントが得られるのが支持される理由だ。

東京でのセミナーで上村さんがテーマに取り上げたのが長期修繕計画書の見るべきポイントと工事のコスト削減できるポイント。

「マンションは年を経るにつれて劣化していきますが、快適な居住環境を確保し、資産価値の維持向上を図るためには適時適切な修繕工事を行うことが重要です。長期修繕計画書は、将来予想される修繕工事を計画し、必要な費用を算出し、月々の修繕積立金を設定するために作成するものです。費用の算出は劣化状況の診断に基づいて行いますが、1981年以前の旧耐震基準で建てられ、耐震性が不足するマンションは耐震診断とそれに伴う耐震工事が必要

株式会社 **K15建築設計事務所**

ケイ・イチゴけんちくせっけいじむしょ

☎ 06-6809-4303

✉ k15_kamimura@yahoo.co.jp

㊟ 大阪府大阪市中央区大手通2-3-9 大手通キャッスルヴィラ601

https://www.kei-ichigo.com/

創造と技術のちいさな不思議な会社

KEIICHIGO

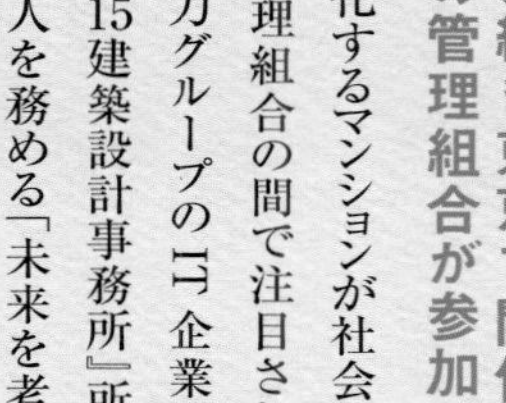

未来を見据えた大規模修繕工事

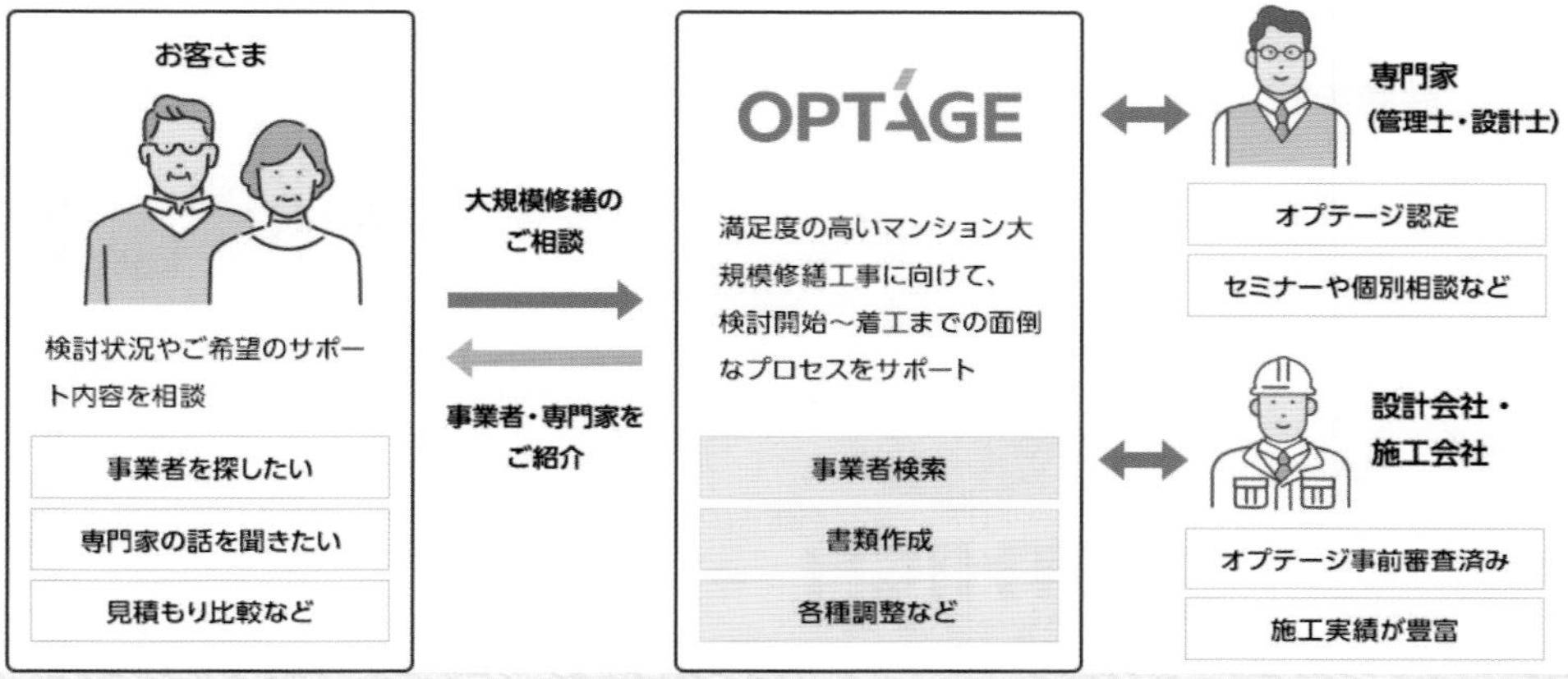

未来を見据えた大規模修繕工事セミナー　専用サイト
https://optage.co.jp/specialist-matching/seminarpage/

こちらからも
検索できます。

オプテージ 大規模修繕　検索

株式会社　オプテージ
06-7507-2419（本件に関するお問い合わせ先）　mirai-syuzen@optage.co.jp
㊟ 大阪府大阪市中央区城見2-1-5 オプテージビル　https://optage.co.jp/specialist-matching/

になります。また、建物だけでなく、駐車場や自転車置場、ごみ集積所、外灯設備、樹木などの附属施設にも目を配らなくてはなりません。さらに、新たな建築技術の出現、修繕積立金の運用利率、借入金の金利、物価、工事費などの変動もあり、一定期間ごとに見直していく必要もあります」

大規模修繕工事のコスト削減では、多角的な視点が示される。

「大規模修繕工事で管理組合が悩むのがコストです。工事費用を抑えるには、精密な劣化診断が前提になりますが、管理会社任せにせず、施工業者から直接相見積りを取り、中間マージンを省き、理に適う業者を選定することが第一。建物の劣化が進むと修繕費が余計にかかる場合があり、工事の実施時期を見極めることも大事です。また、建築資材をグレードアップすれば、修繕回数を減らすことができますし、足場仮設が必要な場合は鉄部塗装、バルコニーや廊下、階段の床防水工事などの関連工事を同時に施工することで費用が節約できます。要は、多角的視点から費用を精査することが重要です」

上村さんはこれまで多くの管理組合をサポートしてきたが、セミナーでの講義にはその経験が投影される。

（ライター／斎藤紘）

まちづくり
最強のプロが寄り添って課題を解決し
産学官連携を通じてまちと人の活性化をめざします
最良のプロジェクト実現をコーディネートします
建築
事業目的や個々の価値観・ライフスタイルに応じた新たなアイデアの創発を通じて、最良の建物づくりを実現します
ETHICH
WAKUWAKU with You!
不動産開発
付加価値の高い優良な不動産事業実現をワンストップでサポートします

代表取締役
初谷賢一 さん

中央大学法学部、埼玉大学経済学部社会環境設計学科で環境問題や都市計画を学ぶ。大手不動産ディベロッパーのCRE戦略リーダー、小売業界最大手企業の不動産開発責任者、IT系大手事業会社のスマートシティ開発の責任者などを経て2022年 に独立起業。

大手ディベロッパーでの経験を生かし 不動産開発をワンストップでサポート

全工程で顧客に寄り添い 皆様の思い描いた未来を実現

「建築、不動産開発、まちづくりを志向する皆様に対して、最強のプロが寄り添い様々な課題を解決し、最良のプロジェクト推進と実現をコーディネートする」

2022年1月に不動産開発コンサルティングと建設を主力事業に掲げて創業した『エシック株式会社』代表取締役の初谷賢一さんが掲げた事業のコンセプトだ。大手ディベロッパーでCRE(企業不動産)を活用する経営戦略を担ったり、小売業界のリーディングカンパニーで大規模商業店舗ビルの開発などに責任者として携わったりした経験を生かし、地域社会の声に耳を傾けながら、不動産事業を志向する皆様の思い描いた未来を実現するのが目指すゴールだ。そのコンサルティング手法は、不動産開発における全工程を文字通りワンストップで解決するものだ。事業用地を紹介する「用地選定」から、事業推進に必要な収支計画を策定する「事業企画」、金融機関の選定や融資申請のための資料作成、折衝を支援する「ファイナンス」、デザイン性が高く、投資事業のための最適なプランニングを行う「建築設計」、高品質・低コストの建設会社の選定と発注を行う「コンストラクションマネジメント」、品質管理、工程管理、コス

エシック 株式会社

03-5843-3732
info@ethich.com
㊟ 東京都豊島区目白2-5-3 パティオ目白C号棟
http://ethich.com/

アトリエ・ハッチ 合同会社
hatch@atelier-hatch.com
㊟ 東京都豊島区目白3-29-6
https://atelier-hatch.com/

WAKUWAKU with You!
ETHICH

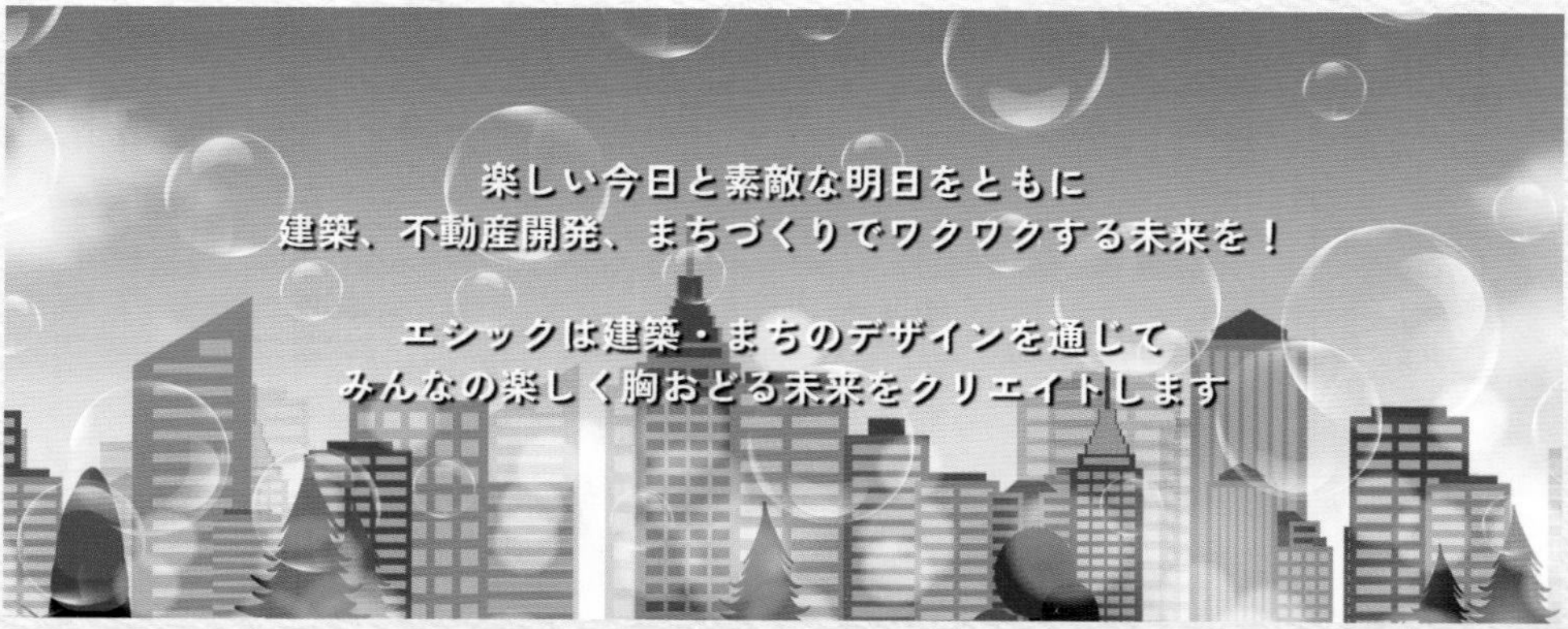
楽しい今日と素敵な明日をともに
建築、不動産開発、まちづくりでワクワクする未来を！
エシックは建築・まちのデザインを通じて
みんなの楽しく胸おどる未来をクリエイトします

15 minutes CITY

ト管理を徹底した「建設」、商業用不動産の賃貸を支援する「リーシング」、大切な資産を守る「保険」、徹底した賃貸管理や入居者管理で資産を保全する「管理」、堅実かつ高収益なキャピタルゲインを獲得するための最適な売却先を選定する「売却」までカバーする。こうした全工程で初谷さんが貫くスタンスがある。顧客に寄り添い、良きナビゲーターとなって共にゴールを目指す「伴走」、プロジェクトを支えながら主役である顧客の引き立て役となる「伴奏」、課題が浮上したときにリカバリーする「バンソウコウ」の三つの「バンソウ」だ。

「社名の『エシック』は、人に配慮した考え方や行動を意味するエシカルとテクノロジーを掛け合わせた造語です。私たちが大切にしたい考え方を表現したものです。事業ではこの精神に即して、最新の建築技術やICTなどの科学技術を積極的に活用しつつも、歴史や風土、伝統文化などとの調和を重んじ、誠実であることを大切にして、一人ひとりが豊かで活き活きと暮らせるより良い環境を創り出していきたいと思っています」

初谷さんは、まちづくりや建築の企画設計、デザインで実績を重ねる『アトリエハッチ合同会社』も経営し、両社を両輪に建築、不動産開発。まちづくりの多様なニーズに応えていく。

（ライター／斎藤紘）

どんどん鹿児島
みなさまの大切な財産
土地や建物の
調査・測量から登記のご相談

不動産の法律と技術のプロとして、
みなさまの大切な不動産の権利を守ります。

代表
放生会正美 さん

名古屋の夜間大学で土木を専攻。卒業後、建設会社の現場監督を務めたもの業務に馴染めず、新しい仕事を模索する中で土地家屋調査士に着目、十数年がかりで資格を取得。4年ほど実務経験を積み、2003年、事務所を設立。

不動産の調査・測量・登記で示す実力 業務の信頼性支える三つの国家資格

境界線紛争解決に干与 精緻な測量による登記

鹿児島市の『放生会不動産調査事務所』代表の放生会正美さんは、土地家屋調査士や測量士、一級土木施工管理技士の国家資格に加え、土地の境界を巡る民間紛争解決手続きを弁護士との共同受任を条件に行うことができる法務省認定のADR認定土地家屋調査士の資格を持つ土地・家屋のスペシャリストだ。公共事業や防災対策の妨げになる所有者不明土地を減らすための相続登記の2024年4月からの義務化や少子高齢化に伴う空き家問題の深刻化など不動産を巡る社会的課題の解決にも貢献する。

「土地や建物の状況の正確な登記のための調査と測量、不動産の表示に関する登記に必要な手続きや土地の境界確定の手続きの代理申請、土地をめぐるトラブルの解決方法の提案などが当事務所の主な業務です。これらの業務に必要なのが正確な調査、測量です。登記所にある地図や地積測量図などを確認し、現地で状況を調べ、隣接所有者の立会いを得て境界の確認や測量を行います」

申請手続について代理する不動産登記は、土地を分割するときの土地分筆登記、複数の土地を一つにまとめるときの土地合筆登記、土地を払い下げ

放生会不動産調査事務所
ほうじょうえふどうさんちょうさじむしょ

099-296-8282
houjyoue@info.email.ne.jp
㊟ 鹿児島県鹿児島市広木2-3-27-1F
https://houjyoue-web.net/

放生会《ほうじょうえ》不動産調査事務所
土地分筆・地目変更・建物新築登記等

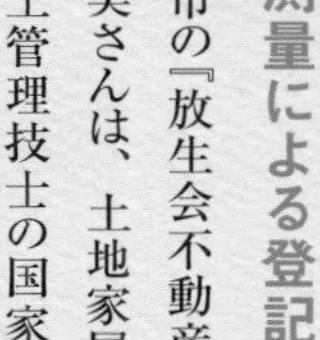

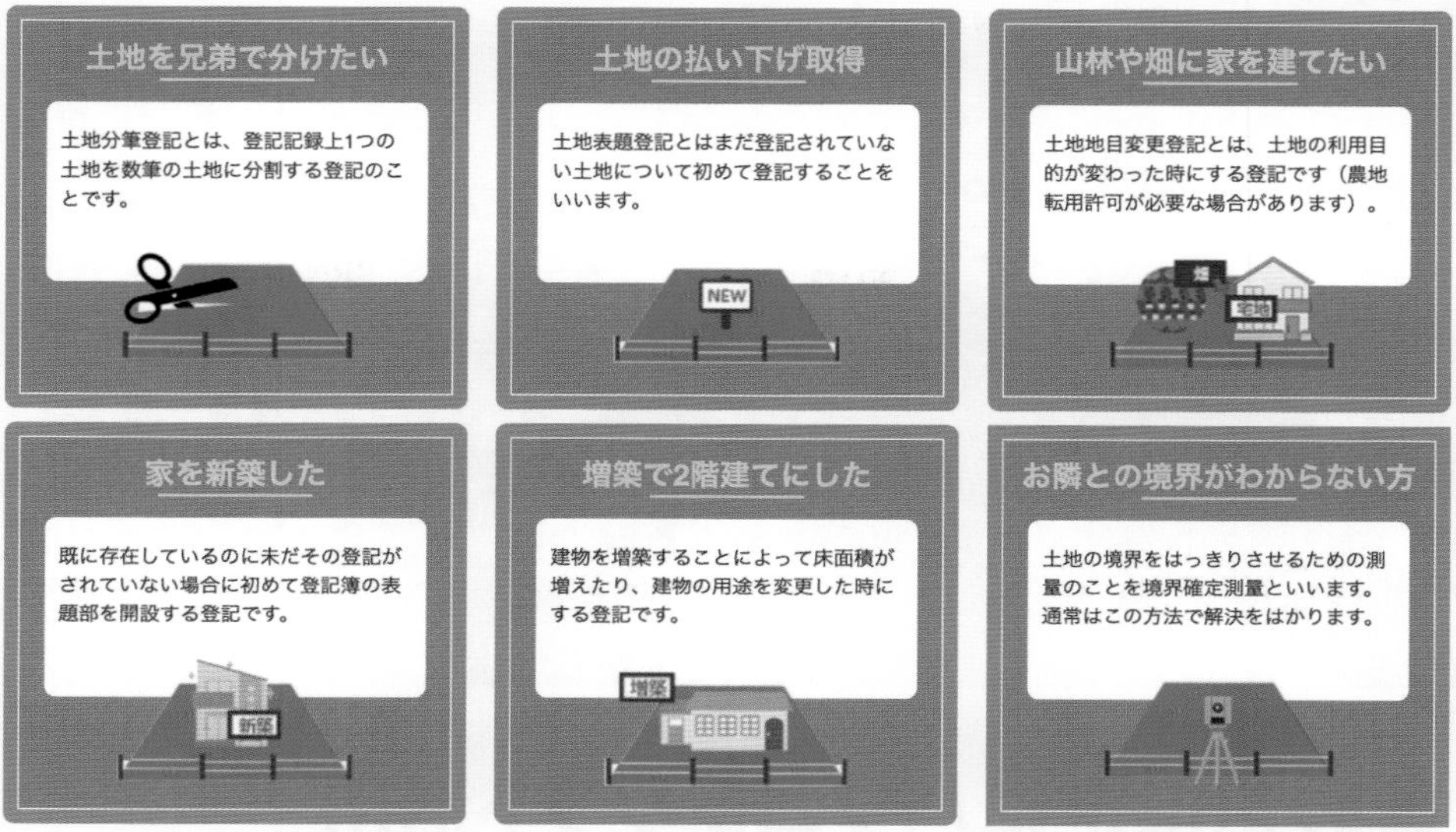
土地を兄弟で分けたい
土地分筆登記とは、登記記録上1つの土地を数筆の土地に分割する登記のことです。
土地の払い下げ取得
土地表題登記とはまだ登記されていない土地について初めて登記することをいいます。
NEW
山林や畑に家を建てたい
土地地目変更登記とは、土地の利用目的が変わった時にする登記です（農地転用許可が必要な場合があります）。
畑
宅地
家を新築した
既に存在しているのに未だその登記がされていない場合に初めて登記簿の表題部を開設する登記です。
新築
増築で2階建てにした
建物を増築することによって床面積が増えたり、建物の用途を変更した時にする登記です。
増築
お隣との境界がわからない方
土地の境界をはっきりさせるための測量のことを境界確定測量といいます。通常はこの方法で解決をはかります。

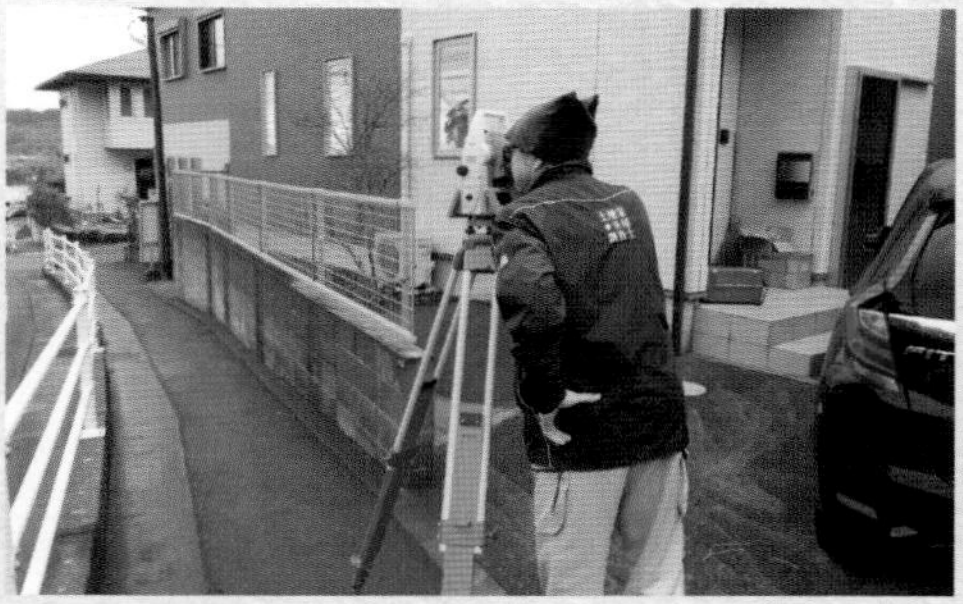

で取得したときや家を新築したときの土地表題登記、家を増築したときの土地標題変更登記、山林や畑に家を建てるときの土地地目変更登記、建物が焼失したときの建物滅失登記など多岐にわたる。

放生会さんの業務の信頼性を支えるのが測量だ。「測量は土地、家屋などの所在地、面積、形状、高低差、条件などを明らかにし、土地、家屋の価値を明示することです。土地を売買する場合、土地を分筆する場合、相続により土地で納税する場合、国有地の払下げを受けたい場合、お隣の家との境界がわからない場合では、正確に測量することが絶対条件です」

仕事の多くは、不動産会社やハウスメーカーからの依頼によるもだが、不動産を巡るトラブルを抱えた人や不動産を相続した人などからの相談、空き家や所用者不明土地などの調査にも対応する。「土地家屋調査士は、不動産業界の主役ではありません。ドラマが全員主役では成り立たないように、これからも世の中の土台を支える存在として役目を全うしていきたいと思っています」

不動産の町医者的な存在を目指してきたという放生会さんだが、その業務実態は不動産の総合病院だ。

（ライター／斎藤紘）

塗装工事全般おまかせを。

代表取締役
林優一郎 さん

高校時代から建築塗装のアルバイトをし、卒業後は自動車整備士になって5、6年ほど働く。その後、再び塗装のアルバイトをする中で住宅一軒を丸ごと塗装し、それを機に塗装業に進み、独立起業、2021年法人化を果たす。

塗装色選定にパソコンソフト活用 最適な塗料で建物の長寿命化実現

劣化状況を見極め施工 外壁屋根の防水工事も

建物の外観を印象付け、外壁や屋根の劣化を防ぐ塗装。その進化をうかがわせるのが『株式会社ハヤシ創建』代表取締役の林優一郎さんの施工体制だ。塗装で質と同様に重要な色や配色について、パソコンのカラーシミュレーションソフトや写真撮影を利用して最善策を見極め、施工するプロセスは施主の希望を満たし、高く評価されている。

「塗装工事を依頼されたお客様は、どんな色合いが良いのか解らない、カラー見本だけだとイメージがわかないと悩まれるケースが少なくありません。当社では、事前のヒアリングに基づいてプロデザイナーがカラーシミュレーションソフトを使って数百種類の色から建物に最適な配色パターンを選定し、お客様に確認していただきます。屋根やベランダだけなど部分的な塗装の色合いもわかりますし、ツートンカラーやストライプなどの設定も可能です。また、写真撮影で近隣の住宅と並んだ時の印象も見定めながら、塗る範囲やカラーコーディネートを考えますので、景観にマッチした外観になります」

塗装のカラーが決まった後の施工はさらに周到だ。外壁や屋根の塗装では、白い粉が浮き出る

株式会社 **ハヤシ創建**
ハヤシそうけん

096-327-8365
h.soken.2021@gmail.com
㊟ 熊本県熊本市東区小山町1960-30
https://hayashi-souken.kyusyu-kumamoto.com/

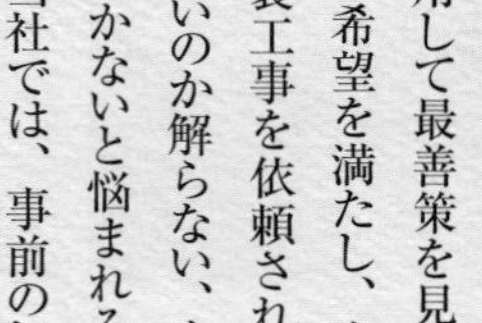

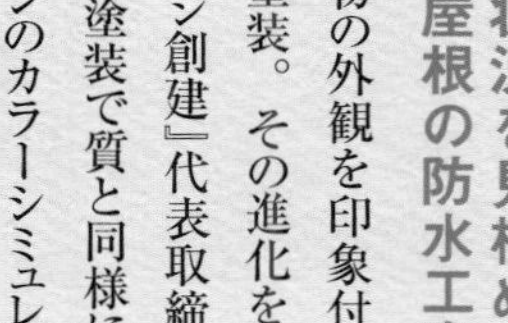

チョーキング、カビや苔の発生、ひび割れ、剥離、変色などの劣化状況を確認し、アクリル塗料やウレタン塗料、シリコン塗料、フッ素塗料、無機塗料の中から最善の塗料を選んで施工するほか、壁材サイディングの隙間を埋めるシリコンやポリウレタンなどの樹脂製のコーキング材が劣化していれば、コーキングもやり直し、水や汚れの侵入を防ぐ工事も行う。

「外壁や屋根は絶えず風雨や紫外線に晒されているため、住宅の中でも最も劣化しやすい箇所です。塗装の役割は防水性や防湿性などの機能で建物自体を保護することにあり、適切なタイミングで施された確かな品質の塗装は住宅や店舗の寿命を長らえることにもつながっていきます」

林さんは、内部塗装も手がけ、空間イメージを一新させる。

「内部塗装は壁紙クロスには出せない素材感が魅力で、塗装された内壁はカフェやレストランのように重厚で温かみのある空間を演出します。好みに合わせたオーダーカラーでの施工も可能です」

このほか、屋上や屋根、ベランダなどの防水工事や、劣化したり、ライフスタイルが変化したりした家屋のリフォームにも対応する。

（ライター／斎藤紘）

新しい植物工場のカタチ。

代表
前田光樹 さん

大阪テクノホルティ園芸専門学校卒。海外で技術指導を行った後、2012年新規就農して「前田ストロベリー研究所」をスタートし、生産したイチゴは百貨店へ販売しているほか海外へも輸出。開発したノウハウを広げるべく2022年1月『株式会社アグリテックプラス』設立。

イチゴ栽培にイノベーション起こす 周年栽培法や新品種育成に光る実力

バイオテクの知識活用 新たな植物工場を研究

『株式会社アグリテックプラス』代表の前田光樹さんは、「植物バイオテクノロジー」を専門とし、新しい品種を開発する「育種」、苗や成果物を海外と流通する「貿易」、実際に栽培して「生産」、市場や海外マーケットなどへの「流通・販売」、新しい技術の「開発」、技術指導などの「コンサルタント」と農業に関する業務をこなし、それによって農業を俯瞰で見て実践する事ができる農業のエキスパート「Agronomist（アグロノミスト）」として農業の変革に取り組む経営者だ。冬イチゴといわれる一季成りイチゴを日本で初めてビニールハウス内で夏に生産することに成功したことや、白地の果皮に赤のつぶつぶが可愛らしく、希少性の高い白いイチゴを交配育成し、品種登録されたことでイチゴ生産者の間で広く知られた存在だ。

一季成りイチゴの夏栽培は、北海道の農業法人をパートナーに取り組んだものだ。

「一季成りイチゴは、低温条件と短日条件のもとで花芽分化し、翌年の春に開花結実します。現在、日本で栽培されているイチゴのほとんどは、この一季成りイチゴです。一季成りイチゴのない夏から秋にかけては、海外から夏イチゴを輸入しています。この一季成りイチゴをビニールハウス内で生産できることを実証しました。これにより、一季成りイチゴを年間を通して生産することが可能にな

株式会社 アグリテックプラス

0744-48-3563
info@agritech-plus.com
㊟ 奈良県磯城郡田原本町味間161-2
https://agritech-plus.jp/

Agritech-plus
アグリテックプラス

AGRONOMIST

生産・流通・販売

植物バイオテクノロジー

育種

一季成イチゴの周年生産

ハイブリッド型植物工場

高設ポット栽培

りました」

白いイチゴは、「イロハ—001」の名で品種登録され、パールホワイトの商品名で売られている。形は縦長の卵円形をしていて、ほどよい甘味があって酸味が少なく、やさしい風味が特長。果皮は硬めなので輸送性が優れており、これはあえて開発時に海外への輸出でも傷まないような個体を選抜したものである。前田さんは、独自開発した高設ポット栽培ベンチ（特許申請準備中）で数品種を細微し、東南アジア圏を中心にアメリカなどへも輸出している。出荷シーズンは、奈良では12月～6月、北海道では周年だ。前田さんは、現在主流になっている完全閉鎖型植物工場ではなく、太陽光とLEDを利用し、低い設備投資で人の出入も自由、作業性も高い、よりカジュアルなハイブリッド型植物工場の実証試験に取り組んでいるほか、害虫を食べる天敵と病原菌（糸状菌）を抑制するバチルス菌を使って農薬を減らす仕組みを模索し、生産物の安心安全性を確保する挑戦も行っている。

前田さんは、中国、インドネシア、タイ、ベトナム、ドバイなどで植物バイオテクノロジーのコンサルティングや技術指導を行う中で、現地で食べたイチゴと日本のイチゴを比べた時に圧倒的に日本のイチゴが美味しく競争力があると感じ、美味しいイチゴを作って海外へ輸出したいと思い立ったのが、イチゴ栽培に取り組むきっかけになったという。

（ライター／斎藤紘）

ソフト販売、IT、システム導入で相談やサポート。業務効率化の要望を元にシステム開発を行う。

代表取締役
岩間崇 さん

農家に生まれ、大学で電子工学を学ぶ。公務員を経てシステム開発会社で十数年間システム開発に従事。独立して、2017年『ガンズシステム合同会社』設立。農業分野のシステム開発やコンピュータ業務の代行に注力。2022年2月、株式化。

農作物の配送伝票作成代行が好評
農繁期の煩瑣な事務作業から解放

販促用のチラシも印刷
桃ブドウの農家も支援

農作物の配送伝票作成は農家にとって大事な事務作業だが、農繁期、朝早くから働いて疲れた体で夜に手書きするのは大きな負担だ。その助けになって農家に喜ばれているのが、『株式会社ガンズシステム』代表でITエンジニアの岩間崇さんの「伝票代行」サービスだ。農家は、管理している顧客データを渡すだけで、岩間さんがパソコンで入力、プリンタで印刷するだけでなく、希望すれば、販促用のチラシやダイレクトメールまで作成してくれる手厚いサービスだ。

「業務のIT化はあらゆる業種で進んでいますが、農家の方がパソコンやプリンタで自分で配送伝票を入力、印刷する場合、機器やソフトの購入で約20万円の投資が必要になる上、面倒な操作方法も覚えなくてはなりません。そんな負担が不要なのが『伝票代行』サービスです。データは、すっべて当方が代わりに入力するので、パソコンが苦手な方も安心してサービスを受けられます。特に、農作物の送り先が100件から500件ぐらい、毎年送るお客さんがだいたい決まっているといった農家の方に適したサービスです」

このサービスの料金を見れば、経費の負担がいか

株式会社 **ガンズシステム**

090-7705-9350
t-iwama@gunssystem.com
㊟ 山梨県笛吹市一宮町東原706-1
http://gunssystem.com/

こちらからも
検索できます。

ガンズシステム
Begin to shoot your Bullet

「農業」と「システム」と「マーケティング」を交えた内容の本を2021年3月出版。

に小さいかがわかる。初年度の費用5万円、それ以降は年1万円で、初年度のデータ入力500件、それ以降毎年20件までは無料、無料分を超えた場合は1件に付き50円、配送伝票は毎年1000枚まで印刷する。このサービスを10年間受けて、ソフト購入の5万円を入れても14万円(税別)しかからず、パソコンを購入するよりも安く伝票作成ができる。岩間さんは、農家がパソコンを使って自分で印刷したい場合にも対応し、ソフトの設定やプリンタの接続などパソコンでシステムがしっかり動くようにサポートする。岩間さんの活動拠点である山梨県笛吹市とその近隣は、全国的に知られた桃やブドウの産地。毎年多くの注文が来るが、その配送伝票作成のための印刷ソフト『ももっちい』も開発した。品物や届け先などの登録、運送会社ごとの配送伝票の作成ができるソフトで、対象地域を限定して、設定サポート付きで5万円で販売しているほか、このソフトとプリンタを使った配送伝票の印刷代行も行っている。岩間さんは、こうした個別のサービスのほか、農業経営のIT化に関心のある農家向けに、ITの活用法を4人の登場人物の会話形式でわかりやすく解説した著書「ちいさな農家の戦い方 農業とシステムとマーケティングと」を刊行した。

(ライター/斎藤紘)

千葉県流山市でケア（介護）と
カルチャー（生涯学習）を中心に活動

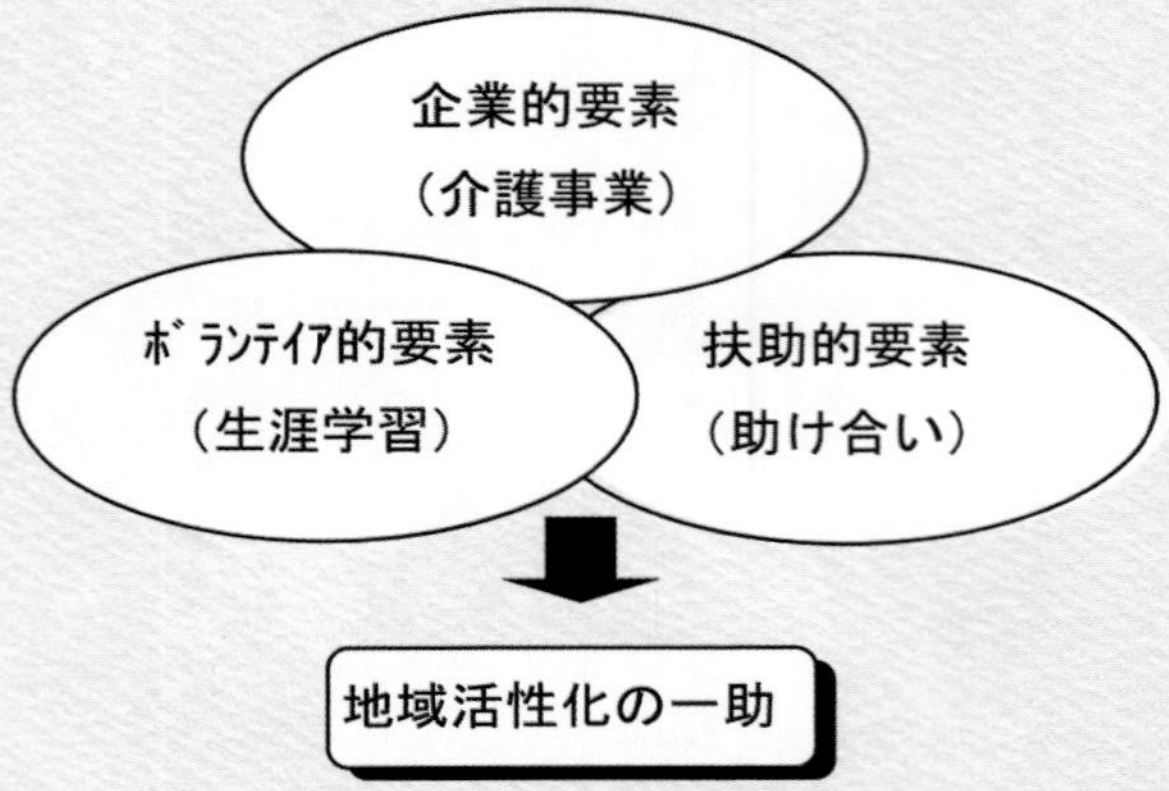

理事長
上矢洋久 さん

早稲田大学法学部卒。認知症になった義母の介護のため、日立製作所を早期退職、介護福祉士の資格を取って2001年に『C&Cクラブ』設立、理事長に就任。2015年、高齢者地域支え合い活動団体として千葉県知事賞受賞。

行き詰る民主主義を正す独自の提案
NPO活動の実践例を基に著書を刊行

助け合う共同体を重視
SNSを活用し情報共有

「私たちの民主主義の話をしよう―イデオロギーでも理想論でもない、新しい時代を生きるための条件」介護事業を手がける『特定非営利活動法人（NPO法人）C&Cクラブ』の理事長上矢洋久さんが2022年に刊行した著書だ。政治でも制御できないコロナ禍、貧富の格差、ロシアのウクライナへの軍事侵攻、一党独裁の非民主国家の軍事力拡大など国内外の状況を俯瞰し、「民主主義は本物か」と抱いた疑問に自ら答えを出したもので、そのベースになったのがNPO法人での活動だ。

『C&Cクラブ』で上矢さんは、自助、扶助、公助の精神を基本に、多くの市民の協力を得ながら、介護保険制度を活用した介護事業、高齢者の生活・外出支援事業、高齢者や青少年を対象にしたカルチャー事業を展開してきた。2004年からは、地域の個人、商店、企業などが情報を共有して地域で支え合うためのインターネットを活用したSNS方式の「地方ほのぼの新聞」をボランティア学生の協力を得て開発し、運用してきた。

この事業体制で上矢さんが目指したのは、「バーチャルの世界とリアルの世界の接点、つまり徒歩や自転車、車で30分以内の市民がコミュニティーを作り、インター

特定非営利活動法人 **C&Cクラブ**
シーアンドシークラブ
04-7154-1325
huwaya@kind.ocn.ne.jp
㊟ 千葉県流山市美田69-60
http://tetote.or.jp/home/ccclub/

特定非営利活動法人 C&Cクラブ

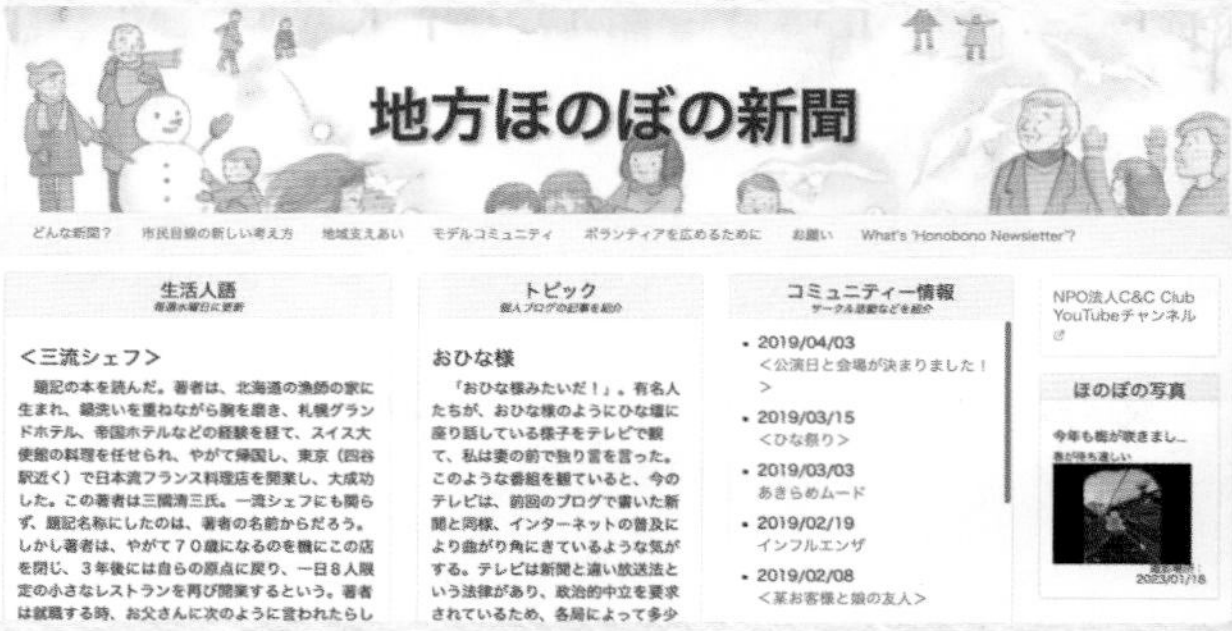
地方ほのぼの新聞
どんな新聞？
市民目線の新しい考え方
地域支えあい
モデルコミュニティ
ボランティアを広めるために
お願い
What's 'Honobono Newsletter'?
生活人語
<三流シェフ>
題記の本を読んだ。著者は、北海道の漁師の家に生まれ、鍋洗いを重ねながら腕を磨き、札幌グランドホテル、帝国ホテルなどの経験を経て、スイス大使館の料理を任せられ、やがて帰国し、東京（四谷駅近く）で日本流フランス料理店を開業し、大成功した。この著者は三國清三氏。一流シェフにも関らず、題記名称にしたのは、著者の名前からだろう。しかし著者は、やがて７０歳になるのを機にこの店を閉じ、３年後には自らの原点に戻り、一日８人限定の小さなレストランを再び開業するという。著者は就職する時、お父さんに次のように言われたらし
トピック
おひな様
「おひな様みたいだ！」。有名人たちが、おひな様のようにひな壇に座り話している様子をテレビで観て、私は妻の前で独り言を言った。このような番組を観ていると、今のテレビは、前回のブログで書いた新聞と同様、インターネットの普及により曲がり角にきているような気がする。テレビは新聞と違い放送法という法律があり、政治的中立を要求されているため、各局によって多少
コミュニティー情報
2019/04/03 <公演日と会場が決まりました！>
2019/03/15 <ひな祭り>
2019/03/03 あきらめムード
2019/02/19 インフルエンザ
2019/02/08 <某お客様と娘の友人>
NPO法人C&C Club YouTubeチャンネル
ほのぼの写真
今年も梅が咲きまし…
2023/01/18

●一人ひとりの存在が大きい小さなコミュニティーづくり。
●理念を普及するための独自SNS「地方ほのぼの新聞」を開発。

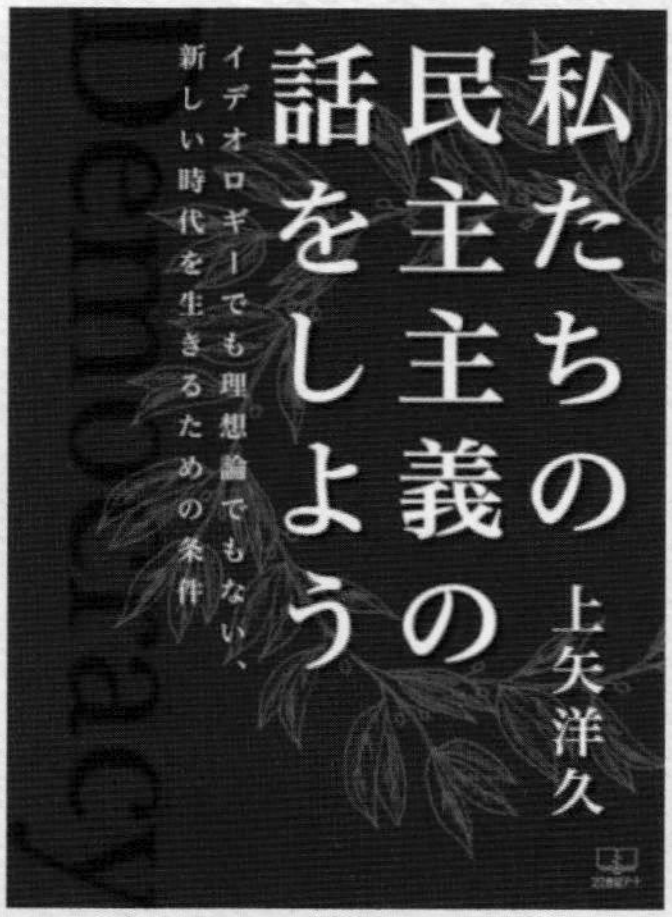
私たちの民主主義の話をしよう
イデオロギーでも理想論でもない、新しい時代を生きるための条件
上矢洋久
Democracy

著書「私たちの民主主義の話をしよう
— イデオロギーでも理想論でもない、
新しい時代を生きるための条件」
22世紀アート刊

活動内容

❶企業的要素として介護事業
コミュニテイー自立のために展開。

❷ボランティア的要素として各種生涯学習（絵手紙、書道、他）
地域市民の能力発見と向上のために展開。

❸扶助的要素として助け合いシステム「友達ネット」普及
助け合いの寄付金にて発展途上国の子供を支援。
<小さなコミュニテイーづくりのモデル実験に成功>

来夢来人市 十周年記念式
NPO法人設立10周年記念ミュージカル

C&Cクラブ
活動紹介
NPO法人設立20周年記念ミュージカル

ネットを有効に使ってQOL（生活の質）の向上を図ること」だ。

著書では、この小さなコミュニテーを新たな民主主義構築の重要な要素に挙げ、上矢さんは次のように話す。「日本は民主主義国家ですが、形式的なものにすぎず、実質的には官僚が支配するタテ構造社会で垂直思考が主流。それを正すには、民主主義の原点に戻り、市民が横のつながりを持ち、自らの能力を活かしながら、自己実現できるコミュニティーを市民や企業、団体などが連携して創ることが大切。また、水平思考の考え方であるインターネットを活用して市民の声を発信していくことも重要です」と。この上矢さんの主張は、劇作家平田オリザさんの次のような朝日新聞の記事（平成25年4月17日朝刊）と軌を一つにする。「…個々の価値観によって緩やかにつながる出入り自由な、そして小さな共同体を幾重にも作り、ネットワークを広げていく。その小さな共同体で小さな経済をまわし、地域に誇りを持って生き、経済をも少しずつ活性化…私はその小ささにしか、日本の希望がないと考える」

86ページのペーパーバックから伝わるのは、日本を良くしたいという情熱だ。上矢さんは、『C&Cクラブ』の理念を広めるため、NPO法人設立10周年記念、並びに、同20周年記念ミュージカルを企画、自ら脚本を書き、監督し、大成功を収めた。

（ライター／斎藤紘）

愛せる母・スピリチュアルクリニック 脳神経外科・疼痛緩和内科
生体エネルギー療法＋催眠療法を実施できる脳神経外科医師によるスピリチュアルクリニックです

院長
白石俊隆 さん

愛媛大学医学部卒。15年間、愛媛県立新居浜病院で勤務し、脳死臓器移植にも携わる。2017年独立、開院。医学博士。日本脳神経血管内治療学会認定専門医。American Board of Hypnotherapy（ABH）認定ヒプノセラピスト。

生体エネルギー療法や催眠療法で正体不明の不調に悩む人々を救う

西洋医学に限界を感じ エネルギー療養と催眠療法を学び診療で実践

脳神経外科と疼痛緩和内科を診療科目に掲げる愛媛県松山市の『愛せる母・スピリチュアルクリニック』院長の白石俊隆さんは、勤務医時代、1000例超の脳神経外科手術を経験した医学博士の学位を持つ日本脳神経外科学会認定専門医ながら、仕事を突き詰めれば突き詰めるほど生命の謎が深まり、治療方法について模索していた時に出会った生体エネルギー療法の効果に驚き、後に修得した催眠療法と共に診療に取り入れた異色の医師だ。生体エネルギー療法は、宇宙や大自然のエネルギーを施術者が受け取りその手のひらから放出して、患者さんの生体エネルギーの流れやバランスを整えたり、筋肉の筋緊張を解きほぐしたりする療法といわれる。

「エネルギー療法を真剣に勉強し、診療で実践してみて、正体不明の不調に悩む人々が自ら治っていくのを見るようになり、目に見えない力の存在を確信しました。この宇宙に満ちているエネルギーというものの謎が少し解けたような気がします。エネルギー治療を手がけることで本当の医者になれたと思いました」

ステージ3の乳がんの女性が病院で乳房切除手術を受け、術後に抗がん剤治療の副作用で苦しんでい

愛せる母・スピリチュアルクリニック
あいせるぼ・スピリチュアルクリニック

089-993-8490
info@clinic.icerbo.com
住 愛媛県松山市朝生田町6-5-36
https://clinic.icerbo.com/
公式ブログ https://tamashiitherapy.com/

こちらからも
検索できます。

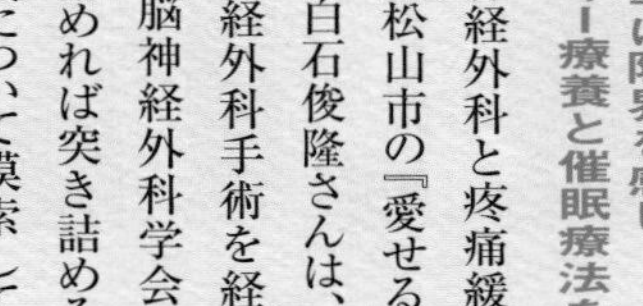

診察室3　団体（5～6人）での花粉症ヒーリングなどの催眠セッションや私の講義・セミナーあるいは、本写真の如く光と音のシャワーによるヒーリングにも使用。

診療室紹介ビデオ
https://www.icerbo.com/cyfons/cf/iz7z

診察室2　催眠療法の個人セッション。

診察室1　初診とエネルギー治療。

たため、生体エネルギー療法を遠隔で実施したところ、抗がん剤の副作用が全く無くなった症例や生後1ヵ月の女児の臍ヘルニアがこの療法と圧迫法で手術なしに治った例もあるという。（公式ブログ参照）

催眠療法は、心理学と精神医学に立脚した科学的な療法という。

「催眠療法には、いくつかの種類がありますが、その代表例が過去に遡っていく退行催眠です。『なぜ高所恐怖症なのか理由が知りたい』『自分が生きている意味をはっきりさせたい』『長年腰痛があるのはなぜなのか知りたい』といった催眠の目的を決めていただき、催眠に誘導し、目的に関連のある場所や時に戻って行くという体験を通して、目的を叶えます」

白石さんは、脳神経外科に特有な頭痛、顔面痛はもとより、眼痛、耳痛、鼻痛、歯痛、頸部痛、肩痛、五十肩、背部痛、腰痛、股関節痛、膝関節痛、腰部脊柱管狭窄症などの下肢の痺れ、脳卒中後遺症の痛みなどに対応しているが、西洋医学的な治療が無効であった奇妙な痛み、医師からよくわからないといわれた症状や治らないといわれた疾患、統合失調症、うつ病、パニック障害、強迫神経症、不眠症、化学物質や電磁波に対する過敏症、社会適応障害、不登校なども生体エネルギー療法や催眠療法を活用して改善に導く。

（ライター／斎藤紘）

個人や自営業の方々を応援する『全国助け愛♡プロジェクト®の活動』。

代表取締役会長
田野井美奈子 さん

『全国助け愛♡プロジェクト®』創始者。23歳で二極化する貧富の差を少しでも減らしたいと独立。「SDGs」活動の一部とパーパス経営のパイオニア。自らの成功ノウハウを無償で提供している。全国から感謝と感動の声が続出。全国にスタッフ募集中。

究極のプロジェクト、令和時代の分散型コミュニティ「助け愛」し、精神と経済のバランスをサポート

誰にでも幸せになる権利はあると長きに渡り人に寄り添い、自立へと導くエキスパート

神奈川県横浜市にて美容エステ、カウンセリング、ヒーリング、イベント業、子ども食堂、アニマルドネーションなど多岐にわたり事業を展開している『Remercier 株式会社』代表取締役会長の田野井美奈子さんはもともと銀行員。窓口業務を勤め、全国トップの成績で頭取表彰を最年少受賞。新入社員の講師を2年経験し、23歳の時には将来、貧富の差が激しくなり二極化することを知り、危機感を感じ少しでも二極化の差を埋めるためにFIRE（早期リタイア）した。保険業、不動産業、花屋などあらゆる事業を経験したことで組織論、帝王学、リーダーシップ、心理学、量子力学や脳科学が身についていたと語る。

人や環境、周りを悪くせず度重なるどん底から這い上がり、いつしか「人に喜んでもらいたい」「社会的に弱いと言われる立場の方々にも成幸して欲しい」という強い想いを持つようになる。一人勝ちではなく、みんなで少しづつでも収入が入るように「助け愛」ながら「SDGs」目標の一番「貧困をなくそう」を解決していく活動をし続ける。そして、東日本大震災をきっかけに『全国助け愛♡プロジェクト®』として銘打って、2020年には

Remercier 株式会社　～感謝する～
ルメルシェ

080-7972-8369
remercier369@gmail.com
㊟ 神奈川県横浜市瀬谷区五貫目町10-1 マークスプリングスメゾンB313
https://www.remercier369.net/

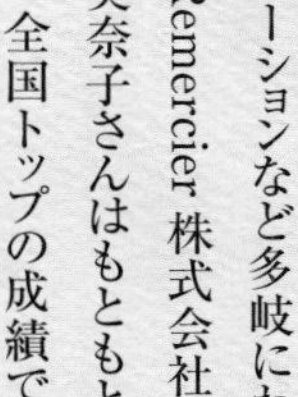

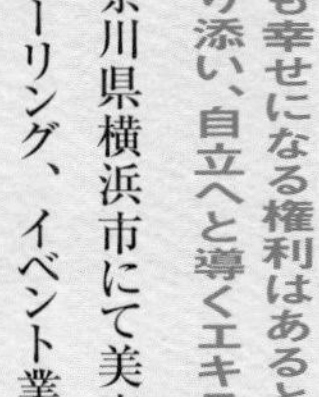

商標登録を取得。田野井さんの想いに共鳴し、自分も携わりたいというスタッフが札幌、福岡、岡山、岐阜など全国各地から参加している。

美容の仕事を通して、誰も悪くせず三方よしの捉え方や考え方を教え、一人ひとりに合わせたその人の良さを惹き出す教育や様々な悩みを持つ方のカウンセリングに力を入れている。例えば、「私は結婚できないと思っていた」とお肌に悩みを持っていたお客様がいらっしゃり、お肌だけではなくメンタルの部分もカウンセリングし、お肌も心も綺麗になり、現在は田野井さんを見抜いてずっと伝え続けている同社副会長である吉田雅信さんと結婚され、お子さんも誕生し、お父様も娘さんの成長に感動し、感謝している。

また、お客様の中には発達障害を抱えた息子さんを育てているシングルマザーの方もいらっしゃり、関わることで子育てに自信が持てるようになり感謝されているという。他にも、うつ病と診断され10年以上薬を服用して苦しんでいたお客様が一切薬を服用せずに「意識も思考も変わって心から笑えるようになった」と本人のみならず周りの方々も感動している。障がいをお持ちの方や難病の方など多くの方々から「田野井さんから直接カウンセリングしていただき学んだことで、お肌だけで、人として成長し変わることができた」「成長させていただいたおかげで収入に見合った、人としての器を広げることができた」など喜びの声が多数寄せられている。公務員を早期リタイアしてビジネスパートナーとなったご主人と2022年は、ジェンダーレスカップル含め4組のカップルの婚姻届の証人になるなど、スタッフからの信頼に厚い。

「未来に不安を感じている人に温かく安心した環境を作りたい」

「助け愛」に何よりもこだわり続けている田野井さん。全国各地からお問い合わせや相談が殺到し、現在は3ヵ月待ち。今後は、「Web3.0」、「DeFi」の構築も視野に入れつつ、成長して自立する人をサポートする環境作りにさらに力を入れ、全国へのサロン展開する方を募集している。新時代を生き抜くために人と人の繋がりが求められる今、この「助け愛」の輪は今以上に多くの注目を浴び続けるだろう。

（ライター／星野春菜）

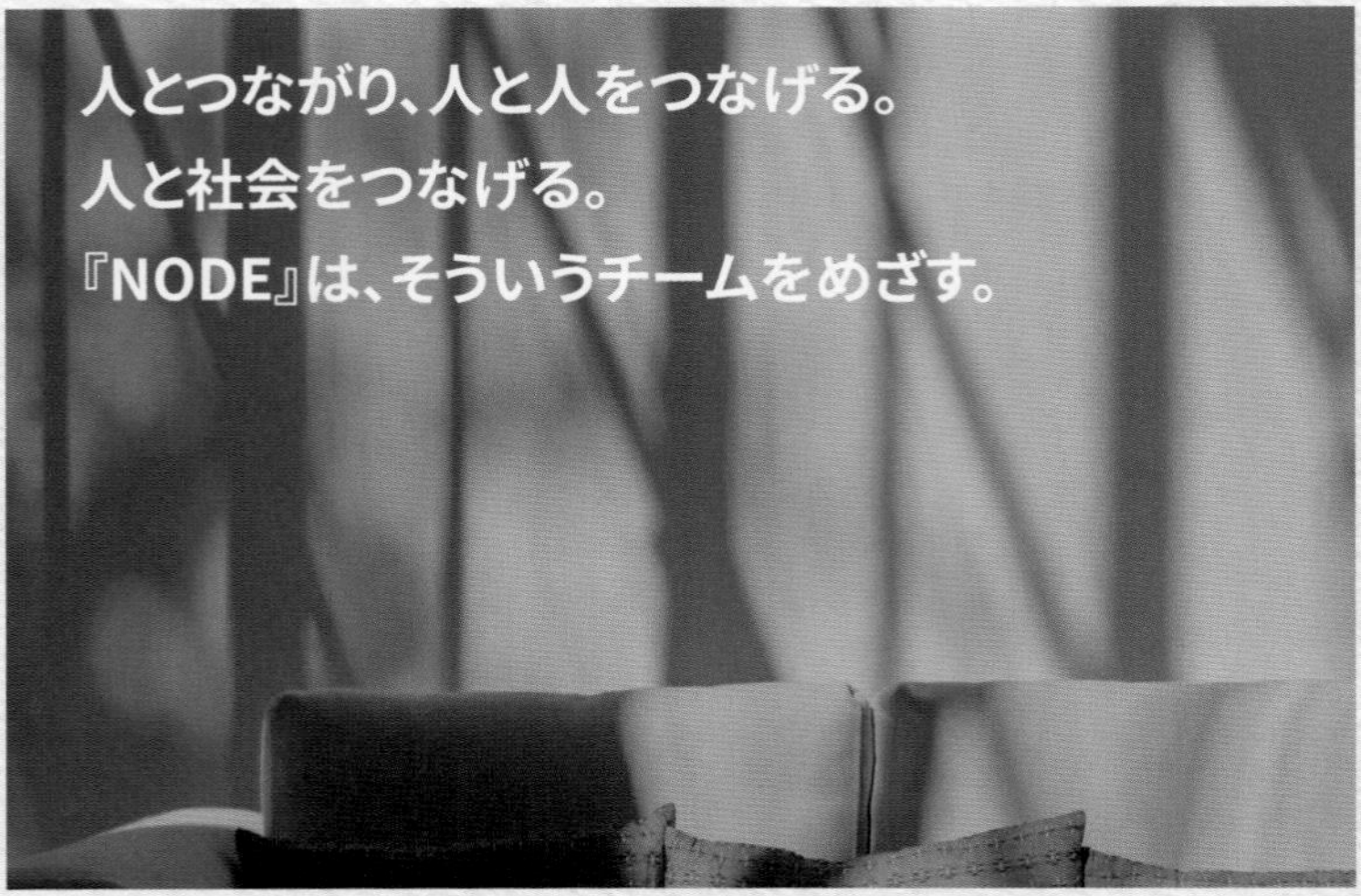
人とつながり、人と人をつなげる。
人と社会をつなげる。
『NODE』は、そういうチームをめざす。

代表取締役
岡田真弥 さん

高校時代からラグビーに打ち込み、東洋大学に進学。東京の不動産ベンチャーを経て、大手IT・情報通信会社に転職し、人材採用や経営企画を担当。ITベンチャーで経験を蓄積後、2022年『株式会社NODE』設立。

システム開発の上流から下流まで支援
根底に誰かの力に、日々注力

新会社ながら実績顕著
少数精鋭で業務を遂行

「社歴と規模感にアンマッチな最先端のプロジェクトにアサインしていることが当社の特長」

ＩＴエンジニアの派遣やシステムの受託開発などを手がけるＩＴベンチャー『株式会社ＮＯＤＥ』は、2022年1月に設立された少数精鋭の若い会社ながら、代表取締役の岡田真弥さんのこの言葉通り、ＩＴ戦略の立案から設計、開発、運用・保守・管理までを一括請負する大手ＳＩｅｒ（システムインテグレーター）の開発プロジェクトの上流工程にチームで参画したり、官公庁や大手メーカーの業務効率化システムの開発を請け負ったりと、着々と実績を重ねている。

岡田さんが掲げた同社の事業は、ＩＴエンジニアの派遣、エンジニアの技術力を提供するシステムエンジニアリングサービス（ＳＥＳ）、コンピュータやソフトウェア、ネットワークなどを組み合わせて利便性の高いシステムを作るシステムインテグレーション（ＳＩ）が3本柱。システム開発を行う上で実施すべき業務の内容を整理する要件定義から始まり、最適なシステムソリューションの提案、インフラ構築、運用、保守まで担う。

これまで開発などを支援した実績は、官公庁

株式会社 **NODE**
ノード

092-406-3846
info@no-de.tech
㊟ 福岡県福岡市中央区天神3-4-9 GGソーラービル4F
http://no-de.tech/

NODE

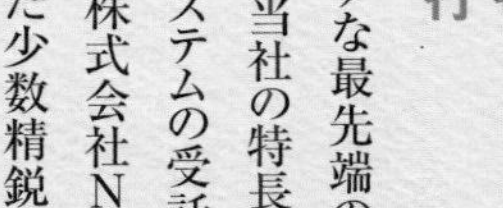

関係では、PCR検査キット検索システムや建築確認システム、メーカー関係では、製品開発プロジェクトマネジメントツール、セキュリティインシデント対応、自動検査ツール、SIer関係では、クレジットカード会社向けシステム、スマホやIoT機器などの近くにサーバーを分散配置して通信を高速化するMEC、共済業務システム、オンライン上の本人確認審査システム、チケット発券サービス、不動産会社の基幹システムなど多岐にわたる。

岡田さんは、不動産会社を経て、上場企業の情報通信会社に転職し、人材の採用や教育を担った後、業界の3本の指に入る大手ITベンチャー社で経験を重ねた。この過程で「派遣社員として働く方々の成長にコミットする事業を行いたい」との思いが膨らみ、一人で「つなぐ」を意味する英語を社名にした『NODE』を立ち上げた。その後、岡田さんの経営理念に共鳴した人材が集まり、現在は30人まで増えた。

「人とつながり、人と人をつなげる。人と社会をつなげる」

これまでの出会いに感謝し、出会いとつながりを大切に明るい未来を創っていく、そういうチーム（会社）を目指している。

（ライター／斎藤紘）

「上海オフィス」営業部社員

代表取締役
金沢亮 さん

中国・上海出身。高性能な日本製の機械に感銘を受け、中国に紹介するべく、来日を決意。輸出入に関わる商社の通訳として貿易業の経験を積み、1999年、会社を設立。日々進歩する技術のために、常に最新情報の収集や学びが欠かせない。

NEV用電池のフィルム加工に関わる事業 日中両国の技術の架け橋に情熱傾注

日本の高い技術力評価 上海事務所で事業推進

電気自動車などのＮＥＶ（新エネルギー車）の生産が２０２１年まで７年連続で世界一を記録し、世界のＮＥＶシェアで50％超を占める中国に、日本製の優れたリチウムイオン電池用フィルムの加工設備を輸出する事業に着手したのが『中和商事株式会社』代表取締役の金沢亮さんだ。出身地の中国・上海から日本に移り住んで37年、様々な事業を通じて母国中国と日本の技術の架け橋になることに情熱を傾けてきた経営者。上海に開設した事務所を拠点に事業を本格化させる。

「ＮＥＶに欠かせないリチウムイオン電池には、正極と負極の接触を防ぎつつイオンを通す役割を担うセパレーターという樹脂製のフィルムが必要です。リチウムイオン電池は、日本のお家芸といわれてきましたが、近年は中国や韓国メーカーが台頭してきました。この状況の中で、日本が絶対的な強みを持つリチウム電池用材料として中国メディアの百家号が挙げたのがこのフィルムです。特にリチウム電池用フィルムは、世界市場で大きなシェアを占めています。そのフィルムを中国で大量生産する時代が到来することを見据えて、中国に加工設備、技術の輸出を進めていきたいと思っ

中和商事 株式会社
ちゅうわしょうじ

日本本社
✉ chuwa1@163.com
上海オフィス
✆ +86-21-5108-9860
✉ chuwahanxl@163.com

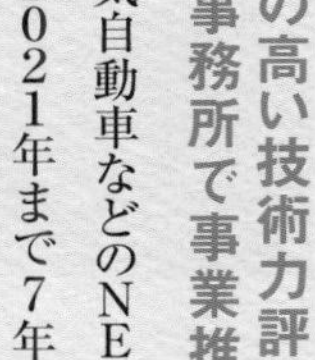
上海オフィスビル

「機能性フイルム製造装置」

「機能性フイルム製造装置」

顧梅林 専務取締役

「機能性フイルム製造装置」

ています」

37年前に金沢さんは、包装パッケージ制作を手掛ける上海の会社で勤務する中で、日本から輸入した当時「東芝機械」製造プラントの洗練されたデザインや生産力に驚き、日本の技術を知りたいと1986年に日本に移り住み、中堅建築資材の卸商社に入社。10数年にわたりキャリアを蓄積した後、1999年に『中和商事』を立ち上げた。印刷からラミネート、軟包装機械の輸出からスタートしたものの、時代の進歩などでこの事業から撤退。その後、液晶テレビのモニターを構成する光学フィルムに着目し、輸出に乗り出した。液晶テレビのモニターは、コーティングした光学膜と呼ばれるフィルムが幾重にも重なって作られていて、日本製の加工設備は世界でもトップレベル。何度も中国に足を運んで採用に漕ぎつけたという。こうした経験を重ねた金沢さんは、リチウムイオン電池用フィルムに関わることの輸出事業に大きな期待をかける。

「上海事務所には、中国語、日本語に堪能なスタッフが在籍し、スムーズに事業が推進できる体制が整っています。この事業を通じて日中両国の発展に貢献できればと思っています」（ライター／斎藤紘）

employee satisfaction
一人一人の個性や資質を最大限に生かし
組織の創造力を引き上げる
“社労士”と“弁理士”の資格を持ち、
活気のある、持続可能な職場づくりをお手伝いします
無形の財産を活かして生産性を上げ、誰もが働きやすい会社の実現を目指す。

代表
永田由美 さん

大学の法学部政治学科卒。大手放送局や専門紙誌出版会社に勤務。在職中から特定社会保険労務士、知的財産管理技能士、行政書士、通関士、弁理士など多様な資格を取得。2022年4月より、西東京市と御殿場市を拠点に活動。

他に例のない手法で企業価値を向上「労務」と「知財」を結合した事業戦略

弁理士資格持つ社労士 企業の衰退原因を克服

知的財産の専門家である弁理士と一級知的財産管理技能士の国家資格を併せ持つ社会保険労務士として、労務管理と知的財産管理をミックスさせた事業戦略で従業員のモチベーションを高め、企業価値を向上させる前例のないコンサルティングで注目を集めているのが『ひばりES社労士オフィス』代表の永田由美さんだ。ESは、従業員満足を意味するEmployee Satisfactionの略で、メンタルヘルス対策や著作権リスクマネジメントからブランディング、キャリア形成までカバーする重層的な思考回路を支えるのは国家資格に裏付けられた知見だ。永田さんが、新たなビジネスモデルとしてコンサルティング業務に乗り出したのは、日本の企業の現状に対する危機感からだ。

「競争力が弱まり、終身雇用や年功序列制度が維持できなくなった日本の企業では、人件費をかけずに生産性向上を図る傾向が往々にしてみられますが、それ一辺倒では社会全体がシュリンクし、結果的に自分たちの首を絞めていく未来しか見えてきません。企業や社会を活性化させるには、個々の働き手が自身の能力やオリジナリティに目を向けることが鍵になると考えます。それには、自己

ひばりES社労士オフィス 永田由美弁理士・社会保険労務士事務所
ひばりイーエスしゃろうしオフィス

090-4333-4122
eshibari59@gmail.com
https://hibari-es.com/

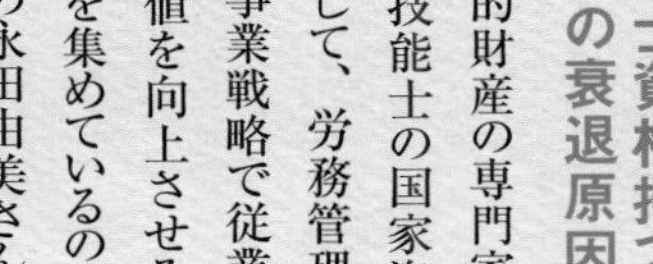
関東から東海にかけて活動しており、オンラインを含めればどこでも対応可能。

ES・ワークエンゲージメントを醸成する社内制度の設計支援

就業規則をはじめとする社内諸規程の診断や作成、更新などをサポートします。現行の労働法の基準を満たしているかだけにとどまらず、個々の企業・組織の事業内容や経営戦略に見合った規程に最適化されているかどうかもチェックいたします。

研究開発部門やクリエイティブ部門を対象とした職務発明・職務創作規程などの特殊な社内規程については、労務・知財双方の観点からアドバイスが可能です。

職場環境改善・付加価値向上サポート

直接雇用する従業員のみならず、派遣社員として、あるいは請負や業務委託で事業に関わる全ての人が身体的・心理的安全性を保障された職場では、働き手のパフォーマンスが向上し、結果的に生産性を高めることにもつながります。メンタルヘルス対策・安全衛生対策のほか、生産管理専門の技術士とコラボし、工程管理と労務管理を合わせたコンサルティングが可能です。

また、保有するノウハウやコンテンツといった知的財産を、経営に活かして企業等の付加価値向上に資するべく、管理状況のチェックや事業戦略に活用する上での相談にも応じます。

オーダーメイドの教育研修・セミナー

殆どの事業者がHPやSNSで情報発信を行っている昨今、著作権は業種を問わず社会人必須の知識になっています。また、ハラスメント対策の義務化が近年急速に進んでいるのと合わせて、組織の持続可能性を強化する「ダイバーシティ雇用」の重要性にも目が向けられています。

リスクマネジメントから進化型組織へ変貌するためのヒントまで、ニーズに合わせて社内研修やセミナーを実施いたします。

個人の被雇用者及びフリーランス向けのコンサルティング

終身雇用が「当たり前」ではなくなった今、個人の「働き手」にとっても自分の個性や特技に着目し、キャリア形成に活かしていくことが重要になってきています。

特定社会保険労務士として個別の労働問題に対応できることに加えて、ブランディングの考え方を採り入れ、現在フリーランスで活動する方や将来的に副業や起業を考えているサラリーマンの方へ、手掛ける事業の「世界観」を確立させ、キャリア形成にも役立つ「セルフブランド」を構築するお手伝いをいたします。もちろん法人組織のブランディング戦略にも対応可能です。

肯定感を抑制する教育環境や就業環境を改め、人件費カットに偏らない労務管理の最適化、それと並行して保有する知財の棚卸しなどを試みることが有効だと思います」

これを実現するために国家資格の専門知識を活用して提案するのが労務管理と知財管理をミックスさせた事業戦略の構築だ。

「特許法や著作権法などの知財法には、従業員が職務上創作した発明やコンテンツなどの職務発明や法人著作に関する条項があり、企業でこれに関する一定のルールを策定するには労働法上の就業規則を定めることが求められます。この規程を考課と有機的に結び付け、透明性、納得性の高い評価制度を構築することで創作業務に従事する働き手が高いモチベーションを維持し、仕事に対するポジティブな心理状態であるワークエンゲージメントを醸成でき、優秀な人材の確保にもつながり、結果として企業価値を向上させられるのではないかと考えています」

因みに、一級知的財産管理技能士には特許、コンテンツ、ブランドの三つの専門業務があるが、永田さんはそのすべての資格を取得、それもコンサルティングの幅広さと奥深さに繋がっている。

（ライター／斎藤紘）

誠心誠意、じっくりお話を伺いし、
お客様にとって最良の解決方法を提案します。
相続・不動産登記・養育費に関するお悩みは、
お早めに司法書士オフィスウェールムにご相談ください。

代表
平木康嗣 さん

学業修了後、メーカーで約15年、ものづくりに専念。「より人と触れ合える仕事に挑戦したい」と独立を決意。会社に勤めながら学び、行政書士と司法書士の資格取得。2016年、『司法書士行政書士オフィスウェールム』設立。

二つの国家資格の権限と知見生かし 相続に関わる様々な問題を的確解決

相談者の理解納得重視 不動産相続対策も可能

遺言書作成、遺産分割協議書作成、遺産承継、相続放棄、不動産登記、相続登記、成年後見・保佐・補助、任意後見、空き家対策……。二つの国家資格を持ち、相続問題解決のスペシャリストともいわれる『司法書士行政書士オフィスウェールム』代表の平木康嗣さんが対応する事案は幅広い。事案ごとの性質を見極め、専門的な視点から最善の着地点を見出すだけでなく、相続に関係する人たちが理解し、納得する丁寧でわかりやすい説明でも信頼を集めてきた。相続について知識を全く持たない当事者から相談を受けた際の説明は、その姿勢の好例だ。

「相続の手続きは、相続人の特定、遺言書の有無、財産の把握の確認から始めますが、相続人を把握するには戸籍謄本を確認するのが確実です」「相続財産には、現金、預金、不動産、債権、車、家具、宝飾品といったプラスの財産や借金、買掛金、未払いの税金といったマイナスとなる財産が含まれます」「相続は、原則としてプラスの財産だけでなく、マイナスの財産も全て引き継ぐことになりますが、相続自体を放棄したり、プラスの財産内でマイナスの財産を引き継いだりする方

司法書士行政書士 **オフィスウェールム**

045-620-2373
support1@office-verum.jp
住 神奈川県横浜市神奈川区西神奈川1-4-7 コーポ・タニ102
https://office-verum.jp/

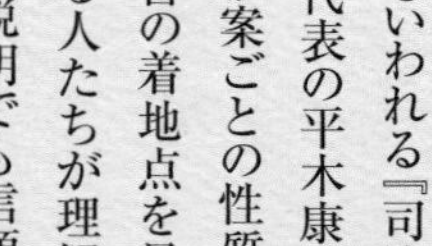
事例式
民事渉外の実務

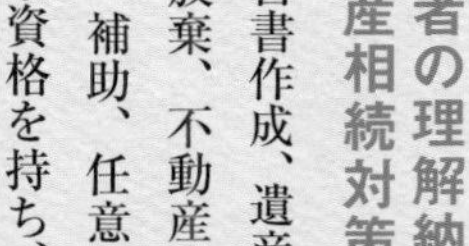
不動産登記権利情報

心から納得できる道を模索することを重視する信念。

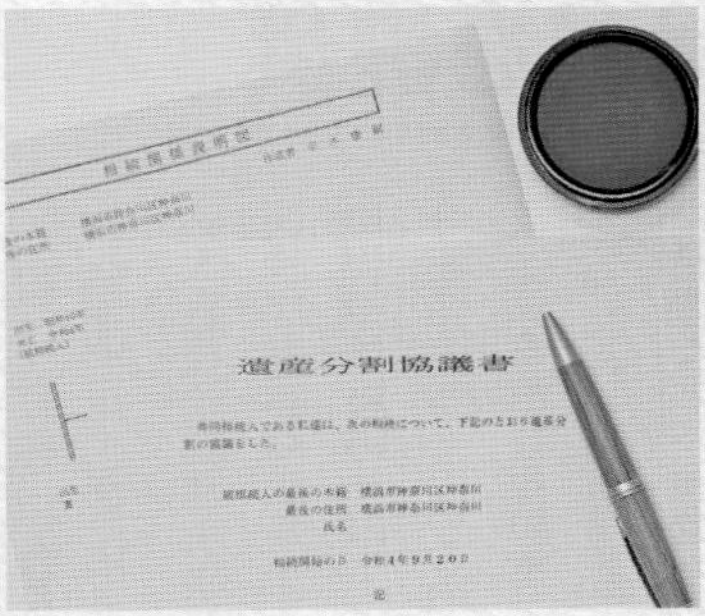

法もあります」「遺言書があっても、相続人全員が合意すれば遺言書と異なる遺産分割が可能です」……。中でも、平木さんの実力が伝わるのは不動産相続のサポートだ。

「不動産を相続して名義変更しないまま放置すると、不動産を売却したり、借金の担保にしたりすることができませんし、新たな相続の権利が発生して手続きが複雑化しかねません。2024年4月1日までに施行される不動産登記法の改正で相続登記が義務化されますので、遅滞なく登記できるように支援します。また、空き家を相続する場合は固定資産税などの費用が発生し、維持管理責任も負うことになります。固定資産税については空き家対策特別措置法で特定空き家に指定されると負担額が6倍増になってしまいますので、最善な方策を考えていきます」

平木さんがこうしたサポートを円滑に進めることができるのは、司法書士、行政書士に認められた戸籍謄本や住民票の写しなどの書類を請求できる職務上請求権や法務、行政手続きの幅広い専門知識を持っていることに加え、遺言執行者に就任することができる司法書士の権限を生かして遺言書の作成やその執行も支援することができるからだ。

（ライター／斎藤紘）

相続の一連の手続きをワンストップで対応。女性の細やかな視点で丁寧なサポート。

代表
大倉佳子 さん

東京国税局採用。都内税務署及び国税庁に30年余り勤務。2017年『大倉佳子税理士事務所』開業（関東信越税理士会所沢支部所属）。2018年、中小企業等軽々強化法に基づく経営革新等支援機関に認定。

消費税のインボイス制度で的確助言
課税・免税事業者別に判断材料を提供

国税庁勤務経験生かす
税制改正の要点も説明

『大倉佳子税理士事務所』所長の大倉佳子さんは、国税庁勤務経験を生かし、所得税や消費税の確定申告や節税のサポートで信頼を集める税理士だ。

今相談で増えているのが2023年10月1日から導入される消費税のインボイス制度だ。制度の内容、メリットやデメリット、令和5年度税制改正での特例措置など多角的な視点からアドバイスする。

「消費税は、商品やサービスの売り手が、買い手から受け取った消費税額から商品の仕入れで支払った消費税額を引いて納付します。これを仕入税額控除といいますが、消費税に8%と10%という2種類の税率が混在するようになったため、それぞれの取引にどの税率が適用されているかを証明する必要性が生まれ、税率ごとの対価額の合計及び適用税率や消費税率などを記載したインボイスと呼ばれる適格請求書を売り手側の責任で発行、買い手側が保存するインボイス制度が採用されることになったのです。インボイスが発行されなければ、仕入税額控除が適用されず、最終的な消費税納付額は増えることになります」

インボイスを発行できるのは、税務署で適格請求書発行事業者として登録を受けた消費税の課税

大倉佳子税理士事務所

おおくらよしこぜいりしじむしょ

☎ 04-2924-0790
✉ garnet-bear8@jcom.zaq.ne.jp
㊟ 埼玉県所沢市上新井5-33-15
http://okura-tax.jp/
https://taxoo-jimusyo.com/

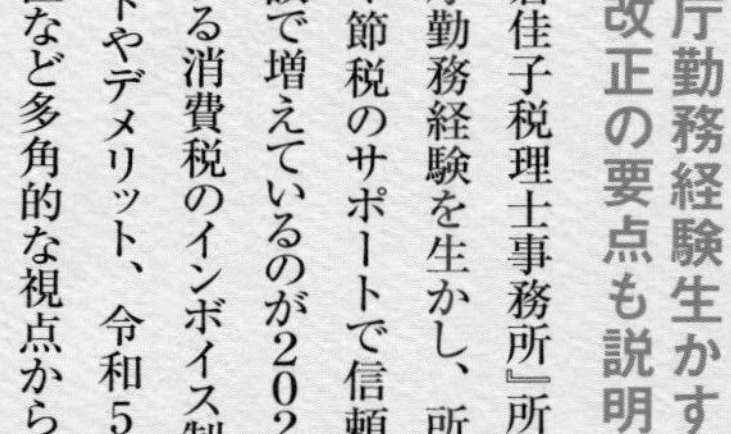

「W・HEART
コンサルティング
～人と会社をつなぐ」

「確定申告は、税制を一番身近に感じ、毎日身の引き締まる期間」と大倉さんは語る。

『クマさんの女心と仕事心―W・HEART』（文芸社）定価 1,100円+税

事業者のみで、登録申請期限は２０２３年９月末まで延長されたが、登録すべきか否か迷っている事業者が多いという。

「消費税の課税事業者は、前々年１年間の基準期間か前年上半期の課税売上高が１０００万円を超える事業者のことです。適格請求書発行事業者として登録されれば、経理業務が煩雑になる恐れがありますが、取引先として選ばれる可能性が広がります。悩ましいのは、課税売上高が１０００万円未満で消費税の納税が免除されてきた免税事業者です。適格請求書発行事業者になると納税義務が発生する一方、免税事業者のままだと適格請求書を発行できず、取引先との関係がどうなるのかといった不安、利益率の悪化を覚悟のうえで取引の機会を失わないために制度に対応するかどうか非常に悩ましい選択です。当事務所では、自社製品の取引先に課税事業者がいる事業者は取引先の仕入税額控除対象となりますので、適格請求書発行事業者に登録する選択肢としてお話ししています」

このほか、免税事業者が適格請求書発行事業者に登録した場合、納税額を売上税額の２割に軽減する令和５年度税制改正の小規模事業者の負担軽減措置などについても判断材料として説明している。

（ライター／斎藤紘）

お客様の立場に立ち、
「わかりやすく」「誠心誠意」サポートします

所長
志賀暎功 さん

1958年、東京国税局総務部採用、税務講習所で1年間研修、その後、成田、日本橋などの税務署で税務調査官として納税者に向き合う。国税局資料調査課を経て、1985年、王子税務署を退職、税理士を開業。共著書あり。

増える一方の相続税課税対象者に 生前贈与に関する税制改正で助言

生前贈与加算期間延長 資産状況から対策検討

相続税対策で相談案件を増やしているのが、国税局勤務歴27年、税理士歴38年の豊富な経験を持つ『志賀暎功税理士事務所』所長の志賀暎功さんだ。毎年のように変わる税制に対応する的確なサポートが支持される理由だが、2013年度の税制改正で相続税の基礎控除額が引き下げられ、課税対象が増えたことを踏まえて注意を促しているのが、23年度の税制改正で変更される生前贈与の規定だ。

「全国の相続税課税割合は、相続税の基礎控除額引き下げ前の4%台から一気に上昇し、2021年分では9・3%まで上昇しました。課税の対象になることを想定し、相続税の節税対策として、生きているうちに子どもなどに資産を移す生前贈与を行っている方が少なくありません。その生前贈与で節税できる期間が23年度税制改正で短くなり、生前贈与をするタイミングを考えなくてはならなくなったのです」

その改正、生前贈与の価額を相続財産に加算して課税する生前贈与加算の期間が延長され、延長分が増税になるものだ。

「贈与によって取得した財産については、その年の

志賀暎功税理士事務所
しがてるよしぜいりしじむしょ

03-5832-9941
ta-shiga@ams.odn.ne.jp
㊟ 東京都文京区向丘2-36-9-401
http://www.shiga-tax-ao.com/

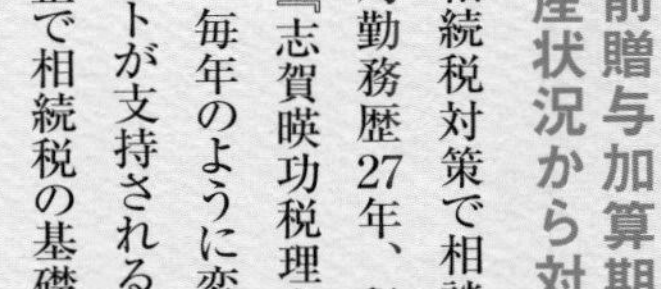

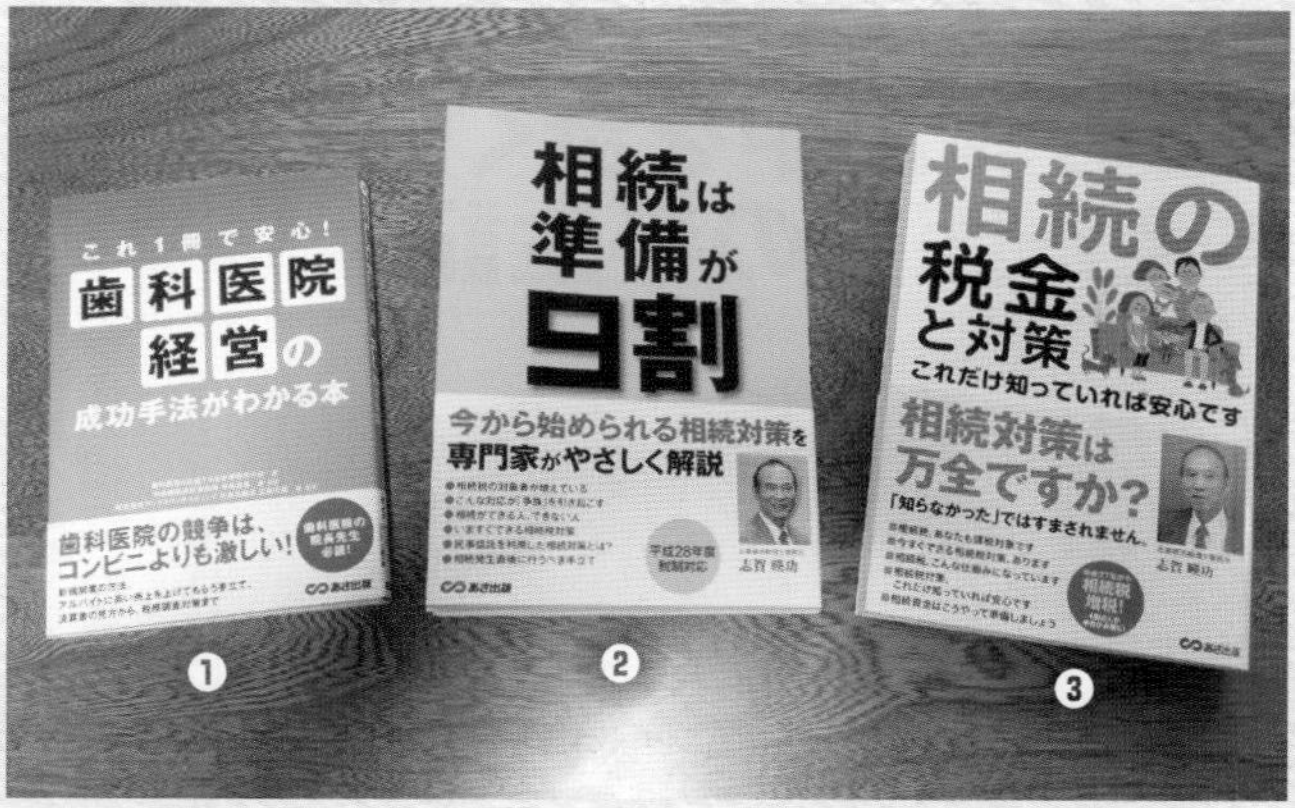

❶「これ1冊で安心／歯科医院経営のすべてがわかる本」（あさ出版）1,700円+税
❷「相続は準備が9割」（あさ出版）1,600円+税
❸「相続の税金と対策 これだけ知っていれば安心です」（あさ出版）1,600円+税

1月1日から12月31日までの1年間のうちに、贈与を受けた財産の合計額から基礎控除額110万円を差し引いた残額に対して贈与税を計算する暦年課税という課税方式があります。これを利用して相続税対策として行われるのが年間110万円以下を贈与する生前贈与ですが、過度な生前贈与による節税を防ぐためや若い世代への資産の早期移転を促すために設けたのが相続開始前の一定期間内の生前贈与の価額を相続財産に加算する生前贈与加算です。その期間は、これまでは3年でしたが、税制改正で7年に延長されたのです。加算額は延長する4年間分の生前贈与の価額の合計額から100万円を控除した残額と現行の3年以内分の贈与額の合計額です。適用されるのは、2024年1月1日以後に贈与で取得する財産からで、2023年中の生前贈与は現行の範囲内です」

志賀さんは、生前贈与加算が相続人以外は対象にならないことから、生前贈与に関する相談には、若い世代への資産移転を促す税制改正の趣旨を踏まえ、資産状況や家族構成などを精査し、贈与税がかかる一括贈与を現行制度内で行うことや相続人ではない孫や子の配偶者、親戚などに贈与することなど、様々な選択肢を考えながら、相談者にとって最善の着地点に導いていく。

（ライター／斎藤紘）

松戸市の駅ビルの書店で作家五木寛之の著書の隣に平積みされた著書。

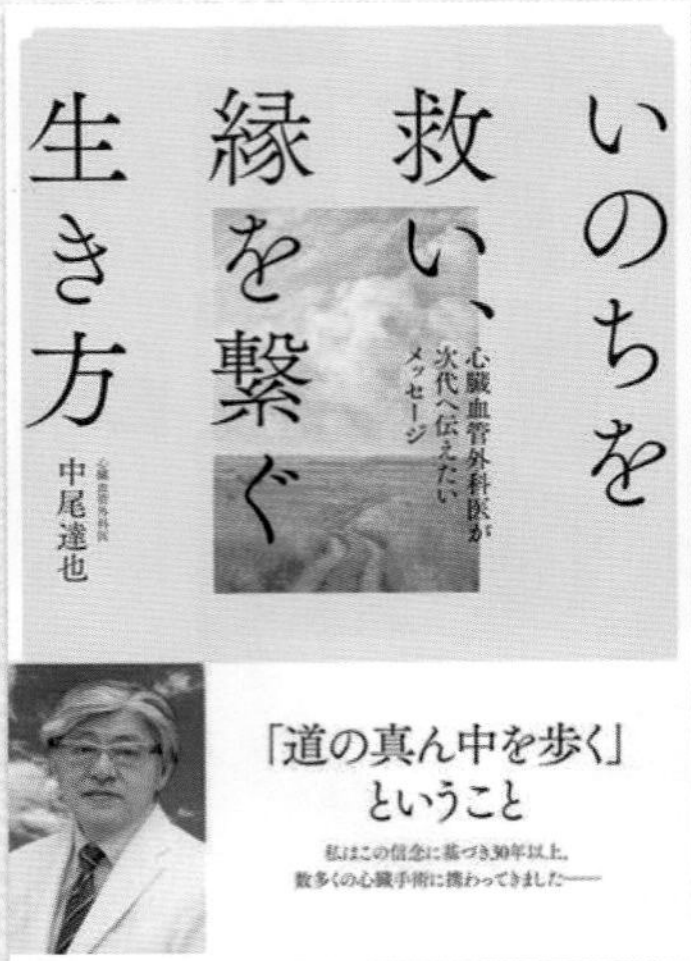

著書
「いのちを救い、縁を繋ぐ生き方
心臓血管外科医が次代へ伝えたい
メッセージ」現代書林刊

副院長 兼 心臓血管外科主任部長
中尾達也 さん
広島大学医学部卒。2014年『新東京病院』副院長兼心臓血管外科主任部長。三学会構成心臓血管外科専門医。三学会構成心臓血管外科専門医認定機構修練指導医。日本冠疾患学会評議員。腹部、胸部ステントグラフト実施医。

坂を上りながら道の真ん中を歩く
読者に感銘を与えた医師の半生記

300冊まとめ買いも
被爆女性の本も刊行

「この本は特に若い人への栄養になります。記憶に宿り生き続け、人生の道しるべになる可能性を秘めています」

『新東京病院』の副院長兼心臓血管外科主任部長中尾達也さんが2022年12月に刊行した「いのちを救い、縁を繋ぐ生き方 心臓血管外科医が次代へ伝えたいメッセージ」に感動し、社員のために300冊まとめ買いした会社経営者の言葉だ。

医師になってから35年間、「道の真ん中を歩く」を信念に歩んできた半生を回想した本だ。中尾さんは、病院のホームページにコラム「私が見た坂の上の雲」を毎年掲載、著書はこれを目にした出版社の依頼によるもので、米国や豪州での研究や先進医療技術の海外への普及も含めた医療活動、多くの人々との出会いなどに触れる中で、中尾さんが執筆した真意が伝わる一節がある。

「司馬遼太郎のいう『坂の上の雲』とは、目の前に上がるべき高い理想の坂があるいうことかもしれませんが、医療者にも上がるべき坂があります。その坂の上には、科学・技術・人間性の三つの磨くべき要素があります。坂を上りながら道の真ん中を歩いてさえいれば、やっていることすべてが

医療法人社団 誠馨会 **新東京病院**
しんとうきょうびょういん
047-711-8700
㊟ 千葉県松戸市和名ヶ谷1271
http://www.shin-tokyohospital.or.jp/

ソーシャルワーカー・保健師による対応時間
月～土曜日
9:00～17:00

著書を真ん中にして二人の孫さんと寛ぐ中尾さん。

英語版のタイトル
「Surviving the A-bomb Before and After My Tears Appeard in Life Magazine」

二カ国版
「命かがやいて 被爆セーラー服のなみだ」
東信堂刊

左から、故河内光子さん、中尾達也さん、著者の大西知子さん。

意味を持ち、後から振り返ればどんな意味があったかにも気づくことでしょう」

中尾さんは、千葉県や出身地の広島県の公共図書館全てに著書を寄贈。また、病院のある松戸市の駅ビルの書店では、作家五木寛之の著書の隣に平積みされた。読んだ人たちから連絡が相次ぎ、広島カープの佐々岡真司・前監督や年間グランドスラムを達成した車いすテニスの上地結衣さん、医師、出会った人などから感銘を受けたとの感想が寄せられた。著書の装丁を担当したブックデザイナーは、父親が急病で搬送された病院に触れながら「命を救うために格闘されていることを痛感、この一冊がより身近に感じます」とツイートした。高校時代の親友の母親からは、本の出版記念に胡蝶蘭を贈られ、そのお礼に広島の老健施設に訪ねると、「後20年人様を助けて上げてください」といわれたという。この著書に先立ち中尾さんは、米国の雑誌「ライフ」誌に掲載された原爆投下当日の広島の写真に写っていたセーラー服の少女、故河内光子さんの壮絶な人生を広島平和記念資料館のヒロシマピースボランティアの大西知子さんが聞き書きした「命かがやいて 被爆セーラー服の涙」の再刊行版と英語版を2022年8月に刊行している。

（ライター／斎藤紘）

単行本及び電子書籍
「現代医療に漢方を生かす小史ー
元気で楽しく生きるため」
22世紀アート刊
○西洋医学、漢方薬研究、そして
　伝統東洋医学との出会いと今の自分
○伝統的東洋医学の歴史と　我々の立ち位置
○漢方の決まりごと
○漢方医学の西洋式病名別治療への応用
○代謝異常症　など

「私たちは確かな技術で生活に信頼と安心をお届けします」

院長
山本昌弘 さん

大阪大学医学部卒。同大学大学院医学研究科修了。医学博士。内分泌代謝専門医。和漢医薬学会名誉会員。日本医師会産業医。日本臨床漢方医会会員。元千葉大学医学部内科学助教授。元日本生命病院（大阪）院長。

漢方医学と西洋医学の相乗効果追求
研究の成果を漢方内科に凝縮し実践

症状を見極め適切診療
2冊の著書で効果詳述

西洋医学的漢方医学と漢方医学的西洋医学。内分泌代謝に精通した医学博士であり、和漢医薬学会名誉会員でもある『なかむらクリニック』院長の山本昌弘さんが独自の「漢方内科」で追求する医療の真髄だ。２０１９年に刊行した著書「元気で働くための漢方―実証と実践の現場、現代医療への取り込み」、２０２０年刊行の電子書籍「現代医療に漢方を生かす小史―元気で楽しく生きるため」並びに単行本からその医療の全貌が浮かび上がる。山本さんは、米国留学を終えた後、漢方医学がまだ西洋医学界では非合理的と軽視されていた時代に、母校の大阪大学病院で漢方薬成分の作用の基礎的研究を進める中で西洋薬にも勝る効果を確認、これを機に漢方医学の研究を深め、日本東洋医学会が定めた漢方医学による治療法を修得、千葉大学病院や民間大病院での日常診療の中で西洋薬と共に必要に応じて漢方薬を併用し、治療効果を上げた臨床経験を持つ。その延長線上にあるのがクリニックの「漢方内科」だ。

「近年、漢方医学は、その効用、重要性が注目されるようになりましたが、西洋医学を極めるほど漢方がよく理解できるというのが私の信念で

医療法人 佳真会　**なかむらクリニック**

06-6245-1568
㊟ 大阪府大阪市中央区南本町3-1-12 カネセ中央ビル1F
http://www.nakamuraclinic-yamamotom.org

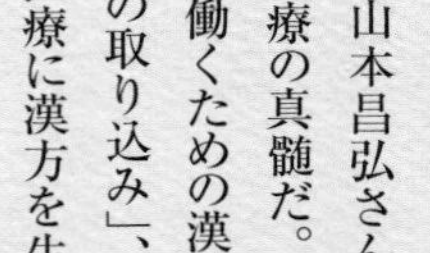

診 9:00～11:30
　14:00～16:30
㊡ 火・土・日曜日・祝日

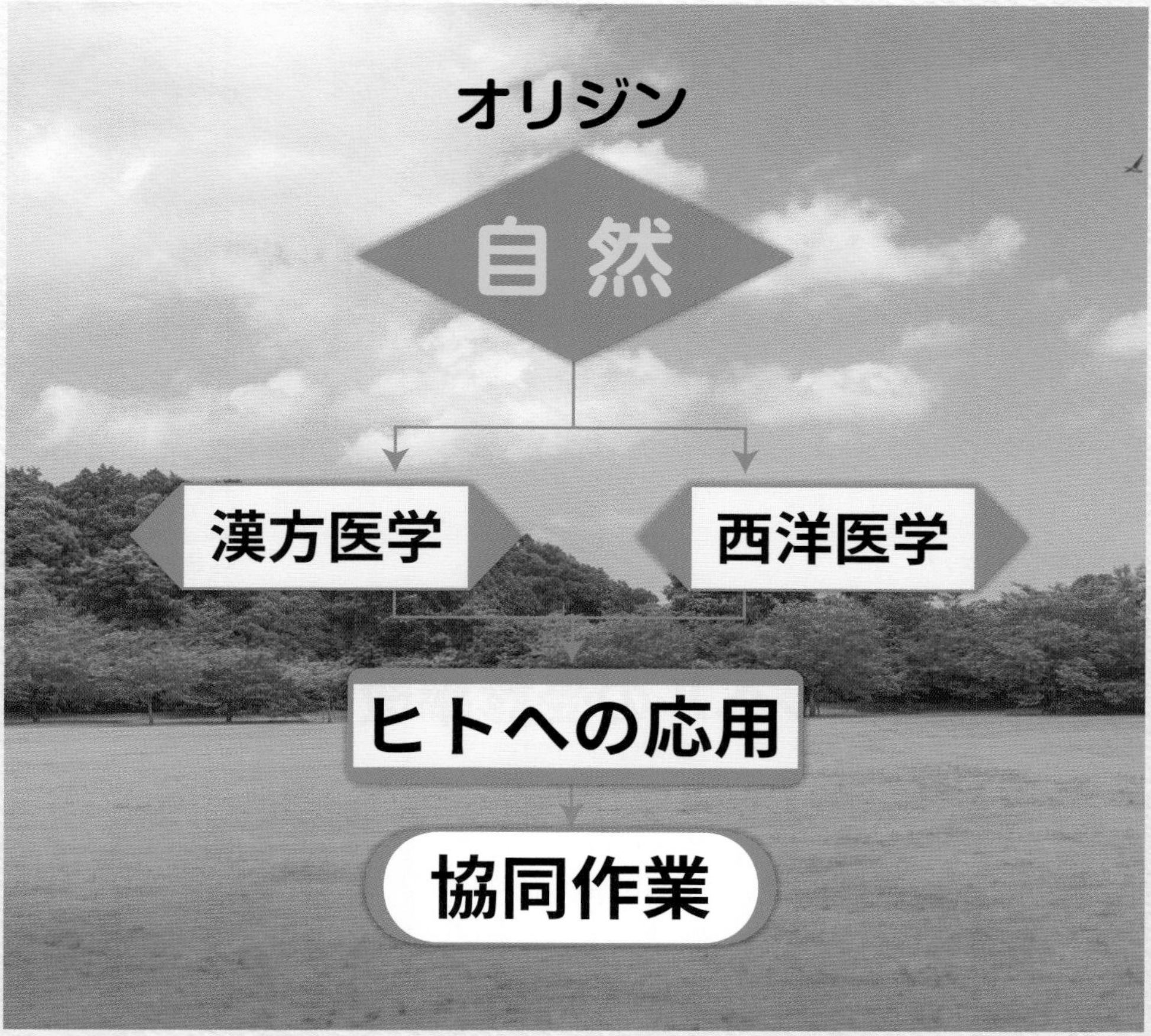

す。西洋医学、漢方医学は方法論が異なりますが、目指す方向は同じです。漢方内科の診療では、受診者お一人ひとりの希望に沿い、症状や体質を見極め、西洋医学、漢方医学のそれぞれの良いところを上乗せした、柔軟のあるオーダーメイド方式で行います」

漢方医療の応用範囲は限定されず、全身の疾患に適用されるが、臓器に異常がある器質的疾患より、臓器に異常はないが自覚症状がある機能性疾患により効果的で、症状の改善、術後の痛みなどの緩和に効果があるだけでなく、がんなど大病を患った人の闘病に対する気持ちも変わるという。2冊の著書は、研究や臨床経験、医院での治療などから得た漢方医学に関する知見の集大成ともいえるもので、その内容は、伝統東洋医学との出会い、伝統的東洋医学の歴史と現代医療での立ち位置、漢方の内容、漢方の決まりごと、副作用、臨床医学的実践など多岐にわたる。漢方医学の西洋式病名別治療への応用として挙げる疾患は、代謝異常症から糖尿病、不眠症、認知症、全身倦怠感、皮膚や運動器、呼吸器、消化器、循環器、泌尿器、耳鼻などの疾患、心療内科的疾患、女性特有の疾患まで広範囲に及ぶ。

（ライター／斎藤紘）

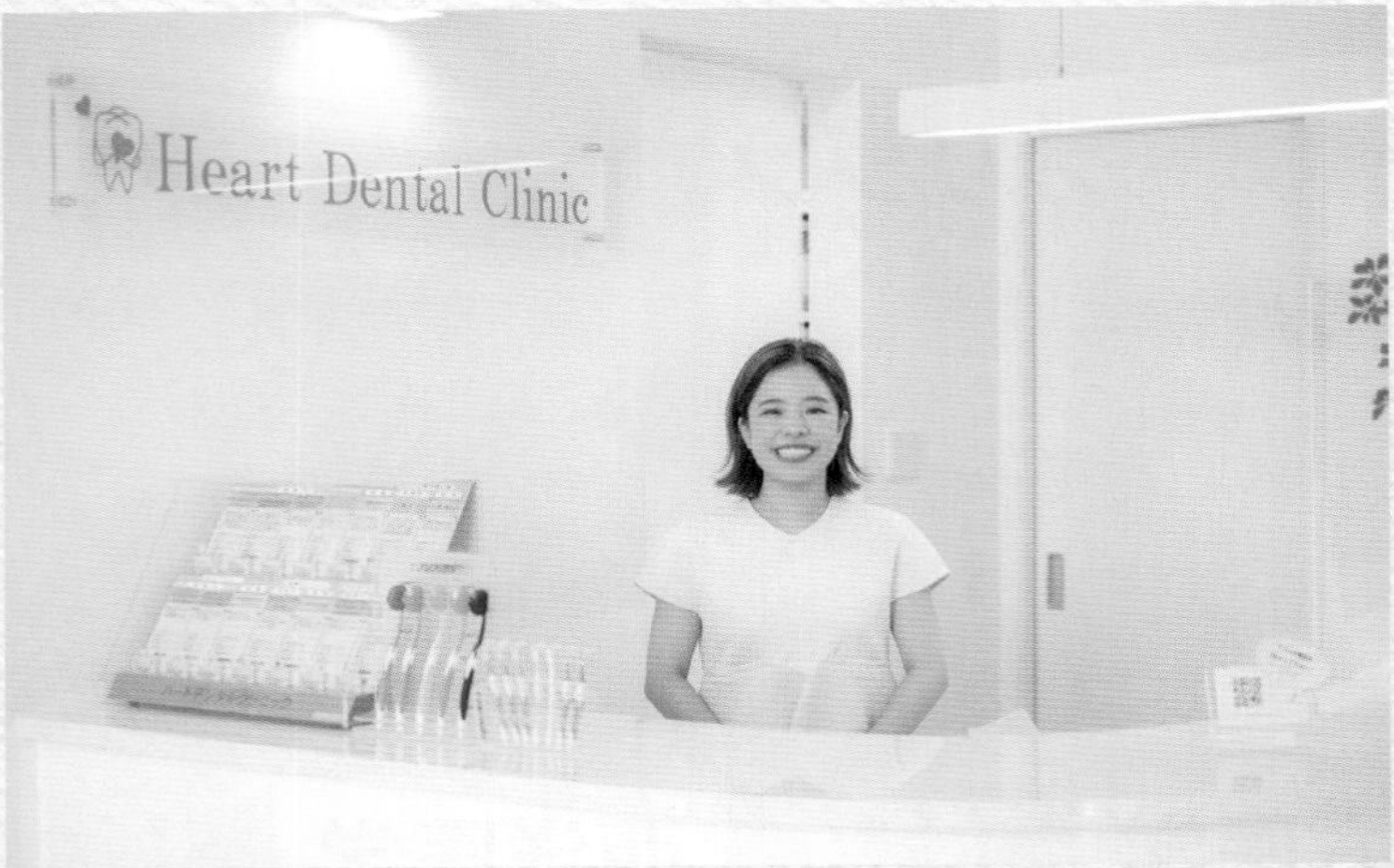

白をベースにしたクリニック内。

院長
葉清貴 さん

鹿児島大学歯学部卒。歯科医院勤務後、2007年、開院。感染対策を重視し最新鋭機器を導入。治療で不要になった金属を寄付して学校を建てるミャンマーやベトナムでのボランティア活動に参加。日本フィンランドむし歯予防研究会会員。

説得力ある定期健診の重要性の説明
先進国最低レベルの受診率改善促す

費用面から損得を指摘
高齢者が不受診を後悔

「虫歯のリスクが高まる前に定期的にチェックを受けよう」

宮崎県都城市で開院して16年になる『ハートデンタルクリニック』院長の葉清貴さんは、「一生ご自分の歯で健康な食生活を笑顔で送っていただくこと」を診療の目標に掲げ、来院者に定期健診の重要性を説明し、実践を促してきた歯科医だ。治療内容を十分に説明し、受診者の同意を得るインフォームド・コンセントを大事にする葉さんの説明は論理的で説得力がある。

「お口の中には、わずか1mgのプラーク中に数億もの数の細菌が常に生息していて、毎日のブラッシングだけでは絶対にゼロにはなりません。世界で最も予防が進んでいるスウェーデンでは、歯科の定期健診受診率が大人で80%以上、子どもで100%近くにのぼります。それに対して日本では歯科医院は『痛くなったり、何かお口の中にトラブルが起こったりした時に行く所』というイメージなので、定期健診受診率は10%以下で先進国の中では最低レベルです」

この現状を踏まえ、院長自身がむし歯が54年間一本も削ったことなく、むし歯もないことから予防の重要性、そして費用面の損得から説き起こす定期健診

医療法人社団 **ハートデンタルクリニック**

0986-58-7700
info@heartdental.net
㊟ 宮崎県都城市天神町19街区21号
https://heartdental.net/

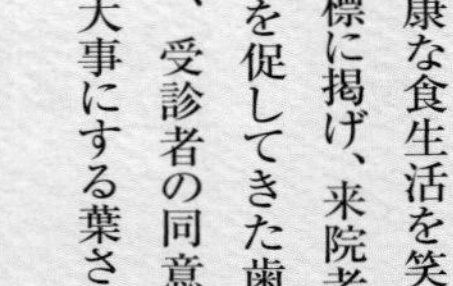

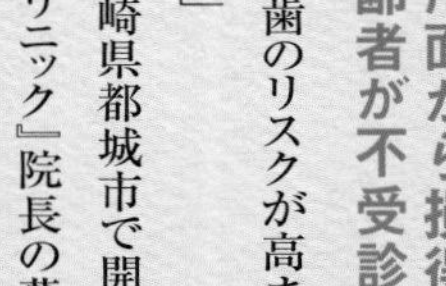

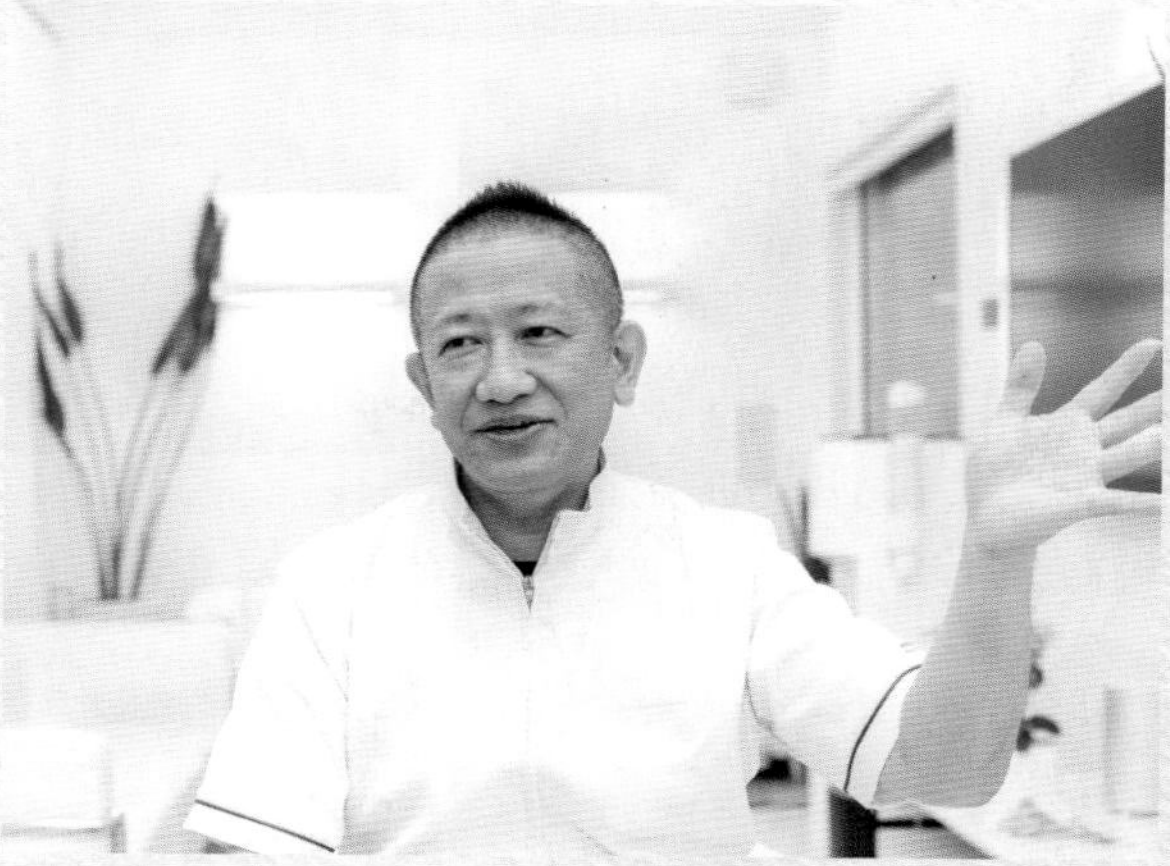

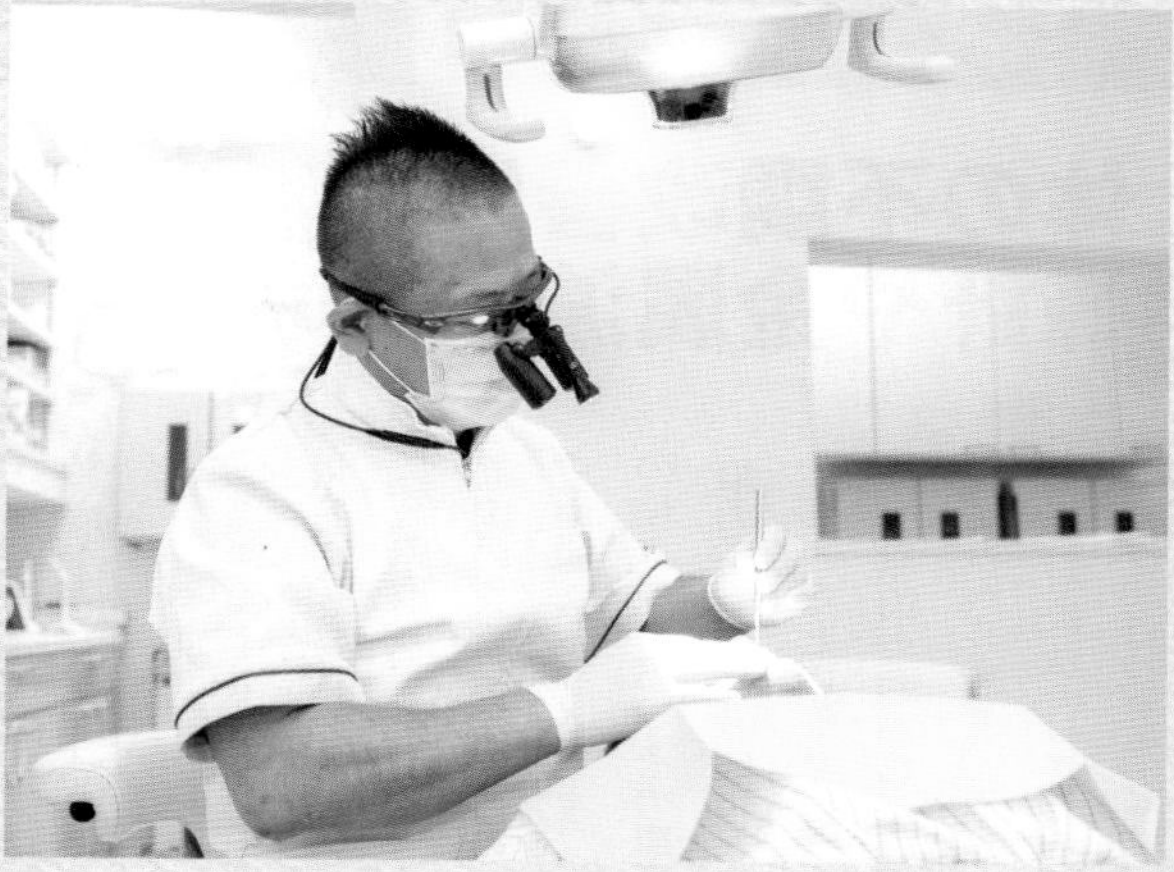

の重要性をわかりやすく説明している。

「歯一本の価値がどれくらいあるか考えたことがありますか。インプラントにすると仮定した場合には30万円から50万円の費用がかかりますが、インプラントより天然歯のほうがで優れているということは確実です。そう考えると、天然歯は少なくとも50万円以上の価値はあるといえます。歯科医師から見た場合では、歯一本の価値は150万円から200万円くらいだと考えます。それなのに、歯が虫歯になってもそのままでいい、必要最小限の機能回復だけの保険内治療でいいと考える方が少なくありません。自分の見た目のファッションや家、車にはあれだけお金をかけるのにです。大切なものというのは失ってからその大切さに気づくものです。以前出ていた統計で、60歳以上の方の健康に関して後悔していることの第一位が歯の定期健診を受けておけばよかったというものでした。数ヵ月に一回の定期検診を受診することによって、お口の未来が大きく変わってくるのです」

クリニックでは、一般診療、小児歯科、矯正・審美、ホワイトニング、デンタルエステなど幅広く診療しているが、治療法について安全性、機能性、審美性の違いなどを説明し、受診者納得づくで診療するインフォームド・コンセントの重要性を貫いている。

（ライター／斎藤紘）

新療法 イネイト活性療法による施術

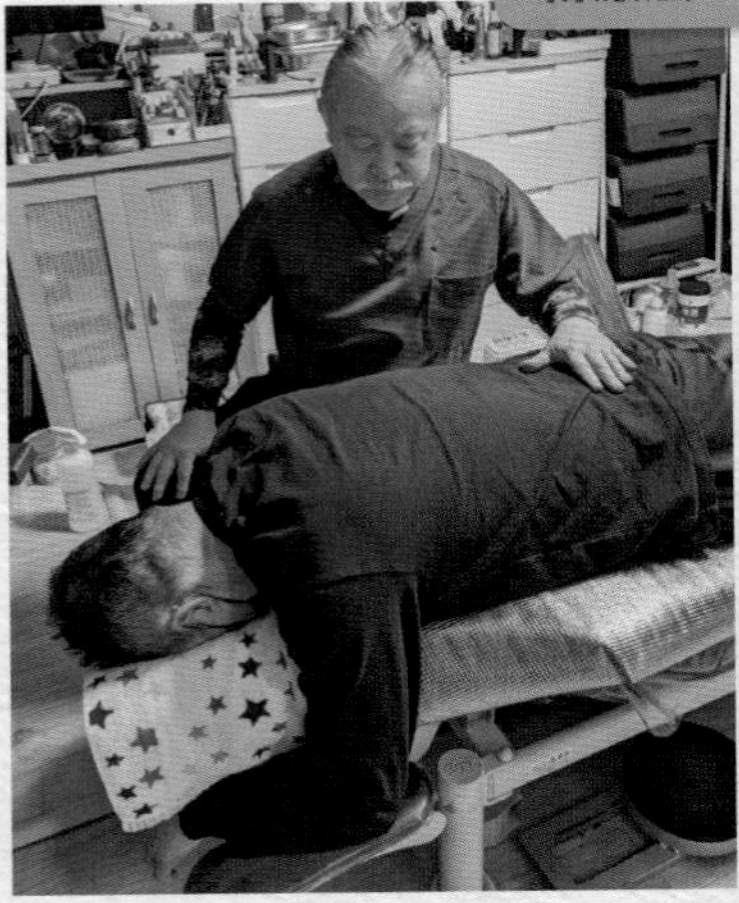

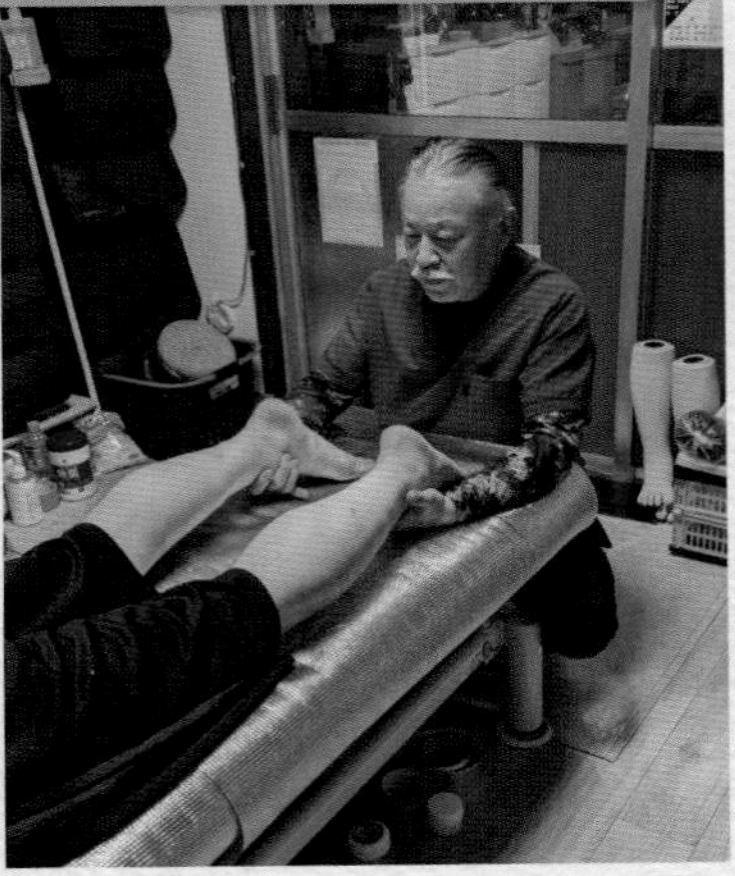

院長
古田稔 さん

蜂針療法、揺らしの整体、カイロプラクティック、ハンマー整体（正体法）骨格骨盤脊椎筋膜靱帯調整、山内要先生の夢工房波動エネルギー療法など、施術歴42年超。「日本整体学会」常任理事。「特定非営利活動法人日本アピセラピー協会」理事。

体の不調改善に多種多様な療法駆使 蜂針や金属波動エネルギーなど活用

42年超える施術実績 療法の研究を重ね修得

肩こり、四十肩、五十肩、腰痛、ギックリ腰、股関節痛、ヘルニア、坐骨神経痛、関節痛、膝痛、寝違え、頭痛、生理痛、自律神経系不調…。開院して42年超、『整体町田施術院』の院長古田稔さんの施術実績は全身にわたるが、「なんとか治してあげたい」という意思が伝わるのが研究を重ねて修得した療法の桁違いの多さだ。その数、17にものぼり、中でも好評なのは、新療法『イネイト活性療法』『蜂針療法』『PNS（プラシーボナビゲートシステム）』だ。

新療法『イネイト活性療法』は、脳の反射機能を応用して、身体の異常部位や症状の原因部位を的確に読み取り、改善させていく無痛療法。骨格の歪み、筋肉の異常はもちろんのこと、脳、脊髄、内臓、血管、皮膚、ストレスやトラウマなどといった様々なレベルでの検査を行い、その原因箇所に対して、最大限に治癒力を働かせ、回復させていく施術法だ。腰痛や肩の痛みなどの症状はもちろんのこと、自律神経失調症、原因のわからない痛みや体の不調など、自律神経の乱れを整え、あらゆるお悩みに対応している。

『蜂針療法』はアピセラピーといい、古代エジプトやドイツ、ロシアなど欧米各国で古くから行われてき

整体町田施術院
せいたいまちだせじゅついん

042-723-5280
seitai.38hacchi@gmail.com
住 東京都町田市本町田2938 メゾン熊沢103
https://seitai38.tokyo/

こちらからも
検索できます。

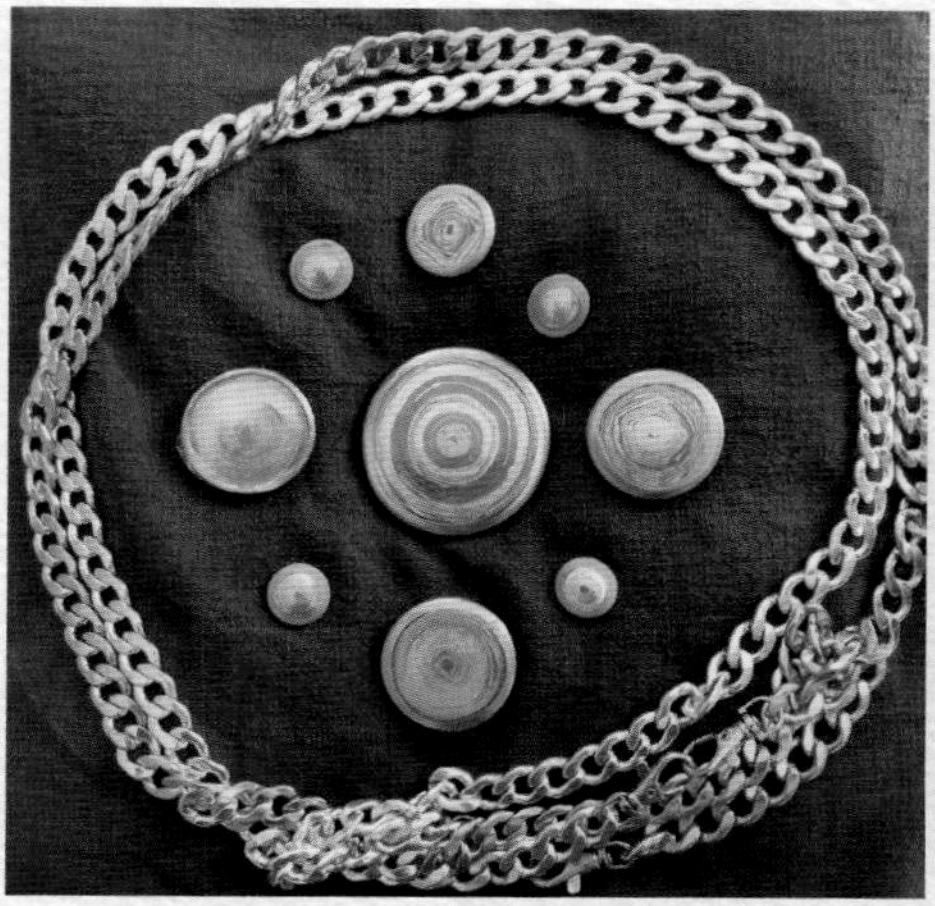

エナジーコイン

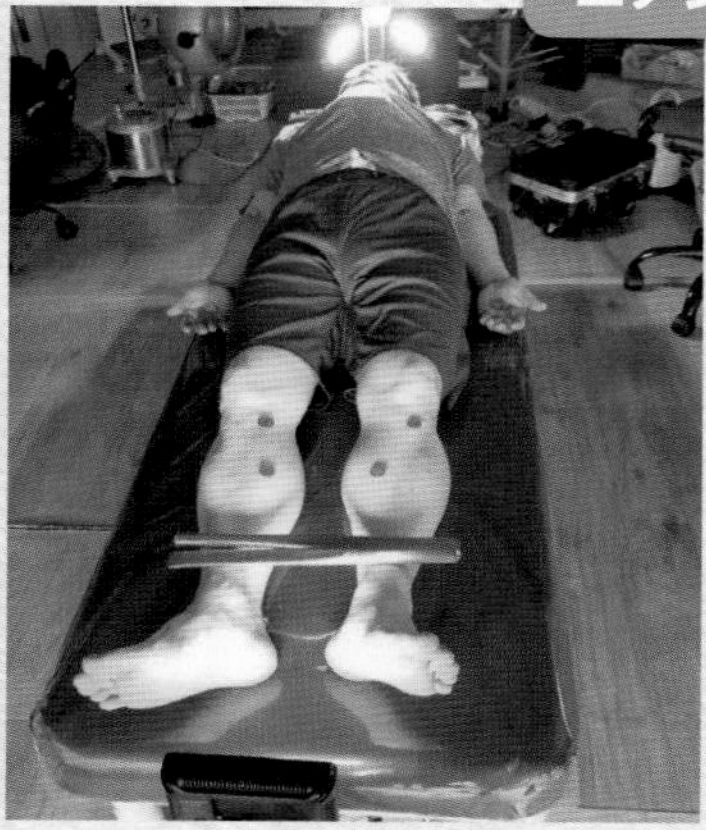

「アルミで包んで不調部分に貼ると波動エネルギーがアップします。呼吸器系の不調には鎖骨より数センチ下の胸骨上、腹部の不調なら臍下3㎝のところ、不眠などは眉間に貼ると効果が期待できます。靴底に貼ると、足が軽くなって疲れず、膝痛を忘れるほどです」

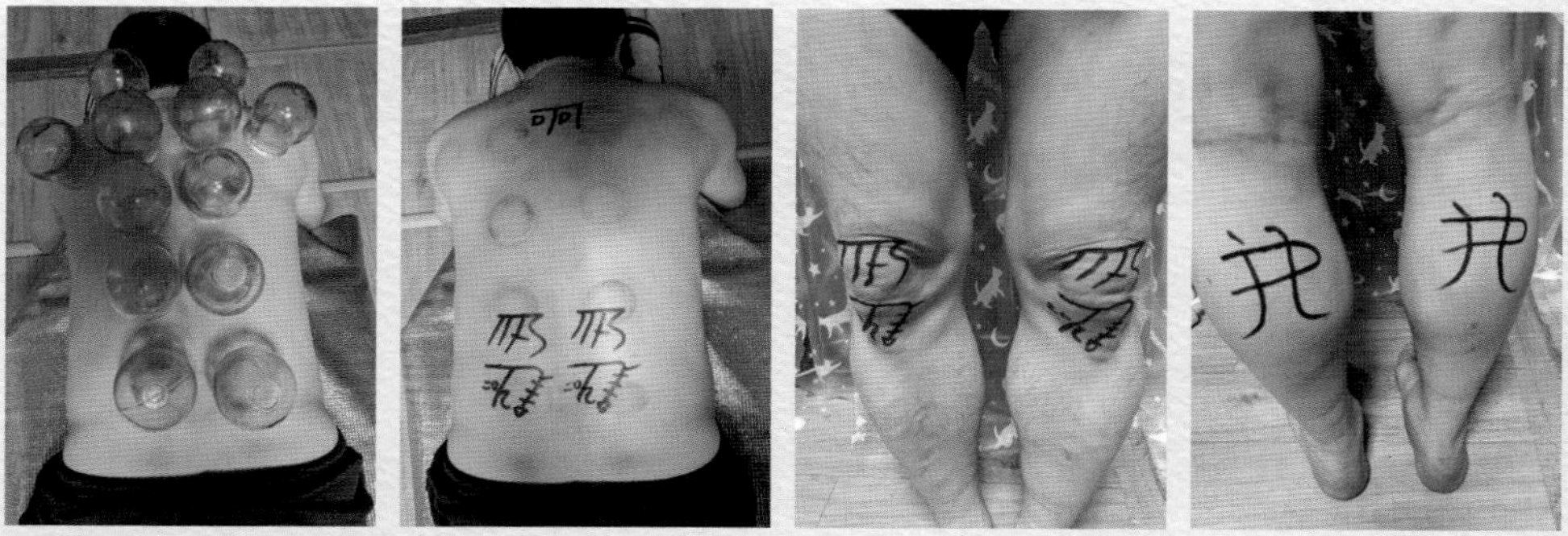

龍体文字

書くだけで運気が上がるおまじない。古代日本で使われていた「神代文字」と呼ばれる文字の一種。全部で48文字。

た代替医療。日本アピセラピー協会理事として力を入れている療法だ。

「一匹のミツバチが持つ0・1㎎ほどの蜂毒は優れた天然の抗生物質。施術では蜂針を症状や体質などに合わせて刺す本数や間隔を判断し、蜂針液の量を調節しながら異常箇所や東洋医学のツボに刺して蜂毒を浸透させますと、炎症や疼痛を緩和し、化膿菌を殺し、免疫力を高めることが期待できます」

たった5分背骨を揺らすだけで、壊れた脳神経伝達システムを修復し、体の不調を改善させる背骨調整法。背骨、骨盤、顎関節、頭蓋骨などのバランスを心地よい刺激で調整、後頭骨と上部頸椎のズレを解消して、体の痛みや自律神経の乱れを改善に導く。

『PNS』は、銅、アルミ、真鍮の幅1㎝、長さ180㎝、厚さ0・1㎜の金属箔を渦巻状に巻き、隙間のないように圧着させた夢幻流波動療法開発者山内要氏手作りの『エナジーコイン』を使う。

「『エナジーコイン』は、金属間の電位差で波動エネルギーを発生させ、体の部位に乗せるとそのエネルギーが伝わり、温めたり、血流を改善したりする効果が生まれます。不調や痛みを緩和させるだけではなく、リンパや血流などのエネルギーの滞った箇所を解消し、健康へと導いてくれるのです」

（ライター／斎藤紘）

「teatro pergolesi ペルゴレージ劇場」

代表
峯川知子 さん

イタリア・オペラの真髄追求を目的にローマに留学。オペラ界の巨匠や劇場ピアニストなどから学び、2005年、アントニオ・サルバドーリ直伝のオペラ歌唱法を広めるため一般社団法人を設立。東久邇宮記念賞及び文化褒賞を受賞。

オペラの伝統発声法ベルカントを伝授
本場でのコンサートを目指しレッスン

世界的な歌手に師事
合唱団員を募集し指導

イタリア発祥の最高の舞台芸術オペラ。その伝統の歌唱テクニックの指導、合唱団の結成とコンサートへの参加、本場や国内の一流歌手を招いたコンサートの開催などオペラを楽しんでもらう幅広い活動で大きな足跡を残してきたのが『一般社団法人サルババルカント・アソシエーション・ジャパン』の代表峯川知子さんだ。2023年9月にイタリア・ローマで開かれるコンサートに参加するサルバベルカント合唱団の団員を募集し、個人、グループレッスンを続けている。

峯川さんは、若き日、留学先のイタリアで、世界三大バリトンの一人、故アントニオ・サルバドーリに師事し、歌を学んだほか、ロッシーニ音楽院の教授で劇場ピアニストのカルロ・モルガンティの内弟子としてオーケストラを表現するピアノ奏法を学び、マルケ州のペルゴレージ劇場でオペラ公演に携わったり、モンテプルチャーノ音楽祭で世界的指揮者エンリケ・マッツォーラのアシスタントピアニストを務めたり、輝かしい経験を持つ。歌手の譜読みや発音矯正の手助けをしたり、練習の伴奏をしたりするオペラ公演には欠かせないコレペティトールの中でも、サルバドーリから極秘テクニックを伝授

一般社団法人 サルバベルカント・アソシエーション・ジャパン

03-6427-2995
salvabelcanto.info@gmail.com
㊟ 東京都渋谷区東1-26-30 渋谷イーストビル5F
https://salvabelcanto.or.jp/

2022年、大好評だったガラコンサート。

スタジオレンタルサービス

「スタジオBellint」

「スタジオPiccini」

「スタジオVerdi」

2023年9月、ローマコンサートに参加予定。

された世界で唯一のコレペティトールでもある。

「法人名に冠したサルバベルカントとは、私の亡き師のアントニオ・サルバドーリのサルバと、イタリアの伝統唱法で美しい歌唱を意味するベルカントを合わせた造語です。サルバには救うという意味もあり、当法人の活動は、今や世界中で失われつつある幻のベルカントを取り戻す芸術運動なのです。ベルカンこの発声法を学ぶことは、貴重なイタリアの至宝を身につけることに他ならないのです。そうした素晴らしい発声法を伝えていくために、日本のみならず、世界中に活動の場を広げています」

ベルカントの発声法は、極めてリラックスした呼吸法を用いることが特徴という。

「無理な力を使うことなく、遠くまでよく響く声で歌うことができる唯一の発声法であり、歳を重ねて筋力が衰えても、声が揺れたり高音が出なくなったりすることはなく、いつまでもハリのある声で歌うことができます。イタリアやルーマニアなどヨーロッパを中心に劇場でのコンサートを予定していますが、ベルカントを学ぶことは世界中のステージで歌い、この発声法を伝えていくことを意味しているのです」

レッスンは、東京・渋谷のスタジオのほか関西でも、対面で行っている。

（ライター／斎藤紘）

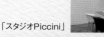

音楽家・声の研磨師
おおばせいこ さん

国立音楽大学声楽科卒、中学・高校教員免許取得。シンガーソングライターとして、海外を含め6枚のCDをリリース。その他、楽曲提供や、舞踊、ビジュアル、DJ、CMなど多岐に渡る活動をしている。

CD ALBUM
「千夜一夜」
2,200円（税込）

歌を通じて自分を知る 声の研磨師の楽しいボイトレ

美顔度&美声度アップする顔ヨガを実践

「健康のために声を出したい」「とにかく上手く歌えるようになりたい」「ストレス発散したい」など、歌うことに興味があるのなら、おおばせいこさんのボーカルレッスンを受けてみてはいかがだろうか。せいこさんは、マルチプレーヤーな声の研磨師。シンガーソングライターとして私小説的な世界観を描いた作品を中心に、これまでに海外を含め6枚のCDをリリース。オリジナル脚本&楽曲・セルフプロデュースによる音楽と物語を融合させたシアターライブ「千夜一夜」シリーズの定期公演など創作舞台アーティスト「歌優」としても活躍しており、そのほか、楽曲提供や舞踊、ビジュアル、DJ、CMなど多岐に渡る活動を行っている。

コンセプトに掲げるのは、「歌うことは自分を奏でること」。レッスンでは、せいこさんがこれまで様々なステージで得た経験やテクニックを伝授すると共に、「世界に一つだけの声」という楽器を奏でる楽しさ、難しさ、喜び、を味わえるようなひとときを大切にカリキュラムを構築。また、歌の技術的なこと以外に「人前で緊張してしまう・人前で歌うのが苦手」「表現力を磨きたい」「声が震えたり揺れたりしてしまう」といった悩みにも対

おおばせいこ

✉ seikoohba-aunrecords@memoad.jp
㊟ 神奈川県茅ヶ崎市
https://www.seikoohba.com/
@seikoohba_official

LINE

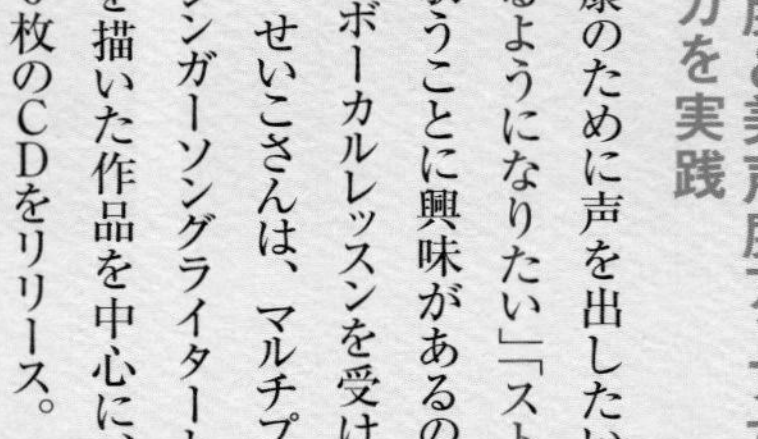

ボーカルレッスン

顔ヨガレッスン

『個人レッスン』30分×月2回 6,050円（税込） 『グループレッスン』75分×月2回 4,840円（税込）
『歌って顔ヨガ』オンライン 60分×3回 全3回コース 12,000円（税込） （2023年1月現在）

応している。国立音楽大学声楽科出身で、現在、子どもから90代まで約130名の生徒を抱えている。

「歌うことは、自分を知っていく作業でもあります。私自身も、皆さまの歌声を聴きながら、歌い方や楽曲の捉え方の多様性に気づきと学びの毎日です。歌を通して皆さんの心身の健康にも役立てれば幸いです。音楽で自分を表現し、伝えたい歌や言葉、思いがある方にお会いできたら嬉しいです」

また、せいこさんは、顔ヨガインストラクターでもある。自ら作曲した歌に合わせて行う『歌って顔ヨガ』は簡単で覚えやすく楽しく続けられ、隙間時間にも実践しやすく、顔ヨガの難点「続かない」を解消。若返りや自分らしさを磨くことを目標に、全3回のレッスンで顔すべてのパーツに効果的な基本8ポーズ（8曲）を提供している。

「表情筋は何歳からでも鍛えることができます。しかも、特別な道具も場所も一切使わず、高級な化粧品も美容整形も必要ありません。1回20秒、歌にあわせて楽しくトレーニングするだけで、表情筋が自然と鍛えられ、たった1～2週間続けることで、顔の変化を実感することができます」

（ライター／山根由佳）

代表
櫻井ダイキ さん

独学で音楽を勉強、技術を磨いてきた音楽家。ピアノを始めた頃、自分のペースで進めるられ、長く使い込めて弾き応えのあるピアノ教材を求めていたことから、自ら理想とするピアノ教材『うっきうきピアノ』を開発。

技術と知識が自然と身につく オンラインのピアノ教材

すべての楽譜に指番号と音名が振ってある

「ピアノを習い始めた時、自分のペースでできて、長く使い込めるような弾き応えのある教材があったらいいなと思っていました。でも、そのような教材には長年探しても出会えなかったので、自ら作ることにしたのです」

『うっきうきミュージック』代表の櫻井ダイキさんは、2021年インフォトップの趣味・音楽ランキングで瞬間1位を取得し、各種メディアでも取り上げられた注目のピアノ教材『うっきうきピアノ』の開発者だ。『うっきうきピアノ』は、未経験者でも自宅で基礎から応用まで簡単に楽しく習得できるピアノ入門書。高額な課金制ではなくお手頃価格の買い切り制なので、ピアノ入門者でも安心してすぐに始めることができる。

特長は、全16ステップでほとんどの曲や楽譜に挑戦できるような構成になっていること。各ステップのチャレンジ曲は、誰もが聞いたことがある有名曲をアソートしたもので、弾き応えのあるオリジナルアレンジで楽しく練習できる工夫が凝らされている。「指番号」と「音名」も振ってあるので、最初から楽譜が読めなくても大丈夫。色々なピアノ曲に挑戦するには、演奏技術だけでな

うっきうきミュージック

070-8305-9510
mail@ukkiuki-piano.com
㊟ 神奈川県横浜市港南区港南台3-17-31-108
https://ukkiuki-piano.com/

こちらからも
検索できます。

『テキスト（16STEP+うっきうきシート付き）+DVD3枚組+楽譜集（16曲）』
29,800円（税込）

アイコンから
いつでも
レッスン可能!

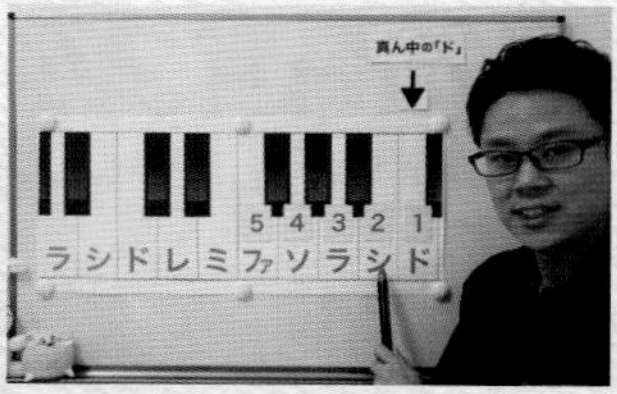

『うっきうきピアノオンライン版』
2,980円（税込）
https://ukkiuki-piano.com/online

どのステップまで進んでいるかを画面上で確認でき、パッと進み具合が分かる「ステップ機能」や、分からないところを質問できる「お問合せ機能」も付いている。

く、楽譜のルール、音符や休符の意味、リズムの基礎、曲の構成についてなどの知識や理論が身についていないと後々苦戦を強いられるので、最低限の「楽譜の知識」や、伴奏や作曲にも役立つ「音楽理論」を易しく噛み砕き、子どもでもわかるように解説。それらがチャレンジ曲を練習しているうち、やがて自然習得できるようなカリキュラムとなっている。コードの基礎やスケールの話など、初心者にはあまり馴染みのない音楽知識も感覚的に捉えられるように学べるので、ポップスやジャズなどのジャンルを目指す方にとっても良い導入教材である。2022年にリリースされたオンライン版も好評だ。手のひらサイズのスマートフォンがあればいつでもどこでもレッスンを受けられること。ちょっとした隙間時間でピアノの練習をしたい時、スマホのアイコンをポン！ とタップするだけで、すぐに弾きたいレッスンにアクセスでき、より手軽に練習ができる環境に。

「『うっきうきピアノ』は、おうちで楽しんで練習しているうちに、人前でピアノが弾けるようになってしまう夢の教材です。小さなお子さまでも分かるくらい簡単な内容なので、お家で好きな時間に、親子で一緒にレッスンすることもできます」

（ライター／山根由佳）

望診家
鈴木ゆかり さん

西洋占星術と東洋医学の望診を掛け合わせた『アストロ望診』創始者として、望診法を普及する講座などを開催。個人向けの『アストロ望診カウンセリング』や『メタトロン波動測定カウンセリング』も承っている。

自分に合った美容と健康法が学べる『日本望診ビューティスクール』

巷の情報に振り回されずに私らしい人生を送る

「望診法」とは、東洋医学の四診の一つで、体に表れる肌トラブルなどから内臓の不調を読み解き、どんな食事の摂りすぎで内臓が弱っているのかを導き出すことができる。

「望診家」の鈴木ゆかりさんは、この望診法に西洋占星術を掛け合わせたオリジナルメソッド『アストロ望診』を確立させた。東洋医学と西洋医学を融合させることで、多角的な視点からアプローチすることが可能だという。そんな『アストロ望診』を学び、プロを目指せるのが、鈴木さんが代表を務める「株式会社東方美人」が運営するオンラインスクール『日本望診ビューティスクール』だ。鈴木さんが以前より行っていた講座の内容をブラッシュアップし、体系立てて学べるようにしたものだ。

スクールでは、ホームケアを学ぶ1年制とプロとしてビジネス展開まで学ぶ3年制がある。

一年次では、望診の基礎となる東洋医学を軸に、解剖学や免疫学などの現代医学の知識も総合的に学ぶ他、食養生を同時に学ぶことで、一人ひとりの個性に合った食事方法を習得することができる。また、鈴木さんご自身の体験談を元に、ア

日本望診ビューティスクール 株式会社　東方美人
にほんぼうしんビューティスクール

090-6836-7654
info@japanboshinbeautyschool.com
㊟ 東京都新宿区新宿1-3-8 YKB新宿御苑701
https://japanboshinbeautyschool.com/

アストロ望診

日本望診ビューティスクール
Japan boshin beauty school

トピー性皮膚炎との向き合い方、脱ステへの長期的な取り組み方や、注目度が高い蜂蜜療法などもカリキュラムに組み込まれている。

二年次では、医療占星術、アーユルヴェーダ、チャクラなどの伝統医療や自然療法を学び、さまざまな角度からクライアントを見ることができるカウンセリングスキルを身につけ、クライアントの主訴からは出てこない本当の不調の意味を客観的に把握し、ピンポイントなアドバイスができるように学びを深めていく。

三年次では、講師として人に教えるスキルから事業として経営していくことを学んでいく。基本的には月2回のオンライン授業となるが、様々な専門家を迎えた課外授業なども行われる。

「望診は、これからの時代にこそ必要とされるスキルです。自分に合ったセルフケア方法を身につけ、あなたらしい人生を歩み出しませんか」

（ライター／山根由佳）

内なる織姫と彦星が相思相愛
本当の自分が開花する
『MIRE的♡七夕幸福論』

『1day瞑想lesson／3ヶ月継続コンサル』※詳しくは、リンクをクリック

代表
キム・ヘス さん

サロン勤務を経て、2014年にサロン『MIRE』をオープン。最初はネイル施術のみだったが、お客様の悩みの根本解決を目指すため、オリジナルメソッド『ミレ的♡七夕幸福論』を活用し、コンサルタントとしても活動を始める。

『織姫力=本当の自分』を開花させて望む未来を引き寄せ人生好転

マンツーマンでサポート ミラクル報告も多数

サロン『MIRE』が提供している『ミレ的♡七夕幸福論』が、様々なメディアから注目を集めている。『ミレ的♡七夕幸福論』は、代表のキム・ヘスさんが約10年の歳月をかけて自ら学び実践していた複数の心理学・脳科学・量子力学・引き寄せ、宇宙の法則などを集約した唯一無二のオリジナルメソッドだ。キムさん曰く、「この世界は、〝内側〟が外側」。目の前にあるすべての人や物、状況も自分自身が創り出している。つまり、そのカラクリにまず気づき、外側(エゴ)に振り回されることなく、99%もの内側を整えれば人生が好転していくという。この宇宙の源(ソースエネルギー)に繋がる〝本当の自分〟と調和して生きれば、誰でも、どんな状況からでも自分軸で望む未来を創造することが可能に。その鍵を握るキーワードこそが、『織姫力』=神意識の開花だ。一人ひとりが神・創造主・源であると捉えることで、自分軸、自己愛、自己価値、自己肯定感、自己統合、自己実現力など、真の自立心が養われていき、分野を問わず人生が好転していけるパワーに満ち溢れていく。同メソッドを活用した持続する幸福マインドを養うためのマンツーマンコンサルメニューは、人間関係から恋愛、

心理美容サロン **MIRE**
ミレ

080-1923-4488
nailsalonmire@gmail.com
https://lit.link/consulmire77

こちらからも
検索できます。

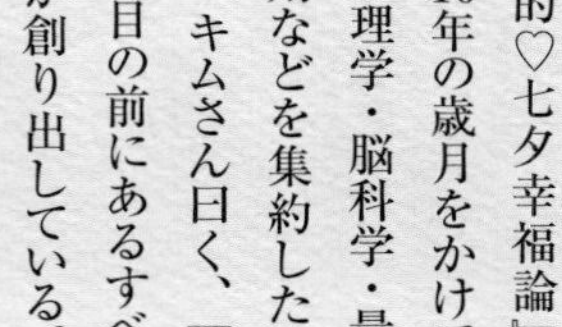

ZOOMやLINEを活用したオンライン体制なので、全国どこからでも受講可能。『織姫力』を開花させ自分らしく生き、人生が好転する心の整え方についても発信中。Instagramもぜひチェックしてみてほしい。

結婚、妊娠、仕事などまで幅広く対応可能。悩みを丁寧にヒアリングした上で、その根本にある依存や未消化感情、劣等感、恐れなどのネガティブな感情を発見し、解放できるようにサポートしてもらえる。その後、相談者が自ら真実の愛に目覚め、自身の存在価値や世界の素晴らしさに気づくことで『織姫力』が整えられ、理想の自分への方向転換がスムーズになっていく。目に見える人や物、結果や評価など外側に縛られることのない、揺るがない自分軸を構築していくことができる。自身で己の依存や劣等感に気づき、好転させれば、引き寄せ力も強化され、ミラクルも起きやすくなっていく。サポートを受けた方たちからは、「待望の子宝に恵まれた」「月商7桁、臨時収入に恵まれた」「遠く離れた家族にも喜び事が連鎖している」など喜びの声が寄せられている。

「見えない世界にこそ価値が置かれる〝風の時代〟も数年経過し、現実化の速度もどんどん早まっています。そんな中、自分オリジナルな『織姫力』を開花させて自分らしく自由に生きる人々で繋がれば、どれだけ世界は平和で幸せに満ちていくでしょうか。それぞれが想い描く楽園を現実世界に創造していく。そのサポートをすることが私の大きな夢であり、活力となっています」

（ライター／山根由佳）

『相談』30分 5,000円（税込）　60分 10,000円（税込）
『四柱推命鑑定』お試し15分 3,000円（税込）　30分 5,000円（税込）　60分 10,000円（税込）

代表
神原仙六 さん

母親は身体が弱く、3歳から児童養護施設で生活。幼い頃から霊感が強く、困った時もあったが、先祖たちの力を借りて調整できるようにもなったといい、そんな時に鳥海流四柱推命に出会い、鑑定士に。「Pococha（ポコチャ）」ライバー。

人生を明るく楽しくする事を重視 鳥海流四柱推命による占いが好評

年月日3柱で運命鑑定 陰陽五行で食材も助言

「生まれ持っていらっしゃる星をどうやったら輝かせられるのかを鑑定し、勇気を持って人生を歩めるお手伝いをいたします」

生まれた年、月、日の3つの柱から運命を推し量る鳥海流四柱推命という占いで人気を博しているのが『神原仙六相談所』代表の神原仙六さんだ。その評判を聞いて多く相談者が訪れているが、「目標が定まった」「自分の性格がわかった」「相性を知れて良かった」「迷いが吹っ切れて一歩踏み出せた」などの感謝の言葉が寄せられているという。

「四柱推命は、古代の中国で陰陽五行説を元にして生まれた、人の命運を推し量る占いで、膨大な過去のデータを元に鑑定する方法が確立している統計学に基づく占いです。四柱推命は、年柱、月柱、日柱、時刻柱の四つの柱で占いますが、私が学んだ鳥海流四柱推命は人生を明るく楽しくすることに重点をおいた占いで、年柱、月柱、日柱の3つの柱で鑑定します。年柱とは、0~29歳の間で親や先祖、上司や社会との関係を表し、月柱は30~59歳の間で仕事や組織を表し、日柱とは60歳からとしてプライベートや性格、恋愛を表し、それらをもとにそれぞれの年代や性格などを含め

神原仙六相談所
かんばらせんろくそうだんじょ

080-9744-0953
kanbarasenroku78374@gmail.com
㊟ 大阪府大東市南津の辺町18-3 アーバンコート野崎205
https://kanbarasenroku.com/

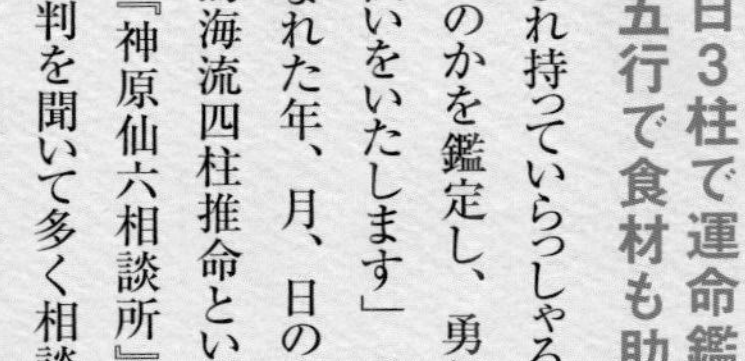

て鑑定します」

神原さんは、陰陽五行説に基づく食材のアドバイスも行う。

「陰陽五行説では、自然界の様々な変化や関係を木火土金水の五行に分類し、お互いの性質を助け合ったり、打ち消し合ったりすることで、あらゆるものがバランスを保っていると考えています。五行は、体の臓器にも関係しています。木に属するのは肝臓と胆のう、火に属するのは心臓と小腸、土に属するのは脾臓と胃、金に属するのは肺と大腸、水の性質を持つのが腎臓と膀胱。それぞれが不調なときに良い食べ物があり、四柱推命による占いで性格や適性など運勢全体を判断する表である命式を見て足りないものを補うよう助言します」

この助言の関連で、大根、ニンジン、ニラ、青ネギ、キクラゲ、ゴボウ、油揚げ、豚バラを出汁と味噌と豆板醤の合わせ調味料のスープでいただく、陰陽五行の五つの要素をまんべんなく取り入れたレインボー鍋も推奨する。神原さんは、先祖が出雲大社の神官、曽祖父がキリスト教の宣教師という家系に生まれ、幼い頃から霊感が強く、鳥海流四柱推命に出会ったのをきっかけに鳥海流四柱推命鑑定師として活動を始めたという。

（ライター／斎藤紘）

お悩みや問題、
解決できないままくるしんでいませんか？

霊視鑑定 天龍
占いの館 Dahlia

除霊・霊視鑑定
四柱推命
姓名判断
タロット

代表
天龍知裕（ちひろ）さん

38歳まで霊視の世界とは無縁だったが、霊視鑑定で徳川家財宝等のテレビ番組に出演した故伊藤良子氏に師事し、霊視が可能になる。6人の鑑定士を擁する『天龍　占いの館Dahlia』を代表として運営。手相占いやタロット占いも可能。

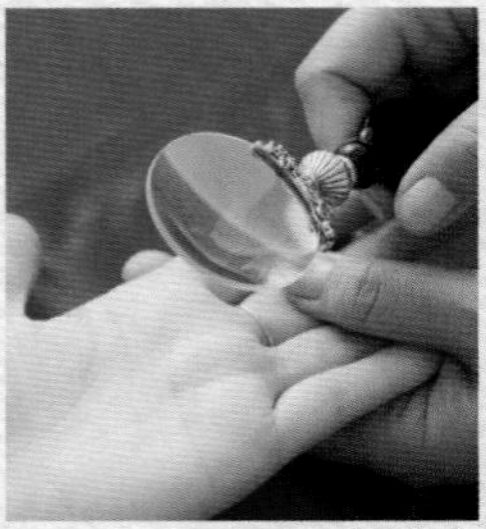

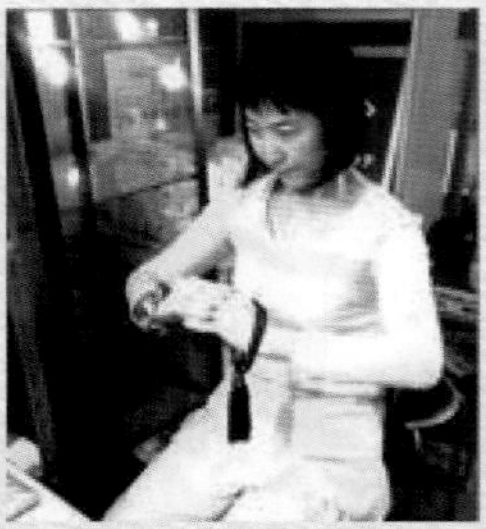

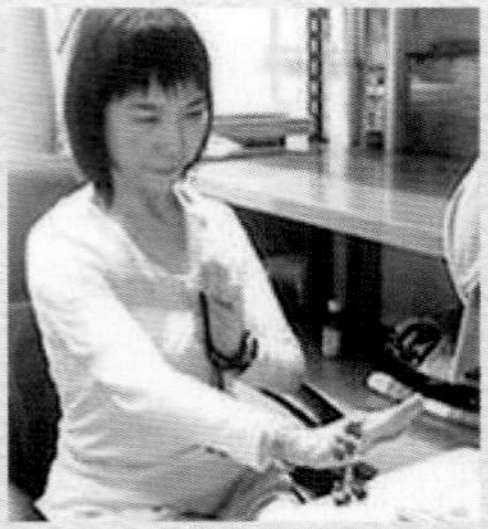

『霊視鑑定（除霊・交霊・悩み相談）』1時間 5,000円（税込）　2度目～ 3,000円（税込）（電話・オンライン可）

悩みから解き放つ濃密な霊視鑑定
深い知見生かし4冊の著書を刊行

悪霊を取り除く除霊も オンライン相談も実施

肉体を離れた人間の精神的本体とも、目に見えず人知では計り知れない不思議な働きがあるともいわれる霊。悩みを抱えた相談者の霊を霊能力で読み取り、現実にどうして行けばよいかを示す霊視鑑定で存在感を高めているのが『霊視鑑定 天龍 占いの館 Dahlia』代表の天龍知裕（ちひろ）さんだ。面談だけでなく、コミュニケーションツール Skypeを使ったオンラインでの鑑定や悪霊を取り除く除霊や祈祷も可能で、様々な悩みを抱えた人の相談が後を絶たない。

その霊視鑑定は濃密で、天龍さんが相談者といかに親身に向き合っているかが伝わる。

「相談者の方のお悩みや迷い事などをお聞きして、会話を進めていきます。その間に、密教の教えの中の五つの知恵を5体の如来で表した五智如来様、密教法具の中心の金剛界曼荼羅を構成する十六大菩薩様のお力で除霊、浄霊を行い、私の方へ祟り神様や悪霊をお預かりしてご供養いたします。続けて、守りを強くして頂く説明や現実にどうして行けばよいかを霊視しながら解答を出していきます。邪魔するものがなくなるだけでも心は楽になりますし、解決策が出ると

霊視鑑定 天龍　占いの館Dahlia
うらないのやかたダリア

☎ 090-6432-6572
✉ chihirotenryu@gmail.com
㊟ 兵庫県明石市天文町1-2-3
https://www.tenryu-chihiro.com/

霊視鑑定 天龍　占いの館 Dahlia

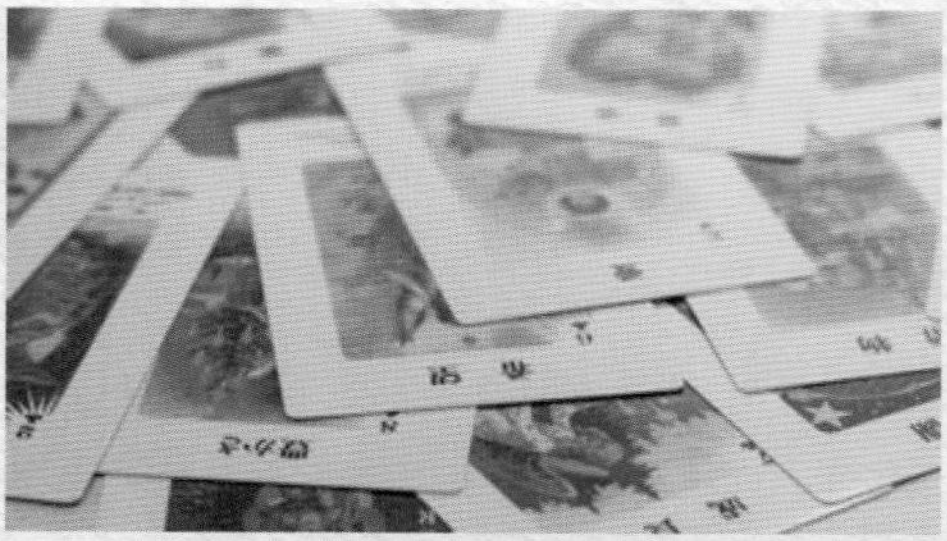

著作紹介

【天龍　知裕　著作】

天の神様ｖｓ地獄の神様	プローパスブックス編集
宇宙の真理で未来は希望の光	プローパスブックス編集
アマゾンブックス・楽天ブックス	￥１，４３０
電子書籍（kindle）・紀伊國屋書店	￥１，００１
この世で天国　あの世で天国	ギャラクシーブックス編集
アマゾンブックス	￥１，３７５

著書
「この世で天国 あの世で天国」「天の神様vs地獄の神様」
「宇宙の真理で未来は希望の光」「幸せを求めて」

希望がお持ちになれます。最後に体がもっとよくなるために、神様の名を梵語で呼ぶ真言神咒（しんごんじんしゅ）を読経させて頂き、神様の印を結び、神様方にたくさんお越し頂くお願いをします。望まれれば、悪いところに手をかざして治して頂くお願いをする霊気治療も行います」

天龍さんは、テレビによく出演していた著名な女性霊能力者の下で事務員をしながら5年間、霊視鑑定などについて学んだ後、広島市で「龍登（りゅうと）」として10年間、霊視鑑定をし、兵庫県明石市に移った後も霊視鑑定を続けてきた。この間、その深い知見を生かして、2018年に「この世で天国 あの世で天国」、19年に「天の神様vs地獄の神様」と「宇宙の真理で未来は希望の光」、22年に「幸せを求めて」の4冊の著書を刊行した。「幸せを求めて」は、霊的な視点で魂の意味、魔界や神様との関わりを知り、可能性に溢れた今世を改めて知ることで、幸せの本当の意味がわかる一冊だ。

「鑑定に来ていただいた方々が、観念、概念にとらわれず、心を楽にしてこだわりから抜け出せるように、自縄自縛にならぬようになって、幸せを掴んでいただければと思っております」

（ライター／斎藤紘）

オーナー
香月怜 さん

占い師として10年間、活動。メインの占術は、手相とチャネリング。2019年12月より、『ペットホテルと占いのお店 Gibeon』をオープン。ペットホテルと共に占いメニューを提供し、人とペットに癒しを与えている。

人とペットを癒す 占い処&ペットホテル

魔法使いのように望みを叶える講座も

茨城県日立市にある『ペットホテルと占いのお店Gibeon』は、その店名通り、ペットホテルと占い処が一緒になっている、珍しいお店だ。一階のペットホテルでは、ペット（犬・猫）の一時的な預かりや宿泊、預かり時の散歩をはじめとしたお世話などのサービスを提供。24時間スタッフ常駐で全室個室、大型犬にも対応している。二階の占い処では、チャネリングセッションや手相、ブレスレットセッション、霊視鑑定、前世や未来予知、写真鑑定、そしてペットと楽しめる肉球占いなどの占いメニューを提供。相談者がアドバイスをもらった時の気持ちを忘れないようにとパワーストーンを使ったオリジナルのブレスレットも販売している。オーナーを務めるのは、10年間の実績を持つ占い師の香月怜さん。過去、家に居場所がないという思いを抱えて過ごしていた中、霊能者と呼ばれる方に出会い、「人の気持ちに寄り添った言葉を言える人になりたい」と思い、占いで恩返しをすることを決意し、手相やチャネリングの技法を習得。その後、竹迫学さんと出会い、二人で一緒にやりたい仕事のカタチとして、『ペットホテルと占いのお店 Gibeon』をオープンさせたという。香月さんは、オンラインショップでもパワース

ペットホテルと占いのお店 **Gibeon**
ギベオン

1F ペットホテル ✆ 080-3427-5149
2F 占い処 お問い合わせはメール・LINEで（完全予約制）
✉ gibeon1222@gmail.com 住 茨城県日立市南高野町3-15-10
https://ameblo.jp/gibeon1222/ @gibeon1222
https://kippoku.com/detail/342/index.html LINE iQzVLWT

YouTube
https://youtube.com/@user-fj1yi4br2r
ショート動画は同店番猫を中心にお泊りネコちゃん・ワンちゃんの様子。本編動画はオーナーのスピ系おしゃべり動画・遠隔参拝・ブレスレットセッション風景など。

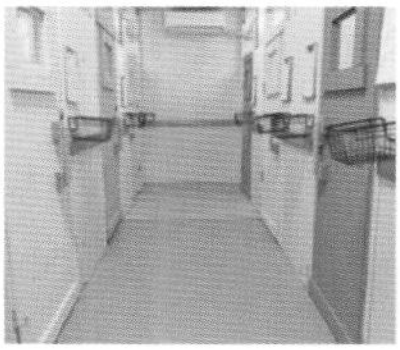

「宿泊・預かり」
※料金は、直接お問い合わせ下さい。

『オリジナルチャネリングブレス』
（1時間30〜2時間）
5,500円（税込）〜
パワーストーンを作ってくれる。

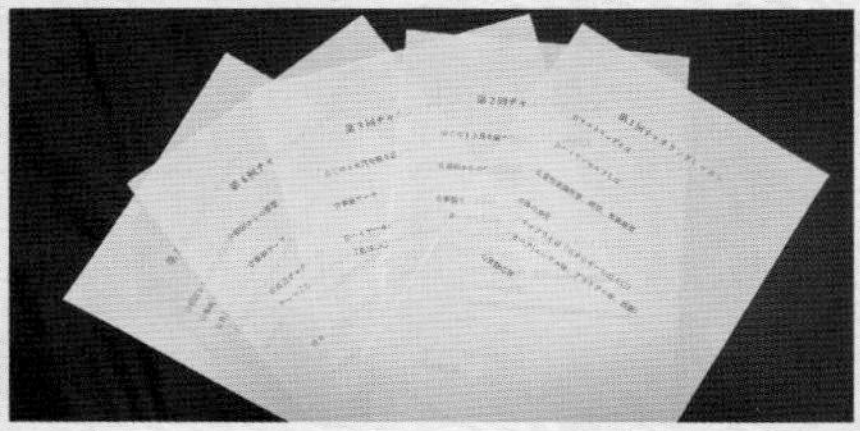

トーンの販売や占いメニューを提供中。また、数々の講座なども提供している。『チャネリングレッスン』は、日本と世界の神々とチャンネルを合わせてメッセージを受ける「チャネリング」という技術を磨く講座だ。プロ用は、プロセラピストとして活動をしたい方向け。スピリチュアリストとしての心構えや人を占う際の自分を守る術等の内容も含まれているので、スピリチュアルの世界をより深く知りたい方は楽しく学べるはず。個人用は、自分の悩みや迷いを人に相談したくない方にオススメ。『集合意識覚醒法マジカルフォーチュンメソッド』は、技術面ではチャネリングよりも簡単だが、焦らず疑わずやり続けることが重要な技術。その人にベストなタイミングで問題が解決していったりと思いもよらない流れで「まるで魔法のように」良い方向へと人生の流れが変わっていく。地球に人類が誕生してから現在に至るまでのすべての意識の集合体（人類の智慧）に簡単にアクセスすることで思いもよらないミラクル、今まで動かなかった現実が動き出す。10人いれば10通り、100人いれば100通りのその人それぞれの体験があり、そうなるための知識や魔法のコトバ、秘技を伝えてくれる。どちらの講座も、受講条件は「毎日5分でも良いから練習ができる方。

（ライター／山根由佳）

「スリッターナイフ」

「シャーナイフ」

「スペーサーライナー」

代表取締役
山下淳司 さん

工業高校機械科を卒業後、父と叔父が立ち上げた会社に入社。工場に配属され12年間製造技術と生産管理、CADを使った設計や製図を学ぶ。営業と工場業務を兼任したのち、2016年に退職。同年、父と『株式会社ナイフテック』設立。

「ゴムリング」

「テンションパッド」

「各種ロール」

精巧な工業用刃物の製造に高評価
モノづくり企業の要望に柔軟対応

ミクロン単位の仕上げ 25年にのぼる技術蓄積

『株式会社ナイフテック』は、工業用刃物の製造販売、研磨修理などの業務でモノづくり企業を下支えしてきた会社だ。２０１６年に父親と同社を立ち上げた代表取締役の山下淳司さんが重視するのは、金属をミクロン単位で仕上げる精巧さに加え、クライアント企業の機械仕様に合わせてオーダーメイドで製作する柔軟性と課題を解決するための提案力だ。

「弊社の業務は、コイル状に巻かれた各種鋼材を連続して必要な幅に切断するスリッターラインや、所定の長さに切断して集積するレベラーラインで使用するナイフの製造、研磨修理を主軸にライン設備関連商品やライン改造、修理などを手がけています。ナイフの材質は、ご要望に沿って選択し、研磨仕上げも複数の選択肢から選んで頂けます」

山下さんは、父親と叔父が立ち上げた工業用刃物会社で長く働き、その後、経営方針のずれから父親と共に退職、『ナイフテック』を設立した。前の会社にいた期間を含めれば、山下さんの技術蓄積は約25年以上にもなる。

（ライター／斎藤紘）

株式会社 **ナイフテック**

本社 ✆ 048-290-8161
㊟ 埼玉県川口市安行原2515-11
https://www.knt-knifetec.com/

名古屋工場 ✆ 052-746-5575
㊟ 愛知県名古屋市緑区大高町三番割1-2

knt 株式会社 ナイフテック

研磨機

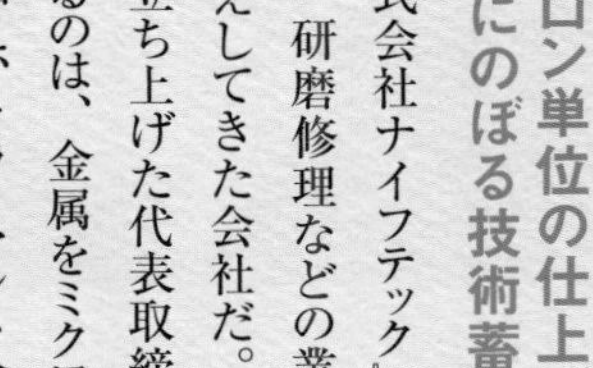

『ウォルソー』

『ワイヤーソー』

『ダイアモンドコア』

代表取締役
徳丸浩樹 さん

2016年に個人事業として「DAI企画」創業、2021年に法人化を果たし、代表取締役に就任。『ダイアモンドコア』『ウォルソー』『ワイヤーソー』が主力業務。発注元の予算やニーズに合わせて作業工程を選択。

ダイヤモンド工具使った高精度工事
コンクリート構造物切断に威力発揮

配管用に壁や床を穿孔
曲面状構造物の切断も

世界で一番硬い石といわれるダイヤモンドの粒子を固着させた特殊工具を使い、コンクリート構造物に穴を開けたり、切断したりする専門性の高い工事の精緻、整然とした仕事ぶりで発注元の建築・土木工事会社から信頼を集めてきたのが『株式会社ＤＡＩ企画』代表取締役の徳丸浩樹さんだ。

「当社が請け負う工事は、三つあります。『ダイアモンドコア』は、ダイヤモンドを多数埋め込んだ穿孔用刃物のダイヤモンドビットでコンクリート構造物の壁や床に電気や空調設備などのケーブルや配水管の穴を開ける工事。『ウォルソー』は、ダイヤモンドの粒子を固着させた切削工具ダイヤモンドブレードを搭載したマシンを切断物の予定切断線に沿って設置したレール上を走らせながら切断する工法で、改修や耐震工事などに用いられます。『ワイヤーソー』は、ピアノ線にダイヤモンド砥粒を固定したダイヤモンドワイヤーを回転させながら切断対象物に巻きつけ切断する工法で、曲面状の構造物などの切断に威力を発揮します」

徳丸さんが業務で重視するのは、安全、低コスト、作業効率の向上だ。２０２２年12月より立ち飲みの「酔っぱらいスタンドぴぃーちゃん!!」を運営し、こだわりのお酒が大好評。

（ライター／斎藤紘）

株式会社 **DAI企画**
ダイきかく

06-7710-5417
diamondcore@daikikaku.com
㊟ 大阪府大阪市大正区千島3-15-5
https://www.daikikaku.com/

株式会社 DAI企画

「酔っぱらいスタンドぴぃーちゃん!!」
㊢ 17:00〜23:00
㊡ 日曜日・祝日

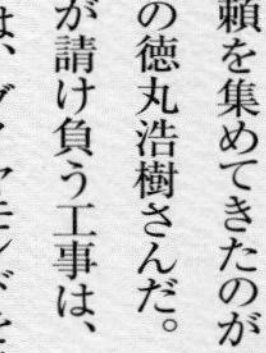

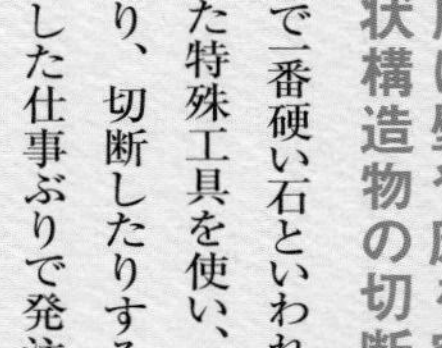

配電盤の組立て、配電作業。

代表取締役
岡本博 さん

2007年設立の『株式会社アオトエンジ』代表取締役。産業電機設備、各種プラント電気設備等の配線・組立作業を業務に掲げ、委託された制御装置や電源装置などの配線部品を配線図通りにハーネス配線する業務を担う。

大型小型を問わず電気設備対象に 精緻正確な配線工事で実績重ねる

配線の技術者を牽引し 作業の品質を徹底追求

２００７年創業の『株式会社アオトエンジ』は、間違いが絶対許されない産業電機設備や各種プラント電気設備などの配線・組立作業で実績を重ねてきた会社だ。その業績を支えるのは、配線のスペシャリスト集団を牽引する代表取締役である岡本博さんの作業の品質を追求する姿勢だ。

「大型装置の配線部門では、多くの制御部品を配線するため、電気知識、制御知識など専門知識が要求されます。卓上タイプの配電盤など小型装置の配線部門では、部品点数は少ないのですが、誤配線がないような細心の注意が求められます。いずれも正確さが要求される仕事ですので、作業後の処理確認を徹底し、端子部のねじ緩みの防止、異物混入の防止、ねじ増し締めの徹底を品質目標としています」

作業は、発注元の企業から支給された電気設備、電機設備の制御装置、コントローラーなどの配線部品を配線図通りに正確にハーネス配線を行う。高さ2m、幅3m以上の大型装置から部品点数は少ない卓上タイプの配電盤まで、あらゆる配電作業に対応できるのが強みだ。

（ライター／斎藤紘）

株式会社 アオトエンジ

☎ 0771-26-0616
✉ aoto.eng@crux.ocn.ne.jp
㊟ 京都府亀岡市宮前町神前平見8
アオトエンジ 検索

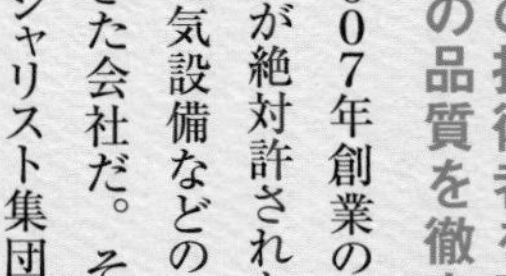

対応エリアは大阪、兵庫、京都を中心に関西圏一円。

課長
山口智也 さん
2020年1月設立の通信設備工事会社『BB株式会社』の課長。社長とは25歳の時に出会って以来15年超共に歩んできた。手足腰すべての体の機能が早く、器用なことからニックネームはチャンプ。

5Gの商用サービス拡大で増える新たな携帯電話基地局設置工事

大手通信企業から依頼 調査から設計施工まで

超高速、大容量の第5世代移動通信システム5Gの商用サービスが拡大する中で、仕事に追われているのが携帯電話基地局設置工事の調査、設計、施工、メンテナンスを手がける『BB株式会社』だ。課長の山口智也さんは、スマホやタブレットの利用者の利便性向上を考えながら仕事に打ち込む日々だ。フットワークの軽さと器用さは、会社を担う要である。

「日常生活に欠かせない存在であるスマホやタブレットが使えるのは、安定した通信環境があってこそです。当社は、大手通信企業からの依頼が多く、安定した受注を行っていますが、5Gの普及に伴って新たな基地局の設置工事や既存の基地局のバージョンアップの工事が増えています。5Gは超高速、大容量の通信を可能にする一方で、4Gの電波よりも届きにくい性質を持っていますので、基地局の設置工事はこれまでよりもデリケートさが求められますが、しっかり対応しています」

同社は、鉄塔タイプ、ビル設置タイプ、小型基地タイプ、屋内アンテナの四つのタイプがある基地局アンテナのいずれにも対応できる。

（ライター／斎藤紘）

BB 株式会社
ビービー

06-6625-5082
info@bb-ins.co.jp
㊟ 大阪府大阪市阿倍野区阿倍野筋1-43 あべのハルカス31F-Regus内
https://bb-ins.co.jp/

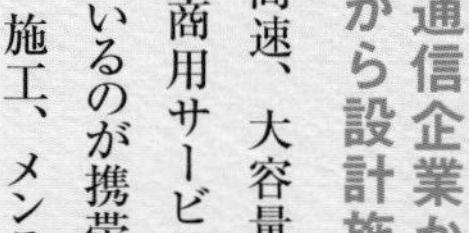

より良い家づくりの第一歩。川越市のモデルハウスで理想。

代表取締役
髙橋正則 さん

1994年の創業の二級建築士事務所『ダイワホーム株式会社』代表取締役。注文住宅事業、住宅設計事業、リフォーム事業、リノベーション事業、不動産事業などを展開。モデルハウスを通じた家づくりのサポートに特長。

家族のふれあいが広がる家が好評 モデルハウスで示す理想の住まい

安全性を確保した構造 住宅資金土地探し支援

外観はコンパクトだが室内は広々とした自由な箱の家、生活動線がシンプルで暮らしやすい家、アソビ心をくすぐるビルトインガレージの家、リモートワークに活躍するカウンターデスクのある家…。『ダイワホーム株式会社』が設計、施工した注文住宅の一端だ。代表取締役の髙橋正則さんが家づくりで重視し、住む人たちに笑顔をもたらした「家族のふれあいが広がる家」だ。モデルハウスを見れば、建築理念は一目瞭然だ。

「ライフスタイルや家族構成によって、間取りや仕様が選べる自由設計の家を提供しています。家族が安心して生活できる安全性を確保した構造を前提に、住まいの理想のカタチをお客様と共に叶えていけるよう、長年培った経験と高い技術で力強くサポートいたします」

モデルハウスの見学会では、家づくりのノウハウや住宅資金、土地探しの相談も受け付け、生活や暮らし方を丁寧にヒアリングし、住宅プランに落とし込んでいく。この親身な対応とプロセスが評判になり、これまで髙橋さんが販売を手がけた注文住宅は、800棟を超える。

（ライター／斎藤紘）

ダイワホーム 株式会社

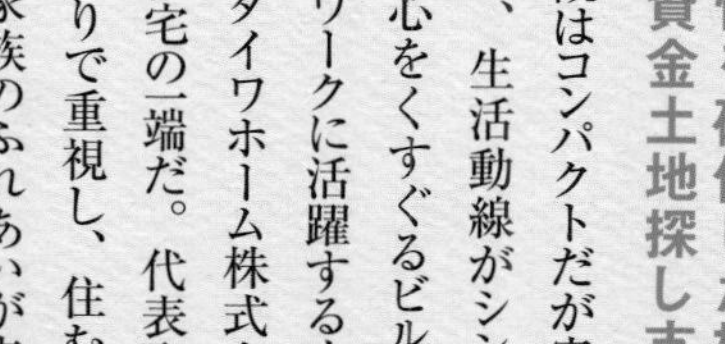

☎ 049-223-8677
✉ coedo@daiwahome-k.jp
㊟ 埼玉県川越市小仙波町2-25-2
https://daiwahome-k.com/

移住～古民家～別荘～事業用用地　淡路島の不動産は『エーアイトレーディング』に!!

～不動産で繋げる次世代との架け橋～

『エーアイトレーディング』は受け継いだ想いを乗せて渡します

店長
池内富美枝 さん

淡路支社の店長で地元民に寄り添い、親身になり話しを聞いている。淡路島の不動産のことや地域のことは何でもわかりやすく説明。地元民だけでなく、移住やセカンドハウスの相談も応える。

レジャーパラダイス
淡路島移住のプロフェッショナル

未公開物件も多数
淡路島に特化した不動産

コロナ禍の影響で在宅ワークが主流となり、海外旅行にも行きにくくなった昨今。田舎への移住者や、国内の自然豊かな場所への旅行者が増加中だ。そんな中、注目を集めているのが、兵庫県淡路島。播磨灘、大阪湾、紀伊水道の三つの海に囲まれた瀬戸内海最大の島で、徳島まで30分、神戸まで20分と都会へのアクセスも抜群。食もレジャーも充実しており、歴史も伝統文化も根付く。

そんな淡路島にいち早く着目し、同島に特化した淡路部隊を立ち上げたのが、兵庫県神戸市の不動産会社『株式会社 ai TRADING』だ。淡路島移住のプロフェッショナルとして、土地、別荘、古民家などあらゆる相談を受け付けており、淡路島地元の不動産業者からの問い合わせにも対応。自然に囲まれた山林や、海が目の前の用地、1万坪を超える事業用地など、一般的には未公開の情報も多数抱えている。

「兵庫県淡路島は海、自然はもちろん、食も揃っており、今、移住者や宿泊施設が増えています。淡路島にはまだまだ広大な土地が余っています。お気軽にご相談下さい」

（ライター／山根由佳）

株式会社 **ai TRADING**
エーアイ トレーディング

本社 ✆ 078-332-2501
✉ info@ai-trading-japan.com
㊟ 兵庫県神戸市中央区加納町4-8-17 TAKAI BLD. 3F
https://ai-trading-japan.com/

淡路支社
✆ 0799-72-3333
㊟ 兵庫県淡路市岩屋983

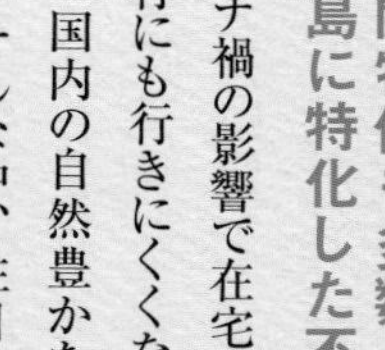

『棟瓦の葺き替え』

『サーモ雨漏り診断』

屋根瓦のプロが
徹底的に診断。
安心をお届けする山三瓦工業は、
四日市のお客様に選ばれ続けています。

瓦のずれ・めくれ

屋根下地の劣化

見えにくい部分の劣化

代表取締役
服部竜大 さん

小学生の頃から家業を手伝い、大学では機械工学を学ぶ。卒業後、最新型瓦製造機械メーカーに就職。瓦製造機械の組み立て、メンテナンス、設計などの業務をこなし、3年間勤務した後、『有限会社山三瓦工業』の経営を承継。

屋根瓦工事の丁寧な診断と的確な提案
耐震性耐風性に優れた工法を採用

多彩な資格を持つ屋根博士
診断にドローンも活用

「屋根瓦を製造から現場までの全てを知り尽くした屋根博士が屋根を診断します」

江戸・天保年間から170年超の歴史を刻む『有限会社山三瓦工業』八代目代表取締役の服部竜大さんは、国家資格のかわらぶき技能士一級と全日本瓦工事業連盟認定の瓦屋根診断技士、瓦屋根工事技士の資格を持ち、熟練の職人を牽引して施工している。信頼を集めてきた瓦屋根工事の確かな仕事ぶりを支えてきたのが、丁寧な診断と的確な提案だ。

「瓦屋根の不調を放っておくと、家の内部に水が入り込み、柱や基礎などの重要な部分に大きなダメージを与えてしまいます。葺き替えや補修に当たっては、瓦のズレ、めくれ、屋根下地や隠れた部分などの劣化状況を詳しく調べ、最善の工法を選択しなくてはなりません。5年前からドローンを使って上空から屋根全体の状況も調べています」

施工では、科学的な実験データに基づいた「瓦屋根標準設計・施工ガイドライン」に準拠し、耐震性、耐風性が飛躍的にアップした工法を採用している。診断・施工の様子は、『屋根のヤマサン』で YouTube チャンネルにアップしている。

（ライター／斎藤紘）

屋根のヤマサン
やねのヤマサン

有限会社　山三瓦工業

059-331-7351
info@kawarayamasan.com
三重県四日市市山之一色町233-1
https://www.kawarayamasan.com/

ドローンで屋根を診断。

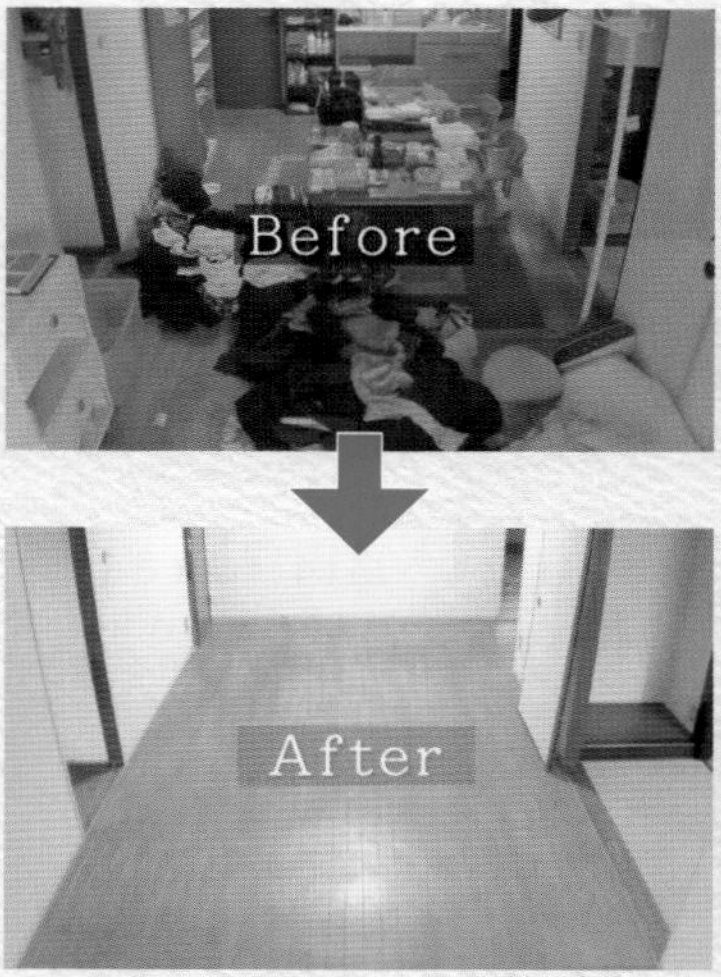

代表取締役社長
廣瀬浩介 さん

証券会社でファイナンシャル・プランナー、テクニカルアナリストとして16年間勤務。人材派遣会社の特殊消掃・遺品整理部署立ち上げに参画。2019年独立『株式会社ALIVE』設立。脱臭マイスター、孤独死脱臭マイスター。

特殊清掃を主軸に応用分野も実施
コロナ禍で依頼が増える除菌作業

火災現場等の片付けも 証券会社勤務から転身

特殊清掃や遺品整理を手がける『株式会社ALIVE』代表取締役社長の廣瀬浩介さんは、ファイナンシャルプランニング技能士の国家資格を持つ証券マンから転身した異色の経営者だ。特殊清掃は孤独死や事故死、自殺、殺人現場などになった部屋の清掃、消臭作業のことで、その技術を応用した除菌、ゴミ屋敷や火災現場の片付けなどでも実績を重ねている。

「当社の特殊清掃は、汚染物の除去だけでなく、空気中に漂ったり、壁面や亀裂などの細部に入り込んだりした細菌やウイルスも除菌するなど徹底した清掃を行っています。除菌作業はオゾン燻蒸で室内空間を洗浄した後に薬剤を噴霧して最後にバイオ仕上げをしますが、この技術は新型コロナウイルスの除菌にも応用され、一般のご家庭だけでなく、オフィスや商業施設などからもご依頼があります。また、ゴミ屋敷や火災現場の片付けにも特殊清掃で培った技術を生かしています」

このほかにも、故人が使用していた品物や愛用品などを整理する遺品整理や不用品の整理片付け、草刈り剪定などの仕事も請け負う。

（ライター／斎藤紘）

株式会社 **ALIVE**
アライブ

0120-926-161
info@alive-okazaki.com
㊟ 愛知県岡崎市井田町字稲場11-4
https://www.tokusou-rakan.com/
https://alive-okazaki.com/

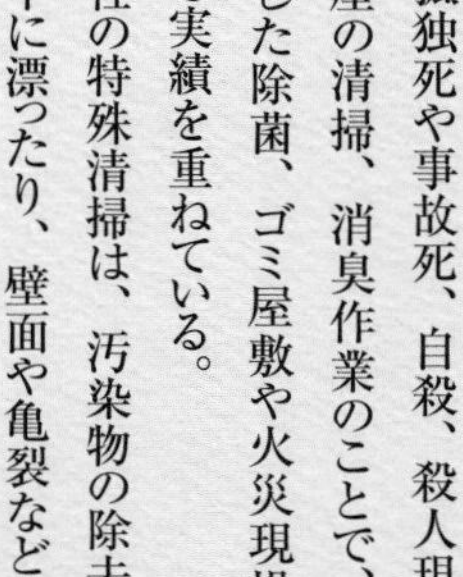

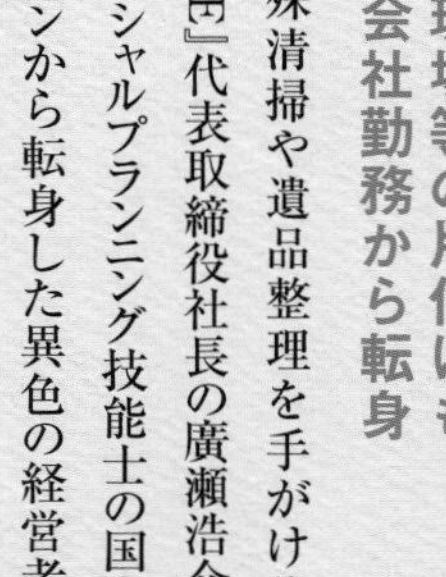

「ヤシの木の魅力を全国へ届けます」販売・植栽・剪定を一貫対応。

オーナー
富田喜弘 さん

造園業を営み、ヤシの木の魅力に引かれ始め、仕入れを増やして販売を手がけるようになり、その仕事に生きがいを感じてアメリカンな雰囲気のヤシの木の専門店『PalmShop Eiiyuen』を開業。

南国情緒豊かなヤシの木の植栽好評 美しい庭づくりを支える造園の経験

様々な品種を取り揃え 南国植物や資材も販売

ココスヤシ、カナリーヤシ、サバルヤシ、ワシントンヤシ、ビロウヤシ、チャメロップス、ロストラータ、ディクソニア、ドラセナ…。ヤシの木の専門店『PalmShop Eijyuen』の圃場で出荷を待つ様々な種類のヤシの木だ。その数約100本。これらを配した庭の設計から施工、植栽、剪定まで一人でこなす造園歴約20年のオーナー富田喜弘さんの確かな仕事ぶりが評判になり、全国から注文が舞い込む。

「南国情緒を演出するヤシの木は、ある程度の寒さなら耐えられますし、寿命も長く、ずっと楽しめる観葉植物です。個人宅のほか、リゾート施設やテーマパーク、商業施設、プールサイド、公共施設、街路などへの植栽のご依頼も多く、年間約100本販売しています」

ヤシの木のほかにも、リュウゼツランやプルメリア、アロイフォリア、センジュラン、胡蝶蘭などの南国の植物、ヤシの木の植栽に必要な砂利や石などの資材も販売している。庭づくりも、リゾートガーデン、洋風庭園、和風庭園などタイプを問わず、美しく仕上げる。

（ライター／斎藤紘）

PalmShop Eijyuen
プラムショップ エイジュエン

090-4057-4422
palmshop1184@icloud.com
㊟ 埼玉県深谷市櫛引5-2
https://www.palmshop.jp/
@palmshop1184

Palm Trees Classy Life
Palm Shop Eijyuen

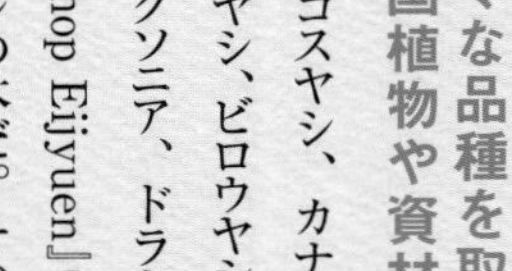

保険だけでなく、総合的なお金の相談をすることができる。

将来の不安を減らすことをサポート。

代表
久保田豊 さん

東京都立大学法学部卒。1992年から法律事務所でパラリーガル（法律事務専門補助者）として25年勤務。2018年「久保田行政書士事務所」を開業。行政書士、二級ファイナンシャルプランナー技能士、宅地建物取引士。

講演会やセミナーも開催。

不安要素が多い時代の人生設計支援
専門家資格生かした最適プラン提案

多岐にわたる相談内容
投資による資産運用も

コロナ禍や物価高の現在から高齢化が加速する老後までの人生設計上の様々な悩みの相談で信頼を集めているのが「久保田行政書士事務所」代表の久保田豊さんが開設した『あんしんライフプラン相談室』だ。行政書士、二級ファイナンシャルプランナー技能士、マンション投資アナリスト、教員、宅地建物取引士などの資格に裏付けられた幅ひろい専門知識を動員し、相談者に最適な解決策を見出していく。

久保田さんが対応可能な相談は、生命保険・損害保険や資産設計運用、投資信託、住宅ローン、家計簿の作成、老後資金、相続、終活、空き家問題、土地活用など広範囲にわたるが、ファイナンシャルプランナーの視点からの投資を含めた資金計画の提案は相談者に支持されている。

「不安要素が多い時代、資金計画をしっかりやっておくことで、リスクが発生した時に対処する事が出来るようになります。特に不動産投資を中心に据えた資産運用も有効な手段であり、検討すべきです」

久保田さんは、相談があれば投資のイロハからアドバイスしている。

（ライター／斎藤紘）

あんしんライフプラン相談室
あんしんライフプランそうだんしつ

✆ 090-6474-7485
✉ southgate777yutak@gmail.com
㊟ 熊本県玉名郡南関町大字上長田666-4
https://kubotagyouseisyoshi.com/
https://kubotagyouseisyoshi.net/ （あんしんライフプラン相談室）

あんしん
ライフプラン相談室

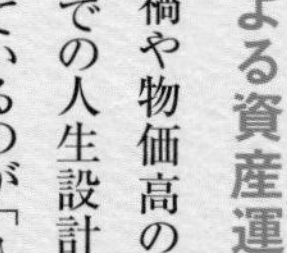

㊔ 9:00〜18:00
（時間外応相談）
㊡ 土・日曜日・祝日

離婚・男女問題、債務整理、相続など日常で起こりうる問題に対応。

一人で悩まず早期に相談を。

所長
小澤博之 さん

東京外大外国語学部卒。早稲田大学大学院アジア太平洋研究科修了。日本赤十字社勤務。東大大学院法学政治学研究科修了。「法テラス青森法律事務所」など代表を経て、独立。2019年『青い森法律事務所』を引き継いだ。

相談者と二人三脚で最適解追求
日常起こりうる法律問題に対応

個人や企業の難問解決
法テラスの利用も促す

東京大学大学院法学政治学研究科で学び、司法試験に合格して弁護士になった『青い森法律事務所』所長の小澤博之さんは、法律がからむ難題を解決に導く手腕で個人や企業に頼りにされる法律家だ。依頼主と話をしながら、その思いに沿って最適解を追求する姿勢を貫く。

「当事務所は、青森県内の人にとって身近な法律事務所として、日常起こりうるあらゆる法律問題に対応することをモットーとしています。問題解決は弁護士と依頼者様が二人三脚で成し遂げるもの。一人ひとりの話をしっかり聞き、明るい未来に繋がる解決を目指します」

対応する問題は幅広く、個人の場合は離婚・男女問題、債務整理、債権回収、交通事故、労働問題、不動産・建築問題、刑事事件など、企業関係では企業法務、人事・労務、労働問題、債権回収など多岐にわたる。

小澤さんは、独立前は、国によって設立された法的トラブル解決のための総合案内所である「法テラス」の代表常勤弁護士を務めたこともあり、金銭的な不安がある場合でも扶助制度を利用した無料の法律相談も促す。

（ライター／斎藤紘）

青い森法律事務所
あおいもりほうりつじむしょ

017-775-2245
aoimorilo-oz@juno.ocn.ne.jp
㊟ 青森県青森市古川1-15-5 オフィスビル木村3F
https://aoimori-law.com/

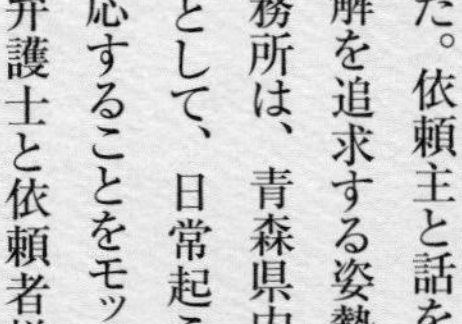

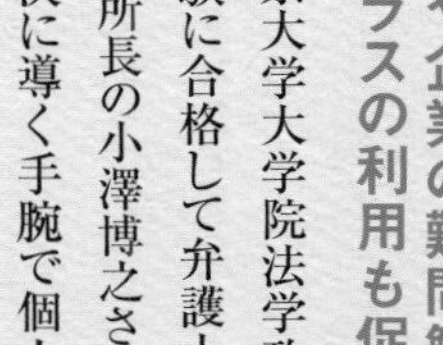

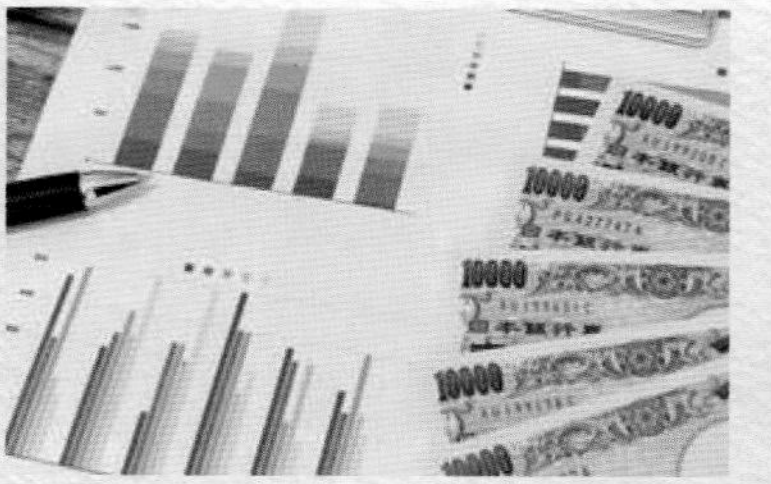

代表取締役
大和田大地 さん

福島県いわき市出身。杏林大学卒。信用金庫勤務を経て、2017年『株式会社クロコ』設立。社員のやりたいことを叶える会社をコンセプトに飲食業20店舗運営。その他、ITシステム開発業、動画制作事業、食品催事業、オンライン秘書業務など複数の事業を持つ。

創業に必要な業務全般をサポート コンサル会社設立しサービス開始

成功報酬型料金設定で 事業計画・資金調達支援

システム開発事業や飲食事業、代理販売事業など10の事業を展開する『株式会社クロコ』代表取締役の大和田大地さんが、新たに創業をサポートするコンサルティング会社『MyFound（マイファウンド）』を立ち上げた。着手金5万円と成功報酬5％のリーズナブルかつ明朗な料金設定で、創業計画書や事業計画書の作成から創業資金調達支援を行う。また、事業開始後の経営支援など重層的、専門的なサービスをアフターサポートとして提供する。

「創業は敷居が高いというイメージがありますが、事業展開や融資担当の経験を持つスタッフが、創業にかかる業務をワンストップで支援します。事業計画書は商品やサービス、ターゲットや市場性、資金計画など事業全体がわかるよう作成します。資金調達では設備の導入費用などの開業資金、商品の仕入れ代金や光熱費などの運転資金を基に融資を受ける金額を割り出し、融資申し込みに必要な書類の作成、金融機関の担当者との面談の調整や面談対策までサポートします」

業容を広げながら同社の成長を牽引してきた自信が伝わる事業だ。

（ライター／斎藤紘）

株式会社 **クロコ**

03-6263-2965
info@kuroco.jp
㊟ 東京都中央区銀座4-3-9 クイーンズハウス地下1F
https://www.kuroco.jp/

KUROCO MyFound.

「誰かの役に立つこと」を思い行動する信念。

代表取締役
古橋慶樹 さん

駒澤大学で硬式野球部の主将を務める。卒業後、大手企業のグループ会社の金融サービス会社で営業に携わる。約8年勤務した後、2018年『株式会社グランドバリュー』設立。

アジアの留学生などの就労を支援 人材確保に悩む物流企業等に派遣

資格外活動許可が条件 7ヵ国に広がる派遣者

数多くある人材派遣会社の中で、アジアからの留学生や在留資格者の家族などの就労支援に特化した人材派遣事業で異彩を放っているのが『株式会社グランドバリュー』代表取締役の古橋慶樹さんだ。支援を受けている人の国籍はモンゴル、ウズベキスタンを中心にベトナム、フィリピンなど7ヵ国に広がっている。

「日本の教育機関で学ぶ留学生や在留資格者の家族などの中には、短時間でも働いて、自分の夢を実現したい、日本の仕事を体験したいといった希望を持つ方が少なくありません。こうした方の中で、入国管理局から予め資格外活動の許可を得ていて、週28時間まで就労できる方を人材確保に悩む主に物流や引越しなどの企業に派遣しています。派遣する方の6割が留学生で、その貴重な体験が携帯端末による情報連絡網を通じて広がり、就労相談が後を絶たない状態です」

古橋さんは、人材業界で活躍後に独立、少子高齢化に伴う労働力の減少を視野に、有料人材紹介や請負業などの事業も展開している。

（ライター／斎藤紘）

株式会社 グランドバリュー

03-5879-7377
haken@grandvalue.net
㊟ 東京都江戸川区鹿骨1-62-13
https://grandvalue.net/

代表
池田徳治 さん

父親が創業した骨董、古物商時代から約百年続く『池田哲男商店』の三代目代表。非鉄金属を扱っていた二代目代表の長兄の他界後、経営を担い、業容を各種金属スクラップの直接買取に転じ、得意先を開拓し、業績を伸ばす。

子どもから笑顔を奪う状況に心痛め アニメランド王国構想の実現を促す

将来担う子どものための施策実行が政治の責任

海外に輸出される放送番組の90%近くを占め、世界の子どもたちが日本に関心を持つきっかけになるアニメ。「世界的に人気の高い、このクールジャパンの象徴に特化したテーマパークが日本にないのが不思議」と、自ら「夢の大阪アニメランド王国」構想を描き、2025年の大阪・関西万博などでの実現を訴えてきたのが、百年超の歴史を持つ非鉄金属スクラップ問屋『池田哲男商店』代表の池田徳治さんだ。

構想は、海外からのインバウンドがいつでも訪れることができる恒久的なパークとして、アニメを基調にグルメランドやフラワーランド、ペットランドなど世代を超えて楽しめるエリアを展開するものだ。

「コロナ禍、ウクライナの悲惨な戦争被害、自然災害、子どもを巻き込む事件など子どもの心に暗い影を落とすことが溢れ、テレビも作られた笑いネタばかり。こうした状況下で政治に求められるのは、将来を担う子どもに目を向け、笑顔をもたらす施策に取り組むことであり、『アニメランド王国』構想はそのきっかけになると思っています」

（ライター／斎藤紘）

池田哲男商店
いけだてつおしょうてん

06-6681-3311
大阪府大阪市住之江区御崎7-8-26
http://ikedatetsuo.jp/

夢の 池田哲男商店 presents 大阪アニメランド王国構想

- スナックランド
- ペットランド
- 海遊ランド
- アジアランド
- フラワーランド
- グルメランド
- 職業体験ランド
- 家電ランド
- 医療施設
- カジノランド
- スポーツランド

ゴスロリファッション『YAMITO』

ワークショップ『CdeB』

代表取締役
齊藤衛 さん

2001年創業。アパレル向け刺繍加工、企画提案、スポーツアパレル向け刺繍加工、ラインストーン加工、海外向けサンプル加工、刺繍データ作成などの事業を実施。

高度の刺繍加工技術を生かし 新ブランドの事業や商品を創出

アトリエで体験型講座開始 やみとをモチーフに企画

アパレル向け刺繍加工やラインストーン加工などを手がける『株式会社山神』代表取締役の齊藤衛さんは、複雑な文様を美しく仕上げる高度の刺繍加工技術を生かし、ファクトリーブランドとして新たな事業や商品開発に挑戦している経営者だ。その代表例が、２０２２年12月に開始した刺繍業界初のワークショップ『CdeB（セドゥベ）』だ。

「『セドゥベ』は一般の方からファッション業界の方に至るまで誰でも参加できる体験型講座で、機械刺繍の知識や技術開発などについて学び、スキルアップに繋げることができます」

もう一つが、ゆるいキャラクターを描く人気イラストレーターおおはらつかささんデザインのキャラクターアイテム「やみと」を使用したゴスロリファッション『YAMITO』の創出。さらに２０２３年には、「引きこもりやみとを野外へ連れ出してあげたい」というゴルファーからの熱い声を受け、やみとをモチーフにしたゴルフ用雑貨などのアイテムを作る『YAMITOGOLF』を立ち上げ、商品開発に着手した。

（ライター／斎藤紘）

株式会社 **山神**
さんしん

事業本部・工場 ✆ 06-6969-3734
✉ hello@sanshin-emb.com
㊟ 大阪府大阪市城東区永田3-10-2
https://sanshin-emb.com/

本社・ショップ『CdeB』
✆ 090-5055-1587
✉ cingmme@icloud.com
㊟ 大阪府大阪市天王寺区下寺町2-4-28

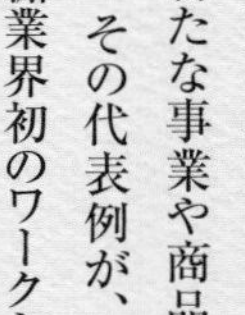

事業本部・工場

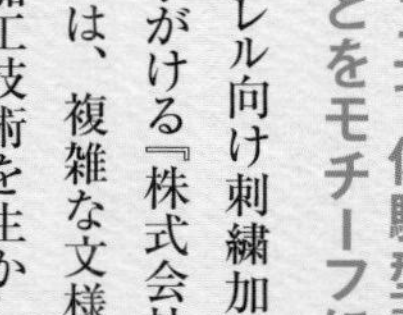

本社・ショップ『CdeB』

「2015愛知都市緑化フェア屋内展示ディレクター」

「2018メッセナゴヤ ブースデザイン」

「愛知県立高校和太鼓部法被デザイン」

代表
丸山泰輔 さん

愛知県立旭丘高校美術科卒。名古屋造形短期大学プロダクトデザイン課卒。大手自動車メーカーでミニバンなどのスタイリング、インテリアデザインに従事。退職後、広告代理店のディレクターとして活躍。1999年独立、起業。

多様な手法でブランディング実現 豊かな感性とデザイン力で魅力演出

和で魅せるデザインも コロナ禍で増える依頼

『アートコンサルタント丸山事務所』代表の丸山泰輔さんは、事業や商品、サービスの優位性を際立たせるブランディングを豊かな感性とデザイン力で実現してきたクリエイティブディレクターだ。ブランドの魅力を演出するモノやコト、デザイン手法は文字通り多種多様だ。

パッケージ、看板、イルミネーション、壁面広告などのデザインから花や植物のプロモーション、ランドスケープのデザイン、展示会ブースの設計、国際規模の博覧会のディレクション、地域テーマパークの機関誌編集まで、手がけた仕事は多岐にわたる。中でも異彩を放つのが、毛筆による書や墨絵に彩色した水彩画の揮毫による「和で魅せる」デザイン。美しく洗練された和モダンの雰囲気が心地よく伝わる。

「コロナ禍で経営の方向を見直す会社からの仕事が増えています。デザインはブランドを左右する重要な要素ですが、変化も速く、定着するまでの周期を頭に入れながら、集客、売上増につながるようアピール効果を最大化するデザインを追求していきたいと思っています」

（ライター／斎藤紘）

アートコンサルタント丸山事務所
アートコンサルタントまるやまじむしょ

090-3467-6649
tai1115@zm.commufa.jp
㊟ 愛知県名古屋市守山区廿軒屋1-8ヴィルヌーヴ103
http://www.art-maruyama.com/
https://eranos-japan.com/

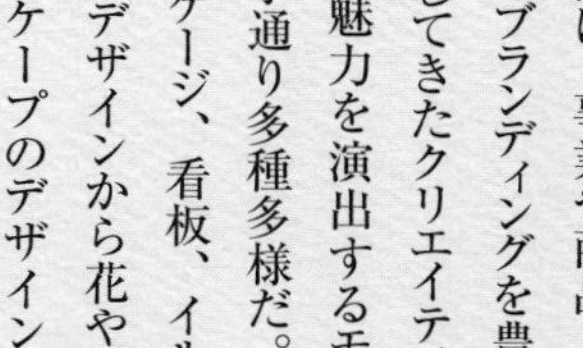

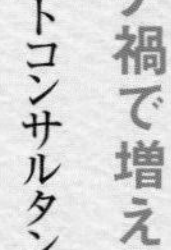

「アイスクリームパッケージ」

受付時間9:00～21:00
ますは、お電話ください！！
パソコン／タブレット／スマホなど
設定・修理・トラブル対応
引き取り修理・、持込み修理も可能です！！
作業時間　２４時間対応可能
何でも相談サポート！！
まずは、電話頂ければ
最適なご案内できます～
防犯／介護カメラ設置
安心！確実な作業！信用！
090-8456-9034
パソコン設定／修理／販売
スマホ／タブレット設定／修理／販売
あなたの街のパソコン職人
オールファイン

『パソコン診断』5,000円（税込）　『ウイルス駆除』5,000円（税込）～
『ファイル復元』5,000円（税込）～　『OS再インストール』15,000円（税込）
『データ移動』7,000円（税込）～

代表
川見真史 さん

大阪電気通信大学卒。長年にわたるパソコン修理経験を生かし、2000年『オールファイン』を設立、パソコンの事ならなんでも解決できる「パソコン職人」として、無料の電話相談を入口に原則年中無休で困り事に対応。

大きく広がるIT困り事サポート テレワーク用の環境整備も支援

パソコンの修理が基本 スマホの設定にも対応

33年超のパソコン修理経験を生かして２０００年に独立、起業した『オールファイン』代表の川見真史さんが現在手がける業務は、標榜する「パソコン職人」の域をはるかに超え、ＩＴに関わる困り事全般に及び、コロナ禍で広がったテレワーク、ＩｏＴやＡＩ技術で電子機器を制御し快適な生活を実現するスマートホームのサポートまでカバーする。テレワークについては、システムの導入、メンテナンス、トラブル対応、個別指導まで行い、スマートホームに関しては、生活家電や住宅設備をスマート化する製品の導入や接続、設定まで支援する。

中核業務はさらに幅広く、パソコン関係では原則24時間対応する出張修理、パソコン購入後の各種設定、無線ＬＡＮ設定、データ復旧、ウイルス駆除、Windowsのアップデート、ホームページの制作、年賀状作成支援など、スマホやタブレットなどの携帯端末に関しては、各種設定、アプリの導入、電話帳復活、機種変更や買い換えなどのサポート、さらに防犯カメラや介護カメラの導入や設定のサポートまで行う。

（ライター／斎藤紘）

あなたの近くのパソコン職人 **オールファイン**

090-8456-9034
kawami.allfine@ezweb.ne.jp
㊟ 大阪府河内長野市西之山町22-32
https://allfine.on.omisenomikata.jp/
https://www.allfine-pc.com/　http://allfine0373.jp/

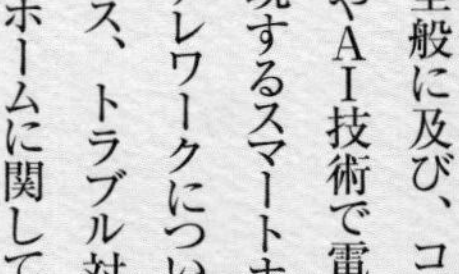

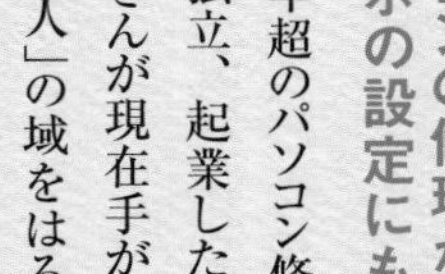

人と人の縁を紡ぐ。

代表
西滝隆裕 さん

勤めていた会社を退職後、パワーストーンショップの経営をする傍ら、顧客からの紹介で賃貸物件のハウスクリーニングを経験。仕事を拡大し、『よろず江戸屋』を立ち上げる。住宅の改装やビルの防水、塗装など様々な依頼を請け負う。

ハウスクリーニングから展示会の営業補助まで

始まりはハウスクリーニング 貰えるものは病気以外は何でも貰う

『よろず江戸屋』は、ハウスクリーニング、ビルの内外装工事、電気水道や美装工事リフォーム全般といった本格的な建設業のほか、展示会での営業補助、販売サポートなど多種多様な依頼を請け負っている。代表の西滝隆裕さんは、もともとパワーストーンショップを経営していたが、顧客からの紹介を受けて賃貸物件でのハウスクリーニングを経験したのがそもそもの始まり。熱心に仕事をする西滝さんに対して、水道のパッキン交換、壁紙の貼り替えなど、徐々に依頼が増えていった。経験したことないことばかりだったが、その場に居合わせていた職人の知恵を借りながら少しずつノウハウを習得していったという。

「もともと便利屋をやるつもりはありませんでしたが、不動産屋の要望に応えているうちに気がついたら便利屋になっていたという感じです。住宅業だけに特化せず、様々な仕事を請け負えるようによろず屋を名乗っています。『貰えるものは、病気以外は何でも貰う』というのがモットーです」

気さくな人柄も相まって、顧客からの信頼も厚い。困ったことがあればぜひ相談してみよう。

（ライター／星野春菜）

よろず江戸屋
よろずえどや

090-9326-3033
edoya8955@gmail.com
㊟ 東京都江戸川区鹿骨2-35-3-102
https://edoya8955.wixsite.com/website/

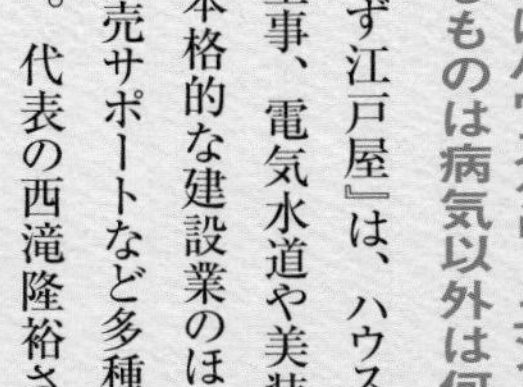

代表
清水和芳 さん

1993年、野菜や果物、花卉の温室設営を手がける『アグリサポートシステム』創業。2007年法人化し、代表取締役に就任。栽培効率化のための温室内部システムの設計開発、温室効果が高い栽培ポットの商品開発も実施。

ドローンサービス。

温室内部システムの設計開発。

温室設営や栽培効率化支援で実績 30年にわたり農業の発展に貢献

多様な温室に対応可能 「SDGs」への貢献努力も

「地元密着型の企業として、農業の発展に貢献する」

この思いを胸に約30年、季節を問わず新鮮な野菜や果物、花卉を栽培するためのビニールハウスなどの温室設営を引き受け、農家をサポートしてきたのが福岡市にある『アグリサポートシステム株式会社』代表の清水和芳さんだ。確かな仕事ぶりが評判になり、地域を超えた設営依頼が後を絶たない。

「当社が対応可能な温室は、パイプ型温室、鉄骨温室、ガラス温室、大型フィルム温室など幅広く、植物園の温室も手がけています。大型温室や特殊工事も含め、栽培環境や栽培農産物に合わせて設計し、オーダーメイドも可能です。温室だけでなく、日射比例制御の灌水システムや温度調節システム、保温カーテン、自動制御システムなど効率的な栽培のためのシステム設計、設置のご要望にも対応します」

ドローンを活用した温室の塗装や洗浄、耕作地への農薬や肥料散布も行う。また、「SDGs」持続可能な開発目標に向けた取り組みとして、環境にやさしい資材の利用や中古資材のリユースなどにも力を注ぐ。

（ライター／斎藤紘）

アグリサポートシステム 株式会社

092-985-2996
info@agri-system.jp
㊟ 福岡県福岡市西区千里252-1
https://agri-support.net/

Agri Support System

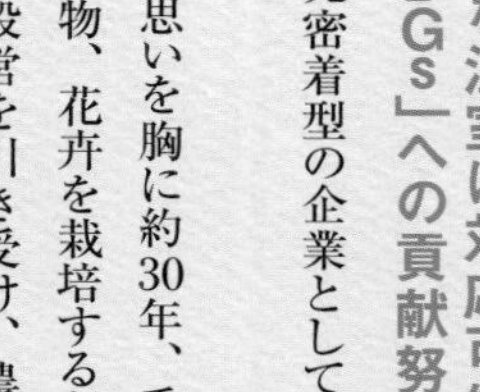

東京うこっけいのほか純国産品種の鶏のもみじ、その他も含め5,000羽を飼育。初生ヒナから成長の段階ごとに飼料の配合を変えるなど手塩をかけて育てあげ、体の内側から健康な状態を作り上げることでエサの吸収率あげて美味しい卵を産ませる努力をしている。

三代目オーナー
伊藤彰 さん

建築業や飲食業、不動産業などで働いた後、1962年創業の『伊藤養鶏場』の二代目オーナーの息女と結婚して婿に入り。その後、経営を引き継ぐ。

『〜とろける〜とりっぷりん』
「東京うこっけい卵」4個入 1,752円（税込）
6個入 2,628円（税込） 8個入 3,504円（税込）

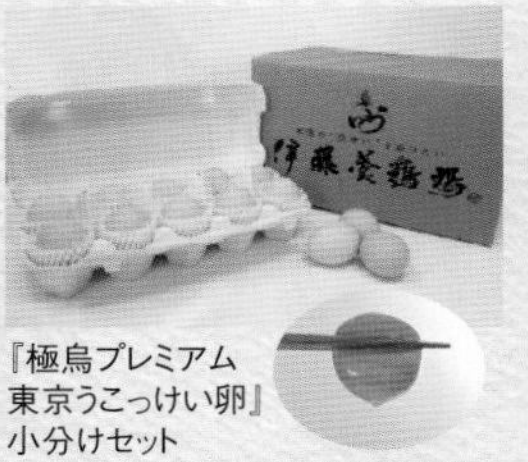

『極烏プレミアム
東京うこっけい卵』
小分けセット
1パック（10個） 2,095円（税込）
『東京うこっけい卵通常タイプ』
小分けセット
1パック（10個） 1,500円（税込）

烏骨鶏の極上卵とトロトロのプリン 独自の餌で手塩をかけて育てた結晶

ヒナから健康な体作り 卵は甘さとコクに特長

栄養価が高く、味も濃厚な「東京うこっけい卵」、その卵で作った『とろけるとりっぷりん』。東京・立川市で60年超の歴史を刻む『伊藤養鶏場』のメディアでも取り上げられるほど有名な卵で作った人気の商品だ。中国では薬膳料理などに使用され、我が国では天然記念物指定されている鶏だが「東京うこっけい」は、都の試験場が産卵数を増やすことができれば都内小規模生産農家の売上向上に繋がると研究し、烏骨鶏といわれる条件を満たすために他の鳥と掛け合わせることをせず、原種の烏骨鶏だけで産卵数を増やすことに成功した純血のうこっけいだ。

「東京うこっけいは、全身が宝といっていいほどに利用価値がある鶏。三日に1個程度しか産まず、卵のサイズも小さいのですが、卵白にはハリ、黄身には弾力があり、その分甘くてコクがあります。当養鶏場では、魚粉・海藻・ゴマをはじめとする19種類の飼料を黄金比の割合でブレンドし、衛生環境にも力を入れて飼育しています」

『とろけるとりっぷりん』は、フランス古典菓子の巨匠の下で修業し、さらにフランスに渡り有名パティシエの元で研鑽を積んだ実力派パティシエとのコラボ商品。伊藤さんが希望した通り、クレームブリュレ風に仕上がり、トロトロの飲めるように柔らかい独特の食感が人気だ。

（ライター／斎藤紘）

伊藤養鶏場

いとうようけいじょう

042-531-6587
tottofarm@gmail.com
㊟ 東京都立川市西砂町1-67-7
https://tottofarm-ito.com/

本物の"美味い"を届けたい
伊藤養鶏場

緻密で独自な飼料づくりは
養鶏場の悪臭も断つ。

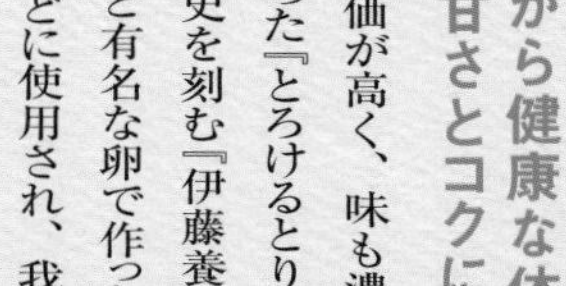

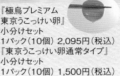

老舗自動車販売店の歴史をつなぐ。

代表取締役
谷美佐子 さん

学業を終えた後、県外に出て様々な仕事を経験。地元に戻り、『有限会社田野ホンダ』の事務作業などを手伝い、2020年二代目代表取締役に就任。干支九星鑑定やタロット占いを学び、開運鑑定も可能。

SNS利用など経営安定化に努力
小さな町の車屋さんの女性経営者

父親から経営を引継ぐ
退職後は占いの世界に

「四国一小さな町の車屋さん」として地域の人たちから親しまれてきた１９６３年創業の「田野ホンダ」。１９９３年に『有限会社田野ホンダ』に法人化。現在の代表取締役である谷美佐子さんは、創業者である父親を手伝いながら仕事学び、２０２０年に経営を引き継ぎ、人口減少や住民の高齢化など会社を取り巻く経営環境が厳しさを増す中、安定した事業基盤を確立するために努力を重ねる毎日だ。

「当社は、バイク屋から始めて車屋になり、現在は新車や中古車の販売と車の車検、点検、修理などの整備を手がけ、車検の指定工場の認証も受けています。手伝いのときは事務作業が中心でしたが、経営を引き継いだ後は、アナログツールによる情報発信からデジタルも活用してＳＮＳでの発信を始めました。また、既存のお客様を大切にしながらも、若い世代のお客様を開拓する営業活動にも力を入れています」

経営基盤が安定した後、谷さんは、姉の息子で現在、取締役専務の任にある甥に経営をバトンタッチし、自身は、干支九星やタロット占いの鑑定師として、困っている人の相談に乗る仕事に移るという。

（ライター／斎藤紘）

有限会社 **田野ホンダ**
たのホンダ

0887-38-2909
tanohonda2909@triton.ocn.ne.jp
㊟ 高知県安芸郡田野町645-1
https://tanohonda.com/

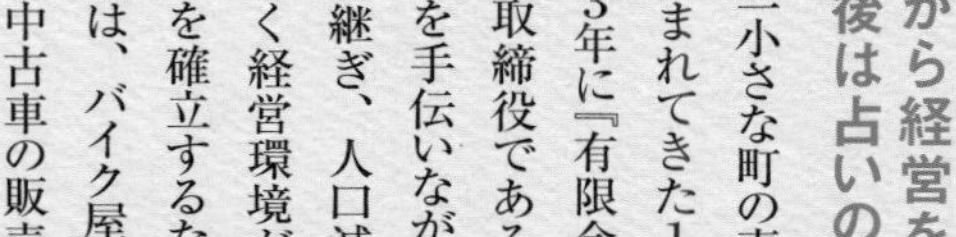

代表
木俣尊博 さん

2015年『合同会社fiants』を設立、代表社員に就任。京都市を拠点に近畿圏一円で、主に軽バンなどの貨物運搬用の軽自動車を使用して運送・配送をする軽配送事業を展開。

単発緊急便から引越しまで フットワーク軽い配送会社

関西を中心に様々な配送 臨機応変に対応

ドライバー不足が続く配送業界において頼もしい存在が、多様な配送メニューを揃える『合同会社Fiants』だ。

『スポット便・緊急便』は、単発で利用できるサービス。軽貨物車両や乗用車での配送がメインなのでフットワークが軽く、小回りの利く配達が可能。休日や年末年始含め、緊急時には迅速に対応してくれる。『定期便』は、常時発生する荷物を定時に決まった場所へ配送してくれるサービス。配送のたびに申し込む手間を省ける。『チャーター便』は、繁忙期や人手不足の時だけ利用したい方向けの貸切サービス。荷物量問わず希望に合わせた方法で対応してくれる。荷物が小さい&車で入りにくい場所へは、『自転車配送』も実施。また、単身者のコンパクトな引越しから、家族での大掛かりな引越しまでも請け負っている。

近場で荷物が少なければ、大手引越し業者よりもコストを抑えられるかもしれない。

（ライター／山根由佳）

合同会社 fiants
フィアンツ

075-205-0224
fiants0707@gmail.com
㊟ 京都府京都市伏見区向島庚申町64-33
https://fiants0707.com/

代表
井上晃一 さん

鉄工会社のサラリーマン時代、仲間からメダカもらったのを機に、2019年に副業としてメダカの飼育販売を開始。徐々に飼育規模を拡大して、2021年『めだか小屋紅』を設立して本業化。ネット競売サイト・ヤオフクにも出品。

観賞魚としてのメダカの虜になり 脱サラでメダカの飼育・販売に転進

副業が拡大して本業に 醍醐味は新品種の創出

古くから観賞魚として親しまれてきたメダカの虜になり、鉄工業のサラリーマンからメダカの飼育・販売業に転じた男性がいる。『めだか小屋紅』代表の井上晃一さん。今では、ビニールハウスと屋外飼育場に設置した多数の水槽で年間何十万匹も飼育、ペットショップや同業者、鑑賞魚愛好家が買いにくるまでに経営規模が拡大した。

「かつての仕事仲間からメダカをもらい、自宅の庭にビオトープの小さな池を造り、飼ったところ、面白くなり、副業として飼育を始め、飼育規模を拡大していくうちに本業になりました。メダカには何百種類もの品種があり、掛け合わせによって品種改良し、新しい品種を生み出すことができるのがこの仕事の醍醐味です。明光と名付けた赤と黒の模様が美しいメダカは、一匹1万円の卸値がつくほどの人気です」

現在は約80品種を扱っているが、メダカの命を守る上で最も重要な水質管理のために、井戸水をポンプで吸い上げて流水し、三日に1度は水換え、一日3度は餌やりという作業に勤しむ日々を続けている。

（ライター／斎藤紘）

めだか小屋 紅

めだかごや こう

090-6960-6796
medakakoyakou@icloud.com
兵庫県姫路市船津町4195-5
@medakakoya.kou

Instagram

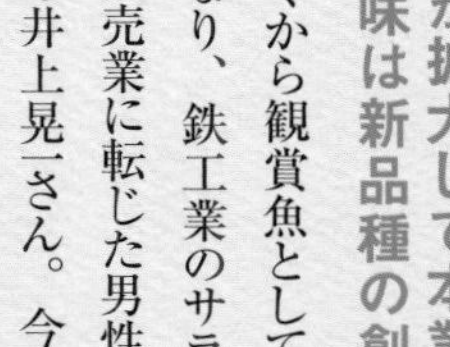

感謝・信頼・愛
ファスティングを文化にする！
健康がすべてではない。
しかし、健康を失うとすべてを
失う！
ファスティングであなたとご家族の健康をトータル
サポート
全身の細胞をリセットする！
内面からキレイなカラダを創るファスティング

代表
渡辺正明 さん

分子整合医学美容食育協会認定プロフェッショナル・ファスティングマイスター、健康美容食育士、杏林予防医学研究所・細胞環境デザイン学認定講師、国土交通大臣登録公認不動産コンサルティングマスター。

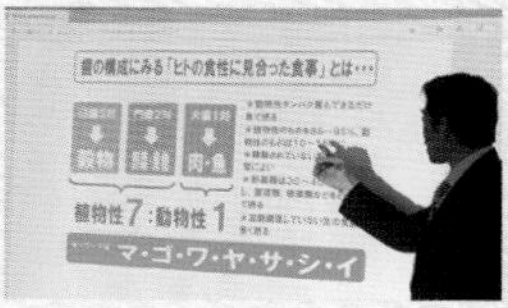
歯の構成にみる「ヒトの食性に見合った食事」とは・・・
穀物
野菜
肉・魚
植物性7：動物性1
マ・ゴ・ワ・ヤ・サ・シ・イ

『書籍「成功男の超断食術」著書解説!
ファスティング実践基礎講座』（オンライン講座）
1,000円（税込）
『半日ファスティングセット』
定期購入 月額 11,340円（税込）

詳細情報は
こちら。

内面から綺麗を手に入れて 明晰な頭脳と頑丈な身体に

身体37兆個の細胞を元気にするための技術【オンライン講座あり】

誰もが願う「美しくありたい」「元気で幸せに暮らしたい」という想い。それを自宅でオンラインサポートを受けながら、実現させる方法がある。ミネラルファスティングだ。ファスティングというと断食修行のような苦しいイメージを思い浮かべる方もいるかもしれない。しかし、正しい医療知識と必要な栄養素を取りながら行うミネラルファスティングなら辛い思いをすることはない。『ファスティングマイスター学院横浜とつか支部』では、一般社団法人分子整合医学美容食育協会が認定するプロフェッショナル・ファスティングマイスター、健康美容食育指導士でもある渡辺正明さんが、食事や健康・ダイエットなどで悩んでいる方向けに、安心して実践できる健康法としてファスティングをサポートしている。

杏林予防医学研究所の認定講師で、整体師でもある渡辺さんのサポートで、専用ドリンクで栄養補給しながら体力を落とさずにカラダのバランスを整えることが可能に。和伝健康道（心技体を冥想呼吸法・ミネラルファスティング・美脚整体で整える手法）をオンラインで学ぶことができる。筋トレでは手に入らない、柔らかで丈夫な肉体と柔和な精神力を身につけることができる。

「ハードな筋トレは、一切不要です。美味しく食べながら元気でスリムに理想の心身を手に入れませんか」

（ライター／山根由佳）

ファスティングマイスター学院 横浜とつか支部
ファスティングマイスターがくいん

090-7887-4277（健康道渡辺横浜事務所）
masawata01@gmail.com
㊟ 神奈川県横浜市戸塚区吉田町778-9-401
https://fastingmeister.com/

詳細情報は
こちら。

ファスティングセットの実践

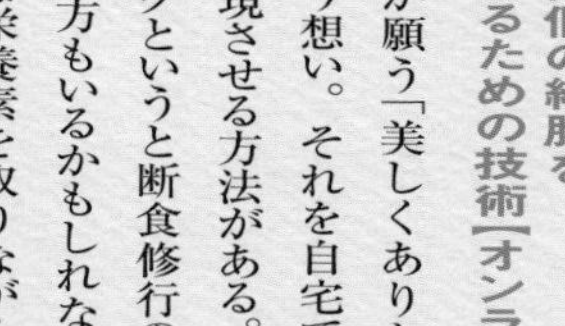
After
Before

代表
櫻井樹 さん

大学時代に体育・スポーツ科学を専攻、学生の頃からトレーニングを実施。商社就職後、大手パーソナルジムに転職し、年間1000本以上のセッションを担当。2021年パーソナルジムの価値を広げるため独立。

入会金 21,780円(税込)
『コンディショニングコース』
Aコース(45分) 1ヵ月 32,780円(税込)
Bコース(60分) 1ヵ月 36,080円(税込)
Cコース(75分) 1ヵ月 39,380円(税込)
『集中ボディコース』
2ヵ月 166,980円(税込)など

トレーニングの習慣化を大切にするパーソナルジム

継続は力なり生活の質向上に繋がる

『パーソナルジム BETWEEN』は、「継続できるフィットネスライフ」をテーマに、生活の質向上のサポートを大切にしている新時代のパーソナルジム。ダイエット、筋力UP、運動不足解消、健康数値の改善、体力UPなど、一人ひとりのニーズに合わせたオーダーメイドプラン&完全個室のマンツーマンでサポートしてくれる。提案するのは、体脂肪率と見た目に徹底的にこだわったメソッド。「ただ痩せる」「見た目を変化させる」だけでなく、日常生活や趣味のパフォーマンスUPも目指し、体の機能も向上させる。食事は個々のライフスタイルに合わせ、制限するのではなく、適切なバランスに整えて指導を実施。ジムには、初心者でも安心して扱えるトレーニングマシンをはじめ、筋力UPからスポーツのパフォーマンス向上まで、あらゆる目的に合わせた様々な器具が揃う。開放的な空間で、アットホームな雰囲気も魅力的。お財布にも優しい価格設定なので、継続しやすい。2023年より健康セミナーも実施予定。興味のある方はセミナーからどうぞ。また、同じく2023年より企業の健康経営をサポートする『ウェルネスプログラム』もスタートさせる。実際に企業に赴き健康に関するセミナーと運動実践を行い、希望する社員にはマンツーマンで健康に関する相談もできる。会社員時代の経験とパーソナルトレーナーとしての経験を生かし、人生100年時代の健康をサポートしていく。

(ライター/山根由佳)

パーソナルジム **BETWEEN**
ビトウィーン

080-6081-6267
enzo.sakurai39@gmail.com
㊟ 三重県桑名市大仲新田491-2
https://between-kuwana.com/

㊖ 8:00〜22:00
㊡ 日曜日

BETWEEN

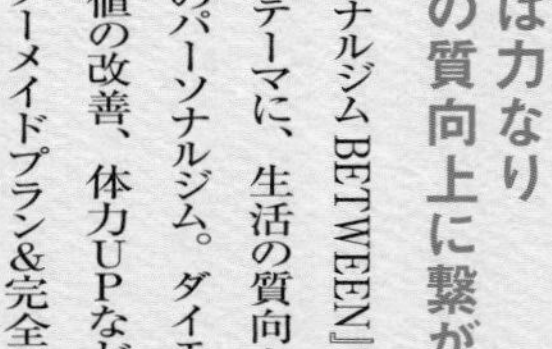

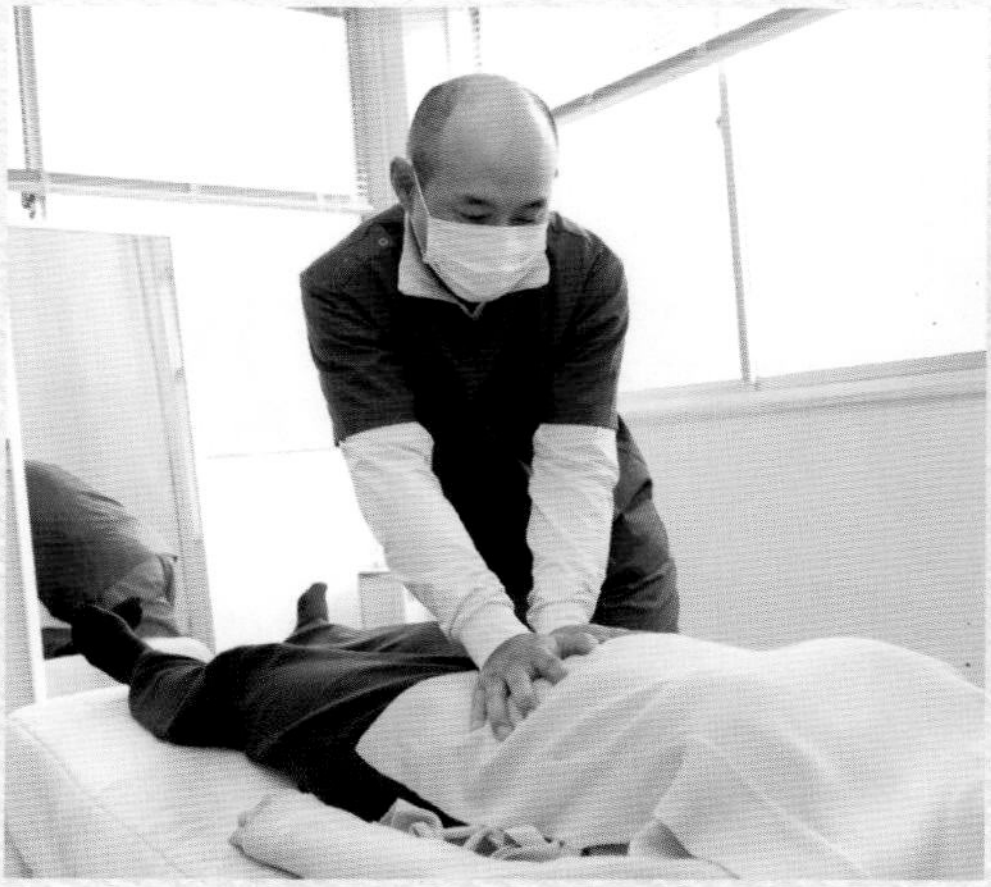

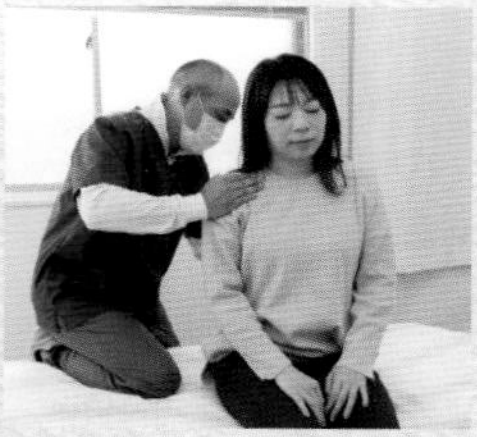

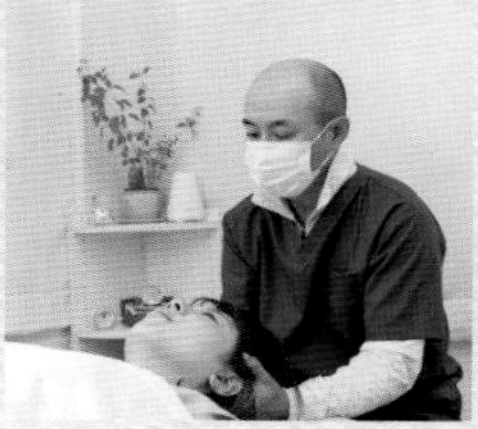

院長
池本晃 さん
少年期からテニスなどのスポーツに熱中し、頻繁に怪我をしたことから整骨院と縁ができる。自らも体をケアする仕事に興味を持つようになり、カイロプラクティックの資格を取得し、2015年『BME整体院』を開院。

『Mindコース〜自律神経整体』『Bodyコース〜五体満足』
『Energyコース〜脳と体のEnergy』『パーソナルBody〜How to use』

やる氣や元氣が出る自律神経整体
体の特定部分に刺激を与える手技

精神安定化物質が分泌
慢性的不調改善に効果

Body、Mind、Energy の頭文字を冠した『BME整体院』院長の池本晃さんは、カイロプラクティックの資格に裏付けられた高度のハンドテクニックと東洋医学の知識を融合させた独自の施術で存在感を高めている施術家だ。メニューの中で特に力を入れているのが体の機能を調節する自律神経に働きかける『Mindコース〜自律神経整体』と問診（カウンセリング）に時間をかけることだ。

「自律神経整体は頭と顔、腹部の特定部分に軽い刺激を与える施術です。脳が活性化し、神経伝達物質の一つで精神を安定させる働きをするセロトニンホルモンが分泌され、過緊張、ストレス過多状態の方はリラックスでき、体も氣分も落ち着いていきますし、倦怠感ややる氣が出ない状態の時は体と氣持ちが軽くなり、やる氣や元氣が出てきます。慢性的に体の不調に悩む方にお薦め施術で、刺激の少ない優しい整体ということもあり、婦人科系疾患の方にも大変喜ばれています。そのためにも丁寧な問診を行います」

他に『Bodyコース〜五体満足』『Energyコース〜脳と体のEnergy』『パーソナルBody〜How to use』があり、症状によって選択できる。

（ライター／斎藤紘）

BME整体院
ビーエムイーせいたいいん

050-3633-7285
b-m-e@jcom.home.ne.jp
㊟ 東京都府中市西府町4-5-11
https://bme-seitai.com/

BME整体院

こちらからも検索できます。

自律神経調整専門サイト

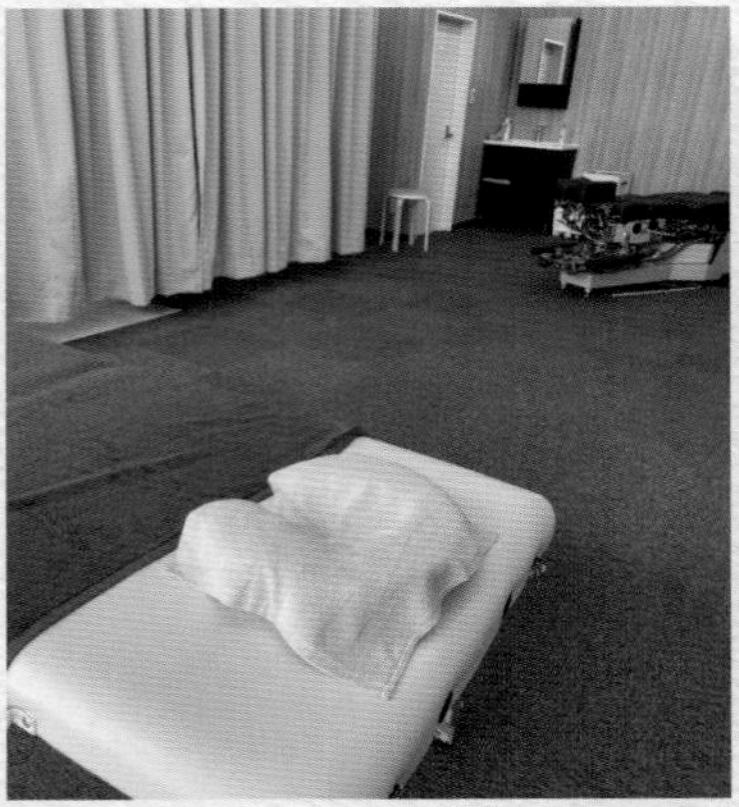

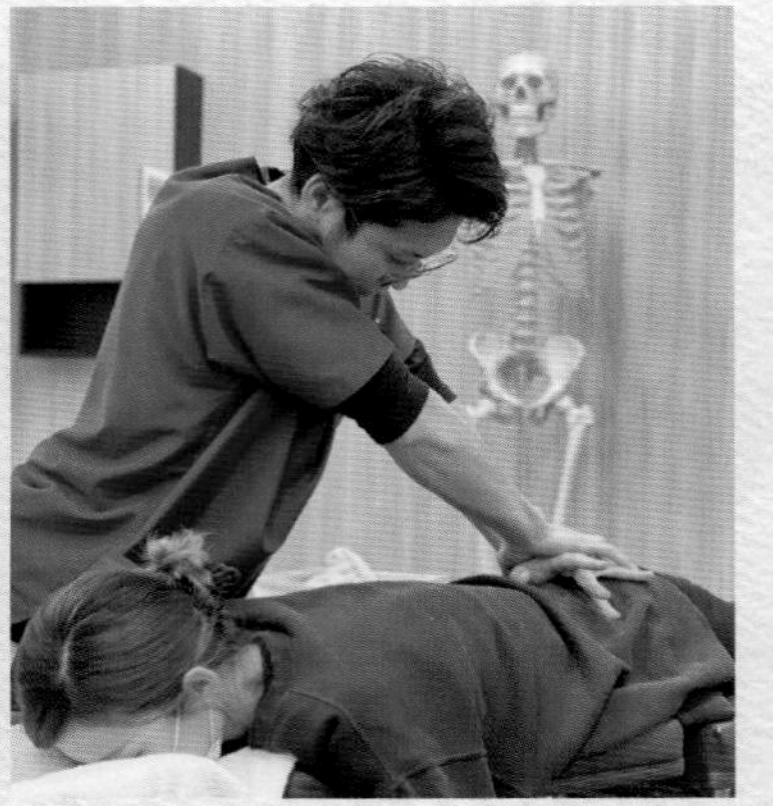

院長
白壁卓也 さん

東京メディカル・スポーツ専門学校柔道整復師科卒。柔道整復師。『アルエ整骨院』開院。日本ダイエット健康協会認定プロフェッショナルダイエットアドバイザー。山梨県のカリスマ治療家、ゴッドハンドとも評される

『骨盤矯正・マッサージ』初回限定 2,000円(税込)　通常 5,000円(税込)
「産後骨盤矯正認定院」にも選出。産後骨盤療法や痩身にも力を入れ、患者さんの口コミだけで山梨県中から来院する。広告や宣伝などは一切せずに産後矯正や施術で県外からもお問い合わせが殺到する。結果と成果で全国に名を馳せる院長先生だ。

業界トップクラスの知名度と施術センス 山梨が産んだカリスマ治療家

体の構造や変化を研究 根本的原因の改善重視

「もしあなたが腰痛や肩こり、ヘルニアなど悩みを抱えていても施術をして15分後にはとても楽になり、改善する希望が湧き出てくる」そんな整骨院が『アルエ整骨院』だ。

同院の白壁卓也院長は、幾多の患者さんを改善してきている実績から「山梨県のカリスマ治療家」「業界の先生の先生」「ゴッドハンド」と呼ばれて全国雑誌掲載、治療文庫本にて18P執筆依頼が来るほど。自律神経においては、精神科医の紹介で精神科医の奥様が来院したという実績も持つ。治療も骨盤矯正に軸を置いて、また何故歪んでしまっているのか。それは筋膜、骨膜、関節、脳、自律神経、内臓からどれか判断をし、特定した部位と骨盤を施術する事で改善させる。

「長年の頭痛の方。どこに行っても一時は良くなるが全く良くならなかった」「『アルエ整骨院』にて原因は内臓と判断され、内臓と骨盤を調整、首肩には一切触れずに、その人はその後全く頭痛がなくなった」

山梨の方で身体に困っているのであれば、一度は行ってみては。

（ライター／斎藤紘）

アルエ整骨院
アルエせいこついん

0555-75-2041
arue.seikotsuin619@gmail.com
㊟ 山梨県富士吉田市下吉田2-27-15
https://arue-seikotsuin619.com/

骨盤矯正
アルエ整骨院
予約優先
詳しくは アルエ整骨院 検索

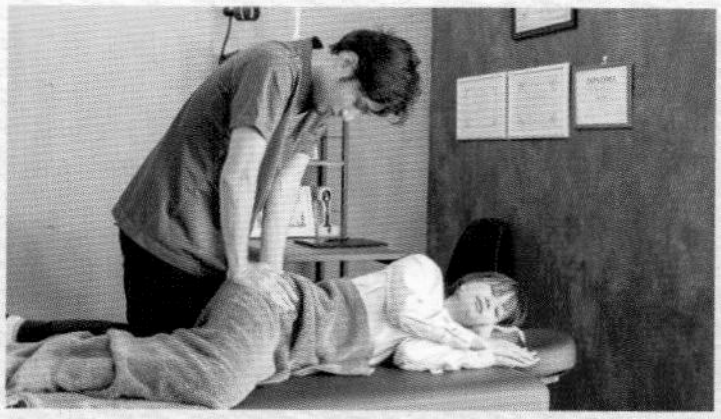

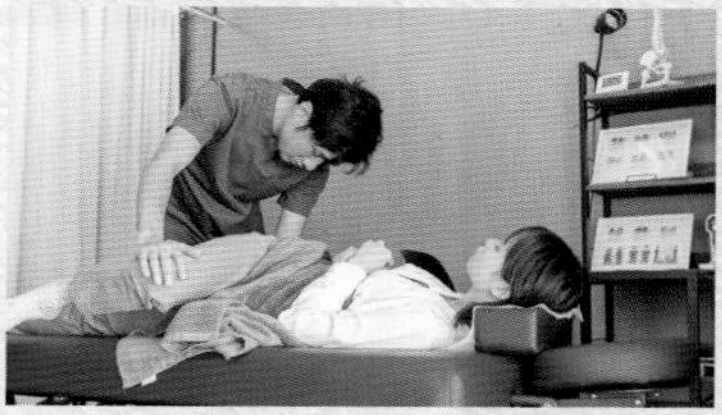

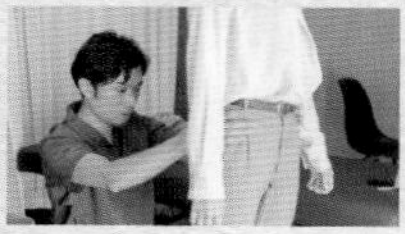

㊎ 月・火・木・～土曜日
10:00～21:00
水曜日
10:00～15:00
㊡ 日曜日・祝日

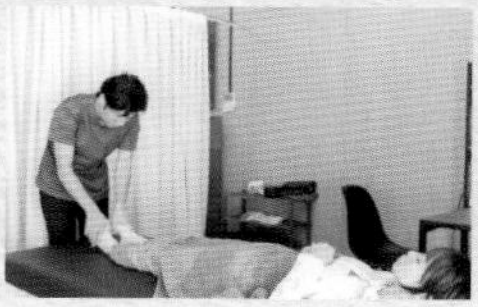

『神経整体』 初回1,980円（税込）／通常 5,000～7,000円（税込）
初回60～80分／2回目以降30～50分
『産後骨盤矯正』30分 4,500円（税込）

院長
古瀬孝幸 さん

少年期にバスケットをしていて整骨院に通っていた時に柔道整復師という仕事を知る。高校卒業後、一般企業を経て専門学校に通い27歳の時に柔道整復師の資格を取得。佐世保市内の整骨院で約10年勤務後、『整骨院RESET』を開院。

痩身整体などで無理なくダイエット
分子栄養学に基づく食事指導も効果

施術メニューに掲げる 神経整体や骨盤矯正も

柔道整復師の医療系国家資格を持つ『整骨院RESET』院長の古瀬孝幸さんは、前職の整骨院勤務時代、痩せることができずに悩んでいるケースが多いことを知り、痩身整体術や分子栄養学などを学び、「ダイエット（体質改善）」を施術メニューの柱の一つに掲げた治療家だ。

「ダイエットのプロセスは、カウンセリングから始まり、遺伝子検査を行い、その結果をもとに何が原因で太りやすくなっているのかをより明確にして、一人ひとりに合ったダイエットプランを作成します。それに沿って、ダイエット効果を最大限引き出すために絶対必要な痩身整体、分子栄養学に基づいて必要な栄養素をお伝えする食事指導、無理のないダイエットをしていただくために自律神経を調節するツボの施術を行っていきます。無理な食事制限も運動も一切必要なく、年齢や性別、体型を問わず、効果が実感できるダイエット法です」

施術メニューには、神経の伝達異常を改善して痛みや痺れなどを治療する神経整体、出産後に緩んだ骨盤を改善する産後骨盤矯正もある。

（ライター／斎藤紘）

整骨院 RESET
リセット

070-8345-7997
reset-2022-52@outlook.jp
㊟ 長崎県佐世保市栄町3-12 FACE21-3F
https://reset-2953.com/
@seikotsuin_reset

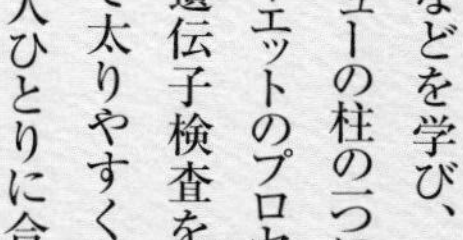

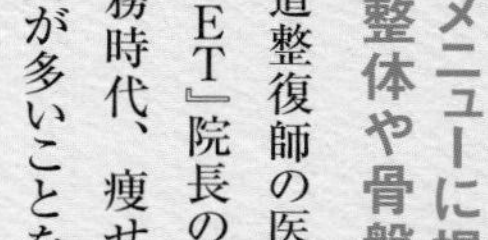

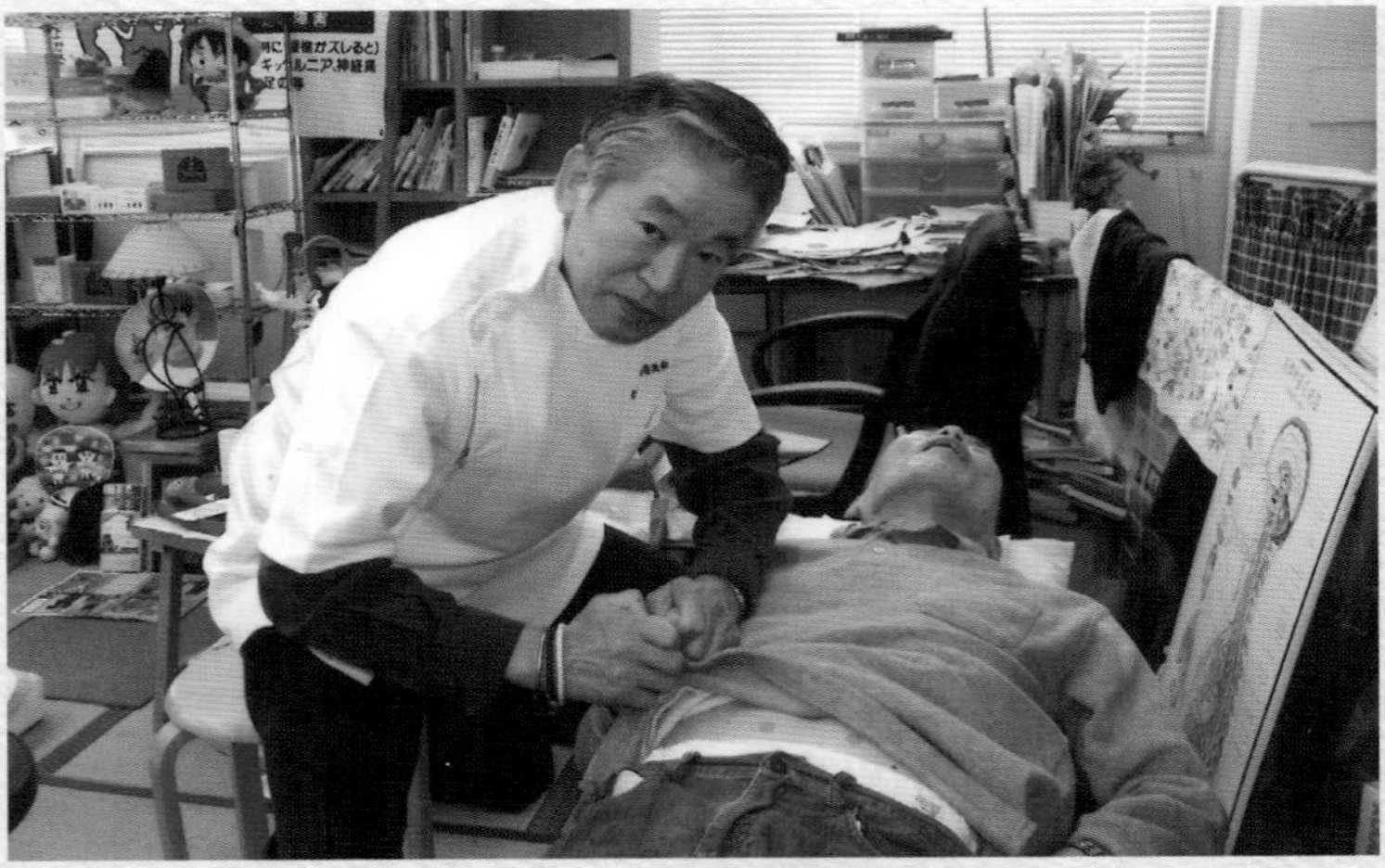

東洋のツボ療法と西洋のカイロプラクティックをミックスさせた、身体に優しい施術。

院長
寺田冨士夫 さん

1989年に足を挫き、各地の治療院や病院では完治せず、東洋医学に通じた治療院でカイロプラクティック施術を受け、治癒したのを機に入門、カイロプラクティックの資格を取得し、『丸亀カイロプラクティック施術院』開設。

特殊な半導体物質で体の不調改善
骨格筋の緊張和らげる独自施術法

放出電子の作用を利用
病気克服の経験で導入

『丸亀カイロプラクティック施術院』院長の寺田冨士夫さんは、特殊な半導体物質を利用して腰痛やひざ痛、肩こり、手足のしびれなどの痛みを改善する他に例のない施術法で知名度を上げた施術家だ。半導体物質は師匠と仰ぐ東洋医学者が考案したもので、存命率10％といわれた心臓病などを患い、手術が成功し奇蹟的に職場復帰を果たした寺田さんが入院中に密かにこの半導体物質は使ったことが手術に耐える体力の持ち直しに役立ったと確信、施術に導入したものだ。

「半導体物質は、小さなシートにゲルマニウムをはじめ半導体成分など数十種類の元素を含む混合刺激物質を練り込んだもので、電子放出による間欠刺激や遠赤外線による温熱効果、活性酸素発生低減作用などがあります。身体の不調に影響していると考えられるストレスによる骨格筋の緊張を取り除き、不調を改善に導くことが期待できます」

施術では、揉んだり、つまんだりといった施術は行わず、このシートを貼って、骨格筋のバランスを調整しながら緊張を和らげていく。

（ライター／斎藤紘）

丸亀カイロプラクティック施術院
まるがめカイロプラクティックせじゅついん

☎ 0877-22-3514
緊急連絡先 ☎ 090-3789-3514
㊟ 香川県丸亀市城西町2-3-20
http://www.j-tradenet.com/m-chiropractic/

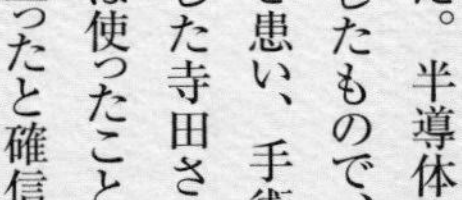

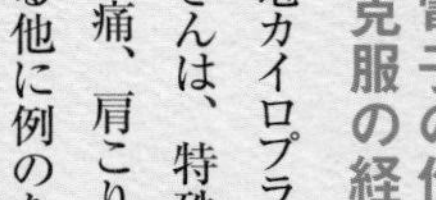

代表
野口昭司 さん

米作農家だったが、将来性への懸念から養豚業に転換し、『野口ファーム』設立。悪臭公害対策の延長線上で排尿対策に乗り出し、EM菌を活用した「畜産動物の排尿処理方法」で2013年、特許取得。2015年、中国で特許取得。

有用微生物で養豚場の排尿を浄化 水質汚濁防止法の排水基準クリア

空き地に処理施設設置 低コストも大きな特長

養豚場で処理に困る排尿を水質汚濁防止法の基準をクリアして河川に流せるほど浄化する画期的な処理技術がある。『野口ファーム』代表の野口昭司さんが日本と中国で特許を取得した「畜産動物の排尿処理方法」。有機物を分解する有用微生物群EM菌を利用するのが特長だ。

具体的には、養豚場内の空き地に穴を掘り、ビニールシートを敷いて2個の水槽を作り、エアコンプレッサーを設置。排尿をEM菌と共に第一処理槽に導き、水中エジェクターポンプで撹拌、初期浄化とEM菌を増殖させ、第二処理槽で最終浄化尿を取り出すシステムだ。浄化した後の排尿の検査では、生物化学的酸素要求量が基準の16分の1、窒素含有量は5分の1と水質汚濁防止法の排水基準を大幅に下回った。

この処理法のもう一つのメリットは、低コストで実現できることだ。中規模の養豚業者が一般的な浄化施設をつくるには補助金を得ても2500万円ほどかかるが、この施設の建設費は400万円ほどで済むという。養豚が盛んな中国や東南アジアに普及させるのが野口さんの夢だ。

（ライター／斎藤紘）

野口ファーム

のぐちファーム

FAX 0299-92-3167
住 茨城県神栖市高浜903

日本と中国の特許番号

中国 ZL201310356939.7号
日本 第5308570号

格闘技道場
「クロスポイント・パラエストラ拝島」

代表
橋本貴 さん
看護師として病院で働き、医療専門学校教員を務めた後、看護学生サポートや格闘技道場運営などの事業を糾合して、2020年『合同会社SAMANT』を設立。第17回全日本柔術選手権茶帯スーパーヘビー級で優勝。現在、「ブラジリアン柔術」黒帯。

関係者全てが楽しみながら満足する 看護や格闘技経験生かした事業展開

看護学生を対象に指導 格闘技道場を運営指導

誕生月の守護仏、仏の慈悲と理智を顕して人々を救う普賢菩薩の真言を社名にした『合同会社SAMANT』代表の橋本貴さんは、自ら実践した経験と培った知識をフルに生かした四つの事業に日々情熱を注ぎ、事業で向き合う多くの人に笑顔をもたらしてきた能動的な経営者だ。

病院看護師や医療専門学校教員の経験を生かしているのが看護学生を対象にした教育指導。医療専門学校や看護専門学校など常勤、非常勤の講師を務め、基礎医学や看護学を教える。2021年には、精神障がい者の健康を支える訪問看護ステーションを立ち上げた。

他の事業は、子どものときから好きで修練を積んできた格闘技の実力を生かしたものだ。格闘技道場「クロスポイント・パラエストラ拝島」の運営がその一つ。子どもから大人までインストラクターが指導している。もう一つが、スポーツ支援事業の一環としてアマチュア選手を対象にした総合格闘技大会の開催。すべての事業で橋本さんが大事にしているのは、関係するすべての人が「楽しみながら満足する」ことだ。

（ライター／斎藤紘）

合同会社 **SAMANT**
サマント
042-808-7754
info@samant.tokyo
㊟ 東京都福生市大字熊川1396-2 熊川ビル5F
https://www.samant.tokyo/

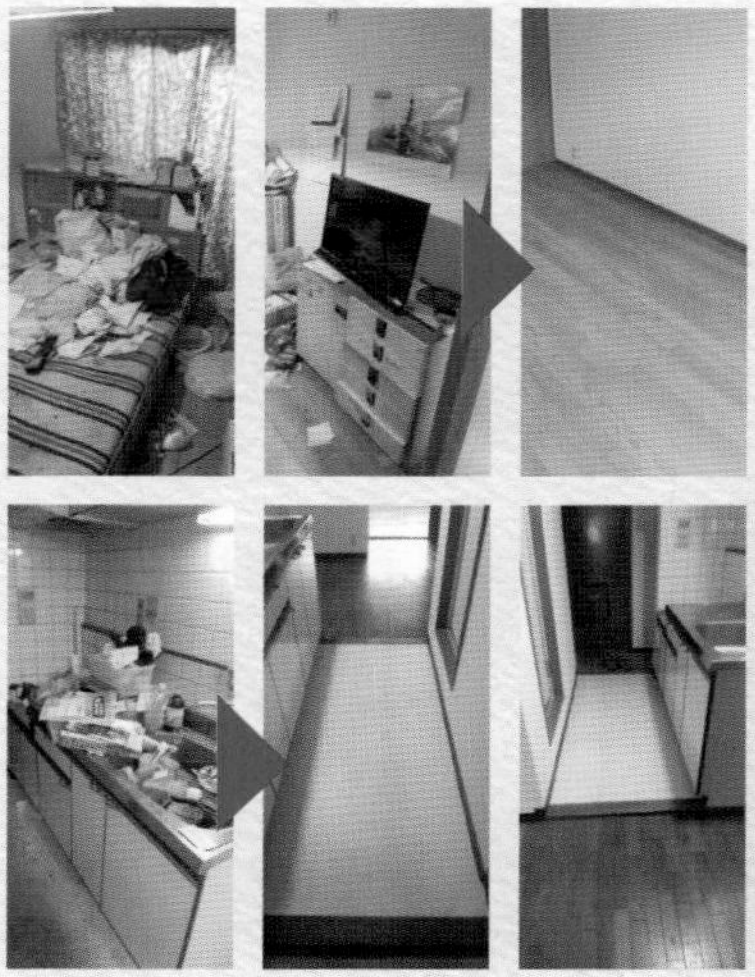

代表
平木智之 さん

廃棄物収集運搬会社で廃棄物に関わる様々な仕事を経験。故人が生きた証である遺品を大切に扱いたいという思いが高まり、2012年知人と『明日香サービス』設立。遺品整理士認定協会認定の遺品整理士。

故人遺族の心に寄り添う遺品整理
修験道の経験も丁寧な作業に投影

思い出の遺品徹底探索
処分品買取で負担軽減

加速化する高齢化、核家族化などの社会構造の変容で、遺族だけでは困難な故人の遺品整理で頼りにされているのが『明日香サービス』代表の平木智之さんだ。遺品整理士などの資格に加え、死と隣り合わせで30年超も修行を重ねてきた修験者としての経験が故人や遺族に心の寄り添う整理作業に投影される。

「生活雑貨や衣類、家具、家電製品など故人様の想いのこもったご遺品を、同じ思いを持って大切に扱い、残されたご遺族の負担が少しでも軽くなるようにお手伝いをするのが当社のモットーです。また、空き家の管理や家の普請事、お庭の草引きから解体工事の窓口までワンストップで相談できることも当社の強みです」

遺品を分別した後、まだ使える電気製品、食器、家具、衣類などは福祉施設やひとり親世帯の支援団体に寄贈し買取にも対応、その金額を費用から引いて負担を軽減するという心使いも信頼される理由だ。

（ライター／斎藤紘）

遺品整理社 **明日香サービス**
あすかサービス

075-315-0177
ending.asuka@gmail.com
㊟ 京都府京都市中京区壬生土居ノ内町2-7
http://www.asuka-service.net/

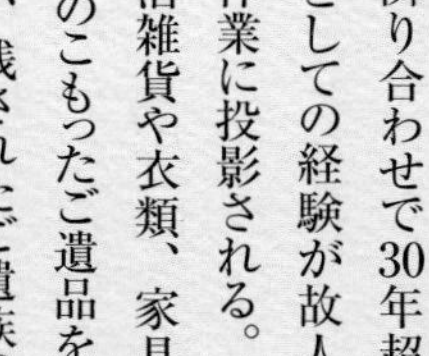

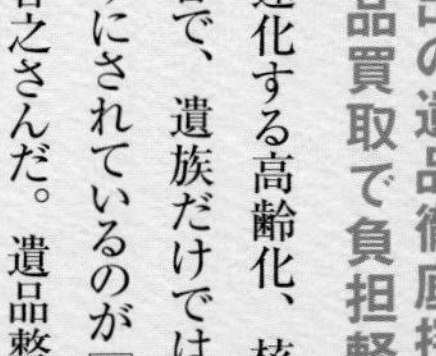

結婚を通過点と考え、小さな幸せを毎日感じる結婚生活を
プロデュースします！
大切なパートナーが喜びそうなことを毎日工夫しながらやってみることがとても大事

代表
前田卓也 さん

八戸工業高等専門学校電気工学科卒。ITエンジニア。外資系IT企業で働きながら、2022年副業として、メンタルとコミュニケーションのコーチングスキルを活用する会員制結婚相談所を開業。

<メニュー>
登録料
22,000円（税込）
月会費
6,415円（税込）
成婚料
22,000円（税込）

ITエンジニアが開いた結婚相談所
結婚生活では幸せを感じる感性が必要

人生観価値観を見極め
オンラインでお見合い

『TrueHappiness Consulting』は、外資系企業でITエンジニアとして働く前田卓也さんが副業で開設した異色の会員制結婚相談所。成婚に導くこと以上に結婚によって本当の幸せを掴めることを重視し、年収や学歴などのスペックではなく、コーチングスキルで相談者の人生観や価値観を見極め、最善のマッチングを実現するのが特長だ。

前田さんは、日本の婚姻率が低下していることに疑問を抱いていたときに、結婚相談所開業セミナーを知り受講、独学で身に着けたコーチングスキルなどが活用できると判断、離婚後、最良のパートナーと出会い幸せを掴んだ自身の経験も後押しし、2022年2月に開業した。

「相談者から婚活上の悩みなどをお聞きし、会員に相応しいと判断した方に入会して頂いた後、プロフィールを精査し、会員の中から最適の相手を見つけ、オンラインでのお見合いで成婚に導いていきます」

多くの結婚相談所は、ご成婚がゴールで結婚生活まで関与しないという。同相談所では、「二人が幸せな結婚生活をおくって頂きたい」と強く願っており、成婚後、カウンセリングをリーズナブルな料金で提供している。

（ライター／斎藤紘）

TrueHappiness Consulting
トゥルー ハピネス コンサルティング

070-1070-6950
toyotaku0209@gmail.com
㊟ 東京都新宿区水道町3-14 神楽坂Nビル2H
https://truehappinessconsulting-ma.jp/

幸せは結婚してから育てていく．．．
結婚後にどんどん幸せになる常識を覆す結婚相談所
TrueHappiness Consulting

一緒に幸せなゴールへ
いつでも寄り添う
マレッジプロデュースパートナー

＼ プレミアムプラン ／

すべてのサポートを
マンツーマンで
サポートするサービス。

＼ スタンドプラン ／

お客様自身のペースで相手を
探し、お見合いを行い、ゴール
までサポートするプラン。

＼ ライトプラン ／

お客様自身で、
婚活を進められる
プラン。

プレミア
入会金 110,000円（税込）
月会費 22,000円（税込）
成婚料 275,000円（税込）

スタンド
入会金 110,000円（税込）
月会費 17,500円（税込）
成婚料 220,000円（税込）

ライト
入会金 110,000円（税込）
月会費 11,00円（税込）
成婚料 192,500円（税込）

代表
末松裕 さん

大学卒業後、電気メーカーに就職し、35年間勤務。その中でコーチングに面白みを感じ、結婚情報サービス業界へ転身。2022年『H.S.マリッジプロデュースアソシエーション』設立。自身の経験も活かし婚活をサポート。

選べるプランが好評
コーチング交えた婚活サポート

的確なアドバイスで成婚まで親身に寄り添う

『H.S.マリッジプロデュースアソシエーション』は、一人ひとりに合わせて最適なプランを選べると好評の結婚相談所だ。

『プレミアムプラン』は、代表カウンセラーの末松裕さんがマンツーマンですべてサポート。短期集中で結果を出したい方にオススメだ。『スタンドプラン』は、相談者のペースで相手を探してお見合いを行ない、ゴールまで支援してもらえるプラン。会社勤めで忙しくても結果を出したい方に一押しだ。また、『ライトプラン』は、相談者自身で婚活を進めていけるプランで、ある程度女性とコミュニケーションがとれ、交際も抵抗なく進めていける方向け。以上の三つのプランを選択でき、安心して頼むことができる。

末松さんは、試行錯誤の婚活から結婚できた経験の持ち主。その恋愛活動や婚活で効果的だった実践・経験、培ったエッセンス・技術を活かし、創出して全力で結婚のゴールまでサポート。結婚を真剣に考えている相談者同士の相性を加味して交際まで導き、その後はお互い信頼関係を築きながら短期で効果的に活動できるよう、伴走してくれる。

（ライター／山根由佳）

H.S.マリッジプロデュースアソシエーション
エイチ．エス．マリッジプロデュースアソシエーション

090-7806-9750
dreamake2002@gmail.com
㊟ 東京都大田区池上7-2-7 インキュベーションハウス池上
https://hs-marriage.jp/

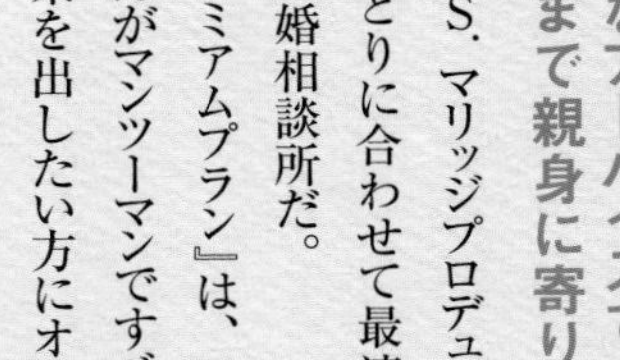

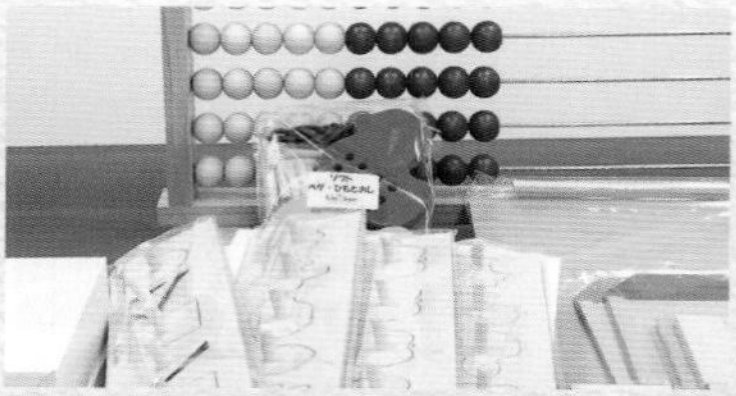

代表
杉山すみ江 さん

学生時代より塾講師を始め、2007年独立開業。個別指導に加え、2020年より右脳教育コース・幼児教育基礎学力コースを開講。教材に頼り過ぎない人が人を育てる教育、個々を大切にする教育右左脳バランス良く育てる教育、生きる力を育てる教育を提供。

『右脳教育』入会金 5,500円（税込）　月謝 14,300 円（税込）（50分 週1回 月4回）
『幼児小学生基礎学力』教科：算数（数学））国語・英語　入会金 5,500円（税込）
1教科コース 5,500円（税込）　2教科コース 8,800円（税込）　3教科コース 11,000円（税込）
『個別指導』『自立学習コース』『体験セッション』などあり。

幼児教育から大学受験 保護者さんまで幅広くサポートする学習塾

子ども教育に関連する保護者向けメニューも

群馬県富岡市の『杉山塾』は、『右脳教育』を提供している稀有な個人塾だ。脳は3歳までに60％、6歳までに90％ができあがり、その後の人生何十年もの間、勉強だけでなく、芸術分野や運動分野でも脳の発達が関わってくる。

『杉山塾』では、この大切な時期に、質の良い『右脳教育』を提供している。その他、小学生低学年から高校生までと幅広い年代向けにコースを用意。無学年進級式の教材で基礎学力と自学自習の姿勢をしっかり定着させる小学生向けの『幼児小学生基礎学力』のコースや一人ひとりに合った授業をカスタマイズして提供する中学生向けの『個別指導』、学ぶことが大量にある高校生向けの『自立学習コース』まである。また、子どもや家庭に仕事と忙しい日々に追われるママやパパ向けに『カウンセリング』メニューも提供しており、オンラインでの対応も行っている。

「教材に頼り過ぎない『人が人を育てる』教育、『個々を大切にする』教育、『右脳』『左脳』をバランス良く育てる教育、『生きる力』を育てる教育を目標に掲げています」

（ライター／山根由佳）

杉山塾
すぎやまじゅく

0274-64-9725
s.s.4123@icloud.com
㊟ 群馬県富岡市内匠559-3
https://sugiyama-cram-school.com/

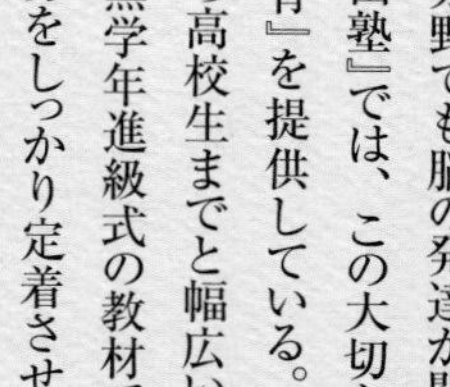

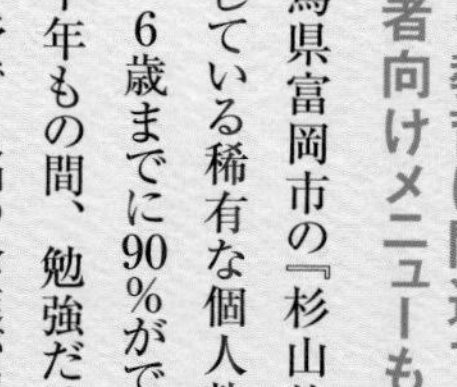

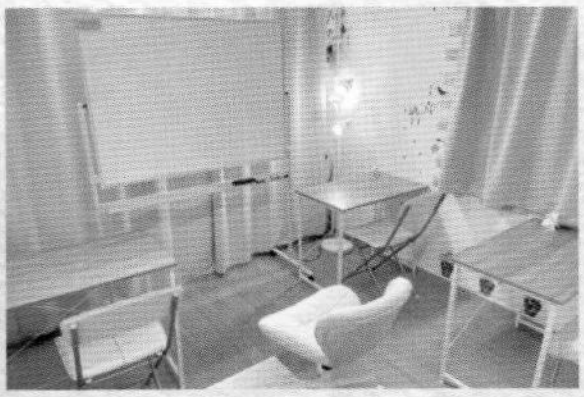

代表
松本良太 さん

自身が不登校・HSCだったため、学校に行けていない子たちのサポートをはじめる。カウンセリングルームでの相談業、バドミントンのコーチとしても活動中。

『個別学習教室』
小学生 週一回 8,000円／1ヵ月（税込）　週二回 16,000円／1ヵ月（税込）
中・高校生 週一回 10,000円／1ヵ月（税込）　週二回 20,000円／1ヵ月（税込）
入塾金 小学生 5,000円（税込）　中・高校生 10,000円（税込）

学校に行けていない子や静かな環境で勉強がしたい子のための学習教室

穏やかで幻想的な空間で個別授業が受けられる

東京都練馬区にある『ごゆるり個別学習教室』は、不登校・HSCにも対応した学習塾。カウンセリングルームも併設しており、穏やかな音楽が流れる優しいくつろぎの空間で、学校、家庭の悩みなども安心して相談できる。

1対1から1対3までの個別授業で、一人ひとりのペースに合わせた内容で進める。すべての授業を代表の松本良太さんが受け持っていることもあり、保護者の方、お子さん自身も安心して通い続けることができるはず。

授業時間は50分間。学校と同じ授業時間なので、集中力が途切れることなく効率的に勉強できる。年に数回行事も行っているので、モチベーションを保ち楽しく勉強を続けられる。駅から徒歩約5分の立地で、近隣の子たちはもちろん、電車やバスでも安心して通うことができると好評。

人が多いとなかなか質問できない、学校や塾の授業のペースについていけない、学校を休んでいても勉強だけはさせたいなど様々な事情があり、個別指導の塾を探している方は、ぜひ一度体験授業に足を運んでみてはいかがだろうか。

（ライター／山根由佳）

ごゆるり個別学習教室
ごゆるりこべつがくしゅうきょうしつ

☎ 03-3921-0022
✉ kobetsu@goyururi.jp
㊟ 東京都練馬区南大泉5-31-15-2F
https://goyururi.jp/

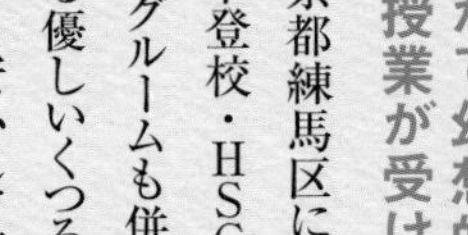

屋上のテラスにある心の休憩場。

『床バレエ（グループレッスン）』1時間 2,200円（税込）など。

主宰
赤井紀子 さん

バレエ教師、床バレエインストラクター。アメリカに留学時、「Scholarship」「Outstanding Student Award」を受賞。『バレエ・ドゥ・レーブ』では、基礎が身につくバレエ指導から、筋肉を鍛えて美ボディを目指せる床バレエまで指導している。

フランス式の床バレエも学べる大人のためのバレエ教室

床バレエで筋肉を鍛え美ボディ目指せる

栃木県那須塩原市の『バレエ・ドゥ・レーブ』は、大人向けバレエ教室。基礎が身につくバレエはもちろん、フランス式の床バレエも学ぶことができる。主宰の赤井紀子さんは、アメリカ留学時、「Scholarship」「Outstanding Student Award」を受賞した実力派。北関東初となる床バレエ協会認定の床バレエインストラクターでもある。フランス式の床バレエは、寝たままレッスンするバレエエクササイズで、寝転がって動くので体重を支える必要がなく、筋肉にダイレクトにアプローチすることが可能。難しい動作はなく、体調に合わせて調節でき、姿勢改善や巻き肩改善、体幹強化など様々な効果が期待できるので、普段体を動かしていない方やシニアの方にもオススメだ。教室はチケット制で、小さなお子様連れでもOK。オンラインレッスンも受け付けている。

「床バレエは、バレリーナの美しく靭やかな体へ導くエクササイズで、初心者にも経験者にも好評です。どなたでもできる簡単な動きでしっかりと鍛えます。キレイを手に入れ、なりたい自分になりましょう」

（ライター／山根由佳）

バレエ・ドゥ・レーブ

090-9302-1800
balletdeuxreves@gmail.com
住 栃木県那須塩原市鍋掛1088-144 平成テナント6号 レンタルルームOhana
https://ameblo.jp/balletdeuxreves/
@ballet_deux_reves

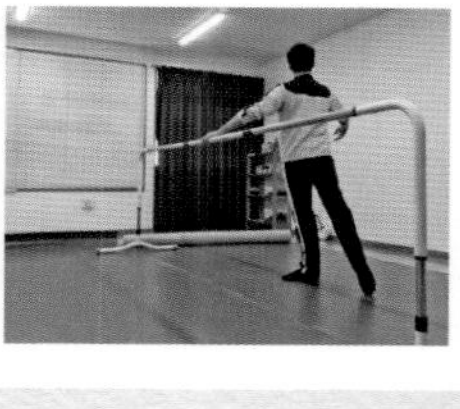

「コーチングをし、今まで私のところにいらした方、個人、経営者問わず、私のコーチングで売り上げ、業績だけでなく、変わらなかった方は誰もいない実績があります」セッション後、プログラムを作成。詳しくは、お問い合わせを。

【クライアント様の声】
みほさんはその人のエネルギーを見ることができる。今まで色々な方に教えてもらったこと決して無駄ではなかったですが変わることできなかった。みほさんは違う。その人に合った言葉がけをし導いてくれます。

今回は、自分の人生のパターンや自分の概念人生をどう創造してきたか？までわかり仕事人間関係、子育て夫婦関係、親との関係お金健康、根源がやっと理解できました。

みほさんに出会えてよかったです。何年ももがいていても変わらなかったのにみほさんと出会って、数ヶ月で変わってきた自分がいます。

主宰
佐藤みほ さん

小学校のころからピアノをはじめ、数々のコンクールで受賞されてきたピアニスト。絶対音感を超えた第六感の持ち主で、この能力を活かした独自のプログラムが評判で多くの人を本当の姿に導いている。

第六感をもつピアニストがあなたをあるべき姿に導く

その人に合った方法でプログラムを実施

一部のピアニストは絶対音感を持つ。現在もピアニストとして活躍する佐藤みほさんは、小さい頃から研ぎ澄まされた感性を持つ人々に囲まれ育つ。絶対音感に紐付くsixth sence（第六感）は演奏以外の世界でも活かせるのではないかとの思いから、今ではクライアント様の本当の心の声を引き出す能力に繋げ、携わる多くのクライアント様の人生を変えてきた。時代が大きく変わり、決断するなら、誰もが人生をクリエイトできる風の時代になった今、最高の未来を手繰り寄せたいと、主婦から企業経営者まで幅広い層の支持を得ている。人の本音や隠れた音が周波数という形で分かってしまう彼女の前では、誰も嘘をつくことができない。時に本人すらも気づいていない本音が聞こえてしまうからこそ、クライアント様からの信頼は厚い。彼女のコーチングを受けるなら、本当の自己を取り戻すことによって物心両面、圧倒的な豊かさ、右肩上がりが止まらない人生に切り替わってしまう。精神論やふわふわした話で終わらせるのではなく、最先端科学の量子力学×マインド×スピリチュアルのコーチングによって、努力とは無縁の、軽く楽しく圧倒的に豊かな生き方を彼女は提供している。実際のコーチングプログラムでは、一人ひとりの隠された音をチューニングしながら、その人に合った、その人のための方法で現実の変化をサポート。プログラム期間中は、彼女と毎日コンタクトがとれるので安心して頂きたい。

（ライター／長谷川望）

佐藤みほ
さとうみほ

✉ miho-platinum@i.softbank.jp
http://ameblo.jp/mihosato1111/
@miho_pianistfantasy1111
@792alpqi

<プレミアムセミナー>
超宇宙意識ナビゲーターのあやかさんと【意識覚醒×量子力学】で、経営者・オーナー向けに、売上の桁を変え、異次元の成功世界へお連れするプレミアムセミナーを2023年4月より開催。参加申込と詳細確認は、「佐藤みほのInstagram、LINE」にご登録下さい。

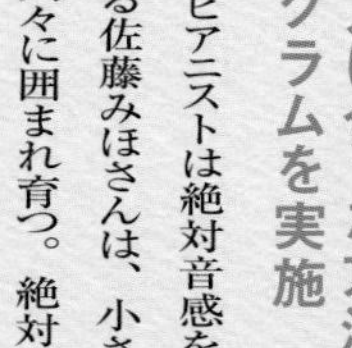

『インスタライブ』毎週2回(昼・夜)木曜日13:00～　日曜日21:00～
『オンライン無料個別相談』9:00～19:00(初回無料)

代表
尾崎幸 さん

年間200世帯のマネープランを担当。オンラインをメインに、全国の20代～40代の夫婦に、家計相談、お金の基礎知識、ライフプランを提案している。生保大学課程、銀行業務検定、住宅ローン診断士の資格を保有。

年間200世帯以上を担当
明るくて人気のFP

独自の貯金術など
ユニークな方法も伝授

「ざきんこ」さんこと尾崎幸さんは、明るい身近な相談者として、年間200世帯の家計コンサルを担当しているファイナンシャル・プランナー。全国の20代～40代の夫婦に、家計相談、お金の基礎知識、ライフプランを提案している。

得意な相談ジャンルは、社会保険・税金の効率化、保険の新規加入・見直し、資産形成・老後の年金対策・少額投資など。オンライン中心で相談者の時間に積極的に寄り添い、極力ストレスのない環境で一緒にマネープランを構築していってくれる。好評なのが、独自の貯金術「ざきんこ式ちゃっかり貯金術」。固定費の見直しで、毎月平均一万円も節約できるというものだ。

また、「ざきんこ」さんは、Instagramにてお金にまつわる知りたい情報をわかりやすく発信しているので、そちらも必見だ。

「まずは、お金のいろはから学んでいきませんか。先行き不透明なこの時代、ちゃんとした知識が我々を守ってくれるはずです。お金の仕組みやなぜ資産運用が必要になるのかなどを学んでいきましょう」

（ライター／山根由佳）

FPざきんこ 尾崎幸

090-3646-8213
miyuki.ozaki@customerlinks.jp
㊟ 東京都千代田区丸の内3-3-1 新東京ビル2F (株式会社カスタマーリンクス)
@miyuki_ozaki82

Instagram

「スピリチュアルバランスカード&タロットカード」

「金運の神様カード」

主宰
あいこ さん

スピリチュアルコンシェルジュ。スピリチュアルコーディネートやタロット占い、金運の神様鑑定などを通して、悩みを抱える方が自分らしく豊かな人生を送れるようサポート。人々の心を癒し笑顔を創る活動している。

「金運の神様12神」

「スピリチュアルバランスカード」

『天命・宿命・使命・運命がわかる! あなたの神様鑑定(鑑定書付)』60分 55,000円(税込)
→「注目情報はこれだ!」を見たで、30,000円(税込)

魂の本質や今世の役割・使命を知り あなたらしい豊かな人生へ

金運&財運アップ 理想のパートナーと出会える手伝も

スピリチュアルコンシェルジュあいこさんは、『スピリチュアルコーディネート』や『タロット占い』、『金運の神様鑑定』などを通して、悩みを抱える方が自分らしく豊かな人生を送れるようサポートしている。オススメは、本当の幸せや本当に大切なことを伝えてくれる『金運の神様鑑定』。相談者の天命・宿命・使命・運命それぞれを守護している金運の神様を鑑定して、自分の魂の本質や今世の役割・使命を紐解いていくので、「自分はなんのために生まれてきたのか」「今世どのように生きていけば良いのか」が理解できるように。また、運命を変えたい時にお願いすると変えてくれる神様も分かるので、人生が生きやすくなるだけでなく開運にも繋がっていく。また、あいこさんは恋愛コンシェルジュとしても活躍中。「ボディが変わると心も変わる」を合言葉に、『愛されボディメイク施術』で2400人以上の方を魅力的に変身させてきた。そして、スピリチュアルコーディネートで潜在意識を書き換え、「自分らしく輝く私だけを見てくれる理想のパートナーに出会えるお手伝いをしています♡」理想のパートナーに出会いたい方は、ブログをチェック。

(ライター／山根由佳)

スピリチュアルコンシェルジュ **あいこ**

070-8486-0981
spiritualcoordinate@gmail.com
㊟ 群馬県前橋市
https://ameblo.jp/hiroko20200503/
@spiritualconcierge_

ホームページ　アメブロ　LINE

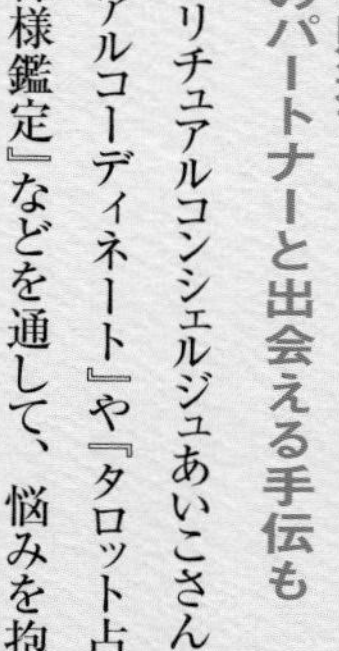

「ラジオ関西」にて心理セラピストの心の問題解決術を放送。

『軌跡を起こすDNAシフト特別セッション』
1時間 150,000円（税込）など。

主宰
西澤裕倖 さん

学生時代、スマホ販売代理店を起業、その収入で心理学講座を受講、潜在意識に関する学びを深め、心理セラピストに。2018年『株式会社Central&Mission』設立、代表取締役に就任。『DNAシフトセラピスト®』として活躍。

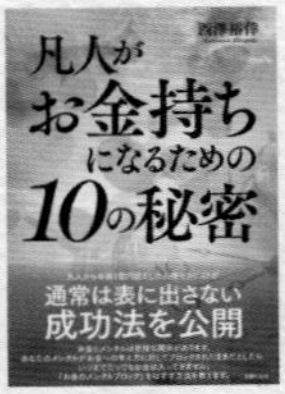

著書
「凡人がお金持ちになるための10の秘密」
主婦の友社刊

行動変容をもたらすメンタルブロック解除 信望を集める独自のカウンセリング

4千人超もの相談経験 悩み解決に多様な手法

『DNAシフトセラピスト®』の西澤裕倖さんは、大手書店で売上1位になった著書「凡人がお金持ちになるための10の秘密」や毎月30万人以上が購読する心理系ブログ「未知リッチ」で知られる心理セラピストだ。10年間で4000人超のクライアントの個人セッションを行い、伊勢神宮の神職までコーチングする、そのカウンセリングの特長は、専門的な手法を使って潜在意識に存在するメンタルブロックを取り除き、心に大きな変化を起こして悩みなどの課題を解決することだ。

「DNAに刻まれた前世からの因縁やトラウマなどによって行動が抑制される状態がメンタルブロック。カウンセリングではまず、その根本原因を探り、物事を見つめるフレームを変えて別のフレームで見つめ直すリフレーミングや自分に肯定的な宣言を行い、暗示をかけるアファメーション、目に見えないエネルギーを活性化させるエネルギーワークなどの手法でメンタルブロックを解除する方法をお教えします」

西澤さんは、個人の悩みだけでなく、企業経営の課題にも対応する。（ライター／斎藤紘）

DNAシフトセラピスト®
ディーエヌエーシフトセラピスト

☎ 080-7090-5609
✉ mail@central-mission.com
㊟ 東京都中央区京橋1-3-2 モリイチビル4F
https://central-mission.net/

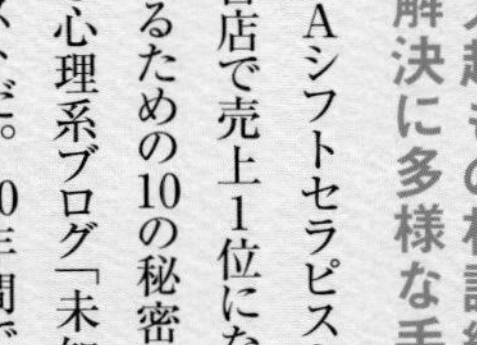

伊勢神宮の参拝ツアー時、参加費としていただいた額を寄付を行った感謝状。

『カウンセリング』60分 5,500円（税込）
『コーチング』60分 8,800円（税込）

代表
庄野晴美 さん

鬱病と診断された過去や親の介護経験などから得た知識、心理学を学んで得た知識を活かし、「楽に生きられること」をもっと多くの方に伝えたい、などの想いからカウンセラーとコーチングの資格を取得し、会社を設立。

喫茶店感覚で立ち寄れるカウンセリングルーム

妻・母・嫁の立場を理解し寄り添ってくれる

『株式会社COCOHARELISS』は、悩みや不安な気持ちなどを気軽に話せるカウンセリングルームだ。暖かい照明が灯る清潔な室内は一歩入るだけでリラックスできる空間で、喫茶店に行く感覚で出勤前や仕事帰りに気軽に立ち寄ることができる。

代表の庄野晴美さんは、24歳の時に結婚し、三人の子どもを育成。結婚して25年以上、妻・母・嫁の役割を務め、幾多の辛い経験を乗り越えてきた。自身が鬱病と診断された過去や親の介護経験などから得た知識や2019年より心理学を学び得た知識を活かしたカウンセリングは、訪れる女性たちから「安心して話せる」と高い評価を得ている。

「楽に生きられることをもっと多くの方に伝えたい、多くの方の役に立ちたい、心を楽に生きてもらいたい、一人で抱え込まないでほしい。そんな想いからカウンセラーとコーチングの資格を取得し、悩みや不安な気持ちなどを気軽に話せる場所を作りました。Zoomカウンセリングや目標達成のためのコーチングなどにも幅広く対応できるので、ぜひお気軽にご相談下さい」

（ライター／山根由佳）

株式会社 COCOHARELISS
ココハレリス

090-8797-5580
cocohareliss5580@gmail.com
㊟ 兵庫県伊丹市緑が丘1-324
https://cocohareliss.com/

こちらからも
検索できます。

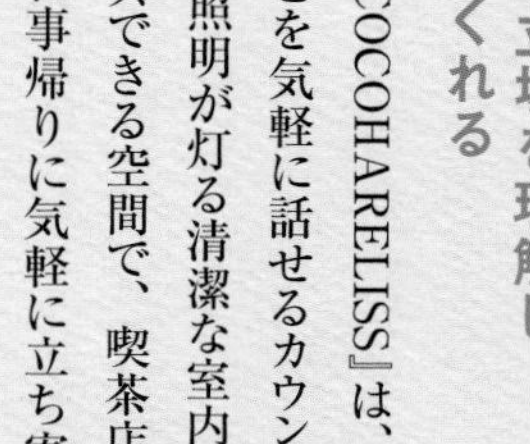

カウンセリングの様子

ペットが高齢、病気などでも留守番させることがなく、安心してカウンセリングが受けられる。

自叙伝『鍵のかかった世界』

『30分セッション』30分 5,000円（税込）
『45分セッション』45分 7,500円（税込）
『60分セッション』60分 10,000円（税込）
初回限定 50分 5,000円（税込）

代表
廣野紗梨衣 さん

虐待、育児放棄やいじめなど過酷な経験から心が蝕まれ、さらには難病を患い、満身創痍の中「生きる」意味を問い続け、2018年に自叙伝を出版。自身の経験から学んだことを生かしメンタルケアカウンセラーとして活躍中。

悩みを長引かせない メンタルケアカウンセラー

LINEを使っているので気軽に相談しやすい

『Healing Tree』は、〝自分らしく日々を過ごす〟お手伝いをしているカウンセリングサロンだ。代表を務めるのは、「心の病を患ったり重症化したりする前に、カウンセリングを気軽に受けられる日本社会になってほしい」と活動している廣野紗梨衣（ひろのしゃーりー）さん。廣野さんは、虐待、育児放棄やいじめなど過酷な経験から心が蝕まれ、さらには難病を患い、満身創痍の中で「生きる」意味を問い続け、2018年に自叙伝『鍵のかかった世界』を出版。自身の経験から学んだことを生かし、メンタルケアカウンセラーとして活躍している。

「一人で自分と向き合うことや悩みを解決することは簡単ではなく、その辛さをできるだけ軽減し、悩みを長引かせないよう支えていくのが私たちの役割です」

鬱、ペットロス、共依存（親子、恋愛）、セックスレス、恋愛関係、人間関係など、幅広い悩みに対し、来談者中心療法で応じてくれる。

「まとまりがなくても話す、感情を吐き出すことで、状況が見えて改善への道に立つことができます。ぜひ、お気軽にご相談下さい」

（ライター／山根由佳）

Healing Tree カウンセリングサロン
ヒーリング ツリー

080-7205-6917
healingtree608@gmail.com
㊟ 神奈川県横浜市
https://www.healingtree-counselingsalon.net/
@s_ley608　@healing608

LINE

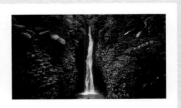

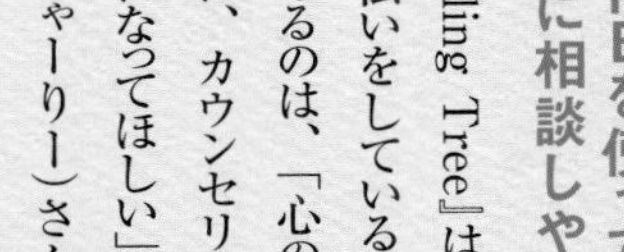

『開運体質セッション』60分 5,500円（税込）

ライフチェンジコーチ
片山貴裕 さん

方鑑学、九星気学風水、気学傾斜秘法、西洋占星術、易経、個性心理学、姓名判断などを用いて開運セッション、九星気学講座や才能のばす叱り方&褒め方講座を開催。コンセプトは、「自然の法則を使って開運体質を創る」。

占星術×コーチングで自己実現を全力サポート

占星術を「気付きの学問」としてフル活用

「自然の法則を使って開運体質を作る」をコンセプトに掲げる片山貴裕さんは、占星術とコーチングを掛け合わせ、心の声にアプローチする唯一無二のセッションを提供。占星術の鑑定で出たキーワードを使い、コミュニケーションを通して、本来の願望や潜在的意識を引き出してくれる。

「日頃抱えている悩み事や困り事、なりたい姿や達成したい目標をお話し下さい。自分でなんとなくイメージはあるけど、うまく言葉にできない、説明できないことでも大丈夫です。話すことで自分の心や思考を整理することができます」

まずは現状を把握するため、相談者を鑑定。気質や才能、悩みや困りごとを言語化させて可視化させ、自ら意識しやすくしていく。次のステップは、原因の解明、目標の明確化、自己受容。可視化させて分かったものを気づきへと変えていくアプローチを行い、心から納得して行動へ移せるようサポートしていく。最後は、自ら行動できるように、なりたい自分、ゴールを設定し、トレーニングを行なっていく。

（ライター／山根由佳）

片山貴裕
かたやまたかまさ

050-5435-9327
tkms37zou@gmail.com
㊟ 愛知県（詳細は予約時）
https://www.okaeri-t37zou.com/

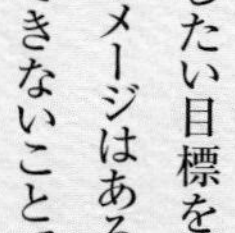

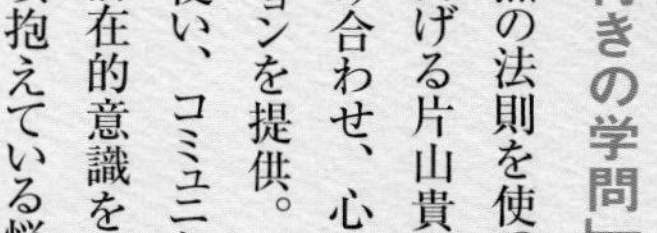

主宰

KEIKO さん

「いつも笑顔で迎えてくれて、ホッと安心できる」「しっかり寄り添ってくれ、ダメだと思っていた自分でも褒めてくれるので、気がつくと心が元気になっている」など、リピーターから支持されている。

『Zoomコーチング体験セッション』90分 6,000円（税込）

本当の引き寄せを伝授してくれるメンタルコーチ

感情をコントロール 心の在り方で運気好転

KEIKOさんがメンタルコーチを始めたのは、「自分と同じような経験で苦しんでいる人の悩みに寄り添い、サポートをしたい」という想いから。幼少期のイジメ、カフェ経営におけるスタッフたちの離職、夫主体の夫婦生活といった人間関係に悩んできたが、心理学と脳科学を実践したことで、自分らしい人生へ好転。そんな自身の経験を踏まえ、「分かりやすく丁寧に」を心がけ、セッションをしてくれる。クライアント様から最も多い相談は、イライラや落ち込みといった気持ちのコントロールと人間関係について。「悩みの根源は、自己肯定感の低さによることが多い」と話す。心理学を取り入れたコーチングを通し、クライアント様の口癖や心の癖を紐解いた上で、「思考と感情のコントロール法」や「愛されコミュニケーション術」などを伝授。メンタルを強化させながら幸運体質へと導いている。

「本当の引き寄せとは、感情・気持ちを整えることです。そのためには、まずご自身の思考と感情の癖を知ること。癖が分かれば、人や出来事に振り回されない自分の軸をしっかり作ることができます。他人軸の人生を卒業し、自分らしく輝く人生にしませんか」

（ライター／山根由佳）

メンタルコーチ **KEIKO**

ケイコ

✉ keiko.works24@gmail.com
@keiko_works24
@685kkgcc

◆公式LINE登録で「お友達限定無料プレゼント」あり！

◆さらに「本誌を見た」で体験セッション45分を無料プレゼント！

Instagram　LINE

主宰
高嶋ひとみ さん

オラクルカードセラピスト、エモーショナルライトセラピーセラピスト、カラーコミュニケーションアドバイザー、カラーセラピスト、コーチ・アヤコ式Ⓡコーチング認定講師、torie認定アドラー流メンタルトレーナーの資格保有者。傾聴を大切にしたセッションを行っている。

魂を癒し、本来持っている前向きなエネルギーに気づけるようセッションを行う。

感情の解放をサポートする純粋なドテラ社の『エッセンシャルアロマティクスオイル』。

『オラクルカードセラピー』90分 11,000円（税込）

望む未来へと導いてくれる魂を癒すセラピスト

オラクルカードなど駆使 潜在意識と繋がる

『pure essence』の高嶋ひとみさんは、魂を癒し、本来持っている前向きなエネルギーに気づけるようなセッションを提供しているセラピスト。カラー、アロマ、カードなど様々な分野の知識や技術を駆使しながら、一人ひとりの悩みを丁寧に聞いてくれるので、安心して話すことができる。エッセンシャルオイルには、やすらぎや情熱、励ましなどの効果が得られる、感情の解放を促す「ドテラ」のブレンドオイルを使用。オラクルカードやエッセンシャルオイルを用い、傾聴を大切にしながら潜在意識の声や高次元の存在の声を読み解き、相談者の望む未来へと導いてくれる。

「高次元の存在やオラクルカードと一つになり、あなたの潜在意識と繋がるエネルギーを込めて、セッションをしています。高次元やエッセンシャルオイルの波動の高い癒しとパワーによって、夢が叶ったり問題が解決したりする方も多くいます。希望の光に溢れた未来へと進めるように、一歩踏み出してみませんか。魂を癒して、前向きなエネルギーを取り戻しましょう」

（ライター／山根由佳）

pure essence
ピュア エッセンス

090-1308-4114
pureessence88888@gmail.com
㊟ 北海道釧路市
https://ameblo.jp/hitomirai2021/
@pure_essence_2020　@643bbfkw

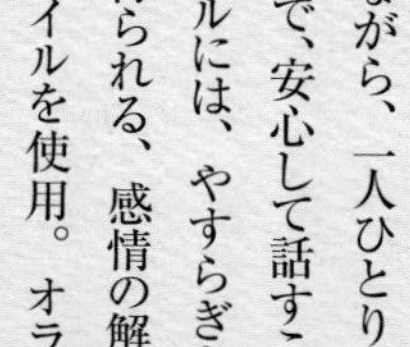

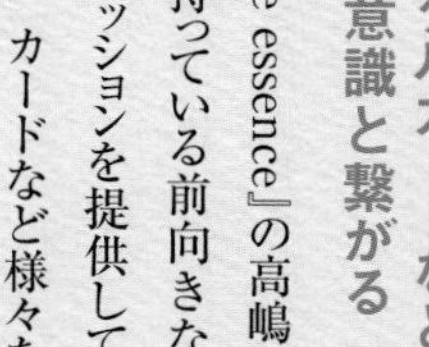

スピ能力を覚醒させるチャネラーの水元リサさん考案の『神対話覚醒カード』。

『魂が輝く
クリスタル
リーディング』60分
特別価格10,000円（税込）
「注目情報はこれだ！」をみたで 5,555円（税込）
『ありのままの自分に戻り輝くレッスン』
詳しくはお問い合わせを。

主宰
shuri さん
三人の子育てをしながらセラピストとして活動中。数秘やカード、チャネリングなどで、一人ひとりの個性や才能をリーディングし、相談者の家族関係、子育てなどに活かしている。年間100名ほど鑑定。

数秘を軸に多様な方法で鑑定 自分らしさを開花させる

年間鑑定数は延べ100名 女性から大人気

誕生数からあらゆることを読み解く数秘術リーディングをメインに、オラクルカードやカイムカード、チャネリングなどを使って、一人ひとりの個性や才能をリーディングし、相談者が自分らしく生きていけるように伴走しているのがshuriさん。数秘講師、ルーマスサロンマスターセラピスト、フリーソウルコーチ、宇宙ミッション覚醒チャネラー、パーソナルカラーアナリスト診断士など様々な資格や肩書を有し、年間100名ほど鑑定している人気セラピストだ。願うのは、相談者がありのままの姿で魂を光り輝かせて、自分と繋がるようになること。特に、自身も三人の子育てをしながら活動をしていることもあり、「女性の本来持っている可能性、潜在能力を活かし、自分軸でなりたい未来へ行動できる女性を増やしたい」と熱く語る。

「リーディングを行い、家族関係や子育てに活かしませんか。女性の笑顔が、子ども、夫婦関係、人間関係、社会をも変えていきます。個性や多様性を受け入れる調和の社会を目指しています」

（ライター／山根由佳）

crystal tree セラピーroom
クリスタル ツリー セラピールーム

@shuri3333
@839rjlkv
https://www.facebook.com/crystaltree.5555/

女性のための オンラインコミュニティ
女性のやりたいことを叶える
遊びや志事や学びの実践形
オンラインコミュニティ
2023年4月
リニューアルオープン予定

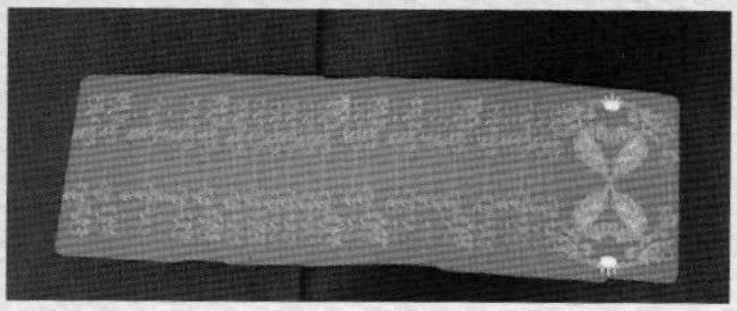

『リボーンセッション』60分 8,000円（税込）

主宰
ゆり さん

オラクルカードを使って心の奥底を紐解き、悩み解消へと導くセラピスト。主に、生き辛い人生から楽しく幸せに生きたい40～50代のママ向けに活動。最幸運の自分になれるようサポートしている。

オラクルカードと潜在意識の書き換えで望む人生に

心の奥底を紐解き ママたちの悩みを解消

「生き辛い人生から抜け出し、楽しく幸せに生きていきたい」そんな想いを抱える40～50代のママたちをサポートしているのが、セラピストのゆりさん。

オラクルカードリーディングを用いて心の奥底を紐解き、潜在意識（思い癖）を書き換え。心を満たして最幸運の自分になれるよう導いてくれる。

ゆりさんも、かつて生き辛い人生を送っていた一人。しかし、心の声に耳を傾けて向き合い、自分の基準を自分で作り、自分自身を表現。本当の自分を見つけたことで願いが叶う人生へと変化したという。そんな自身の経験を踏まえ、ママたちが自分らしく輝き、幸せに生きていけるように全力を尽くしている。

「宇宙からはいつも愛が降り注がれていて、私たちはいつも愛されている存在です。自分の望みを知って心を満たすと、最幸運の引き寄せが始まります。オラクルカードを通じてあなたに必要なメッセージを伝えます。心地よい人生を送り、幸福感に満ちた人たちで溢れる社会を広めたいと想っています」

（ライター／山根由佳）

セラピスト **ゆり**

✉ yuri.delight.9999@gmail.com
㊟ 千葉県
@yuri.delight
@549barmu

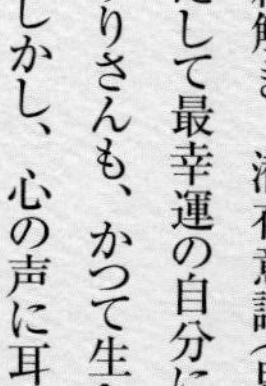

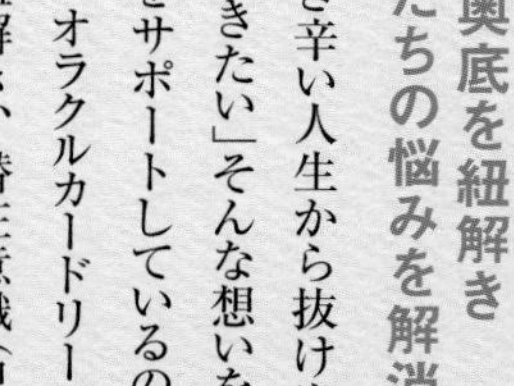

柴川さんのYouTubeチャンネル「蝶と宇宙の法則」も必見。引き寄せや願いを叶える方法を動画で学ぶことができる。

『直感の覚醒プログラム実践コース』（6ヵ月）価格はお問い合わせ下さい。
『直感の覚醒プログラム・引き寄せ編』
（30〜60分動画×9本+引き寄せ瞑想音源）9,800円（税込）

主宰
柴川桂子 さん

一生懸命がんばってもうまくいかなくて、たった一つ「直感の覚醒」に気づき、人生がスルスルうまく行き始めた! 集合意識×脳科学×宇宙の法則で、人が根本的に幸せに生きられる方法を体系化したプログラムを開発する。

直感の覚醒で人生を激変
神秘の集合意識を使いこなす講座

時間もお金も人間関係もスルスル変わる

がむしゃらに頑張っても結果が出ないのなら、直感と集合意識の専門家である柴川桂子さんが提供する『直感の覚醒プログラム』講座を受けてみてはいかがだろうか。

本気で人生を変えたいのならば、潜在意識に刻まれている「望まない現実」を引き寄せる「思い込み」を統合する必要があるのだと柴川さんはいう。講座では、この原因を一瞬で解消し、頑張らなくても望んだ以上のできごとがスルスルと起こり始める方法を伝授。それにより、お金、仕事、人間関係、健康、恋愛などの悩みに動じない豊かな人生が始まっていく。

「引き寄せはテクニック。集合意識を意図的に活かせるようになると願うより先に願いが叶う引き寄せを超えた25倍速のミラクルの大波がやってくる。この世界は陰陽統合でできています。ミラクルを起こすために活かすのは、ネガの感情。ネガティブな感情をなくすことが目的ではなく、ネガの感情をミラクルの起爆剤として活かしていきます。ネガの感情は、そのままにしておくと人生のおもりになりますが、統合するとミラクルの起爆剤になります。何が起こっても願いが叶う状態を意図的に創れるようにする講座です」

特長はロジカルに、地球人にわかりやすく、この世界のうまくいくカラクリを伝えていることと、習慣化までやること。知っている状態とできている状態は全く違うから。

（ライター／山根由佳）

柴川桂子
しばかわけいこ

070-5052-7341
s.katsura1123@gmail.com
㊟ 広島県広島市西区
https://keikoshiba.com/p/r/6sOxTeNL
@surusuru.keiko　@y9s1kei11

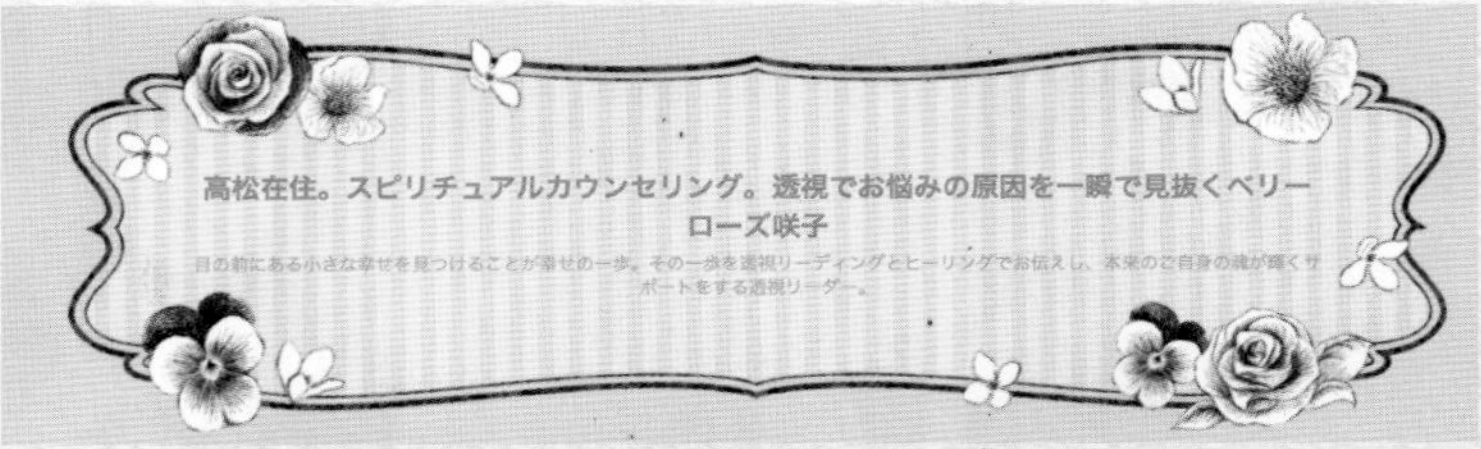
高松在住。スピリチュアルカウンセリング。透視でお悩みの原因を一瞬で見抜くベリーローズ咲子
目の前にある小さな幸せを見つけることが幸せの一歩。その一歩を透視リーディングとヒーリングでお伝えし、本来のご自身の魂が輝くサポートをする透視リーダー。

主宰
ベリーローズ咲子 さん

スピリチュアルカウンセラー、透視リーダー。個人セッションを通し、相談者のモヤモヤの思いの原因を一瞬で見抜き、笑顔に戻れるようサポート。また、日常的にエネルギーワークを使って自分軸を作る講座も開催。

『透視リーディング』90分 6,000円（税込）

前向きな気持ちになれる透視リーディングセッション

不用なエネルギーに振り回されなくなる

ベリーローズ咲子さんは、スピリチュアルカウンセラー、透視リーダーだ。レインボーローズの花言葉は、「無限大の可能性」。自分を解放し夢を具現化するというメッセージを込め、2012年より個人セッションを始めたという。透視リーディングでは、相談者の魂と繋がって悩みの原因を一瞬で見抜き、今世を幸せに生きるという目的を見えにくくさせる悲しみや怒りといった過剰不用な感情を解除。その上で、本来の自分が輝けるよう、今必要なエネルギーを流してくれる。セッションを受ければ迷いが吹っ切れ、前向きな気持ちになれるはず。また、『ヒーラー講座』『透視リーディング講座』『一家に一人ヒーラー講座』など、日常的にエネルギーワークを使って自分軸を作る講座も随時開講している。

「今向き合っている現実の悩みは、潜在意識が深く関係しています。そのトラウマや過去世からの意識を外し、今世で幸せになる選択のサポートをしています。みなさんにとって、笑顔が溢れる今世となりますように」

（ライター／山根由佳）

ベリーローズ咲子

ベリーローズさきこ

080-3424-0681
mydont703@gmail.com
㊟ 香川県高松市
https://ameblo.jp/newtownangel/
@bery0407

こちらからも
検索できます。

壁にぶつかって、なかなか前へ進められない
色々な講座に参加したけど、変化が見られない
変わりたい！
ステージアップしたい！
限界突破！
LIMIT BREAK

代表
髙橋教恵 さん

独自のメソッドで潜在意識の奥にある宇宙意識と繋がり自分らしく輝く人生を送れるようサポート。限界突破へとメンバーを導いている。また集合意識の素晴らしさを伝えるため全国各地での活動も行っている。

『LIMITBREAK 進化の覚醒 あなたの潜在意識を知り未来を開くセットション』
60分 10,000円（税込）

限界突破のメソッドの実践で自分らしく輝く人生を送ろう

宇宙意識と繋がり自分の限界を突破!!

「周りの人が気になって不安になっていませんか?」「やりたいことがあってもなかなか行動できないことは?」「いくら学んでもなかなか変われない方」など、こんな方にはピッタリ!!

限界を決めているのは実は自分自身。『限界突破 LIMITBREAK』は、自分一人では気づけない無意識に作り出すブロックを同じ課題をもった、仲間といっしょに内観し、互いに客観視して気づきそのブロックを外して共に成長していくメソッド。一人でがんばる時代は終わった。今まさにみんなで一緒に限界突破していける風の時!! 今までの価値観に縛られず、個人の無意識領域の奥底にある宇宙意識と繋がることで最速で、夢を叶えることができ、自分らしく輝く人生を送れるようになるそう。自分だけのカギを見つけ扉を開くと本当の自分に出会い限界突破できる。多くの方が最短で大きく変化するのを実感されている。詳しい情報は、公式LINE登録でゲットできる。

（ライター／長谷川望）

限界突破 LIMITBREAK
げんかいとっぱ リミットブレイク

080-7496-7770
kirakiranoririn@gmail.com
住 東京都新宿区西新宿7-5-9-1714
https://qexuf.hp.peraichi.com/limit_break/
@limit_break369

LINE
公式ラインご登録で幸せになるスリーステップ動画プレゼント。

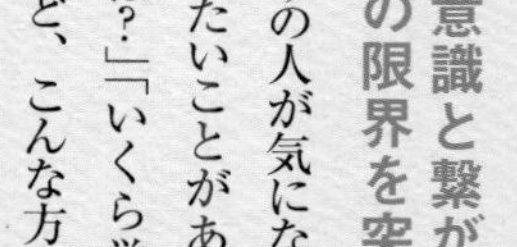

代表
榎波明範 さん

1993年より大手学習塾の講師を務め、1999年より福井市内で『秀明学院 花堂教室』を独立開校。2004年に『花月教室 清水GH分室』、2007年に『清水教室(在田町)』も開校した。

小学生 週一回コース
授業料 6,600円　教材代 3,300円など。
中学生 週一回コース
授業料 8,800円　教材代 6,600円など。

秀明学院
SYUMEI GAKUIN

勉強攻略法を個別に伝授してくれる個人指導学習塾

独自システム ハイブリッド学習で学力向上

福井県福井市の『秀明学院』は、将来に亘って役立つ本物の「学習力」「向上力」を身に付けられる個人指導学習塾。経験豊富な塾長・榎波明範さんが弱点を補強。集団授業ではなく、一人ひとりの目的にあった個別カリキュラムで理解できるまでじっくりと丁寧に指導し、理解度に合わせた問題や解き方で確実にステップアップを目指していく。

「長年の経験で、生徒がどの辺りの段階から難しいと感じ始めているのかすぐに分かります。苦手科目を克服させ、確実に成績アップへと導きます」

また、独自開発であるLMS(ラーニングマネジメント)を使用した自宅でのPC学習と、教室授業を組み合わせた「ハイブリッド学習」も特長の一つ。一般的な塾の授業ではまず問題を解いてから解説という流れだが、中学生以上の生徒には事前にPCで問題を解いてもらい、解説から授業を始めるので、効率的に学べる。自宅学習での正解・不正解が遠隔で把握できるので、弱点の把握や次の授業でのフォローアップにも繋がる。中学生以上の生徒には、PCを無料で貸出中。

(ライター/山根由佳)

秀明学院
しゅうめいがくいん

090-2098-3052
enami@syumei.jp
㊟ 福井県福井市在田町13-1
https://syumei-gakuin.com/

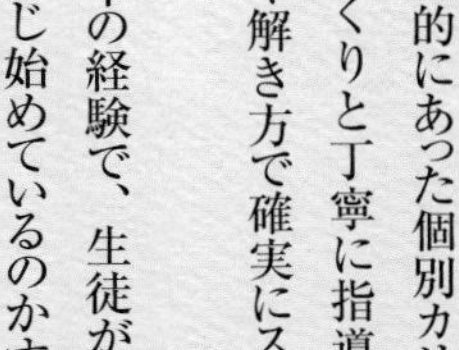

特別演習(春・夏・冬季)

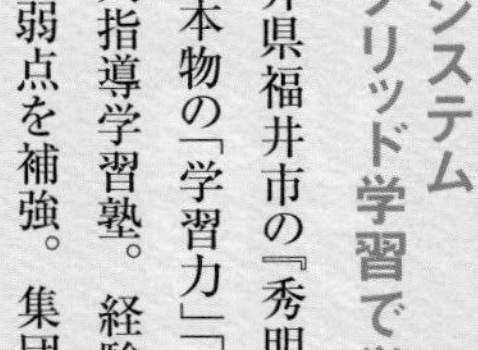

リフォームに新機軸

イメージと完成形を合致させる

業界初のリフォームショールーム

理想のイメージを実現する。

リノベーション・リフォームで顧客満足度の最大化を追求し続ける『光建築』。その経営理念を形にする新た試みが注目を集める。業界初の「リフォームショールーム」だ。居住空間は、素材のカタログや画像データを基に頭で考えた場合と実際にその中に立った場合では広さなどに対する感覚が異なる。その違いを解消するために、施主に実際の完成形を体感してもらう仮想現実空間だ。借りた建物に8畳と6畳の2部屋を設けてショールームにし、施主から聞いた理想像に沿って床材や壁紙などの素材を揃え、代表取締役の出井光さん自ら施主の目前でリフォームを実演する。モデルハウスとは異なり、施工プロセスがわかるので、施主の想いを取りこぼすことなく、思い描いたとおりの空間形成が可能になる。

リフォームショールーム

株式会社 光建築 https://hikaru-kenchiku.jp/

埼玉県羽生市南5-3995 Tel/0485-01-7183 E-mail/info@hikaru-kenchiku.jp

千田明の歴史散歩道
琵琶湖疏水を訪ねて

「インクラインと桜並木」

大神宮橋より蹴上船溜まり方面を見る。

「日向大神宮鳥居」インクラインにショートカットできる。

「蹴上・山ノ内浄水場取水池入口」季節には、琵琶湖疏水船蹴上乗下船場。舟は定員14名、3月～6月、10月～11月に運航されている。

「インクラインと南禅寺船溜まりと蹴上発電所の排水路」

「蹴上浄水場」京都市民の水道の源。

大神宮橋よりインクライン方面を見る。舟を運搬する台車。

「南禅寺船溜まりと白川合流点」

「インクラインに併設されている蹴上発電所導水管」

「舟を運搬する台車と巻き取り金車」

「インクラインと南禅寺船溜まり」

今回は、京都の天子様が東京に遷都したため、お公家様など人口の三分の一が減少し、経済的に疲弊した京都を蘇らせた一大プロジェクトである琵琶湖疏水を訪ねることとしました。

京都の3代目知事である北垣国道は、後の東大工学部卒業の23歳の田辺朔朗にまかせました。市民からは「こんど来た餓鬼極道」とまで皮肉られましたが、明治18年6月（1885）から明治23年（1890）3月まで、約5年の歳月を費やしました。

株式会社 GNR
相談役 **千田明** さん

2011年5月に電気工事業、電気通信工事業を業務とする『株式会社GNR』を設立。現在は退任し、相談役として在席。

「蹴上発電所と
水力発電発祥の地記念碑」
1890年（明治23年）琵琶湖第一疏水開通の翌年日本で初めて発電開始。出力160KWで蹴上インクラインの動力用と用いられ、のち1895年に七条から伏見油掛け間に開通した京都電気鉄道（後に回収され京都市電）に使用された。第2疏水が1912年完成にともない二期発電所が開業。現在、三期発電所が稼働、水車2台で約4500KWの発電をしている。

「疏水と京都市動物園（上野動物園に次ぎ日本で二番目に古い動物園）」

第二期蹴上発電所と第三期発電所の導水管。落差33.5m。

「琵琶湖疏水記念館」

【ねじりりまんぽう】の内部。ねじりのあるトンネルという意味で、内壁レンガを螺旋状に積んで強度を保っている。

インクライン下部ねじりりまんぽう。（南禅寺に向かう通）

相撲場付近で西に屈折する疏水。

「二条橋とRohm京都会館」

「市美術館と平安神宮大鳥居」

疏水と勧業館（みやこめっせ）で、北に屈折。

大津美穂崎から蹴上船溜まり、インクラインで南禅寺船溜まりまで開削するとともに、日本で初めての水力発電所発祥である蹴上発電所の電気を台車の動力源として使い、琵琶湖からの舟による水運を図り、さらに第二疏水の開通に伴い発電能力をあげました。明治22年火力発電で都おどり・一力（大石義雄が通ったとして有名になった料亭、後世の作り話）に白熱電灯を点灯していたが、あまり高額なので普及しなかったところ、明治25年（1892）蹴上発電所の電気を利用して安価になり、市内に電灯が普及しました。さらに明治28年（1895）に、七条から伏見油掛まで日本最初の電車が営業されました。また、疏水を使った浄水場も併設され、井戸水に頼っていた京都市民に安全な飲料水が確保され、東京のように渇水による不安は現在も解消されています。

「夷川発電所と水道局疏水事務所」

それでは、簡単に疎水の京都側の経路を案内したいと思います。京都地下鉄東西線蹴上駅二番出口を出ると、国道1号線で国道に沿って大津方面に向かいます。右手に蹴上浄水場、左手に日向大神宮鳥居があり、ショートカットで階段を登ると蹴上の船溜まりに行くことができますが、そのまま行くと斜めに戻る坂に出るので登っていくと蹴上浄水場の取水池の看板が見えます。

12月現在は閉まっていましたが、春の桜の季節・秋の紅葉の季節には琵琶湖疎水船の乗り場でもあり、大津まで疎水を遊覧できます。ここは蹴上の船溜まりでもあり、大津から運ばれた荷物を舟ごと台車にのせ、南禅寺の船溜まりまで台車で運んだインクラインを歩くことができます。いずれも桜の季節は見事なもので、若い世代の遊園の地でもあります。南禅寺の船溜まりは、蹴上発電所の排水と二部の疎水と白川の合流点であり、白川横は日本で二番目に古い京都市動物園です。

少し戻ると蹴上発電所を右手に琵琶湖疎水記念館が左手にあり、さらに進むとインクラインの下を潜り、南禅寺に向かうことができる「ねじりまんぼう」のトンネルがあります。

疎水鴨川排水口と鴨川に沿って
暗渠で流す分流点。

夷川発電所1912年第二琵琶湖完成に伴い、1914年4月より発電、現在280KW常時出力、落差3.4mで発電している。
（夷川は夷川通りに由来する）

疎水鴨川排水口と鴨川に沿って、地下化された京阪電車上部の暗渠へ流す分流点を鴨川対岸より撮影。

伏見稲荷の稲荷橋より上流を見る。

伏見稲荷の稲荷橋より下流を見る。

七條塩小路橋より下流を見る。

京阪電車上部の暗渠より、七条塩小路橋付近で排出され地上を流れる。

「関西電力墨染発電所取水口」
発電能力2200KW、
常時1100KW、落差14.3m

「疎水事務所と関西電力墨染発電所取水口」

伏見インクライン跡より水道局疎水事務所付近の墨染船溜まり。奈良街道より上下道局疎水事務所伏見分室と疎水の墨染船溜まりを見る。

墨染橋より疎水上流を見る。

墨染橋より墨染通りを見る。右折すると正面が墨染発電所。

墨染橋より墨染通りを見る。

疎水の関西電力墨染発電所より排水されたと思われる豪川。

「疎水事務所と伏見インクライン跡（左前方国道に沿った坂道）」

元の疎水にもどり、平安神宮の大鳥居を右手に西に向かうと勧業会館で北に流れが変わり、相撲場付近で西に変わります。さらに向かうと夷川発電所と水道局疎水事務所のある船溜まりがあり、さらに進むと京阪丸太町駅に近い川端橋で余剰水は鴨川へ。通常の流れは、暗渠で京阪七条まで地下化されている京阪電車の上部を流れています。七条、南の塩小路橋で暗渠より排水され、京阪電車に沿って伏見稲荷・墨染を通過して伏見の船溜まりが国道24号線にぶつかるような形で終わります。ここには、疎水事務所と関西電力墨染発電所と伏見インクライン跡があり、濠川まで舟を運び、伏見港までの船便があったと思われます。なお、発電所の排水は、国道24号線の暗渠を経由して濠川に流れます。

疎水の関西電力墨染発電所より、国道24号線を暗渠にして排水し、豪川につながる。

豪川の津知橋より豪川下流を見る。伏見港跡地に繋がる。

「伏見港付近」

地図で濠川の水脈はどこにあるのか疑問に思ったことをきっかけに今回訪ねることとなりましたが、今から130年もの前に大事業があり、京都も古きを守りながら新しきに挑戦してるのに関心しながら筆を置きたいと思います。

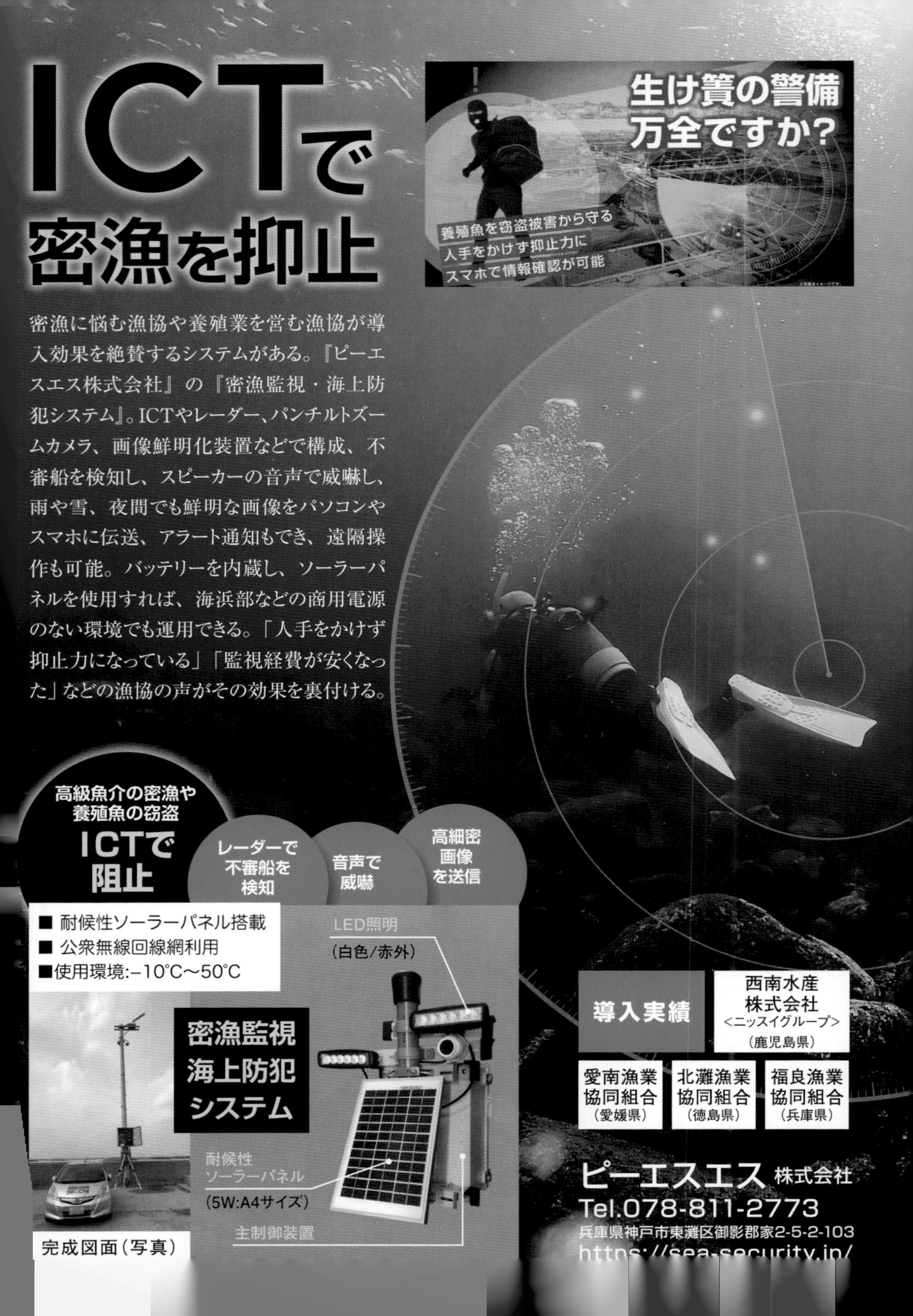
ICTで
密漁を抑止
生け簀の警備
万全ですか?
養殖魚を窃盗被害から守る
人手をかけず抑止力に
スマホで情報確認が可能
密漁に悩む漁協や養殖業を営む漁協が導入効果を絶賛するシステムがある。『ピーエスエス株式会社』の『密漁監視・海上防犯システム』。ICTやレーダー、パンチルトズームカメラ、画像鮮明化装置などで構成、不審船を検知し、スピーカーの音声で威嚇し、雨や雪、夜間でも鮮明な画像をパソコンやスマホに伝送、アラート通知もでき、遠隔操作も可能。バッテリーを内蔵し、ソーラーパネルを使用すれば、海浜部などの商用電源のない環境でも運用できる。「人手をかけず抑止力になっている」「監視経費が安くなった」などの漁協の声がその効果を裏付ける。
高級魚介の密漁や養殖魚の窃盗
ICTで阻止
レーダーで不審船を検知
音声で威嚇
高細密画像を送信
■ 耐候性ソーラーパネル搭載
■ 公衆無線回線網利用
■使用環境:–10°C〜50°C
LED照明
(白色/赤外)
密漁監視
海上防犯
システム
耐候性
ソーラーパネル
(5W:A4サイズ)
主制御装置
完成図面(写真)
導入実績
西南水産
株式会社
<ニッスイグループ>
(鹿児島県)
愛南漁業
協同組合
(愛媛県)
北灘漁業
協同組合
(徳島県)
福良漁業
協同組合
(兵庫県)
ピーエスエス 株式会社
Tel.078-811-2773
兵庫県神戸市東灘区御影郡家2-5-2-103
https://sea-security.jp/

注目の食と癒しのスポット

美味しいものを求めて、全国の美味しいものをご紹介&疲れた心と身体を癒すためのオススメのスポット。

『ロースト猪』
80g 1,250円
『やりばんが』オリジナル。ジビエ初心者の方にもオススメの一品。

『A5ランクサーロインステーキコース』3,900円（税込）
『黒毛和牛赤身肉ステーキコース』1,600円（税込）

希少なジビエ肉提供
家族経営の郷土肉料理店

兵庫県三田市の『やりばんが』は、季節ごとに旬の味を愉しめる肉のレストランだ。取り扱う肉はすべて国産。「肉を愉しむ」をコンセプトに、黒毛和牛や地鶏をはじめ、天然の猪や鹿、鴨などのジビエを使った多彩な肉料理を手頃な価格で提供している。

狩猟免許を持つ代表取締役の石田えこさんが全国につながるネットワークで仕入れる多彩なジビエだ。副社長の石田あんさんは、海外生活の影響で幼少期から食に興味を持ち、料理人としての腕を磨いていくなかでさまざまな食材を調理してきた。その中でも高タンパクで低カロリーなジビエに注目。その魅力を発信したくて姉のえこさんと『やりばんが』を開くに至った。ここでしか味わえない『ジビエ料理』や黒毛和牛のサーロイン、黒毛和牛の赤身、ポーク、チキン、鹿ロースなどあらゆる種類の『ステーキ』や『黒毛和牛のハンバーグ』など、様々なお肉を心ゆくまで堪能することができる。オススメは、『ばんが鍋』。ホルモン、和牛、モヤシ、白菜、ニンジンを赤味噌ベースの特製ダレで煮込んでおり、和牛肉、牛ホルモン、かしわ、イノシシ肉を追加で注文可能。

副社長
石田あんさん

代表取締役
石田えこさん

営 11:00〜22:00(LO21:30)　休 水曜日

郷土肉料理 やりばんが

079-509-0143　info@yaribanga.com
住 兵庫県三田市大原713-1
https://yaribanga.com/

『ばんが鍋』
一人前 1,500円(税込)

『鳥釜飯』
800円(税込)

『A5ランクサーロインステーキコース』と『黒毛和牛赤身肉ステーキコース』も人気。いずれも前菜に『黒毛和牛タタキ・黒毛和牛ロースト・猪のロースト・特選鴨肉のローストの冷製盛り合わせ』が付いてくる、『やりばんが』ならではのコースとなっている。ごはんは、予約限定で特製釜飯にすることも可能だ。季節のサラダや季節の日替わりスープに焼き野菜、季節のスイーツ、コーヒーまた紅茶のドリンク付きで、満足度の高い構成となっている。食材にはかなりこだわっており、料理に使用する野菜には、すべて安全な自家製無農薬野菜を使用するという徹底ぶり。ドレッシング、ソース、タレまで妥協せずに、すべて自家製を使用している。時間をかけて骨を煮込んで抽出したダシで炊いた釜飯も米の一粒一粒にまで旨味が染み込んでいて美味しいと評判だ。

系列のお持ち帰り専門店『揚娘(あげっこ)』にもご注目を。『から揚げプレーン』『ヤンニョムチキン』『和牛ミンチカツ』『唐揚げ南蛮』『和風から揚げ』『和牛ビーフカツ』『和牛コロッケ』『ハニーマスタードチキン』『国産ローストンカツ』とメニュー豊富。

いずれも油っぽさの少ない軽い仕上がりで、お肉の風味をしっかり感じることのできる、お肉料理専門店ならではの自慢の味に。すべて手作りにこだわっている。

(ライター/山根由佳)

満洲焼

満洲軒
まんしゅうけん

『ジャン麺®』は、『満洲軒』本店が発祥の地。FC店が続々OPEN。

『ジャン麺Ⓡ』900円
テイクアウトも行っており、コロナ禍でも毎日行列が。

高知県屈指の名店がついに関西進出

「窪川の台所」とも呼ばれ、地元の高知県四万十町の人たちに加えて県外のお客様からも絶大な人気を誇る老舗焼肉店『満洲軒』。定番メニューの『ジャン麺』に加え、ラーメンや丼もの、定食、鉄板焼きといったメニューも充実し、昼夜問わず賑わっている。

なかでもオススメは、『満洲焼』と定番の『ジャン麺』。『満洲焼』は、鉄板でホルモンと野菜を一緒に焼いて食べる鉄板焼スタイルの焼肉。甘みとコクのある濃厚な自家製タレが相性抜群。ホルモンのほかにも希少部位など様々なお肉を取り揃えている。自家製タレには、やみつきになる人も多く、ご飯もすすむこと間違い無しの同店随一の人気メニューだ。『ジャン麺』は、「窪川のソウルフード」の呼び声も高く、同店を語る上では欠かせないメニュー。「ご飯とあうラーメン」をコンセプトに開発されたこだわりの逸品で豆板醤や唐辛子、味噌などを加えたオリジナルのスープが絶品。さらに麺の上には卵、ニラ、唐辛子、ホルモンが入ったあんかけがのり、豆板醤の辛さが程よく効いた絶妙な味が人気。辛さの調整やホルモンの増量も可能で、1~10辛など好みに

コロナ対策もバッチリな清潔感抜群の店内は、掘りごたつの個室もあり、過ごしやすい空間で居心地が良い。

オリジナル『もつ鍋』

手作りでタレのいらない餃子『満洲餃子』。今、大人気!（香川店限定）

焼肉・ホルモン 満洲軒

まんしゅうけん

0880-22-0019
㊟ 高知県高岡郡四万十町古市町1-19
満洲軒　高知　検索

合わせた注文ができるのも嬉しい。辛いものが苦手な方や子どもに合わせた辛さで注文できると好評だ。

そんな『満洲軒』は、高知県内に「まんしゅう本店」「まんしゅう蔦屋店」「まんしゅうイオンモール高知店」と次々にフランチャイズ店を展開中。「まんしゅうイオンモール高知店」は、2022年10月オープンの新店舗。定番メニューをフードコート内で手軽に味わえる。

また、高知県以外では、香川県に「まんしゅう高松番町店」、京都府に「まんしゅう京都宇治店」を展開しているが、それに加えて2022年6月には、大阪府・淀川に「まんしゅう西中島店」をオープンし、関西へも進出。長らく高知県で人気を誇ってきた名店の味を高知県内だけでなく関西でも味わえる。店舗によっては、『ジャン飯』や『満洲焼』の定番メニューに加えて『ジャン麺』や『チャーシュー丼』といった丼もの、サイドメニューのからあげなどの各メニューのテイクアウトも実施中。

本店では、オリジナルの『もつ鍋』を限定ラインナップ。名店の味をご自宅でも楽しめる。

（ライター／長谷川望）

『ラザニア』2〜3人前 アルミパック（オーブン用） 1,620円（税込）
※レンジ用は紙パックになります。

『ラザニア』
3〜4人前 3,780円（税込） 6〜8人前 7,000円（税込）

ボリューム満点で美味
新感覚の宅配ラザニア

「ラザニアは大皿で提供できる料理のため、パーティーなどで手作りする機会がありました。そのうち手作りラザニアの味が評判となり、お店を出せるといわれるまで喜んでいただいた経験が、本格的な出店のきっかけです。ラザニアをドリアと混同されている方、冷凍食品しか食べたことのない方も多く、手作りラザニアの美味しさを多くの方に知ってもらいたいと宅配を始めました」

『ラザニアの宅配便キキ』を営む柴田恭枝さんが心を込めて作っているラザニアは、ミートソースやパスタが自家製、完全オリジナルレシピで、冷凍とは全く異なる味わい。その時々で使える食材が変わるので、一貫して美味しいものを提供できるよう常にアレンジを工夫しているという。

冷凍ラザニアには、コストの高いミートソースが少なく、ホワイトソースが多めになっているものが多いが、『キキ』では、こだわり抜いた国産黒毛和牛と愛知のブランド豚肉をたっぷり使ったミートソースを贅沢に使用。さらに、冷凍ラザニアよりも厚めに仕上げた、北海道産小麦を100％使用した食べ

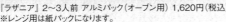

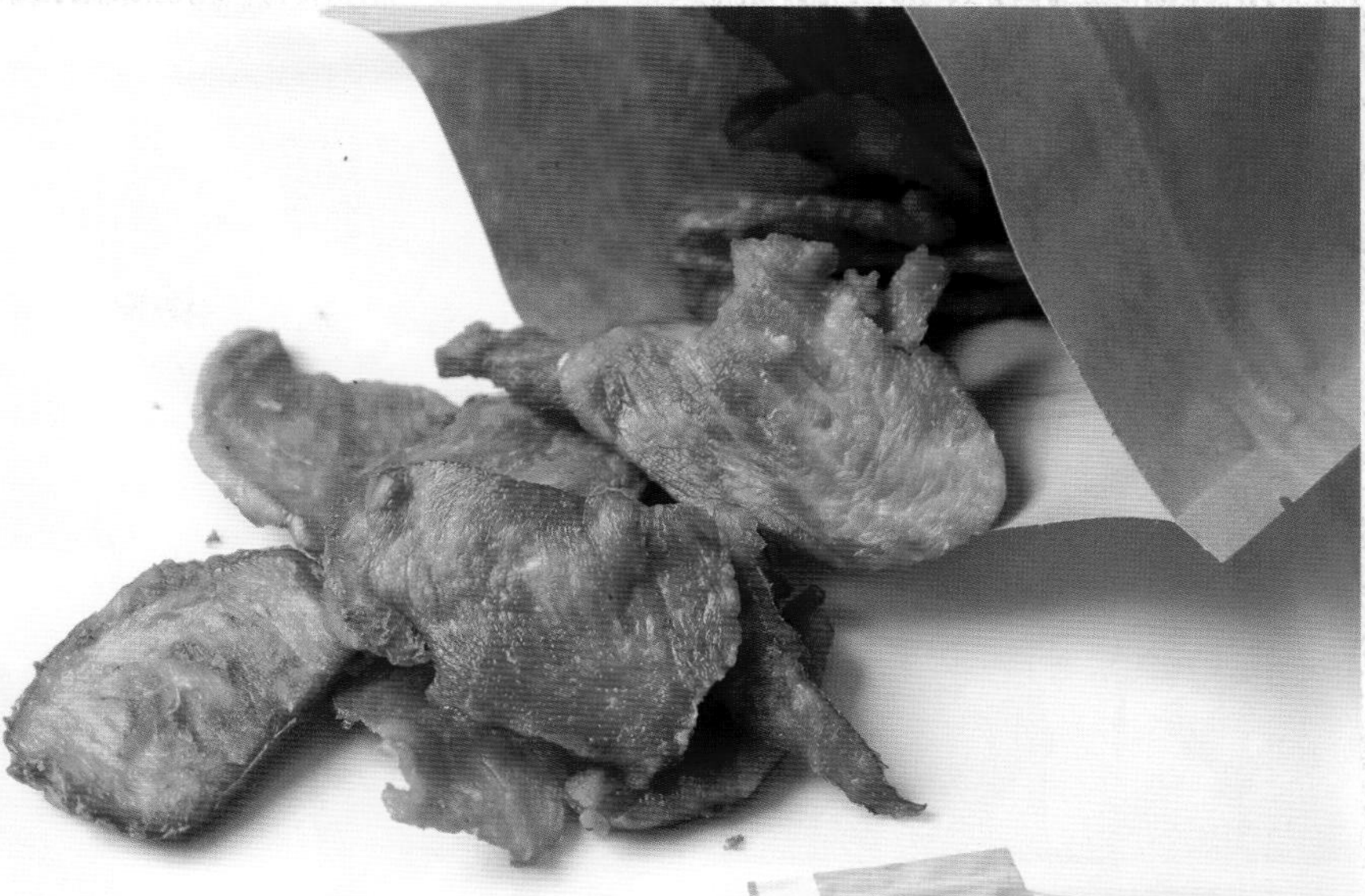

※食べ過ぎに注意して下さい。

『ハルのおやつ』
1袋50g（生むね肉500g使用）
1,000円（税込）
4袋 4,000円（税込）
（4袋購入の場合、送料無料）

ラザニアの宅配便 キキ

ラザニアのたくはいびん キキ

☎ 0561-86-7035 ✉ info@lasagna.jp
㊟ 愛知県瀬戸市品野町5-27
https://kiki.lasagna.jp/

応え抜群のもちもちオリジナル生地のパスタ、そして最高級チーズを使用。味、ボリューム共に満足度の高い逸品で、他では味わえない新感覚のラザニアとなっている。チーズが好きな方は、とろけるチーズをさらに上に載せて、辛いものが好きな方はタバスコをかけてアレンジして食べるのもオススメ。特にタバスコは、辛さと酸味がラザニアと相性抜群だ。

種類は、1～2人前、3～4人前の2種類。3～4人前を選ぶと、瀬戸焼の器を使用して届けてくれる。丁寧に仕上げたラザニアを器ごと真空パックに封入し、冷凍便で届き、自宅のオーブンまたは電子レンジでアツアツに調理するだけで簡単に楽しむことができる。自分のご褒美としてはもちろん、誕生日会や女子会、クリスマスなどパーティーメニューにもぴったりだ。

また、愛犬家向けの新メニュー国産鶏肉100%犬用ジャーキー『ハルのおやつ』が新登場。元々は柴田さんが自身の愛犬ハルのために精肉店の鶏むね肉を使って作った愛犬のおやつが評判を呼び、愛犬同伴レストランにも並ぶように。もちろん、人間も食べられる美味しさ。愛犬と一緒にいかが。

（ライター／山根由佳）

「夏いちご」に最適化した2年8季どり栽培

「耐候性木骨ハウス」

栽培ハウス内に冷蔵庫を品質保持のために設置。

『なつあかり』

『信大BS8-9』

『夏の輝(かがやき)』

岩手県沿岸の気候を活かした夏いちご栽培

「三陸の地を夏いちご産地に」をモットーに岩手県陸前高田市・大船渡市・宮古市でいちご栽培を行っている『株式会社リアスターファーム』。冬から春に国内で栽培されている一季成り性品種のいちご(例 とちおとめ、あまおう)は、収穫時期が限られ夏から秋にかけてはほぼ販売されていない。同社のいちごは、全国的にも珍しい四季成り品種で夏から秋にかけて栽培するのが一般的な品種である。しかし国内における「夏いちご」の産地は少なく、不足分は外国産が代用されているため、あまり状態の良いものは出回っていない。需要はあるが、供給量の少ない「夏いちご」。『リアスターファーム』では、岩手県沿岸部の夏は涼しく冬は日照条件が良いという気象条件を活かして、この「夏いちご」を一年中栽培しており、国産の夏いちごの一大産地にすることを目指している。気候に加えて「夏いちご」を栽培可能にしているのが、ICT技術の活用と木骨ハウスの採用だ。ICT技術の活用により加温機やヒートポンプの設定、室内の温度調整などを自動で行う管理栽培を実現し、農作業の負担軽減とともに効率的な栽培を可能にしている。キラクトラスと呼

見学会
主に火・水曜日 60〜80分程度
1団体20名様の場合、20,000円（税込）
人数制限はなく20名を超える場合は、1名プラス1,000円。
詳しくはお問い合わせを。

一つひとつ丁寧に収穫。

重なって傷まないように取り扱い。

「夏いちご」の産地化を目指す農家さんも募集中。

常時10℃の選果場で規格・サイズを選別。

株式会社 リアスターファーム

0192-22-7145 info@riastarfarm.co.jp
住 岩手県陸前高田市米崎町字川崎220-1
https://www.riastarfarm.co.jp/

星さんりく苺
SANRIKU HOSHI-ICHIGO

プレハブ冷蔵庫内で選果し、整え、出荷へ。

ばれる木骨ハウスは、熱の吸収抑制と風や雪に強い耐候性が特長で、岩手県沿岸部の気候とも相まっていちごにとって優しい温度環境を整えている。また、キラクトラスで使用される木材は、地元産の間伐材などを使用しており、地域の森林再生や林業活性化にも寄与。「SDGs」の観点からも素晴らしい取り組みを行っている。栽培品種は、『なつあかり』『信大BS8-9』『夏の輝（かがやき）』のほか二品種、計五品種。『なつあかり』は、糖度が高いみずみずしい果肉感が特長の大玉で深い赤色のいちご。現在は生産量が少なく、希少品種となっているのでギフトにもオススメ。『信大BS8-9』は、2011年に信州大学で開発された品種。一口含んだ時の鼻に抜ける芳醇な香りとバランスの良い甘みと酸味が特長。そして『夏の輝』は、糖酸比が比較的高く、酸味の中にも甘みを感じられるのが特長。スイーツやドリンクなど幅広いメニューで活用可能だ。また、同社では一緒に「夏いちご」の産地化を目指してくれる農家さんを募集中。栽培技術や設備の使い方など専門知識や技術を一から学べる研修制度を設けており、実践を通した栽培モデルや事業計画などのノウハウを一から学ぶことができる。将来的に独立して農業経営をしたい方にオススメの研修制度だ。施設見学も随時行っているので、気になる方は気軽にお問い合わせを。

（ライター／長谷川望）

花咲み茶
HANAEMICHA

茶王による台湾茶に賞獲得した台湾スイーツ

『花咲み茶』は、複数の農家から茶葉を選び抜き、確かな技術でお茶を作り上げる、台湾にただ一人存在するお茶作りの専門家・茶王によるお茶を堪能できる稀有なお店だ。標高の高さ、作る技術、天候や環境と、美味しいお茶ができる条件すべてに恵まれた上質な茶葉を使った台湾茶は、香り高く上品で、リラックス効果が高い。台湾と日本の双方で検疫も通っているので安心・安全だ。同店では、台湾の中薬の専門家が開発した世界初の『薔薇茶』も味わえる。麦飯石に囲まれた農地にて、麦飯石ろ過水で育まれたものなので、ミネラルたっぷり。年代を感じるすっきりした味わいが特長で、美肌や美容茶にも良い。

　また、お茶をより楽しめよう台湾菓子も数多く取り揃えている。台北市政府パイナップルケーキコンテストで金賞に輝いた『パイナップルケーキ』は、パイナップルの餡がぎゅっと詰まっており、台湾茶とも相性抜群の美味しさ。

「どこを探してもこの『パイナップルケーキ』が手に入らないとわざわざ他県からいらっしゃる方もおり、

中国茶国家資格を持つソムリエ・店主 谷口恵美子さん

『冠軍パイナップルケーキ』
1箱 2,580円（税込）

●阪急梅田にて開催されるお茶の祭典「ワールドティーフェスティバル2023」の出店。
●「ツーリズムEXPOジャパン2023に出店する台湾嘉義縣の「阿里山茶ブース」や台東縣の「池上米ブース」の日本の窓口として行政から依頼され、担当することが決まっている。

『くるみ入りパイナップルケーキ』
1箱 2,580円（税込）

営 13:00～20:30（LO19:30）
休 月・火曜日
ネットショップ
https://hanaemicha.thebase.in/
@hana_emi_cha

『ドライフルーツ』（3枚入）690円（税込）

花咲み茶
はなえみちゃ

06-7710-8387 emicha1224@yahoo.co.jp
住 大阪府大阪市天王寺区六万体町5-15 中野ビル1F
https://hanaemicha.com/ https://hanaemicha.net/

完売することもあります。賞味期限が短いので、現地の方とのご協力で成り立っております。皮と餡の一体感は、元々パン屋の方が作っているからこそ成せる技だと感じます」

『ドライフルーツ』は、栄養を壊さずに乾燥させる特許取得製法で作られ、ウクライナで受賞もしている逸品。種類は、パイナップル、マンゴー、ドラゴンフルーツの3種類。パイナップルは芯まで食べられ、果物の時の風味がそのままで、ほど良い酸味も残っている。赤いドラゴンフルーツは柔らかく、手でちぎれる。硬くて歯に引っ付く従来の熱乾燥型とは異なり、果物をそのまま封じ込めたような食感となっている。

店長の谷口恵美子さんは、中国国家高級ソムリエの資格を持つ中国茶のエキスパート。台湾と深い交友関係を築いており、中でも台東県との繋がりは深く、2019年からは大阪府・和歌山県との橋渡し役に。薔薇茶の輸入をはじめ、農産物や空港の連携などで新たな友好関係を誕生させるなど、日本と台湾の絆を深めるキーパーソンとして活躍しており、2021年に行なった台湾訪問は台湾国内でも報じられている。昨年より、台湾公認協会の認定資格を取得できる『台湾茶教室』もスタートさせた。

（ライター／山根由佳）

収穫したお米は、昔のように自然乾燥する「はざかけ」ができないので、熱風を使わないで乾燥している。

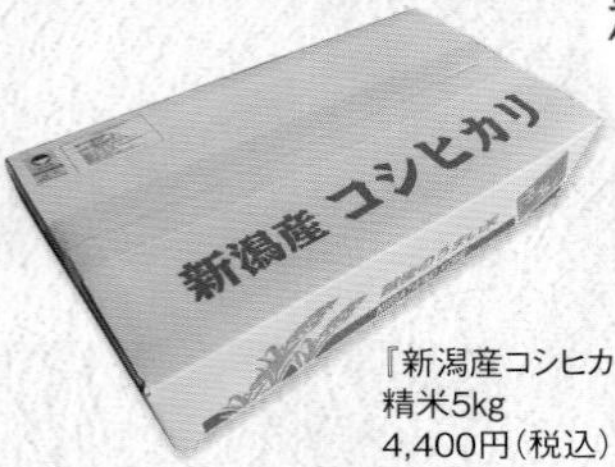

『新潟産コシヒカリ』
精米5kg
4,400円（税込）

「例年は、地元の子どもたちと田植えや草取りをしていたのですが、コロナの影響で今一人で作っています」

石倉農園

いしくらのうえん

0256-92-3526　okome01417@gmail.com
㊟ 新潟県燕市吉田大保町7-25
https://shop.ng-life.jp/ishikura/0107-001/

健康を大切に考える方に知ってほしい安心・安全なお米

新潟県の中央に位置する燕市は各種金属加工をはじめとする「ものづくりの町」として知られているが、実はその面積の大半は田畑が占めており、遠くに弥彦山を望む美しい田園風景が広がる新潟県内でも有数の米どころ。

この地で9代200年に渡り米作りを行っている『石倉農園』で作っている特別栽培米（農薬・化学肥料の使用量が規定の50%以下）は、さらに特別なお米。農薬、化学肥料どころか、抗生物質が使われたり遺伝子組換え飼料を食べているかもしれないという理由で畜産堆肥も全く使用しない、田んぼと稲の本来の力を引き出す米作りだ。土中に棲む虫や微生物の力で肥沃な土を造り、稲の生育を阻害する雑草は人の手で徹底的に除去するなど、通常の米作りとは比較にならない手間をかけて実るお米。収量は少なくなるが米粒は大きくなり、噛みごたえのある食感と甘み、旨味とも豊かな極上の味わい。糠も安心安全だからビタミン・ミネラル豊富な玄米でいただくのもオススメだ。

（ライター／今井淳二）

代表取締役 森淳一さん

『美濃ハツシモ』
5kg 3,240円（税込）
厳格な栽培基準をクリアした
岐阜を代表する「幻の米」。

『美濃ハツシモ』のほかにも発売中。
『にこまる』
（もっちりした少々粘りけのある大粒のお米）
『みつひかり』（甘みがある粘りの強いお米）
『コシヒカリ』（一般的になじみのあるお米）
すべて 5kg 2,420円（税込）

農業生産法人 株式会社 森ライス

もりライス

☎ 058-243-5377 ✉ gifunokome@moririce.co.jp
㊟ 岐阜県岐阜市芥見大船1-26-2
https://moririce.co.jp/

安心・安全な農作物を農業従事者から直送

全国的な知名度はあまりないが、その確かな味わいからプロの料理人からも人気の高いのが、岐阜県で主に生産されているご当地米の『ハツシモ』。歯ごたえのある大粒でツヤが良く、ねばりが少ないので冷めても美味しいのが特長だ。この『ハツシモ』をはじめ、「ミルキークイーン」や「コシヒカリ」「にこまる」といった人気銘柄米はもちろん、大豆・蕎麦・里芋そして小麦まで手掛けているのが、岐阜市の農業生産法人『株式会社森ライス』。

代表の森淳一氏さんは、大地や水、自然との共生を重視し、消費者の健康と安全、そして笑顔のために「考える農業」を実践するべく、岐阜県基準の農業規格「ぎふクリーン農業」に則った農業を行っている。

『森ライス』では、収穫したお米を乾燥・モミスリ・精米まで一貫して行っている他、蕎麦の生産なども行い、他の作物共々地域の直売所はもとより自社通販で全国へも販売。農業法人として今後もさらなる多様化が期待される。

（ライター／今井淳二）

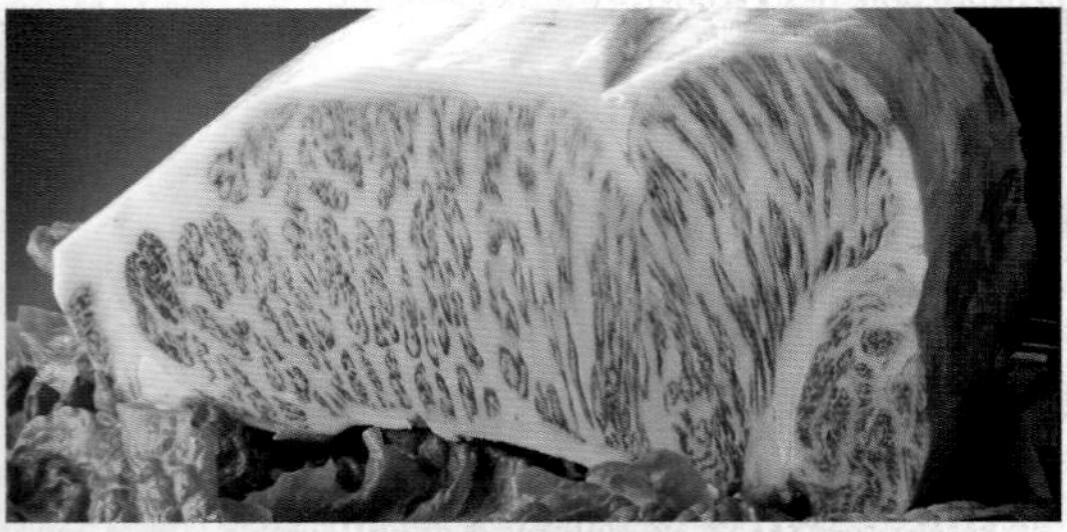

『特上カルビ』
1,925円(税込)

『ヘルシーセット』(ホルモン、レバー、ミノ、ハツ) 1,870円(税込)
『ファミリーセット』(上カルビ、ロース、タンなど5～6人前) 5,390円(税込)
『霜降りセット』(特選カルビ、特選ロースなど5～6人前) 10,340円(税込)など

営 ランチ11:00～15:00(LO14:30)
ディナー17:00～22:30(LO22:00)
休 不定休

炭火焼肉 おおつか 鹿沼店

☎ 0289-60-7530
住 栃木県鹿沼市西茂呂3-52-13
https://www.yakiniku-ootuka.com/

リーズナブルに「とちぎ和牛」を精肉卸直営の焼肉店

全国規模の品評会で最高位賞を何度も受賞し、日本一の銘柄牛とも評される「とちぎ和牛」。そのお膝元、栃木県で人気の焼肉店『炭火焼肉おおつか』は、とちぎ和牛を多く取り扱う牛肉卸売業の「有限会社丸金おおつか」が直営している焼肉店だ。「とちぎ和牛」はもちろん、鮮度と品質にこだわったお肉を直営牧場や全国から寄りすぐって提供。充実のメニューをリーズナブルに楽しむことができる。

鹿沼店では、「とちぎ和牛」の中でも最高ランク「匠」に準ずるレベルの「かぬま和牛」や名物「カルビラーメン」で地元の人たちに愛されて20年以上のお店。リニューアルされた店内は、鹿沼の木工技術で作成した室名札やドアに鹿沼組子をしつらえるなど、地元の素材をフル活用した落ち着いた趣で人気。ランチではお得に、そしてディナーではとっておきのひとときを堪能できるお店だ。スマホの公式アプリは、スタンプ機能やクーポン機能、お店の最新情報と機能も充実。

（ライター／今井淳二）

サーロインステーキ

「農林水産大臣登録第26号」

置賜地方の気候風土に寄って蓄積された味・風味・香り。

米沢牛銘柄推進協議会

よねざわぎゅうめいがらすいしんきょうぎかい

☎0238-46-5303 ✉info@yonezawagyu.jp
㊟山形県東置賜郡川西町上小松978-1
http://www.yonezawagyu.jp/

柔らかい食感と上質な脂 世界的ブランド牛『米沢牛』

黒毛和牛の大ブランドである日本三大和牛の一つとされ、海外では、「Yonezawa Gyu」として名高い『米沢牛』。冬は豪雪、夏は湿度・気温ともに高いという厳しい気候の山形県南部の置賜地方、米沢市も含む二市五町で飼育されたブランド牛で、①地元の認定生産者・牛舎により最も長く飼育されたもので②生後月歳32ヵ月以上で3等級以上の③黒毛和種の未経産雌牛であるという厳しい条件のもと、『米沢牛銘柄推進協議会』によって認証される。

きめ細やかな霜降りと甘みのある赤身、人肌程度の温度で溶けてしまうほど沸点が低い脂が特長で、口に入れた瞬間に柔らかい食感と上質な脂の香りが広がる。オススメの食べ方は、和牛本来の豊かな香りと柔らかな肉質を楽しめるすき焼きやしゃぶしゃぶ、ステーキといったところ。また、肉汁あふれるハンバーグやさっぱりといくらでもいただける焼肉も捨てがたい。購入は、安心の米沢牛販売指定店へ。

（ライター／今井淳二）

『EBISU』
3缶セット 3,190円（税込）

『SHINJUKU』
3缶セット 3,190円（税込）

『GINZA』（宮崎牛のすき焼き、宮崎牛のコンフィ、宮崎牛の濃厚カレー）
各90g 3缶セット 3,190円（税込）

TOKYO CAN MARCHE
トウキョウ カン マルシェ

03-6403-0414
㊟ 東京都中央区銀座7-13-20 銀座THビル9F
https://store.can-marche.tokyo/

日本の食材の美味しさが詰まった缶詰シリーズ

ひと昔前まで缶詰といえば、その成り立ちの歴史から災害時の非常食的な側面や共働き家庭が一般化し手抜き料理の象徴のようにも強調され、ごちそうというイメージとは程遠かった。だが、時代や生活様式の変化に伴い、様々な素材、味の缶詰が市場に出回り、私達の食生活を豊かにする一助ともなっている。そんな中、和の食材の素晴らしさ、美味しさを缶詰という手法で東京から全国へ、そして世界に展開することを目指すのが『TOKYO CAN MARCHE』。それぞれ東京の街の名を冠した3シリーズ9品からなる缶詰シリーズ。

そのうちの一つ、世界を代表する美食の街「銀座」をイメージした「GINZA」シリーズでは、様々な国で日本大使館や領事館の料理長を歴任した実力派シェフ菱江隆氏がそのレシピを監修し、高級黒毛和牛として知られる宮崎牛を惜しげもなく使用している。他の第2シリーズ「EBISU」や「SHINJUKU」でも国産の地鶏や魚介類など厳選素材を使用。そのままいただくのはもちろん、いろいろなアレンジメニューもオススメ。

（ライター／今井淳二）

『極上特大タラバ蟹』足900g 12,800円（税込）

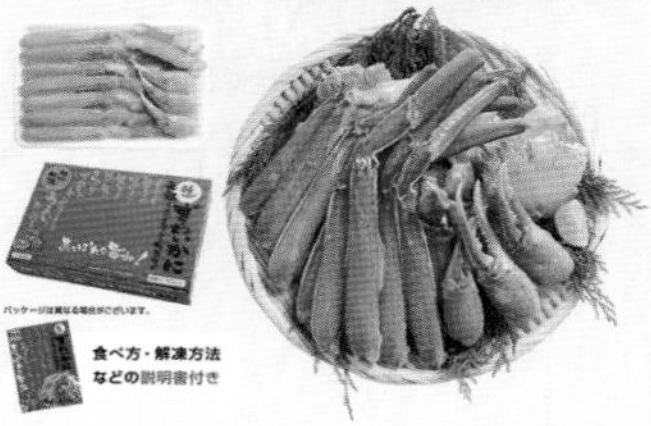

『元祖カット済 生本ずわい蟹中盛2人前600g or 茹でずわい蟹』
6,400円（税込）

越前かに問屋ますよね

えちぜんかにどんやますよね

☎ 0120-79-1357　✉ support@masuyone.com
㊟ 福井県敦賀市松島町18-10
https://www.masuyone.com/

大切な家族や友人と最高の『越前がに』を

長い脚と大きな爪。その中には繊細で甘みがある身がぎっしりと詰まり、立派で大きい甲羅の中には、濃厚なコクがある蟹味噌がたっぷり。その味・ブランド力も相まって「蟹の王様」とも称される『越前がに（ずわいがに）』。この『越前がに』が揚がる福井県敦賀市で、蟹をはじめとする海産物を県内の店舗や各ECサイトなどで販売しているのが『越前かに問屋ますよね』。

「蟹や海の幸は人を幸せにする力がある」と商品を通じて「幸せな笑顔を食卓にお届けする」ことをポリシーに、主力商品である『越前がに』や『タラバがに』を高品質で、安心・安全、何より美味しくリーズナブルに提供してくれると人気だ。

「蟹を食べる時、人は無言になる」というが、それは殻から身を取り出すことに、つい懸命になってしまうから。『越前かに問屋ますよね』の蟹は、独自の「殻Wカット」で、家族や友人との大事な食事のひとときを無駄にすることなく蟹を楽しめるのも高ポイントだ。

（ライター／今井淳二）

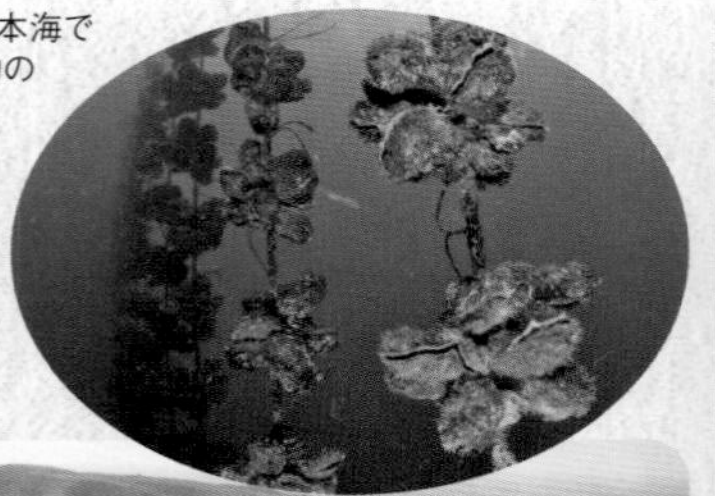

きれいな日本海で育つ4年物のイワガキ。

ブランド『隠岐のいわがき』
3月頃から出荷が始まり、4〜6月に一番美味しい時期を迎える。

摩天崖からのぞむ国賀海岸

ユネスコ世界ジオパークにも認定された自然豊かな隠岐。

『隠岐のいわがき』PRホームページ

ホームページでは、『隠岐のいわがき』が食べられるお店も紹介。

隠岐のいわがきブランド化推進協議会
おきのいわがきブランドかすいしんきょうぎかい

08512-2-9668
㊟ 島根県隠岐郡隠岐の島町港町塩口24
https://www.oki-iwagaki.com/

牡蠣好きに食べてもらいたい日本初の完全養殖『隠岐のいわがき』

生食からフライまで食べ方も多く、日本で愛されている魚介類の代表ともいえるカキ。カキには大きく分けて2種類あり、冬に多く出回る「マガキ」と大ぶりで食べごたえがあり、春から夏に旬を迎える「イワガキ」だ。養殖期間の短いマガキに対し、イワガキは時間をかけて大きく成長するため、かつては素潜り漁で採取される天然物しかなく、流通量も限られる貴重品だった。

1992年、イワガキの養殖に全国で初めて成功したのが島根県の離島、隠岐である。本土から離れた清澄な日本海で約4年もの長い月日をかけて丁寧に育てられたイワガキは、一口では食べきれない大きさと濃厚な磯の香り漂うクリーミーな旨味で「カキの王様」と呼ぶにふさわしい逸品だ。『隠岐のいわがきブランド化推進協議会』では、イワガキの紫外線殺菌海水による20時間以上の浄化や生産者に定期的な衛生検査を義務づけるなど、衛生管理を徹底。トレーサビリティシステムの導入を推進し、安心・安全な『隠岐のいわがき』普及に務めている。

（ライター／今井淳二）

Gift&Stock

大切な人にあげたくなる、
部屋にもおきたくなる、おいしい備蓄

オンラインショップ　https://iwakan.shop-pro.jp/

『魚介のリゾット3種』2,160円（税込）

お米缶詰の開発を活かす。

三陸の海の新鮮な素材。

『サバのカレーリゾット』
190g 648円（税込）

『イカのクリームリゾット』
190g 648円（税込）

『イナダのトマトリゾット』
190g 648円（税込）

岩手缶詰 株式会社
いわてかんづめ

019-673-8910　shop@iwa-kan.com
㊟ 岩手県紫波郡紫波町小屋敷字焼野82-1（営業部盛岡事務所）
https://www.iwa-kan.com/

大切な方に贈る防災ギフトの缶詰

『岩手缶詰株式会社』の『Gift&Stock』は、いつ起こるかわからない災害に備えて、大切な方に贈る防災ギフト缶詰。3年間の長期保存が可能でありながら常温でも美味しく食べることができ、備蓄食品としてはもちろん、手軽な日常食としても活躍してくれる。リゾット缶なので1缶で主食になり、ソロキャンプなどの食事にもオススメだ。

東北・岩手の復興の後押しとしての三陸・東北産食材の使用や誰かにあげたくなるおしゃれなパッケージなど、こだわりの詰まった缶詰に仕上がっている。種類は『サバのカレーリゾット』『イカのクリームリゾット』『イナダのトマトリゾット』の三種。『サバのカレーリゾット』は、ちょっぴりスパイシーに仕上げたカレーとサバの相性が抜群。『イカのクリームリゾット』は、濃厚でまろやかなクリームソースとスルメイカの風味がたまらない一品。そして『イナダのトマトリゾット』は、食べごたえのあるイナダとトロトロのトマトがおいしい。単品販売に加えて三種のセットパックも販売中。お買い求めは公式オンラインショップから。

（ライター／長谷川望）

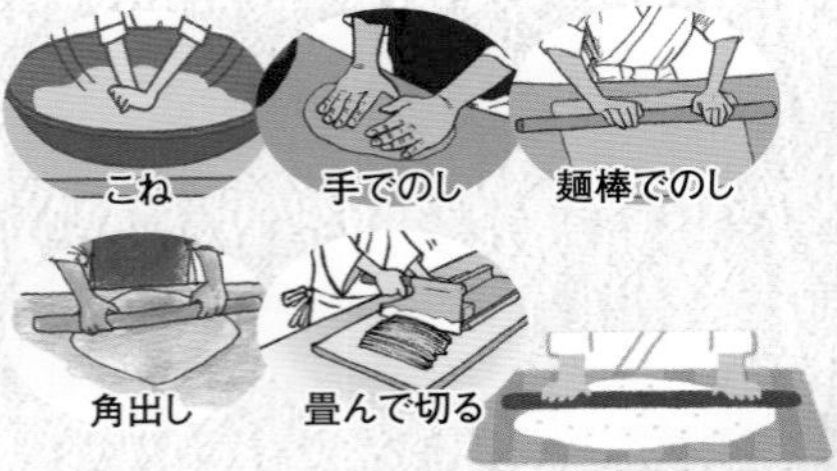

『蕎麦打ち道具セット』
手打ちそば。こね鉢、包丁、駒板、麺棒、のし板（60㎝四方）打ち方DVDも。500g位まで打てるセット。

蕎麦粉 1kgセット

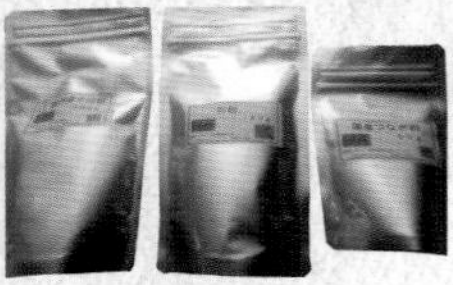
そば粉200g／打ち粉150g／つなぎ粉50g

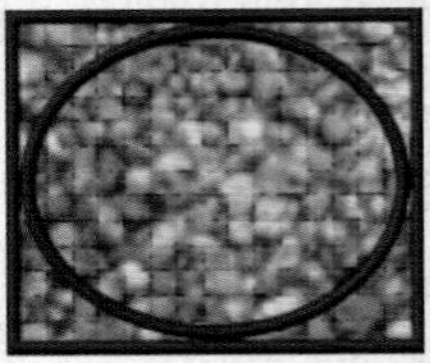

『そば茶1kg 徳用』
2,020円（税込）

『そば殻5kg 徳用』

『そば殻1kg』

座・蕎麦

ざ・そば

090-5132-4379 info-sp@the-soba.com
㊟ 兵庫県神戸市西区天が岡17-12
http://www.the-soba.com/

LINEでお友達追加

こちらから検索できます

そば打ち教室
https://the-soba-school.com/

カロリー・カフェインゼロ
さらにルチン含有で血液さらさら

そば粉やそば茶をはじめ、そばに関する様々な商品を販売している通販サイト『座・蕎麦』。オススメは『そば茶』。そばの実を強く焙煎した香ばしい風味が特長。カロリー、カフェインもゼロとお子様からお年寄りの方まで安心して飲むことができる。添加物も一切不使用。

そばの実には、「ルチン」という栄養成分が含まれている。「ルチン」とはポリフェノールの一種で、血管強化作用や抗酸化作用が期待できる栄養成分。そのため最近では血流の改善といった健康目的でそば茶を愛飲する人も増えているという。

また、実際に蕎麦が打てる『石臼挽き国内殺そば粉セット』もオススメ。約三人前の蕎麦を打てるよう、そば粉200g、つなぎ50g、打ち粉150gが入ったセット商品だ。各粉は、小分けになって届くので、割合を自由に変えることができ自分好みの蕎麦を作ることができる。お買い求めは、公式ホームページから。

（ライター／山根由佳）

いやしならシリーズ『Food Therapy Foods』
「新商品の開発により、兼ねてから人と環境の癒しに役立てばと、新しい食文化フードセラピーの普及に努めており、レシピやメニュー開発・商品開発を行ってきました」
今回を機にそれらの加工品をさらに「Food Therapy Foods」としてフードセラピーの加工品の充実をはかる。

新シリーズ『和〜nagi〜（ナギ）』
奈良県内の天然100%和精油・和ハーブのシリーズを其々約20種立ち上げた。

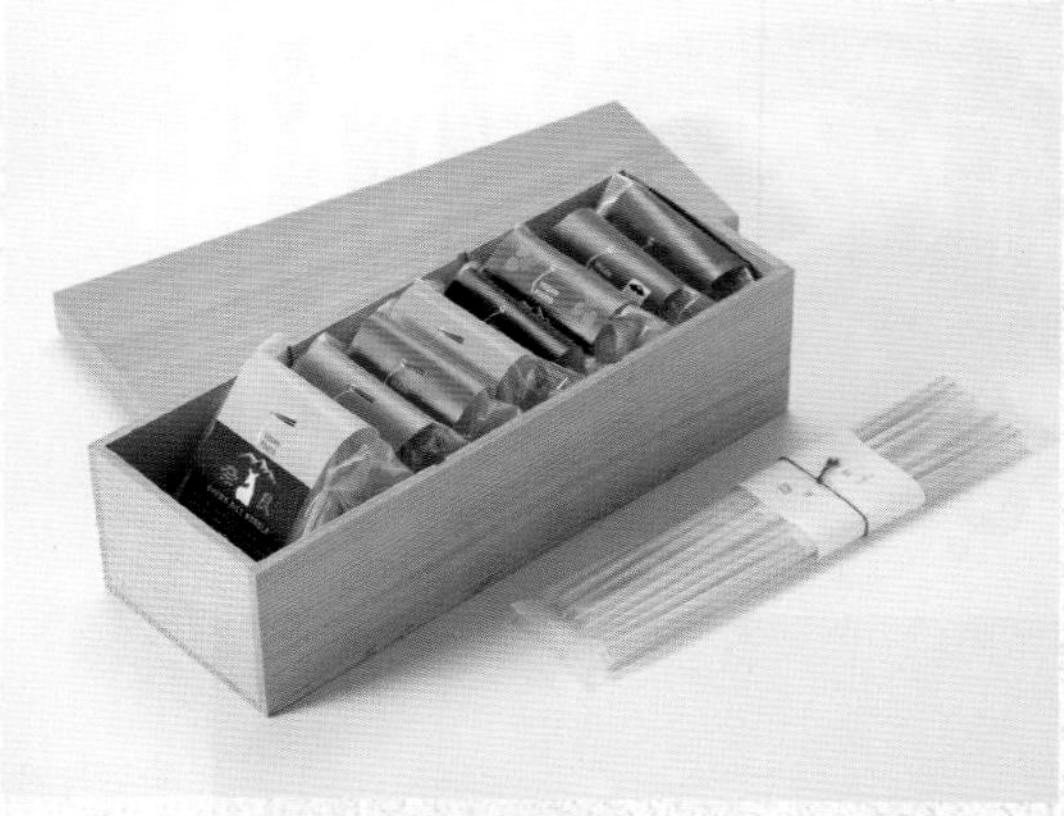

KURURU
クルル

☎0742-24-7156 ✉info@nl-kururu.com
㊟奈良県奈良市東向南町5-1 井上ビル2F
http://www.nl-kururu.com/

『KURURUオリジナル玄米麺』「プレーン」648円（税込）
「菊芋」「桑」「竹炭」「トマト」702円（税込）
「葛」「大和当帰」756円（税込）　「大和当帰葛入」810円（税込）

環境に優しい田畑で育った優しい味わいの『玄米麺』

「人と環境に癒しと調和」をコンセプトに、農薬不使用の環境に配慮した農作物を使い、添加物や動物性食材を使用しないメニューを提供するカフェを運営。さらに自社商品の開発・販売なども行い、休耕地や耕作放棄地を利用した自社所有の田畑においての自然農業や農作業体験イベントなども、これからの新しい食文化を提唱している『KURURU』。

同社の代表ならびにそのお子さんが食品アレルギーで玄米菜食中心の食事療法生活を余儀なくされてきたという。その苦労から子どもやどんな体質・体調の人でも食べやすいスタイルを確立するために開発したのが『玄米麺』だ。

『玄米麺』の原材料は、栽培期間中農薬不使用なのはもちろん、種子消毒や苗植え前除草剤も使用していない田んぼで育った奈良県産玄米100%。ビタミンやミネラルを豊富に含む玄米を手軽に摂れ、味もバラエティ豊かなプレーン・トマト・竹炭・葛・大和当帰などの他全8種類。

（ライター／今井淳二）

革命の一杯『新味白肉』

始まりの1杯『元祖黒肉』

㊟ 6:00〜15:00（土曜日7:00〜15:00）
17:00〜20:00
㊡ 無休

肉うどん いのうえ 朽網店

070-8571-8719
㊟ 福岡県北九州市小倉南区朽網東5-20-7
@nikuudonn_inoue 肉うどん いのうえ 検索

牛のほほ肉・和牛すじ肉・バラ肉を贅沢に使った肉うどん

『肉うどん』の始まりは、「大東亜戦争」終結後、北九州の一人の女性の手によってだ。当時北九州では、「どきどきうどん」と呼ばれた独持の『肉うどん』。牛のほほ肉・和牛すじ肉・バラ肉がゴロゴロ入った他にはない珍しいうどんだ。出汁の表面に大量の脂が浮き、大変どぎつく出汁が「ギトギトしてる」というのを「どきどきしてる」といったことが由来。コラーゲン成分がたっぷりで風邪予防や血行促進に効果的な一杯だ。オススメは、『新味白肉』と『元祖黒肉』。『新味白肉』は、厳選された七種の素材から引き出された極上の出汁で、鰹の香りと旨味が特長のこだわりの一杯。澄んだ琥珀色の出汁を口に含むと旨味が口いっぱいに広がる。『元祖黒肉』は、北九州老舗店の厳選した醤油を独自配合でブレンドした黒く深みのある出汁が特長。トロッとろになるまで長時間煮込んだ和牛すじ肉、ほほ肉の上に生姜をたっぷり乗せて食べるのがオススメだ。ほかにも、つけ麺スタイルでいただく『肉汁うどん』や『肉そば』、『牛玉ぶっかけうどん』など食欲をくすぐるうどんが目白押し。

（ライター／今井淳二）

『国産おろし
本わさび』
冷凍小袋タイプ
2g×10個
360円（税込）

使いやすく、どんなシーンでも楽しめる

『国産きざみゆず』
冷凍スライスカット・
バラタイプ30g 430円（税込）

『国産おろししょうが』
冷凍小袋タイプ
3g×15個 310円（税込）

金印 株式会社
きんじるし

☎ 0120-312-199　✉ product@kinjirushi.co.jp
㊟ 愛知県名古屋市中区栄3-18-1 ナディアパークビジネスセンター23F
https://shop.kinjirushi.co.jp/

香味野菜の鮮度を保つには冷凍が一番

寿司や刺し身とともに日本料理に欠かせない薬味として世界にも広く認知されている「わさび」。創業以来約100年、わさび一筋に研鑽を重ね業務用わさびでは国内のトップメーカーとしても知られる『金印株式会社』。同社より、食べる直前まで冷凍状態を保持し、青果本来の風味がいつでも味わえる冷凍薬味シリーズ『国産おろし本わさび』『国産おろししょうが』『国産きざみゆず』が絶賛発売中だ。

薬味の命は、料理を引き立てる風味「香り」だ。わさびの場合、その香り成分はおろした時にはじめて発生し、時間とともに揮発・劣化していく。同社では、独自技術によりわさびを、香り成分が揮発することのない冷凍状態ですりおろすことに成功。広く普及している常温チューブわさびなどに比べ、保存料の使用も最小限。その味と香りは、全くの別物だ。しょうがやゆずについても使い切り個包装（ゆずはスライスカット）にしたことで、無駄なく冷凍長期保存が可能。いつでも食卓でおろしたての薬味が味わえる。

（ライター／今井淳二）

『乳酸菌醗酵野菜ドレッシング』
箱入り
（にんじん、むらさき芋、玉ねぎ）
2,700円（税込）

こちらからも
検索できます。

『乳酸菌醗酵野菜ドレッシング
（にんじん）』864円（税込）
※価格は変更になることがあるので
「しんしんオンラインショップ」にて
ご確認を。

『乳酸菌醗酵野菜ドレッシング（にんじん）』をサラダに。

株式会社 新進
しんしん

☎ 0120-404-086 ✉ kikakubu@shin-shin.co.jp
㊟ 群馬県前橋市高井町1-6
https://www.shin-shin.co.jp/

醗酵品の新形態
乳酸菌醗酵野菜ドレッシング

『株式会社新進』は、漬物を長年製造し続けてきた伝統と技術から醗酵の醸し出すうま味や香りなど魅力的な「美味しさ」を追求。全国各所の食材から採取・選抜した乳酸菌により醗酵させた「乳酸菌醗酵野菜」を開発。それに伴い『乳酸菌醗酵野菜ドレッシング』シリーズを生み出した。

『新進』の野菜加工技術を結集した上質で滑らかな野菜ペーストを使用し、そこに伝統の発酵技術を組み合わせることで、美味しく、素材感を十分に感じられるドレッシングに仕上げている。

また、乳酸菌と短鎖脂肪酸や野菜の食物繊維を同時に摂取できることで、美味しいだけではなく、体にもやさしい商品になっている。食感は滑らかで、まるで野菜をかけているかのような新感覚。

特に「にんじん」は絶品で、「10th Anniversary 調味料選手権2019」において審査員特別賞「東急プラザ賞」を受賞したのも頷ける。

醗酵にんじんは、特有の臭みもなく、醗酵のさわやかな酸味とにんじん本来の甘さを感じることができる。

（ライター／山根由佳）

『月寒ドーナツ』8個入 399円（税込）

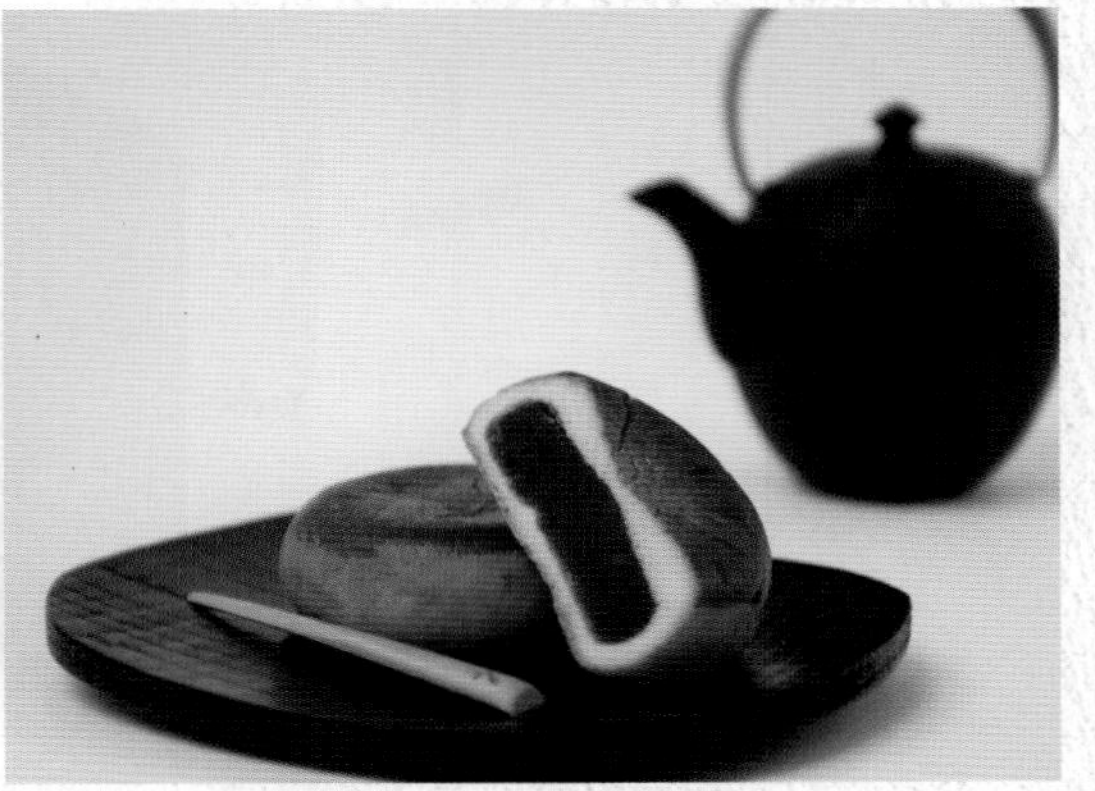
素材の良さと「歯ごたえ」感を大切に今を伝えている。

月寒の歴史とともに116年
HONMA SEIKA
月寒あんぱん本舗
株式会社 ほんま

月寒総本店　✆ 011-851-0817
㊟ 北海道札幌市豊平区月寒中央通8-1-10
月寒中央ビル1F
㊖ 10:00〜18:00　㊡ 1月1,2,3

『月寒あんぱん5種セット』
（こしあん、黒糖あん、南瓜あん、
黒胡麻あん、抹茶あん）
5個入 810円（税込）

月寒あんぱん本舗　株式会社 ほんま

つきさむあんぱんほんぽ

✆ 0123-21-8005　✉ info@e-honma.co.jp
㊟ 北海道恵庭市戸磯368-4
http://www.e-honma.co.jp/

明治時代から続く伝統のあんぱん

明治39年創業の「株式会社ほんま」。半世紀以上に亘るロングセラー商品を展開してきた老舗菓子屋『月寒あんぱん本舗』。その始まりは、東京・木村屋の「桜あんぱん」の噂を聞いた菓子職人が独自のあんぱんを生み出し、その製法を受け継いだ本間与三郎が北海道・月寒村で『月寒あんぱん』を製造販売した時に遡る。以来、『月寒あんぱん』の上質な原料と丹念な製法は変わらない。

一番人気は、北海道産小豆100%のこしあんを使用した「こしあん」。その他、沖縄産黒糖を煉り込んだあんを使用した「黒糖あん」、北海道産かぼちゃを使用した「南瓜あん」、黒胡麻をあんに煉り込んだ「黒胡麻あん」、抹茶を生地と白あんの両方に煉り込んだ「抹茶あん」などがある。

50年以上前から同じレシピで作っている『月寒ドーナツ』もオススメ。自社配合生地で小豆こしあんを包んで揚げた昔懐かしい玉ドーナツだ。守り抜かれた伝統の味をぜひ味わっていただきたい。

（ライター／山根由佳）

『ニューヨークチーズケーキ』
直径15㎝ 2,700円（税込）

『木野チーズ』
6個入 1,285円（税込）

営 9:00〜19:00 休 木曜日

『雪チーズ』
6個入 1,426円（税込）

レ・フレール・ムトウ

☎ 075-724-3299 ✉ les_freres.iwakura@moutaux.jp
住 京都府京都市左京区岩倉南木野町8
http://www.moutaux.jp/

食材や製法にこだわった3種のチーズケーキ

『レ・フレール・ムトウ』の自慢はチーズケーキ。『木野チーズ』『雪チーズ』は、あっさりながら濃厚で豊かなコクのある北海道産チーズを使用。シュワっと溶ける絶妙な食感、また口の中でほどけるような食感を生むため、メレンゲや焼き上がりのタイミングを徹底。

『木野チーズ』は、香ばしいタルト生地に、シュワっととろけるなめらかなチーズの風味が活かされ、絶妙な甘みを感じられる。『雪チーズ』は、もちもちの求肥と出会った濃厚チーズケーキと木苺のコンフィチュールの爽やかな酸味で新鮮な食感を楽しめる。『ニューヨークチーズケーキ』は、爽やかですっきりとした酸味のクリームチーズとコクと香り豊かなエダムチーズを使用。チーズに合わせるカスタードを炊く火加減、メレンゲの泡立て加減、蒸し焼き時間にこだわり、驚くほどのなめらか食感を実現させた。

（ライター／山根由佳）

店先で一枚一枚炭火で焼き上げる。

手焼きにこだわって作り続けている。

金・土曜日のみ営業　㊟ 11:00〜15:00

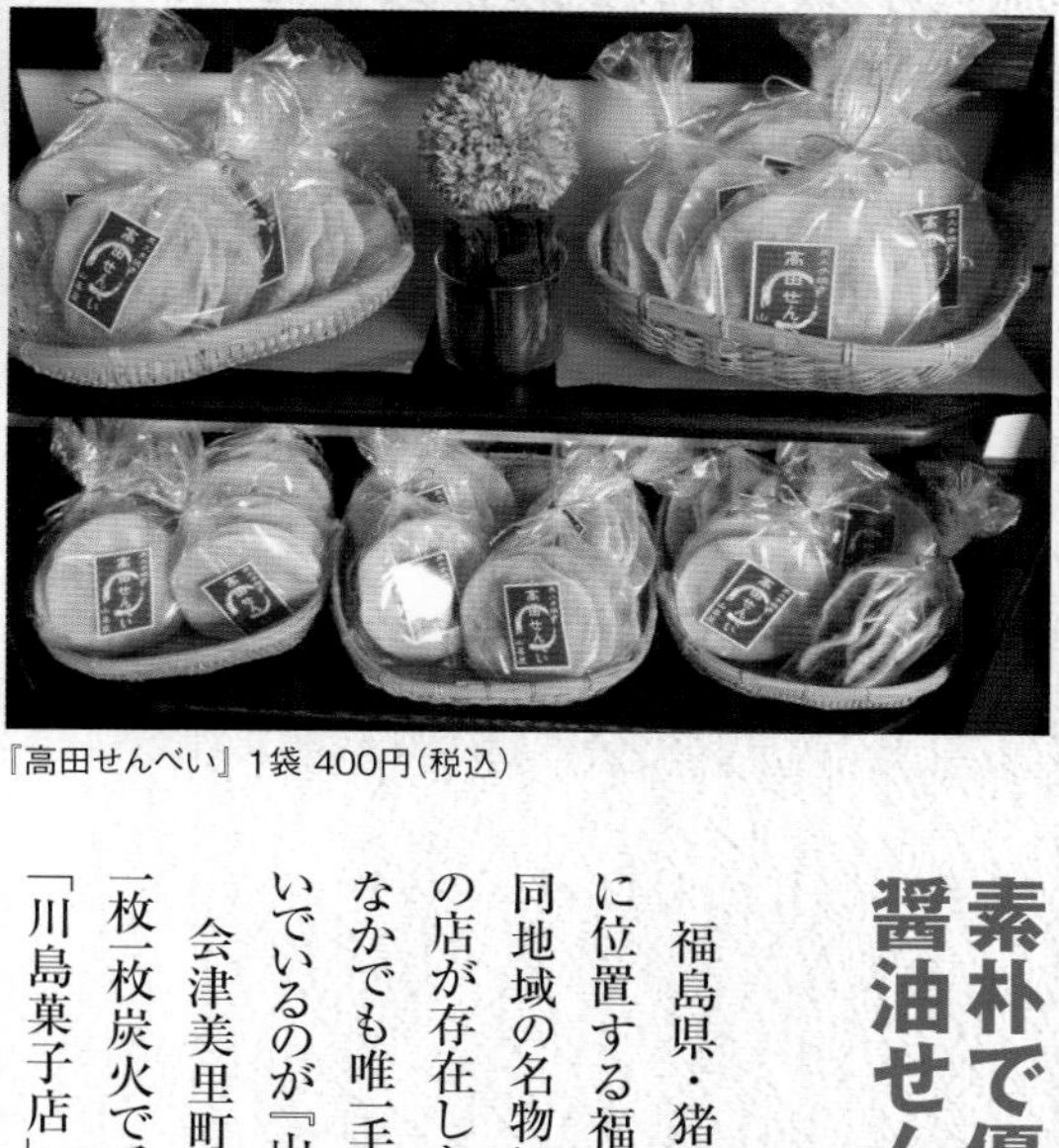

『高田せんべい』1袋 400円（税込）

伝承の味 **山喜屋**　株式会社 高田燃料

やまきや

☎ 0242-54-2353（高田燃料）　✉ info@takadafuel.co.jp
㊟ 福島県大沼郡会津美里町字高田甲2809-2
https://www.takadafuel.co.jp/senbei/senbei.html

素朴で優しい味わいの醤油せんべい

福島県・猪苗代湖の西に広がる会津盆地の南西部に位置する福島県会津美里町高田。稲作が盛んな同地域の名物に『高田せんべい』があり、かつては多くの店が存在したが、今では数軒を残すのみとなった。なかでも唯一手焼きで『高田せんべい』の伝統を受け継いでいるのが『山喜屋』だ。

会津美里町産のコシヒカリ100％を自家製粉し、一枚一枚炭火で手焼きしたせんべいは、かつては老舗の「川島菓子店」が製造販売していたが2012年に惜しまれながら閉店。地域の伝統を絶やしてはいけないと、「川島菓子店」の閉店後は『山喜屋』がその製法と味を継承している。

『高田せんべい』は、外側はパリッと、中は口に入れるとふわっととろける二つの食感が特長。子どもから大人まで幅広く愛されている銘菓だ。材料は、添加物は一切入れず、米と塩と丸大豆醤油のみで製造している。

店内の小窓からせんべいを手焼きする様子が見えるようになっており、手作りの優しい美味しさを視覚からも実感できるのがうれしい。（ライター／今井淳二）

8枚入
702円
（税込）

4枚入
378円
（税込）

『たこせんチーズサンド』
16枚入 1,296円（税込）

駅などの売店にて発売中。

株式会社 千勝堂
せんしょうどう

072-440-4060
㊟ 大阪府岸和田市小松里町2034
https://www.rakuten.co.jp/sensyoudou/

大阪生まれなら知らない人はいないお菓子

多様な食文化を持つ大阪。その魅力は特に庶民的な食べ物に多く見られる。この地に育った人たちの間でソウルフードとしても語られるのが「たこせん」だ。半分に割ったえびせんべいでたこ焼きや様々な具、ソースなどを挟んだもの。パリッとしたえびせんべいとふわとろたこ焼きの食感が楽しい、大阪ならではのB級グルメとして他県から訪れた人たちにも好評だ。

そんな「たこせん」をイメージしたお菓子を作ったのが、大阪や京都をはじめとする地元の特産物などを使い、『九条ねぎせんべい』など関西らしいお土産物を販売している『株式会社千勝堂』。ひとくちサイズのえび・たこの風味豊かなせんべいでチーズクリームをサンドした『たこせんチーズサンド』は、今、新たな大阪みやげとして人気。外はパリッと中はトロっと、たこせん風の新感覚スナック。おやつやお茶請けはもちろん、ワインのおつまみにもぴったりな逸品。

また、『千勝堂』では、企業OEM（オリジナル商品企画）にも積極的に取り組んでいる。

（ライター／今井淳二）

『江戸時代から続く湯浅醤油
ぽん酢 うすくち醤油 3本セット』寄附金額 12,000円～

『釜揚げしらす』
500g
寄附金額 5,000円～

『紀州和華牛
ロースステーキ』500g
寄附金額 26,000円～

『田村みかん』5kg
寄附金額 8,000円～

『三宝柑』10kg
寄附金額 14,000円～

『有田みかん』
10kg
寄附金額
10,000円～

湯浅町役場 ふるさと振興課
ゆあさちょうやくば

☎ 0737-22-3120　✉ furusato-info@town.yuasa.lg.jp
㊟ 和歌山県有田郡湯浅町湯浅1982
http://www.town.yuasa.wakayama.jp/

日本の味のルーツ その魅力をふるさと納税で

和歌山県の中西部に位置し、日本における醤油発祥の地としても知られている『湯浅町』は、地勢的にも天然の良港を持ち、陸路でも南紀・熊野と結ぶ交通の要衝として古来より栄え、醤油や柑橘類が出荷されていた歴史を持つ。そんな湯浅の醤油や豊かな日差しをいっぱいに浴びたみかんなどの果物、特産品を「ふるさと納税」返礼品としていただこう。

昔ながらの木桶で仕込みなど、製法・原料にこだわった手作りの「醤油」は、素材の味を活かした料理ができる。「有田みかん」「田村みかん」「山田みかん」といったブランドみかんは、甘さ、酸味のバランスが取れた味わいで人気が高い。さらに同町の町花でもある「三宝柑」は、かつて紀州のお殿様にも献上された上品な味の希少な柑橘。そして、和歌山県産のみかんジュースや湯浅醤油の搾りかすをえさに加え、脂肪分を10％程減少したヘルシーで黒毛和牛の美味しさが堪能できる「紀州和華牛」。栖原漁港で水揚げされた昔ながら釜で塩ゆでした『釜揚げしらす』など他にも魅力的な地元の特産品が多数揃う。

（ライター／今井淳二）

11月に初収穫をむかえ、5月まで収穫が続く。(写真は12月)

『あまおう』
あかい、まるい、おおきい、うまい。

自分の子どものように
手塩にかけて育てる。

「自然環境農法」で安心・安全なイチゴを提供。

6〜9月に苗を育てる。
(写真は8月)

おおきベリー 株式会社

☎ 090-8221-1486 ✉ info@oki-berry.co.jp
㊟ 福岡県三潴郡大木町大薮771
https://www.oki-berry.co.jp/

並々ならぬ工夫で愛情をかけた美味しいイチゴ

国内におけるイチゴの生産量が栃木県に次ぐ第二位の福岡県。中でも大木町は古くからイチゴを生産している農家が多く、県内でも有数の産地のひとつとなっている。そんな同町で果実の味、大きさ、熟れ具合、形、そして育成方法にもこだわり抜いたイチゴ専門農家が『おおきベリー株式会社』。

よく病害虫に弱いイチゴは農薬が必要不可欠といわれるが、『おおきベリー』では安心安全なイチゴを育てるために採用しているのが「自然環境農法」。高濃度炭酸ガスにより農薬を使わずに害虫を殺虫したり、イチゴの生育に影響のない害虫の天敵にあたる虫(生物農薬)を投与して農薬を使わずに害虫を駆除。さらに土壌づくりにおいても微生物や光合成細菌を活用して、イチゴの健康的な育成環境を整えている。

こうして手塩にかけて育てられた福岡を代表する銘柄である「あまおう」は、大きく食べごたえのあるジューシーな果肉にバランスの取れた甘みと酸味が特長。子どもから大人まで万人に愛される味わい。

(ライター/今井淳二)

幕末激動の舞台・萩の観光 ともに堪能する山陰の美味

幕末の歴史ロマン漂う山陰の城下町・萩。この地で美味しい地酒と共に旬の肴を満喫できるのが『ダイニングまめだ』。ここを訪れる多くの人のお目当ては、新鮮な日本海の魚。のどぐろやキジハタ、甘鯛などの高級魚もお得にいただけるのは、目の前の海で穫れる萩だからこそ。お酒も「長門峡」や「東洋美人」をはじめとする地元〝萩〟の美味しい酒が揃う。

また、職人が毎日丁寧に練りあげて作る『呉豆腐』も、とろける舌触りと濃く優しい甘味でオススメ。

（ライター／今井淳二）

<ランチ>『まめた御膳』
1,500円（税込）

<ディナー>『お刺身盛り合わせ』
（2人前）1,980円（税込）～

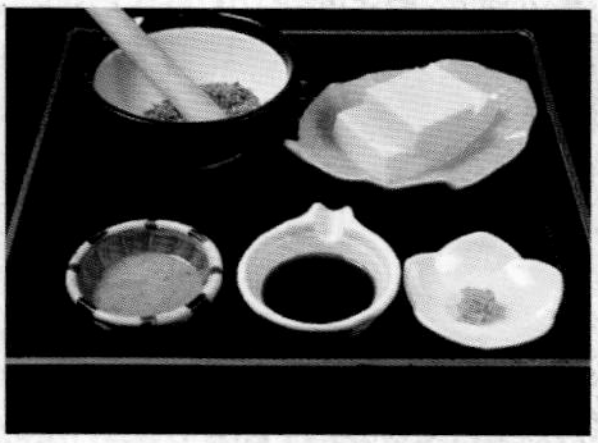
<ディナー>
『呉豆腐セット』650円（税込）

㊏ ランチ11:00～14:00
（LO13:30）
ディナー17:30～22:00
（LO21:30）
㊡ 火曜日
（祝日の場合変更あり）

ダイニング まめだ

☎ 0838-21-4689
㊟ 山口県萩市椿東3000-5 萩ロイヤルインテリジェントホテル2F
https://diningmameda.com/

大切な時間を過ごしたいリストランテ

夜空の「月」をイメージした空間で、四季の味わいを生かし和食のテイストを取り入れたイタリア料理を味わえるお店が大阪・北新地の『Luna Blu』だ。シェフは、大阪を代表するイタリアン『ポンテベッキオ』で約10年間修業。料理に合わせたワインはもちろん、こだわりのお茶やコーヒーも楽しませてくれる。窓から景色を眺めながら、あるいは臨場感あふれるフルフラットカウンターでシェフとの会話を楽しみながら非日常空間に身を委ねればいい。「大切な人と大切な日に『Luna Blu』ですてきな時間を過ごしてみませんか」

（ライター／今井淳二）

『スペシャルランチコース』9,350円（税込）
『ディナーコース』16,500円（税込）など

㊋ 12:00～15:00　18:00～23:00
㊡ 不定休

Luna Blu

ルーナ ブル

✆ 06-6348-0377　✉ info@lunablu.jp
㊟ 大阪府大阪市北区曽根崎新地1-10-22 ミヤプラザ7F
https://lunablu.jp/

おうち飲みやパーティーにワインのお供にぴったり

世界各地から選りすぐりの食品や飲料を輸入販売している『日仏貿易株式会社』から、フォアグラの本場フランスのリーディングメーカー「ラベリ」社の製品が発売。ふんわりやわらかな食感と洗練された味わいの『鴨肉のリエット フォアグラ入り』は、上質なフォアグラが20％入った贅沢なリエット。鴨肉の旨味とレバーの濃厚な『鴨肉と鴨レバーのテリーヌ』は、くせがなく食べやすいので初めて食べる人にもオススメ。軽くトーストしたパンに塗って、ワインとぜひ試してみたい逸品だ。

（ライター／今井淳二）

『鴨肉のリエット フォアグラ入り』
90g 1,296円（税込）

『鴨肉と鴨レバーのテリーヌ』
90g 1,134円（税込）

日仏貿易 株式会社

にちふつぼうえき

☎ 0120-003-092　✉ info@nbkk.co.jp
㊟ 東京都千代田区霞が関3-6-7 霞が関プレイス
https://www.nbkk.co.jp/　https://shop.nbkk.co.jp/

大分県耶馬渓の大自然で飼育されたブランド豚

『錦雲豚』は、「有限会社福田農園」が大分県中津市耶馬渓の大自然のなかで飼育されるオリジナルブランド豚。柔らかい肉質と甘みがあるのにさっぱりとした脂の旨味が人気だ。全国の有名レストランや大手百貨店、大手食品メーカーでの取り扱いも多数で良品質の高級豚肉としての評価を確立している。『直営店ふくとん』は しゃぶしゃぶコース、とんかつが大人気のレストラン。精肉コーナーもあり中津市でも地域の皆様に愛されるお店だ。

（ライター／長谷川望）

『錦雲豚しゃぶしゃぶ3点セット』
（ロース肉400g、バラ肉400g、肩ロース肉200g）
3,980円（税込）

LINE

『錦雲豚焼肉3点セット』
（ロース肉400g、バラ肉400g、肩ロース肉200g）
3,700円（税込）

㊒ ランチ
11:00～14:00（LO）
ディナー
17:00～20:00（LO）
土曜日
17:00～21:00（LO）
㊡ 木曜日

YouTube

錦雲豚専門店 ふくとん　有限会社 福田農園

0979-23-2922　fukuton@nk.oct-net.jp
㊟ 大分県中津市島田578-3
https://kinunton.com/　YouTube https://youtu.be/gtHLdSJK7I0

知る人ぞ知るブランド豚 ふるさと納税に登場

山梨県『都留市』のふるさと納税の返礼品に知る人ぞ知るブランド豚『富士湧水ポーク』が登場。富士山麓の澄んだ空気と清らかな地下水という理想の環境で育てられた『富士湧水ポーク』は、さっぱりした脂と甘みを感じる旨味が特長。豚肉にありがちな臭みが少なく、濃い味付けから薄い味付けまで幅広い料理で美味しくいただける。『しゃぶしゃぶ堪能セット』や『ステーキセット』『切り落としと挽肉のガッツリ盛りセット』などバラエティ豊かに展開中だ。

（ライター／長谷川望）

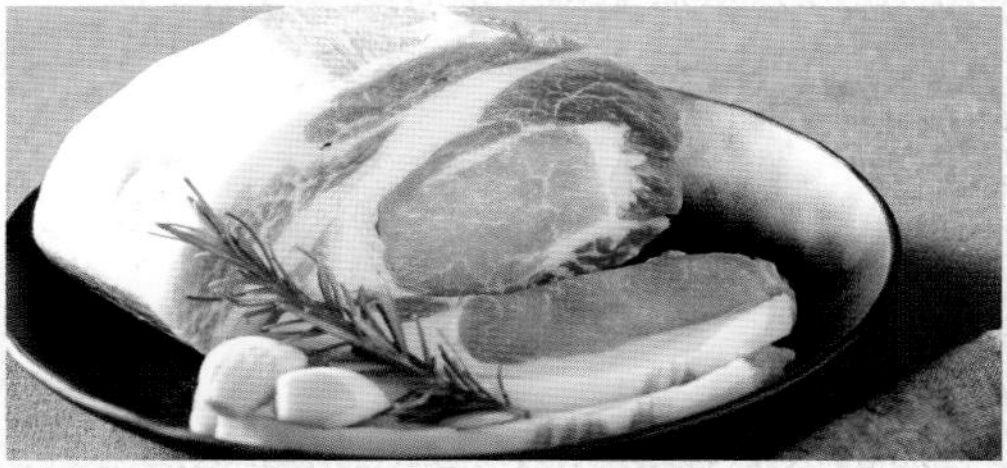

『富士湧水ポーク』

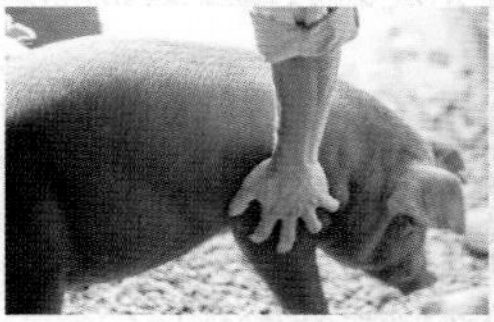

『富士湧水ポーク』は、一定の条件を満たした豚にだけ与えられるブランド呼称。

『都留市』では、生活用水も農業用水にも富士山の雪解け水が使われている。

都留市役所　企画課ふるさと納税戦略室
つるしやくしょ

0554-43-1111　furusato@city.tsuru.lg.jp
㊟ 山梨県都留市上谷1-1-1
https://www.city.tsuru.yamanashi.jp/

美と健康・長寿に貢献 栄養素たっぷりの猪肉

高タンパク・低脂肪、豊富なビタミンB群で注目の猪肉。西日本を中心に契約猟師から直接仕入れた極上の猪肉を独自の調理法で提供するのがしし肉専門店『株式会社おゝみや』だ。中でも人気の『国産天然猪肉ぼたん鍋特選セット』は、脂身と赤身のバランスが良い特選併せ盛りセット。煮込むほどに柔らかく甘く旨味を増す猪肉の色々な部位の美味しさを、特製味噌だれの鍋で堪能できる逸品。郷土料理百選にも選ばれた猪肉をぜひ。

（ライター／今井淳二）

『国産天然猪肉ぼたん鍋特選セット』
400g 5,240円（税込）

『国産天然猪肉ぼたん鍋 ロースセット』 400g 8,040円（税込）

㊖ 9:00〜17:00
㊡ 10/13〜3/14 無休
3/15〜10/12 水曜日

株式会社 おゝみや

☎ 079-552-0352 ✉ 4429@oomiya.com
㊟ 兵庫県丹波篠山市乾新町40
https://www.oomiya.com/

ちょっと特別な日にはふぐ料理でごほうびを

食の都・大阪で美味しいものをいただくならふぐはいかが。天神橋筋六丁目のふぐ料理専門店『天福』は、ふぐにたずさわって60年以上の大将が提供する至高のふぐ料理が堪能できる。泳ぎふぐで仕入れ、お店で〆るので鮮度・身の締りは抜群。オススメの焼きふぐ、てっちりは、もちろん、てっさ、唐揚げ、ひれ酒までぞんぶんに堪能したい。2階席はお座敷で、30名の団体でも貸し切りでの利用も可能。低カロリーで、たんぱく質やミネラル、ビタミンも豊富で栄養価の高いふぐをぜひ。

（ライター／今井淳二）

『焼きふぐコース』
7,700円（税込）

『てっちり鍋コース』
7,700円（税込）

『てっさ』
1,430円（税込）

㊔ 10月～3月 17:00～23:00
4月～9月 18:00～23:00
㊡ 水曜日

ふぐ料理 **天福**
てんふく

06-6949-8113 tenfuku.fugu@gmail.com
㊟ 大阪府大阪市北区天神橋6-2-7
https://tenfuku.jp/

地元で人気の和食処を味わう金目鯛

静岡県伊豆にある料理屋『伊豆おか田』。特産である新鮮な金目鯛を様々な料理法で提供してくれる地元でも評判の和食処。オススメ料理は、『金目鯛の煮付け』。漁場煮（りょうばに）という漁師の調理法を取り入れたこってりとした甘辛さが絶品。金目鯛の照り焼きや開きの干物も人気だ。純和風の落ち着いた店内は、テーブル席と座敷席があり、どんな方でも安心して料理を楽しめ、「お取り寄せ」の料理も店内でいただける。大小の広間も取り揃え、宴会や慶事、法要などにも。

（ライター／長谷川望）

お取り寄せ
『金目鯛煮付け』
中 3,000円（税込）
小 2,200円（税込）
大 4,200円（税込）
定食もあり。

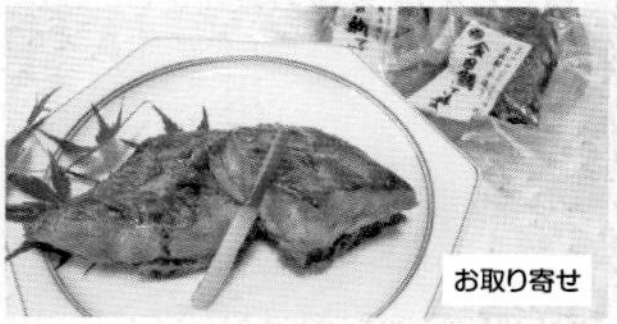
お取り寄せ
『金目鯛てり焼き』身2切 1,500円（税込）
『金目鯛塩焼き』身2切 1,500円（税込）
『金目鯛みそ焼き』身2切 1,500円（税込）

㊔ 11:00～20:00
（LO19:30）
㊡ 無休

伊豆の味 **伊豆おか田**
いずおかだ

0558-62-1006 postmaster@izu-okada.co.jp
㊟ 静岡県賀茂郡南伊豆町湊307-1
http://www.izu-okada.co.jp/

シェフ手作りのグルテンフリー商品

『BRILLANTE IL SUZUKI』は、静岡県浜松市にあるグルテンフリー専門のリストランテ。地元の食材やイタリア・フランスなどの食材を活かした料理が人気だ。併設するショップでは、器やグルテンフリーの自家製パンやお菓子、お惣菜などを販売している。オンラインストアも開設しており、シェフが一つひとつ丁寧に作るグルテンフリーのパンやマフィンを注文できる。オススメは、乳成分や卵も不使用の『みかんパン』。みかんのさわやかな酸味と蜂蜜の甘さが相性抜群。（ライター／長谷川望）

『小麦粉を一切使用しない
グルテンフリーのシェフおまかせコース』
17,600円（税込）

『自家製の
米粉パン』

『みかんパン』

BRILLANTE IL SUZUKI

ブリランテ スズキ

☎ 053-596-9620
㊟ 静岡県浜松市中区肴町317-17 メルカートビル1F
https://brillantesuzuki.com/　@brillanteilsuzuki_salone

ご当地野菜を使ったヘルシーカレーと家庭料理

東京都江戸川区の『ヴィオレッタ』は、料理教室で教えてきたオーナーの思いから、「健康であること」をコンセプトに、地元の食材を使ったカレーや家庭料理を提供している。中でも小松菜やカレー・インド料理に欠かせない「メティ」といった、同区で盛んに栽培されている野菜を使った『小松菜&メティカレー』はぜひ食べて欲しい逸品。ライスも健康志向で、ビタミンB1、食物繊維豊富な胚芽精米のターメリックライス。ヘルシー志向の方からお年寄りの方まで人気だ。（ライター／今井淳二）

『江戸川産小松菜&メティカレー』
870円（税込）

『ラスタカレー』（ドリンク付）
1,000円（税込）
2種類のルウが選べる。
（チキン、ポーク、シーフード、
小松菜、ほうれん草）

ディナーのカレーセットや単品などあり。

㊮ 11:00〜14:00
（月曜日はランチのみ）
ディナー17:30〜21:30
㊡ 火曜日・第2、4月曜日

ヴィオレッタ

☎ 03-3652-1927
㊟ 東京都江戸川区松島1-23-6
https://violetta.tokyo/

希少な「小国町短角牛」を贅沢に使った欧風カレー

『小国産短角牛カレー』1箱 1,000円（税込）

山形県西置賜郡小国町の牛肉生産・販売をしている『株式会社渡部畜産』から『小国産短角牛カレー』が販売中。「小国町短角牛」の良質な赤身肉を贅沢に使い、独自のスパイスとじっくり時間をかけたフォンド・ヴォーとで仕上げている。ごろっと入ったお肉は、食べ応え抜群。レトルトパックなので温めるだけで手軽に本格的な欧風カレーが楽しめる。霜降りやサシが少ない赤身肉は、健康志向の方にもオススメ。お買い求めは公式オンラインショップから。

（ライター／長谷川望）

株式会社 **渡部畜産**
わたなべちくさん

0238-62-2433　ogunimeat1129@snow.ocn.ne.jp
㊟ 山形県西置賜郡小国町東原7-3
http://watanabe-chikusan.com/

地鶏の旨味をレモンで引き立てるカレー

『上州地鶏レモン仕立てのクリーミーご褒美カリー』
190g 650円（税込）

㊖ 9:00〜18:00
㊡ 土・日曜日・祝日

こちらからも検索できます。

旨味の強い軍鶏（シャモ）の血統を引いた群馬県の純国産地鶏「上州地鶏」をはじめとする鶏肉の卸・販売専門店の『とりじん』では、上州地鶏の魅力を全国に発信するべく、近年では加工食品も手掛けている。『上州地鶏レモン仕立てのクリーミーご褒美カリー』は、上州地鶏のもも肉とひき肉を100％使用。じっくりと煮込んで旨味を閉じ込め、爽やかなレモン風味に仕上げた逸品。チーズを加えてパスタのソースにもぴったり。

（ライター／今井淳二）

鳥専門店 **とりじん**

027-322-6182　torijin0930tt@crest.ocn.ne.jp
㊟ 群馬県高崎市嘉多町15-5
http://torijin1958.com/

ほぉ～と自分をリセット 立ち寄りたくなるカフェ

茨城県つくば市郊外の住宅地に佇む『まるなかふぇ』は、大人が穏やかにゆったりと過ごせる静かなカフェ。優しい木のぬくもりを感じさせる店内でこだわりの珈琲や紅茶が楽しめる。ランチは、パスタ、自慢のカレーライス、煮込みハンバーグなど。時々内容が変る『気まぐれプレート』が楽しみな方も。さらにスイーツも定番メニューのほか、月替わりスイーツも好評。もちろんすべて手作りだ。一杯の珈琲でほぉ～とゆっくりしてみては。

（ライター／今井淳二）

『煮込みハンバーグ』
ランチ 1,200円（税込）

『ニューヨークチーズケーキ』
500円（税込）　（ランチとセットでセット価格より150円引き）

『カレーライス』ランチ 1,200円（税込）

㊒ 10:00～19:00
㊡ 月曜日・第3日曜日
テイクアウトもOK。

まるなかふぇ

029-893-3302　㊟ 茨城県つくば市高見原1-6-2
https://marunacafe.com/
https://www.facebook.com/marunacafe/（Facebookもご確認を）

材料と製法にこだわった「伊賀牛」のコロッケ

いつでも食べたくなる昔ながらのコロッケ。その製法を頑なに守り続け、地元の人たちから愛されているのが三重県伊賀市にある手作り惣菜のお店『西ざわ笑店』。看板メニューである『手作りコロッケ』は、北海道産の男爵いもに厳選した玉ねぎと旨味いっぱいの「伊賀牛」を使用。添加物などは一斉使用せず、ほんのりと効かせた胡椒の味が、じゃがいもの甘みとホクホク感を引き立てている。マカロニサラダや季節のお惣菜も人気。

（ライター／今井淳二）

『手作りコロッケ』
1個 200円（税込）

西ざわ笑店
にしざわしょうてん

0595-51-5795 agemono@ict.ne.jp
㊟ 三重県伊賀市平野上川原133-8
https://nishizawasyouten.com/

小麦粉を使っていない米粉でできたコロッケ

緑豊かな山里、佐賀県三瀬村で農業を行い、この地ならではの特産品を販売している『みつせ村農園』で登場以来人気なのが、小麦粉・牛乳・卵を一切使用せず、米粉を使ったグルテンフリーのコロッケ『コロコロコロッケ』。アレルギーを持つ方からの要望を受け商品化。味わい豊かな地元の「みつせ鶏」を使用している他、原材料はすべて佐賀県産。家庭で揚げるだけの簡単調理で米粉の衣ならではのサクッとした仕上がり。お子様から大人の方まで美味しくいただける。

（ライター／今井淳二）

みつせ村 農園
(有)アサヒ・アグリ佐賀

『コロコロコロッケ』
10個入
580円（税込）

みつせ村農園　有限会社 アサヒ・アグリ佐賀
みつせむらのうえん

0952-56-2813 asahiaguri.saga@gmail.com
㊟ 佐賀県佐賀市三瀬村杠1578
https://www.mituse.net/

メニューは本格派
価格は庶民派の寿司店

ネタは日本海の地魚から厳選マグロ、季節の味覚まで常時約70種類を漁港から直送、シャリは魚沼産コシヒカリの中でも最高級の塩沢産100％を産地ならではの大盤振る舞い。新潟県南魚沼市の『廻るすし道楽 塩沢本店』は、高級店にもひけを取らないお寿司をリーズナブルにいただけると地元で評判のお店。また、本格ラーメンや逸品デザートなどサイドメニューも豊富だから、大人から子どもまで家族みんなで楽しめる。

（ライター／今井淳二）

定番ネタ、季節の味覚など約70種類の寿司、一品料理など豊富。

「塩沢本店」のほか、「六日町店」「浦佐店」「小千谷店」「十日町店」もあり、ドライブの立ち寄りにも。

廻るすし道楽 塩沢本店

まわるすしどうらく

☎ 025-782-2668
㊟ 新潟県南魚沼市塩沢町中171-1
http://sushi.takinogawa-group.co.jp/

まぐろを知り尽くしたプロが
目利きしたまかない丼

東京で築地・豊洲と約40年にわたりまぐろ専門卸としての実績を誇る『築地ホクエイ』が、新鮮な天然まぐろの希少部位や切落しなど不揃いな部位をどんぶり用として集めたのが『天然本まぐろまかない丼セット』。大きさや切り方はまちまちだが、高級寿司店や料亭などでも使われる最高級天然本まぐろを使用した贅沢なまぐろ丼がリーズナブルにいただける逸品。まぐろの美味しさを引き立てる専用のタレも付いているので、天然本まぐろの味わいをぜひご賞味を。

（ライター／今井淳二）

『天然本まぐろまかない丼セット』
本体価格 5,800円（税込・送料別）
※送料全国一律1,000円

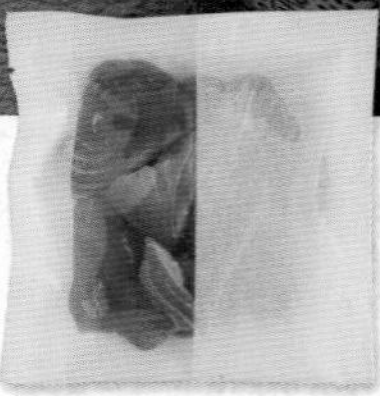

天然本まぐろの切り落とし×6袋

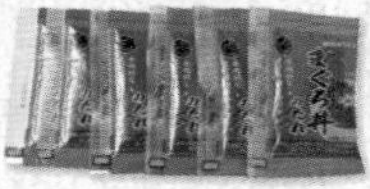

築地ホクエイ

つきじホクエイ

☎ 03-6636-0350 ✉ shop@tsukiji-hokuei.co.jp
㊟ 東京都江東区豊洲6-5-2
https://www.tsukiji-hokuei.co.jp/

もう一品欲しい時に 電子レンジで3分本格茶碗蒸し

家庭で作ると意外に面倒なのが茶碗蒸し。フリーズドライや乾燥食品の製造販売メーカーである『アスザックフーズ株式会社』の自社ブランド商品『たまご1個で茶碗蒸しの素』は、お湯で戻して、溶き卵を加えて電子レンジで加熱するだけで、だしの風味がきいた、おいしい茶碗蒸しが簡単にできる。味は、「ほたて」と「紅ずわい蟹」の二種類。茶碗蒸し以外にも炊き込みご飯やうどんつゆとしても応用できる。家庭に常備しておきたい一品。

（ライター／今井淳二）

こちらからも
検索できます。

『たまご1個で茶碗蒸しの素
ほたて／紅ずわい蟹』
（1個2人前）
各173円（税込）
『フリーズドライ茶碗蒸しの素
食べ比べセット』（8個）
1,480円（税込）

アスザックフーズ 株式会社

☎ 0120-817-014（平日9:00〜17:00 土日祝日を除く）
✉ asfoods@asuzac.co.jp ㊟ 長野県須坂市大字米持293-45
https://asuzacfoods.shop/

老舗胡麻油屋がつくる特製らー油

関根のごまらー油

関根の胡麻油

江戸時代八代将軍吉宗の享保年間より300年以上続く老舗の胡麻油屋『胡麻油の関根』。添加物不使用かつ昔ながらの圧搾法で高純度の胡麻油を製造している。胡麻油をはじめ、様々な自家製商品を展開している中でオススメなのが、『関根のごまらー油』。一番搾りの胡麻油に浅草の老舗の唐辛子を黄金比率で組み合わせた特製らー油。餃子はもちろん、納豆やパスタにも相性抜群。和・洋・中どんな料理にも合う優しい辛味をぜひご賞味あれ。

（ライター／長谷川望）

『関根のごまらー油』
45g 756円（税込）

(営) 11:00〜17:00
(休) 日曜日・祝日

有限会社 胡麻油の関根
ごまあぶらのせきね

03-3356-1558 gomagoma@gomasekine.co.jp
(住) 東京都新宿区新宿2-2-10
http://www.gomasekine.co.jp/

郷土出身の名優の名を冠したすだち調味料

浅草・五九郎さん
すだちパウダー
徳島県産のすだち果汁。様々な料理の高級調味料として、スッキリした香りとさわやかな風味がまるごとパウダーに！

すだちパウダー

柑橘系果実の中でもひときわ香り高いすだちは、徳島県の名産品としても知られている。同県出身で明治から昭和の初期に活躍した喜劇役者、曾我廼家五九郎（そがのやごくろう）にちなんで命名した『日本スダチパウダー販売株式会社』の『浅草・五九郎さんすだちパウダー』は、徳島産すだち果汁を100％粉末にした調味料。パウダーなので変質しにくく、長期保存が可能。お刺身をはじめ、焼き魚や天ぷら、もちろんお肉にも爽やかさをプラス。

（ライター／今井淳二）

『浅草・五九郎さんすだちパウダー』
100g 3,240円（税込）　スティック6本 540円（税込）

日本スダチパウダー販売 株式会社
にほんスダチパウダーはんばい

0883-36-1603 info@sudachipowder.com
(住) 徳島県吉野川市鴨島町上下島128 秋山ビル201
https://sudachipowder.com/

幻の酒米の酒粕を使用した優しい味わいの粕漬

野沢菜漬をはじめ素材の味を生かした多様な漬物を送り出している長野県の『岡本商店有限会社』。信州産の白瓜を熟成させた酒粕で漬け込んだ『信濃の瓜の粕漬』は、長野県木島平村のみで栽培される希少かつ上質な酒米「金紋錦」の酒粕を100%使用。この酒米で造られた日本酒は、品評会でも優秀な成績を残すものも多い。ほのかに日本酒の甘い香りが漂い程よく漬かった白瓜は、白いご飯はもちろん、お茶請けにもぴったり。

（ライター／今井淳二）

『信濃の瓜の粕漬け』200g

岡本商店 信州木島平

岡本商店 有限会社
おかもとしょうてん

0120-82-4011 info@okamoto-tukemono.com
㊟ 長野県下高井郡木島平村大字往郷10-1
https://www.okamoto-tukemono.com/

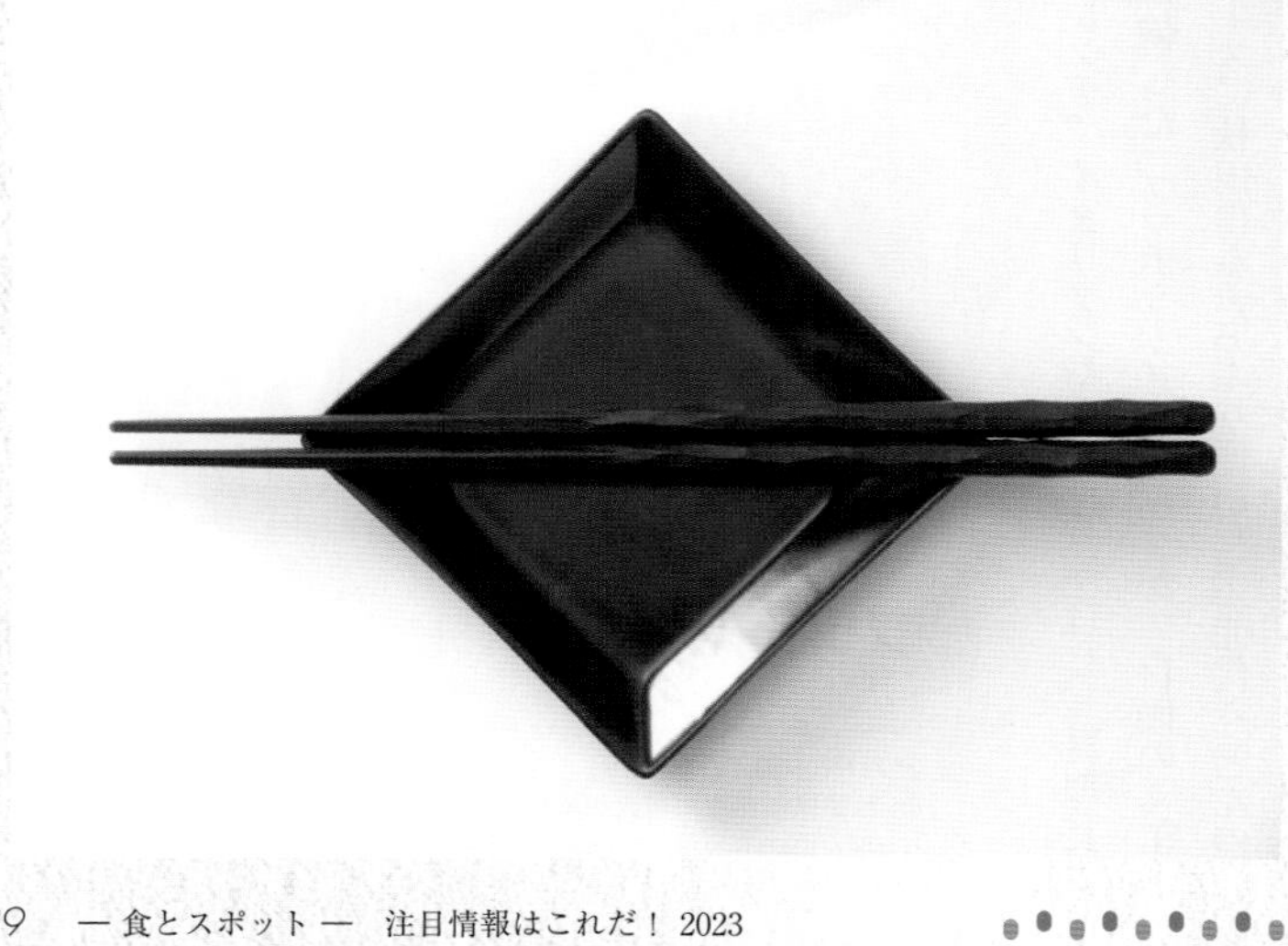

食べ応え腹持ちが良く満足感あるパスタソース

豆のまちとしても知られる北海道本別町。あずきをはじめとする十勝ブランドの豆類を支える一大生産地だ。そんな豆類を使った『本別町農業協同組合』の加工品ブランド「MameMamma®」から発売されている『畑のお肉のボロネーゼ』は、お肉の代わりに本別町産大豆で作った大豆ミートを使用したパスタソース。他にも同町産の大豆・金時豆・黒豆がごろごろ入って食べごたえ十分。食事から健康に気をつかう人にもオススメだ。

（ライター／今井淳二）

『畑のお肉のボロネーゼ』
200g 702円（税込）

本別町農業協同組合 農産部食品開発課

ほんべつちょうのうぎょうきょうどうくみあい

☎ 0156-22-6711 ✉ nousan@ja-hon.nokyoren.or.jp
㊟ 北海道中川郡本別町北5-2-1
https://jahonbetsu.jp/ 北市ドットコム まめまんま 検索

「おもてなしセレクション」受賞 秋田牛100%贅沢ミートソース

フレンチ、イタリアンやホテルで修行し、料理長も経験した『ブッチャーノ』のシェフが、自慢のミートソースに秋田牛をたっぷり使用し、能代うどんの製麺所とコラボレーションしたのが『秋田牛100%ミートソース×ノシロチーネパスタ』だ。うまみとコクのある秋田牛ミートソースにフェットチーネ風でうどんとパスタの特長を合わせた独特のモチモチ感が特長で、食べごたえ十分。素材と製法にこだわり、愛情を込めた逸品。自宅で贅沢な想いを味わってほしい。

（ライター／今井淳二）

『秋田牛100%
ミートソース×
ノシロチーネパスタ』
1人前 2,160円（税込）

ブッチャーノ

☎ 018-800-0044
㊟ 秋田県秋田市川尻大川町1-1
https://item.rakuten.co.jp/akitatokusan/10007195

玄米100%の
ドーナツ形パスタ

『gnocco（にょっこ）』は、有機加工食品のお餅を手掛ける『農事組合法人 庄内協同ファーム』が開発・販売している玄米100%の加工食品。グルテンフリーのパスタニョッキとして開発され、玄米の風味ともちもちとした食感が特長。食物繊維など栄養豊富な玄米を手軽に食生活に取り入れてほしいとの想いが込められているという。ドーナツ形でソースが絡みやすく、パスタだけでなくスープやぜんざいに入れても美味しい。約3分ゆでるだけと調理も簡単。

（ライター／長谷川望）

公式
ホームページ

にょっこLP

『gnocco』1箱8袋入り 4,050円（税込・クール冷凍便送料込）

農事組合法人 庄内協同ファーム

しょうないきょうどうファーム

0235-78-2120
㊟ 山形県鶴岡市八色木字西野338
https://www.shonaifarm.com/　https://gnocco.shonaifarm.com/

千葉県産素材で お米から作った米粉パン

千葉県で県内の農作物を加工販売する『穴太商店』では、県内自社農場で育てたお米「ミズホチカラ」を収穫後そのまま農場で米粉に加工。同じく同社が平飼い、ストレスフリーで育てた鶏卵も使った冷凍米粉パンシリーズが『O kome color（オ コメ カラー）』。米粉は、小麦粉に比べて水分を含みやすく、もちもちふっくらとした味わい。冷凍庫から取り出しレンジで温めるだけでいつでも焼きたての美味しさで味わえる。ネットではもちろん、2022年7月にOPENした店舗でも購入可能だ。

（ライター／今井淳二）

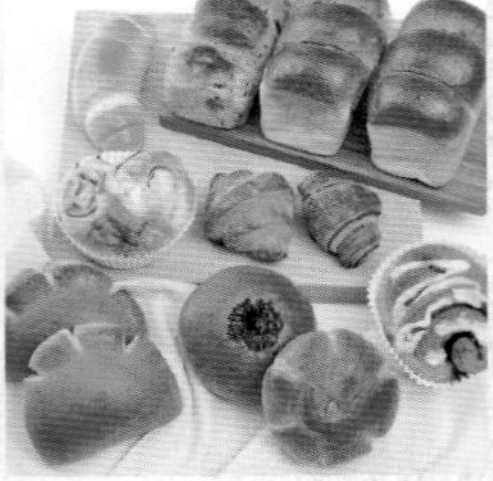

O kome color
ANO SHOP

『O kome color 冷凍米粉パン12個セット』3,180円（税込）
チーズたっぷりのピザつき13個セットで 3,500円（税込）

穴太商店

あのうしょうてん

☎ 0120-954-967 ✉ service@anou-group.co.jp
㊟ 千葉県君津市泉278-1
https://www.anou-shoten.com/

さつまいもプロがじっくり 甘さを蓄えた焼いも

焼酎用さつまいもの加工やオリジナルのさつまいも製品を手掛け、鹿児島のさつまいもを知り尽くしている『株式会社海連』では、『芋蔵百日焼いも』を発売。契約農家から仕入れた鹿児島県産「紅はるか」を収穫後100日以上低温熟成し、独自製法で焼き上げ、芋の持つ甘みを最大限に引き出した。本品は、冷凍で届いて自然解凍するだけ。電子レンジで温めれば、焼きたての風味も楽しめる。栄養豊かな皮までも美味しい天然スイーツだ。

（ライター／今井淳二）

『芋蔵百日
焼いも
（ひとくちカット）』
70g×5袋
2,710円（税込）

『芋蔵百日
焼いも
（ホール）』
500g×4袋
4,596円（税込）

株式会社 海連

かいれん

☎ 0996-72-0416 ✉ info@kai-ren.co.jp
㊟ 鹿児島県阿久根市赤瀬川1886-9
http://kai-ren.co.jp/ https://store.kai-ren.co.jp/

少女の思いがギュッと詰まった優しいケーキ

滋賀県近江八幡市にある小さなケーキ屋『みいちゃんのお菓子工房』店長兼パティシエは、なんと15歳の少女みいちゃん。幼少の頃より極度の不安病により自分の意思で思うように体を動かせなかったみいちゃんが、唯一自分を表現できるのがお菓子作り。彼女が懸命に作る素晴らしい表現力とセンスあふれるケーキの数々は、誰もを魅了し笑顔にさせてくれる逸品。開店週末のみの完全予約制。一部の焼き菓子などは、通販で購入できる。

（ライター／今井淳二）

『くまさんケーキ』

『宝箱ケーキ』

『チョコと薔薇のケーキ』

『パンダのホワイトムース』

『推し活スイーツ』

『くまさんのチョコムース』

みいちゃんのお菓子工房

みいちゃんのおかしこうぼう

✉ info@mi-okashi.com
㊟ 滋賀県近江八幡市上田町1257-18
https://mi-okashi.com/ @mizuki.okashi.koubou

長野のフルーツをたっぷり使った町のケーキ屋さん

長野県松本市にある『Chez Yu』は、旬のフルーツを使った約20種類のケーキやタルトが人気のフルーツ王国長野ならではのケーキ店。土台となるスポンジは種類ごとに食感や味を変え、果物と一体となるベストなバランスを心がけている。また、ふんわり蜂蜜香る生地に生クリーム、カスタードを巻いた看板メニューの『優ロール』やクッキーやフィナンシェなど手作りの焼菓子も好評。インスタでは、季節限定ケーキを案内しているのでチェックを。

（ライター／今井淳二）

『カットケーキ』『ホールケーキ』『焼き菓子』など豊富に取り揃えている。

㊢ 10:00〜18:00
㊡ 火曜日

Chez Yu

シェ・ユー

0263-92-6155
㊟ 長野県松本市波田5446
https://chez-yu.jp/

贈り物にもぴったりな高級チョコレートケーキ

『いけだワイン城』は、ヨーロッパ中世の古城に似ていることから名づけられ、地下熟成室、ショッピングエリア、レストランがある。特にオススメなのが『Bon chocolat ボンショコラ〜至福のチョコレート〜』だ。繊細な酸味とほろ苦さを併せ持つフランス・ヴァローナ社のチョコレートを使用。十勝の冷涼な自然の中で30年以上熟成させた「十勝ブランデー原酒」を閉じ込めて焼き上げた逸品。ねっとりと濃厚な口溶けと芳醇な香りが楽しめる。

（ライター／今井淳二）

『Bon chocolat ボンショコラ・グラン〜至福のチョコレート〜』
4,250円（税込・送料別）　ハーフ 2,400円（税込・送料別）

お菓子購入サイト https://ikedawc.base.shop/
ワイン購入サイト https://shop.ikeda-wj.org/

一般社団法人 いけだワイン城

いけだワインじょう

015-578-7857（4Fレストラン）　info@ikeda-wj.org
㊟ 北海道中川郡池田町字清見83-4
https://ikeda-wj.org/

人気の新感覚クレープ商業施設の集客力アップ

三重県津市や松阪市、伊勢市を中心にキッチンカーでの移動販売の出店ながらも、根強いファンを集めているのがバタークレープ専門店『るんるんクレープ』だ。バターはもちろん、小麦粉、牛乳など北海道産の材料にこだわり、外はサクサク、中はふんわり。濃厚なバターの甘い香りがスイーツ系、フード系どちらのフレーバーにもマッチする独特の味わいを生み出している。車一台分のスペースがあれば、どこへでも出店できる。

（ライター／今井淳二）

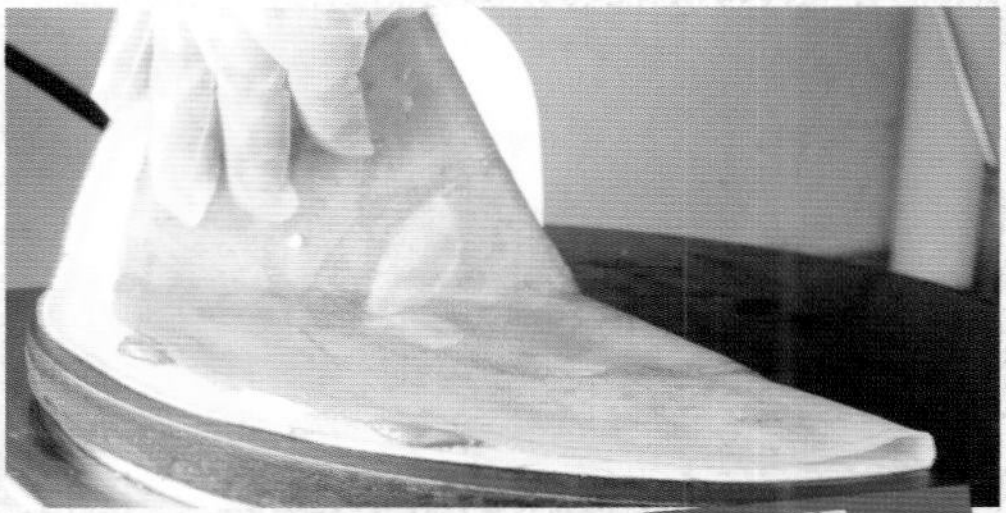

『バターシュガー』500円（税込）
『バターチョコミルク』600円（税込）
『キャラメルシュガー』600円（税込）など

出店依頼もしくは買取出店のどちらも詳しくはお問い合わせ下さい。

バタークレープ専門店 るんるんクレープ

090-9022-5906　masaruami@icloud.com
㊟ 三重県伊勢市
https://runrun-crepe.com/

クリームを独自配合した人気のプリン専門店

「プリンを食べて元気になってほしい」という想いでオープンした『ぷりんのススメ』では、プリンはもちろん、プリンと自家製アイスを使った様々なスイーツも提案している。オススメは、『金コクぷりん』と『ぷりんロールケーキ』。『金コクぷりん』は、数種類のクリームを独自配合して作ったコクのある濃厚な味わいで、多い時は1日で600個を売り上げる人気商品。『ぷりんロールケーキ』は、大きなプリンをスポンジで巻きあげたロールケーキ。ふんわりした生地とプリンの相性が抜群。

（ライター／長谷川望）

OMOTENASHI
SELECTION
2022年度金賞
金コクぷりん

『金のおススメセット』
（『ぷりんロールケーキ』1本、
『金コクぷりん』6個）3,950円（税込）

2Fで自家製
アイスのパフェ
が楽しめる。

Pudding
ぷりんのススメ

ぷりんのススメ　イートウェル 株式会社

0942-65-7580　info@eat-well.co.jp
㊟ 福岡県久留米市城南町16-6 メルヴェーユ城南
https://purinsusume.official.ec/

見た目も味も優しい新感覚な春の創作菓子

一年を通じて多種多様な大阪・京都・和歌山などの関西みやげを販売している大阪『株式会社千勝堂』から、穏やかな春の香りを感じさせるお菓子が登場。老舗和菓子屋が作る『桜プリン』は、ゼリーとプリンが一つになった二層式。上層は澄み切った薄ピンク色の中に桜の花が浮かぶ甘酸っぱい桜のゼリー、下層はピーチ味のミルキーなプリン。合わせて食べていただくと、口の中いっぱいに桜の華やかな香りが広がる。2023年春お花見に一緒にいかが。

（ライター／今井淳二）

風味満載
桜プリン
プリンとゼリーの2層式
ゼリー部分
上側のゼリーは透きった薄らピンク色、真ん中に桜の花びらが浮かんでいます。
プリン部分
ピーチ味のプリンは濃厚でゼリーと絡めてお召し上がり下さい。

『桜ぷりん』
4個入 1,296円（税込）

株式会社 千勝堂
せんしょうどう

072-440-4060
㊟ 大阪府岸和田市小松里町2034
https://www.rakuten.co.jp/sensyoudou/

雲のようにふわふわでもちもち食感のカステラ

搾りたての上質なジャージーミルク、ブランド地鶏の有精卵と素材にもこだわり、一つひとつ丁寧に焼き上げる『KINTOUN babycastella』の『ベビーカステラ』。可愛い一口大のカステラは、食感も味わいも優しさに溢れていて、小さなお子さんでも安心して食べることができる。人気のプレーンからチョコレート、抹茶、季節限定などフレーバーもバラエティ豊か。フードロスを極力減らすため、完全受注のお取り寄せ専門になっており、環境にも優しいおやつだ。

（ライター／今井淳二）

『ベビーカステラ』30個入 1,260円（税込）〜
44個入 1,800円（税込）〜　60個入 2,520円（税込）〜など。

『王道プレーン』以外に『オレンジ&レモン』『京都宇治抹茶』、季節限定品などあり。組み合わせも可能なのでホームページでご確認を。

KINTOUN babycastella

キントウン ベビーカステラ

050-3623-2323　h0a_12_2@yahoo.co.jp
住 奈良県奈良市芝突抜町4
https://www.kintooun.com/　@kintounbabycastella

虹をその手にいただく素朴な味わいのお菓子

加賀百万石の歴史を今に伝える商店も多く残る石川県。白山市の老舗和菓子舗『彩霞堂』は、名峰白山より流れる手取川の伏流水に、吟味した地場の原材料を使用したお菓子を作り続けてきた。そんな名店が手掛ける映えるお菓子が『琥珀糖』。薄く糖衣をまとった色とりどりの鮮やかな一口サイズの寒天菓子。ジャリジャリプルンとした食感と虹のようなグラデーションを描くパッケージがSNSでも話題だ。加賀百万石の伝統と風土で味つけした和菓子をぜひご賞味を。

（ライター／今井淳二）

『琥珀糖』
100g入 735円（税込）

千歳くるみ本舗 **彩霞堂**
さいかどう

076-275-0072　shop@saikadou.net
㊟ 石川県白山市石同町22-1
https://saikadou.jp/

見て楽しい食べて美味しい映えるアイスバー

鮮やかな南国フルーツの色・形そのままのアイスバーが日本上陸。『トンディーアイス』は、そのポップな見た目だけでなく味にもこだわりが。タイ王室向けに無農薬で栽培した新鮮なプレミアムフルーツをふんだんに使用したフレーバーは、「マンゴー」「ドラゴンフルーツ」「バナナ」「パイナップル」の4種類。目も舌も大満足できると早くもSNS上でも大好評。新しいアイスデザート体験はお早めに。ポップでジューシーな味わいと楽しさを早く手にとって。

（ライター／今井淳二）

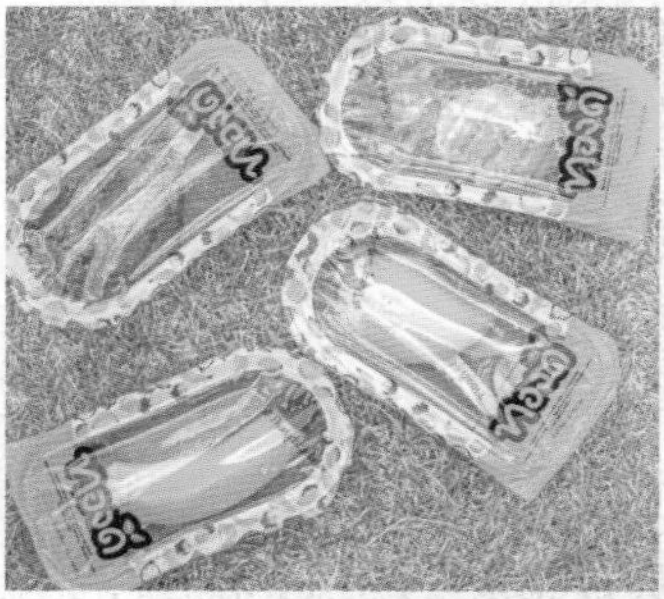

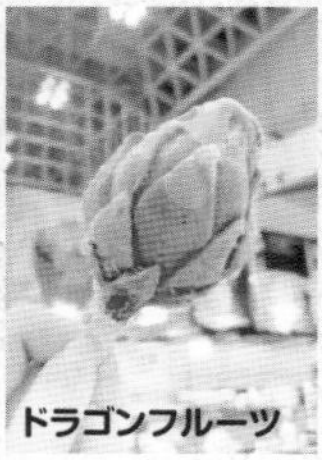

ドラゴンフルーツ

マンゴー

パイナップル

バナナ

『トンディーアイス』

THONG DEE
トンディー
株式会社トライ・インターナショナル

03-5224-8899　eigyou2-try@misoya.net
㊟ 東京都千代田区丸の内3-4-1 新国際ビル9F
https://www.thongdeejapan.com/

山間の美しき城下町
至福の味覚を

備中の小京都とも称される岡山の古都『高梁市』。県中西部に広がる吉備高原に位置し、美しい山々に囲まれた自然豊かな土地でもある同市は、大粒で種無し、糖度も高く人気のぶどう『ニューピオーネ』をはじめ、フルーツ王国岡山ならではの果物の産地でもある。他にも豊かな自然で伸び伸び育った黒毛和牛『備中牛』や岡山を代表する酒米『雄町』で作る至高の地酒など備中の小京都といわれる名産が多数。ぜひ、ふるさと納税でいただこう。

（ライター／今井淳二）

『ニューピオーネ』
寄付金額
12,000円～

『大典白菊
純米大吟醸』
720ml
寄付金額
10,000円～

『備中牛』
寄付金額 15,000円～

高梁市 秘書企画課
たかはしし

0866-21-0208 hisyo@city.takahashi.lg.jp
㊟ 岡山県高梁市松原通2043
https://www.city.takahashi.lg.jp/soshiki/2/furusatokifuannai.html

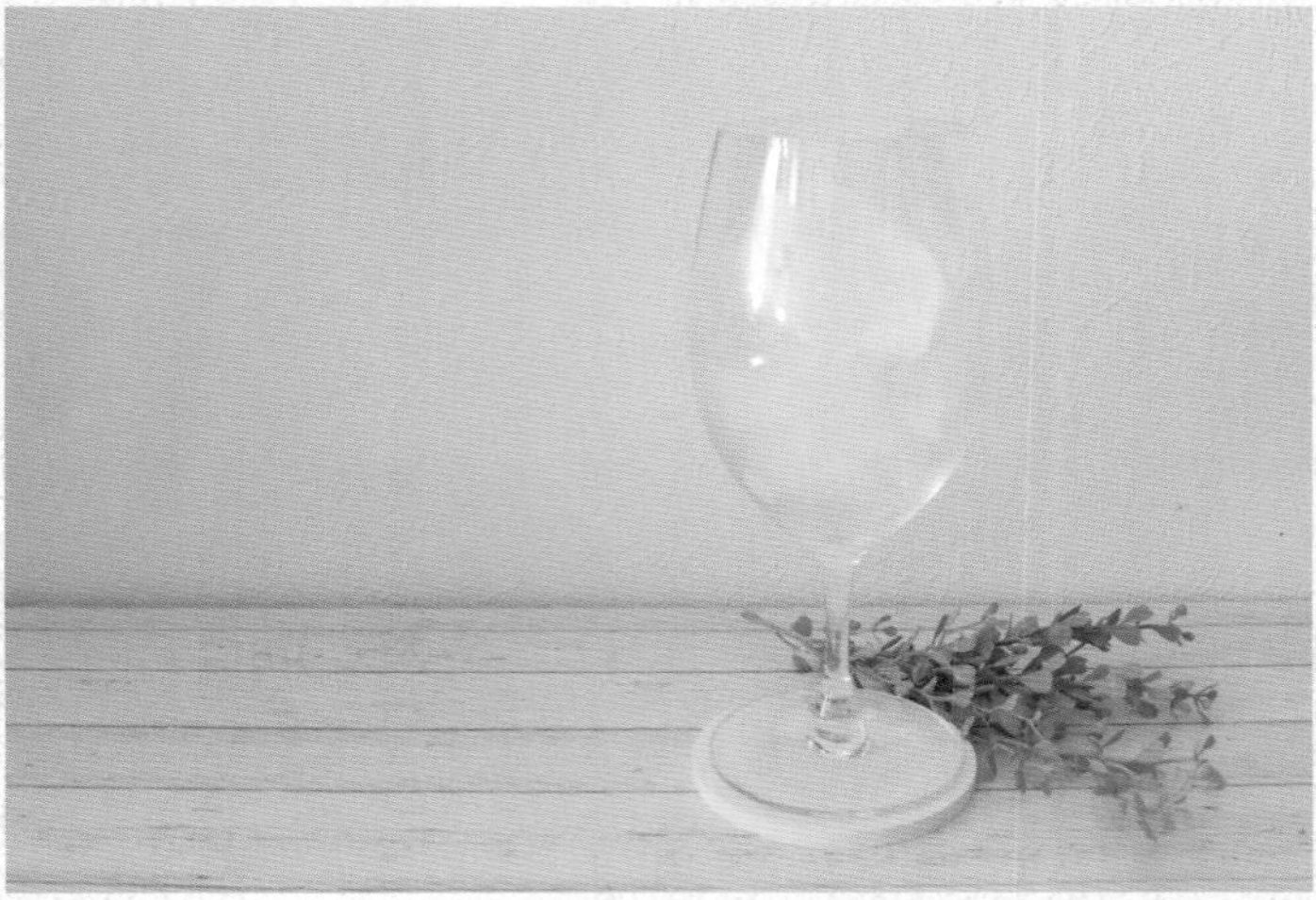

フランス料理のシェフが考案したクラフトコーラ

近年、人気が高まっているクラフトコーラ。キッチンカー販売の『オノリシャス』では、北海道産の材料にこだわった『北海道クラフトコーラ』を好評発売中。その第二弾が豊富な栄養素から〝スーパーフルーツ〟とも呼ばれる北海道士幌町産の貴重な「シーベリー（別名サジー）」を原材料全体の28％も使用した贅沢な『北海道クラフトコーラ sea berry』。シーベリーの甘み・酸味を活かす9種類のスパイスも独自配合。炭酸水で好みの濃さに割っていただこう。

（ライター／今井淳二）

『北海道クラフトコーラ シロップ』
200ml（コーラ約4杯分）
1本 1,800円
2本セット 3,400円（税込）

『北海道クラフトコーラ sea berry』

オノリシャス

☎ 080-6601-7712
住 北海道赤平市百戸町東1-51
https://onorishasu.base.shop/

ワイン用のぶどうを使用 最高級のぶどうジュース

山梨のぶどうジュース工房『株式会社フレアフードファクトリー』が製造・販売する『Pj珠（ピー・ジェー・ジュ）』は、ワイン用のぶどうを贅沢に搾り、発酵前のワインの状態を意味する「プレヴィーノ」と呼ばれるワインの原液。宝石のクオリティとクラリティを追求した100％無添加のぶどうジュース。ぶどうに含まれるポリフェノール含有量も豊富で健康効果も期待できる。また、使用するぶどうの品種も様々。それぞれの品種で違った味わいを楽しめる。

（ライター／長谷川望）

『Pj珠 ベーリーA』
360ml
1,890円（税込）
720ml
2,700円（税込）

『Pj珠 甲州』
360ml
1,890円（税込）
720ml
2,700円（税込）

『Pj珠 巨峰』
720ml
3,024円（税込）

『Pj珠 シャインマスカットキング』
720ml 10,800円（税込）

株式会社 フレアフードファクトリー

☎ 055-269-6506 ✉ frarefoodfactory@outlook.jp
住 山梨県甲府市宝1-24-16
https://frarefood.shop/

アップルヒル
観光りんご園

あおもり藍工房

『レストランあっぷるひる』
別館『玄米そば処道草庵』もあり。

青森県のおみやげなどが揃っているお土産コーナー。

『百人テーブル』

『ラベンダーの丘』

道の駅 なみおか アップルヒル

☎ 0172-62-1170　✉ applehill@applehill.co.jp
㊟ 青森県青森市浪岡大字女鹿沢野尻2-3
http://www.applehill.co.jp/

青森に来たら必ず立ち寄りたい道の駅

青森市の中心部から少し離れ、りんごとふくろうの里と呼ばれている浪岡地区は、豊かな自然と浪岡城址など歴史的雰囲気にも囲まれながらも、古くから街道や国道も交差する交通の要衝としても栄えた地域。『道の駅なみおかアップルヒル』は、『アップルヒル観光りんご園』も併設し、2022年の全国道の駅満足度ランキングでも青森県内一位、全国でも5位を誇る大規模な道の駅だ。24時間利用可能な駐車場に清潔なトイレ、道路や地域の情報案内など観光やビジネスの中継地としての役割はもちろん、青森をはじめとする各地のお土産・特産物や『アップルヒル』オリジナルスイーツの販売、津軽の味を楽しめるレストラン、浪岡地域を一望できる『百人テーブル』、藍染が体験できる『あおもり藍工房』など地元から県外の人まで幅広く楽しめる施設だ。「イベント広場」では、通年季節ごとに様々なイベントも開催。春には、冬の2ヵ月の間、雪室にて保管して甘みの増した『雪室りんご』の販売や咲き誇るラベンダー刈り体験なども。

（ライター／今井淳二）

芸能人や地元歌手の奉納演奏なども行われる。

東日本大震災に耐えた本堂。

「満開の牡丹園」

「万燈会」

「慈母観音」

「花あかり」

「プロジェクションマッピング」

水雲山 潮音寺（慈母観音）

ちょうおんじ

☎ 0299-66-0623 ✉ tyouonji@peace.ocn.ne.jp
㊟ 茨城県潮来市日の出4-7-15
http://choonji.blogspot.com/

万人のために祈り続ける 全国からの参詣者も多い名刹

茨城県潮来市にある『水雲山潮音寺』は、奈良薬師寺の東関東別院で、ご本尊の通称から「慈母観音」と呼ばれる。薬師寺の伝統を受け継ぎ特定の檀家や墓を持たず、葬儀なども行わないが、広く写経と法話でその教えを広めている。

2011年東日本大震災では、液状化により壊滅的な被害を受けたが、歴代住職の呼びかけに地元住民と全国の企業からの支援が集まり、鐘楼や道場などが復興された。現在も3月11日には、「花あかり」と題した追悼の行事が行われている。

毎年8月に行われ、全国から多数の参詣者が訪れる「万燈会（まんとうえ）」では、境内に毎日約1万燈もの献燈が並ぶ。宵闇の中に浮かび上がるライトアップされた本堂、そして境内一面に献燈が並ぶ様は幻想的ですらある。

また、特定の檀家を持たない『潮音寺』ならではの、全国ひいては全世界の平和と安寧、人々の健康への祈り・活動を発信しているYouTubeチャンネルもぜひ観てほしい。

（ライター／今井淳二）

つくばねオートキャンプ場

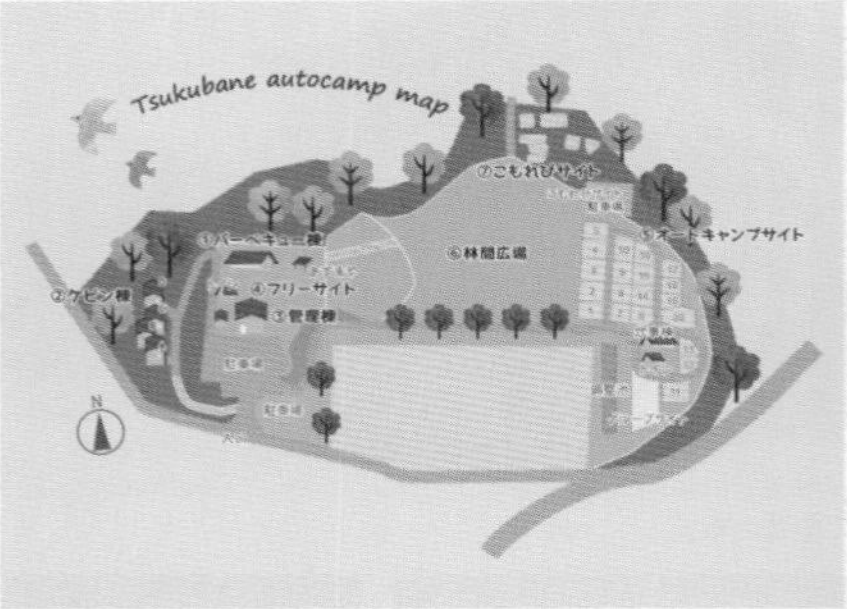

「オートキャンプサイト」
1泊
5,500円（税込）
日帰り
2,750円（税込）

「フリーサイト」
1泊 2,200円（税込）
日帰り 1,100円（税込）

「こもれびサイト」
1泊 2,200円（税込）
日帰り 1,100円（税込）

「ケビン棟」定員5名
平日 16,500円（税込）
土・日曜日・祝日の前日を含む
22,000円（税込）

「管理棟」多目的室
（10:00〜16:30）
2時間 2,200円（税込）
受付、売店、コインロッカーなどあり。

「バーベキューサイト」1炉3時間 1,100円（税込）
各施設利用時 環境整備費（2023年4月1日より必要となります）
高校生以上 200円（税込）／小中学生 100円（税込）

石岡市つくばねオートキャンプ場

いしおかしつくばねオートキャンプじょう

☎ 0299-42-2922 ✉ camp-tsukubane@bh.wakwak.com
㊟ 茨城県石岡市小幡2132-14
https://tsukubane-camp.com/

四季を通じて誰でも楽しめるオートキャンプ場

『石岡市つくばねオートキャンプ場』は、茨城県筑波山麓の大自然の中に位置するキャンプ場。四季を通じて誰でも楽しめる自然体験が魅力。オートキャンプサイトやケビン、BBQ、日帰りキャンプなど施設内容が充実しておりマイカーで手軽にキャンプができる施設として人気を博している。

テントセットやテーブルやイス、BBQコンロや鉄板などもレンタル可能なためキャンプ初心者でも安心。バーベキューメニューも予約可能でお一人様約200gのお肉がつくベーシックコースと約240gのお肉がつくまんぷくコースを提供している。面倒な食材の買出しや、野菜のカットなどもなくバーベキューを楽しめる。割り箸・取り皿は人数分サービスと嬉しい限り。

また、キーホルダーつくりや万華鏡つくり、料理教室など多種多彩な通年イベントを開催中。さらに近隣には、やさと温泉「ゆりの郷」や「いばらきフラワーパーク」、観光果樹園など観光施設も多く、家族連れでも楽しめる。

（ライター／長谷川望）

㊟ 10:00〜17:00
土・日曜日・祝日
9:30〜17:00
㊡ 火・水・木曜日

変てこ自転車の遊園地 **群馬サイクルスポーツセンター**

ぐんまサイクルスポーツセンター

☎ 0278-64-1811 ✉ info@gummacsc.com
㊟ 群馬県利根郡みなかみ町新巻3853
http://www.gummacsc.com/

<施設利用料金>
○入場料＋乗り放題
一般（小学生〜64歳）:1,000円（税込）
シニア（65歳〜）:500円（税込）
幼児（4歳〜小学生未満）:500円（税込）
○サーキットコース
レンタル:1,200円（税込）
持ち込み1,000円（税込）

大自然に囲まれた自転車のテーマパーク

大人から子どもまで、家族みんなで健康的に楽しめる自転車。しかし、車や歩行者の多い町中では、多くの危険も伴うことも。時には都会を離れ、大自然の中できれいな空気を思い切り吸い込みながら自転車を楽しみ、日頃の運動不足やストレスを解消してみてはいかがだろうか。

新潟県との県境にあたる群馬県みなかみ町、標高880メートルの大峰高原に広がる自転車のテーマパーク『群馬サイクルスポーツセンター』。親子で楽しめる変わり種自転車や展望自転車、サイクル列車などがある。自然と一体となるオフロードコースや走行会、レースイベントも行われる全長6㎞のサーキットコースでは、本格的なスポーツサイクリングも楽しめる。

自転車で汗を流したら、カレーライスなど食べられるカフェレストランで休憩したり、実際の車からプラモデルまで展示、トリックアートにも囲まれた不思議な美術館でアート体験も楽しめる。

「いい汗を流して少し疲れたら地元の温泉に入ってゆっくりしませんか」

（ライター／今井淳二）

真東を向いている朱色の第一鳥居。

社殿

ユニークなお守りがたくさん。「月日守」「御珠守」「波乗守」「子授け守」など。一宮町のキャラクターのお守りもある。

『さざれ石』

『はだしの道』

上総国一之宮 玉前神社

たまさきじんじゃ

☎ 0475-42-2711
㊟ 千葉県長生郡一宮町一宮3048
https://www.tamasaki.org/

勇壮な祭礼とご神徳で多くの参詣者を集める古社

房総半島東部、きれいな弓状の弧を描いて太平洋に望む九十九里浜。その南端に位置する千葉県一宮町は、一年を通して寒暑の差が少なく、太古の昔より人々が暮らしていた形跡も残る。

この地に平安の昔より上総国一之宮としての格式を保ち続けているのが『玉前神社』だ。黒漆塗り・権現造り、貞享4年（1687年）に造営された社殿にお祀りされているご祭神は玉依姫命（たまよりひめのみこと）という日本神話にも登場する女神。そのため縁結びや子授け、安産、子育てなど、女性に関するご神徳が注目され、古くは源頼朝の婦人、北条政子が懐妊の際、安産の祈願をしたことも広く知られている。

毎年9月に行われる同社の祭礼「上総十二社祭り」は「上総裸祭り」とも呼ばれ、千葉を代表する祭礼の一つだ。また、春分の日と秋分の日には、真東から昇ったご来光が参道から二つの鳥居を通り、日本を貫く「レイライン」の起点、パワースポットとしても注目されている。

（ライター／今井淳二）

『夏越大祓』

『厄落とし絵馬5種』

『御朱印帳』
<黒> 初穂料1,500円
（御朱印料込）
<白> 初穂料1,500円
（御朱印料込）
<紫> 初穂料1,500円
（御朱印料込）

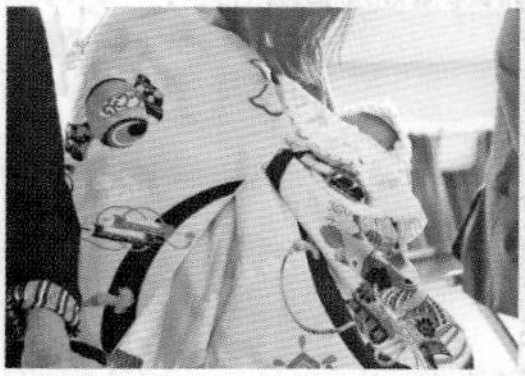

『お宮参り』

『七五三詣』

『神前結婚』

『一心泣き相撲』

『開運招福お多福参り』

大崎鎮守 居木神社

いるぎじんしゃ

03-3491-7490 morita@irugijinjya.jp
㊟ 東京都品川区大崎3-8-20
https://irugijinjya.jp/

閑静な住宅街に鎮座する都会のオアシス

『居木神社』は、東京・大崎駅から程近い閑静な住宅街に鎮座している東京都品川区にある神社。風そよぐ心地よい空間が都会の中の緑豊かな心のオアシスとして多くの方に愛されている。『居木神社』では、子授け（子宝）祈願や安産祈願、初宮詣、縁結び、七五三詣、厄祓い、八方除祈願など様々なお祈りができる。神前挙式も行っており、二人の幾久しい幸せ、御両家の繁栄を祈念する祝詞が奏上される格式高い厳粛な結婚式。神社に設置されたお多福をくぐってその年の幸せを祈念する「開運招福お多福参り」、「夏越大祓茅の輪くぐり」、「夏詣盆をどり」、赤ちゃんの成長を祝い、力強く泣くことで健やかに育つことを祈願する「一心泣き相撲大崎場所」など様々な行事を執り行っている。〝厄・八・鬼・病・災〟の文字をくり抜いて一年の平穏を祈る「厄落とし絵馬」は全国でも珍しく、この絵馬を求めて多くの参拝者が訪れる。また、御朱印帳も人気で3種類を展開。御朱印も通年御朱印に加え、月ごとの限定御朱印や特別行事の限定御朱印、飛び出す御朱印など様々な御朱印をいただける。

（ライター／長谷川望）

「螢雪寮」

「大村智記念室」

日本庭園「創新苑」

収蔵品

ラグーザ・玉《薔薇》

上村松園《桜下処女図》

韮崎大村美術館

にらさきおおむらびじゅつかん

☎ 0551-23-7775
㊟ 山梨県韮崎市神山町鍋山1830-1
http://nirasakiomura-artmuseum.com/

開館 10:00〜17:00　㊡ 水曜日（祝日の場合は翌日）・展示替え期間
㊑ 一般・大学生 500円（税込）　小中高生 200円（税込）

偉人が生まれ育った地で育む知と創造、そしてふれあい

２０１５年にノーベル生理学・医学賞を受賞し、山梨県韮崎市の名誉市民である大村智博士の生家を含め、その周辺エリアを記念公園としたのが「韮崎大村記念公園」だ。敷地内には美術館、日帰り温泉、そば処、日本庭園「創新苑」などがあり、未来ある子どもたちをはじめ、広く一般に知と和みを楽しんでもらおうという趣旨のもとに、現在も整備が進んでいる。園内の『韮崎大村美術館』は、大村智博士の「優れた美術品は個人で楽しむものでなく、人類すべての共有財産である」との思いから、長年に渡って蒐集してきたコレクションをもとに私設美術館として２００７年に開館。その後、故郷のさらなる芸術・文化振興のためにと韮崎市へと寄贈された。主なコレクションとして日本近代から現代にかけて活躍した女性作家による作品や、近代の洋画壇で活躍した鈴木信太郎の作品、日本の民藝運動を伝える陶磁器作品を軸に、約４０００点以上を収蔵し、企画展やイベントも盛んに行われている。また、館内の「大村智記念室」では、ノーベル賞関係や科学者としての実績を展示している。（ライター／今井淳二）

富士山と一面に広がる四季の花々のコントラスト

目の前に雄大な富士山を仰ぎ見る標高1000mの高原地帯に約30万㎡の広さを誇る『山中湖 花の都公園』では、一年を通してチューリップやコスモスをはじめとする季節ごとの花畑と富士山の競演が楽しめる。「清流の里」（有料）エリアでは、落差10m、幅80mにおよぶ「明神の滝」や約1000年以上前の噴火でできた「溶岩樹型」、真冬でも珍しい熱帯の植物や四季の花が咲き誇る「フローラルドームふらら」など花々の共演も楽しめるくつろぎの園。

（ライター／今井淳二）

「フローラルドームふらら」

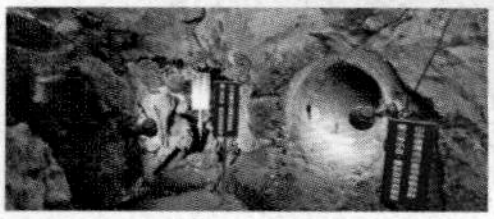

「溶岩樹型」

「明神の滝」

㊊ 4/16～10/15 8:30～17:30
10/16～4/15 9:00～16:30
㊡ 12/1～3/15の火曜日（祝日は除く）
『清流の里』（有料）
大人600円（税込）
小中学生240円（税込）
※季節により異なる。

山中湖 花の都公園

はなのみやここうえん

☎ 0555-62-5587
㊟ 山梨県南都留郡山中湖村山中1650
http://www.hananomiyakokouen.jp/

花と香りを存分に楽しみ天然温泉でゆったりと

季節の花やハーブ、そしてゆったりと温泉を楽しむことができるのが兵庫県淡路市の『パルシェ香りの館・香りの湯』。香りのテーマパークともいえる広大な敷地内には、日本から世界まで香りに関する様々な展示を行う「香りの館」や花やハーブの摘み取り体験も楽しめる「大農園」、四季折々のハーブを浮かべた露天風呂からは瀬戸内海が一望できる「香りの湯」などがあり、遊びながら一日たっぷり癒される。また、宿泊施設もあるので温泉に入ってゆっくり遊んでみては。

（ライター／今井淳二）

㊊ 10:00～17:00（各館時間が異なるのでご確認を）
㊡ HPにてご確認を。

パルシェ　香りの館・香りの湯

☎ 0799-85-1162 ✉ parchez@parchez.co.jp
㊟ 兵庫県淡路市尾崎3025-1
https://www.parchez.co.jp/

堀家住宅

日の丸御旗
現存する日の丸旗で最古のものとされる。

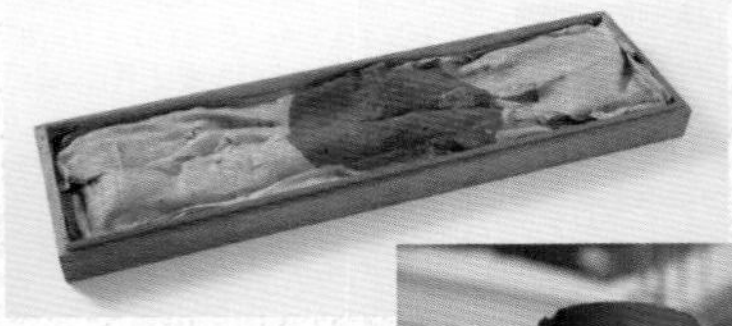

所蔵品

天目臺

ホテル利用 一棟貸し切りプラン 2名利用
お一人様 8,000円～20,000円（税込）
豪華ディナー+朝食付
2名利用 お一人様 26,000円～40,000円（税込）

バーベキュー
お一人様 3,980円（税込）

賀名生旧皇居 KANAU
カナウ

☎ 0747-32-0080 ✉ info@kanau1318.jp
㊟ 奈良県五條市西吉野町賀名生1
https://www.kanau1318.jp/

いにしえの皇居であった重要文化財ホテル

太平記の頃、1336年に足利尊氏により京の都を追われた後醍醐天皇は、奈良県五條市の奥にある賀名生の「堀家住宅」にて堀孫太郎信増の厚いもてなしを受け、その後吉野山に向かいそこで南朝を開かれた。その後、吉野山が高師直による焼き討ちを受けたこともあり、堀家住宅（賀名生旧皇居）は後村上、長慶、後亀山天皇の皇居として使われたという歴史を持つ。そんな由緒ある建物をリノベーションして宿泊施設とカフェにしたのが『賀名生旧皇居KANAU』。賀名生はその昔、後村上天皇が足利尊氏の南朝恭順により京に戻れたことがあり、これを「願いが叶ってめでたい」ので当地を「賀名生（かなう）」と命名された。『KANAU』は、この故事に倣い名付けられている。ホテルは一棟貸切での宿泊。周りに気兼ねせずゆったり過ごせる。アップライトピアノで仲間と気ままに朝までワイワイ過ごすこともでき、ペットの同伴も可能。夕食は、隣接するカフェレストランでいただくイタリアンやバーベキューもお楽しみいただける。レストランでは、地元の野山で育った鹿や猪を使ったジビエ料理も堪能できる。

（ライター／今井淳二）

SINCE 1993
HIMEJI CASTLE
30th
ANNIVERSARY

姫路城
世界遺産登録
30周年記念

姫路市役所 観光スポーツ局観光文化部観光課
ひめじしやくしょ

079-221-2121 kanko@city.himeji.lg.jp
住 兵庫県姫路市安田4-1
https://www.city.himeji.lg.jp/worldheritage30th/

姫路城の世界遺産登録30周年記念事業を展開

兵庫県『姫路市』では、姫路城の世界遺産登録30周年を記念して、姫路城世界遺産登録30周年記念事業を展開。世界に誇る姫路城の保全管理・活用をより一層進めていくことを国内外にアピールするための事業・イベントが実施されている。中でも注目は、『オールひめじ・アーツ&ライフ・プロジェクト』『平成中村座姫路城公演』『英国ロイヤル・バレエ団2023年日本公演姫路公演〈ロイヤル・バレエ・ガラ〉』『特別版お城 EXPO in 姫路』の四つ。『オールひめじ・アーツ&ライフ・プロジェクト』は、チームラボが書寫山圓教寺や姫路市立美術館で特別展を実施する。『平成中村座姫路城公演』は、姫路城三の丸広場に特設劇場を設け、姫路城を借景に歌舞伎公演を開催。『英国ロイヤル・バレエ団2023年日本公演姫路公演〈ロイヤル・バレエ・ガラ〉』は、英国最大の規模と世界的名声を誇る英国ロイヤル・バレエ団が、東京、大阪に続き姫路公演を開催。『特別版お城 EXPO in 姫路』は、お城をテーマとした展示会で、城郭保有自治体などによる城・観光PR、城に関する各種講演会、物販などを実施予定。

（ライター／長谷川望）

奥出雲 秘湯の宿 海潮荘

うしおそう

0854-43-5000　d-usioso@hotaru.yoitoko.jp
㊟ 島根県雲南市大東町中湯石451
http://ushiosou.com/

お一人様
1泊2食付
16,000円（税別）～
チェックイン15:00
チェックアウト10:00

松江・宍道湖観光の折には 足を伸ばしたい山陰の古湯

島根県雲南市。平成の大合併で生まれた新しい市にあるのが、出雲地方の故事・神話の数々を記した「出雲風土記」にも記載があり、松江の奥座敷と呼ばれ秘湯の趣が色濃く残る古湯・海潮温泉だ。

この地の日本秘湯を守る会の宿『海潮荘』は、客室全16室の山間の小さなお宿。宿自慢の源泉かけ流しの露天風呂には、野趣あふれる天然岩を配し、さながら奥出雲の奇勝「鬼の舌震」を思わせると宿泊客にも好評。お食事処で囲炉裏を囲みながらいただける心づくしのお料理には、日本海や宍道湖で揚がった新鮮な海の幸に、地元で育った香り高い「奥出雲和牛」を。日本の棚田百選にも選ばれる「山王寺の棚田米」での朝ごはんもいただける。

周辺には、四季折々の自然を楽しめるスポットも点在し、春は斐伊川沿いを彩る桜、秋は山一面の紅葉に冬は雪景色。そして初夏6月には夜、清流赤川いっぱいに広がるホタルの群れは幻想的の一言。宿からホタル鑑賞バスも出ており、毎年リピーターも多い。

（ライター／今井淳二）

海上コテージ

「海上コテージ」 お一人様一泊 8,000円(税込)〜
チェックイン16:00　チェックアウト9:00

スタンダード和洋室

バンガロー

ロッジ

お一人様一泊2食付
(鯛の活き造り)
9,980円(税込)〜
チェックイン 15:00〜
チェックアウト10:00

天然温泉 愛夢里

あむり

0969-76-1526　amuri@aria.ocn.ne.jp
㊟ 熊本県天草市河浦町河浦4747-1
https://amuri-onsen.jp/

静かな海沿いの世界文化遺産リゾート気分を味わう

熊本県の南西部、天草・崎津は「長崎と天草地方の潜伏キリシタン関連遺産 天草の崎津集落」として世界文化遺産にも登録されており、崎津天主堂をはじめとするその歴史の名残と豊かな自然を求めて国内外より多くの観光客を集めている。

そんな天草・崎津集落に最も近く、公共の宿として人気なのが天草市総合交流施設『天然温泉 愛夢郷』だ。スペインやポルトガルのリゾートを彷彿させる白亜の外観。一般客室の他にグループで利用できるロッジ・バンガローも隣接。レストランでは、鯛や海老、ヒオウギ貝など新鮮な天草ならではの魚介や名物『愛夢郷ちゃんぽん』が堪能できる。そしてお楽しみは、コンセプトの違う二つの天然温泉大浴場。サウナやマッサージバスも備え、日帰り入浴で利用する人も多い。

また、羊角湾上に浮かぶ神島には、船で移動する日本初の海上コテージも併設。まるで海の上にいるような宿泊体験や日帰りバーベキューも堪能できる。

(ライター／今井淳二)

※写真はイメージです

家族で楽しめるレンタルサイクルを開始しました！

『レンタルサイクル』で富士川町を家族・友だちと一緒にいかが。
3時間 500円（タンデム自転車 3時間 1,000円）

レンタルサイクル

もう一つ、好評なのが『レンタルサイクル』だ。子ども用電動クロスバイクから本格的なロードバイクまでそろい、ダイヤモンド富士が見られるスポットや日本さくら名所100選に選ばれた大法師公園、5つの滝と大小10本の吊り橋がある緑豊かな大柳川渓谷、棚田が楽しめる30分から1時間ほどで一周できるサイクリングコースも用意されている。暖かくなるこれからの季節、春風を浴びながらバイクで走る観光客が増えていく。

道の駅 富士川

㊒ 9:00〜18:00　㊡ 無休　5月中旬から12月下旬、毎週日曜日開催『日曜朝市』。
山梨県南巨摩郡富士川町青柳町1655-3
TEL.0556-48-8700　http://www.michinoeki-fujikawa.jp/

※写真はイメージです

地元産の食材を使った

米粉
バウムクーヘン

BAUM ARURA

独特の食感

ダイヤモンド富士で知られる山梨県富士川町の清流富士川に隣接し、多くの観光客やライダーで賑わう『道の駅富士川』の新たなグルメスポットとして誕生したバウムクーヘン専門店『BAUM ARURA（バウムアルラ）』が人気だ。地元産の素材を使った米粉バウムクーヘンは、口に含めば思わず笑顔になる美味しさ。可愛らしいパッケージデザインも好評。バウムクーヘンの年輪を思わせるようなオブジェライトと木目を基調とした温かみの溢れる店内でイートインを楽しむことも、テイクアウトもできる。

Hide Pyon Co.,LTD.
ザラザラ素材の厚手生地でキズに強く汚れがつきにくい！
トラックシート
7色ガード color guard
14色から選べておしゃれにコーデ！
#14 いえーろ
生地は国産エステル帆布の厚手！
ハトメはでっかい真鍮で強度バツグン！
縫製糸はシートカラーと同色！
周囲ロープはとっても太く頑丈！
#01 ちょいぐりん
#02 ODぐりん
#03 ぶらっくろ ハトメも黒です
#04 おーれんじ
#05 ねずぐれー
#06 こいぐりん
#07 こいぶるん
#08 ちょいぶるん
#09 れっどあーか
#10 まっしろん
#11 ばーぶるん
#12 なちゅらるん(半透明) 中がうっすら透けます
#13 ちょこちゃ
※素材写真のカラーや素材感は実物と若干異なる場合がございます。予めご了承下さい。
公式SNSやっているぴょん
facebook
Instagram
twitter
YouTube
ひでTUBE
TikTok
ひでTOK
つながる人ほど、
得をする、ひでぴょんの
SNSをよろしく！！
株式会社 ひでぴょん
本　社（製造・販売）
TEL 0585-36-1344 FAX 0585-36-1355
住 岐阜県揖斐郡大野町瀬古373-5
postmaster@hidepyon.co.jp
滋賀支店（印刷工場）
TEL 077-572-6544 FAX 077-572-6534
住 滋賀県大津市大萱7-22-1
広島営業所（西日本統括拠点）
TEL 084-939-5443 FAX 084-939-5444
住 広島県福山市高西町4-1-12-2
http://www.hidepyon.co.jp/ https://www.rakuten.co.jp/hidepyon/（楽天）

美しく
健康になるため

老若男女、変わらず美しく、そして健康でありたいと願うもの。
そんな願いを叶えてくれそうなとってきの情報をここに。

プロテイン市場参画にオススメのOEM製造会社

『リバティライフ株式会社』は、「新しい価値、より良い生活の創造」を理念に掲げ、品質、価格、安心安全にこだわった商品を製造・販売。バスソルトシリーズ『バスパ』などのリラクゼーションアイテムをはじめ、次亜塩素酸水やダニ取りシートなどのお掃除グッズ、ヒマラヤ岩塩やおからパウダーなど簡単で美味しい調理ができる厳選食品、ペット用除菌・消臭スプレーや肉球クリームなどのペット用品まで、幅広い商品を手がけている。

中でも評判なのが、プロテイン市場を牽引するプロテインOEMの製造。プロテイン市場を牽引するブランド『MADPROTEIN』で培ったノウハウを活かし、様々なタイプのプロテインを製造している。定番は、水や牛乳に溶かして摂取するパウダータイプ。手作りケーキやデザートの中に入れ込んで使用することもできる。自分で溶かす手間を省きたい方のためには、すでに水や牛乳で溶かした状態になっているドリンクタイプを。そのまま飲むことができるので、とても便利だ。サプリメン

リバティライフ 株式会社
058-338-3390
㊟ 岐阜県岐阜市六条江東3-2-19
https://libertylife.jp/

Libertylife

糖尿病クリニック共同開発
完全栄養食 低糖質カレー

産婦人科医 監修
妊活 プロテイン

トを摂取している方から支持されるのは、珍しいタブレットタイプ。プロテインの味が苦手な方でも飲みやすく、持ち運びできて簡単に摂取できるメリットがある。バータイプも同じく、持ち運びに便利だ。ゼリータイプは、少量で必要な摂取量が得られるのが魅力的。高齢の方でも安全に摂ることができる。

「プロテインを日本語に訳すとタンパク質という意味になります。タンパク質は脂質、炭水化物とともに三大栄養素のなかの一つで、骨や筋肉、皮膚、内臓などを作る重要な栄養素です。さらにホルモンや酵素、遺伝子情報であるDNA（デオキシリボ核酸）、免疫細胞などもタンパク質から作られます。タンパク質は私たちが健康に暮らすために欠かせない存在なのです」

健康寿命が重視される今、プロテインパウダーなどを含むタンパク補給食品の国内市場は活性化。10年前と比べて市場売り上げは約4倍になり、今後も右肩上がりが予測されている。

（ライター／山根由佳）

世界初「オステオカルシン」配合サプリ
健康・美容を強力サポート

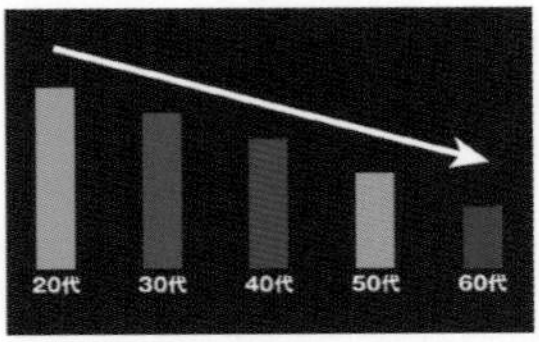

不足してしまう最大のの原因は「加齢」。体内の「オステオカルシン」は年齢と共に減少。

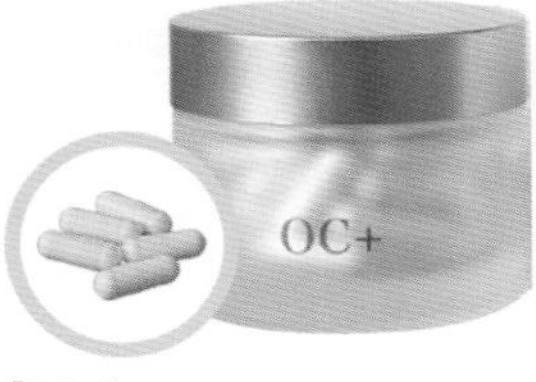

『OC+』
通常価格 8,640円（税込）

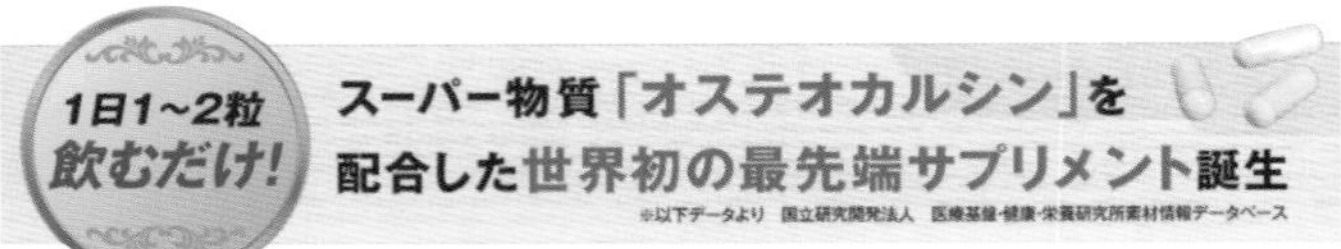

健康寿命が謳われる昨今、サプリを摂取するのは当たり前だが、種類が多く悩む方もいるのでは。そこでオススメしたいのが、『株式会社オステオカルシン研究所』の『ＯＣ＋（オーシープラス）』だ。配合しているのは、骨の中に約０・４％含まれる高い実感力を有するタンパク質で、身体に様々な良い効果をもたらすマルチ素材の「オステオカルシン」。元来、「オステオカルシン」は大学などの研究用として製造されており、一般の方が容易に手に入れることができるものではなかった。しかし、同社では実用化に向け、「オステオカルシン」研究の日本の第一人者である九州大学名誉教授の平田雅人教授と共に研究を重ね、「オステオカルシン」を豚の骨から効率的に抽出することに成功。抽出法は、「特殊前処理抽出法」（特許出願中）と呼ばれており、新規開発したオリジナル抽出処理システムによって自社工場で行っている。

株式会社 オステオカルシン研究所
オステオカルシンけんきゅうしょ
092-692-2808　info@osteocalcin-labo.com
㊟ 福岡県糟屋郡志免町志免4-6-10
https://www.osteocalcin-labo.co.jp/

オステオカルシン研究所
osteocalcin laboratory Inc.

スーパー物質「オステオカルシン」が あなたの美と健康を強力にサポート！

美容効果

積極性の向上

丈夫な体作りをサポート

ボディメイク効果

寝起きから快適に

体が軽快でエネルギッシュに

中高年女性をサポート

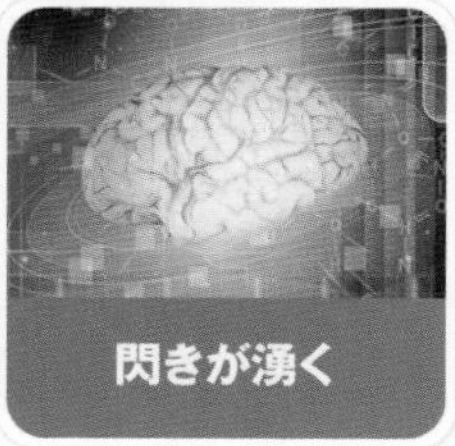
閃きが湧く

現在、安価かつ含有量の高い「オステオカルシン」の抽出に成功しているのは『オステオカルシン研究所』だけ。『OC＋』は世界で唯一の「オステオカルシン」配合サプリメントだ。

『OC＋』は、加齢による「オステオカルシン」の減少を補ってくれる。身体のコンディションに土台からアプローチするので、丈夫な身体作りのサポート、ボディメイク効果、リフレッシュ作用、運動積極性の向上など、加齢による美容・健康の悩みを強力にサポート。

個人差はあるが、早期に体調改善の実感を伴うことができる特長も持っている。中高年女性から支持を集めており、「最近美容のコンディションを気にしなくなったことに気づきました。身体環境が改善され毎日スッキリ実感できるようにもなりました」「まだ飲み始めて一ヵ月くらいなのですが、とても若々しくなりました」など、口コミでも好評だ。

（ライター／山根由佳）

こだわりスキンケア法を伝授
肌改善で気持ちが楽になる感動体験を

オーナー 山中香葉美さん

『プレミアムシミケアトリートメント』
90分 初回 6,600円（税込）

「エンビロン」メイン機器により、ベビースキンへ導く。

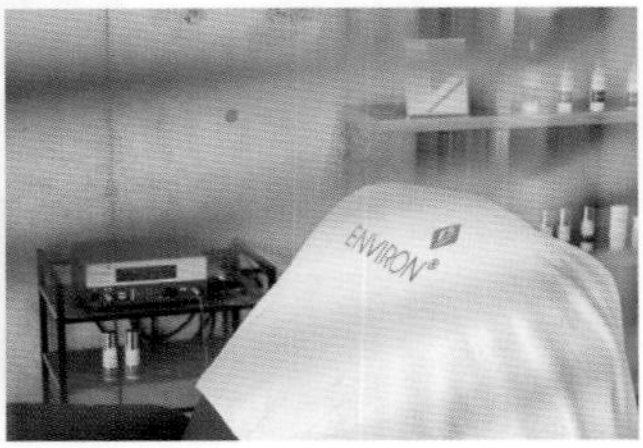

全体を包み込むリクライニングチェアで。

『シミケシサロンshin』では、目先だけの肌改善ではなく、5年後・10年後の肌を見据えたメニューを提供している。オーナーが美容看護師として培った経験をもとに、「日々のスキンケア」「肌への触り方」「自身にあったスキンケア」を伝授。また、ビタミンAを主体とした「エンビロン」など根拠に基づいた厳選したスキンケア製品を使用している。

オススメは、ハリツヤが欲しい、くすみが気になる、シワ・たるみが気になる、シミ排出を進めたい、毛穴・ニキビを綺麗にしたい、といった悩みに合わせたオーダーメニュー『スペシャルトリートメント×美容鍼』。ワンランク上の肌を目指す方はぜひお試しを。スキンケアのみの相談も人気。

「肌質本来の魅力を生かしながら、その先の可能性を広げていけたら…そのような思いで、トリートメントやスキンケア製品のご提案いたします」

（ライター／山根由佳）

シミケシサロン **shin**
シン
080-4276-0071　shin.06.06@icloud.com
住 鹿児島県姶良市加治木町本町119 季一遊502
@shimicare_shin　@212ccdyw

ミネラル水素水使用のお顔そりで透明感あふれるオーラ肌へ

化粧ノリ、メイクもち、抜群と評判。

『シンデレラコース（ドレスから露出する部位、腕の肘上）』120分 25,000円（税込）
『PWA公認ウォーキング講師「今村式」コンテスト対策一般レッスン』
60分 パーソナル 12,000円（税込） グループ（2名～）各6,000円（税込）

『美sori♡サロン』では、オーラ肌をつくる顔そりやオーラで語るウォーキングレッスンなどキレイになりたい女性を多角的なアプローチでサポートしている。透明感・艶感がアップし、肌がキレイになるといわれている顔そりの美容法。肌に溜まっている角質や汚れも取り除けるので毛穴のつまりやニキビの解消にもつながる。顔そりでは、ミネラル水素水を使用した施術で笑顔になれるオーラ肌を作ってくれる。さらに直接触れて受け取ったお肌と心の声を聞きながら施術してくれる。月一のお手入れやお呼ばれ、ドレスを着る機会にオススメ。全国出張も受付中だ。ウォーキングレッスンでは、自分の日頃の体の癖や歪みを知り、正しい姿勢で生活することを意識づけ、身体の不調を改善し、理想のボディへ導いてくれる。また、個性診断やカウンセリングから導いたオーラで語るウォーキング方法も指導してくれる。

（ライター／長谷川望）

美sori♡サロン

びソリサロン

080-4287-4479　masanna.369@gmail.com
㊟ 佐賀県佐賀市大和町尼寺2690-1
@ma3anna　@5271dkta

Instagram

洗顔では落ちにくい古い老化角質を、うぶ毛と一緒に無理なく除去。お肌を健康なターンオーバーへと促す。皮膚科もオススメする、安心安全なとても気持ちの良い施術で、お客様からはお化粧ノリも良いとご高評頂いている。

肌に優しく効果も感じられる植物の感覚を取り入れた新しい化粧品

『NINE SENSE オールインワンジェル』50g 5,610円（税込）

『NINE SENSE ジェントルスキンクリアローション』120ml 4,180円（税込）

3大植物成分を配合。

『スタージュ株式会社』では、高機能植物化粧品『PHYTOLIFT』発売10年目を祝し、リニューアルライン『NINE SENSE PHYTOLIFT』を発売開始した。

着目したのは、植物が環境に最適化するために研ぎ澄ましてきた感覚。その感覚を活用し、過酷な環境に負けないよう肌を整え、真の美しさへと導けるよう進化を遂げた。超高分子で水分を立体的に抱え込んで逃がさぬ3Dコラーゲン、高密度な網目構造で肌を包みこみ水を与え続ける3Dヒアルロン酸、肌を引き締め支えるセラミドハリネット&ボタニカルハリネットW配合の3Dハリネット成分と三つの3D美容成分を配合。注目の植物幹細胞エキス3種もバランスよく配合し、大人の肌へ効果的にアプローチ。

カプセル化した高機能美容成分パントエア菌LPSは、肌へスムーズに浸透していく。肌トラブルをケアしつつ、ハリ・弾力を与えるボタニカル・スキンケア成分も多数配合。（ライター／山根由佳）

スタージュ 株式会社

0120-2880-76　p-info@starge.jp

㊟ 東京都中央区日本橋本町1-8-16 アポロタワー日本橋7F

https://www.phytolift.jp/

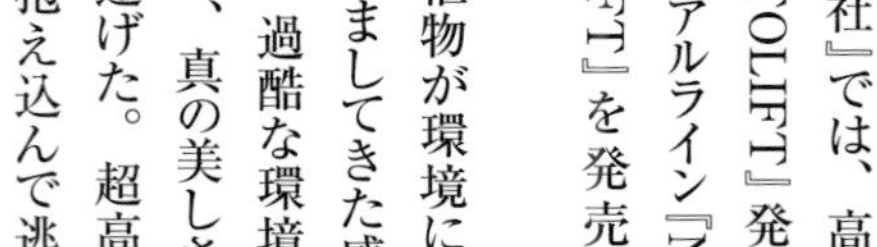

三つの3D美容成分を配合。

ごま油の老舗がハリ・シワ※に悩む女性のために手がける
ごまの特長を最大限活かした基礎化粧品

『美容液クレンジング』
約2ヵ月分 180ml 5,940円（税込）

『ピュアセサミオイル』約1ヵ月分 30ml 3,080円（税込）
※ 乾燥小じわを目立たなくする（効能評価試験済）

『竹本油脂株式会社』が開発・販売している『ピュアセサミオイル』は、高品質のごま100%原液を、大正時代から続くこだわりの手法で搾油し、水や他の成分を一切加えずそのまま瓶に詰め込んだ究極の美容オイル。ごまには、セラミドの構成成分で肌水分のキープに役立つ「リノール酸」や、皮脂膜の構成成分でバリア機能を高める「オレイン酸」、ごま特有の天然抗酸化成分「ゴマリグナン」などの美容成分がたっぷり詰まっている。そんなごまの有用成分が角層の隅々まで浸透し、使い続けるほど肌が柔らかに。テクスチャは、着け心地軽やかで伸びが良く、手に取ると驚くほどサラッとしている。ごまの匂いはしないので、ごまの香りが苦手な方でも安心して使用できる。

高級美容オイル贅沢配合の『美容液クレンジング』もオススメ。メイク落ちと肌への優しさが両立しており優秀だ。美容液成分99・7%でエイジングケアもできる。

（ライター／山根由佳）

竹本油脂 株式会社
たけもとゆし
0120-144-010　tc-customer@takcosmeshop.jp
㊟ 愛知県蒲郡市港町2-5
https://www.takemoto-cosmetics.co.jp/

PURE SESAME®

こちらからも
検索できます。

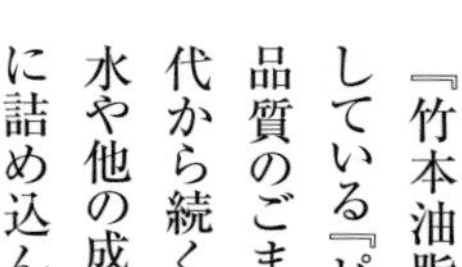

週末は仕事を休むのと同じように肌にも週休をスッピンが喜ぶ栄養成分をフェイスマスクで

お肌に優しい無添加設計
５つのフリー項目

エタノールフリー　パラベンフリー
石油系界面活性剤フリー
合成香料フリー　合成着色料フリー

KIRIBASS

話題沸騰中！青汁フェイスマスク

肌の健康を考えたファスティング青汁マスク

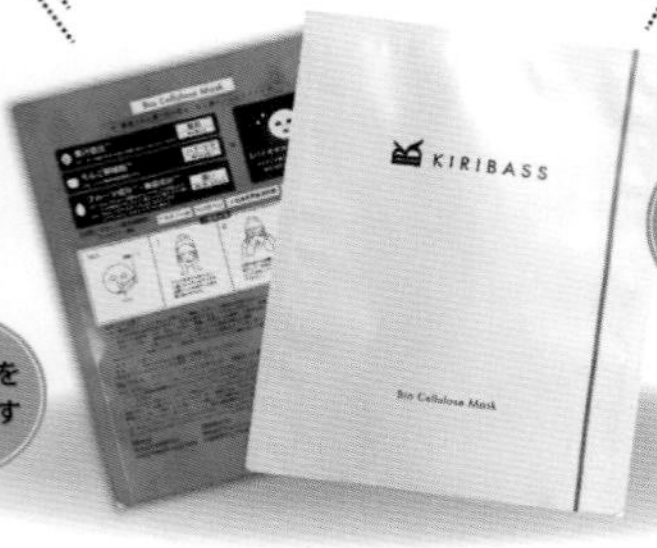

肌の力を引き出す

男性にもオススメ

青汁パワーが毛穴に効果絶大

青汁× 美容成分

青汁成分で肌を整え、
果実成分で潤いを与え、
幹細胞で
ハリ・ツヤのある
健康な肌へ

『青汁フェイスマスク』
3枚入
2,970円（税込）
5枚入
4,950円（税込）

疲れが溜まったら病気などにならないよう適度に休息をとるが、それは肌にもいえる。過剰なメイクやスキンケアはもちろんのこと、日常の紫外線やホコリなどで蓄積されていく肌ダメージ。肌が本来持っている修復機能、自然治癒力を越えてしまうと肌荒れやニキビ、吹き出ものといった肌トラブルとして症状として現れてくるのだ。

そこで今、注目されているのが「肌ファスティング」。週に1～2回程、スキンケア商品をなるべく、あるいはまったく使わない事で肌を正常な状態に戻すこと。スキンケアやメイクによって失われた肌本来の力を取り戻すのだ。

『青汁フェイスマスク』は、100％植物性由来のバイオセルロースに、青汁をはじめとする無添加の美容成分をたっぷり染み込ませたスペシャルフェイスマスク。青汁成分で肌を整え、幹細胞でハリ・ツヤのある健やかな肌、そして果実成分で潤いを。肌の細かな凹凸に密着し、美容成分を届けてくれる。

（ライター／今井淳二）

株式会社 KIRIBASS
キリバス
050-5236-5448　support@kiribass.co.jp
㊟ 愛知県名古屋市熱田区野立町3-17-1F
https://kiribass.co.jp/shop/

KIRIBASS

チタン製の錆びにくくて軽い持ち運び便利な美顔ローラー

『チタンケアローラー』
6,500円（税込）～
首、顔、指など、悩みに合わせて3種のヘッド付き。

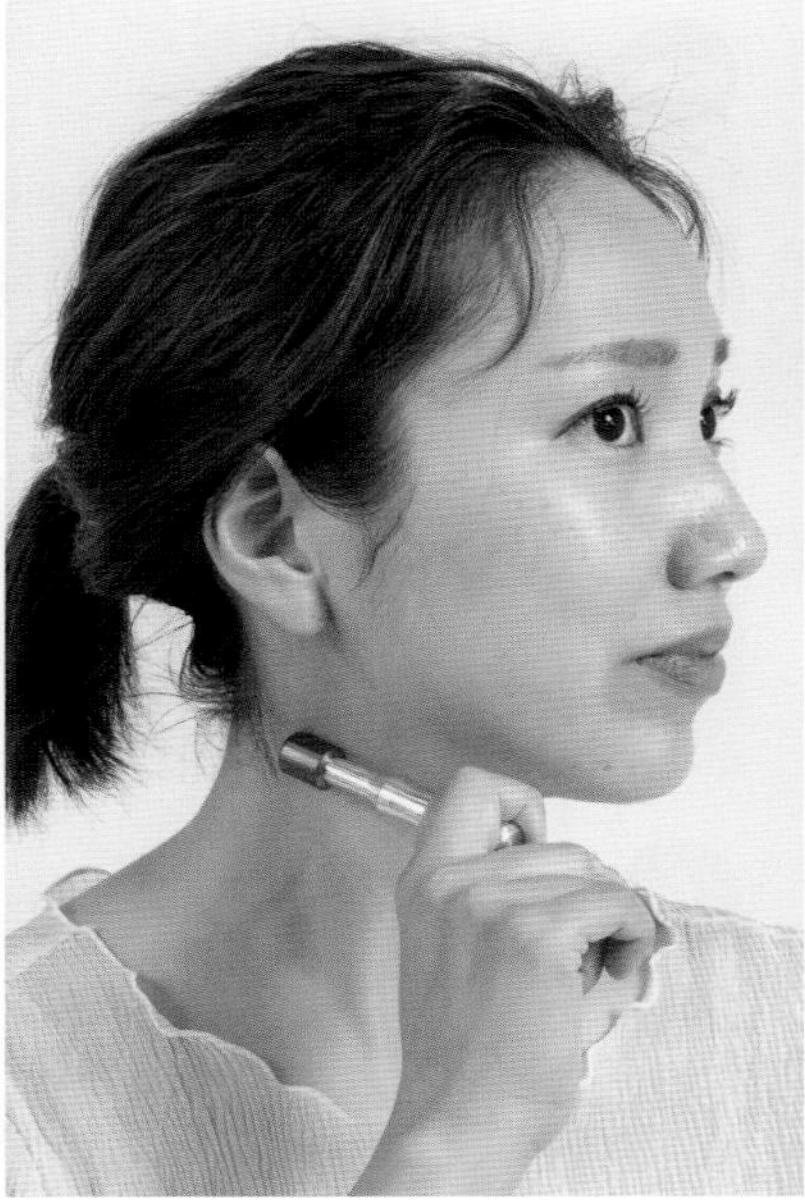

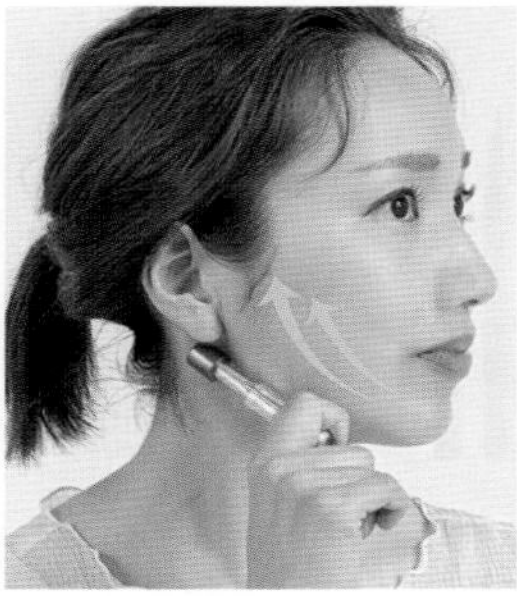

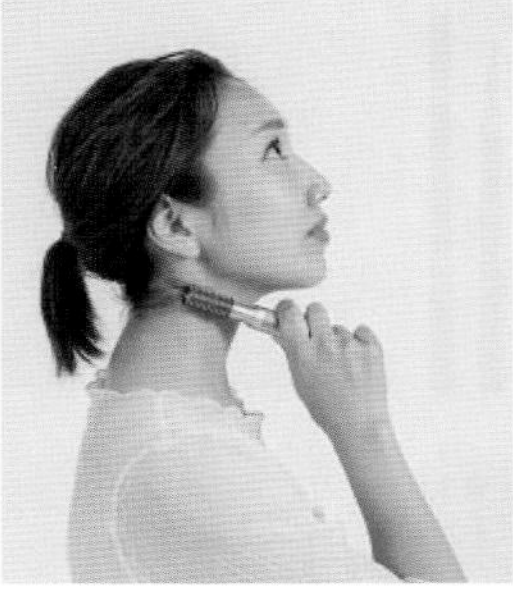

ローレット工具専門会社『ワラシナプロトテック株式会社』の『チタンケアローラー』は、精密部品製造の職人が一つひとつ丁寧に作り上げた美顔ローラー。ローラーをコロコロするだけでいつでもどこでも長時間のPC作業やスマホ操作で疲れた首筋やお顔をケアできる。原料には医療現場でも利用されるアメリカ産のアレルギーの出にくいASTM規格チタンを使用。汗や水などに触れても錆びず軽いのが特長で、自宅の洗剤でお手入れ可能なのも嬉しい。

ローラーのヘッド部分は、首筋ケアに最適な「ケアミニ」、お顔のケアに最適な「顔用ミニ」、そして指のケアに最適な「指リハミニ」の3タイプから選択可能。気になる部位に合わせてヘッドを選んで適切なケアを施せる。直径14㎜×全長82㎜とコンパクトで重さは25gと持ち運びにも便利。体のコリやむくみが気になる方にオススメ。

（ライター／長谷川望）

ワラシナプロトテック 株式会社

054-638-1361　warakka8@wj9.so-net.ne.jp
㊟ 静岡県藤枝市堀之内1-7-2
https://w-prototec.com/

素顔に自信
「メイクを落としても眉あります」

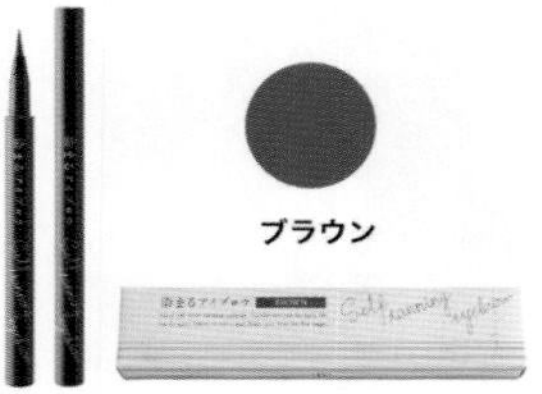

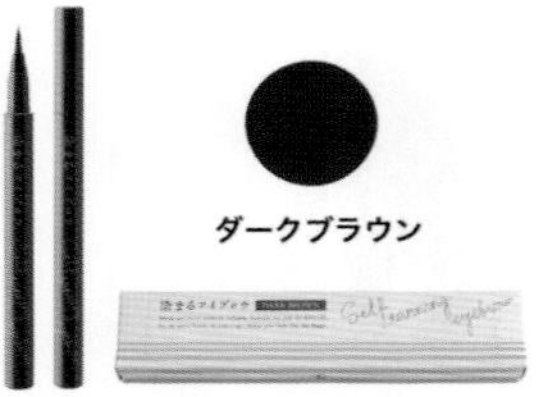

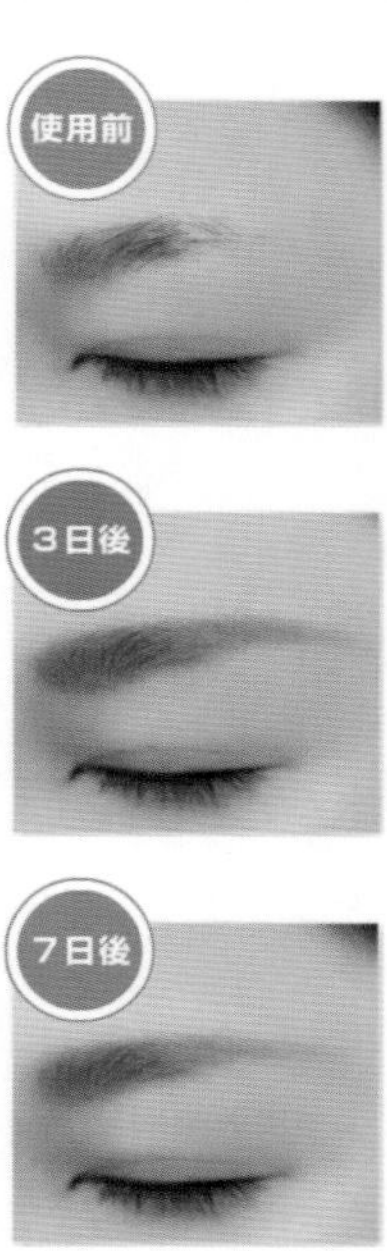

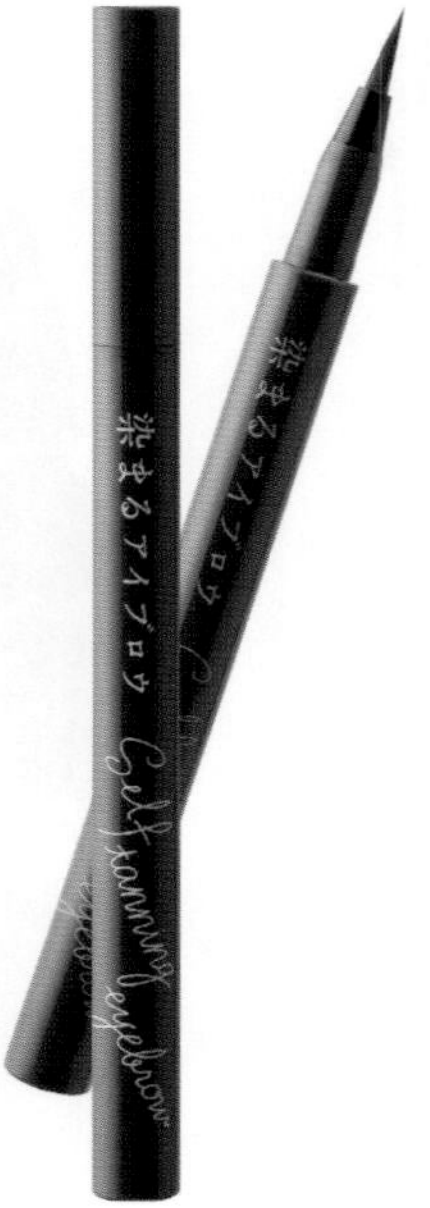

『染まるアイブロウ』<眉墨>
（ブラウン／ダークブラウン）
各2,420円（税込）

「汗や皮脂で眉が知らない間に消えてしまう」といった眉毛の悩みを解消してくれるのが、『セブンツーセブン化粧品』の『染まるアイブロウ〈眉墨〉』だ。メイク時に通常のアイブロウを使うように描くだけで、セルフタンニング成分が角質層に染着。一回描けば、3〜7日間、メイクを落としても眉ラインをキープできる。筆ペンタイプなので細かい部分も描きやすく、誰でも簡単に眉ティントにトライできる。肌のターンオーバーによって自然に剥がれ落ち、徐々に薄くなっていくので、染着を保ちたい場合は、定期的に描くことをオススメしたい。

また、WIDELASH®、キャピキシル®、美眉成分（ピロリジニルジアミノピリミジンオキシド）、二種の幹細胞エキス（ブドウ果実細胞エキス、リンゴ果実培養細胞エキス）といった、話題の美容保湿成分が配合されており、眉毛ケアとしても優秀だ。（ライター／山根由佳）

株式会社 セブンツーセブン
セブンツーセブン
0120-170-727 ✉ info727@727.co.jp
㊟ 大阪府大阪市中央区瓦町3-4-9
https://www.7beauty-solution.jp/

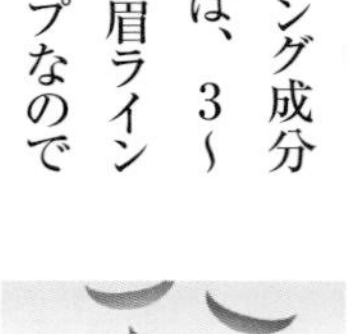

染着した部分はターンオーバーにより自然に剥がれ落ち、徐々に薄くなっていく。

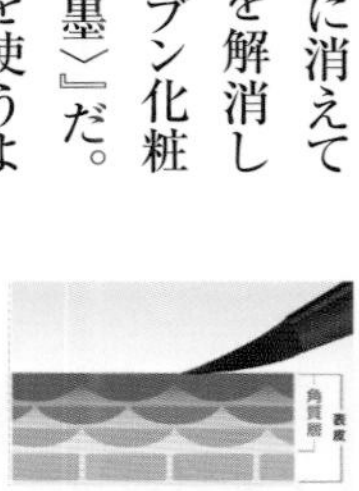

角質層のタンパク質とティント成分ジヒドロキシアセトンが結合して褐色に発色。

化粧水・乳液いらずのシンプルスキンケア 天然成分の石鹸・オイル

真空加圧製法で作った海塩石鹸。

ベースオイルに加え、エッセンシャルオイルと油溶性ビタミンC誘導体を配合。

『ブルーオーガニック』 5mL 4,500円(税込) 10mL 8,800円(税込)
『プレミアムソープ』 20g 1,100円(税込) 80g 3,520円(税込)

『ジェノ&フェノサイエンス株式会社』の『ディアローザ』が考えるシンプルスキンケアは、石鹸とオイルの二つのアイテムで洗顔し保湿するだけ。肌本来が持つ再生力を大切に、化学合成成分ゼロを目指し、厳選天然成分を用いたスキンケアを提案している。ミネラル豊富な海塩を30%も配合した無添加手作り海塩石鹸『プレミアムソープ』は、高抗酸化力を持つアスタキサンチン、バラ花パウダーと精油の香りを贅沢配合。洗顔で潤いを引き出し、しっとり感をキープさせる。天然成分99・5%の美容オイル『ブルーオーガニック』は、エイジングケアにオススメのエッセンシャルオイルとしてバラエキスやラベンダー油、ティーツリー葉油を贅沢に配合、ベースオイルには、皮脂バランスを整え保湿作用のあるホホバ油、植物スクワランにビタミンC、Eを配合し、肌の生理的な機能や皮膚再生の機能をサポート。オイルなのにサラッとして肌馴染みが良く、乾燥を防ぎ、皮膚の柔軟性を保つ働きがある。

(ライター／山根由佳)

ジェノ&フェノサイエンス 株式会社

050-5539-2397
㊟ 東京都港区北青山2-7-13 プラセオ青山ビル3F
https://www.diarosa.net/

Dia Rosa

お肌にとって
余計なものをなくし
必要なものだけを
貴方の肌に届ける
それが
ディアローザです

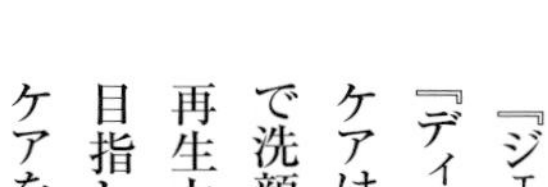
こんなお悩みありませんか？
マスク肌荒れ
・にきび・吹き出物
・しみ・そばかす（日焼け）
・肌あれ・カサつき
・しみ・そばかす
・日焼け
・しわ
・くま
・たるみ

人も地球も気持ちよくおもてなし
植物由来天然酵素のノンケミカル入浴剤

合成界面活性剤や香料など一切不使用でノンケミカル、お湯に浸かるだけでヨゴレとニオイを分解する摩擦レスな入浴剤。

OMOTENASHI SELECTION
おもてなしセレクション
2022
受賞

500mlボトルは、植物性のバイオポリエチレンを96%使用したボトルを採用。詰替用パウチもあり、未来の環境を考えたプロダクトとなっている。

『アズスプレッドおふろにいれる。』
500mlボトル+1L詰替用セット
6,680円（税込）

北海道や青森などで「気持ちがいい」「心地よい」という意味で使われる方言「あずましい」。人、そして地球にとっても「あずましい」毎日が送れるように安心・安全・環境に配慮した『AZseed Japan株式会社』の『アズスプレッドシリーズ』には、パパイヤ、ココナッツに含まれる枯草菌から抽出した100%の天然酵素と水だけで作る入浴用、掃除用、消臭用などの製品が揃う。世界15ヵ国の在日外国人が選ぶ、日本の優れた「おもてなし心」あふれる商品・サービスに贈られる「おもてなしセレクション」を入浴用『おふろにいれる。』が受賞。今、海外でも注目される商品だ。お風呂に浸かるだけで、天然酵素が摩擦レスに皮脂汚れや古い角質を優しく分解し、肌の新陳代謝も促進。血行が良くなり冷えにも効果的。入浴後の廃水は、排水管の汚れやニオイも分解しながら100%生分解する上、容器も地球環境に優しいサトウキビ由来のバイオマスプラスチックボトルを採用している。

（ライター／今井淳二）

AZseed Japan 株式会社
アズシード ジャパン
022-722-0273　info@azseedjapan.co.jp
住 宮城県仙台市青葉区国分町3-4-21
https://azseedjapan.co.jp/　アズシード ジャパン　検索

こちらからも
検索できます。

メンズ用スキンケアアイテムで清潔感溢れるスマートな男性へ

『ノベル オールインワンジェル for MEN』
40g 1,180円(税込)

『ノベル アイブロウ』
720円(税込)

男性が美を磨くためのメンズスキンケア用品やメンズメイク用品を扱っている『ノベル Hero』。オススメは、『ノベル オールインワンジェル for MEN』と『ノベル アイブロウ』。『ノベル オールインワンジェル for MEN』は、美白・美肌効果が期待できる水溶性プラセンタエキスと抗炎症成分グリチルリチン酸ジカリウムのW有効成分配合のオールインワンジェル。ヒアルロン酸やコラーゲン、グリセリンなどの保湿成分も配合。メラニンの生成を抑え、シミやソバカスを防ぐとともに皮膚に潤いも与えてくれる肌をケアしながら美肌へと導いてくれる。『ノベル アイブロウ』は、メンズ用のブラシ付きアイブロウペンシル。顔の印象を左右する眉毛を簡単に整えられると人気のアイテム。ブラシは楕円形状のため角度を変えるだけで太さを自由に調整可能。また、ホホバ由来成分配合で滑らかさを上げているため、スルスルと描きやすい。スキンケアで顔を整え清潔感溢れるスマートな男性へ。

(ライター／長谷川望)

美に磨きたい男性にオススメ。メンズスキンケア、メンズメイク用品を用意。

Novel Hero
ノベル ヒーロー
✆ 03-5050-2455 ✉ info@novelhero.net
㊓ 東京都中央区日本橋3-2-14 新槙町ビル別館第-2F
https://novelhero.net/

Novel Hero

髪・頭皮悩み解消
くつろぎ上質空間で理想のヘアスタイルを提案

色持ち41%UPを実現*
クレイと植物の力を融合させた、
高密着・高浸透ヘアカラー。

㊢ 9:00〜18:30
（最終18:30）
㊡ 火曜日

頭皮の症状
薄毛 | 細毛 | 肌荒れ | 痒み | 白髪 | アナフィラキシー

髪の症状
ダメージ | トリートメント成分の持ちがダウン | 色持ちダウン | パーマの持ちダウン

頭皮や髪に深刻なダメージを与える原因は…
『残留する化学物質』の蓄積
ジアミン
アンモニア
活性酸素
過酸化水素
その他残留物質
大切なお客様の10年後を考え、「無毒化システム」を導入。
頭皮・髪の悩みを解決するデトックスエイジングケア
従来の約70%ダメージ軽減!
ぜひ『Hair Beauty TRUST』に相談を。
Hair Beauty TRUST

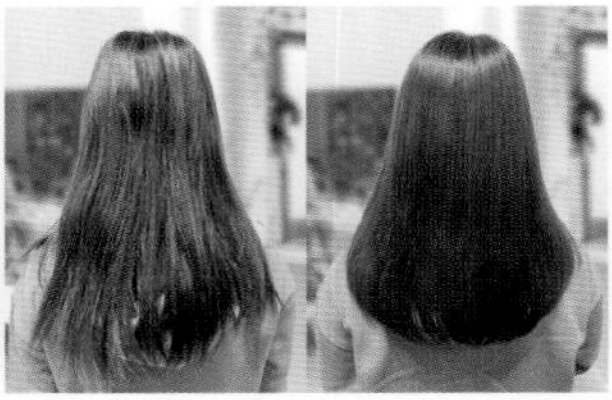

憧れの美髪へ導いてくれる。

髪の毛の広がり、ボリュームが出ないトップ、艶のないパサついた髪、ツムジや前髪が割れる、毛先の絡まり、くせ毛などにお悩みならば、『Hair Beauty TRUST』でのカットがオススメだ。同店は、特殊技術「ヘアリセッター」の認定サロン。

前述した悩みは、根本が重なりながら生える毛髪交差が原因であることが多い。「ヘアリセッター」は、その毛髪交差を複数回に分けて特殊なハサミと技術で解いていき、薬剤を使わずトリートメントをしたような艶髪に仕上げていくというものだ。

また、カラーやパーマで傷んだ髪を本来の自分の素髪に戻す『髪質改善トリートメント』も好評。水分保持力やダメージ対応力を高め、脂質浸透、定着を促進。脂質と油分を補給し、今までに起きたダメージの治療と予防を行う。回数を重ねるほど自分の素髪に戻すことができ、カラーと組み合わせれば効果が高まる。

（ライター／山根由佳）

Hair Beauty TRUST
ヘア ビューティー トラスト
048-623-2828
㊟ 埼玉県さいたま市西区指扇2637-1 鈴栄ビル2F
https://hair-beauty-trust.com/

Hair Beauty TRUST

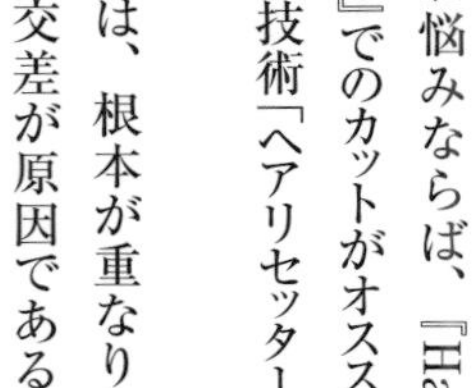
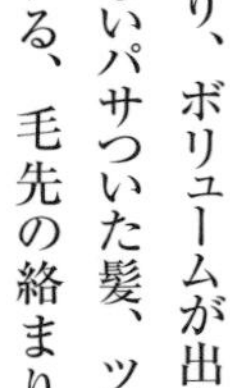

美肌菌に着目した新時代のBIOコスメ

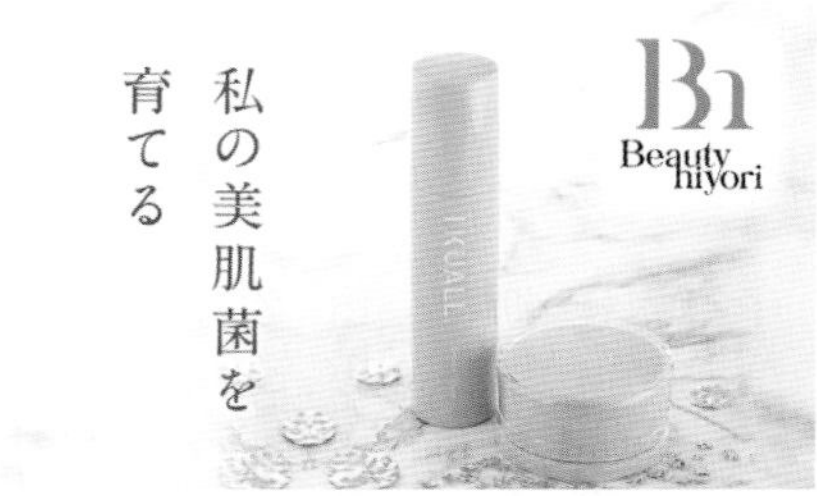

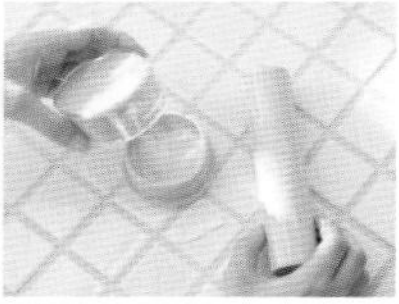

『IKUALL. デラックス ローション』
100g 19,800円(税込)
『IKUALL.デラックス オールインワンゲル』
50g 19,800円(税込)
セット 39,600円(税込)

株式会社 **hiyori**
ヒヨリ
072-999-7070 welcome@hiyori-co.jp
㊟ 大阪府八尾市安中町8-5-38
https://ikuall.base.shop/

『株式会社 hiyori』が販売している『IKUALL.(イクオール)』は、美肌菌を活性化し、潤い成分を自ら作り出す自活肌へ導く新時代のBIOコスメ。美肌菌、EGF、APPS、ナイアシンアミド、セラミド3種、ヒアルロン酸、スクワランなどこだわりの高濃度成分(エッセンス)配合。これら成分による美白効果やニキビの抑制、保湿など肌への複数アプローチを通して、肌本来が持つ常在菌のバランスを整えてツヤ潤い肌へと導く。

(ライター/長谷川望)

南高梅とメロンの美容成分で潤い肌にご褒美にオススメのマスク

『Linaeusフェイシャルエッセンスマスク』
1シート25ml×3枚入 1,500円（税込）

相輝《そうき》 株式会社
✆ 03-5942-8588 ✉ bamu@soki-search.co.jp
㊟ 東京都中野区中野3-40-30
https://soki-search.co.jp/

『相輝株式会社』の『Linaeus（リナエウス）フェイシャルエッセンスマスク』は、美容成分たっぷりのフェイスマスク。原料に使用しているのは、和歌山県名産品の南高梅とメロンだ。肌を整え明るく弾む肌に導く効力が期待できる南高梅のウメ果実エキスに、肌をみずみずしく潤わせ艶やかにすると言われているメロンの種子周辺にある胎座エキス（メロンプラセンタ）。ダブルの美容成分を贅沢に閉じ込めている。

（ライター／山根由佳）

もちもちの美肌へ導く一晩集中ケアのナイトバームマスク

※1角層まで
※2アルガニアスピノサ核油、カンジダボンビコラ／（グルコース／ナタネ油脂肪酸メチル）発酵物（すべて整肌成分）
※3アルガニアスピノサ果実エキス（整肌成分）

『アルガン ビオアクティブ ナイトバームマスク』
50mL 8,360円（税込）

メルヴィータジャポン 株式会社
✆ 03-5210-5723 ✉ contact.ja-jp@melvita.com
㊟ 東京都千代田区麹町1-6-4 住友不動産半蔵門駅前ビル10F
https://jp.melvita.com/

『アルガン ビオアクティブ ナイトバームマスク』は、『メルヴィータジャポン株式会社』が販売している夜用フェイシャルマスク。30年のアルガン研究から誕生した素早く肌のすみずみまで浸透※1し、真のハリ感をもたらす発酵アルガン※2を高濃度で配合。さらにアルガン果肉※3も配合し、ハリめく肌をサポート。一晩で集中ケアできるナイトバームマスクだ。いつものスキンケアにプラスしてうるおいに満ちた、もちもちの美肌へ。

（ライター／長谷川望）

気分に合わせたメイクを演出してくれる マット質感のリップスティック

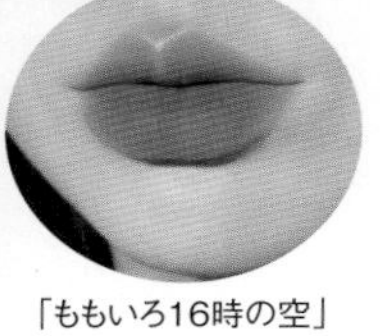

「ももいろ16時の空」

『INTO U フェザーマット リップスティック』
（6色） 1,650円（税込）

麗知《れいち》 株式会社
☎ 03-6910-5739 ✉ support@into-u.jp
㊟ 東京都港区南青山2-29-8 フロンティアビルディング南青山601
https://into-u.jp/

『麗知株式会社』の『INTO Uフェザーマットリップスティック』は、ふんわりとした付け心地で従来の口紅の重たさを全く感じさせないマット質感のリップスティック。保湿型オイル成分配合で長時間のメイクでも乾燥しにくく、透明感あふれるマットなメイクをキープ。空気感のある淡い色味が特長。発色が控えめなのでひと塗りで上品に、また重ね塗りすることで色鮮やかに仕上げることもできる。色は6色展開。

（ライター／長谷川望）

一度の使用で違いが分かる不思議な感触 『ヒトサイタイケツ幹細胞培養液』配合シャンプー

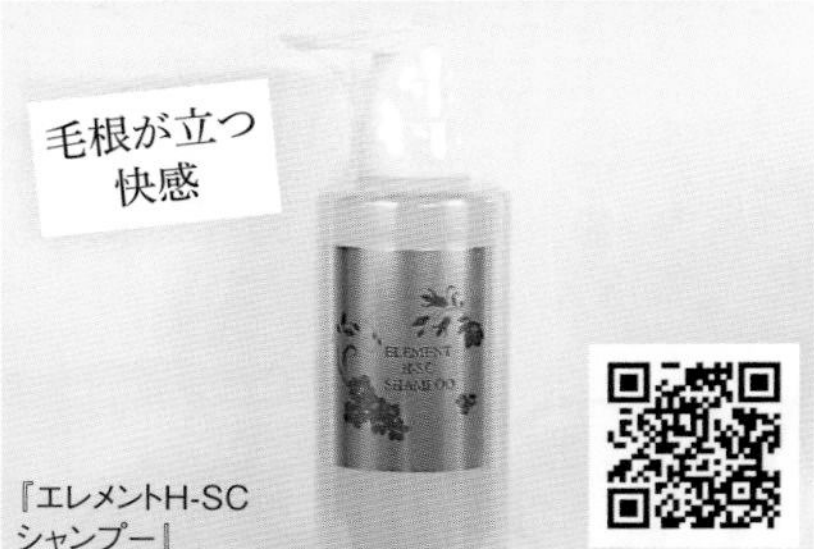

『エレメントH-SC
シャンプー』
300ml
4,180円（税込）

こちらからも
検索できます。

DR.ELEMENT《ドクター．エレメント》 有限会社 イープレイス
☎ 03-6677-5200 ✉ e-place@k2.dion.ne.jp
㊟ 東京都杉並区下高井戸4-26-21
https://u-e-place.com/

医師監修のもと、薬剤師による独自の成分構成・配合する美容健康用品を手がける『有限会社イープレイス』の『DR.ELEMENT』より、GDF-11とパンテノールのシャンプー『エレメントH-SCシャンプー』が好評発売中。『ヒトサイタイケツ幹細胞培養液』を使用した際に発現される成長因子GDF-11は、老化を抑制する因子で、コラーゲンやエラスチンなどの生成を促進してくれる。アロエ、ダイズ、ローズマリー、シルクも配合。

（ライター／山根由佳）

リラックス×集中力
「ミッドα波」で身体の不調をケア

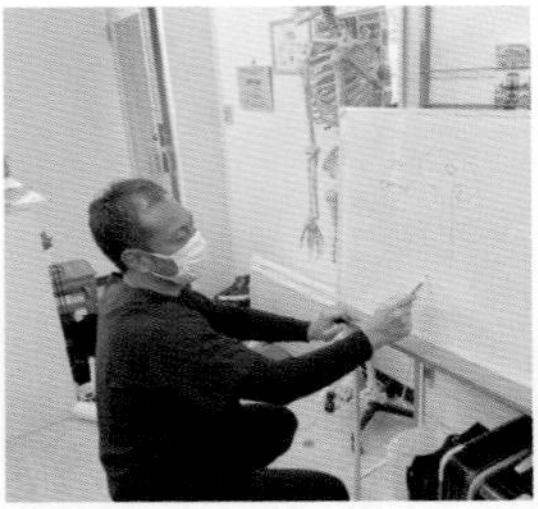

「銀座予防整体テクニカル」の
髙橋勉院長と共同開発した『ミッドα波セラピー』

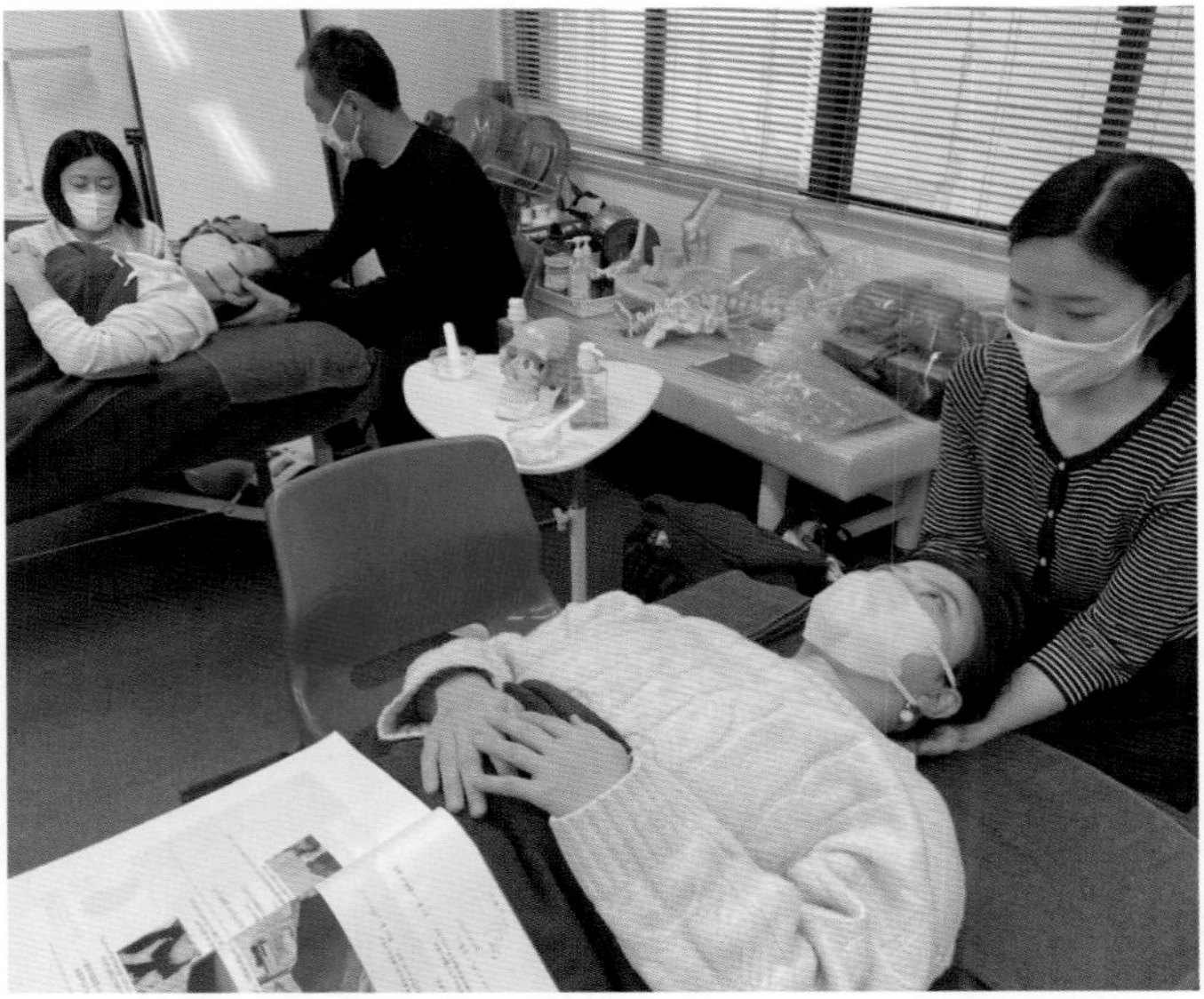

『ミッドα波ブレインセラピー』開講、Zoom、説明会など詳しくはホームページで確認を。
身体の理論に基づき、身体を頭の構造から学べるボディ&ヘッドケアの手技が習得できる。

オリジナルマッサージオイル・クリーム

成分にこだわる美容品を手がける『株式会社 MAKEGINA T.MAKE事業部』と「銀座予防整体テクニカル」院長の髙橋勉さんが共同開発したのは、リラックスしながら超集中状態にあり、最高の実力を発揮できる脳波「ミッドα波」に着目した『ミッドα波ブレインセラピー』。身体の理論に基づき、身体と頭の構造から学べる内容となっており、ストレスを抱えがちな現代人の頭をスッキリさせながら、身体の不調にアプローチするボディ&ヘッドケアの手技が習得することができる。全2日間の講座で、理論（座学）、ミッドアルファ波技術、神経促通法（ボディ）技術をみっちり集中的に学べ、講座を終えたらディプロマも取得できる。

エステティシャンの方はもちろん、家族やパートナー、友人にケアしたいという初心者の方にもオススメ。インスタグラムからZoom説明会に申し込むとマッサージオイル・クリームをもらえる。

（ライター／山根由佳）

株式会社 MAKEGINA T.MAKE事業部
メイクジーナ
086-201-1017　sato@makegina.com
㊟ 岡山県岡山市中区江崎212-6
https://www.makegina.com/

MAKEGINA

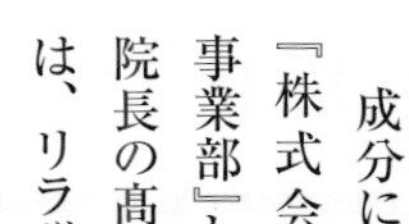

“隠す”から“共有”の時代へ
離職率低下と定着率向上を目指し実現する

もうすぐ初潮を迎える子どもたちを対象にした『親子フェムテック』も好評だ。

「フェムテック」講師による社内研修や「フェムテック」コンサルタントも行う。

フェムテック愛知

職場環境を良くする近道にも。

ハラスメント対策に講習やコンサルを依頼する企業も増加。

「フェムテック」とはFemale（女性）とTechnology（テクノロジー）を合わせた造語。女性特有の健康課題を解決しようとする製品やサービスがそれにあたり、2020年頃からは国や大手企業も注目し始めた成長分野の一つだ。愛知県の『フェムテック愛知』では、企業・学校・自治体向けに女性職員の生理問題やPMS問題、それに伴うハラスメント対策などについて広く理解を促すため、経営者や幹部、人事担当者などを対象に講習・ワークショップの実施や会社全体のフェムテックコンサルなど「フェムテック」に関するお困りごとや問題解決を主に行っている。最近では優秀な女性職員が月経・PMS・更年期症状などに起因するパフォーマンスの低下やハラスメントなどで昇進辞退や勤務形態の変更、離職などを余儀なくされるケースがあることからさらなる生産性向上や健康経営の観点から今、求人よりも力を入れている企業が増えている。職場環境を良くし、皆が安心して働ける環境づくりがこれからの時代、飛躍をもたらす鍵となる。（ライター／渡辺唯）

フェムテック愛知　合同会社 ママンチャイズ
フェムテックあいち
052-269-8172　15@mamanchise.com
㊟ 愛知県名古屋市中区栄3-2-2 日興證券ビル4F
https://www.femtechaichi.com/

こちらからも検索できます。

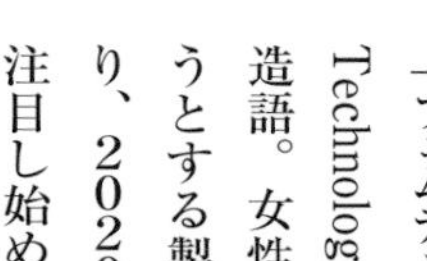

オンライン相談も可能
明治41年創業の和漢薬局

指定第2類医薬品『女性人蔘順血散』
60包 4,400円(税込)

指定第2類医薬品『流毒下し』
40包 3,300円(税込)

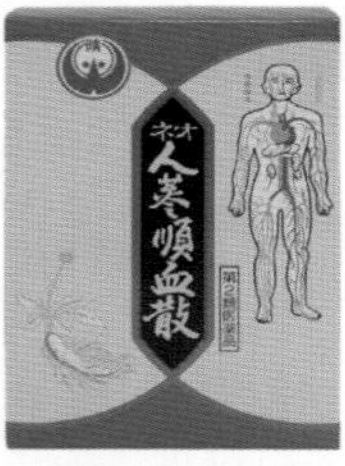

第2類医薬品『ネオ人蔘順血散』
40包 4,400円(税込)
60包 6,050円(税込)

『和漢薬の渡部清光堂』は、中国発祥の漢方と日本独自の和漢の考え方を融合した和漢薬を取り扱う老舗和漢薬局。こだわりは、より高い効果・効能に期待できるよう天然由来の医薬品「生薬」の原末を使用していることだ。

人気商品は、指定第2類医薬品『流毒下し』。便秘薬の主成分として用いられるダイオウやセンナなどの生薬に、肌荒れの改善や高血圧の予防などに使われるヨクイニンやジュウヤクなどをプラス。便秘だけではなく、その随伴症状の改善も促す。冷え症、生理不順など女性特有の悩みをお持ちなら、指定第2類医薬品『女性人蔘順血散』がオススメ。血の巡りを良くする生薬センキュウやトウキに、滋養強壮効果がある朝鮮人参をはじめ20種類以上の生薬を配合した第2類医薬品『ネオ人蔘順血散』をベースに、婦人薬に用いられるコウカやヤクモソウなどの生薬をプラスした婦人薬だ。

（ライター／山根由佳）

和漢薬の渡部晴光堂
わかんやくのわたべせいこうどう
096-383-0113 info@watabe-seikodo.com
㊟ 熊本県熊本市中央区水前寺2-16-24
https://watabe-seikodo.com/ @watabe_wakan

こちらからも
検索できます。

渡部晴光堂
和漢薬製造販売元・漢方調剤

足裏ケアで健康促進
快適な使用感で人気の足裏専用ブラシ

『フットグルーマー・マニキューレ』
7,106円（税込）

『フットグルーマーグラン』
9,130円（税込）

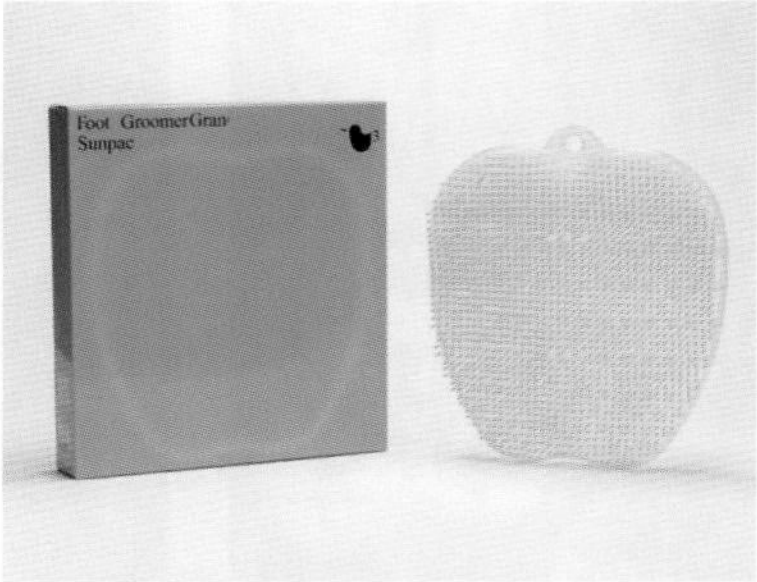

『フットグルーマーソープ』
1,980円（税込）

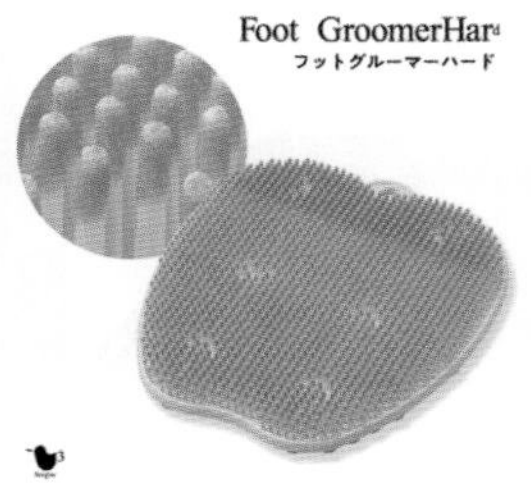

『フットグルーマー・ハード』
7,920円（税込）

Made in Japan

『株式会社サンパック』では、足を美しく磨くだけでなく、足裏からの生き生きと健康な体づくりの可能性を提案している。

ヒット商品『フットグルーマー』は、素材や設計へのこだわりを追求し、究極の使用感と確かな効果を実現した足裏専用ブラシ。角質除去で踵がツルツルになり、血行促進による冷え改善を促し、足の臭いを原因からケアしてくれる便利アイテムだ。やみつきになる快適な使用感は、毎日の足磨き習慣へと繋がる。

『マニキューレ』は、貴石トルマリン配合でしっとりとした仕上がり。『グラン』はブラシの長さに違いがあり、よりしっかりと洗える。『ハード』は、同社従来品の1・5倍もの研磨力を誇る。角質除去・臭いケアに特化した肌馴染み良く洗い上がりスッキリする『フットグルーマーソープ』もセットでぜひ。美肌効果、保湿効果、防臭効果、殺菌効果あり。

（ライター／山根由佳）

株式会社 サンパック

06-6369-5681　info@sunpac.co.jp
㊟ 大阪府吹田市江坂町1-17-14 江坂パークフロントビル4F
https://sunpac.co.jp/

Sunpac

トップアスリート界でも活躍
動体視力・敏捷性トレーニングギア

REAXION

『REAXION』
4個セット 32,70円（税込）
6個セット 49,280円（税込）
12個セット 90,090円（税込）

『株式会社スマートスタート』の『REAXION』は、ITとトレーニングを融合した、最先端の動体視力・反射神経トレーニングギア。スマートフォンに専用アプリをダウンロードすれば、最大12個のランプを操作する、20種類以上のトレーニングモードを選ぶことができる。点灯しているランプを時間内に素早く消したり、6色に光るランプから特定の色を見つけて消したり、仲間と対戦式でトレーニングしたり、楽しいトレーニングメニューが豊富。独自のカスタムメニューを作成できる機能も搭載している。

トレーニングコーチやプレーヤー、リハビリなどの理学療法士、医療セラピスト、様々な個性の子ども向けに設計されており、動体視力や反射神経を鍛えることで、スポーツのパフォーマンスアップのみならず、高齢者の認知症防止や子どもの集中力向上にも繋がるギアとなっている。

（ライター／山根由佳）

株式会社 スマートスタート

03-3556-9988 info@smasta.co.jp
住 東京都千代田区六番町1-1 恩田ビル3F
https://reaxion.jp/

大人女性に勧めたいブレンドティー
奥深い漢方茶で内側から整える

○Beauty美茶　○Moisture潤茶　○Detox清茶　○Happy楽茶　○Relax癒茶
○Peace平和茶　○HOT温茶　○Energy元気茶

頭痛、肩こり、便秘、身体の冷え、イライラ、なかなか寝付けない…など、日常生活のちょっとした悩みを解消したいのなら、美と健康をサポートしてくれる漢方茶を飲んでみてはいかが。

『atelier de eplucher』では、心と身体は繋がっていることで「美と健康」をコンセプトにした、見た目も可愛くて美味しいオリジナルブレンドティーを販売している。素材の味を活かしたお茶は、ストレス社会を向き合う日々に癒しを与え、飲むことで身体の調子が整うだけでなくいつの間にか心まで癒されてしまう不思議な魅力がある。季節によって、味や香り、風味が変わるのもまた面白い。

オーナーの赤峰恵さんは、２０１５年より漢方や食育に興味を持ち、韓国韓方の知識や加工技術を習得。研究を重ねた独自の技法は自然界のエネルギーを壊さないよう必要以上に手を加えない仕上がりとなっていて、その味に惹かれるリピーターも多い。２０２２年開業した「ウエスティンホテル横浜」ともコラボし、ホテルでしか味わえないオリジナルティーを提供している。

より興味を抱いた方は、『漢方Teaプチ講座』もオススメだ。「漢方とは何か」の基礎を学ぶことができる。「自分の身体は口にしたもので作られる」

（ライター／山根由佳）

atelier de eplucher
アトリエ ドゥ エプリュッシェ
✉ atelier.de.eplucher@gmail.com
㊟ 神奈川県横浜市都筑区富士見ヶ丘19-31
https://www.atelierdeeplucher.com/

ホームページ　LINE

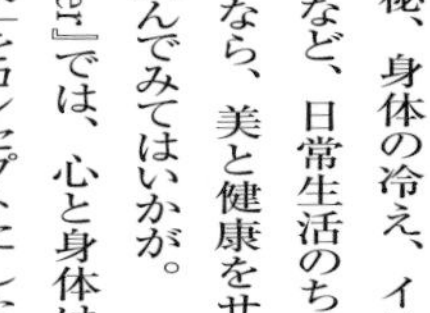

タイハーブによる癒しの温活 ハーブボールとアイ＆ネックピロー

ドライタイプ
『フラワーハーブボール
ダマスクローズ』3,300円（税込）

『アイピロー エコタイプ』
2,860円（税込）

ウェットタイプ
『ジンジャーハーブボール』
1,320円（税込）

『ネックピロー エコタイプ』
7,040円（税込））

『PATAWE』は、タイ語で地球。
地球は、自然と人生を生み出す強力な源であることから、社名になったという。

『株式会社パタウェ・ジャパン』が手がけるのは、健康づくりに役立つ自然由来の植物のパワーを凝縮した、ハーブ100％のオーガニック製品。

タイ古来より薬用として食事や民間療法に使用され代々継承されてきたタイハーブを十数種類ブレンドし、ナチュラルコットンで包んだ『ハーブボール』は、世界トップシェアを誇る逸品。暖かく蒸して患部に押し当てれば、心地良い刺激と温めたハーブの成分が皮膚から体内に浸透し、癒し効能を体感することができる。

『アイピロー　エコタイプ』と『ネックピロー　エコタイプ』は、従来のプレミアム・アメイジング・ハーバッパッドのノウハウを活用した自然に優しいエコタイプ。いずれも、香りがなくなるまで50回程度も使用可能。目元、首元など疲れが溜まりやすい箇所をじんわりほぐしてくれる。冷蔵庫で冷やして使う方法もオススメだ。

（ライター／山根由佳）

株式会社 パタウェ・ジャパン

03-6750-7233　masa@patawe.co.jp
住 東京都練馬区中村1-8-2

PATAWE

美味しくヘルシーな野草健康茶
使い勝手の良い桑の葉パウダー

『桑の葉パウダー ＋ KUWA』
1,944円（税込）

話題の
イチョウ葉
エキス

２４種類の
野草配合

経済的！
１ℓあたり
約５０円

ノン
カフェイン

『飛鳥の茶』
（30ティーバッグ入り）3,240円（税込）
（10ティーバッグ入り）1,080円（税込）

『株式会社グローバル・ケア・ネット』では、「生活習慣健康」をコンセプトに掲げ、普段の生活習慣で自然に健康になっていく商品を提案している。エキスパートが作るイチョウ葉エキスと東洋古来の野草全24種類をブレンドした『飛鳥の茶』は、野草健康茶のパイオニア。ハーブ研究の先進国ドイツやフランスの薬局で人気の健康素材であるイチョウ葉エキスを日本人に馴染みの深いお茶にすることで、毎日の生活に手軽に摂り入れられるようにしてあり、1993年からのロングセラー品となっている。優しい味で飲みやすく、「ミシュラン・グリーンガイド・ジャパン」の初版から連続で三ツ星を獲得している高尾山のお土産としても人気を誇る。

有機JAS『桑の葉パウダー＋KUWA』は、熊本県の契約農家が養分の多い品種を苗から育てて収穫している貴重な桑の葉を、細やかな粉末にしたもの。スーパーフードの桑の葉を食前に飲むだけで糖質カットができる。飲むだけでなく、様々な料理にも使える。

（ライター／山根由佳）

株式会社 グローバル・ケア・ネット

✉ order@global-care-net.com
㊟ 東京都八王子市千人町4-10-22
https://global-care-net.com/

詳細・購入は
こちらから。

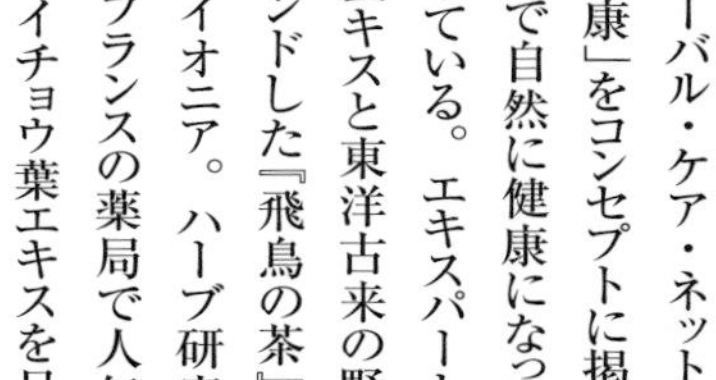

スナック菓子なのに1袋でタンパク質20gが摂取可能なおやつ系プロテイン

どのようなシーンでプロテインスナックを食べますか？

JINさん：大会のシーズンに入ると１食あたりに摂取できる栄養素が決まっているので、食事と食事の間のお腹が空いた時にプロテインスナックを食べたりします。僕の食べ方はプロテインスナックを砕いてご飯にかけてふりかけみたいにして食べますね（笑）

プロ目線から見たプロテインスナックの魅力はなんでしょう？

田上さん：私たちみたいにトレーニングをしている人達は炭水化物もしっかり摂るので、脂質をいかに抑えられるのかが決め手になります。そんな私たちでもプロテインスナックは美味しくて、大会前の息抜きとして食べられることが魅力ですね。

『BODY STAR プロテインスナック』コンソメ味・バーベキュー味・ブラックペッパー味

子どもたちの星になるべく願いを込めて名付けられた『ベビースター』で有名な『株式会社おやつカンパニー』が展開する『BODY STAR』は、体の星となるべく「がんばりすぎずに 自分らしい 理想のカラダづくり」を応援するお菓子ブランドだ。

『BODY STAR プロテインスナック』は、おやつ感覚で食べながらタンパク質と食物繊維、鉄、亜鉛などの栄養成分が摂取可能な高タンパク大豆スナック。現代の日本人に不足しがちなタンパク質の摂取に着目して開発され、高い栄養素を誇りながらもカリカリ食感とスナック菓子らしい味つけで無理なく栄養補給ができる「おやつ系プロテイン」として注目を集めている。「コンソメ味」「バーベキュー味」「ブラックペッパー味」の三種類。ストイックなトレーニングに励むとき、こまめに栄養素を摂取したいときや小腹を満たしたいときなど様々な場面で気軽に食べることができる。ボディメイクのプロも支持する先進的なスナックだ。

（ライター／長谷川望）

株式会社 おやつカンパニー

059-293-2398
㊟ 三重県津市一志町田尻428-1
https://www.oyatsu.co.jp/

こちらからも検索できます。

「食と健康」カテゴリーの創造と健康維持増進を目的に、優れた商品・素材が表彰されるJACDS主催『食と健康アワード2022』受賞商品。

カラダをつくるたんぱく質を補う『ジーアイ プロテインバー』がリニューアル！

すきま時間に手軽に美味しく栄養補給。

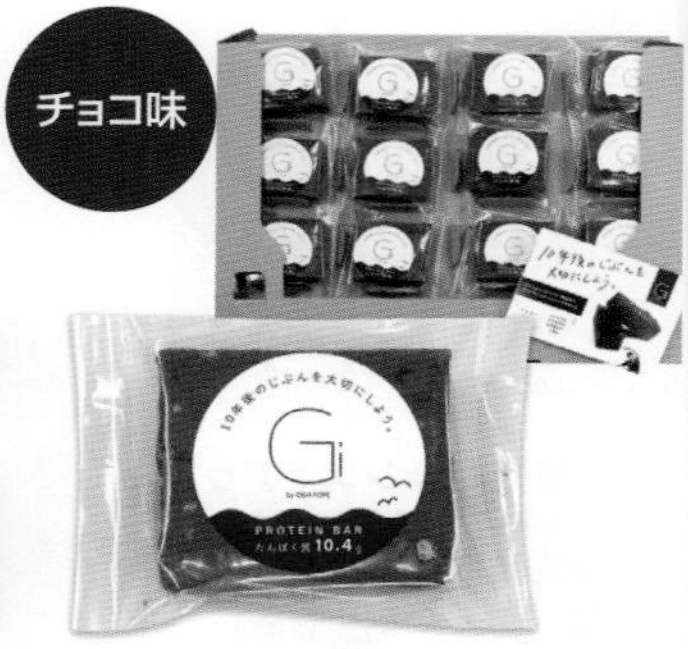

『ジーアイ プロテインバー』28本（2本入×14袋）4,200円（税込・送料無料）

理学療法士であり、人気YouTuberでもある代表の尾形竜之介さん。

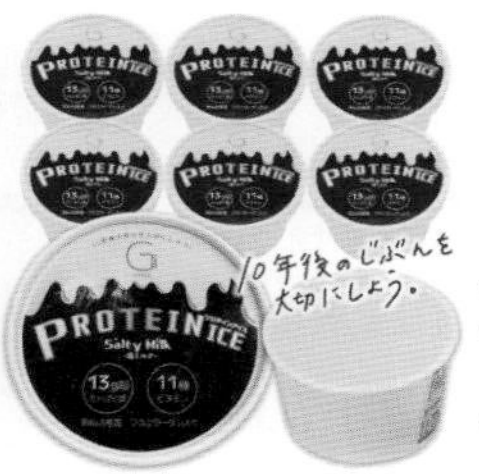

『ジーアイ プロテインアイス（塩ミルク）』6個入 3,888円（税込・送料別）

アレンジレシピにも使える。

規則正しい食生活を送り、適度な運動をこなすことが健康・長寿への基本。現代人は必須栄養素の一つ、たんぱく質が不足している傾向が強いといわれている。『株式会社OGATORE』の『ジーアイ プロテインバー』は、良質なたんぱく質を、いつでもどこでも気軽に補える栄養調整食品。2023年1月に一部原料をアップデートし、さらにおいしくリニューアル。甘味料や保存料などの添加物を一切使っておらず、安心・安全な国内製造。グルテンフリーなのもうれしい。味は、チョコ、いちごの2種類。手のひらサイズで食べやすい。その日の気分に合わせてスイーツ感覚ですきま時間に美味しく栄養補給できる。開発したのは、登録者120万人超の人気YouTubeチャンネル「オガトレ」の理学療法士尾形竜之介さん。エシカル消費にも配慮し、製造は宮城県内の福祉事業所で、丁寧に手づくりで焼き上げられている。2022年8月発売した『ジーアイ プロテインアイス』も大人気で、発売から1ヵ月で800個が完売した。

（ライター／今井淳二）

株式会社 OGATORE
オガトレ
050-3625-3500　gi@ogatore.jp
㊟ 宮城県気仙沼市唐桑町舘68
https://www.ogatore.shop/

こちらからも検索できます。

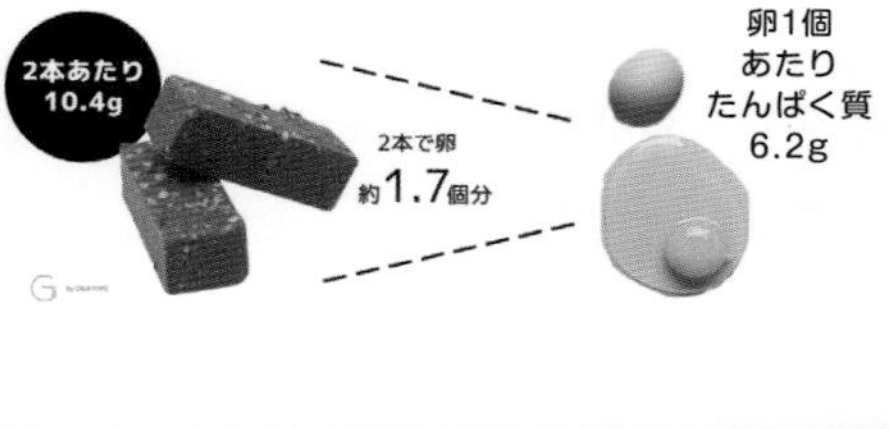

スプーン3杯を牛乳または水に溶かすだけ
毎朝の「たんぱく習慣」で体を変える

手軽に栄養バランスがアップ
【1食当たりの栄養素充足率】

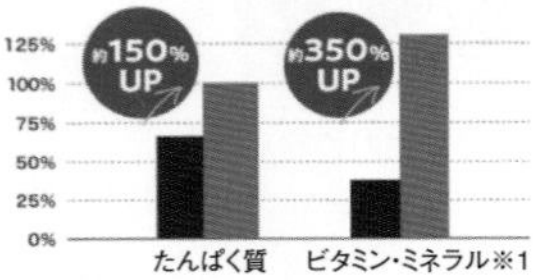

■ いつもの朝食のみ ※2
■いつもの朝食+『わかさのたんぱく習慣』※3

※1ビタミンA、ビタミンB1、ビタミンB2、ビタミンB6、ビタミンD、カルシウム、マグネシウム、亜鉛の平均充足率
【参照】日本人の食事摂取基準（2020年）、日本食品標準成分表2015年版（七訂）追補2018年

『わかさのたんぱく習慣』300g（約20日分）
3,000円（税込）計量スプーン付き
1日の目安：スプーン3杯分（約15g）
アレルギー特定物質：乳、ごま、大豆

※2 トースト、目玉焼き、野菜サラダ
※3 水に溶かした場合

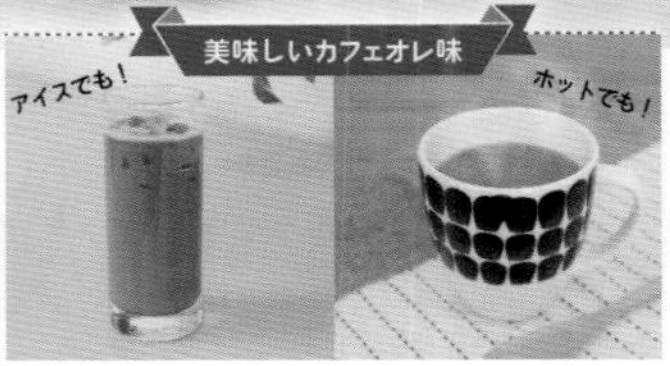

アイスでもホットでも
美味しいカフェオレ味。

プロテインと聞くとスポーツ選手やボディビルダー、健康のためにトレーニングを続けている人が、筋肉を維持したり増やすための補助食として飲むものと考えている人も多いだろう。実はそれほど特別な食材ではなく、日本語でたんぱく質を意味し、肉や魚、大豆製品、牛乳、卵からも普通に摂取している。近年は、ダイエット志向や偏食などの影響で日本人のたんぱく質摂取量が終戦後レベルまで減少。その弊害による筋力低下や免疫力の低下などが問題視されている。

サプリメント・健康食品で定評のある『株式会社わかさ生活』の『わかさのたんぱく習慣』は、飲みやすいカフェオレ風味のプロテイン。低脂質・低糖質な大豆たんぱく質に加え、きび、はと麦、アマランサス、キヌアなど15種類の雑穀を栄養まるごと粉末化して配合。不足しがちなビタミンやミネラルも効率よく補える。

（ライター／今井淳二）

株式会社 **わかさ生活**
わかさせいかつ
☎ 0120-132-061
㊟ 京都府京都市下京区四条烏丸長刀鉾町22 三光ビル
https://company.wakasa.jp/

ご注文はこちらから。

初めての購入で、目盛り付きオリジナルシェーカーボトルをプレゼント。

抗老化・免疫力の向上が期待できるサプリメント

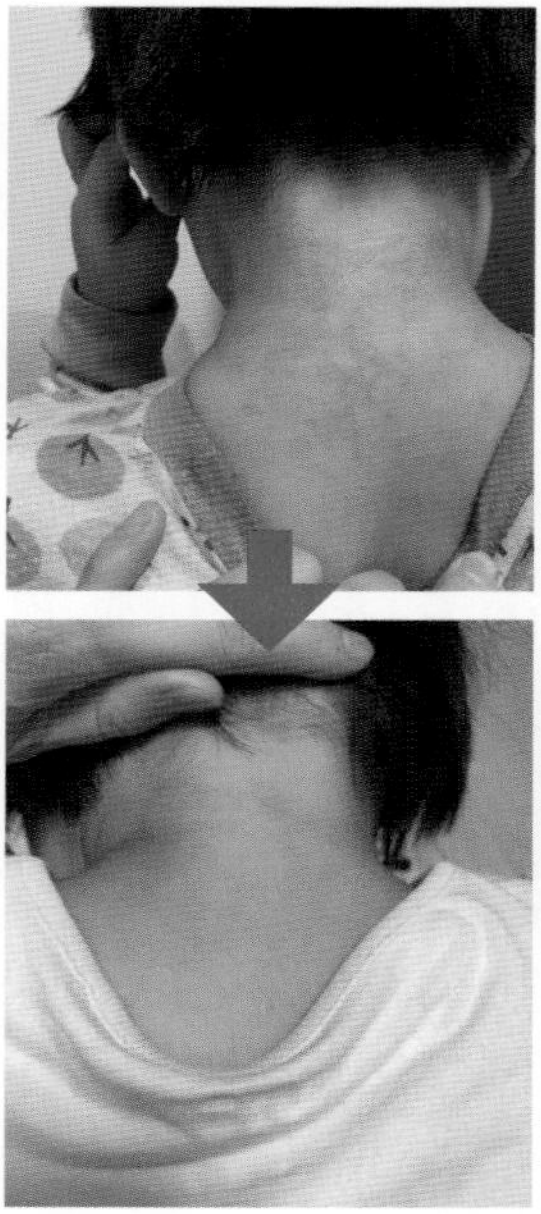

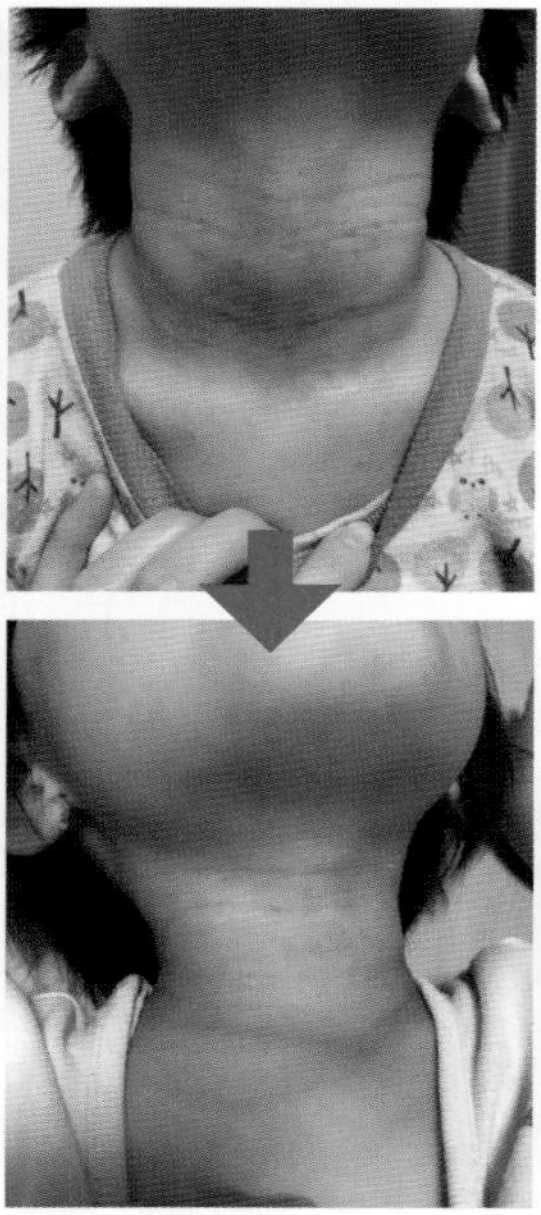

『高濃縮イオンミネラルサプリ』

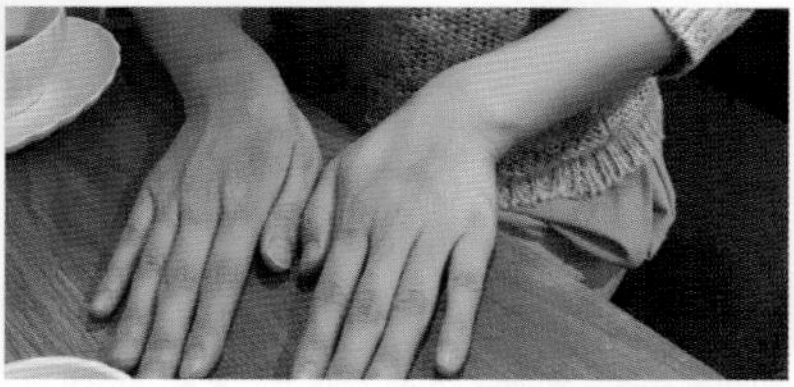

複数の飲食店経営を手掛けている滋賀県の『株式会社きらめきコーポレーション』が現在新たに力を入れているのがサプリメントの販売だ。

注目のサプリメントは、『高濃縮イオンミネラルサプリ』。

目の治療薬として大学と共同で研究を行っているという博士との出会いにより、販売を開始。免疫力の向上や体本来の力を整えてくれるサプリメント。膠原病、ガン、パーキンソン病、花粉症やアトピーなどにも改善の兆しが見えた服用者もいるという。抗老化、免疫力の向上が期待できるので、コロナ禍における予防にも。

また、肌が綺麗になったという感想も多いのがこのサプリメントの特長だ。

一度試したら喜ばれる方が多く、症状の改善目的ではなく、普段から予防目的で少量服用し続けるのがオススメだ。

（ライター／長谷川望）

株式会社 きらめきコーポレーション

0748-43-0015
㊟ 滋賀県近江八幡市上田町978-8

EUオーガニック認証取得のチャーガパウダー

『オーガニックチャーガパウダー』

CYL INTERNATIONAL 株式会社
シーワイエル インターナショナル
050-6877-6357 info@cyl-international.com
㊟ 東京都品川区大崎3-5-2 エステージ大崎ビル6F
https://cyl-international.com/

『CYL INTERNATIONAL 株式会社』が販売する『オーガニックチャーガパウダー』は、EUオーガニック認証を取得している100%天然のチャーガパウダー。「幻のキノコ」と呼ばれるほど希少性の高いキノコであるチャーガは、ストレスへの対処能力の健康効果が向上などが期待できるとして注目を集めている。コーヒーや紅茶、ココア、お味噌汁などに混ぜても美味しくいただける。

（ライター／長谷川望）

栄養価と飲みやすさにこだわったなまら（すごい）青汁

『NAMARA青汁』 1箱30包入 6,480円（税込）

ナチュラルケア 株式会社
0120-06-4140 support@naturalcare.co.jp
㊟ 北海道恵庭市恵み野北3-1-13
https://www.naturalcare.co.jp/

無農薬で栽培した北海道産大麦若葉にアスパラガス擬葉、白樺樹液を加えた青汁が『ナチュラルケア株式会社』の『NAMARA（なまら）青汁』。ビタミン12種、ミネラル9種、GABA、ルチン、食物繊維などの豊富な栄養素の吸収効率を高めるため、独自の「生搾り製法」にて大麦若葉の細胞壁を粉砕。水や牛乳などにも溶けやすく、お子様からご年配の方まで飲みやすい自然な甘み。料理やデザートにアレンジするのもオススメ。

（ライター／今井淳二）

世界で活躍するプロ「e-sports」選手も愛用
新時代のゲーミングサプリ『ガチサプ』

『心眼-shingan-』1袋6,800円（税込）
ガチコース
初回 2,980円（税込） 2回目以降 4,980円（税込）

ガチサプ　株式会社 テマヒマ

✉ info@gachisup.com
㊟ 東京都渋谷区代々木3-55-5
https://gachisup.com/
こちらからも検索できます。

世界で活躍する「eスポーツ」プレイヤーのコンディショニングをサポートするサプリメントブランド『ガチサプ』。『心眼 -shingan-』は、長時間モニターを見続けるゲーマーに必要な栄養を凝縮したパフォーマンスサプリだ。

人間の体に欠かせない還元型コエンザイムQ10をベースに、ルテイン・ゼアキサンチン・アントシアニンなどを配合。

（ライター／今井淳二）

アプリ連携でAGAケアに新しいアプローチを

『HIXミノキシジル』
100ml 4,500円（税込）

アプリを使って、ヘアチェック。

株式会社 **エムボックス**

03-6822-3723　store@hix-selfchek.com
㊟ 東京都豊島区巣鴨1-20-10 宝生第一ビル6FB
https://mbox-inc.jp/

20歳以上の男性の四人に一人が悩んでいるといわれるAGA（男性型脱毛症）。『株式会社エムボックス』の発毛剤『HIX（ヒックス）ミノキシジル』は、厚生労働省が発毛成分の一般用医薬品として唯一認めたミノキシジルを高濃度で配合。ジェネリック医薬品を採用することにより、始めやすい低価格を実現。同社が開発した日本初のAGA疾患管理アプリ「HIX」とも効果的に連携。髪が気になりはじめたZ世代にもオススメの発毛剤だ。

（ライター／今井淳二）

最前線医療の現場と
頼れる専門ドクター

ウィルスの戦いだけでなく、日々様々な病と向き合い、
患者さんの健康を守るために尽力している。

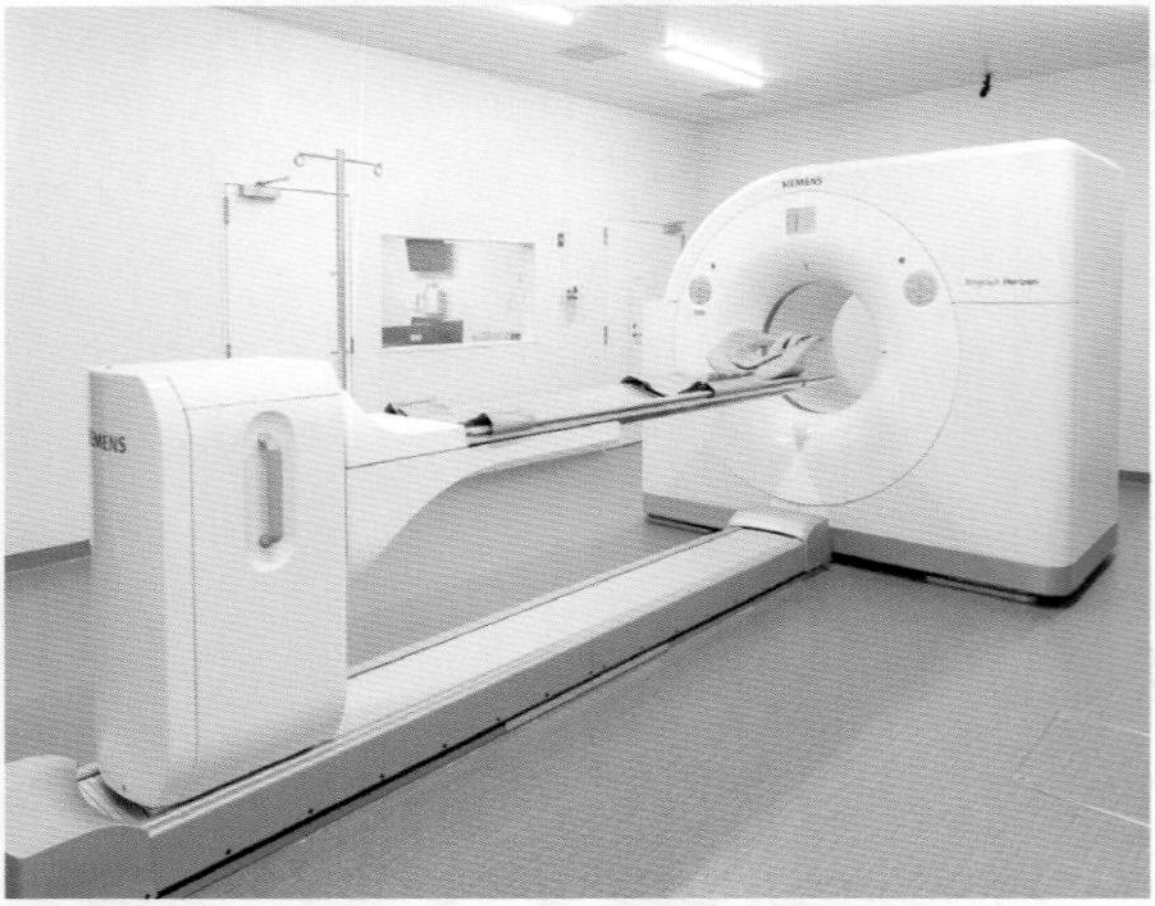

診療施設
救急センター、血液浄化センター、外来化学療法センター、日帰り手術センター、内視鏡センター、リハビリテーションセンター、サポートセンター、臨床試験センター、健康管理センター。

がんの治癒率を高める早期発見に注力 検査判定の精度を支えるダブルチェック

各科専門医が厳密診断 最新鋭の検査機器導入

1982年に創立、2018年に新病院として医療体制を拡充した埼玉県羽生市の『羽生総合病院』は、救急医療と共にがん医療と健診を診療の柱に掲げ、がんの治癒率を高める病変の早期発見、早期治療に力を入れる地域の医療拠点だ。新病院を設計するに当たり、地域の高齢化率の高さや近隣にがん専門病院がないことを考慮し、がん検診から治療、緩和ケアまで完結できる病院を目指したといい、検診、治療体制の充実ぶりが際立つ。

がん検診を担うのは、健康管理センター。その責任者を務める医学博士の池田真・副院長が検診の精度を支える体制として挙げるのが身体の各部位の専門医と臨床検査技師によるダブルチェック。

「各診療科の専門医が検査結果の判定を細分化し厳密に診断するだけでなく、臨床検査技師の視点も加え、判定の精度を高めています。当院の臨床検査技師のレベルは高く、例えばエコー検査ともいわれる超音波検査では、CT検査では見つからないような5㎜の乳がんや3㎜の膀胱がんも見つけるほど検査能力に優れています」

池田真 副院長
防衛医大医学研究科や部隊の隊長。自衛隊病院副院長などを経て2009年、「羽生総合病院」副院長就任。日本耳鼻咽喉科学会、日本気管食道科学会認定専門医。日本保険医療大学臨床教授。元ハーバード大学客員研究員。

併設施設:羽生訪問看護ステーション、羽生総合病院ふれあい介護相談所、羽生市西部地域包括支援センターふれあいの森。

地域とともに35年。最新施設・高度医療設備を完備。

医療法人 徳洲会 **羽生総合病院**
はにゅうそうごうびょういん
048-562-3000 hanyuhp@fureaihosp.or.jp
㊟ 埼玉県羽生市下岩瀬446
http://www.fureaihosp.or.jp/hanyuhp/

もう一つ、最新鋭の検査機器も検診の精度向上を支える要素だ。

「微量の放射性物質を含む検査薬が体内を移動し、がん細胞に集まる様子を捉えるPET陽電子放射断層撮影とX線を利用して身体内部の断面画像をコンピュータで再構成するCTコンピュータ断層撮影を組み合わせたPET-CTを導入し、さらに、放出される二つのガンマ線が検出器に入る時間差から病変部位の発生位置を特定するシステムも採用し、病変の有無や位置を短時間で正確に調べることができます。微量のガンマ線を出す放射性同位元素で目印を付けた放射性医薬品を患者さんに静脈注射し、体内のガンマ線の動きを撮影することで臓器の血流や機能の状態を調べるSPECT単一光子放射断層撮影とCTが一体型になったとなったSPECT-CTも導入、腫瘍やリンパ節の転移を調べることができます」

健康管理センターでは、がんのほか、心臓などの循環器系や脳などの重篤な疾患の早期発見にも力を入れ、検診で異常が見つかった場合は、診療科の専門医の下で治療することができ、早期発見、早期治療がワンストップで行えるのが強みだ。がんの治療では、放射線ビームを360度方向から照射し、がんの病変部だけを狙い撃ちする放射線治療装置「トモセラピー」も導入した。

（ライター／斎藤紘）

受付

健診待合室

女性待合室

人間ドック待合室

VIP待合室

コロナ病棟

膵臓・胆道癌の早期発見はもちろん高度な技術を要する超音波内視鏡にも対応

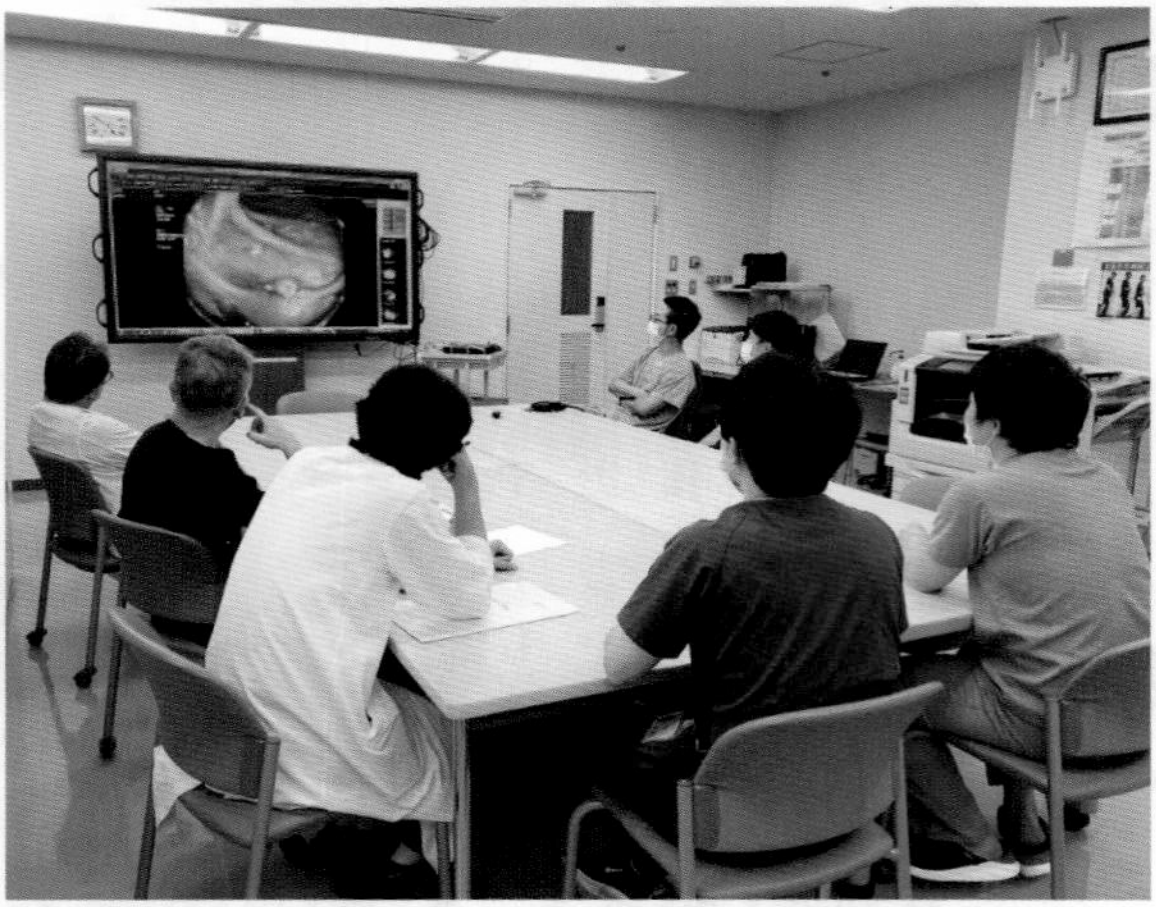

患者さんに安全（safety）、迅速（speedy）、確実（steady）の「3S」を追究した診療を心掛けている。

複数の先進検査法駆使 早期がんの切除も可能

すべてのがんの中で五年生存率が低く、しかも体の奥の方に発生するため発見も難しい膵臓がんや胆道がんについて、早期に発見して早期治療につなげる検査に力を入れているのが『松阪市民病院』の消化器センターだ。西川健一郎センター長や田中翔太内視鏡センター長など日本消化器内視鏡学会専門医を中心に高度な技術を要する最新の検査手法を駆使して、早期治療を願う受診者の期待に応えている。

膵臓がんは肺がんや大腸がんとともに死因として近年増加しているがんの一つ。膵臓は腹部の最も背側に存在しているうえ、初期には無症状で発見が難しい。胆道は肝臓から十二指腸までの胆汁という消化液の通り道で、胆道がんも初めは自覚症状がほとんどなく、発見が非常に難しいことで知られている。

西川センター長によれば、その検査方法は極めて高度だ。

「検査の主軸となるのは、EUS超音波内視鏡検査、ERCP逆行性胆膵管造影検査、EUS−FNA超音波内視鏡下穿刺吸引生検法、新型小型胆道鏡検査です。EUSは、超音波装置を伴った内視鏡による検査で、体表からのエコー検査と異なり、消化管壁のすぐ向こう側にある膵臓や胆

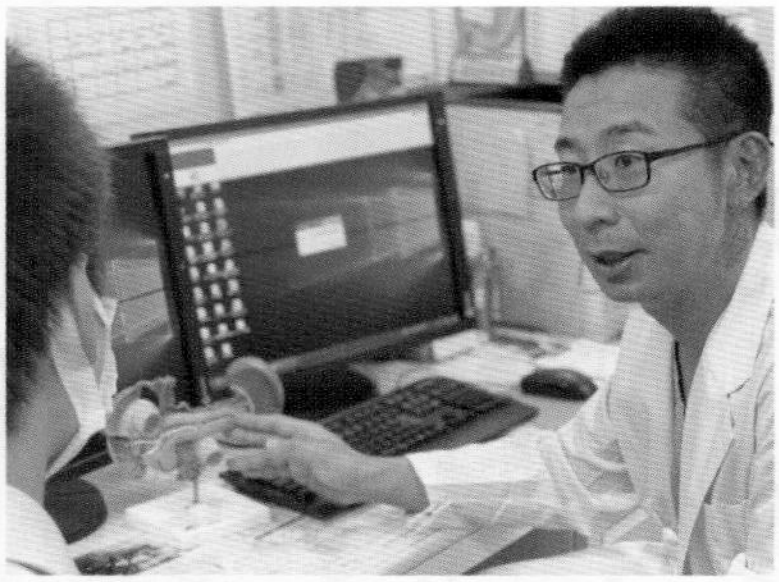

西川健一郎 消化器センター長・消化器内科科長
琉球大学卒。医学博士。日本消化器病学会専門医。

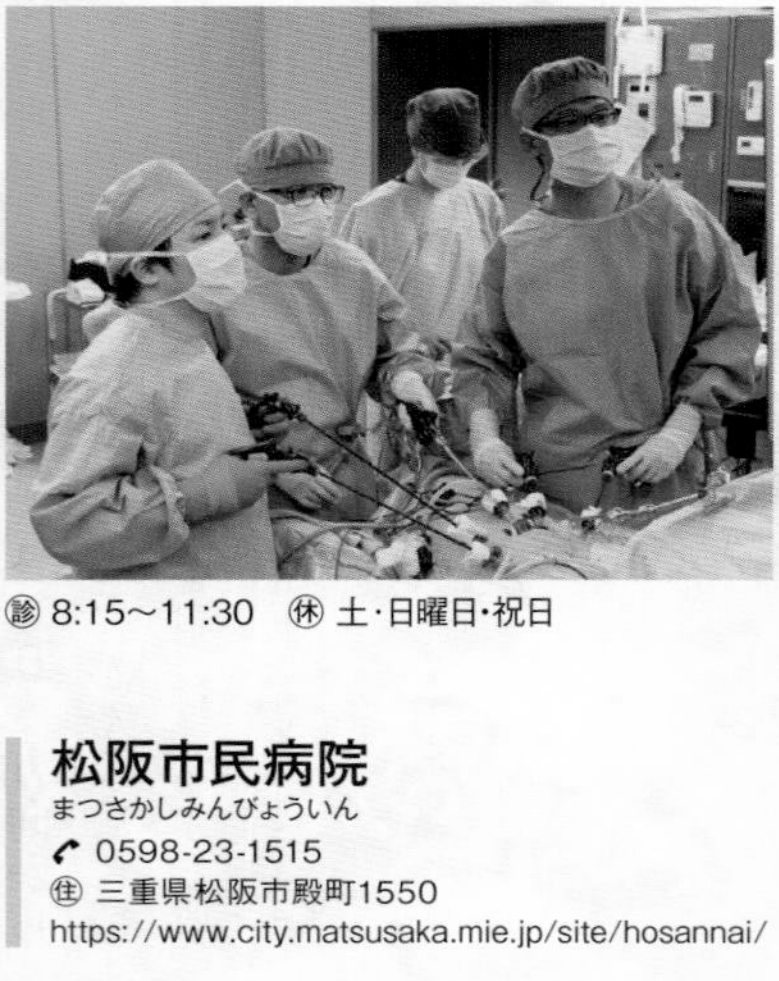

診 8:15〜11:30　休 土・日曜日・祝日

松阪市民病院
まつさかしみんびょういん
0598-23-1515
住 三重県松阪市殿町1550
https://www.city.matsusaka.mie.jp/site/hosannai/

道などを至近距離で詳細に観察することができます。ERCPは、内視鏡を口から入れて胆管や膵管に直接細いチューブを介して造影剤を注入して異常を詳しく調べる検査です。EUS-FNAは、超音波内視鏡を用いて腫瘍に対して細い針を刺し、細胞を回収して診断する方法で、治療方針決定に非常に有用です。新型小型胆道鏡検査は、胆管の内部から粘膜などを高画質で観察できるため、微細ながんの進行や範囲まで確認できます」

消化器センターでは、手術不可能もしくは手術希望のない急性胆のう炎や胆道閉塞に対して、樹脂のステントをERCP下に胆のうに挿入して胆汁の流れを改善する内視鏡的経乳頭的胆のうステント留置術や、EUS-FNAの穿刺技術を応用し胃と肝内胆管、十二指腸と胆のうを金属のステントで吻合する治療的超音波内視鏡(EUS-BD)で治療実績を重ねている。これらの処置は手術と比べて圧倒的に患者さんへの負担が少なく処置翌日から食事が開始できる。また体表からチューブが出ないため患者さんの行動制限もないため快適である。

田中内視鏡センター長は、早期の食道がん、胃がん、大腸がんに対して、がんの周りの粘膜を高周波ナイフで切開し、粘膜下層から病変をはぎ取る内視鏡的粘膜下層剥離術も積極的に行っている。

「大腸がんは、年齢とともに増加します。当院では、高齢化のニーズに合わせて、ご希望があれば超高齢者に対しても積極的に検査、治療を行っています」

内科と外科の連携による質の高い医療が日々実践されている。

(ライター/斎藤紘)

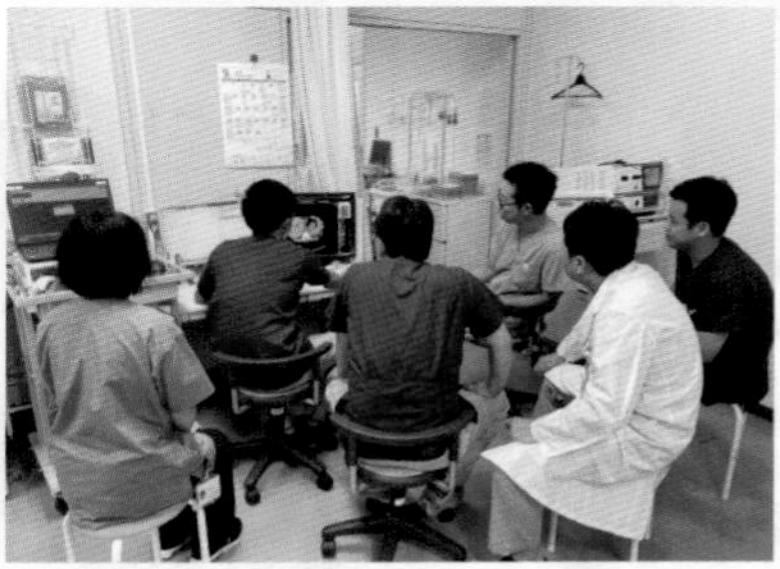

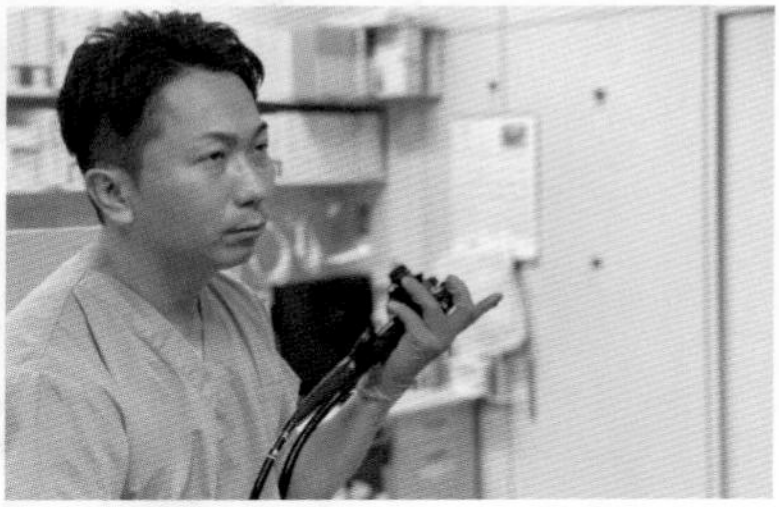

田中翔太 内視鏡センター長
愛知医科大学卒。日本消化器病学会専門医。

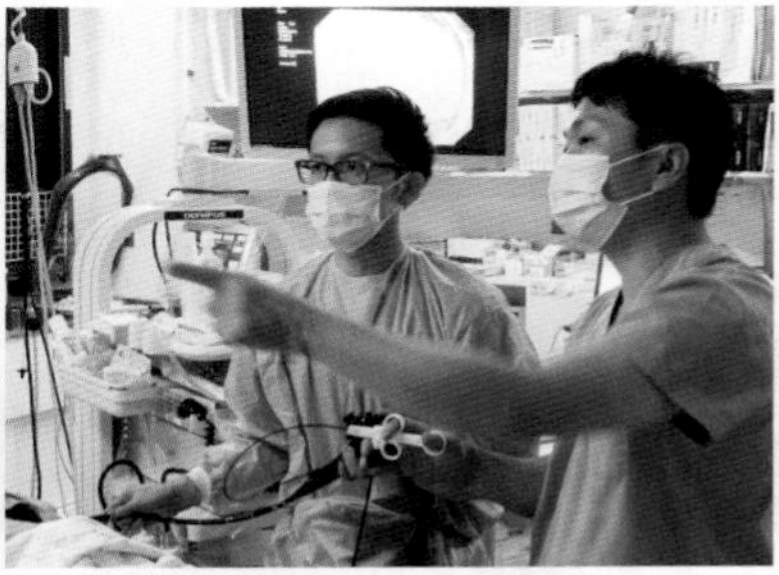

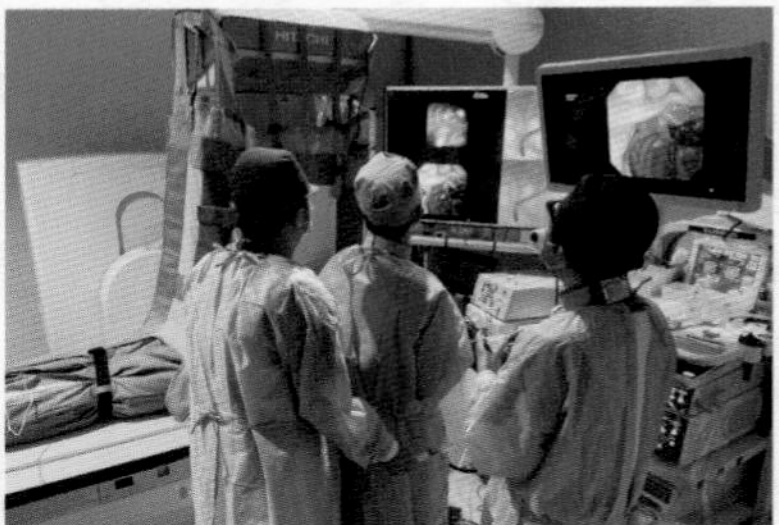

急性胆のう炎や胆道閉塞に対しての治療的内視鏡は非常に高度な技術を必要とし現在限られた施設しか実施できない。これらの最先端治療でも県内有数の施設になっており松阪地区では今のところ『松阪市民病院』でしか実施できない。

心臓病の再発を防ぐ心臓リハビリに注力地域包括ケアの課題克服に挑む

高齢化時代の使命認識退院後の受け皿の役割

『医療法人優心会きのうクリニック』は、内科、循環器内科、脳神経外科（フレイル・認知症予防外来）、リハビリテーション科、美容皮膚科を診療科目に掲げている。喜納直人院長が特に力を入れているのが、心臓リハビリテーションと訪問診療だ。急性期病院の心臓血管センターでの経験から、超高齢化時代の医療ニーズを見据え、地域の高齢者を支える地域包括ケアシステムの課題に対する深い洞察から導き出された独自の医療哲学を具体化している。

「心臓リハビリは、急性心筋梗塞や急性心不全などの心臓病を患った患者さんが、心臓病の再発や増悪しないように予防することが目的です。心臓の状態を医学的に評価しながら運動療法を提供し、体調管理、対話から日常生活の注意点を伝えながら自宅療養をサポートします。

急性期病院を退院した患者さんが自宅に帰った際、病気の再発予防などを担う受け皿が地域に足りていないと感じていました。そこで、自宅でも継続して良質な治療を受けられる環境をつくり、加齢とともに生じる老年症候群を予防できる体制が地域に作ることができれば素晴らしいのではないかと考えた

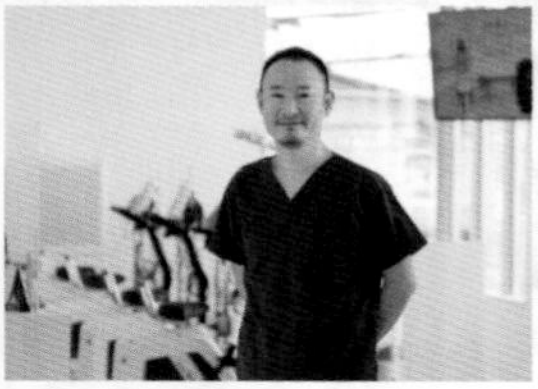

喜納直人 院長
滋賀医科大学卒。2018年『きのうクリニック』日本循環器学会認定循環器専門医、日本心血管インターベンション治療学会専門医、日本不整脈心電学会認定不整脈専門医、日本動脈硬化学会認定動脈硬化専門医、日本脈管学会認定脈管専門医。

「診察室」

㊟ 9:00～12:00　16:30～19:00
㊡ 日曜日・祝日・水、土曜日午後

医療法人 優心会 きのうクリニック

072-958-3388
㊟ 大阪府羽曳野市はびきの2-1-19
http://kino-clinic.com/

のです。心臓リハビリの取り組みは、心臓病の患者さんだけでなく、癌の患者さんの在宅医療、老年症候群の予防にもつながると考えています」

　現在、135㎡の開放的なリハビリテーション室に、約200人が心臓リハビリに通われているという。法人内には、訪問看護と訪問リハビリの拠点となる訪問看護ステーション、ケアプランセンター、介護相談室、地域連携室も併設されている。また、最近は「医療」、「介護」だけでなく、無償で地域の方に運動教室や講演を行いながら「予防」にも力を入れている。

「地域の医療機関や介護事業所との連携の推進が国の意向としても掲げられ、それも重要だと思っていますが、複数の組織の連携にはどうしても調整などに時間がかかり、困っている患者さんに手を差し伸べるという一番大切な部分へ迅速に動けていないケースも多々あります。この課題に応えるのが法人内の地域連携室とケアプランセンター、訪問看護ステーションです。特に、心不全の患者さんの再入院予防を考えると、訪問看護の介入はとても理にかなっており、有用です。医師の指示で、患者さんのご自宅で、注射や点滴の治療を受ける事ができ、病状の変化を早期に発見し、増悪しないように治療することができます。また、末期がんや重症呼吸不全といった医療度の高い患者さんにも対応しています」

　喜納院長は、高齢化時代に増える高齢者の転倒や骨折、フレイル、認知症などの予防を地域で多職種協働のもとで行う新たな体制の構築も構想する。

（ライター／斎藤絋）

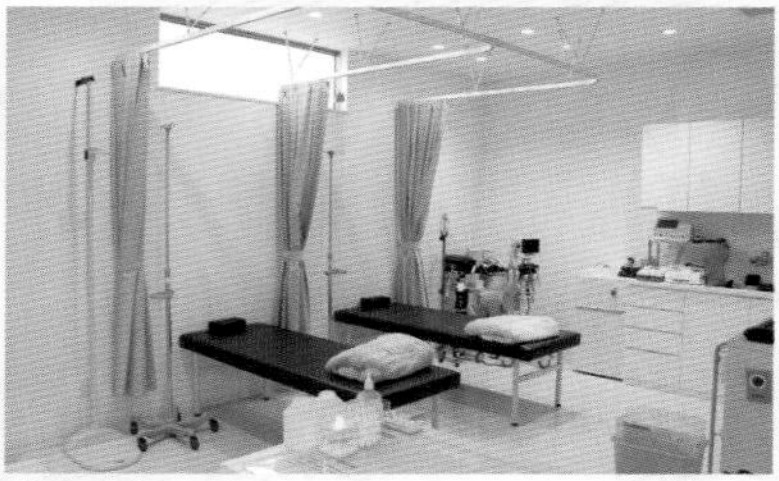
「処置室」

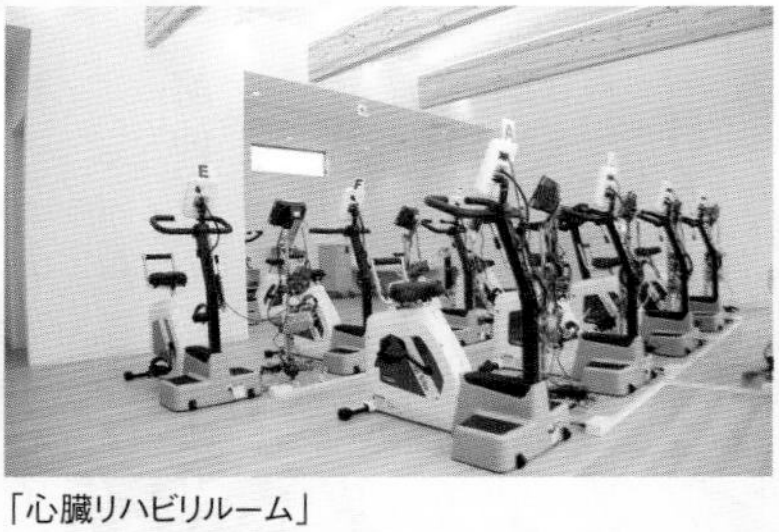
「心臓リハビリルーム」

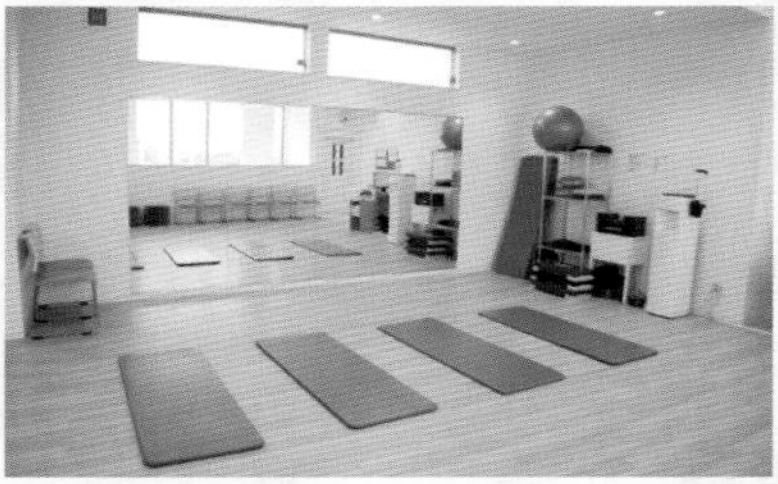
「リハビリスペース」

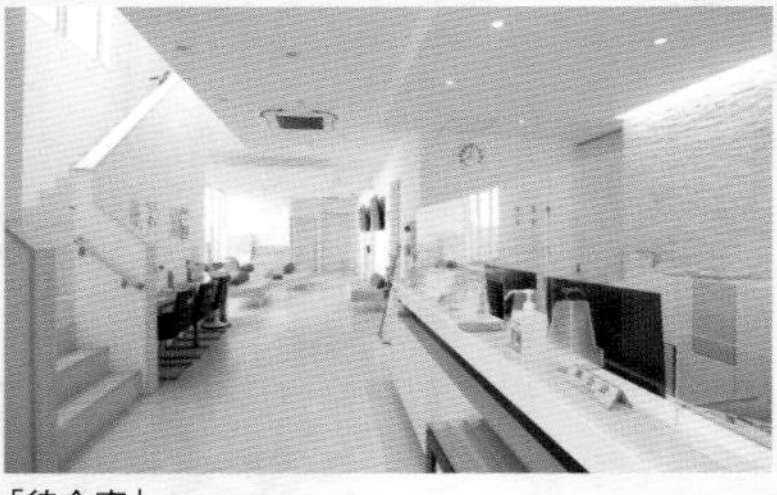
「待合室」

4Dエコーによる
妊娠初期の検査が好評
子宮や卵巣の病変の
早期発見でも実績

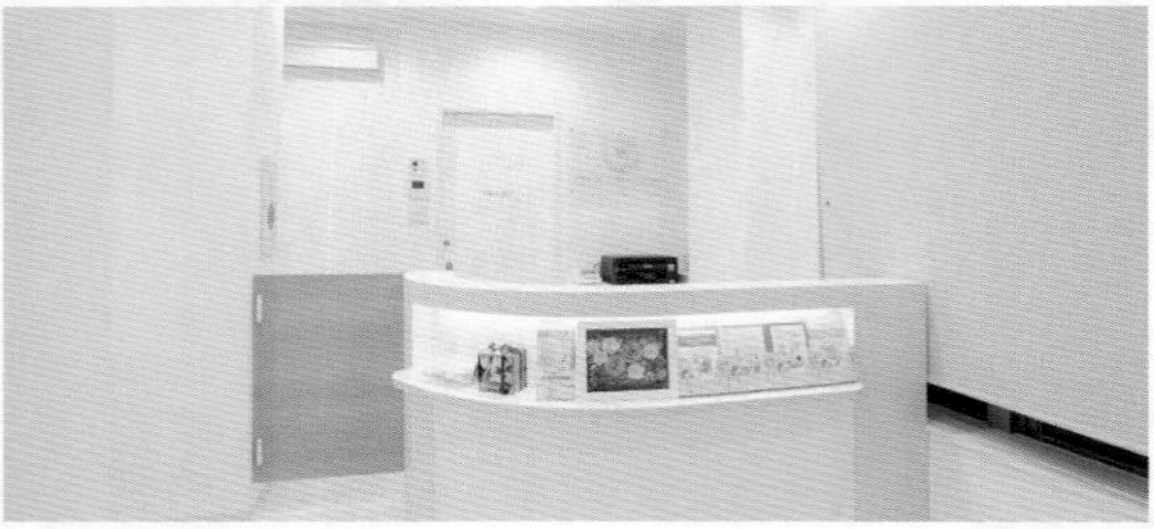

胎児を立体画像で観察
女医による検査で安心

体中の様子を立体的な動画でリアルタイムに映し出す4D超音波検査装置（4Dエコー）を使った妊娠初期の経腟超音波検査で声価を高めているのが『より子マタニティ&レディース門前仲町』の松本より子院長だ。超音波で、胎児が順調に育っているか、母体に問題はないかなどを確認することができ、その高精度の検査の評判を聞き、受診に訪れる妊婦が後を絶たない。また、子宮や卵巣の疾患を心配する女性にも経腟超音波検査を実施し、病変の早期発見につなげている。

「経腟超音波検査は、受診される方に内診台に座っていただき、プローブと呼ばれる細い探触子を膣の中に入れます。プローブの先から超音波を発信し、当てた部位から跳ね返ってくる反射波によって得られた画像を高精細のモニターに映して状態を確かめます。

さらに、経腟4D超音波では、初期の子宮の中の胎児を立体的に観察できる画期的な検査方法で、胎児の体表面や臍帯・胎盤・羊水に問題がないかを視覚的にわかりやすく観察することが可能です。この検査は、胎児がまだ小さい妊娠11～12週頃までです。それ以降は、おなかの上から行う経

松本より子 院長
大学病院などで臨床経験を重ねた後、2020年『より子マタニティ&レディース門前仲町』開院。日本産科婦人科学会産婦人科専門医。

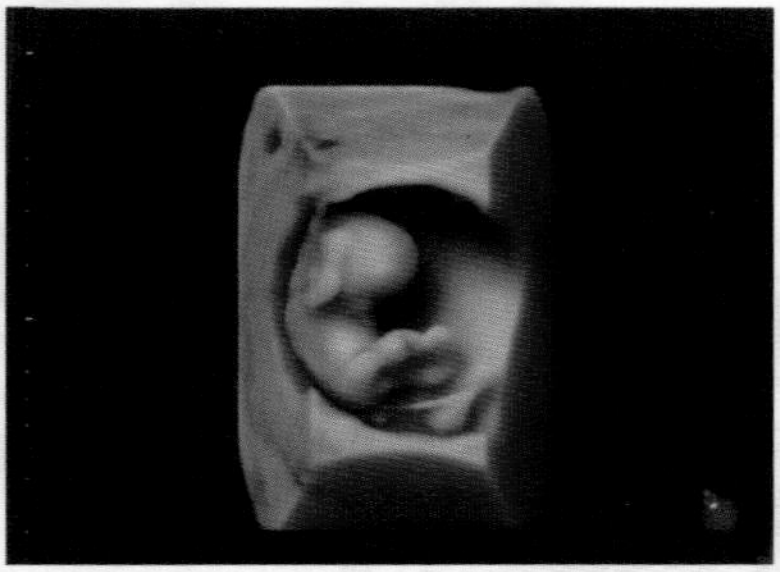

エコー画像

より子マタニティ&レディース門前仲町
よりこマタニティ&レディースもんぜんなかちょう
☎ 03-3642-8888
㊟ 東京都江東区門前仲町1-13-13 ベルテ門前仲町1F
https://yoriko-mlc.jp/

腹超音波検査になります」
妊婦以外の女性の経腟超音波検査では、子宮の大きさや内膜の厚さ、卵巣の大きさ、中の様子はむろん、自覚症状のない子宮や卵巣の小さな異常も鮮明に見ることができるため、子宮がんや卵巣がん、子宮内膜症、子宮筋腫、卵巣のう腫、子宮内膜ポリープなどの疾患の早期発見が可能になるという。

同クリニックの経腟超音波検査は、女性医師による検査で安心だ。

「プローブの挿入時に違和感を感じるかもしれませんが、基本的に痛みや出血はほとんどありません。X線撮影のように放射線被ばくを心配する必要もありません。受診される方にも一緒にモニターを見ていただきながら状態を説明することもできます」

松本院長は、妊婦検診で、胎児の成長が順調かどうかどうかを確認したり、妊娠25～36週あたりの女性が羊水の中の胎児の様子をモニターで見ることができる経腹超音波検査も行っている。

同クリニックは、「女性による女性のためのクリニック」を標榜して2020年に開院、一般婦人科、妊婦健診、更年期外来、緊急避妊、ブライダルチェックなどを診療科目に掲げている。

（ライター／斎藤紘）

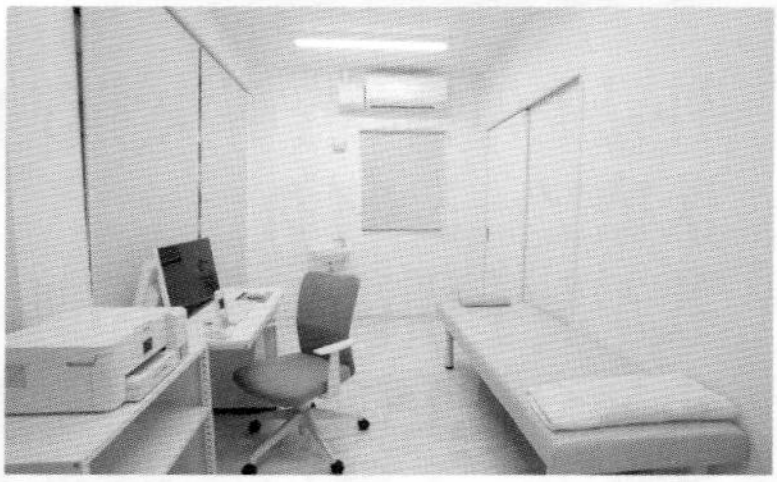
診察室

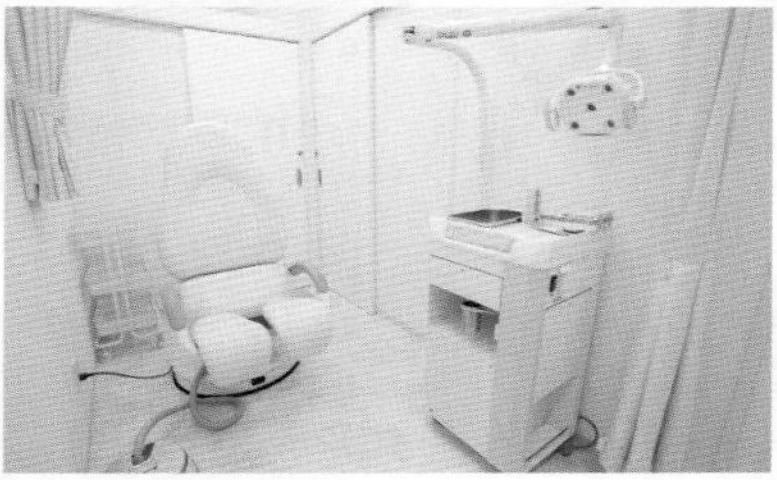
内診室

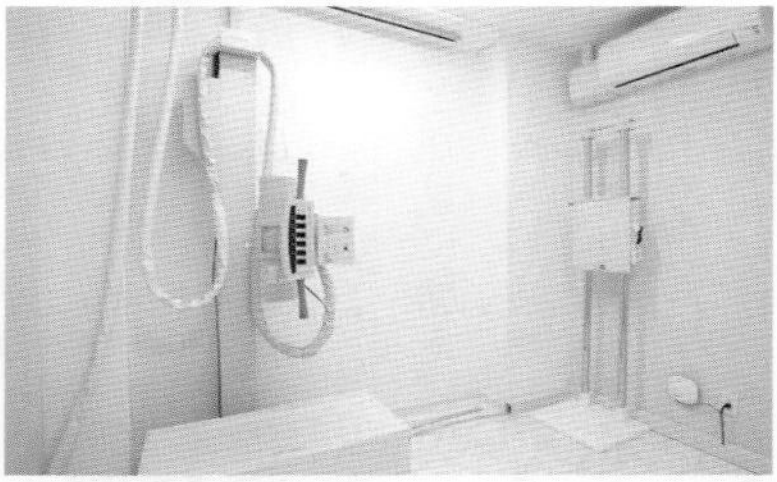
レントゲン室

待合室

より子マタニティ&レディース門前仲町
YORIKO Maternity & Ladies MONZEN-NAKACHO

㊟ 9:30～14:00　15:00～18:00
㊡ 水・日曜日・祝日

外見上の悩みを解決する
医療アートメイク
乳がん手術後の乳輪乳頭
再建や脱毛にも対応

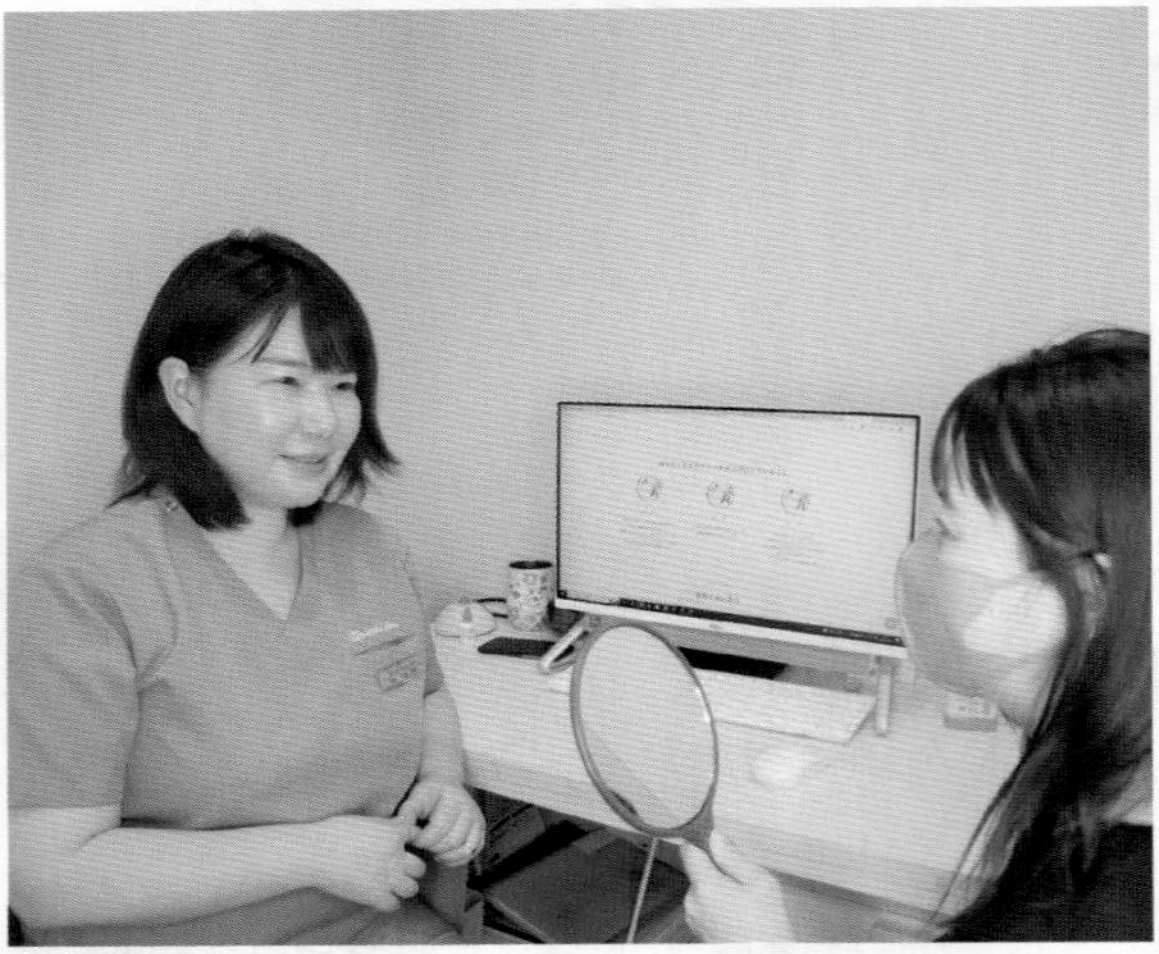

中島直美 院長
愛媛大学医学部卒。医学博士。2016年～2020年、日本乳癌学会乳癌診療ガイドライン委員。日本医学放射線学会放射線治療専門医。日本抗加齢医学会正会員。

がんの研究で学位取得
色素形成の技術を活用

2022年に愛媛県松山市でトータルビューティークリニックとして開院した『凜メディカルクリニック』の中島直美院長は、乳がん切除術後の再発予測に関する研究で医学博士の学位を取得した日本がん治療認定医機構がん治療認定医。その医療技術と知見に加え、美容内科や美容皮膚科の専門知識を生かした医療アートメイクによるアピアランスサポートで、がんなどの病気治療に伴う外見上の悩みを抱えた女性から厚い支持を得ている気鋭の医師だ。

その医療技術の象徴が、色素形成を意味するパラメディカルピグメンテーション。中島院長は、医療アートメイク技術者養成学校の世界的パイオニアで世界43ヵ国以上にネットワークを持つ米国バイオタッチ社の日本支社バイオタッチジャパンで、その理論と技術、安全性、有効性について学び、バイオタッチインストラクターと連携して治療方針を決定する。

「パラメディカルピグメンテーションは、アートメイクの技術を用いた医療補助技術で、先天的な皮膚疾患や予期せぬ事故、病気によって健常な容姿に損傷をきたした皮膚に色素を入れ、再建する方法です。色

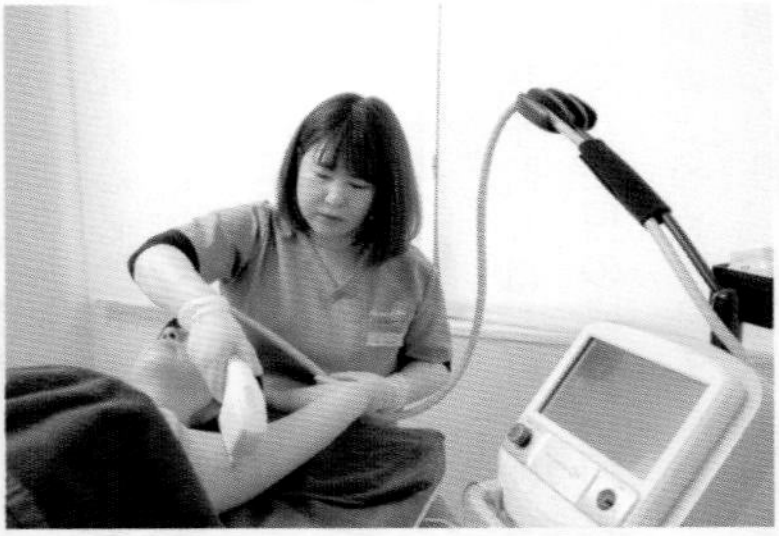

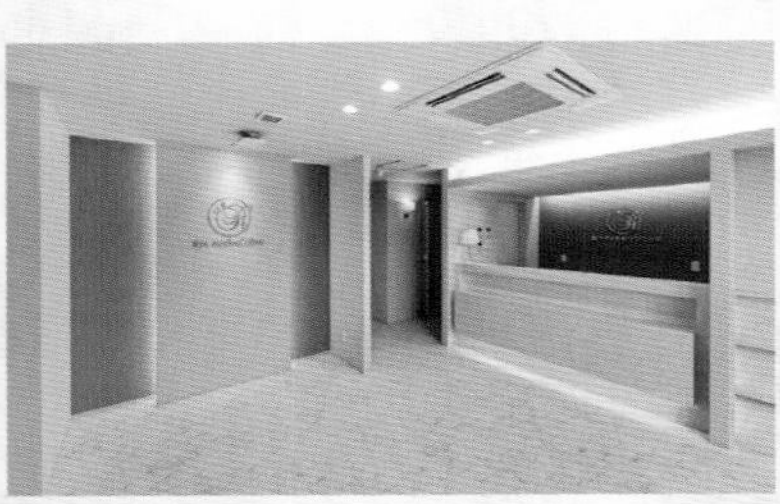

診 10:00～19:00
休 火曜日・第2、4日曜日・祝日

凜メディカルクリニック
りんメディカルクリニック
089-997-7215
住 愛媛県松山市大街道1-4-1 スカイ大街道ビル5F
https://rin-medical-clinic.com/

素を入れる、色やデザインを変える、カモフラージュするなどの施法があり、乳がん手術後の乳輪乳頭再建や白斑、外傷性の傷痕、無毛症、脱毛症などに用いられ、QOLの維持と笑顔を増やしていただくお手伝いになる技術です。がんを始めとする病気の治療とともにアピアランスサポートを希望される方に最適なビューティケアです」

美容医療として近年需要が高まっている眉毛、アイライン、リップ、肌の表面に白いひび割れのような亀裂ができるストレッチマークに対するアートメイクもこのパラメディカルピグメンテーションを応用したものだといい、中島院長は、健康な女性を対象にしたアートメイクも行っている。

このほか中島院長は、しみやくすみ、ニキビやニキビ跡、毛穴、目やまぶた、鼻、毛、体形の悩み、しわやたるみ、免疫力低下や疲労、多汗症や脇臭症などにも多種多様な医療、美容技術で改善に導く。完全予約制で、プライバシーとコロナウイルス感染対策に十分配慮した個室で診療する。全て自由診療だが、受診しやすいようにリーズナブルな料金に設定している。

「若い年代からシニアの方まで、男性女性ともに笑顔で通っていただける地域の皆様の美容医療のかかりつけ医を目指していきたいと思っています」（ライター／斎藤紘）

Rin medical clinic

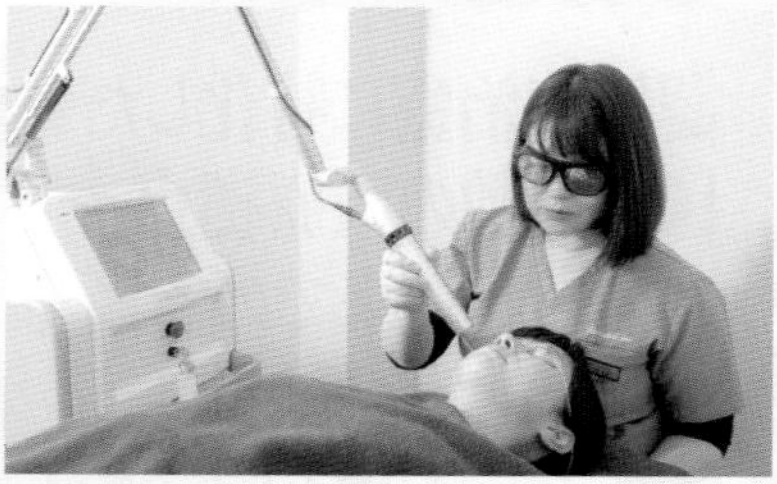

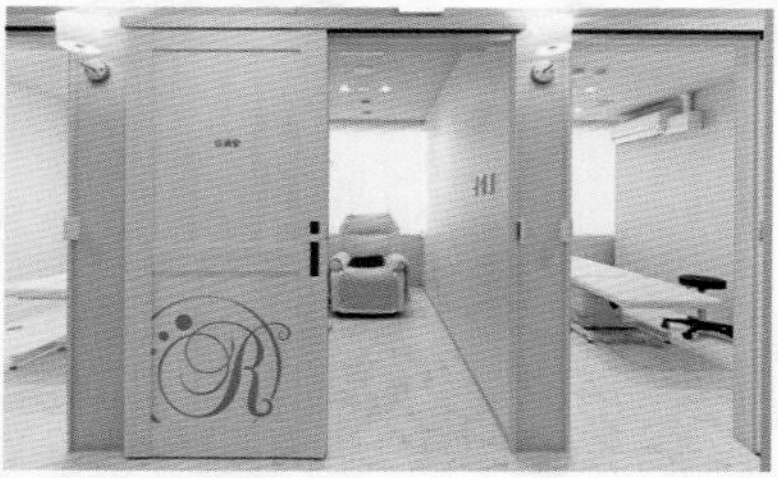

オンライン診療でカウンセリングや内服処方なども可能。

診察室

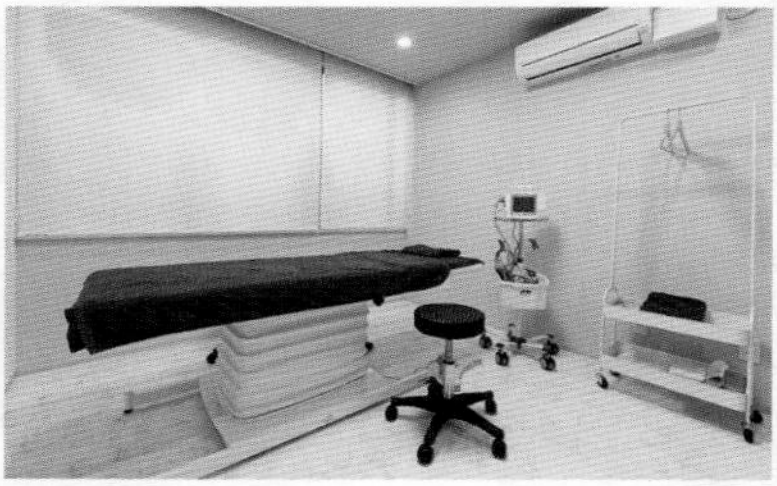

処置室

待合室

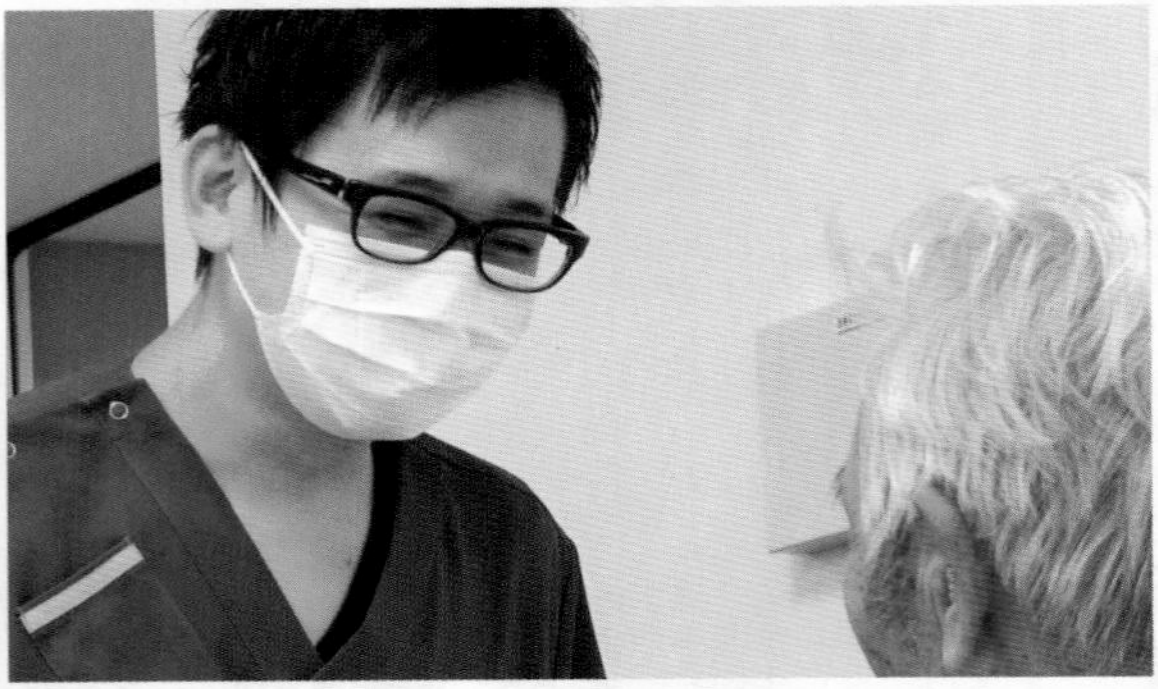

認知症治療に特化した国内有数の医療拠点 もの忘れ外来での診断や入院治療体制充実

認知症の問題行動診療 専門職が総合的に支援

理解力や判断力が低下し、日常生活全般に支障が出てくる認知症。厚労省の推計で、2025年には65歳以上の高齢者の約5人に1人、約700万人が罹患すると予測されていて、高齢社会で早期発見、早期治療がますます重要になる状況の中、認知症治療に特化した国内でも数少ない医療拠点として存在感を高めているのが『神奈川中央病院』だ。日本認知症学会認定専門医の能登雅明院長は「認知症の方とご家族の方の心に寄り添い、穏やかな生活を支える医療を提供する」との診療方針に沿い、包括的な診療を実践している。

具体的には、認知症の確定診断、徘徊や不眠、幻覚、幻聴、妄想、暴力、暴言、介護拒否などの認知症の問題行動の診療のほか、介護保険の申請にともなう医師意見書の作成、精神障害者福祉手帳の申請などに対応する。その最初のステップとなるのが「もの忘れ外来」での診断だ。

「自然な老化現象による健忘症とよく似た症状に認知症がありますが、とくに初期の段階でこれらの区別はつきにくいため、最近もの忘れがひどくて認知症を気にしている、認知症の

能登雅明 院長
日本医科大学医学部卒。同大附属病院精神神経科、浅井病院精神科などを経てトワーム小江戸病院精神科部長として認知症医療に従事。2021年、「神奈川中央病院」院長。日本精神神経学会認定精神科専門医・指導医。精神保健指定医。

外来待合室

患者様の気持ちに寄り添い、満足していただける病院を目指す。

医療法人社団 やすらぎ会 神奈川中央病院
かながわちゅうおうびょういん
046-204-2111 info@yasuragi-atsugi.or.jp
住 神奈川県厚木市関口812-5
https://yasuragi-atsugi.or.jp/

疑いがある方と同居されているご家族の方や、人やものの名前が思い出せなくなったり、普段できていた仕事や家事に戸惑ったり、感情の起伏が激しくなったりといった症状などに心あたりがある場合、専門的な視点から診断します。認知症に早期に気づき、対応することは、適切な医療や介護サービス、福祉サービスへのつなぎとなりますし、本人や家族の不安、混乱、戸惑いの期間を短くすることにも有効です」

180床を擁する認知症治療病棟での治療は重層的だ。

「在宅や施設での対応困難な場合、入院により治療に専念することも選択枝の一つになります。入院では主に薬物療法と、音楽やレクリエーション、ゲーム、手作業、カラオケなどの作業療法で身体、情緒双方への働きかけを行ないます。医師、看護師、ケアワーカーをはじめ、認知症認定看護師、作業療法士、放射線技師、検査技師、薬剤師、栄養士、精神保健福祉士などの認知症ケアに関わる専門職が総合的に患者様の入院生活を支えます。24時間、医師と看護師が常駐しているので安心です」

このほか、同病院では、75歳以上の人の免許更新時の高齢者講習で「記憶力、判断力が低くなっている」との結果が出た場合に求められる医師の診断書の提出にも対応している。

（ライター／斉藤紘）

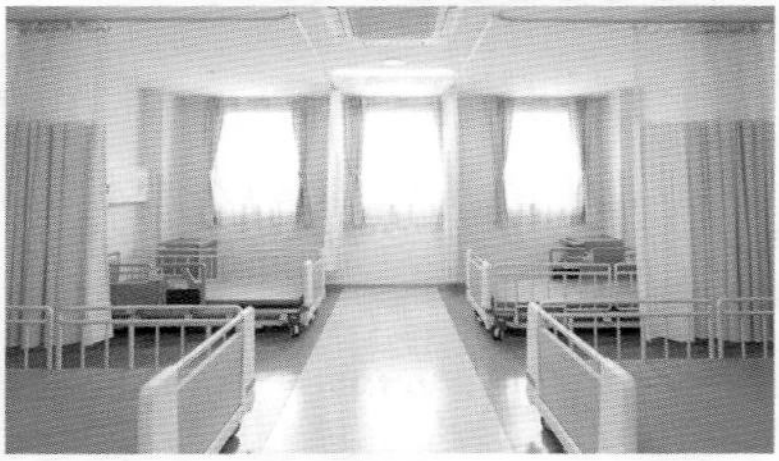
病室

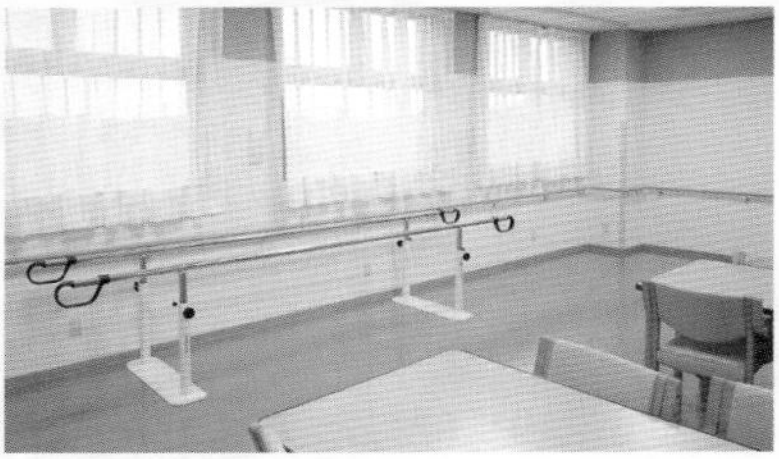
生活機能訓練室

デイルーム

ナースステーション

医療法人社団 やすらぎ会 神奈川中央病院

診 9:00〜17:00　休 土・日曜日・祝日

木村一史 院長
早稲田大学教育学部卒。教師、青年海外協力隊員を経て福島県立医科大学卒。ピロリ菌を発見した豪州のバリー・マーシャル博士のもとピロリ菌の研究。複数の病院勤務を経て、2016年『ヴィナシス金町内科クリニック』開院。2020年6月に『医療法人社団 ヴィナシス金町内科クリニック』として法人化。医学博士。

生活習慣病治療や胃がんの早期発見で実績 内視鏡検査による高精度な診断に高評価

花粉症や慢性疾患も治療 ピロリ菌の除去に注力

『ヴィナシス金町内科クリニック』は、高血圧症や高脂血症、高尿酸血症、糖尿病などの生活習慣病、慢性疾患、骨粗しょう症、花粉症などの治療から胃がんや大腸がんの早期発見のための検査まで幅広く手がける地域のかかりつけ医。医学博士の木村一史院長は、内視鏡による胃がんの検査のスペシャリストであり、その高精度の診断を求めて来院する受診者が後を絶たない。

「血圧やコレステロール、血糖などが高い生活習慣病を放置すると、脳卒中や心臓の病気にかかりやすく、いずれは血管系や腎臓など多くの臓器に障害を起こしますので、早期に治療することが大事です。また、胃がんは、早期発見と内視鏡治療で完治が望める病気です。内視鏡検査で正確に診断し、適切な治療へとつなげていきたいと考えています。大腸の内視鏡検査は、専門医が丁寧で質の高い検査を行います」

木村院長は、胃がんの原因になるピロリ菌を発見した豪州のノーベル賞博士の下で研究した経験を持ち、ピロリ菌の除去で声価を高めた。

（ライター／斎藤紘）

ピロリ菌の発見で、ノーベル賞受賞したオーストラリアのマーシャル博士と木村一史院長。

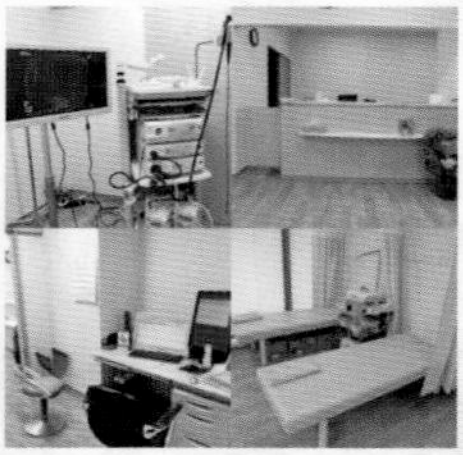

NTT東日本関東病院と連携し、大腸検査と早期胃癌の治療をお願いしている。

こちらからも
検索できます。

医療法人社団 **ヴィナシス 金町内科クリニック**
ヴィナシス かなまちないかクリニック
03-5876-9416
㊟ 東京都葛飾区金町6-2-1 ヴィナシス金町ブライトコート2F
https://www.clinic-kanamachi.com/

友田統明 整形外科副部長
整形外科・リウマチ科で診療。日本整形外科専門医、難病指定医。

低侵襲手術による変形性関節症治療で実績 筋肉の温存可能な人工関節置換術の進化形

3D画像で病変を確認
早期離床歩行訓練可能

『育和会記念病院』の友田統明整形外科副部長は、膝関節や股関節が加齢などの要因で擦り減って変形する変形性関節症に対する人工関節置換術で治療実績を重ねる日本整形外科専門医。ロボット支援手術システムなども活用した身体への負担が軽い低侵襲手術が特長だ。

「人工関節置換術は、骨の傷んだ部分を取り除き、インプラントといわれる人工関節部品に置き換える手術で、変形性関節症だけでなく、大腿骨頭壊死や重度のリウマチなどにも適用されます。その術式も進化し、最小侵襲手術MISは切開創を10センチ以下に抑え、筋肉を切らずに筋間を侵入して行うので、筋肉が温存でき、術後の回復が早く、早期離床、歩行訓練が可能になります。術後は、ゴルフやテニスなどの関節への負担が比較的少ないスポーツを楽しむこともできます」

CTやMRIの画像を基に関節の病変を3D画像化して確認する術前ナビゲーターや術中ナビゲーションシステムで手術の精度が飛躍的に向上し、インプラントも年々改良され、耐久年数は30年以上という。

（ライター／斎藤紘）

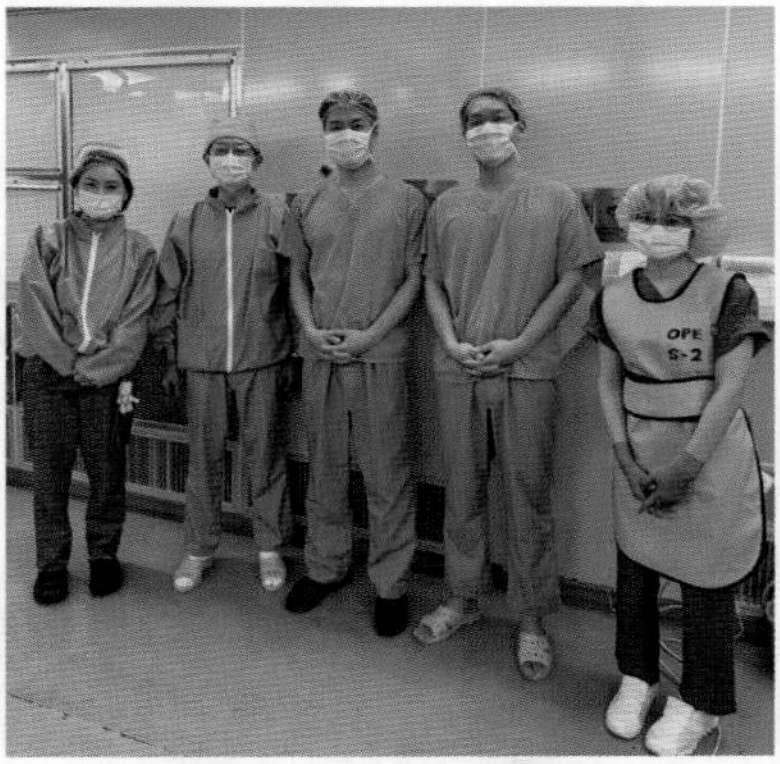

診 9:00〜17:00　土曜日9:00〜13:00
休 日曜日・祝日

医療法人 育和会 **育和会記念病院**
いくわかいきねんびょういん
06-6758-8000
住 大阪府大阪市生野区巽北3-20-29
大阪市生野区巽北3-20-29

新しい商品ステージを提案するコバテル

代表取締役 小林興弘さん
ケンウッド社、開発部門に長年勤務。この間、欧米、イスラエルのハイテク会社との共同研究開発等を経て、2002年『コバテル株式会社』設立、代表取締役に就任。以来、音響・通信分野に注力光マイク、DC-BUS応用開発からMRI分野、脳研究装置開発へと展開し多数の特許を取得。

コバテル 株式会社
045-577-5067
kobatel@oregano.ocn.ne.jp
㊟ 神奈川県横浜市中区弁天通3-42 NGS弁天通ビル3F
https://kobatel.jp/　https://kobatel.com/

MRI脳研究装置
(世界的MRI脳研究装置OPtoACTIVE(Optoacoustics社)
脳の動きを研究

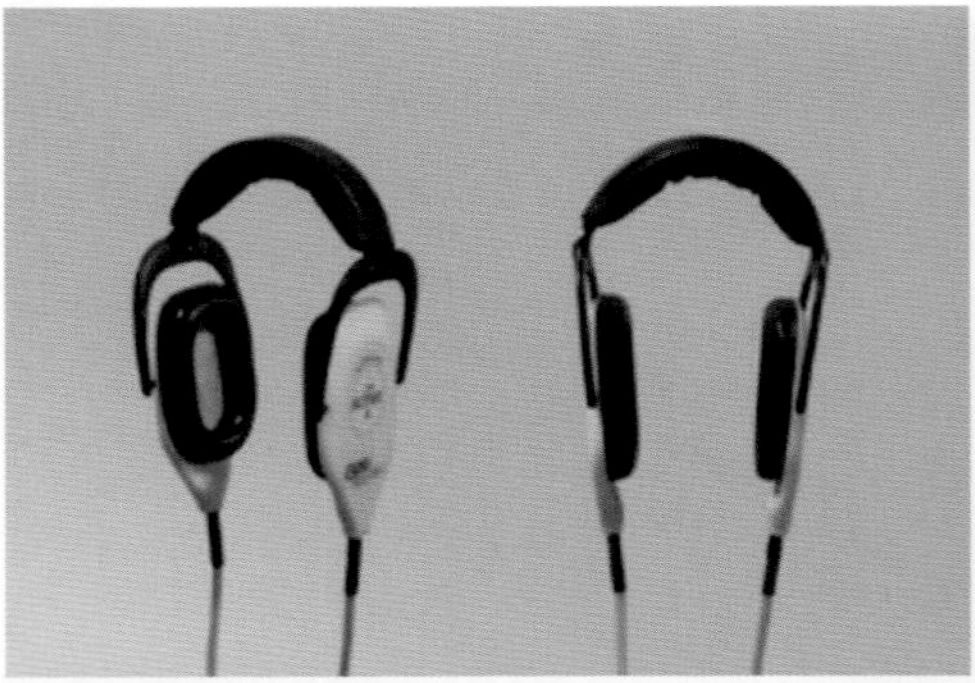

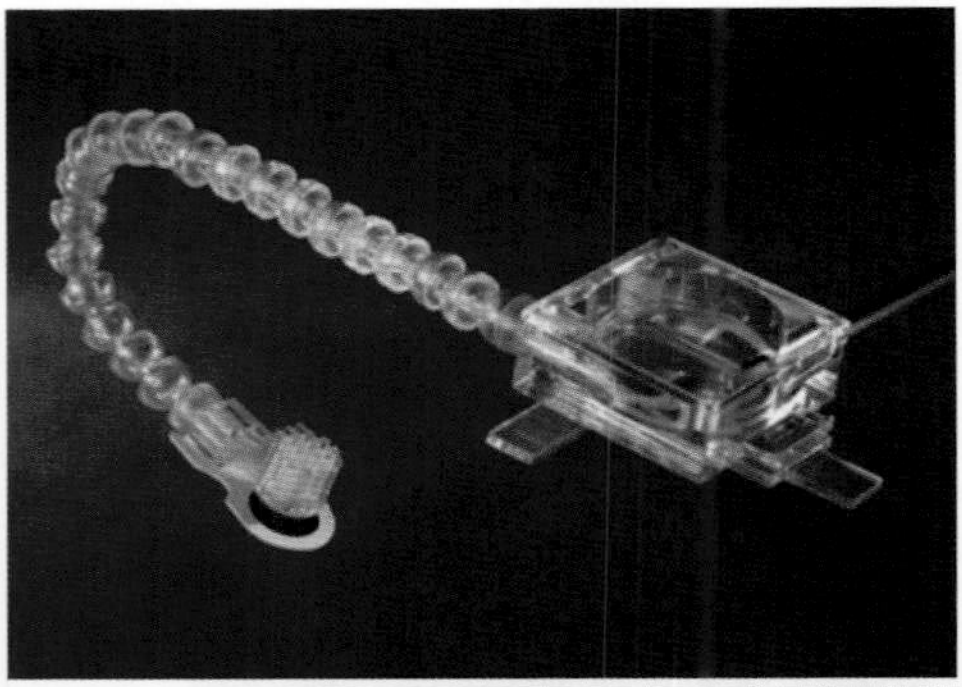

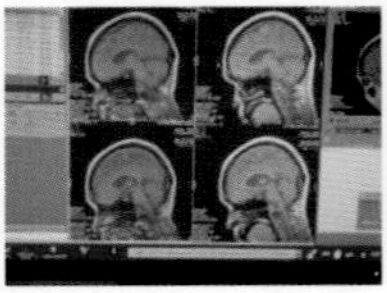

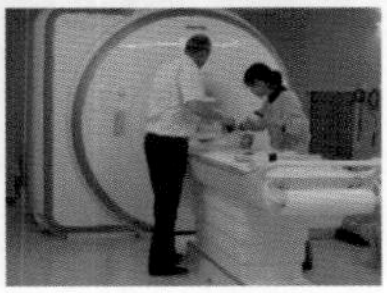

脳の働きを見るための装置でMRI装置に設定されたヘッドコイルに頭部を固定し、被験者の装着したヘッドホンには光ファイバーにより試験信号を送ることにより、脳の動作状態を画像により見ることができる装置でヘッドホン内部はMRIの騒音をキャンセルすることができる機能を有し、脳へは騒音を極力感知できない光方式を取り入れたヘッドホンの空間に存在させ、目的の信号を与えることができる世界的な装置です。

すべてヘッドホン内部の騒音キャンセルは、操作室のモニターにより光ファイバー通信により騒音をキャンセルを監視することができる装置で、世界の脳研究を行っている国内及び海外の脳研究所及び大学脳研究室で使われ、脳研究の最先端装置により研究に役立っています。f MRI機能を使用することにより、脳の血流を見ることができ、脳の働きを画像で監視することができる最先端の装置です。世界初光ヘッドホンは、世界的な開発です。

KOBATEL

MRI音声双方向通話装置

技師さんと患者さんとの双方向コミュニケーション装置（安全安心医療に貢献）

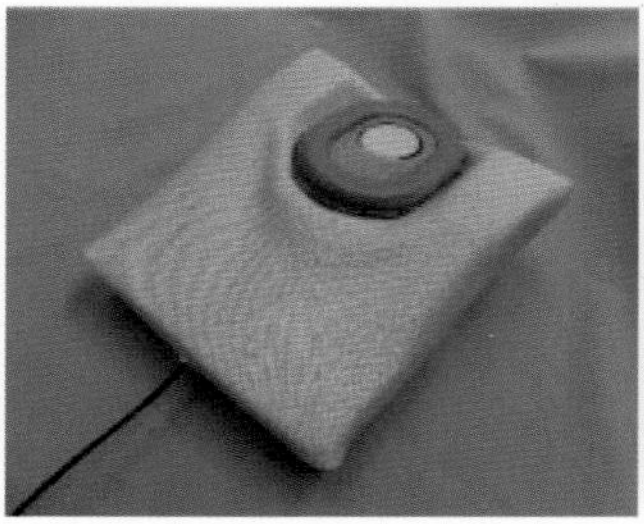
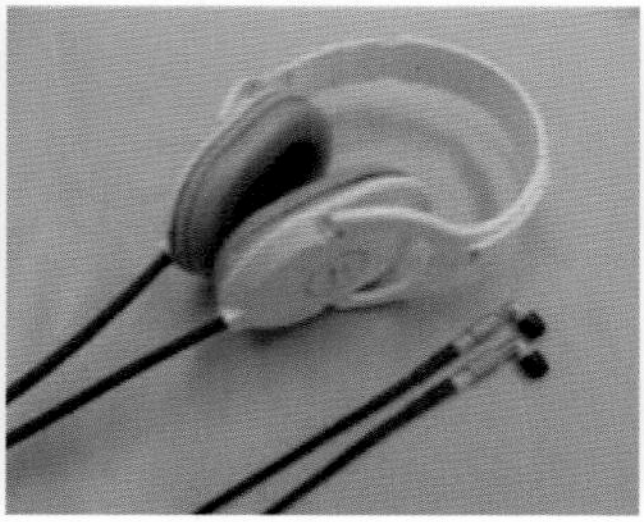

MRIは、診察時に騒音が発生します。患者さんはこのような環境の中での診察を受け、この間は放射線技師さんとの会話を行うことは困難で、患者さんはこの間騒音の中で診察が終わるまで体を動かすことができません。MRI音声双方向装置は、このような騒音の中でも放射線技師さんと常時双方向通話を行うことができ、安心して診察を受けることができる装置です。双方向通話のマイクロホンは、操作室で放射線技師さんが話す言葉は患者さんのヘッドホンで高音質な音楽などを聴くことができ、患者さんの音声はベットに装着された光マイクロホンが、患者さんの頸椎からの音声を騒音の中で集音して操作室に設置されたモニタースピーカーで患者さんの音声を常時聞くことができる構成となっています。既にMRI診療を行うことができる大学病院及び医療クリニックでは、このようなサービスを受けることができる安心・安全に寄与する装置をもった医療機関も徐々に導入されています。このような装置は、患者さんの安心・安全医療を受けるために希望の音楽または患者さんの携帯電話に録音された音楽を聴くことができる装置へと発展しています。

光マイクロホン

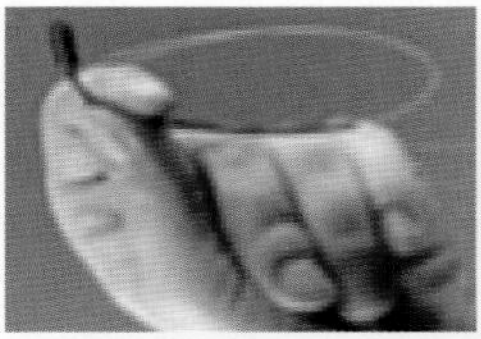

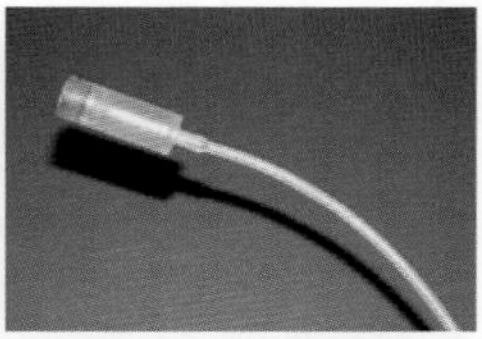
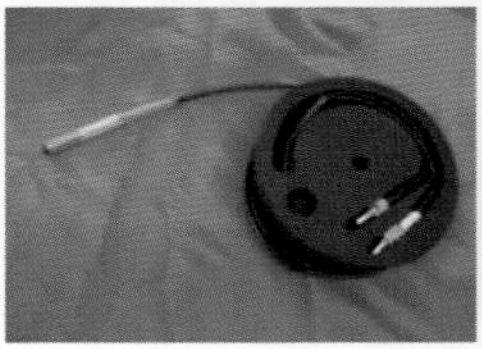
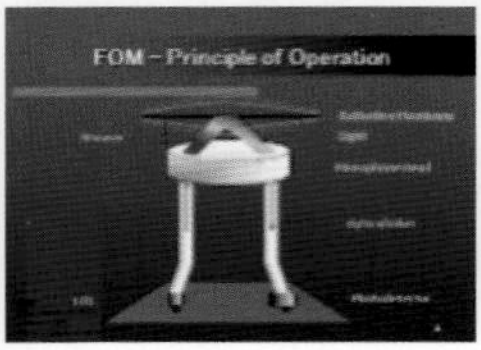

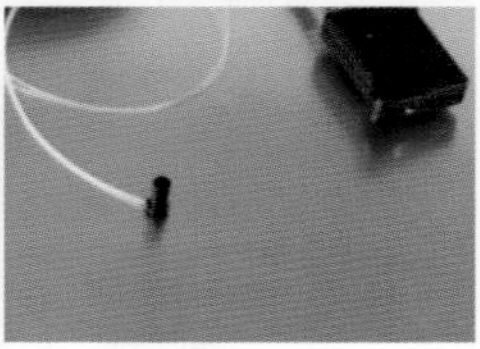

光マイクロホンは、世界的特許で他に類をみない光が高感度で音を捉えます。音は、無指向で音を拾い、光ファイバーで500m以上離れた場所まで高感度で音声を送ることができます。応用分野は、医療分野・産業分野・防爆分野・監視セキュリテイ・強電界分野・ロボット分野など、従来のマイクロホンを使えない分野で応用が進んでいます。特長・非電気・非磁性・非金属で構成（ガス・石油・防爆・強電界・環境で使えます）、さらに防爆証明書不要で使用できる特長をもっています。最近はMRI、防爆環境機器、高電界環境、電気的ノイズの多い環境などでの騒音・音声測定などにも使われています。

がんを含む生活習慣病の予防・（超）早期診断

愛知医科大学病院先制・統合医療包括センター
0561-62-3311
ampimec@aichi-med-u.ac.jp
愛知県長久手市岩作雁又1-1
https://www.aichi-med-u.ac.jp/hospital/pages/senseitougou.html

教授・センター部長 福沢嘉孝さん
日本内科学会指導医・総合内科専門医。日本消化器病学会、日本肝臓学会、日本東洋医学会の指導医・専門医。臨床ゲノム医療学会理事長、ゲノムドクター。日本先制臨床医学会理事長。米国内科学会上級会員（FACP）。

がんリスクを五段階評価基準で判定

近年、死因年次推移分類別にみた日本人の死亡数（人口10万対）は、第1位：がん、第2位：心疾患、第3位：肺炎、第4位：脳血管疾患の順となっていましたが，ここ数年で第3位：老衰、第4位：脳血管疾患となってしまいました。その背景は、国内の「超高齢社会」を反映しているものと考えられますが、がんは依然として年々増加の一途をたどっています。今や、日本人の二人に一人はがんに罹患し、三人に一人はがんで死亡しているとも報告されています。

国（厚生労働省）、愛知県、長久手市などでは種々の健康目標（健康日本21）を策定し、中・長期的な視点から生活習慣病（がんを含む）を予防し、少しでも「健康寿命延伸」を実現することにより、個々人の生活の質（QOL）の向上を図ろうとしています。当院は、2015年5月14日から国内外の大学病院で初めて、マーナ（mRNA）発現解析を活用したがん関連遺伝子リスク診断および長寿遺伝子（Sirt1）活性化診断を実施する外来、《マーナ（mRNA）健康外来》を開設しました（外来風景写真）。

未病の段階からのがんのリスク診断（男性8臓器・女性11臓器）（図1）および長寿遺伝子（Sirt1）活性化診断（図2）をごくわずかな採血量で可能とした、非常に画期的な専門外来です。本外来を介して、地域中核病院である当院が、①生活習慣病（特に、がん）を未病の段階から、より早期にリスク診断し、将来の健康状態を予測する、即ち、②先手を打ち意識付けをし、行動変容させ、個々の生活習慣病を予防・改善・治癒に導く（生活習慣への介入・指導・管理）ことが、当院の担う最大の社会貢献と考えています。

これにより、「健康寿命延伸」をより一層実現することが可能となり、個々人の生活の質（QOL）の向上へつながると考えています。本外来を十分に活用することで、より早期からの疾病リスク診断が可能となり、単なる予防医療でない真の意味での

（図1）
臨床ゲノム医療学会資料より引用

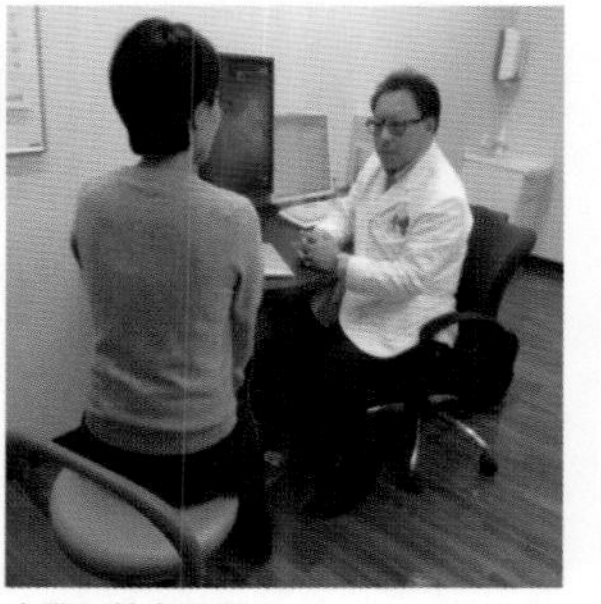

実際の外来風景。

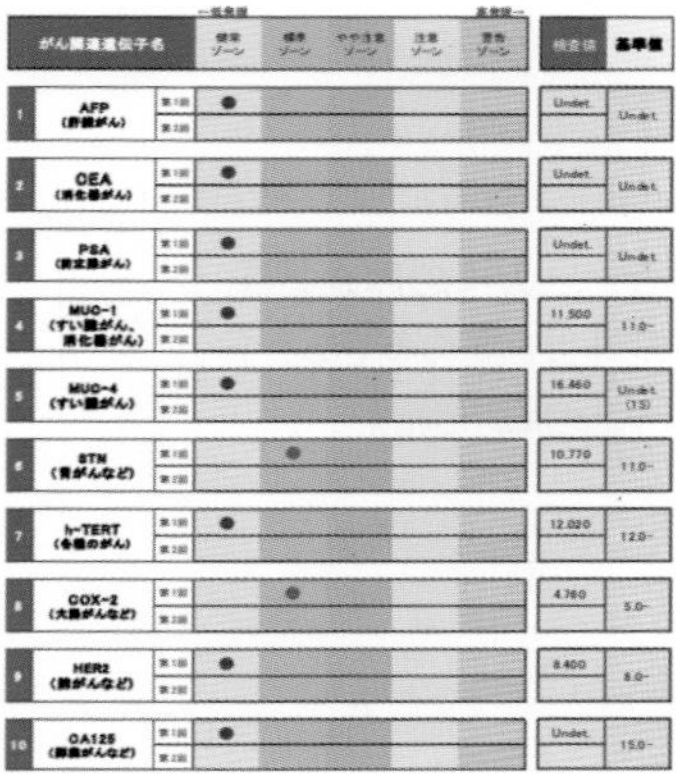

（図3）
ガンリスクの5段階評価

健康を維持する為には、検査値80以上を保つ必要があります。

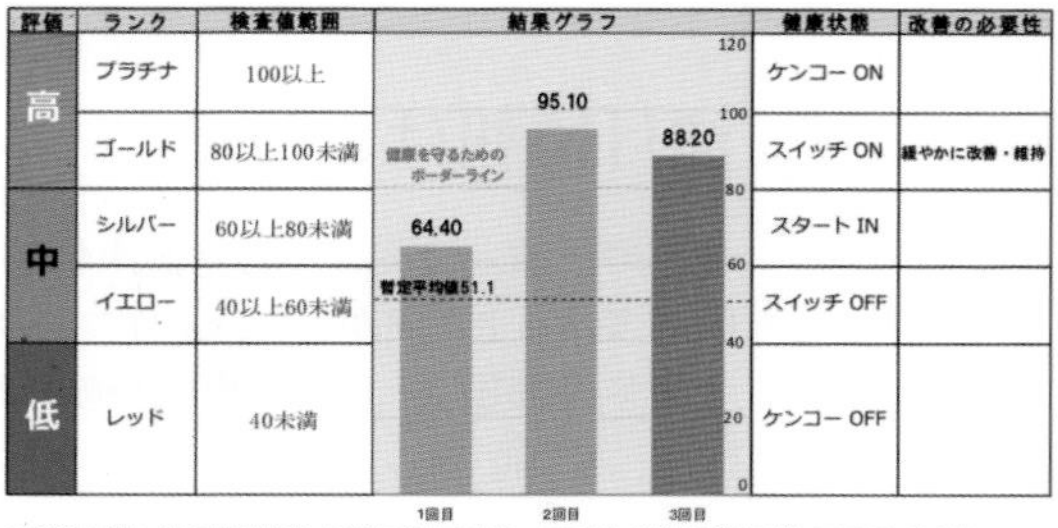

※暫定平均値は、約500例の解析データを基に算出しており、一定ではなく受検者の増加に伴いアップデートします。

（図2）長寿遺伝子の5段階評価

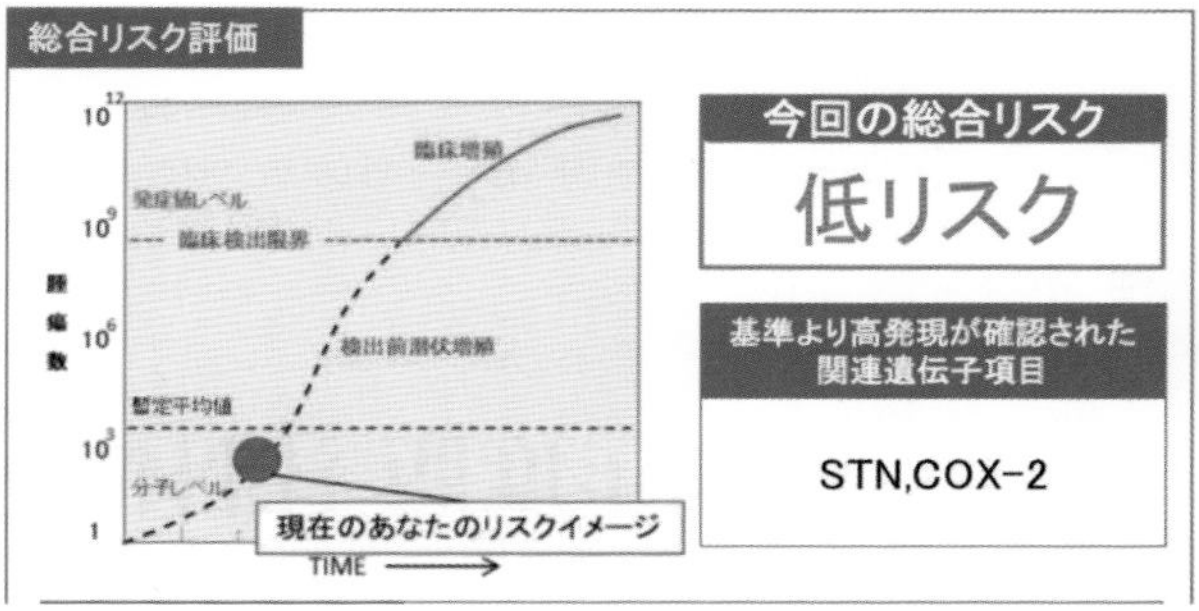

（図4）ガンリスクの総合判定

『愛知医科大学病院先制・
統合医療包括センター』ホームページ及び
臨床ゲノム医療学会資料より引用。

Self-medication（発症前に自分で病気の芽を摘む医療）が大いに期待できるのです。これらの観点から、戦略的予防医療として位置付けられます。

診断のための検査は、1検査当たりわずか2・5㎖の採血（通常健診での採血量の4～5分の1）のみです。採血回数は、毎年一回でも可能で、体に負担の少ない検査方法と考えます。定期検査は、患者さんの生活スタイルに合わせて対応しています。検査の約4週間後、資格を有する専門医師が各々の個人情報を十分に配慮しながら、がん関連リスク、長寿遺伝子（Sirt1）活性化診断の結果を説明します。検査した「遺伝子の働き」を〝可視化（見える化）〟した報告書（図2）に沿って、リスクの総合評価とその判定について詳細に説明するので、非常に理解しやすいと考えます。

リアルタイムPCR法により得られた関連遺伝子別の検査データを五段階で評価（図3）しており、全体の総合評価については「健常」「標準」ゾーンなら「低リスク」となり、「やや注意」「注意」ゾーンであれば「中リスク」となります。「警告」ゾーンの場合は「高リスク」として評価します（図4）。

リスクが高いからといって、即がんを発症するわけではなく、がんになる前のがん細胞の状態、がんを発生させやすい状況を予測するのです。また、種々の結果を踏まえ、個々人の生活習慣に関する今後の指導・管理に関しても同時に実施しています。

健康に少しでも不安をお持ちの方は、ぜひとも一度、本外来を受診して頂ければ幸いです（面談のみでも可能です）。

AICHI MEDICAL UNIVERSITY HOSPITAL
愛知医科大学病院

注目情報はこれだ！

住宅や医療、食品に美容や健康他各種サービスなど、人々の豊かな暮らしを支える上で欠かせない、且つこの先、世間の耳目を集めるであろう企業や人物を、一年に一度、多岐にわたり紹介した一冊。

監修／石井洋行　大室徹郎
進行／加藤真一
表紙・本デザイン／イープル

※価格、電話番号、ホームページアドレスなどの情報は2023年3月現在のものです。

2023年度版 注目情報はこれだ!

2023年3月7日初版第1刷

編集人　加藤　真一

発行者　柿崎　賢一

発行所　株式会社　ミスター・パートナー
〒160-0022 東京都新宿区新宿2丁目15番2号岩本和裁ビル5F
電話 03-3352-8107　FAX 03-3352-8605
http://www.mrpartner.co.jp

発売所　株式会社　星雲社（共同出版社・流通責任出版社）
〒112-0005 東京都文京区水道1丁目3番30号
電話 03-3868-3275　FAX 03-3868-6588

印刷・製本　磯崎印刷株式会社
©Mr. Partner Co., LTD.
ISBN978-4-434-31837-5

落丁本・乱丁本はお取り替えいたします。

本書の内容を無断で複製・複写・放送・データ配信などすることは、固くお断りいたします。

定価はカバーに表示してあります。

※本誌で掲載された情報は一部を除き、2023年3月現在のものです。
※情報の内容は変更される場合がございます。あらかじめご了承ください。